JN441476

The Way to Small Giants Company

강소기업으로 가는 길

산업경제 안정적 발전의 초석

김종영·장정빈

북 넷

편저자의 변

우리나라 산업의 변화양상은 제4차 산업혁명과 디지털화가 가속화됨에 따라 지금 격변기에 접어들고 있다. 또한 사회적 변화는 유례없는 저출산과 고령화 사회로 변화되어 가고 있고 실업자는 많으나 일할만한 직장은 많지 않다는 기이한 현상이 나타나고 있다. 또한 디지털과 인공지능 세대에 부응해야 할 인적자원과 인문학적인 뒷받침은 많이 부족한 실정이다. 이러한 문제를 극복해내는 최선의 방법의 하나는 한국 특유의 인문학적 소양과 부지런하고 강인한 국민성을 바탕으로 한 강소기업 육성에 있다 하겠다.

본권에서 말하고자 하는 강소기업은 기존의 수출주도형 중견기업을 말하는 것이 아니라, 비록 규모는 작아도 수출이나 내수에 관계없이 기술적으로나 문화적으로 고유의 사업역량과 차별화된 기술력으로 지속가능한 성장을 추구하는 중소 강소기업을 말한다.

'사람의 미래를 알려면 그 사람의 과거를 보라'라는 말이 있듯이 기업도 인간의 생명체와 똑같다. 찰스 다윈의 말처럼 "가장 강한 자가 아니라 환경에 잘 적응하는 자가 살아남듯이" 살아남기 위해서는 그 기업이 영욕과 시련을 체험하며 에너지를 축척하며 운영되고 있는가? 이 기업이 지속적인 생존을 유지하기 위한 활력적 요소는 무엇인가? 인간의 기본 활력요소가 산소, 온도, 습도라면 기업의 성장요소는 창의성과 개척성 그리고 사회성이라 할 것이다.

"한 시대에 사는 사람은 그 시대의 요구에 부응하여야 할 책무가 있다." 하겠다. 같은 시대에 산다 하더라도 종사한 분야별로 자기에게 부과된 사회적 책무는 모두 다를 것이다. 우리에겐 어떤 사회적 책무가 부과되어 있나를 자문해보게 된다. 중소기업 업계에 다년간 종사하면서 온갖 풍상을 체험하면서 우리가 바라는 것은 지속가능한 강소기업이요 사회적, 윤리적 책임을 다하는 기업이라 하겠다.

본권을 편저함에 있어 문안수정과 자료제공 등 편저과정에 협조하여 주신 중소기업중앙회 정책본부장 추문갑 박사님께 감사를 드립니다. 강소기업으로 가는 길이 산업경제 안정적인 발전의 초석을 이룬다는 소신으로 그 대안을 정리하여 제시하는 것도 우리나라 경제발전에 보탬이 되는 일이며, 내 경험과 지식을 사회로 환원의 길이라고 생각했다. 이것이 이 책을 세상에 펴낸 목적이다.

호랑이를 잡으려면 호랑이 굴을 찾아가야 한다. 앞서가는 기술과 기법, 전력을 배우고 경쟁자를 추월하기 위해서는 그들의 문화를 통찰하며 그들이 걸어온 과정을 모방습득한 후, 그것을 우리의 영혼이 담긴 특유의 창조적 능력으로 새롭게 체득하는 기업문화가 조성될 때 비로소 지속력 있는 강소기업이 탄생할 것이다.

아모쪼록 이 책의 내용들이 우리나라 강소기업을 구축하고 그의 역할과 존재가치를 높이며 산업경제의 안정적 발전에 기여하는데 보탬이 되는 계기가 되기를 바란다. 그러므로 본권은 어찌하면 강소기업을 성취하고 그 목적을 달성하여 산업경제의 안정적 발전에 기여할 수 있을까? 하는 기초하에 총 4부 12장으로 정리하였다.

제Ⅰ부는 강소기업 육성과 산업의 성장과 필요성으로 제1장에서 제3장까지는 편저의 배경과 한국인의 살혼에 기초하여 단계적 성장의 필요성과 효율적 관리, 고객관계관리의 신비성과 지향적 경영전략으로 기술하였다.

제Ⅱ부는 독일과 일본 강소기업 실태와 강소기업 성장전략에 대하여 기술하였으며, 독일의 시장선도의 핵심은 무엇이며 수출력이 강한 이유는 어디에 있는가 찾아보고 일본의 기업문화는 무엇이기에 지속성장이 가능한지를 찾아보았다.

제Ⅲ부는 강소기업 육성 성공전략은 무엇인가? 인재양성 사회적 책임이 기업에 미치는 영향을 다하여 고찰하고 가치관의 변화에따라 새로운 영역에 뛰어들어 비즈니스 모델이 필요하며 제4차 산업혁명과 디지털트랜스포메이션 사물인터넷(IoT)시대의 대전환이 이루어져야 함을 시사하였다.

제Ⅳ부는 강소기업의 지속성장과 발전전략에 관하여 기술하였다. 기업의 성장·성공조건은 무엇이며 성장을 위한 성공포인트는 무엇인가? 새로운 생존 성공전략은 빅 데이터을 활용한 마케팅 전략과 중소기업간 제휴전략과 연대전략이 생존번영의 길임을 사례로서 마감하였다.

2021년 6월 20일

편저자 김종영, 장정빈

추 천 사

반세기 동안 오직 현장기술인으로서 한 길만을 걸어오신 저자자신이 그 동안 체득한 경험을 그리고 만학도로서 경영학을 접하면서 이론과 실제를 융합하며 느끼신 경영의 과거, 현재 그리고 미래를 정리하여 후진들에게 도움이 되도록 하겠다는 강한 집념으로 "장수기업으로 가는 길"과 "창업에서 장수기업으로" 출간에 이어 결정판 "강소기업으로 가는 길"이라는 저서를 출간하게 되었습니다.

김종영 박사는 젊은 나이에 규산나트륨 생산현장에 뛰어들어 생산기술을 배우고 익히면서, 연구개발에도 힘써 훗날 영일화성을 창업하여 우리나라 규산염분야를 대표하는 기업으로 성장시키는 최고경영자가 되셨습니다.

김종영 박사는 만학도로서 2008년 숭실대학교에 입학하여 경영학사, 석사, 박사과정을 모두 마치신 열정적인 학구열을 가지신 분으로, 규산염의 제조와 응용분야의 기술도서 2편을 편저하여 기술지원에도 기여하고 있습니다.

지난 집필한 "장수기업으로 가는 길"은 많은 기업들이 창업후 지속적으로 성장하지 못하고 폐업의 아픔과 안타까운 우리의 현실을 조금이나마 개선해 보고자 노력하는 저자의 충정이 돋보이는 저서라 할 수 있고, "창업에서 장수기업으로"의 저서는 우리경제가 저성장 침체기에 빠져들었고 이를 타개하고 새로운 발전을 이어나가기 위한 방법으로 창업을 제시한 저서라 할 수 있겠습니다.

이번 집필한 "강소기업으로 가는 길"의 저서는 급변하는 4차 산업혁명시기의 중소기업이 지속적 성장은 물론 산업경제의 안정적 발전의 초석으로 생존과 번영의 길로 나아가기 위한 방법론을 제시한 저서라 할 수 있겠습니다.

물론 나라와 시대적인 환경은 다르지만 근본은 대동소이하다고 여겨집니다. 기업을 경영하고 있는 경영자들, 새롭게 창업을 했거나 창업을 준비하고 있는 예비창업자들, 경영을 공부하며 창업을 꿈꾸고 있는 학생들에게 본 저서 "강소기업으로 가는 길"이 창업 후, 기업을 장수기업으로 만드는 이정표를 제시해 줄 수 있을 것이란 확신이 있기에 감히 추천합니다.

끝으로 나라경제와 후진들을 위해 이 책을 펴낸 김종영 박사의 열정에 경의를 표하며 큰 축하를 드립니다. 이 책을 통해서 많은 기업과 기업인들이 지속가능경영의 노하우를 터득, 창의력을 발휘하여 장수기업으로, 강소기업으로 튼튼히 성장하기를 기원합니다. .

2021년 4월 14일

숭실대학교 총장 경영학박사 장 범 식

추 천 사

우리경제는 저성장국면이 고착화된 가운데 지난해 1월 발발한 코로나 팬데믹 장기화로 경기부진과 함께 고용충격이 계속되고 있습니다. 이러한 어려움을 극복할 최선의 방법은 기업을 육성하는 것입니다. 일자리를 새롭게 만들고 경제회복의 불씨를 살릴 수 있는 주체는 기업이기 때문입니다.

특히 중소기업은 우리나라 전체 사업체수의 99%, 고용의 83%를 차지하는 우리경제의 뿌리입니다. 뿌리가 튼튼해야 나무가 자라고 꽃도 피울 수 있듯 우리경제의 지속가능한 성장 역시 활발한 창업과 다수의 혁신형 중소기업이 뒷받침될 때 가능합니다.

작지만 강한 기업을 뜻하는 강소기업이 많아야 우리경제가 건실한 성장을 이룰 수 있습니다. 다수의 강소기업들이 우수한 기술력을 바탕으로 글로벌시장을 선점해 나갈 때 사회적 문제로 대두되고 있는 일자리 문제해결이 가능합니다.

이 책은 강소기업의 성장과정을 보여주고, 다수의 강소기업을 보유하고 있는 독일과 일본사례를 통해 한국경제가 나아가야 할 성공적인 강소기업 육성전략을 제시하고 있습니다.

저자는 40여년 간 한 우물경영을 통해 강소기업으로 성장시킨 중소기업인로서 본인이 경험한 현장노하우와 축적한 지식을 총 망라한 혜안을 담았습니다.

아무쪼록 이 책이 창업을 준비하는 예비창업자는 물론 강소기업으로 성장을 꿈꾸는 경영자와 중소기업을 연구하는 모든 분들에게 '강소기업으로 가는 길'을 제시하는 길라잡이가 되기를 기대합니다.

2021년 4월 20일

중소기업중앙회장 회장 김 기 문

추 천 사

〈현장의 땀냄새가 배어 있는 '강소기업으로 가는 길'〉

'내가 성공한 것은 집이 가난해 어릴 적부터 구두닦이를 하면서 세상사는 경험을 했고, 몸이 약해 운동에 힘써 건강을 유지했고, 초등학교도 못 다녀 모든 사람을 스승삼아 배우는 일을 게을리 하지 않았기 때문이다.' 일본에서 경영의 신으로 추앙받는 마쓰시타 고노스케 마쓰시타 그룹 창업자의 말이다.

김종영 영일화성 회장(88)이 존경하는 기업인중 한명이 바로 마쓰시타 고노스케 회장이다. 김 회장 역시 작업복차림으로 평생현장을 누비는 기업인이자 늘 공부하는 분이다. 1979년 창업해 42년째 화학업체를 경영하며 작지만 강한 기업을 키워냈다. 고졸학력이던 김 회장은 고희가 지난, 70대 중반이 돼서야 대학에 입학했고 내친김에 80대 중반 박사학위를 취득했다. 이 기간에 네 권의 전문서적도 집필했다.

78세에 ≪규산염의 제조와 용도≫를 출간했다. 국내에 전문기술서적이 없어 연구원들이 불편을 겪자 펴낸 것이다. 81세엔 ≪규산염의 응용과 용도≫를 출판했다. 규산염(silicate)을 원료로 하는 가공제품에 관한 기술서적이다. 84세엔 ≪장수기업으로 가는 길≫이라는 경영학서적을 냈다. 자신의 사업경험과 박사과정 공부를 토대로 지속경영방법을 제시한 책이다. 86세엔 ≪창업에서 장수기업으로≫라는 책자를 출간했다.

필자는 30년 이상 중소기업 현장을 누볐다. 국내 곳곳을 다녔고 일본과 독일을 수십차례 방문했다. 특히 필자는 독일 히든챔피언에 관심이 많아 단추로 500년동안 사업을 영위해온 독일 최장수기업 프륌을 비롯해 연필을 만들어 260년째 장수하고 있는 파버카스텔, 수출부서도 없이 50개국에 파이프오르간을 수출하는 클라이스, 명품세탁기업체 밀레 등 100여 곳을 방문했다.

이들의 공통점은 전문화된 기술력으로 세계시장을 석권하고 있다는 점이다. 다른 말로 표현하면 장수기업이자 명품기업이다.

한국의 연필업체들이 고임금에 못이겨 동남아 등으로 공장을 옮겨도 파버카스텔을 건재하다. 모차르트가 다섯 살이던 1761년에 창업한 파버카스텔은 여전히 뉘른베르크 부근 슈타인에서 연필공장을 돌리고 있다. 어떻게 고임금국가에서 연필공장을 가동할 수 있을까.

한 마디로 질좋은 제품을 제값을 받고파는 것이다. 질좋은 제품은 단지 연필심이 잘 부러지지 않는 것만을 의미하는게 아니다. 남이 시키지 않아도 친환경도료를 쓰고 종업원들에게 복지정책을 쓰며 채광과 환기가 잘되는 공장을 운영하는 등 종업원들의 로열티를 끌어내며 글로벌 경쟁력을 탄탄하게 갖췄다. 그러다보니 에이브러햄 링컨을 비롯해 빈센트 반 고흐, 칼 라거펠트같은 매니아층을 구축했다.

이제 김회장이 다섯 번째 책을 출간한다. 〈강소기업으로 가는 길〉이라는 책이다. 기존에 중소기업 경영에 관한 책은 많이 출간됐다. 하지만 대부분 학자나 연구원 등 기업경영자가 아닌, 제3자가 출간한 경우가 많다. 이 책은 김 회장과 마케팅전문가인 장정빈 박사의 현장경험이 녹아있다는 점에서 다른 책과 차별화된다.

단지 경험만으로 책을 쓴게 아니다. 이론과 실제를 겸비한 책이라 할 수 있다. 특히 필자가 관심이 많은 독일 강소기업 얘기를 담고있어 반갑다.

〈강소기업으로 가는 길〉에는 현장의 땀냄새가 배어 있다. 게다가 첨단 마케팅전략도 담겨있다. 기업인과 연구원 정책당국자 등이 일독하면 좋을 것이라고 확신한다.

2021년 4월 16일 초여름의 길목에서

한경글로벌 강소기업연구원장 김 낙 훈

추 천 사

우리경제의 지속가능한 성장과 좋은 일자리 창출을 위래서는 혁신적인 중소기업의 창업과 함께 오랫동안 건실하게 기업을 경영하면서 사회에 많은 기여를 해 온 강소기업들의 역할이 매우 크다 하겠습니다.

4차 산업혁명시기에 특히 코로나19가 전 세계를 뒤덮고있는 어려운 시기에 고비용, 저효율의 경제구조가 고착화되면서 투자와 소비 등이 부진하며 저성장기조에 빠져들면서 기업가정신이 급격히 위축되고 기업들은 설비투자를 줄이면서 고용부진이 이어지고 있는 실정입니다. 특히 경쟁기반이 상대적으로 취약한 중소기업의 경쟁력을 키우기 위해 저자자신이 몸소체득한 경험을 바탕으로 이론과 실제의 융합의 필요성을 확인하면서 그 동안 보고 느끼고 터득한 경영의 과거, 현재 그리고 미래를 정리하여 후진들에게 도움이 되도록하겠다는 강한 집념으로 "장수기업으로 가는 길" 3탄 "강소기업으로 가는 길"이라는 저서가 출간되었습니다.

본서의 저자인 김종영 박사는 규산염에 관한 생산기술을 배우고 익히면서, 연구개발에도 힘써 영일화성을 창업하여 우리나라 규산염분야를 대표하는 강소 장수기업으로 성장시킨 최고경영자이시다. 이론과 실무를 겸비한 경영학자로서 새로운 경영방식과 경영전략 및 경영혁신 등을 바탕으로 급변하는 경제환경에 빠르게 대처하여 모든 영역의 중소기업들이 경쟁력을 확보하고 나아가 강소 장수기업으로 자리매김할 수 있도록 방법론과 이정표를 제시해 보고자 이 책을 출간하게 되었습니다.

본서는 독일과 일본의 강소기업 실태분석을 기반으로 강소기업의 성장전략 및 육성전략, 강소기업의 지속성장과 발전전략 그리고 성공포인트를 짚어주고 있으며, 빅 데이터를 활용한 마케팅전략과 중소기업간 제휴전략을 제시함으로써 새로이 창업하는 예비창업자나 중소기업 경영자, 그리고 경영학을 공부하고 있는 학생들에게 창업 후 기업을 강소기업으로 만드는 이정표를 제시해 줄 수 있을 것이란 확신이 있기에 추천합니다.

저자가 사업가로서 경영자로서 경험하고 느꼈던 기업생존과 성장을 위한 지혜가 모아진 이 책을 통해서 많은 기업과 기업인들이 지속가능경영의 노하우를 터득, 새로운 경감과 창의력을 발휘하여 강소기업으로 튼튼히 성장하기를 기원합니다.

2021년 4월 28일

숭실대학교 교수 경영학박사 윤 재 한

차 례

PART 03 강소기업육성 성공전략

01 강소기업육성과 산업의 성장

제1장

총 론

용어 정리

- ZIM(Zentrales Innovationsprogramm Mittelstand) : 중소기업을 위한 중앙혁신 프로그램
- IGF(Industrielle Gemeinschaftsforschung) : 커뮤니티 산업연구
- GO(Gründungs Offensive) : 스타트업 장려
- ERP(European Recovery Program) : 유럽 복구프로그램

제1절 강소기업 편저의 배경

1. 기업의 탄생과 소멸

(1) 강소기업 육성의 필요성

기업은 경제가치창조의 원천이다. 그 필요의 가치에 따라 기업의 조직은 발생과 소멸이 반복하며 생성(生成)되어 유지발전하고 있다. 기업의 수명은 인류생존의 필요가치를 제공하는 한 인류생존과 병행한다 할 것이다. 그러나 개개의 기업은 경영자의 능력이나 조직의 활성 여하에 따라 단명할 수도 있고 장수할 수도 있다. 그 이유는 어디에 있는가? 기업특유의 장점을 찾아 차별을 이루느냐. 못하느냐에 있으며 강소기업화하였을때 장수할 수도 있을 것이다. 기업의 역사를 보면 천여년의 굴절사로 존재했지만 인류문명사의 측면에서 보면 단기간의 순간 정도밖에는 되지 않는다 할 것이다. 기업은 탄생 후 그 동안 물질적 소요가치의 생산자로 대단한 성공을 누려왔으며, 재화와 서비스의 공급을 통해 폭발하는 세계 인구에 풍요로운 삶을 제공하는 역할을 하여 왔다.

그러나 수출에 대한 의존도가 높은 우리나라의 산업은 규모는 작지만 글로벌 경쟁력을 갖춘 강소기업의 육성은 국가경제발전의 견인차역할을 할 것으로 기대된다. 우리나라 전체기업의 99%에 해당하는 중소기업의 수출은 100만 달러 이하의 개미군단이 83.3%를 차지하고 있어, 산업구조상 글로벌 경쟁력을 갖추는데 있어서 한계점이 있는 것으로 평가되고 있다. 우리나라는 대기업과 중소기업간 불균형이 심한 첨탑형 산업구조이며 이는 독일이나 일본과 비교하여 허리가 약한 편으로 논의되고 있어 강소기업의 발굴과 육성을 통한 산업생태계의 건강한 발전이 당면과제로 떠오르고 있다.

대부분의 많은 기업들은 인간이 지니고 있는 잠재력을 충분히 발휘하지 못하고 눈앞의 이익에 얽매이는 단견에서 벗어나지 못함을 보여주고 있다. 아직도 적지 않은 기업들이 진화의 초기단계에 보다 발전된 상태의 변화를 찾아내지 못하고 머무르고 있으며 잠재력의 일부분만을 발현하고 있다. 기업들의 자금의 실태를 보자. 기업들이 창업후 오래 지속하지 못하고 높은 폐업률은 무엇을 말하는가?

우리나라 산업의 발전을 보다 안정적으로 성공적인 토대를 마련하기 위해서는 글로벌화 능력을 갖추고 있거나 내수기반에서도 차별화되는 강소기업의 육성에 달려있다. 협소한 내수시장은 과당경쟁을 야기하면서 더 이상 글로벌 강소기업육성에 필요한 유효경쟁환경을 만들어내지 못하고 있을 뿐만 아니라 글로벌수요를 선점할 수 있는 글로벌혁신 자원의 창출도 원활하지 못하다. 따라서 중소기업은 내수시장에 안주하지 말고 글로벌화 추진에 박차를 가해야 하며 정부의 관련지원도 더욱 합리적으로 강화되어야 할 것이다.

기업들이 장수하지 못하고 조기에 부적절하게 폐업에 이른다면 주관 경영층의 신뢰성과 경제적 손실은 물론 구성원 개개인의 피해와 지역사회발전의 침체가 초래되고 경제전체에 영향을 미칠뿐만 아니라 이들이 경제를 어렵게 만들 수도 있다. 높은 기업의 폐업율은 자연스러워 보이지 않는다. 생명체 중 최대수명과 평균수명 간 또는 단명 간의 차이는 노력을 통해 좁힐 수 있으리라 사료된다. 왜 많은 기업들이 창업의 뜻을 이루지 못하고 조기에 폐업되어 사라지는가?

기업들이 경영적 시야와 사고경영방침이 재래방식의 경제학적 사고에서 벗어나지 못하고 너무 심하게 의존하고 있기 때문임을 시사하는 증거가 더욱 많아지고 있다. 달리 표현하면 신경영기법을 도입하지 못한 경영자들이 재화와 서비스생산에만 너무 치중하고 기업조직이 생존하기 위해 종사하는 인간의 공동체임을 깨닫지 못하고 기업운영이 단기적 안목으로 이루어지기 때문에 조기사망하는 예를 볼 수 있다.

우리산업의 경쟁력 향상은 중소 강소기업의 글로벌화 추진전망을 밝게 해주고 있다. 정부도 글로벌화 추진의지를 갖춘 중소기업에 다각적인 지원혜택을 제공하고 있다. 그럼에도 불구하고 중소기업의 글로벌화 위상은 기대에 못 미치고 있다. 여전히 수출보다 내수에 치중하고 있는 중소기업의 비중이 압도적으로 많고 소규모 수출중소기업들이 대다수를 차지하고 있는 기형적인 수출구조의 개선이 지연되고 있기 때문이다.

이와 같은 문제점을 해결하기 위해서는 무엇보다 글로벌화 능력을 갖춘 중소 강소기업들의 역할이 중요하다. 글로벌 경쟁력을 갖춘 중소 강소기업들이 일회성의 글로벌 시장진출을 넘어 지속적인 글로벌성장을 담보할 수 있는 글로벌화 전략을 적극적으로 전개함으로써, 글로벌 강소기업의 대열에 더 많이 참여할 때, 글로벌위상이 제고될 수 있을 것이다. 글로벌 강소기업을 목표로 하는 글로벌화는 글로벌혁신과 조화를 이루어 글로벌 경쟁력 향상에 기여해야 할 것이다.

글로벌혁신의 뒷받침이 약한 글로벌화로는 지속적인 성장을 담보하기 어려워 중소 강소기업들은 추가발전없이 평범한 수출중소기업에 머물게 될 공산이 크다. 글로벌화가 배제된 혁신도 국내용 혁신기업의 양산만을 초래할 우려가 있다. 중소·중견기업들이 글로벌시장에서 통용될 수 있는 혁신능력을 갖추고 적극적인 글로벌화를 추진할 뿐만 아니라 후속 글로벌 제품개발을 목적으로 하는 글로벌혁신 자원의 발굴 및 개발을 유기적으로 추진해 나갈 수 있어야 글로벌 강소기업에 도달하는 강소기업이 늘어날 것이다.

정부도 글로벌시장의 혁신수요와 조화를 이룰 수 있는 다각적인 지원을 통해 글로벌 강소기업의 문턱을 넘어설 수 있는 환경을 조성해 줄 때 비로소 중소 강소기업들이 글로벌 강소기업으로 성장해 나갈 수 있을 것이다. 일은 사람이 하고 성과는 조직이 이룬다. 그러므로 중소기업에서도 강소기업화로 차별적 비전으로 인재가 모일 수 있는 바탕을 조성하여야 하며 협동하는 조직적 개념을 소생시켜야 한다.

(2) 강소기업이 장수하는 특징은 무엇인가?

■ 강소 장수기업의 특징

가정의 화목은 업무능력의 밑바탕을 이룬다. 업무의 차별화와 협력의 체계화에서부터 소생됨을 알 수 있다. 즉 가화만사성(家和萬事成)이라는 우리사회의 속어(俗語)가 진리인가 싶다. 장수하는 강소기업들(Living Companies)은 조화로운 진화를 가능하게 하는 특성을 가지고 있다. 강소 장수기업들은 자신들의 역량을 스스로 잘 알고 미래에 대체능력을 배양하며 인적자원의 확보와 새로운 아이디어로 사업을 구축한다. 또한 자본을 절약하고 기술을 축적하며 역량을 배양하는 이러한 특성은 기업이 수많은 세대에 걸쳐 생존하기 위해 취하는 행위에서 확연히 드러난다.

기업의 장수여부를 결정하는 나침반은 차별화의 미래를 내다보는 경영자 기업가의 안목에 달려 있다. 기업운영의 합리성이란 기업가정신(起業家情神), 즉 기업(企業)을 기업(起業)하겠다는 일념의 정신이 일도(一到)하면 무사불성(無事不成)이라 아니되는 일이 없으리라는 소신적 도전성으로 업무개척의 지속성이 필요하기 때문이다. 기업운영은 내부자원만으로 변화에 대응하고 수요에 만족을 주기에 자원역량이 부족할 경우 외부자원과 유대를 강화하는 네트워크 조직체계를 필요로 한다. 경영자의 안목이 미래를 대비하며 네트워크운영체계는 강소 장수기업의 초석이 된다. (강소기업의 특성과 육성전략 및 중진공의 역할, 2013.11)

■ 강소기업의 특징은 소규모의 특성을 발휘하여 시장변화에 적응

우리나라 강소기업의 주요 특징을 요약하면

- 소규모의 특성을 최대한 발휘하여 시장변화에 따른 혁신제품 및 서비스를 시장에 출시할 수

있는 스피디한 경쟁력을 보유하고 있다.

- 틈새시장을 발굴하고 공략하는 집중력을 보인다.
- 수출비중이 50%이상으로 기업들 대부분이 글로벌화에 성공하였다.
- 창조적 혁신에 기반을 둔 동력을 바탕으로 성장을 추구하는 편이다. 따라서 강소기업은 개념적으로 작지만 국제경쟁력을 보유할 만큼 강한 중소기업 즉, 작은 거인이라고 정의할 수 있다.

첫째, 작은 기업의 Speedy한 경쟁력이 있다.

국내 강소기업의 두드러진 특성은 소규모의 장점을 최대한 발휘하여 경쟁력을 확보한다는 것이다. 소규모가 가질 수 있는 속도력을 가지고 시장변화에 빠르게 대처하여 혁신적인 제품 및 서비스를 시장에 빨리 내놓음으로써 경쟁력을 확보하는 특징을 가진다.

둘째, 편집증에 가까운 집중력을 들 수 있다.

우리나라 강소기업들의 CEO들 특히 기술기반의 장인기업들 중 여러 명의 CEO는 선택한 분야에 대해서 편집증적인 집중력을 보인다. 틈새시장을 발굴한 창업자는 한 분야에 대해서 집중하고 이러한 집중력을 통해서 창의적인 아이디어로 틈새시장을 공략하는 것이 강소기업의 특징이라고 할 수 있다. 헤르만 지몬의 저서 히든챔피언에서도 전통적인 히든챔피언들은 일반적으로 제품하나에 시장이 하나인 기업이 많다고 하였다. 히든챔피언들은 시장을 매우 좁게 정의하므로 시장이 상대적으로 작으며 그 분야에서 리더로 부상하는 경우가 많다. 이처럼 강소기업들은 해당 시장에서 전문가기업으로 포지셔닝하고 있어 한 분야에 집중하는 경향이 있으며 이러한 집중은 산업에 있어서 집중하고 대상을 전 세계시장으로 하는 특성을 가지고 있다.

셋째, 작지만 틈새시장확보 경쟁력의 향상이다.

이와 같이 강소기업은 시장을 작은 시장 즉 틈새시장으로 정하고 집중을 하는 경향이 있다. 이러한 집중은 시장을 작게만드는 경우가 있고, 전체시장에서 강소기업이 집중하는 시장의 규모는 매우 작을 수 있다. 그러나 강소기업들은 기업의 규모가 작았지 작은 규모로 운영을 하고 있는 것은 아니다. 강소기업들의 80% 이상이 작게는 10%에서 많게는 90% 이상의 매출을 해외시장에서 발생시키고 있다. 즉, 강소기업이 경쟁력을 확보하기 위해서 강소기업은 그들이 가지고 있는 제품경쟁력, 마케팅노하우 등을 지역적 범주에서 벗어나 전 세계시장에 제품을 내놓는 것을 의미하는 것이다. 우리나라 강소기업의 대부분이 집중화와 세계화를 시간의 흐름에 따라 선택한 것도 있지만 창업초기에서부터 시작한 기업도 있다.(중소기업진흥공단, 2013.11)

(3) 강소기업의 분류

1) 법적인 분류

우리나라의 기업형태는 법적으로 두 가지로 분류된다. 대기업과 중소기업으로 나뉘게 된다. 중소기업은 소상공인, 소기업, 중기업으로 나뉘며 자산총액이 5천억원 미만이면서 소유와 경영의 실질적인 독립성이 중소기업기본법 시행령에서 정하는 기준에 해당되어야 한다. 주된 업종별 3년 평균매출액 등이 최대 1,500억원에서 400억원 이하인 기업으로 정의한다. 우리나라는 중소기업상한을 넘는 순간 대기업으로 분류되어 각종 정책지원대상에서 제외되며 일감몰아주기 금지와 같은 규제를 적용받기 시작한다. (기업분석 강소기업의 특성, naver 발행)

2) 양적인 분류

중견기업은 중견기업성장촉진 및 경쟁력 강화에 관한 특별법에 따라 대기업에 포함되지 않으면서 중소기업기본법상 중소기업의 범위를 벗어난 기업으로 정의할 수 있다. 따라서 통상 제조업기준 중소기업범위 상한선인 최근 3년 평균 매출액 기준 1,500억원을 초과하면서 공정거래위원회가 지정하는 상호출자제한기업집단(일명 대기업집단)인 자산규모 10조원 미만인 기업을 의미한다. 정부에서는 중소기업의 중견기업으로 성장을 유도하기 위해 중소기업이 법적기준을 초과한 중견기업에 대하여도 3년간 중소기업지위를 인정해 주고 있다. 특히 경제의 중심축인 중견기업을 키워야 한다는 사회적 논의가 활발해지면서 초기 중견기업인 매출액 3천억원 이하까지는 가업승계세제혜택 등 다양한 지원방안을 마련하고 있다.

3) 본권에서의 강소기업

본권에서 기술하고자 하는 강소기업은 업체의 규모는 중소기업 범위에 속하면서 업무형태는 제조업이든 서비스업이든 업무를 차별화, 선진화·지속화의 실현화를 말하고자 한다. 다시 말하면 기술의 특화로 경쟁우위기업, 서비스확대로 신시장확대, 기업문화적 지역특색의 기업으로 지속력 있는 장수가능한 기업을 강소기업으로 정의하고자 한다. (blog.naver.com 기업분석 강소기업의 특성, naver 발행)

표 1-1 주된 업종별 평균매출액등의 중소기업 규모 기준

해당 기업의 주된 업종	분류기호	규모 기준
1. 의복, 의복 액세서리 및 모피제품제조업	C14	평균매출액 등 1,500억원 이하
2. 가죽, 가방 및 신발제조업	C15	
3. 펄프, 종이 및 종이제품제조업	C17	
4. 1차 금속제조업	C24	
5. 전기장비제조업	C28	
6. 가구제조업	C32	
7. 농업, 임업 및 어업	A	평균매출액 등 1,000억원 이하
8. 광업	B	
9. 식료품제조업	C10	
10. 담배제조업	C12	
11. 섬유제품 제조업 (의복제조업 제외)	C13	
12. 목재 및 나무제품 제조업 (가구제조업 제외)	C16	
13. 코크스, 연탄 및 석유정제품 제조업	C19	
14. 화학물질 및 화학제품 제조업(의약품 제조업 제외)	C20	
15. 고무제품 및 플라스틱제품 제조업	C22	
16. 금속가공제품 제조업(기계 및 가구제조업은 제외)	C25	
17. 전자부품, 컴퓨터, 영상, 음향 및 통신장비제조업	C26	
18. 그밖의 기계 및 장비제조업	C29	
19. 자동차 및 트레일러 제조업	C30	
20. 그밖의 운송장비 제조업	C31	
21. 전기, 가스, 증기 및 수도사업	D	
22. 건설업	F	
23. 도매 및 소매업	G	
24. 음료제조업	C11	평균매출액 등 800억원 이하
25. 인쇄 및 기록매체복제업	C18	
26. 의료용 물질 및 의약품제조업	C21	
27. 비금속 광물제품 제조업	C23	
28. 의료, 정밀, 광학기기 및 시계제조업	C27	
29. 그밖의 제품제조업	C33	
30. 하수 · 폐기물처리, 원료재생 및 환경복원업	E	
31. 운수업	H	

해당 기업의 주된 업종	분류기호	규모 기준
32. 출판, 영상, 방송통신 및 정보서비스업	J	평균매출액 등 800억원 이하
33. 전문, 과학 및 기술서비스업	M	평균매출액 등 600억원 이하
34. 사업시설관리 및 사업지원서비스업	N	
35. 보건업 및 사회복지서비스업	Q	
36. 예술, 스포츠 및 여가관련 서비스업	R	
37. 수리 및 기타 개인서비스업	S	
38. 숙박 및 음식점업	I	평균매출액 등 400억원 이하
39. 금융 및 보험업	K	
40. 부동산업 및 임대업	L	
41. 교육서비스업	P	

비고 : 해당 기업의 주된 업종의 분류 및 분류기호는 「통계법」 제22조에 따라 통계청장이 고시한 한국표준산업분류에 따른다.

 조기폐업에 따른 사회적 손실

(1) 창업초기 폐업율이 높은 이유는 무엇일까?

현재 국내기업들의 생존실태를 보면 창업기업 70.4%가 5년 이내에 조기폐업을 하는 실정이다. 다생다사생명구조(多生多死生滅構造)에서 혁신적 개혁이 필요한 시점에 있다. – 창업기업 38.7%가 1년만에 폐업, 70.4%가 5년만에 폐업하는 실태를 직시하고 이에 대한 대안이 요구되고 있다. 국회산업통상자원위원회 2015년 10월 10일 국회에서 열린 중소기업청 국정감사에서 창업기업조기폐업실태가 보고된 바에 의하면 중소기업청은 그동안 지속적인 창업지원정책을 실시한 결과, 2014년 상반기기준 신설법인수는 전년 동기(37,913개) 대비 9.4%가 증가하여 최초로 4만여개(41,485개)의 창업기업을 배출했다고 보고되고 있다.

우리나라 기술창업의 스타트업은 오래 유지발전하지 못하고 3년 후 생존율은 41.0%로 17개 OECD(경제협력개발기구) 회원국가 중 최하위에 있으며, 10년 이상 생존하는 기업은 8.2%에 불과한 형편이다. 김보경 국제무역연구원 연구원은 창업중소기업은 창업 후 3~7년에 찾아오는 매출정체와 자금고갈의 위기로 이른바 데스 밸리(death valley)를 못 넘기는 스타트업이 많다고 지적했다.

창업가들과 벤처투자자들은 그 원인으로 벤처금융환경의 문제점을 꼽는다. 기업은 자금을 확보하고 투자자는 투자금을 회수할 출구(exit · 엑시트)가 너무 좁다는 것이다. 증시상장과 인수합병(M&A)이 대표적인 스타트업의 엑시트(exit) 방법이다. 하지만 우리나라에서는 쉬운 것이 하나도 없다. 페녹스 벤처캐피탈의 유석호 대표는 한국에선 증시상장조건이 까다로워(상장까지) 평균 11~12년이 걸리고, 삼성과 현대차같은 큰 기업은 스타트업 인수에 전혀 관심이 없다고 말했다. 그 이유는 무엇일까? 가치성의 문제일 것이다. 벤처금융이 한국 창업생태계의 약한 고리인 셈이다. 스타트업은 대체로 수익구조가 취약하기 때문에 미국과 이스라엘 등 창업선진국에선 인수합병을 통해 투자자는 투자금을 회수하고, 스타트업은 사업자금을 마련해 생존을 보장하는 모델이 정착되어 있다. 벤처기업협회는 미국은 스타트업의 50% 이상이 구글같은 대형기업에 M&A되는 형식으로 엑시트를 하는 반면 우리나라 스타트업의 M&A 엑시트비중은 단 2.1%에 불가하다고 했다. 상기와 같이 조기폐업사태가 과다하게 발생함으로 경제적 손실은 물론 사회안정적 측면에서 매우 혼란스러운 상태를 야기해 국가발전에 장애를 가져오는 저해적인 원인이 되고 있다. 이러한 상태들을 방지하거나 최소화할 수 있는 방도는 없을까? 이에 대한 고민이 본권의 주제적 기술의 배경이다.(장수기업의 특성, TheLivingCompany저자 제우스)

(2) 조기폐업사태는 심각한 경제손실과 사회적 문제야기

한기업이 사업적 실패로 폐업에 이른다는 것은 한 경영자의 물적 · 경제적 막대한 손실은 물론 사업연관성있는 이해관계자 모든 분들에게 피해를 수반하게 된다. 기업실패(Corporate Failure)는 기업가뿐 아니라 다양한 이해관계자 모두에게 경제적,사회적, 심리적, 관계적으로 막대한 손실을 초래한다(Ucbasaran, Shepherd, & Lyon, 2012). 중소기업청 발표에 의하면 폐업기업으로 인한 경제적 손실은 2006년도 기준 약 6.3조 원(당해년도 GDP)의 0.7%가 손실을 가져온다고 한다.

폐업법인수 2006년도 37,625개 → 2010년도 54,829개 : 2006년도 손실액을 기준으로 단순추정하면 2010년도 약10조 원(46% 증가) 수준의 직접 경제적 손실비용이 발생한다. 현재 대기업 및 중소기업 공히 전체기업 중 약 20% 정도가 부실기업으로 분류된다. 한국경제연구원(2011)은 기업부문 부실채권 신규 발생분은 약 13조 8천억원, 이중 중소기업이 약10조 3천억원이 해당된다. 금융감독원(2012.09)의 발표는 사업하다 실패하게 되면 가정이 파탄되고 개인이 몰락하는 패가망신(敗家亡身)으로 사회문제를 가져오게 된다고 말하고 있다. 한국기업의 생태계는 매우 높은 수준의 실패비용이 존재함으로 이를 방지하는 보완책을 필요로 하고 있다.

투자자가 직접 경영하는 기업이 부실을 가져올 경우 문제해결의 시점을 놓쳐 실패비용이 상대적으로 높을 수가 있다. 왜냐하면 소유개념으로 안일하게 대처하는 경우를 말한다. 반대로 전문경영인에 의해 경영되는 경우는 단기성과의 도출목적으로 긴장과 세심성이 보다 높게 나타나 부실방지의 결과를 가져오는 효과를 높일 수 있다. 소유자 직접 경영의 기업경영실패는 단순기업실패로 끝나는 것이 아니라 가족의 신용과 채무관계로 이어져 가정이 파산되는 문제의 심각성이 확대되고 있으며 사회문제로 야기되는 경우도 있다.

기업인의 경영전략과 경영역량은 외적인 형식적 요소와 내적인 암묵적인 요소가 결합하여 경영능력으로 발휘되며 역량의 배양은 상당기간 학습과 경험에 의하여 내재화된다. 특별창업의 경우에는 창업목적과 기회의 결합이 중요하며 목적자원의 조달구성상품의 생산, 목표상품의 마케팅 경영관리의 체계화 등 광범위한 영역이 관리되어야함에 유의하여야 한다. (산업경제 KIET, 2013.2)

(3) 업종별 평균 생존율 → 창업기업의 생존율

우리나라 창업기업 중 36.3%는 1년도 채 버티지 못한 것으로 나타났다. 통계청의 2019년 기업생멸행정통계 결과에 따르면 2019년 경제활동을 시작한 신생기업은 99만 7,000개로 전년보다 8.4% 급증했다. 2014년 신생기업이 12.6% 증가한 후 증가폭이 가장 컸다. 법인기업은 7만 6,000개로 전년 대비 10.3%, 개인기업은 92만 개로 전년 대비 8.2% 증가했다.

신생기업의 89.6%인 89만 3,000개는 종사자가 한명뿐인 1인 기업이었다. 신생기업 중 종사자 1

표 1-2 2018-19년도 업종별 기업생멸 현황

(단위 : 천개, %)

산업 대분류	활동기업				소멸기업		
	2018	2019	전년비	구성비	2018	전년비	구성비
전 체	6,250	6,527	4.4	100.0	692	-0.9	100.0
3년 이하	2,678	2,734	2.1	41.9	433	0.7	62.6
4~6년	1,017	1,111	9.3	17.0	102	0.8	14.8
7~9년	657	689	4.8	10.6	51	-7.0	7.4
10~19년	1,367	1,393	1.9	21.3	79	-5.1	11.5
20년 이상	531	599	13.0	9.2	26	-6.1	3.8

표 1-3 업종별 2014년도별 평균 생존율(중기청 통계)%.

No	업종	1년후	2년후	3년후	4년후	5년후
1	평균(통계청)	61.3	48.4	40.5	35.1	29.6
2	제조업	68.8	56.9	49.5	44.5	41.0
3	전문, 과학서비스업	62.0	49.6	42.4	38.2	35.4
4	사업 서비스업	51.9	38.4	30.0	24.3	19.3
5	도·소매업	56.7	43.6	35.8	30.5	26.7
6	음식, 숙박업	55.3	38.4	28.9	22.5	17.7

자료 : 중소기업청 통계표

인 기업은 2018년 소멸한 기업의 91.6%를 차지할 만큼 경기변동에 민감하다. 1인 기업의 대표자 연령대는 40대(27.7%)가 가장 많았다. 50대는 25.7%였는데 전년 대비 증가율이 9.2%로 높았다.

2018년 소멸한 기업은 69만 2,000개로 1년 전보다 0.9% 감소했다. 2017년에는 소멸기업이 전년 대비 11.5% 증가했으나 2018년에는 감소로 돌아섰다. 활동기업중 소멸기업비율인 소멸률은 11.1%로 2017년(11.5%)보다 낮아졌다. 소멸기업 중 법인은 4만 5,000개로 8.5% 증가한 반면 개인은 64만 7,000개로 1.5% 감소했다. 한편 2013년 창업한 기업의 5년 생존율은 31.2%였다. (KIET 산업경제, 2013.2)

3. 한국산업경제 안정적 성장의 길

(1) 한국경제의 현주소

우리나라 경제의 새로운 진로는 새로운 동력을 찾아내는 것으로 새로운 아이디어로 많은 창업이 이루어져 창조경제의 근간을 이루었을 때 새로운 동력으로 활성화될 것이다. 그러기 위해서는 창업의 초기단계에서부터 면밀한 조사와 정보에 입각해 창업자의 전문적인 능력에 대입하여 가치성의 판단후에 착수한다면 조기폐업사태를 상당수 막을 수 있을 것이다. 더 나아가 장수기업으로의 초석이 놓아지고 기업체질이 변화될 것이다. 스티브 하우 언스트&영 미주총괄 회장은 매일경제주최 제5회 글로벌 한인금융인포럼에 참석해 50년 전 모잠비크와 볼리비아보다 못살았던 한국이 1인당 국민소득 2만 8000달러로 뉴질랜드와 스페인을 능가하는 나라가 됐다. 하지만 어려운 시기에 직면했으며 새로운 도전을 받고있다며 이같은 해법을 내놨다. 하우회장은 한국의 현주소에 대해 수출시장은 약해지고 외국기업과의 경쟁도 치열해졌다며 급증하는 가계부채, 인구고령화, 청년실업률도 커다란 장애물이라고 설명했다. 이같은 현실에서 한국경제에 세 가지 분야의 구조적인 체질변화를 제안한 것이다.

(2) 금융선진화와 기업가정신

하우회장은 금융선진화와 관련해 한국이 세계시장에서 차지하는 위상에 비해 금융분야는 크게 뒤처져있다고 지적했다. 세계경제포럼(WEF)의 올해 국가경쟁력 평가에서 한국은 26위였지만 금융시장 성숙도분야에서는 87위에 있다. 하우회장은 위험을 회피하는 보신주의를 없애고 핀테크 등을 통해 금융분야개혁에 나서는 정부의 노력에 성과가 있기를 기대한다고 주문했다. 한국사회의 구조적 인식이 개혁되지 않으면 미래의 전진은 점점 힘들어진다.

모든 사회적 기능이 자유시장경쟁원리에 의하여 잠재력이 소생되어야지 법의 보호나 법의 권리를 지나치게 주장하면 산업사회는 발전을 지향하지 못하고 하행할 우려를 갖게 된다. 사람은 생각하는 대로 산다. 그러지 않으면 사는대로 생각하게 된다. 고정관념으로부터 탈피하지 못하면 올바른 문제인식이 부족하게 되고, 문제의 본질에 대한 정확한 인식부터 바꾸기 어려워서 문제해결을 지연시켜 경쟁력은 낙오될 수밖에 없다.

기업가정신은 혁신을 통해 성과를 창출하는 기업인의 의지와 능력으로 정의하고 있으며, 일반적인 기업가정신은 혁신의지측면에서 초점을 맞추어지는 경향이 있지만 그러한 의지의 실행을 구체화할 수 있는 능력이 있을 때, 실제적인 결과를 가져올 수 있는 기업가정신은 환경요인에 의해 규정되면서(종속변수로서의 기업가정신) 다시 환경요인을 바꾸어가는(독립변수로서의 기업가정신)으로 양면성을 갖게 되었다.

기업활동에 전념하는 기업가의 마인드나 세계화의 무한경쟁시대의 도래 중소기업보호정책의 폐기의 흐름속에서 중소기업의 리스크는 높아지고 기대수익은 줄어드는 현실에서 기업가정신에 입각한 창조적 대응력은 절실히 필요하다. 기업가정신은 양질의 제품과 서비스부가가치와 일자리 등을 창출하는 새로운 원동력으로 작용하고 있다. 실제로 기업가정신이 높은 기업들은 대기업보다 더 많은 일자리를 만든 것으로 조사되고 있다. (강소기업 육성방안, librarv.kiet.re.kr)

(3) 한국경제 새로운 활력

한국경제에 새로운 활력을 높이려면 유휴(遊休)고급인력을 적극 활용하라고 조언한다. 다시 말하면 지식적 집약산업으로 경쟁력을 높이려면 구성원의 지식수준이 높아야 되므로 유경험 시니어 지식인의 흡수와 고급지식 여성의 활용도를 높여나갈 때 새로운 경쟁력이 나타날 것이라 말한다. 미국 언스트&영의 여성채용 비중은 46%에 달하지만 한국의 산업현장에서는 노동인력부족을 호소하지만 수많은 시니어 기술인력이나 고급여성인력의 활용은 소외되고 있다는 지적이다.

유휴유경험 기술인력의 재활용과 여성지식인력 비중이 늘어날수록, 한국 국내총생산(GDP) 증가에도 긍정적으로 작용할 것이라며 직장내 양성평등과 연령을 초월한 기술경쟁의 풍토조성으로, 실력과 결과가 입증되는 기업능력으로 승화되어 경쟁력이 강화함으로써, 결과적으로 수익성 향상되고 기업은 성장되는 경영혁신을 가져와 경쟁력 있는 기업으로 발전될 것이다.

한국경제의 긍정적 부분에 대해서 하우회장은 한국의 높은 교육열과 대학진학률이 어느 나라보다 높으며, 과학과 기술분야에서도 우수성이 최고이고 인터넷속도, IT, 통신도 탁월하며 교통서비스면에서도 세계에서 주목받고 있다고 말한다. 한국의 이러한 잠재능력 때문에 과거 모잠비크보다 못살었던 한국경제가 뉴질랜드를 넘보는 경쟁력을 갖추고 발전하는 것으로 평가되고 있다. 이러한 평가가 지속으로 상승되기 위해서는 구성원들의 혁신적 사고의식과 우리의 기업풍토쇄신이 절실이 요구된다 하겠다.

비선형적(non-linear) 변화의 시대인간은 살아감에 있어 미래를 추구하며 살아간다. 누구나 행복하기를 원하고 잘살기를 원한다. 그러나 그 목적을 실현하는 사람이 있는가하면 그러지 못한 사람도 있다. 인간은 미래의 변화를 선형적으로 예측하는 경향이지만 실제로 변화한다는 것은 비선형적으로 일어나는 경우가 많기 때문에 예측이 빗나가는 경우가 적지않게 생겨난다. (경영경제기업분석, 강소기업의 특성 naver)

 새로운 기업문화 창달

(1) 창조와 선택으로 미래개척

미래는 예측이나 계산의 대상이 아니고 창조와 선택의 대상임을 알아야 한다. 과거의 방법이 통용되지 않는 시대로 변하여 가고있음을 인지하고 변화의 속도보다 혁신의 속도가 빨라야 생존할 수 있는 시대로 접어들고 있다. 시장환경의 변화이상으로 스스로를 혁신하지 않으면 한계기업화되거나 퇴출의 길을 걸을 수밖에 없음을 자각하고 대응능력을 길러야 한다.

본장에서는 이러한 사항들을 예방하고 대응하는 역량의 집약은 새로운 질서의 기업풍토조성과 자아의식의 개혁에 따른 창조성과 기업가정신에 의의를 둔다. 실적을 통해서 잠재력을 파악한다. 자신이 현재 맡은 일에 100% 집중해서 남보다 더 잘해야 한다. 잘나가던 사람들이 망치는 경우를 여러번 목격하게 된다. 그것은 다음에 어떤 일을 맡을지 너무 신경을 쓴 나머지 지금하는 일을 제대로 하지 못하기 때문이다. 경영진은 실적을 통해서 잠재력을 파악하자 잠재력을 통해서 실적이 표현되는 것이다. (전략지향성 및 동적역량, 한양대 전재일 2016.2)

우리자신은 우리가 할 수 있다고 느끼는 것으로 우리자신을 판단한다. 반면 다른 사람들은 우리가 이미 해놓은 실적을 보고 우리를 판단한다고 헨리 에즈워드 롱펠로우가 말하였다. 성과중심의 문화를 만드는 것, 조직원 모두가 남다른 우수성을 추구하게 하는 것, 평범함이 조직에 숨어들지 않게 하는 것, 이것이야말로 탁월한 성과를 창출해내는 리더십의 기본이라 생각한다. (칼리 피오리나 Hp CEO)

(2) 강소기업 육성과 기술혁신 역량강화

산업화초기에는 수요 대비 공급이 부족하여 생산성 향상위주로 대량생산체제를 유지하는 제도역량을 집중하였으며 산업의 다양화 이후 고품질과 신뢰성, 적기납품과 서비스, 신제품개발과 유연한 업무시스템, 효과적인 이익분배 등이 경쟁우위의 중요요인으로 등장하였다.(Skinner, 1974, Gallon et al, 1995)

강소기업의 발전 및 육성을 위해서 강소기업들은 성공의 함정 및 기술지상주의를 극복하기 위해 경험과 노하우를 공유하고 수용하기 위한 학습조직시스템을 구축할 필요가 있었다. 급속성장에 따른 성장통을 극복하고 성장패턴에 따른 성공함정의 위험에 대비하기 위해 경영관리체계의 개선 및 내부혁신시스템을 구축할 필요가 있다.

또한 매출정체에 의한 성장의 한계성을 극복하기 위해 새로운 비즈니스 모델에 대한 정보탐색과 신 시장개척을 위해 적극적인 모니터링시스템을 도입할 필요가 생기였다. 다양한 협력적 네트워크의 구축 그리고 개방형 혁신체계의 구축이 필요하며, 특히 기술에서 강점을 갖는 벤처기업은 물론 영업과 유통에서 강점을 갖고있는 대기업과 적극적인 상생관계를 구축하는 것이 필요하게 되었다.

이에 따라 특허관리를 통한 진입장벽의 구축이 필요하며 이를 위해 CEO와 임원의 특허관련 역량개발과 마인드의 고취가 요구된다.

정부는 강소기업을 21세기 선진경제의 중요한 주체로 인정하고 이들의 성장패턴에 따라 다양한 육성정책을 개발할 필요가 있다. 우선산업의 허리역할을 하는 예비중견기업으로서 강소기업을 육성하기 위한 정책기반을 마련하고 장인형 강소기업을 글로벌 히든챔피언으로 성장시키기 위한 정책대안을 개발해야 한다. 또한 개척자형, 마케팅형 강소기업들이 새로운 비즈니스 모델을 제안하고 신시장을 적극적으로 개척하도록 이들을 전략혁신형 중견기업으로 성장시키기 위한 정책대안들을 개발해야 한다.(제조업육성을 위한 지원확대 및 개선방안연구 대전발전연구원, 김기희 2012. 9.12)

강소기업의 성공 및 실패사례의 개발과 지식의 공유시스템을 구축하는 것이 바람직하다. 이를 위해 강소기업 사례의 DB화를 추진하고 이를 체계적으로 활용할 수 있는 시스템을 구축할 필요가 있다. 강소기업들의 성장함정과 성장통의 극복을 위한 경영관리측면의 지원방안들을 고려할 필요가 있다. R&D지원에 있어 시장지향적 프로젝트의 우선지원을 고려할 필요가 있으며 중소기업의 R&D지원에 있어 실질적인 시장창출효과가 발생할 수 있도록 대기업과의 결합을 통한 시장확보형 기술개발과제를 과제선정단계에서부터 우선적으로 고려할 필요가 있다.

불공정거래의 개선 및 대·중소기업간 거래의 글로벌 스탠더드화를 통해 공정거래구조를 확립해가도록 관련제도들을 개선할 필요가 있으며, 신생창업기업, 벤처기업, 중견기업, 대기업 등과의 다양한 협력적 네트워크가 구축되어 강소기업중심의 생태계가 활성화될 수 있도록 하는 정책적 지원이 필요하다. 정부의 선제적인 R&D지원이 확대되고 조세지원 등을 통한 투자확대를 유도할 필요가 있으며 강소기업간 차별적 특성을 고려하여 차별화된 R&D지원배분 및 평가시스템 마련이 필요하다. 지역별 중소기업청을 중심으로 관련기관의 네트워크화를 통해 강소기업의 발전에 필요한 성장동력을 발굴할 필요가 있다.

강소기업의 지속적 발전을 위해서는 우수한 노동인력의 유입이 필요한 바 중소기업 종업원들에 대한 실질적인 지원이 이루어질 수 있는 정책적 대안이 필요할 것으로 보인다. 중소기업에 대한 자금, 기술개발, 경영관리 등 지원정책에 있어서 기업유형별 맞춤지원체계를 구축하기 위한 방안들이 보다 세밀하게 간구될 필요가 있으며 기업에 대한 직접적 지원도 중요하지만 산학연 공동프로젝트를 유도하는 형태의 지원도 적극 고려할 필요가 있다.(강소기업 특성에 따른 재무성과, 과기대 김종래2011.2).

(3) 각국의 중소기업지원제도 비교

1) 한국 중소기업지원정책

■ 중소벤처기업부에 의한 지원제도

- 중소벤처기업에 필요한 지원 프로그램의 집행은 해당 기능을 가진 다음의 산하기관에 의해 운영된다.
  - · 창업지원 : 창업진흥원
  - · 소상공인 및 전통시장지원 : 소상공인시장진흥원
  - · 기술개발지원 : 중소기업기술정보진흥원, 산업기술진흥원*
  - · 판로/수출지원 : 중소기업진흥공단, KOTRA*
  - · 융자 : 중소기업진흥공단
  - · 대·중소 상생협력 : 대·중소기업농어업협력재단
- 산업기술진흥원 KOTRA는 중소벤처기업부 산하기관이 아니지만, 해당 프로그램운영에 참여
- 중소벤처기업정책은 중소벤처기업부와 산하기관외에 협·단체와 같은 민간기관이 참여하는 지원체계속에서 운영

표 1-4 연도별 중소기업 정책자금지원실적

(단위 : 억원)

사업명	2014년	2015년	2016년	2017년	2018년
창업기원지원	13,400	15,000	17,500	20,500	20,460
투융자복합금융	1,500	1,000	1,500	1,500	1,700
신시장진출지원	3,500	3,500	3,500	5,750	5,900
신성장기반	8,650	11,270	13,950	12,300	10,800
재도약지원	1,700	2,120	2,550	2,550	2,790
긴급경영안정	1,546	6,000	6,100	3,750	2,500
소상공인	10,304	–	–	–	–
경영안정자금(이차보전)	–	–	–	–	–
소상공인(이차보전)	3,881	–	–	–	–
합 계	44,481	38,890	45,100	46,350	44,150

* 소상공인자금은 '15년 소상공인시장진흥기금 신설에 따라 소상공인시장진흥공단으로 이관

표 1-5 혁신성장 금융지원

(단위 : 억원)

지원시책명	개요
창업기원지원	사업성은 우수하나 자금력이 부족한 중소벤처기업 대상의 자금지원
투융자복합금융	융자에 투자요소를 복합적용한 자금지원
신시장진출지원	혁신성장 및 제조현장의 스마트화 자금지원
신성장기반	사업전환, 재창업을 통한 재도약을 위한 자금지원
재도약지원	재해 등 긴급한 자금소요 지원
긴급경영안정	우수기술 · 제품의 글로벌화를 위한 생산설비 및 운전자금지원

- 주요 민간참여기관 : 벤처기업협회, 중소기업중앙회, 한국벤처투자, 한국산학연합회, 민관합동스마트공장추진단, 중소기업은행 등

■ 중소기업지원정책(금융지원)

- (지원 프로그램 구조) 중기부는 융자지원, 보증지원방식에 의한 금융지원 프로그램을 운영

■ 융자

- 중기부는 기술력과 성장성은 유망하지만 민간금융기관의 이용이 쉽지않은 중소벤처기업, 스타트업, 재도약기업 등의 혁신성장을 위한 융자프로그램을 운영

2) 독일의 중소기업지원정책

■ 금융지원

독일연방정부의 중소기업금융지원은 일반적으로 KfW에서 실시하며, 유럽 회생프로그램(ERP; European Recovery Program) 자금을 활용한 지원프로그램을 운영이외에도 민간보증은행, 주정부의 은행 등을 통한 금융지원 실시한다. 창업과 성장단계별 금융프로그램을 마련하여, 융자, 투자, 보조금 등 중소기업을 위한 다양한 금융프로그램을 마련하고 있다.

■ 창업 · 기업가정신

- 독일은 2018년 11월 스타트업 이니셔티브 GO(Grundungs offensive)를 추진하며 창업의 확산을 도모한다.
- 창업문화확산을 위한 캠페인, 창업기업에 대한 디지털화 컨설팅확대, 가업승계 원활화를 기하며 여성기업가 정신교육 등을 실시한다.

표 1-6 중소기업 금융지원 프로그램

단계	프로그램
창업단계	ERP 창업대출(시드머니)(ERP–Grunderkredit Startgeld)
	ERP 창업대출(일반자금)(ERP–Grunderkredit Universell)
	ERP 창업투자(ERP–Kapital für Gründung)
	ERP 혁신금융(ERP–Innovationsfinanzierung)
	소액대출(Mikrokreditfonds Deutschland)
	EXIST : 학생, 졸업생, 연구원 등에 대한 보조금 프로그램, 연간 200개 프로젝트를 수행하며 최대 3만 유로의 비용과 5천 유로의 컨설팅 비용을 지급
	혁신 스타트업 투자 (High–Tech Gründerfonds (HTGF))
	INVEST(INVEST - Zuschuss für Wagniskapital) : 창업기업 투자자에 대한 보조금
창업단계	마이크로메짜닌펀드(Mikromezzaninfonds) : 여성 창업기업, 소기업, 실업자, 사회적기업 등에 대한 투자
	액셀러레이터(German Accelerator)
	보증은행의 보증(Ausfallbürgschaften der Bürgschaftsbanken)
	KfW 기업가 대출(KfW–Unternehmerkredit)
성장단계	KfW 기업가 대출(KfW–Unternehmerkredit)
	ERP 혁신 금융(ERP–Innovationsfinanzierung) : 혁신 추진기업에 대한 투자 및 융자
	ERP/EFI 펀드(ERP/EIF–Dachfonds) : 기술기업에 대한 벤처캐피탈 투자
	엔젤펀드(European Angels Fund Germany)
	개인투자자 매칭펀드(coparion)
	ERP/EFI/국가메짜닌 기금(ERP/EIF/Länder–Mezzanin–Dachfond) : 민간 메짜닌 펀드에 참여하여 기업에 투자
	KfW캐피탈(KfW Capital) : 벤처캐피탈에 대한 투자
	ERP 벤처캐피탈(ERP–Venture Capital Fondsfinanzierung) : 벤처캐피탈 투자
	ERP/EIF 성장펀드(ERP/EIF Wachstumsfazilität) : 성장기 기업에 대한 투자
	보증은행의 결합보증(Ausfallbürgschaften der Bürgschaftsbanken)
	연방 및 국가 재보증(Rückgarantien des Bundes und der Länder)
	벤처테크 성장금융(Venture Tech Growth Financing) : 유망기업에 대한 융자

자료 : BMWi(2020), Uberblick zu Forderinstrumenten zur Grundungs–und Wachstumsfinanzierung 정리

■ 혁신지원

- **산업체 공동연구**IGF(Industrielle Gemeinschaftsforschung) : 중소기업과 연구기관과의 협력형 연구프로그램에 대한 자금을 지원한다.

- 비영리기관 공동연구(INNO-KOM) : 온라인 플랫폼을 활용한 협력상대방의 탐색 및 연구프로젝트에 대한 자금지원
- ZIM(Zentrale Innovationsprogramm Mittelstand) : 신규제품, 기존 제품의 개선 및 공정개선 등을 추구하는 중소기업 및 연구기관과의 R&D 프로젝트지원

3) 일본의 중소기업지원정책

■ 중소기업기반 정비기구

경제산업성 소관 독립행정법인인 중소기업기반기구는 중소기업시책의 종합적인 실시기관으로 중소기업의 창업, 성장, 성숙기 전 단계에 걸쳐 지원업무를 수행

■ 창업기

- 보육사업 : 전국 29개 인큐베이터시설을 구축하고 산학연연계 및 네트워크 구축하여 지원
- TIP*S/BusiNest : 비즈니스 거점인 TIP*S 및 창업지원시설 BusiNest 운영
- 신사업창출 : 농공산제휴, 신연휴 등의 신사업지원

■ 성장기

- 판로개척 : 전시회, 상담회 등 전통적인 판로지원과 e-커머스 등 인터넷을 활용한 가상지원 등을 활용하여 국내외 판로지원
- 온라인매칭 : J-GoodTech(중소기업 매칭시스템)을 운영하여 기술기업과 수요기업의 효율적인 매칭지원
- 해외조사 : 해외 현지조사, 비즈니스 매칭, 전문가조언 해외진출초기부터 진출후에 다양한 지원을 실시

■ 성숙기

- 사업승계 : 전국에 설치된 사업승계지원센터의 사업승계 코디네이터를 통해 중소기업의 사업승계를 지원
- 사업재생 : 성숙기 중소기업의 활력을 찾기위한 재생펀드, 지원기관연계 등 지원
- 중심 3기 활성화 : 전문가 파견, 정보제공 세미나개최 등을 통해 3기중심 활성화를 지원
- 설비투자지원 : 중소기업 설비투자에 대한 대출 및 자문제공

4) 중소기업지원제도

■ 사업승계지원

- **중소기업재생지원, 사업승계지원사업** : 사업승계지원센터을 통한 사업승계 등에 관한 정보제공
- **개인사업자 사업승계세제** : 2019년부터 10년간 한정으로 다양한 사업용자산의 승계에 따른 상속세·증여세의 납세유예
- **법인사업자 사업승계세제** : 2018년부터 5년 이내에 특례 승계계획을 제출하고 10년 이내에 실제로 승계를 하는 자를 대상으로 비상장주식에 관한 증여세·상속세의 납세를 유예·면제하는 특례조치
- **중소기업·소규모 사업자의 사업재편 등에 관한 세부담의 경감조치** : M&A, 사업의 계속·기술의 전승 등 사업재편·통합에 대한 등록세·부동산 취득세 등 경감
- **소규모 기업공제제도** : 개인사업자나 중소기업 등의 임원이 예금을 적립하여 폐업이나 은퇴를 했을 때 공제금을 받는 제도

그림 1-1 중소기업 기반구축지원 서비스 모형

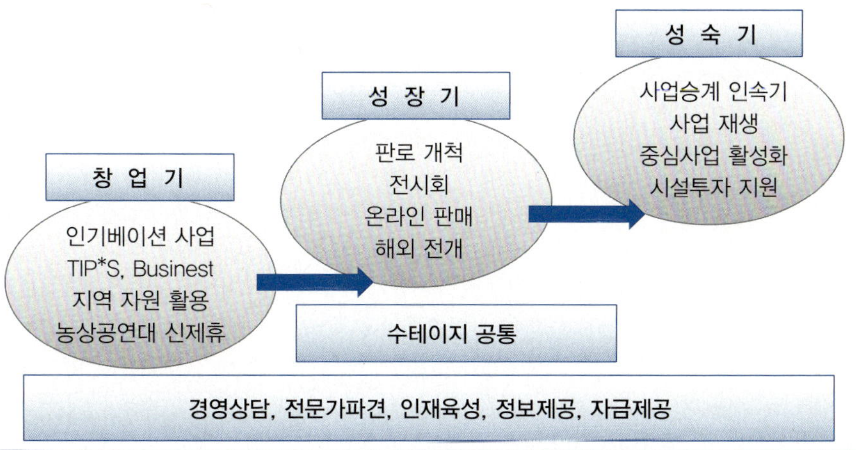

자료 : 중소기업기반정비기구 홈페이지(smrj.go.jp)

경영 성공포인트 ❶

용기를 갖고 전략을 수행하라. 세상은 넓고 할 일은 많다. 시야를 넓혀라

1. 우물안의 개구리로 주저 앉을 것이냐 용기를 갖고 도약하는 인물이 될 것이냐?

일반적으로 많은 사람들이 할 수 없다. 스스로 포기하는 경향이 있다. 이를 반대로 할 수 있다는 긍정적인 마인드로 사물을 관찰할 때 사항은 달라질 것이다. 기필코 성공의 각오로 행동으로 옮기는데서 희망의 싹은 보이기 시작한다. 일을 하다보면 장애물에 부딪쳤을 때 능력을 단계 업그레이드 할 수 있는 기회로 승화하여야 한다.

2. 마음을 바꾸면 운명도 바뀐다.

한 마디로 말하면 당신의 마음을 부정적 비판에서 긍정적이고 능동적이며 생산적으로 바꾸는 것이다. 성공하는 사람들의 생각과 실행법칙. 당신의 운명은 당신의 마음먹기에 따라 결정된다. 마음이 바뀌면 운명도 바뀐다. 마음의 부자가 되면 금전적 부도 따라온다.

제2절 한국 기업인 상혼의 원천

1. 한국인의 상혼과 세종의 지혜

(1) 세종대왕에게 길을 묻다

한국 기업인의 상혼(商魂)은 일찍 600년전 조선의 세종대왕은 사농공상관념에서 탈피해 즉위 초기부터 경제논리를 중시하여 도량형제도를 통일하는 등 민생문제에 몰두하였다는 그 시기부터 유래를 찾아 볼수 있을 것 같다. 세종대왕은 정책부작용을 없게 하려고 백성의 자율규제의 역량발휘를 우선시 하였음은 4차 산업혁명에 접한 우리의 현세대에 좋은 교시(教示)요 시사점이라 하겠다.

1) 세종대왕의 리더십 자율인가 규제인가

규제의 적용범위 및 강도를 둘러싼 논쟁은 시대와 국가를 막론하고 이행되었다. 산업혁명시기 마부들의 일자리와 안전문제 등을 고려해 자동차속도를 제한하고 마차의 뒤를따라 주행하게 한 영국의 '적기조례(Red Flag Act)'는 유명한 사례다. 일각에서는 이같은 규제 때문에 영국이 산업혁명을 제일 먼저 시작하고도 철강, 화학, 자동차 등 산업분야에서 미국과 독일 등 후발주자들에게 뒤처졌다는 분석도 나온다.

인공지능(AI)·자율주행차 등 신기술과 그 산업을 특징으로 하는 4차 산업혁명이 시작되고 있는 현재, 규제는 다시한번 사회의 뜨거운 이슈로 떠오르고 있다. 전례없는 기술과 사업모델이 속속 등장하고 있는 상황에서 이를 방해하는 기존규제를 없애야 한다는 입장과 각종 부작용을 방지하기 위해 규제가 필요하다는 입장이 충돌하고 있다. 규제는 국민지식수준과 비례되어야 효과적이다. 선도적인 발상력은 자유로운 경쟁력속에서 창출된다.

특히 한국은 과도한 규제로 많은 비판을 받아왔다. 대표적으로 미국의 차량공유기업 '우버'는 여객자동차운수사업법에 저촉돼 한국사업을 철수한바 있다. 문재인정부는 이같은 문제를 해결하기 위해 새로운 제품이나 서비스에 한해 일정 기간 동안 기존규제를 면제·유예해주는 '규제 샌드박스(Sandbox)'제도 도입을 추진하고 있다. (한국민족문화 백과사전 기업편)

2) 규제 샌드박스는 영국에서 처음 도입한 모델

규제 샌드박스를 통해 블록체인 기술을 활용한 국가 간 결제서비스를 만든 '에피파이트' 등 많은 스타트업이 다양한 비즈니스를 시험할 수 있었다. 이후 스위스와 싱가포르 등 10개국이 규제 샌드박스를 도입했고 한국, 미국, 일본 등 11개국이 도입을 추진하고 있다.

한편 외국의 모델만 좇아할 것이 아니라 과거역사에서 답을 찾아야 한다는 목소리도 있다. 박현모 여주대 교수가 대표적이다. 박 교수는 특히 조선시대 세종대왕의 정책에서 규제와 관련한 모범답안을 발견할 수 있다고 강조한다. 17년간 세종대왕을 연구한 그는 여주대 세종리더십연구소장을 맡고 있다. 삼성 SDS, 포스코 등 다양한 기업과 기관에서 세종대왕의 리더십에 대해 전달한 바 있다.

지금보다 국가의 개입이 현저히 많을 수밖에 없는 통치구조인 왕조국가에서 어떤 답을 찾을 수 있다는 것일까? 매일경제 비즈타임스는 세미나 '2018년 변혁기 혁신전략–세종대왕에게 길을 묻다.'에서 세종대왕시대의 규제정책에 대해 자세히 들어봤다. 이는 매일경제와 한국경영연구원이 공동주최하고 재단법인 장은공익재단과 세종리더십연구회 등이 후원기관·단체로 참여하는 세미나로 서울 그랜드 하얏트호텔에서 두 번째 세미나가 열렸다. 이날 세미나에선 박 교수가 발표를 맡고 김용준 성균관대 교수와 한정화 한양대 교수가 토론자로 참여했다.(600년 전 세종대왕 시장원리 선구자, news naver.com)

(2) 세종의 '세 가지 지혜'

1) 화매(和賣) : 시장원리 활용

조선시대하면 선비, 농민, 공장, 상인순의 사회계급을 나타내는 사농공상(士農工商)을 먼저 떠올리지만 세종대왕은 시장을 존중했다. 그래서 세종대왕이 재위 3년째인 1421년 곡물상의 도량형 농간문제를 해결하기 위해 펼친 정책을 대표적인 예로 들었다. 당시 곡물을 파는 상인들이 저울무게를 조작해 부당한 이득을 취하는 것이 문제가 되자 담당관서에서는 나라에서 일률적으로 저울을 만들어 배포하는 동시에 엄하게 처벌할것을 제안했다. 국가에 의한 규제강화를 해법으로 내놓은 것이다.

저울을 더 많이 만들어 경시서(물가조절기관)에 두어 백성들로 하여금 자유롭게 사가도록 하라.(세종실록 3년 8월 18일) 하지만 세종대왕의 답은 뜻밖이었다. 저울을 만들되 일방적으로 나눠주는 것이 아니라 돈을 주고 사가게 한 것이다. 박 교수는 이에 대해 "일방적으로 배포할 경우 필요없는 사람도 받아가 재정이 낭비될 수 있고, 배포권한을 가진 관리들이 농간을 부릴 수 있는 부작용을 방지하기 위한 것이라고 설명했다. 비록 국가에서 판매하기는 하지만 시장원리를 도입해 각종 부작용을 사전에 차단하면서도 불량저울이 자연스럽게 도태되도록 한 것이다.

세종대왕 실록에 보면 '조화로운 판매'라는 뜻의 화매(和賣)가 굉장히 많이 나온다. 각종 사회·경제문제를 해결하기 위해 시장거래를 유용한 해결책으로 삼은 것이라고 설명했다. 이로 인해 나라에서 만든 정확한 저울이 자연스럽게 퍼져나갔고, 불량저울은 점차 줄어든 것으로 알려져 있다. 실제로 시행 이후의 기록을 보면 저울 1500여 개가 전국으로 퍼져나갔으며 이후 더 많은 저울을 만들어 판매하게 한 것을 확인할 수 있다. (세종대왕 시장원리 선구자, news.mk.co.kr)

2) 민력물상(民力勿傷) : 백성에 모든 답이 있다

민력물상은 '백성의 힘을 상하게 하지 않는다'는 뜻으로 세종대왕의 정책철학을 잘 보여주는 말이다. 세종대왕은 문제도 백성에게 있고 해법도 백성으로부터 나온다고 믿었다. 백성 간 자율적 해결을 강조한 정책사상이 시장원리 도입의 바탕이 됐다고 설명했다. 세종이 이러한 철학을 갖게 된 데 대해 백성들이 스스로 학습해 현명하게 생각하고 판단할 줄 알아야 제도가 제대로 시행된다고 믿었다. 세종대왕 재위 13년째인 1431년 화폐사용을 장려하기 위해 펼친 정책을 사례로 제시했다.

당시 조선은 백성들의 화폐활용도를 높이기 위해 군량미로 보관하고 있던 쌀 3000석을 백성들에게 화폐를 받고판매했다. 그저 화폐를 사용하라고 강제한 것이 아니라 이번에도 시장원리를 도입한 유인책을 생각해낸 것이다. 하지만 조선은 곧 그 부작용에 직면했다. 관리들에게 연줄이 닿는 힘있는 자들만이 구매기회를 얻는 것이었다.

당시 대책으로 쌀을 사려는 사람들의 인원수와 금액을 미리 파악해 골고루 나눠주는 방안과 노약자들은 따로 줄을 서게 하자는 방안 등이 나왔지만 세종대왕은 이를 채택하지 않았다. 각각 관리들이 권한을 악용할 우려가 있고 부유한 백성은 두 곳에 다 줄을 설 수 있는 반면, 가난한 백성은 생계문세로 인해 한곳밖에 줄을 실 수 없어 불공평하다는 이유였다.

세종대왕은 대신 판매장소를 세 곳으로 나눠 일정간격으로 예고없이 불시에 판매하게 했다. 더 많은 백성이 이용할 수 있게 하기위해 판매창구를 분산하되 예고를 없애 정보의 독점문제를 해소한 것이다. 이 정책에 대해 그러면서도 일정간격으로 판매하게 한 것에 주목해야 한다고 강조했다. 예고는 없지만 일정한 간격이 있기 때문에 백성들이 이를 학습해 자신에게 가장 유리한 판매장소를 효율적으로 이용할 수 있다는 것이었다.

세종대왕의 정책과 규제에 대한 철학은 이 부분에서 단적으로 드러난다. 정책을 시행할 때는 물론이고 그 부작용을 막을 때에도 백성들의 자율성과 시장원리를 우선으로 삼은 것이다. 백성들은 스스로 가장 효율적인 방법을 생각함으로써 자기결정력을 높일 수 있다면서 이것이 훈민정음을 발포하고 해시계와 물시계를 개발한 업적의 밑에 깔려있는 핵심철학이라고 설명되고 있다.(세종대왕 시장원리선구자, 매일경제)

3) 자부지자(自不知者) : 싱크탱크 통한 철저한 검증

■ 자부지자

세종대왕이 가장 많이 한말 중 하나가 나는 잘 알지 못한다는 뜻의 자부지자였다. 세종대왕이 모든 해결책을 스스로 생각해낸 것은 아니라고 설명했다."세종대왕의 정책뒤에는 집현전과 경연이라는 두 싱크탱크가 있었다. 세종대왕은 이를 통해 정책을 철저히 검증했다. 특히 세종대왕이 새로운 제도를 도입할 때 집현전을 통해 이와 관련된 과거사례를 철저히 검증하게 했다고 설명되고 있다.

당시 어떤 문제를 해결하기 위해 어떤 정책을 펼쳤는지, 그 효과는 어떠했고 부작용은 무엇이었는지를 최대한 참고해 정책을 결정하게 한 것이다. 이후엔 집현전 학자와 실무 담당자들이 모여 토론을 하는 경연을 통해 다양한 측면에서 다시 한번 검증하는 과정을 거쳤다. 세종대왕은 총 1989회의 경연을 연것으로 유명하다.

이 같은 철저한 검증을 통해 정책이 정해지면 이후에는 일관되고 지속적으로 추진한 것, 역시 세종대왕의 정책이 성공할 수 있었던 요인으로 꼽고 있다. 앞서 언급한 도량형정책은 세종 3년부터 13년까지 총 10여년간 이뤄졌다.

■ 2018년 변혁기 혁신전략 – 세종대왕에게 길을 묻다

토론에서는 최근 한국정부가 가상화폐규제수립과정에서 보인 모습을 놓고 쓴소리가 이어졌다. 먼저 김용준 성균관대 교수는 "지금 정부는 규제를 만들어 주지않으면 국민을 행복하게 만들어 주지 못한다고 생각하는 것 같다고 지적했다. 가상화폐 거래소를 완전히 폐지하는 방안 등 과도한 규제가 논의된 것을 지적한 것이다.

김 교수는 잠깐 혼란이 있어도 차라리 규제를 만들지 않는 것이 후대에 더 긍정적으로 평가받을 수 있다면서 세종대왕 시대에 백성이 스스로 학습해 현명한 결정을 내렸듯, 국민들로 하여금 시장의 움직임과 판단을 기다리는 법을 배울 수 있는 기회를 줘야한다고 조언했다.

한정화 한양대 교수는 전문가 간에도 의견이 갈리는 문제인데 깊은 연구가 이뤄지지 않고 정책이 발표됐다면서 절차상 문제를 제기했다. 실제로 규제를 마련하는 과정에서 정부 부처간 혼선을 보여 투자자들이 실질적인 피해를 입기도 한 것으로 알려졌다. 세종대왕이 집현전과 경연을 통해 참고사례를 연구하고 다양한 담당자의 의견을 들은 것과는 달리 충분한 검증과정을 거치지 않은 것이다.

토론자들은 이외에도 한국정부가 전반적으로 과도한 규제정책을 펴고 있다면서 이에 대한 대책과 변화를 촉구했다. 그 중에서도 공직사회의 문화개선이 시급한 과제로 꼽혔다. 규제를 직접 적용하고 시행하는 공직사회가 관습에 젖어 새로운 기술과 사업모델 등을 포용하지 못하면 아무리 좋은 규제를 만들어도 원래 취지에 맞게 잘 시행될 수 없기 때문이다.

한 교수는 현재 공직사회는 무력감에 젖어 있다고 지적하며 민간전문가를 적극 활용해야 한다고 강조했다. 그는 장기적인 문화와 제도개선을 주문하면서 단기적으로는 적절한 인재를 채용하는 것이 가장 빠른 방법이라며 다양한 혁신경험이 있을 뿐만 아니라 불합리한 규제의 맹점을 실제로 겪어본 민간전문가들을 채용해 권한을 줄 필요가 있다"고 말했다. (한국경영연구원, 세종리더십연구회)

(4) 한국 기업가 몸속엔 상혼의 피가 흐른다

1) 한국경제의 근원(根源)

한국의 경제기적은 어디에서 비롯된 것일까? 바로 '상인정신'이다. 한국 100대 기업창업주는 대부분 상인출신이다. 중국인과 유대인 상술 못지않게 조선후기 개성상인, 경성상인, 동래상인, 의주상인, 평양상인에서 시작된 300년 상혼은 한국을 도약시킨 밑거름이 되었다. 한국경영사학회는 '한국경영 역사에서 길을 묻다'를 주제로 한국경영뿌리를 짚어봤다.

한·일 양국의 경영사학자 100명 중 85%가 '시간은 걸리겠지만 한국이 일본경제를 추월하는 때가 올 것'이라는 예상을 내놓고 있다. 그것은 한국인의 천부적인 기능적 창의정신과 개척과 도전정신에 기인된다. 특히 한국기업인의 기업가정신(Entrepreneurship)을 높이 평가하고 있기 때문이다. 상인열전(이수광 지음)에 따르면 조선개성 거상 임상옥은 인삼독점권을 얻어 중국과 무역하며 중국상인들의 독선적 행동을 억제하여 '인삼왕'이 되었다.

무역왕 최봉준은 러일전쟁(日露戰爭)이 한창일 때 포화속을 누비면서 러시아군대에 소를 납품하는 직업의식이 생명보다 중요시 여기는 상혼정신(商魂精神)을 보여 주었다. TV 드라마로도 전파를 타고있는 제주 여성상인 김만덕은 육지병영 상인과 섬을 잇는 객주(도매상)로 조선최고거상이 됐다. 보부상 백달원은 '고객들에게 폭리를 취하지 않고 해코지를 하지 않는' 500년 보부상 철칙으로 조선상권을 장악했다.

호암 이병철 회장은 1950년대초 부산에서 제일제당을 시작으로 사업을 시작하여 1950년대 중반 대구에 제일모직건립으로 이어져 오늘날 삼성그룹을 일궈냈다. 창업후 1950년대 후반부터 1~2년에 한 개씩 새로운 기업을 세웠다. 1970년대에는 노익장을 과시하며 경박단소(輕薄短小)의 전자분야 반도체창업을 총지휘했다. '보보시도장(步步是道場)', 즉 한 걸음 한 걸음이 인생이라는 생각아래 끊임없이 사업을 일으켰다.

한국경제 개척자 정주영 회장은 쌀가게 '복흥상회'를 시작으로 현대그룹을 일으키는 기적을 창조했다. 불굴의 기업가정신의 상징이다. "이봐! 해봤어?"를 입에 달고 살았다. 그는 쌀가게를 하며 번돈과 차입금으로 자동차수리공장 '아도서비스'를 인수하는 M&A를 처음으로 단행한다. 아도서비스는 오늘날 현대자동차를 잉태한 배경이 됐다.

구인회 회장은 한국 최초로 플라스틱 사출성형기를 국내에 들여온 선구자다. 1965년 처음으로 치약을 생산했고 국내 첫 전자회사 금성사(현재 LG전자)를 만들었다. 그는 '최초'를 실천한 도전·개척정신의 상징이 됐다.

최종건 회장은 자신이 다니던 선경직물을 인수해 1953년 SK를 창업한다. 한국 최초로 100년 기업을 일군 두산창업자 박승직은 면직물을 등에 지고 전국으로 장사를 다니던 보부상출신이다. 구한말 두산시초가 된 '박승직 상점'을 이어받은 박두병 회장은 13개 회사를 설립 또는 인수하는 기업가정신을 발휘했다.

작가 이수광씨는 상인으로 성공하기 위해 한국인들은 강한집념, 기회포착능력, 시세파악능력을 발휘했다며 한국상인의 성공요인은 사람을 보는 상인(相人), 재산을 보는 상택(相宅), 사람을 부리는 용인(用人), 뜻을 세우는 입지에 있었다고 설명했다. 그는 성공한 상인들은 돈을 벌기위해 먼저 뜻을 세우고 장사를 해서 돈을 모은 뒤 사업을 대형화하는 전략을 선택했다고 분석했다.

한국경영사학 김신 회장은 한국기업의 도약은 고대로부터 내려온 한국인의 상인정신이 발현된 것이라며 한국상혼은 한국기업인 내면에 깊이 숨어있는 것으로 봐야한다고 말했다. (한국기업의 뿌리 500년 상혼추적. m.blog.daum.net)

2) 네버엔딩(Never Ending) 상혼

현대 한국경제 기적의 뿌리를 우리는 어디에서 찾아야 할까. 은자의 나라 조선에서 상인이라는 존재는 역사의 베일에 철저히 가려 있었다. 그럼에도 한국역사속에는 거상들이 자리잡고 있다. 평양유상, 의주만상, 한양경상, 동래내상, 개성송상은 16세기 이후 한국인 상인혼을 잉태시켰다. 그리고 그 혼은 500년 넘게 면면히 끝나지 않고 이어져 한국을 도약시키는 힘의 원천이 되고 있다.

3) 京商(京城商人)

한강에서 배를 통해 전국 각지의 곡물과 상품운송 지역별 물가파악(物價把握)…가격차를 이용한 거래로 부(富)를 축적농업이 주였던 한양, 대규모 상업도시로 진화시켰다 서울(한양)은 예나 지금이나 모든 물자와 사람이 모이는 곳이다. 서울, 이 중에서도 한강은 물품운송수단이기도 하면서 반면 사람들의 자유로운 통행을 가로막는 장애물이었다.

당시 한양에서 활동하던 경성상인은 경강(한강 옛이름)에서 배를 통해 전국 각지의 곡물과 상품을 운반했다. 이들의 배는 탁월한 항해술을 가지고 있어 오히려 관선보다 더 선호되기도 했다. 정조시대에는 임금이 이동할 때 한강에 놓던 배다리(주교선)를 설치하는 데도 경강선이 활용될 정도였다. 경성상인은 주교선에 경강선이 편입되면서 세곡(나라에 세금으로 바치던 곡물)을 운송할 권리를 보장받게 된다. 또한 전국을 돌아다니는 운송업 특성을 전략적으로 이용해 지역별물가를 누구보다도 빨리 파악함으로써 가격차를 이용한 거래로 부를 쌓았다.

4) 松商(松都.開城 商人)

송도사개치부법(松都四介治簿法), 서양보다 200년 먼저 회계장부로서 상품·현금을 채권, 채무, 매입, 매각 네 가지로 구분, 자식에게 경영수업을 시키기 위해 다른 상인의 상점에 수년간 취직시켜 일을 배우게 하는 '차인제(差人制)'라는 인사수습제도를 통해 가업후계자를 다른 상가서 경험쌓게 했다. 대한민국 영문표기명인 코리아(Korea)가 '고려'에서 출발했다는 사실을 모르는 이는 드물다. 이를 알린 주역이 고려시대부터 활발히 활동하던 개성상인(송상)이라는 것 역시 이미 잘 알려져 있다.

송상은 고려시대 상업도시 개성을 넘어 전 세계에서 활발한 무역활동을 펼쳤고 이탈리아 베네치아 상인, 유대상인, 중국화교들과 어깨를 나란히 하던 상술의 '달인'이다. 이들이 상술의 달인이라는 증거는 곳곳에서 발견된다. 송도사개치부법이라는 독특한 회계장부법도 그들 작품이다. 개성상인들은 상품거래와 현금흐름을 채권, 채무, 매입, 매각 네 가지로 구분해 장부에 기록했다.

고려시대부터 송상이 사용해 온 이 송도사개치부법은 오늘날 우리가 사용하고 있는 서양식 회계장부작성법(복식부기법)과 근본원리가 같지만 서양보다 200년 이상 앞섰다. 복식부기법이란 거래발생 시마다 대변과 차변에 이중으로 기입하는 회계장부작성방식이다. 송상은 서양에서 이 방식을 도입하기 전부터 매점업자인 도고나 객주, 고리대금업자에 이르기까지 폭넓게 이 방식을 활용했다.

5) 경영수업 차인제(差人制)

송상은 일종의 '경영수업'도 행했다. 차인제(差人制)라는 제도다. 이는 가업을 물려받을 후계자에게 다른 상가에서 수년간 실무경험을 쌓게하는 제도로 알려져 있다. 하지만 이 제도는 후계자에게만 적용되던 수업이 아니다. 친인척이 아니더라도 능력이 있는 사람이라면 이러한 실무경험을 통해 그 분야에서 성장할 수 있는 기회를 제공했다는 이야기다. 송상은 차인(差人), 서사(書師), 사환을 고용했고 이 중 차인은 전국상업중심지로 파견돼 일종의 지점인 송방에서 물품을 유통하고 판매했다.

차인은 주인의 대리인으로 중요한 일을 처리하는 고급경영인, 지금으로 말하면 CEO인 전문경영인으로 활약하며 주인한테서 지원을 받아 상업활동을 했다. 이들은 주인에게 직접 지도를 받으며 특정 지역에 파견돼 상업에 종사하기도 했으며 어느 정도 신뢰를 얻으면 자본을 얻어 독자적으로 지방행상을 하거나 금융업에 종사하기도 했다. 물론 송상에서 차인은 주인과 친인척관계이거나 친구관계가 많아 근대적인 계약관계라기보다는 단순히 가부장적인 관계에 가깝다는 평가도 많다. 하지만 주인이 고용인(차인)을 두고 전국적인 규모로 조직을 확대하는 방식은 송상이 획기적으로 성장하는 데 큰 동원력이 되었으며 송상유통망이 현대적 구조를 이루는 데도 공을 세웠다는 점은 부인할 수 없다.

송상의 활약은 유통업에서만 그치지 않는다. 송상은 생산부터 유통, 소비자로 이르기까지 전 과정에 직접 관여했다. 조선초기부터 자연인삼 수출을 주도하고 있었던 이들은 인삼재배법이 개발된 이후 자본을 이용해 재배분야에까지 진출했다. 보통 상인들이 생산자와 소비자 사이에서 중간상인 역할을 한 것에 비하면 보다 적극적인 방식으로 상업을 추구한 것이다.(역사에서 경영의 길을 묻다, 매일경제, naver)

2. 한국기업의 특징

(1) 기업이란?

일정한 목적을 위하여 재화와 용역을 생산하는 조직적인 경제단위로 영리를 목적으로 하여 사업을 경영하는 일, 또는 그 사업을 뜻한다. 기업은 가계, 정부, 기업이라는 오늘날 경제구조의 3대 요소 중 하나를 차지하며, 일정자본을 투자하여 제품이나 서비스를 생산하고 이를 소비자들에게 적정가격에 제공하고 이윤획득하며 다시 생산활동에 필요한 자원을 구입하여 제품이나 서비스를 생산한다. 기업은 영리를 목적으로 하지만 지속가능한 발전 또한 기업의 중요한 목적이다. 즉 기업을 하는 사람, 즉 기업가는 자본을 조달하여 생산요소를 결합시켜서 새로운 부가가치를 가지는 재화와 용역을 생산한다.

기업은 개인이 영리 등을 목적으로 하여 운영하는 사기업과 국가 또는 공공단체가 공공의 목적을 위하여 운영하는 공기업으로 크게 구분할 수 있다. 우리나라의 경우는 개인, 상인, 민법상의 조합과 상법상의 특수조합, 합명회사·합자회사·주식회사 등으로 분류하고 있다. 일반적으로 기업은 주식회사 형태의 사기업이 대표적이다. (한국인의 상인정신, naver)

(2) 개항과 민족기업의 태동

전제적 왕권을 배경으로 하는 공랑전(公廊廛),[1] 국제무역위주의 상업환경이었다. 조선왕조의 중상정책에 의해 주로 전기적인 독점체제의 경제환경이었다. 우리나라에서 근대적 기업회사가 설립된 시기는 1880년대 초부터라고 할수 있다. 우리 전통사회에서도 상인이나 수공업자가 타인의 자본을 도입하여 사업을 운영한 예가 없었던 것은 아니나, 그것은 어디까지나 자본의 차입(借入)이고 차입한 돈에 대해서는 이자를 지불한 것에 불과했으므로 타인자본과 합자하여 공동으로 운영하는 사업체를 구성한 것은 아니었다. [출처 : 한국민족문화대백과사전(공랑(公廊))]

그와 같은 사실은 개항 이전에는 우리나라에서 자본주의가 발달되지 못했다는 역사적 사실과도 부합한다. 1876년에 우리나라는 일본과 강화도조약을 체결했고, 1880년대 초에는 청나라 및 미국·영국·독일·이탈리아·프랑스·러시아 등 서구 여러 나라와도 통상조약을 맺었으며, 수도한성

1) 공랑전(公廊廛) : 전국의 각 향읍에서 정기적으로 열리는 장시

에 외국공관이 상설되었다.

(3) 개항과 외국상사

부산·인천·원산 등 국내 주요항구가 외국상인에게 개방되었고, 개항장안에는 서구의 근대적 회사조직을 가진 수많은 일본 상인과 청나라 상인이 진출하였다. 특히 인천항에는 영국·미국·독일 등 서구상인이 들어와서 회사를 설립하였다. 이와 같은 개방체제에서 일본상인과 청나라 상인의 중개무역에 의해 대량으로 서구의 근대 공장제 상품이 수입되었고, 이것은 당시 우리나라에서 생산되는 수공업제품에 비하여 양과 질이 월등히 앞서 국내 수공업제품을 밀어내기 시작하였다.

한편, 외국상사들의 상업활동은 그 조직이나 운영면에서 우리나라의 전통상인을 압도하여 서양 상인들과 통상하는 사이에 우리나라 상인들도 점차 서구식상사의 조직과 상업방법을 알게 되었다. 이때부터 한양 및 인천 등 개항장의 상인들은 근대적인 기업회사의 설립을 서두르기 시작했다. 개항장에서 외국상인 및 외래상품의 상륙에 민감한 반응을 보인 것은 우리나라의 객주(客主)[2]와 여각(旅閣)[3]이었다.

객주와 여각은 17, 18세기 이래 전통적이고 보수적인 특권 시전(市廛)[4]에 대항하면서 성장한 상인층이며, 그들은 서울의 한강과 지방의 각 포구에 자리잡고 도읍으로 운송되는 물화를 매점함으로써 재화를 축적하였다. 따라서, 객주와 여각은 봉건상업질서를 무너뜨리면서 등장한 새로운 상인이며, 특권시 전인과는 달라서 근대상업에 한걸음접근하고 있었다고 볼 수 있다.

개항직후의 무역관계에서 객주와 여각의 활동은 컸다. 초기무역에서 외국상인들은 전관거류지(專管居留地)[5]에서 사방 10리를 넘는 지역은 행상할 수 없었으며, 따라서 그들의 상거래는 개항장에 한정되고 있었다. 이 초기에 진출한 외국상인들은 언어도 통하지 않았고, 상거래관습에도 익숙하지 못했으므로 그들은 부득이 개항장의 전통상업망을 통하여 상품을 판매하고 물화를 수집할 수밖에 없었다. 그리하여 개항초기의 무역관계에서 외래상품의 판매와 지방물화의 수집을 담당하고 나선 것은 이문(利文)[6]에 예민한 진취적인 객주와 여각이었다.

---

2) 객주(客主) : 물건을 위탁받아 팔거나 흥정을 붙여주는 일을 하던 사람
3) 여각(旅閣) : 해산물·곡물 등의 매매를 중매하며 그 물건의 임자를 묵게하던 집
4) 시전(市廛) : 종로를 중심으로 한 도로변의 점포로서 관청에서 임대받은 것으로 특정 상품에 대한 독점판매권을 가짐
5) 전관거류지(專管居留地) : 조약에 의하여 외국영토의 일부에 어느 한 나라의 행정권·경찰권이 행사되는 지역
6) 이문(利文) : 이익이 남는 돈

객주와 여각은 산하에 여러 명의 거간(居間)[7] 및 군소상인과 보부상을 두고, 수입상품판매와 수출품수집에 종사함으로써 부를 축적할 수 있었다. 개항 후 7~8년 간은 이와 같이 객주와 여각이 전통상업망을 통하여 개항장에서 국제무역에 주요한 몫을 차지할 수 있었다. 그러나 1880년대에 접어들면서 부터는 무역관계가 점차 달라져 갔다. 1882년에 미국 및 청나라와 사이에 통상조약이 체결된 데 이어 서구각국에도 문호를 개방했고, 개항장도 부산항외에 새로이 인천 및 원산의 두 항구가 개항되었고, 한성개시(漢城開市)가 실현됨에 따라 외국상인의 진출도 활발해졌다.

이 시기에 특히 괄목할 만한 일은 일본상인과 청나라 상인의 경쟁이 심해진 점이라고 하겠다. 일본상인과 청나라 상인의 경쟁은 개항장에서 뿐만 아니라 지방소읍에까지 확장되어 민족상인의 이해와도 무관할 수 없게 되었다. 1883년의 한영통상조약을 계기로 외국상인들도 우리나라 안 각지에서 상행위를 할 수 있게 되었는데, 지방행상을 허용한 규정을 가장 적극적으로 이용한 외국상인은 청나라 상인과 일본 상인이었다.

특히, 상리(商利)에 밝은 청나라 상인은 객주와 여각을 상대로 무역하기보다는 직접 한국인 거간을 고용하고 한국고객과 거래하는 한편, 지방소읍에 진출하여 상품판매와 물화수집을 함으로써 더 많은 이윤을 얻게되었다. 이와 같이 청나라 상인이 사업망을 지방에까지 확장하자 일본 상인도 곧 그 뒤를 따랐다. 민족상인의 수난은 이때부터 시작되었다. 수입상품의 국내판매와 수출상품의 수집을 전담하고 있던 객주·여각 및 보부상은 청나라 상인과 일본 상인의 지방진출로 상권에 큰 타격을 받지 않을 수 없게 되었다.

이리하여 민족상인간에 상업을 조직화하고 사업방식을 혁신하여 외국상인에 대응하는 운동이 전개되었다. 1880년대 초부터 상사를 설립하는 등 민족상인계에 회사기업이 태동하게 된 것은 이러한 정세변화에 대응한 혁신운동의 결과였다. 외국상인의 진출로 말미암아 민족상인이 맞닥뜨리게 된 어려움을 이겨내기 위하여 상업계의 일각에서 태동한 상업의 조직화 및 사업방법의 혁신운동과 때를 같이하여, 일부 지도층 인사들도 서구의 회사제도를 소개하면서 회사설립을 촉구하는 논설을 피력하였다.

그 중에서도 1882년에 유길준(兪吉濬)이 소개한 ≪회사규칙(會社規則)≫과 1883년 ≪한성순보(漢城旬報)≫ 제3호에 게재된 <회사설(會社說)> 서구의 회사제도를 우리나라에 소개한 최초의 논설이라고 볼 수 있다. 이 논설은 근대상업에서의 회사설립의 필요성과 조직 및 설립절차를 상세히 소개한 것으로, 개항후 민족상인의 회사설립의 지침이 되었다는 점에서 의의가 크다고 하겠다. 그

7) 거간(居間) : 사이에 들어 흥정을 붙이는 사람. 거간꾼

리하여 1880년대 초부터 우리나라에서 '상사(商事)' 혹은 '공사(公司)' · '회사(會社)' 등의 이름으로 새로운 상업조직이 출현하였다. 1880년대 초 국내에 설립된 상회사(商會社)에 관해 1884년 4월 19일자 ≪한성순보≫는 당시 한국내에 설립되고 있는 회사로서 서울의 장통회사(長通會社) 등 16사(社), 인천의 공흥상회(共興商會) 등 6사, 부산의 해산회사(海産會社) 등 6사, 합계 28사를 소개하고 있다.

그러나 이와 같이 초기에 설립된 회사들은 대부분이 근대적 주식회사 조직을 가졌다고는 볼 수 없다. 명칭도 회사·상사 혹은 '국(局)'이고 조직도 개인상회에 불과한 것이 많았다. 또, 명칭은 회사이나 조직과 기능으로 보면 동직자조합(同職者組合)의 성격을 가진 것도 있었다.

인천의 신상회사(紳商會社) 및 부산의 균평회사(均平會社 : 客主商業會社) 등은 그 예로서, 회사라기보다는 상인조합으로 보는 것이 옳을 것 같다. 하지만 초기의 상사회사중에 그 이름에 부합하는 근대주식회사 조직을 가진 것이 적었다 하더라도, 개항후 수년동안에 민족상인들 사이에서 이러한 회사 및 상회의소(商會議所)가 설립되었다는 것은 그만큼 상인들의 의식이 근대지향적으로 바뀌고 있었음을 뜻하는 것으로서 주목할 만한 일이다.(한국민족문화백과사전 기업 네이버 불로그)

3. 일제 강점기의 민족기업

◈ **토지조사령(土地調査令)**

우리나라가 일본에 병합된 뒤 일본은 조선총독부로 하여금 두 가지 중요한 법령을 발표, 실시하게 하였다. 그 하나는 <토지조사령(土地調査令)>이고, 다른 하나는 <조선회사령(朝鮮會社令)>이다. <토지조사령>은 우리나라의 토지와 농민 및 농업정책을, 그리고 <조선회사령>은 우리나라의 상공업정책을 집약한 것이다.

(1) 토지조사령에 따른 토지조사사업의 목적은

첫째로 전국의 토지 및 산림의 정확한 면적을 파악하여 재정정책의 기초로 삼자는 것이다.

둘째는 소유권이 분명하지 않은 것을 구실삼아 국유지의 대량잉출(剩出)을 감행하여, 이를 총독부재산에 편입시켜 시정재원(施政財源)으로 하고, 또 일본인 농업회사의 진출을 방조하자는 것이었다.

셋째로는 조선인의 양반·귀족을 지주로 인정하고 예로부터 내려 온 소작제도를 유지시킴으로써, 총독정치의 협력자로 포섭하자는 의도였다. 1910년 12월에 공포하고 이듬해 1월부터 발효한 <조선회사령>은 우리나라를 일본의 원료생산지와 상품시장으로 육성한다는 고전적인 식민지이론을 실천에 옮긴 것이다. (기업, 네이버 블로그)

(2) 조선회사령

내용은 우리나라의 회사설립 및 우리나라 밖에서 설립된 회사가 우리나라에 지점을 설치하고자 할 때는 조선총독의 허가를 받아야 한다는 점을 규정하고 있다. 이것은 우리나라에서의 회사설립에 허가주의를 채택한 것이며, 일본정부의 조선정책에 따라 우리나라에서의 근대공업건설을 견제하자는 데 목적이 있었다.

한편, 총독부는 병합후 일본 경제인의 조선진출을 위해 본격적인 건설에 착수하였다. 본격화된 기초시설건설을 위한 재원은 조선총독부가 조세부담의 가중과 토지조사 사업에서 잉출된 국유지 불하대금으로 충당하였다. 그리고 조선총독부는 조선은행·식산은행(殖産銀行) 등 국책은행을 설립하여 우리나라의 금융실권을 장악했고, 동양척식주식회사 및 조선우선주식회사 등 거대한 국책회사를 설립하여 우리나라의 중요 경제분야를 지배하기에 이르렀다.

그러나 이 시기에는 그러한 소수의 국책회사가 설립된 이외에는 민간회사의 신규설립은 보잘 것 없었다. 그것은 일본이 <조선회사령>을 공포하여 우리나라에는 근대공업 특히 일본 국내공업과 경쟁이 되는 공업을 억제하려고 한 정책의 결과이기도 했다. 그러나 그와 같은 식민지초기의 경제정책은 제1차 세계대전의 종결을 계기로 바꾸지 않을 수 없었다. 일본경제는 제1차 세계대전중에 교전국의 전쟁수요와 교전국이 이미 장악하고 있던 시장의 공백을 메우면서 비약적인 발전을 하게 되나, 종전과 더불어 대외무역의 격감과 함께 침체상태에 빠지게 되었다.

제1차 세계대전 후의 대외무역부진과 더불어 전시중에 과잉투자했던 일본공업이 불황에 접어들자, 한편으로는 자본의 집중화가 나타나고 다른 한편으로는 자본의 해외진출이 시도되었다. 그리하여 그들이 착안한 것이 우리나라였다.

또 대전중 일본공업의 비약적 발전과는 반비례하여 일본 농업생산력은 저하되었고, 일본의 미곡생산은 수요를 따르지 못하여 우리나라와 대만의 쌀로 충당할 수밖에 없었다. 쌀값폭등으로 1918년에는 드디어 폭동이 발생하였으며 일본은 그때부터 우리나라의 미곡증산정책을 본격화하였다.

(한국민족문화백과사전. 민족기업태동)

(3) 문화적 유화정책

조선통치정책을 전환시킨 또 하나의 원인은 민족항거운동이었다. 1919년 3월 일제에 항거하는 거족적 운동이 있은 뒤 일제는 총독을 교체하였고, 무단정치에서 소위 문화정치로 전환하였다. 문화정치의 내용을 이루는 것은 미곡증산과 국민교육의 확충으로 표현된 농촌진흥정책과 기업활동의 제한을 완화하는 정책으로 표현된 공업화정책이었다. 이것은 대전후 불황에 직면한 일본자본주의의 요청과도 부합하는 정책이었다.

산미증식정책은 일본의 식량난을 해소해 줄 것이고 국민교육확충은 농촌시장의 개발을 기대할 수 있었기 때문이다. 또 기업활동의 완화는 일본의 유휴자본이 진출할 길을 터 주었다. 일제가 표방한 문화정책은 착취를 위한 근대화정책이었다고 하겠다. 그리하여 우리나라 경제의 전개는 제2단계를 맞게 되었다.

일제강점기 동안 민족기업의 활동을 살펴보면 일본의 국권침탈 후 우리기업활동은 지방으로 확산되고 지방출신의 기업인이 등장하며 근대 서구식교육을 받은 기업인이 출현했다는 것을 알 수 있다. 이 시기에는 새로운 기업인이 발생, 성장하였는데 그들의 대부분은 지방출신이었고 또 기업활동도 지방을 거점으로 이루어졌다.

한말에 일찍이 개화사상에 눈뜨고 식산흥업(殖産興業)을 주장하면서 근대기업창설을 주도해 오던 관료 및 귀족계층 대부분은 을사조약후, 점차 침략세력과 영합하면서 식민지화를 측면에서 지원하고 나섰다. 국권침탈후 이러한 성향의 구관료 및 귀족의 자본은 일본인 자본과 합작하여 기업을 창립하거나 또는 일본인 기업에 투자함으로써 안전한 자본증식을 꾀하였다.

그 구관료 및 귀족들은 1910년대의 토지조사사업과정에서 더욱 큰 대토지소유자로 등장하고 각종 농림회사를 설립함으로써, 봉건소작지대에 기식(寄食)하는 전근대적 경제의식과 행태를 탈피하지 못했다. 그러나 국권침탈후 지방의 대지주·상인 및 서민출신이 점차 근대기업계에 진출하면서 일제강점기 동안 민족기업의 새 주역으로 등장한다.

지방의 대지주 및 거상들은 지방은행설립과 지방에 근거를 둔 근대기업을 건설하면서, 한말의 관료 및 귀족을 대신하여 민족지도자로서 1920년대의 계몽운동을 선도하였다. 그리하여 그들은 민족의 자립을 새 시대의 지도이념으로 내세우면서 민족주의가 근대기업창립의 동기와 목적임을 강조하였다.

일제강점기 동안 민중들이 그들을 민족의 지도자로서 또는 민족기업가로서 성원한 것은 근대기업창립의 동기와 목적이 민족주의에서 출발한 것이라고 믿고 있었기 때문이다.

(4) 서민계층의 기업계 진출

3·1운동을 전후한 시기에 또 하나의 새로운 계층에서 근대기업활동이 시작되었다. 지방의 소지주·소상인 및 서민계층의 기업계 진출이 그것이다. 그들은 식민지통치에서는 몰락의 길을 밟아야 하는 사회계층으로서 새로운 생활터전을 기업활동에서 찾으려고 하였다. 그리하여 그 수는 점차 증대하여 1920년대 민족기업활동의 주류를 이루게 되었다.

그들은 자기의 힘밖에 믿을 것이 없었으므로 근면과 노력의 성실로써 생활을 개척하는 시민정신에 가득차 있었다. 그들은 소자본으로 중소기업을 일으키고 육성해 나가는 데서 생의 보람을 느꼈던 것이다. 국권침탈후 지방의 대지주들이 우선 착안한 것은 지방은행의 설립이었다.

광무연간에 근대금융기관이 민족자본으로 설립되었으나 모두가 한성에서 개점했고, 을사조약 이후 농공은행(農工銀行) 및 지방금융조합이 설립되었으나, 그것은 일본통감부가 금융통제를 목적으로 설립을 강요한 것이었으므로 그러한 금융기관은 민족계 기업인의 활동대상이 되지 못하였다. 그리하여 지방의 지주 및 상인들은 지방의 민족계 기업인의 금융을 담당하는 은행을 자기들의 힘으로 설립하고자 했다.

(5) 최초의 민족계 지방금융기관

구포저축주식회사(龜浦貯蓄株式會社)는 그러한 목적으로 설립된 최초의 민족계 지방금융기관이었다. 이 회사는 1908년에 구포의 대지주 윤상은(尹相殷)이 일가의 지주자본과 역시 구포에서 미곡상으로 거부가 된 장우석(張禹錫)이 주동이 되어 설립하였다. 당초에는 저축업무만 취급했으나 뒤에 이 회사가 모체가 되어 1912년에 일반은행으로 개편되어 구포은행으로 발전하였다.

이 구포은행에 이어 1913년에는 호서은행(湖西銀行)과 대구은행(大邱銀行)이 설립되었다. 호서은행은 충청남도의 대지주 이기승(李基升)·성낙규(成樂圭) 등이 그 고장출신으로 일찍이 서울상업계에 진출한 김진섭(金鎭燮) 등과 합자하여 설립한 것이다. 또한 대구은행은 경상북도의 대지주 정재학(鄭在學)·최준(崔俊)·이일우(李一雨) 등의 발기인 이외에 대구지방의 상인자본을 끌어들여 설립한 것이었다.

그러나 나라의 병합직후에 일제는 헌병정치로 민족의 재기를 억압하고 민족자본의 활동을 극도로 억제하였으므로, 그 시기에는 이상의 소수지방은행이 설립되었을 뿐 그밖의 활발한 기업활동은 없었다.

지방지주들의 기업활동이 다시 활기를 띠는 것은 3·1운동을 전후하는 시기부터였다. 일본자본도 병합후 각 지방의 소읍까지 진출하여 지방주요도읍에 일본인 금융기관을 신설함에 따라, 당시 지방의 유지라고 할 수 있는 지주 및 상인들이 일제의 경제침탈에 대항하면서 민족자본의 육성을 목표로 지방 각 도읍에서 민족계 은행설립운동을 전개하였다.

경상남도 지방에서는 1918년 6월에 김홍조(金弘祚)·최연국(崔演國)·김석준(金錫準) 등의 발기로 부산 초량에 주일은행(主一銀行)이 설립되고, 같은 해 8월에는 윤병준(尹炳準)·추종엽(秋鍾燁)이 동래은행(東萊銀行)을 설립하였다. 이 주일은행은 그해 12월에 구포은행의 후신인 경남은행에 병합되고 동래은행은 1933년 호남은행에 흡수되었다.

경상북도 지방에서는 장길상(張吉相)·장직상(張稷相) 형제가 1920년에 대구에 경일은행(慶一銀行)을 설립하였다. 호남지방에서는 1920년 8월에 영암 대지주이며 목포창고금융주식회사(木浦倉庫金融株式會社)를 설립한 바 있는 현기봉(玄基奉)과 그의 아들인 준호(俊鎬)가 일본유학에서 돌아와, 목포의 거상 김상섭(金商燮)과 합자하여 호남은행을 창립하고 광주의 본점과 목포의 지점을 동시에 개점하였다.

전라북도 지방에서는 1919년에 박기순(朴基順)·김영철(金永哲)·신태빈(辛泰斌) 등이 발기하여 전주에 삼남은행(三南銀行)을 설립했다. 서울 이북지방에서는 1920년 3월에 이진태(李鎭泰)·이춘섭(李春燮) 등의 발기로 평양은행이 설립되고, 함흥에서는 김승환(金昇煥) 등이 1918년 6월에 북선상업은행(北鮮商業銀行)을 설립하였다.

(6) 근대 기업활동전개

1920년대에 들어와서 지방의 대지주 및 상인자본의 활동은 비단 은행설립만이 아니라, 각종 산업부문에서 근대기업활동을 전개하였다. 3·1운동 전후에 근대기업계에서 활동하는 지방의 대지주 및 상인의 기업의식과 행태를 보여주는 대표적인 기업으로서 경성방직주식회사를 들 수 있다. 이 회사는 1919년에 김성수(金性洙)외 군소주주 182명의 참여로 설립, 군소주주가 전체주식의 62.9%를 차지하고 있어 명실공히 민족의 기업으로 출발하였다.

이 회사의 기술담당은 이강현(李康賢)이 맡았고 경영은 김연수(金秊洙)가 담당하였다. 이 회사는 일본인 자본이나 일본인 기술자는 일체 받아들이지 않고 전적으로 민족의 자본과 기술로 설립, 운영하였다. 1920년대 민족계 기업인의 활동에서 특기할 만한 사실은 소농민 및 소상인, 그리고 일반 서민출신의 기업인이 대량으로 나타났다는 점이다.

이 사실은 우선 기업회사의 설립면에서 볼 수 있다. 1920년 말 한국인 회사는 99개 사였으나, 1929년에는 207개 사로서 그 동안 약 2배의 증가를 나타내었다. 같은 기간에 일본인 회사는 414개 사에서 472개 사로 회사증가 수는 58개 사에 불과했다. 한국인의 기업계 진출은 이 기간에 일본인의 활동보다 크게 신장되고 있었음을 알 수 있다.

한국인 기업회사의 자본금은 1920년에는 한 회사당 평균자본금이 19만 4천여원이었으나, 1929년에는 9만 5천여원으로서 한 회사당 평균자본금이 현저히 감소하고 있다. 또, 1929년 말 한국인 회사 207개사 중에는 자본금 50만원 이상의 회사가 24개사나 되었으나, 그밖의 회사의 평균자본금은 더 낮았다.

이 통계에서 다음과 같은 사실을 알 수 있다. 즉, 1920년 이전에는 한 회사당 자본액이 비교적 큰 기업회사가 설립되었고, 따라서 자산가들이 근대기업에 많이 진출했다고 하겠으나, 3·1운동 이후의 민족기업활동에서는 군소자본이 우세하며 서민출신 기업인의 근대 기업계 진출이 현저하게 증가했다고 하겠다.

이 시기에 민족계 기업인이 활동한 분야는 금융업을 포함한 상업부문이었고 다음은 운수업이었다. 지방의 대지주 및 상인들은 전술한 바와 같이 지방은행의 설립과 무역업에 다수 진출하나, 서민출신의 기업인들은 지방의 군소상업계에서 활동하였고, 운수업 부문에서는 선박·화물자동차로 하는 작은규모의 운송부문에서 생활을 개척해 나갔다. (일제강점기 민족기업, m.blog.naver.com)

(7) 일제는 만주침략의 발판으로 전환

1931년에 일본의 만주침략과 더불어 일본자본주의는 외곽지대로 급진적으로 확대해 갔고, 그 결과 우리나라의 공업화도 이 시기에 크게 진전되었다. 1930년대에 이르면 일본자본이 우리나라에 적극적으로 진출하는데, 이 시기에는 비단 군소자본 뿐만 아니라 독점자본이 우리나라에 진출하여 근대공업성립에 적극적으로 참여했다는 데 특색이 있다.

이와 같이 이 시기에 들어와서 일본자본이 본격적으로 진출하는 이유는 당시 일본경제가 안고 있던 문제와 상태가 심각한 어려움에 직면해 있었기 때문이다. 1927년 이후로 일본산업계는 이미 불황상태에 직면했고, 특히 1929년의 세계공황에 일본경제도 휩쓸려 들어 갔다. 그와 같은 사태를 타개하기 위하여 일본 산업계는 한편으로는 기업의 합리적 운영을 꾀하고 조업단축을 단행하였으며, 다른 한편으로는 각 기업체 간에 협동체를 결성하여 자체내의 통제를 감행하였고 유휴자본의 해외진출을 꾀하였다.

이상과 같이, 일본산업계는 1930년대에 들어서면서 각 기업은 조업단축, 생산 및 판매협정으로 통제를 강화해 나갔다. 또, 그와 같은 통제조직은 대기업이 중심이 되면서 점차 독점을 강화해 나갔고 중소기업은 몰락의 비운에 빠지게 되었다. 그리하여 일본국내에서 몰락한 중소기업은 당시 통제권밖에 있던 우리나라에 진출하였고, 또 큰 기업체도 조업단축으로 발생한 유휴자본을 우리나라에 투입하였다.

1931년에 일본은 만주사변을 일으켜 중국의 동북지방을 완전히 수중에 넣자, 대륙전진기지로서 조선의 공업화를 더욱 절실하게 요망했다. 그리하여 우리나라의 공업화는 이 만주침략 이후 급진적으로 진행되었다. 이와 같이 우리나라의 공업화가 정책적으로 추진됨에 따라 민족계기업의 활동에 대한 억제도 다소 완화되어, 1930년대 전반기에는 한국인의 기업계진출도 과거 어느 시기보다 활발해졌다. 또, 이것은 한편으로는 한국인의 경제의식이 높아진 결과이기도 했다.

1938년 말 우리나라의 회사총수는 5,413개 사였고, 그 가운데 한국인 회사수는 2,278개 사로서 전체의 42%를 차지하고 있었다. 이것은 1929년 말 한국인 회사수의 비율 20.5%에 비하면, 그 동안의 증가는 괄목할 만하다고 할 수 있다. 자본면에서도 같은 기간에 민족회사가 차지하는 비율은 6.3%에서 11%로 증가하였다.

그러나 민족기업의 성장은 1920년대와 마찬가지로 일부의 대규모기업을 제외하고는 영세자본의 회사가 증가한 결과라고 하겠다. 이러한 실정은 같은 시기의 일본인 회사와 비교해보면 더욱 분명해진다. 1938년말 우리나라의 일본인 소유회사의 한 회사당 평균자본금은 30만 5천여원이었으나, 이와는 대조적으로 한국인 소유회사는 5만 3천여원으로서 자본금 규모에서 보면 6분의 1밖에 되지 않았다.

즉, 한국인의 기업활동은 1930년대 전반기에 와서는 조선의 공업화정책의 여파로 크게 신장했다고 하겠으나, 이 시기에도 역시 한국인의 기업활동은 영세자본에 의한 중소기업 분야에서 활로를 개척해 나아갔음을 알 수 있다. 1937년 일본이 중국본토에 대한 침략전쟁을 감행하고 이 전쟁이 태평양전쟁으로 확대됨에 따라 일본의 전시경제체제는 더욱 강화되었고, 기업활동은 크게 위축되었다.

1940년대에 접어들어 전세가 불리해지면서부터 조선총독부는 국책회사를 설립하고 민간기업체를 여기에 통합하는 정책을 단행하였다. 1942년에 발포된 <중소기업정리령 中小企業整理令>은 특히 한국인 기업체가 정리대상이 되었고, 그로 말미암아 민족기업의 몰락이 현저하게 나타났다.(한국민족문화백과사전 기업편)

4. 광복후 자유경제체제에서의 기업

(1) 자유경제체제 하에서의 기업

제2차 세계대전이 일본의 항복으로 종결되고 우리나라는 일제의 지배에서 벗어나 광복을 찾았으나, 당시의 정치 및 경제적 실태는 국민국가건설에 유리한 여건이 되지 못했다. 우선, 정치적으로는 남북으로 분단되어 국민이 바라는 통일정부가 즉시 수립될 수 없었으며, 경제적으로는 일제가 남기고 간 경제적 유산이 국민경제건설에 별로 도움이 되지 못하고 있었다.

이러한 사정에서 미국군이 남한에 진주하여 군정을 실시하게 되었으며, 미군정은 일제가 실시해오던 경제통제를 모두 해제하고 자유경제체제를 채택한다고 발표하였다. 경제자유화 정책은 일시적으로 시장경기를 가열시켰으나 생산활동이 마비되어 새로운 제품의 공급이 단절된 상황에서 시장경기의 호황은 일시적인 현상에 지나지 않았다.

생산활동이 마비되고 생활필수품의 품귀현상이 심화되어 그것을 타개하는 긴급대책은 해외에서 물자를 도입하는 일이었다. 그러나 미군정초기에는 무역이 제대로 행해질 수 없었으므로 무허가 사무역이라고 속칭되는 밀무역(密貿易)이 성행할 수밖에 없었다. 또, 우리가 생활을 지탱할 수 있었던 것은 외국의 원조로서 미군정 3년간 미국에서 약 4억 634만여 달러의 무상원조를 받았다.

(2) 대한민국 정부수립

1948년 8월 15일 대한민국 정부가 수립되자 정부는 <한미경제원조협정>을 체결하였고, 이듬해에는 <귀속재산처리법>을 제정, 실시하였으며, <농지개혁법>을 제정, 공포하여 실시하였다. 그리하여 경제재건이 본격적으로 진행되었으며 미군정 3년간 들떠있던 한국경제와 국민생활은 정부수립 후 점차 안정되는 추세를 보이기 시작하였다.

정계와 사회가 안정됨에 따라 국내생산활동도 재개되기 시작하였다. 특히, 대외무역을 위한 수출품으로서 광복직후에는 일본인 회사창고에 보관되어 있던 잡다한 물품이 이미 바닥났으므로, 새로운 수출품이 개발되지 않을 수 없었다. 그리하여 등장한 것이 중석(重石)과 고령토(高嶺土) 등 광물이었고, 국제시장에서 한천(寒天)[8]에 대한 수요가 증대하면서 수산업자들은 한천가공에 열을 올렸다.

광복후 비교적 일찍 재건된 공장공업으로는 면방직공업을 포함한 삼백산업(면, 설탕, 밀가루)을 들 수 있다. 면방직공업은 정부수립 후 정부의 특별지원을 얻어 시설을 개선하여 6·25전쟁 직전에는 광복 당시의 생산수준을 능가할 수 있었다. 또, 면방직 외에 동력원(動力源)과 광산분야도 건설이 촉진되었다.

전력은 1948년 북한의 송전단절로 전력공급에 큰 어려움이 있던 터였으므로 정부는 화력발전소의 증설을 기도하여 1949년 말에는 총 27만 2,825㎾의 전력을 개발하였고, 석탄도 정부의 적극적인 증산정책으로 생산량이 크게 증가하였다. 광업분야에서는 수출과 관련하여 정부와 민간의 노력으로 중석과 흑연생산에서 괄목할 만한 성과를 얻었다. 정부는 건국초부터 여러 가지 어려운 문제들이 있었으나, 국민의 의욕적인 참여와 미국의 원조를 얻어 각 분야에서 경제를 재건해 나갔다.

(3) 1950년 6·25전쟁이 일어나

그러나 정부수립후 2년도 되지 못해 6·25전쟁이 일어나서 광복후 점차 안정되어 가던 경제는 다시 대혼란을 겪지 않으면 안 되었다. 3년 간의 전쟁으로 신생 한국이 안은 피해는 막대하였다. 이 전쟁으로 인하여 직접 피해를 본 공업시설은 생산시설 42%, 공장건물 44%였다. 또, 전비조달을 위한 막대한 재정지출은 인플레이션을 격화시켜서 그 뒤의 경제재건에 큰 장애가 되었다.

그러나 1952년에 접어들어 전세는 교착상태로 들어섰고 휴전설이 대두되면서부터 전재복구작업이 계획적으로 진행되었다. 그리하여 휴전후 23억여 달러의 외국원조와 국채·채권 등 인플레이션 요인을 내포한 내자지원에 힘입어 전쟁의 피해를 복구하고, 특히 공업화를 지향하면서 발전해 갔다. 그리하여 1954~1960년의 한국경제는 연평균 4.7%의 성장률을 보였고, 특히 공업분야는 연평균 12.2%라는 높은 성장을 달성할 수 있었다.

휴전후 전쟁피해를 복구하고 급격히 성장한 공업은 섬유공업 분야였다. 이 공업분야에서는 면방직 및 모방직이 비약적으로 발전하였을 뿐만 아니라, 나일론직물 등 신제품생산시설도 도입되어 1957년에는 이미 국내수요를 충당할 수 있게 되었다. 섬유공업 다음으로 활발한 투자가 이루어진

8) 한천(寒天) : 우뭇가사리를 얼려서 말린 젤라틴 투명막

분야는 화학공업이었다. 화학공업분야에서는 충주비료·나주비료 등의 대규모공장이 건설되었고, 시멘트공장이 삼척공장의 보수와 더불어 문경에 새로 건립되었다.

제지 및 고무공장도 이 기간에 급속한 발전을 이룩하였다. 제지공업은 새로운 시설을 도입함으로써 수입에만 의존하던 신문용지 등을 전량자급할 수 있게 되었으며, 고무공업도 새로운 시설을 도입, 확충함으로써 고무신 생산중심에서 자동차 타이어와 고무호스 등 신종 산업자재생산으로 전환하게 되었다.

유리공업부문에서는 1953년에 국제연합한국부흥위원단(UNKRA) 자금에 의하여 인천에 판유리공장을 건설하여 유리공업의 신기원을 이루었다. 이밖에 합성수지·화약·가성소다 및 일반화공약품 등 신규제품도 이 기간에 건설·공급되어 공업의 다양화가 이루어졌다.

1950년대 후반기에 가장 성행한 공업분야로는 제당·제분업을 들 수 있다. 제당업은 1958년 이래 급속히 발달해서 7개 공장이 경합건설되어 1960년대에 이르러서는 생산과잉현상을 나타냈고, 제분업은 미국의 잉여농산물인 원맥도입에 자극받아 각 업자간에 시설확대를 단행하다 보니, 역시 시설과잉현상이 나타나 원맥확보를 위한 암투가 격렬하게 전개되었다. 이와 같이 국민생활에 필요한 소비재공업은 급속히 발전을 이루었으나, 제철·제강업 및 기계공업분야는 이렇다 할 발전을 하지 못하여 낙후성을 면할 수 없었다. (뿌리 깊은 기업, 2011, 민족기업의 금지)

(4) 개발경제체제의 기업

1961년 5·16 군사정변으로 세워진 군사정권은 1963년 말까지 약 3년에 걸친 군사정부통치를 거쳐 1963년 말 총선거를 통해 민주공화당 정권으로 이어졌다.

5·16 군사정변 후 군사정부는 통치의 기본방향을 정치·경제의 질서혁신을 확립하는 데 두었으며, 이에 따라 경제적인 면에서는 구정권과 결탁하여 구축된 경제세력을 거세하고, 새로운 양심적인 경제세력을 육성하여 나간다는 것이었다.

군사정부 및 공화당정권이 추진한 경제정책을 달성하기 위해서는 강력한 통치력이 필요하였고, 따라서 정치면에서는 자유민주체제를 어느 정도 규제하는 정책을 택하였다. 경제활동에 대해서는 건설의 방향, 투자의 우선순위의 결정, 자원배분 등을 통한 규제가 강화됨으로써, 정부주도형의 개발전략이 채택되었다. (한국경제의 근대화, 기업인 방송사업단 1982)

(5) 경제개발 5개년 계획을 실시

그리하여 공화당정권의 개발정책은 혼합경제체제로 특징지어지는 것이다. 즉, 정부가 주요 경제목표를 설정하고 그것을 향해 국민경제가 운영될 수 있도록, 정부는 금융·재정 및 조세지원 등의 정책수단을 동원하여 경제전체에 적극적으로 간여하였다. 이러한 경제운영의 기본방향에 따라 군사정부는 1962년부터 경제개발 5개년 계획을 실시하였다. 1962년부터 실시된 경제개발 5개년 계획은 1950년대의 한국경제 재건기와 비교할 때, 획기적인 정책전환을 단행한 것이라고 볼 수 있다.

그 성과는 정부가 추구한 성장목표달성이란 측면에서는 일단 성공했다고 할 수 있다. 네 차례의 개발계획기간중 국민총생산 성장률은 연평균 9.3%로서 괄목할 만한 성장세를 나타내었으며, 수출신장률 또한 연평균 39.9%라는 급속한 양적확대를 보였다. 경제성장면에서는 2차산업부문이 1962~1978년 기간중 연평균 19.1%의 성장률을 나타냈으며, 1979~1980년에는 7%정도의 성장률을 나타내었다.

그 다음이 3차산업부문이고 농업을 포함하는 1차산업부문은 같은 기간중 연평균 5%에도 미치지 못하는 성장률을 보이고 있다. 2차산업부문의 성장추세는 산업구조를 고도화해서 1960년의 산업구조, 즉 1차·2차·3차산업의 국민총생산 비중이 35.2:19.2:45.6이었던 것이 1978년에는 비율이 18.1:33.1:48.8, 1985년에는 13.8:29.6:56.6의 비율로 나타나, 농업 등의 1차산업 부문의 비중이 감소하고, 2차산업부문이 급격히 증대한 산업구조의 고도화가 나타난다.

이렇게 볼 때 1960년대 이후의 경제성장은 주로 공업부문성장정책에 의하여 주도되었다는 점을 재확인할 수 있다. 이와 같은 2차산업의 높은 성장률은 정부의 집중투자, 조세·금융지원정책 등 정부의 공업화정책의 결과이다. 즉, 수출주도형 공업화정책으로 점차 산업구조의 고도화도 달성되었으며, 이를 통하여 국민소득의 증대와 고용증대라는 국민경제의 확대재생산을 낳았던 것이다.

다음으로 이 기간에 설립된 기업의 실태를 산업별로 보면 제조업부문의 성장이 가장 두드러졌다. 제조업부문의 사업체 수와 종업원 수는 1966년의 2만 2,718개 소와 56만 6,665명에서 1970년에는 2만 4,114개 소와 86만 1,041명, 1978년에는 2만 4,957개 소와 171만 7,308명, 그리고 1980년에는 3만 823개 소와 201만 4,701명, 1983년에는 3만 9,243개 소와 221만 5,233명으로 나타나 있다. 이로써 양적인 면에서나 규모면에서 모두 급격히 증가하고 있음을 알 수 있다.

또, 제조업이 국민소득에서 차지하는 비중을 보아도 1960년의 8.3%에서 1971년에는 19.6%, 다시 1978년에는 31.6%, 1984년에 30.4%로 증가하고 있어, 공업화가 급속히 진행되었음을 알 수 있다. 제조업부문의 눈부신성장은 수출위주의 공업화정책이 가져온 결과로, 정부는 경제계획기간 동안 수출공업에 대해 집중지원을 아끼지 않았던 것이다. 아울러 대단위 공업단지를 조성하고 그에 대해 세제 및 금융면에서 여러 가지 특혜를 주어 공업화정책을 강행하였다. (한국기업사. 조기준 박영사)

(6) 경공업중심의 수출산업육성정책

정부는 1960년대 경공업중심의 수출산업육성정책에서 1970년대에는 수출의 선도산업으로서 중화학공업에 대한 지원을 강화하였다. 즉, 1972년부터 제3차 경제개발 5개년계획이 실시되었는 바, 정부는 계획의 주축을 수출의 획기적 증대 및 중화학공업의 건설에 두고 경공업에서 중화학공업중심의 수출체제로 이행하였다. 이리하여 1970년대에 들어와서는 공업정책의 뼈대를 중화학공업건설을 통한 공업화정책에 두고, 6개 전략산업을 선정하여 집중육성하는 데에 힘썼다. (일등기업 삼성. 이병철 m.blog.naver.com)

(7) 전략적으로 중화학공업육성

6개 전략산업은 철강공업 · 비철금속공업 · 조선공업 · 기계공업 · 전자공업 및 화학공업이었다. 철강의 자급화와 다양화를 목적으로 설립한 포항종합제철은 1973년에 제1공장을 완공한 데 이어 이 기간에 확장공사를 단행하여, 1979년까지 제철 526만 7천 M/T, 제강 862만 5천 M/T, 압연 935만 3천 M/T의 생산능력을 갖추게 되었다.

비철강공업에서는 중화학공업의 소재공업개발을 목적으로 동제련(銅製鍊) · 연(鉛) · 알루미늄 공장 등을 건설하였다. 조선공업에서는 국내수요와 수출을 목적으로 대형조선소 5개 소, 중형조선소 2개 소, 원양어선조선소 2개 소를 건설하였다.

전자공업부문에서는 구미공업단지를 건설하고 1981년까지 11억 9천여만 달러를 투자하여 25억 달러의 전자제품수출을 계획하였다. 화학공업부문에서는 울산석유화학공업단지를 국제규모로 확장함과 동시에 여수에 종합화학단지를 건설, 석유화학계열공업을 육성하도록 하였다.

자본규모면에서 이 기간의 기업실태를 보면 1960년대 이후 재벌을 중심으로 한 대기업이 급속히 성장하였음을 알 수 있다. 대기업이 급속히 성장할 수 있었던 까닭은 정부주도형 경제정책아래 정부의 지원이 대기업에 편중되었기 때문이다.

정부는 1960년대 이후 수입대체산업에서 전진하여 수출산업을 적극적으로 육성한다는 방침아래 수출지원체제를 다져나갔으며 이를 위해 금융·세제면에서 수출산업에 대해 집중적인 특혜를 주었고, 수출을 통해 이와 같은 특혜를 받을 수 있었던 것은 대기업이었다. 대기업의 성장이 현저했을 뿐만 아니라 수많은 기업을 거느리는 대규모재벌의 성장이 특기할 만하였다.

1983년 당시 삼성·현대·대우그룹의 경우를 보면, 삼성그룹은 삼성물산을 비롯하여 24개 기업을 포함하고 있었고, 현대그룹은 현대건설 등 23개 기업, 대우그룹은 대우조선을 비롯하여 28개 기업을 거느리고 있었다. 이 밖에도 그 당시 쌍용그룹(1997년 외환위기로 해체)·럭키금성그룹(지금의 LG그룹) 등이 모두 20여 개 이상의 많은 기업을 거느리고 있었다.

한편, 정부의 적극적 지원아래 수출공업으로서 1960년대에는 합판공업·섬유공업·신발류공업 등 경공업이 급격히 성장하였고, 1970년대에는 전자공업·자동차공업·조선공업 및 화학공업 등 중공업부문이 크게 발전하였다.(한국경제백년사, 경제평논사 1982)

(8) 반도체산업. 컴퓨터 등 기술집약사업육성

전자공업의 경우, 텔레비전·냉장고 등 가전제품중심의 생산기술에서 진일보하여 1980년대에 들어서서는 반도체산업에 적극 뛰어들어 컴퓨터 등 고도의 기술집약적 상품생산에 몰두하였다. 자동차공업은 수출산업으로서 뿐만 아니라 국내수요가 증가함에 따라 1980년대 초반의 업체통폐합 과정을 겪으면서, 현대자동차·대우자동차·기아산업 등이 집중적으로 투자에 나섰으며, 조선공업도 거제도에 대단위 조선공업단지를 조성하고 대우조선·삼성조선 등이 크게 성장하였다.

1970년대에 들어와서는 국내주택건설이 활발해지고 중동건설붐이 일어나면서 건설업이 급격히 성장했다. 그리하여 1970년대 중반 이후는 국내 제조업부문의 생산이 저조했음에도 불구하고 건설업의 선도로 경기가 호전되었다. 건설업부문의 생산이 국민총생산에서 차지하는 구성비는 경상시장가격으로 1962년의 3.4%에서 1967년에는 3.9%, 1973년에는 4.8%였고, 1980년에는 9.4%로서 급속한 신장세를 나타냈다. 그리하여 1970년대 이후에는 건설업부문의 기업이 많이 출현하였다.

한편, 이 기간에는 외자도입이 본격화하면서 차관에 의한 근대공업의 건설과 합작투자, 외국인 직접 투자활동이 활발하였다. 정부는 외자도입을 촉진하기 위해 여러 법령을 제정공포하였고, 직접 투자를 유도하기 위해 외국인 투자지역을 설정하고 여러 면에서 특혜를 주었다. 이에 따라 차관도입이 급증하였고 이의배분을 통해 새로운 기업이 생기거나 기존의 기업이 급속히 성장하는 현상을 보였다.

이상에서 보아온 바와 같이, 1960년대 이후 경제개발계획이 시행되면서 수출지향적 공업화전략이 계속되었고, 수출산업을 중심으로 기업이 급속히 성장하였음을 알 수 있다. 아울러 외자의 도입이 급증하면서 외자에 의한 기업의 성장도 현저하였다.

초기에는 원조물자뒤에는 외자를 통해 가장 큰 혜택을 본 기업은 역시 재벌이라고 불리는 대기업이다. 정부의 지원과 외자, 국내금융기관의 특혜금융을 통해 1970년대를 통해 급성장하였다.(기업의 윤리경영, 김영국 2009)

그리하여 상품시장의 해외 의존도와 투자재원의 해외비중이 과도하게 증가하여 국민경제의 재생산과정이 국내에서 완결되지 못하고 해외부문으로 유출됨으로써, 국내의 수직적 분업체계가 성립되지 못하고 산업구조가 이중구조로 고착되는 경향을 드러내고 있다. 그리고, 특혜를 통해 급성장한 재벌기업을 포함한 대기업들의 효율은 매우 낮다고 평가되고 있으며, 이에 따라 재벌기업 중심의 국민경제구조를 중소기업과 신기술중심의 벤처기업위주로 전환해야 한다는 요구가 높아지고 있다.

따라서, 국내경제에서 발달되지 못한 부문에 속하는 농업·중소기업·내수부문 등에 대하여 투자를 확대하고, 이들 부문을 성장시켜 균형있는 발전을 도모하는 것이 시급한 과제이다.

경영 성공포인트 ❷

1. 성공하는 사람은 그들만의 나침반이 있다.

어둠과 절망속에서 험난한 세파속에서 굴욕을 인내하며 그들 마음속에는 가고자하는 나침반이 있었기에 흔들림없이 전진의 요소를 찾아 방향을 잃지 않았다.

성공자의 사례를 모방하라. 그리고 창조하라. 성공에 대한 적극적인 사고와 실천방법이 바로 당신을 성공으로 이끄는 나침반이 되어 주기 때문이다.

2. 천리길도 한 걸음부터 우보천리(牛步千里) 붕정만리(鵬程萬里)

단기출체를 꿈꾸는 소인배야 장기 프로젝트를 이행하는 큰 인물형이야의 갈림길은 지금 당신에게 주어진 업무에 최선을 다하는데 있다. 그것이 바로 가장 효과적인 성공의 방법이다. 성실한 업무습관을 기르는 일은 그 어떤 가치있는 지식을 습득하는 것 보다 훨신 중요하다.

불만스럽드라도 최선을 다하는데서 새로운 길이 생긴다.

참·고·문·헌

- 한국 강소기업의 블루오션 전략에 관한 연구', 2011, 한국무역보험학회 장정근
- 강소기업의 양면성이 성과에 미치는 영향, 대한경영학지 제27권 제10호. 경북대학 경영학부 이병환. 한국은행 경제조사팀 강기우
- 강소기업의 전략환경 및 조직구조가 기업활동과 성과에 미치는 영향, 경북대학교 경영학부 허문구. 이병환
- 세계경제불황속 우리 중소벤처기업의 생존전략. 2001/국회 중소벤처기업포럼
- 우리나라 기업의 윤리경영사례 연구, 경희대학교 2009. 김영국
- 독일 Hidden Champions
- 정책기획연습 최종보고서 (2013년 8월19일)중소기업청 중소기업간 협업을 통한 중소기업 경쟁력 재고의 방안
- 중소기업청 공고 제2014--366호 2015년도 중소. 중견기업기술개발 지원사업 통합 공고
- 중소 중견기업의 글로벌화와 강소기업 육성의 방안(2013년2월)KIET 산업경제특집 중소 벤처기업실 연구원 이영주
- 챔피언에근거한 해외시장진출 중소기업의 성공사례 분석, 2010, 경희대학교 조성래
- 벤처기업과 강소기업 특성에 따른 재무성과 비교연구, 과학기술대학교 김종래 2011.2
- 전략지향성 및 동적역량이 해외진출 성과에 미치는 영향, 한양대 전재일 2016. 2
- 제조업육성을 위한지원확대 및 개선방안 연구, 대전발전연구원 김기회 2012. 9.12
- 경영사 (송기철, 박영사, 1984)
- 뿌리깊은기업. 新産業戰略硏究院 編, 화산문화 발행 2011년 민족기업의금지
- 한국경제 근대화와 기업인(한국방송사업단, 1982)
- 한국경제백년사(경제평론사, 1982)
- 800년 장사의 비밀, 서유진 지음. 티움출판 2014년 義 信 利
- 한국자본주의 성립사론, 조기준, 대왕사, 1982
- 한국기업가사, 조기준, 박영사, 1974
- 한국민족문화대백과사전 전체항목 공감하기 베스트공감 연관 멀티미디어
- 우리나라 기업의 윤리경영 사례연구, 경희대학교 2009. 김영국
- 우리나라 기업의 조직활성화 전략, 서강대학교 경영연구소. 2009.박경규
- 600년전 조선의 세종대왕 시장원리도입 선구자. 2018. 2.23. Biz times
- 한국기업의 뿌리 500년 상혼추적 m.blog.daum.net
- 역사에서 경영의 길을 묻다. 매일경제 기사중에서(Naver)
- 광복후 자유경제체제에서의 기업발행. photolog.blpg.naver.com
- 개발경제의 명과 암. m.blpg.naver.com

제2장

기업의 성장요소와 단계

용어 정리

- SPA.(Specialty store of Private label Apparel) : 제조유통
- JIT(Just In Time) : 공정별 연속생산방식
- QR.(Quick Response) : 판매사황 따라 생산
- DB.(Distri butor) : 점포매출관리
- MD(Merchand iser) : 제도정비
- R&R(Role & Responsibilities) : 역할과 책임
- SWOT. : S. Strength 강점, W. Weakness 약점, O. Opportunity 기회, T. Threats 위험
- MBO.(management by objective) : 목표관리
- OJT.(On the job training) : 직무수행과 병행하는 교육훈련
- QFD.(Quality Function Deployment) : 품질기능전개
- AMA.(American Marketing Association) : 미국마케팅 협회
- 2W 1H방식 : 누가(Who), 어떤 방법으로(How), 언제까지(When)
- 4P분석 : P. Product 제품, P. Price 가격, P. Place 장소, P. Promotion 촉진

제1절 기업성장전략의 필요성

1. 라이프 스테이지별 경영전략

(1) 근본적인 경영전략은 그 기업의 성패

1) 성장전략이란?

기업의 성장은 성장전략에 의하여 판가름하게 된다. 성장전략이란 '기업의 기본장기계획과 목표를 세우고 이 목표를 성취하기 위해 기업이 보유하고 있는 자원들을 어떻게 활용할 것인가에 대하여 주요한 성장전략은 경영정책을 정하는 것이다.'라고 했다.

창업기업에게 창업초기의 경영전략은 그리 중요하게 생각하지 않으나 기업이 어느 정도 경륜을 가지면 기업은 성장과정을 통해 기업의 나아갈 방향을 설정하고 전략경영을 할 수 있도록 창업가는 중요성을 강조하게 된다. 경영전략의 수립은 한 기업의 기본목표를 수립하고 이를 성취하기 위한 방향을 확정하고 활동을 정하는데 있으므로 근본적인 경영전략은 그 기업의 성패를 가늠하게 한다.

따라서 경영전략은 매우 필요하나 대부분의 기업들은 경영자의 과거를 답습하는 경영방법과 철학에 신념을 가지고, 이를 계속 경영에 적용하려는 경향이 매우 두드러지게 나타나고 있다. 최근의 경영환경은 이제까지 답습되는 경영환경에서 급변하고 있으나, 이에 따른 적절한 대응책은 모색되지 아니하고 과거의 방법에 안주하여 기업발전이 불가능하고 쇠퇴하게 된다. 따라서 경영전략은 기업의 전체적인 입장에서 기업이 나가는 방향을 결정하고, 경영정책으로 기업이 얼마나 크게 성장하고 성공할 수 있는가를 결정하는 요인이 된다.

2) 기업성장의 개요

경제는 경제성장율 평균 1%이하라는 저성장기를 맞이하고 있다. 고속/안정 성장기에서는 꿈에서도 생각할 수 없었던 매출저하에 고통을 겪는 기업이 적지 않다만, 그 한편에는 증수(增收), 증익결산수정(增益決算修正)이라는 호업(好業)적인 기업도 있다.

기업성장의 성공조건이 어디에 있으며 또한 공통요소가 있는지에 대해 어패럴기업 15개사를 샘플링하여 분석하였다.

각 기업의 상태를 기업의 라이프사이클(Life Cycle)에서 보면 창업기.성장기.성숙기.쇠퇴기의 네 단계로 나누고, 각각의 단계에서 특색. 성공요인. 과제점. 대책안 등을 정리하고 기업성장에서 공통의 주요 성공요인을 도출하였다.

3) 성장요인

국내기업은 고도성장기에서 안정성장기를 거쳐 버블쇼크 이후에는 평균경제성장율 1% 이하라는 저 성장기에 들어갔다. 경영실태는 창업자에서 2~3세의 후계자로 경영이 바뀌면서 경영이 어려운 상황에 처해 분사화(分社化) 분쟁 등으로 여러 가지 변화가 보인다.

저 성장기에 대응하는 시스템을 함께 생각하던 고객중에는 새로운 방식으로 업적을 항상시켜, 업계로부터 주목을 끌고있는 기업도 있다.

많은 고객을 담당할 때 사례를 조사하여 기업성쇠의 요인에 대해 생각할 때가 적지 않다. 따라서 본절에서는 어패럴제조업에 초점을 맞추어 기업성쇠의 공통점을 조사·분석하고, 이후의 성공요인을 생각하는 토대를 만들기로 하였다.

어패럴제조업의 성쇠를 분석하는 방법으로 각각의 기업이 라이프사이클상 어느 단계에 있는가? 어떠한 특색이 있는가? 무엇이 성공요인이 되는가? 과제점과 대책안은 무엇인가? 등을 정리하고 그 위에서 기업성장의 패턴부터 공통의 성공요인을 집약해 보았다.

(2) 기업의 라이프 스테이지 분류

1) 기업의 라이프사이클

기업의 라이프사이클로 보아 창업기. 성장기. 성숙기. 쇠퇴기의 4단계로 나누고 각 단계에서 기업은 어떤 대응을 취하고 있는지 정리하였다.

2) 창업기에 있는 기업의 정의

창업에서 10년미만의 기업으로 조사시점 이후 매상증대가 보이는 곳과, 경제성장율 레벨을 조금 초과하는 정도의 경영실적에 있는 기업을 창업기로 정의한다.

그림 2-1 라이프 스테이지 경영전략 모델

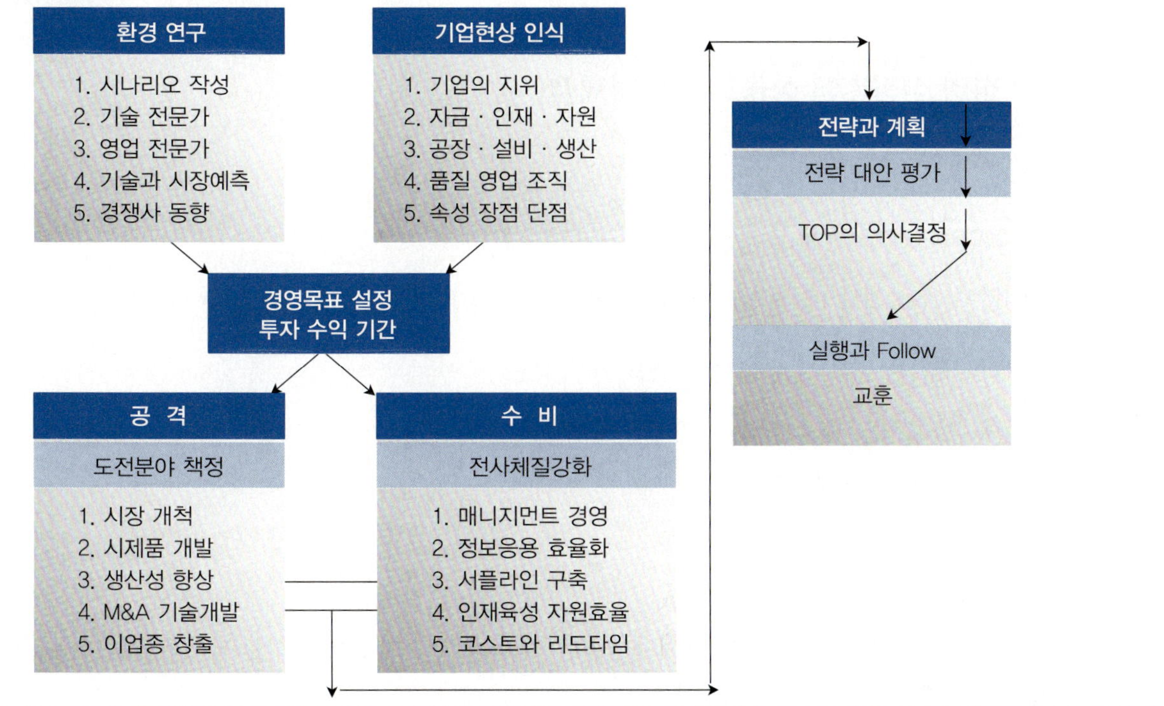

3) 성장기 기업군의 정의

창업에서 10년 이상에 걸쳐 기업으로 존속하면서 매년 경제성장율을 넘어선 증수를 계속하는 기업군이다.

4) 성숙기 기업군의 정의

성숙기 기업군은 성장을 멈추고 안정적 수익을 창출하고 있는 기업군으로서 성숙기에 있는 기업을 다시 2개로 나눈다. 저성장(경제성장율을 약간 넘는 정도)상태에 있는 성숙기 전기와 경제성장율 하회를 계속하여 감수경향(減收傾向)에 있는 기업상태를 성숙기 후기로 한다.

5) 쇠퇴기에 있는 기업군의 정의

경제성장율을 크게 하회하여 감소를 계속하는 기업상태를 쇠퇴기로 하였다.

비즈니스로 성장을 지속하였으나 최근 수년간 감소경향이 멈추지 않고 매상의 50% 이하로 되어, 전형적인 쇠퇴기에 있다고 할 수 있다.

 스테이지별 성공조건과 과제점

(1) 창업 성장기에 성공조건과 과제점

1) 주요 성공의 기본

창업기에 있는 기업이 생존하기 위한 주요 성공요인으로 다음의 세 가지를 들 수 있다.

- 경쟁자가 적은 특정시장에 특화한다.
- 시장대응상품을 적시에 생산 · 판매하여 비용을 줄인다.
- 저렴한 가격에 판매한다.

2) 가격 경쟁력

당초부터 시장가격을 고려하여 저가격을 실현하기 위한 체제로 하여, 취급상품에 한해서는 업계에서 빼어난 원가율을 달성하고 있다.

3) 제품 경쟁력

원가절감의 목적도 겸하고 "프리스"라는 선진적 소재를 사용하고 가격만이 아닌 품질개선에 임한 결과, 제품기획력과 품질 · 가격의 균형이 잡힌 발군의 경쟁력을 확립하였다.

4) 계속적 개선체질

비용절감을 위한 신소재조달, 해외생산, 생산공장의 집약화, 품질개선을 위한 최신봉제설비 및 기술지도, 지속적인 개선을 겨냥해 공장제휴시책 등을 추진하고 있다.

5) 주식공개(상장)에 의한 자금과 인재조달

주식공개를 통해 얻은 자금을 점포개발비용과 제품조달비용에 충당하고, 최소의 차입자금으로 많은 출점을 실현하고 있다. 또한 공개기업에 의한 지명도, 신용도의 향상결과 중도채용에 의한 인재강화를 실현하였다.

(2) 과제점과 대책안

1) 상품기획력 향상

순조롭게 성장하고 있는 제조소매업이지만 성장요인은 적극적인 출점정책과 점포의 대형화에 의한 것이 크다. 다만, 소비자에 질리지 않는 상품기획을 계속하지 않으면 해외에서 대량생산품 유입으로 비축재고 및 매장재고까지도 불량재고로 변해버린다. 불량재고가 500점포 가깝게 도달하면 전체적으로 판매불가능 많은 재고가 생겨나고, 이것의 처분으로 이익의 감소가 될 가능성이 높아진다.

2) 생산비용 품질향상

후발주자가 생산비용절감노력으로 쫓아오는 가운데 생산시설은 새로울수록 품질에 대한 대응이 용이하기 때문에, 설비의 갱신을 포함한 품질개선지원이 필요하다. 대책방안으로는 생산설비의 정기적인 업데이트와 JIT(Just In Time : 공정별 연속생산방식)생산 등의 생산기술체제, 비용절감을 위한 철저한 현장개선활동, 기술개선지도, 성취감이 있는 품질개선활동 등을 생각할 수 있다.

3) 불량재고를 만들지 않는 생산/물류관리

판매상황을 보고 추가생산·생산중단 및 결품이 없도록 하는 물류관리 등의 강화가 과제가 되고 있다. 대책방안으로는 기획·발주·입고·공장재고·국내재고·점포재고를 파악하고, 생산·공급을 제어할 수 있는 제도 및 매장진열재고의 적정 보충체제 대형매장과 소형매장의 재고회전율을 고려한 물류시스템이 필요하다. 또한 불량재고에 대해서는 현지판매로 인한 재고의 현금화가 있을 수 있다.

4) 성장성의 지속

국내에서의 신규출점과 점포의 대형화에 의한 성장력이 시장포화에 의해 둔화될 때는 멀지 않은 시기에 성숙기가 도래할 가능성이 있다.

대책빙안으로는 국내시상 포화에 대비하여 또는 과잉생산의 안전책으로 공장과 같은 지역에서의 판매체제를 정비하고, SPA에서는 본가인 XYZ를 타도할 품질·가격·기획력을 살려 구미시장에 진출할 생각이다.

(3) 성숙기의 주요 성공요인

1) 브랜드 증가와 브랜드 이미지 확립

고객 세그먼트의 세분화에 대응하고 상품을 기획한 결과 소비자에게 받아들여진 브랜드가 남아 있다. 경영을 지지하는 주력브랜드를 사업부의 핵으로 브랜드 증가 = 매출증가의 도표식이 나오고, PR도 활용한 브랜드 이미지의 고양책이 성공하고 있다.

2) 준직영매장의 활용

성장기에서 일본경제의 성장기와 겹쳐 순풍을 맞이하여 이 바람을 받아 백화점 · 전문점에서의 매출비중을 높이고, 인 숍 코너판매라는 전용매장의 매장정보를 살린 기획생산조정을 실현시켰다.

3) 제조 소매업태의 확립

성장기에 있어서는 자사공장을 국내에 설립, 가격대응을 위하여 중국에 공장을 설립해 왔다. 이를 통해 제품의 저가격조달과 국내의 신속한 조달을 가능하게 했다. 또한 준 직영매장운영경험에서 직영매장에 의한 제조 소매업태를 꾸준히 추가시켰다.

4) QR 생산기능의 충실

매장의 판매상황에 따라 QR(즉시 생산 · 공급)을 한다는 생각이다. 제품수명이 짧은 패션제품은 소재생산 · 조달 · 생산 · 물류의 짧은 사이클화는 곤란하지만 자영점포의 매장정보와 자체공장을 사용하여 QR대응을 실현하고 있다.

5) 매니지먼트 능력의 강화

기획 · 생산 · 판매의 균형관리, 장외상품 최적배분, 불량제품이 될 것 같은 제품의 조기단념관리 등, 제품의 관리이외에 부문손익 및 현금흐름 등의 재무관리강화 (예를 들어 D 사에서는 결산기 실시하는 재고평가손실을 더 엄격한 재고평가 0으로, 월별로 부문손익평가를 실시) 등 관리능력을 높이고 있다. 이러한 성공요인중에서 특히 경영에 공헌한 것은 자사 공장경영강화, 제조소매업의 확립에 있다고 생각하고 있다.

6) 성장기의 성공요인

협력외주공장의 제휴와 해외생산공장의 설립 등에 의한 대량생산체제, 저가제품개발, 할인점 등 판매처의 요청에 의한 상품개발은 반수주생산(半受注生産) 등이 주요 성공요인으로 되었다. 그러나 경제가 저성장시대에 들어 할인점의 수주에 앞선 보장이 되어 있지 않거나, 매수원칙이 무너지고 다음의 제품과 교환(즉 반품)관행 등 성장기의 성공요인이 저성장시대에는 통용되지 않게 되어 있다.

또한 해외의 유명브랜드와 라이센스계약을 하고 유명브랜드 이름을 상품에 표시하고 가치를 부가함으로써 매출을 늘려왔던 한회사는, 라이센스계약 종료후 재계약이 못하고 유명브랜드의 매출이 단번에 빠지는 경우가 있었다. 또한 회사의 경우도 성장기의 성공요인이 저성장기에 있어서는 통하지 않았다.

(4) 과제점과 대책방안

성숙기 전기에 있는 기업은 경제성장 침체기인 오늘날에 더 성장을 지속하려면 다음의 과제들를 해결해야 한다.

1) 자사공장의 철저한 활용

제조도매로 생산기능을 자사내에 가지고 있기 때문에 제조업의 노하우를 결집시키고, 또한 생산효율성과 품질관리능력을 더욱 높일수 있는 대책이 필요한 것으로 생각된다.

2) 브랜드와 회사 수익성을 극대화시키기 위한 구조

브랜드별로 보면 제품의 라이프사이클에서 쇠퇴기나 성장기에 있는 브랜드도 나오기 때문에, 브랜드 소유자가 하는 생각을 한차원높이는 구조로 바꾸어야 하며 엄격한 대응으로 손실을 방지하여야 한다.

3) 제품관리 및 손익관리를 할 수 있는 체제

브랜드와 제품의 손익을 정확히 파악하여 부서나 사업부의 손익의 실태를 지속적으로 파악하고 대응할 수 있는 체제가 경영상태확인을 위해 필요한 것이다. 따라서 정보시스템의 개발과 수치관리가 가능한 직원육성의 대책이 필요한 것이다.

3. 고객과의 관계강화 소통

(1) 당신은 고객과 소통하고 있는가?

1) 연관에 대한 새로운 접근

우리의 일상생활에서 이러한 예를 생각해 보자. 식료품배달을 시작하는 고객은 매우 행복하다. 그가 적어도 선호하는 잡다한 일을 위한 시간을 줄일 수 있는 방법을 찾기 때문이다. 수퍼마켓은 살아남기를 원한다. 그래서 그는 운영을 위한 결함을 고치기 위해 제안을 보낸다. 그러나 그는 주문을 더 자주하게끔 하는 메일에 대한 대답을 얻을 수 있게 능동적으로 대처하여야 한다.

2) 고객의 데이터관리

고객관계관리(CRM)를 사용하는 기업은 고객데이터를 관리할 수 있다. 아직 구입에 쫓긴 패턴과 인구통계의 자신의 폭 넓은 지식은 그 실패를 방지하기 위해 아무것도 하지 않았다. 식료품배달 서비스의 CRM시스템은 설정된 일정 또는 고객의 구매형태를 통하여 프로모션을 설립하였다. (고객들의 의견이나 소리를 듣지 않고) 따라서, 회사는 고객이 간단한 관계보다 훨씬 더 많은 것을 원했다는 것을 놓쳤다. 의류회사는 허리에 cinched된 옷을 흐르는 실루엣을 대체저장에게 화장을 주고, 높은 힐보다는 플랫과 액세서리의 옷을 보여 그것은 깊이 있던 고객과의 친밀한 관계가 훼손되었다는 것을 이해하지 못했다.

이 고객은 모든 상호작용에서 스타처럼 그녀를 대해주기를 기대했다. 그녀는 심지어 회사가 노예이며 주인으로 역할을 하길 원했을지도 모른다. (모든 그녀의 요구사항을 만족시키는 회사를 주장하는) 이 예리한 CRM은 관계형의 실패는 지능을 향상시키기 위해 마케팅조직을 위한 기회를 가리키는 것이다. 이 목표를 향한 첫 번째 단계는 브랜드명으로 다른 종류의 관계를 갖고 있다고 인식된다. 비록 구조화된 정량조사방식을 통해 우리는 헤어케어, 항공, 자동차, 미디어를 포함 11개 산업에서 중국, 독일, 스페인, 미국에서 소비자와 200개 이상의 브랜드 사이의 관계를 분석하였다. 우리는 브랜드와 사람들의 연결이 여러 차원에서 다양하다는 것을 관계의 유형에서 확인할 수 있었다. 이 방법은 대부분의 소비자가 기업에 익숙하지만 그들이 수십년 동안 학습한 인구통계학적 행동이나 가치관을 바탕으로 고객 세분화에서 괄목할만한 가치를 찾았다.

종류들은 긍정적이고 부정적인 관계(일부고객이 친구나 브랜드의 가까운 형제로 자신을 보고, 다른 전직 친구 또는 적)를 포함뿐만 아니라 혼합되어 일부 등을 (브랜드는 고객과 애증관계를 가질 수 있다) 포함한다. 그들은 친밀한 것과 멀어진 관계포함(일부고객은 그들과 브랜드가 완전 낯선 사람 또는 그들이 하룻밤에 참여하고 있다는 느낌을 다른 사람은 가장 친한 친구가 결혼파트너로 본다.) 뿐만 아니라 관계가 강렬하고 다른 사람들은 약하다. 어떤 경우에는 하나의 당사자가 힘을 보유하고 다른 사람들을 공유한다. 유형중 일부는 관리자들에게 놀라운 일이다. 마스터 – 슬레이브(Slave) 및 fling 개념을 가지고 사람들이 매우 까다롭게 될 수 있지만 관리자가 완전히 일부고객에 대한 것을 파악하지 않는 것이 관계의 요점은 그들의 필요(최고의 예절과 함께 드려지고 다루어지는)를 만족시키지 못하는 것이다.

그들이 고객보는 것을 실패하는 것과 같이 특별히 패션, 소비기술, 소셜미디어와 게임열정을 추구하지만 무상한 약속일 것이다. 일부 관리자들 또한 불편하다. 처음에는 우리용어로 이것은 지나치게 친밀한 것처럼 보일 수 있다. 그러나 우리의 연구는 이러한 관계는 유기적으로 정확하게 기업과 브랜드와 소비자의 경험을 나타내는 것을 확인하였다. 마스터 – 슬레이브 아이디어는 예를 들어 회사가 유용하게 인식할 필요가 있는 기대치와 행동의 세트를 캡슐화한다. 관계유형으로 고객을 분류하려면 자신의 감정과 브랜드에 대한 기대를 보여 정보를 수집해야 한다. 즉, 당신은 그들의 선호를 선택하는 관계형 데이터를 개발하는 것이 필요할 것이다.

3) 원하는 고객관계를 향해 이동

많은 사람들은 적대관계를 예상하는 월마트, 거대기업, 은행, 케이블 TV 제공업체, 항공사 및 대기업의 특정유형의 상업상호작용을 시작한다. 그 기대에 대한 이해는 리셋을 위한 기회이다. 노래를 통합 및 안전규칙의 온보드암송에 춤으로 버진항공은 이러한 친구관계로 회사와 더 긍정적인 결합으로 고객을 이동하려고 한다. 장기간 값을 만들기 위해 그 포트폴리오에 가까운 관계의 비율을 증가하고자하는 회사는 이에 대한 다양한 옵션을 가지고 있다. 모든 것은 규칙의 관계가 작동하는 방법을 인식하고 다시 돌아온다.

브랜드 캐주얼관계를 설정한 고객은 예를 들어 더 큰 친밀감의 추가즐거움을 놀라게 하면서, 기대에 부응하기 위해 지속적으로 상호작용을 통해 최고의 친구관계의 방향으로 달랠 수 있다. 소비자와 소셜미디어 브랜드 사이에 많은 관계들은 결코 낯선 사람이나 친분을 넘어 순식간에 사용자 단계로 넘어가지 않지만, Pinterest는(사용자가 제품, 이미지, 레시피 등의 콜렉션을 큐레이트할 수 있는 사이트) 멀리 덜 가치있는 관계에서 다양한 경로 아래로 사용자를 이동한다.

낯선 사람의 관계는 사람들이 지속적으로 새로운 것을 발견할 수 있는 장소로 위치하여 사이트와 관련이 된다. 다른 경로에서 순식간에 아는 관계에서 사용자는 비슷한 관심사를 가진 사람들과 함께 자신의 큐레이트 컬렉션을 공유하는 것을 권장한다. 사용자가 자신의 사회집단을 구축함으로써 Pinterest와의 관계는 캐주얼하게 하는 관계로 이동한다. 그리고 그들은 더 많은 항목과 다른 사람에게 자신의 컨넥션을 깊이 있게 하기위해 지속적으로 사용하는 자는 Pinterest를 브랜드관계로 전환을 사회적으로 그들의 수평적으로 확장하는 콘서트에서 작동하고 있음을 알 수 있다

(2) 규칙의 이해와 관계의 강화

1) 규칙이해(Understanding the Rules)

가치창조란 원칙을 잘 이행함으로서 얻고자하는 목표에 접근하기가 수월하여진다. 경쟁은 스피드라고 하나 규칙을 안 지키는 속력은 위험만 초래할뿐 성과에 도움을 주지 못한다. 그러므로 원칙과 프로세스 규칙을 준수하며 회전속도를 높이는 것이 성취도를 높이는 결과이다.

당신이 당신의 고객관계를 프로파일링한 후에는 전략적 목표를 진행 포트폴리오를 만드는 방법을 관리시작할 수 있다. 당신은 룰이 깨질 경우 관계를 위태롭게했던 무언의 규칙을 이해해야 한다. 규칙은 소비자와 브랜드가 주고받는 관계 및 방법과 시기를 소비자와 기업이 참여하는 것에서

그림 2-2 규칙이해와 관계강화 포인트

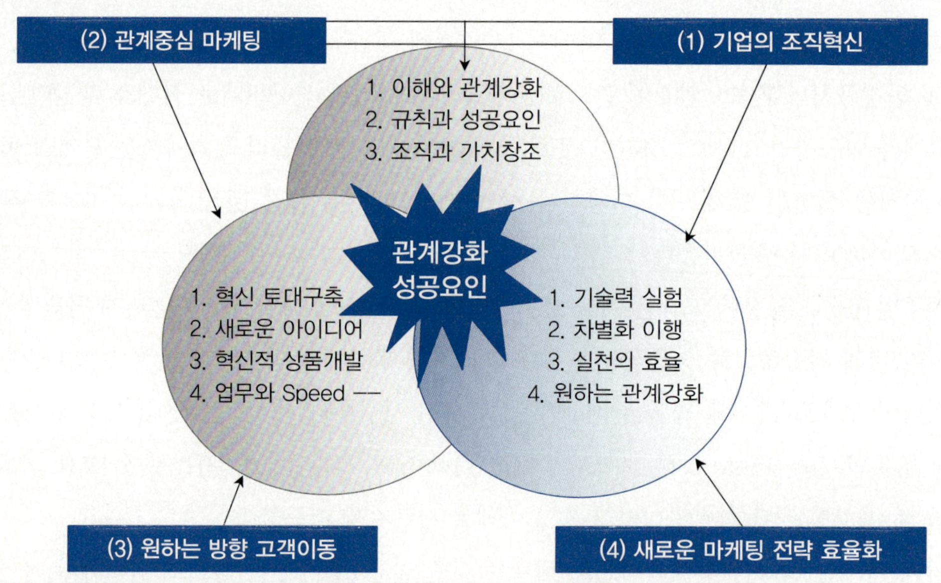

얻게될 내용 등의 문제를 다룬다. 규칙은 고객의 기대를 기준으로 한다. In Flings, 소비자는 참신, 흥분, 천박하고 Identity놀이 등에 기대된다.

브랜드는 그 기대를 충족하는 경우 고객에 대한 열정에 대하여 응답할 것이다. 브랜드, 시간, 자신의 삶에 초점이 될 것이다. 기대에 부응하기 위해 모든 실패는 규칙위반으로 해석되고 관계는 약화될 것이다. 규칙의 의식으로 무장한 당신은 관계의 이상적인 조합을 포함하는 포트폴리오를 설계하는 동안 고객의 기대에 제공하는 역할을 할 수 있다. 가끔은 원하는 연결을 강화하는 수단, 때로는 더 바람직한 유형으로 고객의 이동수단; 경우에 따라서는 대상고객그룹이 선호하는 관계의 종류를 육성하기 위해 속도를 변경하는 것을 의미한다.

2) 원하는 고객관계강화(Bolstering desired relationships.)

고객이 관계의 종류에 대한 열망이 설명되어질 때 이것은 회사에 유용하다. 이 임무를 진행하기 때문에 수익성 및 시장점유율을 드라이브 또는 안정성 회사가 왕복운동을 할 필요가 실적에 기여한다. 예를 들어 고객은 식료품 배달고객이 그랬던 것처럼 이 회사는 새로운 제품 및 서비스 디자인에 영향을 미칠 수 있는 파트너로 그 사람을 인식하여 응답할 수 있다. 이 회사 이상을 넘어 갈 수 있는 의지를 보여주면 한 시즌을 시장에 저렴하고 대담하게 디자인된 시계(視界)가 합유한 브랜드와 고객이 늘어 나을(Fling) 스와치견본을 착상할 필요가 있다.

그 전략을 통해 고객에 하나 또는 두 개의 고가의 제품을 판매에 초점을 맞추고 마케팅을 기존의 접근방식에서 낮은 확약레벨이 멀다에서 짧게 명예롭게 브랜드의 새로운 정체성을 재생하고 참여할 수 있는 기회가 제공된다.

제너랄 밀(General Mills Inc)사는 강화되지 않고 파괴되는 것을 찾았다. 게시판에 새로운 룰(고객은 쿠폰을 다운로드하고, Sweepstake나 혹은 회사 온라인 커뮤니티에 가입한다. 페이스북같은) 또한 분쟁이 발생한 경우 소송을 제기하게 된다. 충성고객은 비난은 1일 이내에 회사는 정책을 철회하도록 강요한다. 자동차공유의 브랜드관계는 또 다른 예를 제공한다.

Zipcar는 사용자들 사이에서 사회적 연결을 육성 및 브랜드중심으로 커뮤니티의 구축에 초점을 맞춘 초기마케팅 캠페인마크를 놓쳤다. 연구는 그러나 고객을 공유하는 차량은 주로 함수값에 관심을 보여 주었다. 그들은 최신차량, 우수한 고객 서비스를 선택할 수 있는 자동차의 다양한 편리한 옵션업을 잘 유지하여 깨끗하다. Zipcar의 에이비스의 최근 인수는 통찰력과 잘 정렬된다. 에이비스는 소비자가 원하는 교환관계를 강화하기 위해 규모와 역량을 가지고 있다.

 새로운 관계중심의 시장전략

(1) 새로운 시장중심전략

1) 새로운 방향(A new Orientation)

모든 시장조직구조와 기능은 무엇을 의미하는가? 우리가 제시하는 방향은 마케팅조직으로 일을 하는 전통적인 방법을 유지하면 효과성이 떨어짐으로 이를 개선하는 것이 고객과의 장기적인 관계형성에 중요한 부분이다. 너무 많은 기업들이 PR기능에만 치중하여 위기관리를 소홀히 하며, 감성에 대한 이해가 불충분한 상태이기 때문에 기존의 마케팅팀 안에서만 전략을 세우는 것은 주의깊게 살펴야 하는 대목이다.

또한, 회사와 고객의 상황을 면밀하게 연구하지 않은 상태로 외부 컨설턴트에게 자사의 CRM 데이터를 의뢰하여 만든 알고리즘으로 고객과의 관계설정에 있어 기준을 만드는 것은 효과가 떨어질 수 있다. 우리에게 필요한 최적의 방법은 관련직원들이 고객과의 관계형성에 적극적으로 임할 수 있도록 R&R을 개편하고, 관계중심의 마케팅기능을 향상시켜 마케팅의 범위를 확대하는 것이다.

2) 관계중심으로 마케팅을 재구성(Reorganize marketing around relationships.)

관계중심의 마케팅조직이란 효율적인 수익성채권의 기업관계를 확인할 수 있고, 부정적이며 수익성이 낮은 채권의 연결을 모두 식별.파악하고 행동하는 시스템이다. 마케팅전략을 세운후 능력배양, 표적변화 또는 속도변화 등에 관한 직원교육을 강화할 필요가 있다. 그들의 고용관행을 개선하고 적절한 인센티브와 관계주변의 프로세스를 만들어 주는 것이 효과적이다.

모든 수준에서 최고 경영진은 영업직원과 고객과의 관계의 중요성을 인식하고 의사결정을 강조한다. 관계중심으로 프로세스를 재구성하면 광범위한 사업이 될 수 있다. 예를 들어, Flings(할리소유자 그룹(HOG), 공식라이더)의 규칙은 '클럽을 통해 고객과 교감에 전념하고 다양한 직원 등의 기능을 제어한다. 이러한 모든 오토바이 매니아는 가장 친한 친구와 같은 할리의 상태를 공고히 할 수 있는 친밀감의 종류를 개발하기 위해 고객과 도로에서 년 평균 280일을 보냈다.

(2) 부단한 혁신의 노력은 신뢰의 기본

1) 소비자의 믿음사려면

소비자가 말하게 하라. 세상은 복잡(complicated)한 곳에서 복합(complex)적인 곳으로… 기업이 투명하지 않고 갑처럼 굴다간 엄청난 역풍 '홀로 진실말하는 권위' 사라져 아무것도 믿지 않는 인터넷시대 소비자가 참여해 스스로 믿게해야 세계 최대 PR그룹 에델만의 CEO 에델만의 말이다.

어떻게 사람들을 믿게 할것인가?. 에델만 CEO는 홀로 진실을 말하는 권위가 사라진 자리는 소비자의 수만큼 다양한 경험들이 들어섰다고 했다. 당신 스스로 창조해낸 진실외에 진실이 존재하지 않는 시대에서 자신이나 주변사람이 특정 제품서비스를 써본 경험에 진실이 있다고 믿는 시대의 도래이다. 기업이나 PR은 뒤에 숨어 이들 스스로 기업에 대해 말하도록 해야 한다.

스타벅스의 '마이스타벅스 아이디어'(MyStarbucks Idea), GE의 에코매지네이션(Ecomagination)은 이런 에델만의 통찰끝에 나온 작품이다. 스타벅스는 2007~2008년 매출감소 후 600개 매장문을 닫는 위기를 겪었다. 제품·서비스에 대한 고객만족도가 내려간 데다 경쟁이 치열해졌기 때문이다. 이때 스타벅스가 에델만과 손잡고 내놓은 것이 '마이스타벅스 아이디어'. 온라인에서 고객들이 제품·서비스에 대한 제안을 올리면, 스타벅스사가 쓸만한 것을 골라 실행에 옮기는 방법이다. 입소문을 타고 고객들이 몰렸고 고객만족도와 평판 모두 올라갔다.

2) 아이디어를 올렸고, 여기에 피드백을 주고받는 성장동력

GE 매출 25%를 차지하는 '에코매지네이션'(Ecomagination)브랜드 제품도 GE와 에델만의 합작품. 에코매지네이션은 소비자들이 친환경제품 아이디어를 올리면 GE가 아이디어를 채택하는 프로젝트다. 2005년 시작돼 지금까지 5000여명이 아이디어를 올렸고 여기에 피드백을 주고받는 전체참여자 수가 10만명이다. '낡은 기업'으로 인식되던 GE는 단번에 '미래기업' 이미지를 업고 친환경제품이란 성장동력까지 달게됐다. "PR이란 이름부터 바뀌어야 한다. 이제는 PE(Public Engagement·대중참여)다. 소비자들이 스스로 믿게 해야 한다."

에델만 CEO는 인터뷰 전인 아침 7시 40분, 에델만 코리아 사무실에서 트위터에 글 하나를 올렸다. 서울은 8시 전인데 서울지사 직원들은 벌써 열심히 일하고 있네요. 그는 직원들 사진을 올리고 이들 이름을 하나하나 언급했다. 인터뷰가 끝난뒤에는 자기블로그 '6AM'에 "서울의 쇼핑거리에서는 화려한 명품숍들이 관광객 수백명을 끌어들이고 있다."라는 내용의 글을 올렸다. 1년에 100일 전 세계 54개 에델만지사를 돌아다니고, 매일아침 점심식사는 기업고객을 포함한 외부인을 만나 해결한다. 그는 직원들에게 이렇게 말한다. 이제 한 가지만 해서는 안 된다.

3) 창구를 동원해 소비자들의 눈과 귀를 잡아야 한다

기업도 마찬가지. 전 세계 소비자들이 '같은 정보를 서로 다른 장소에서 3~5회 이상은 접해야 그 정보를 신뢰할 수 있다'고 말하고 있다. 모든 창구를 동원해 소비자들의 눈과 귀를 잡아야 한다. 에델만 회장은 이 창구를 '네 잎 클로버'로 정리했다.

- 신문 · 방송 등 기존언론
- 블로그 · 인터넷미디어
- 트위터 · 페이스북 등 소셜미디어
- 기업홈페이지. 기업과 외부세계 간 커뮤니케이션이 이 네 가지 장(場)에서 끊임없이 작동해야 비로소 신뢰가 쌓이고 소비자들도 지갑을 연다.

핵심은 '대화'다. 기업은 상대의 말에 귀 기울이고 피드백을 줘야 한다. 누구와 대화할 것인가? 한국기업은 대화상대를 언론으로만 한정한다. 그 걸로는 충분치 않다. 이제 소비자, NGO, 대학, 싱크탱크, 직원들과 직접 대화해야 한다. '우리가 가진 정보와 지식을 공개하지 않겠어'라며 갑(甲)처럼 굴다가는 엄청난 역풍을 맞게된다. 평범한 소비자들만 해도 제품에 대해 저마다 경험과 시각을 갖고 기업에 큰 영향력을 미치고 있지 않은가.

5. 라이프 스테이지의 경영전략

(1) 성공하는 기업의 발달패턴

창업기, 성장기. 성숙기에 있는 기업은 현재나 과거에 대한 특색을 정리해본 결과 성공하는 기업의 패턴이 약간씩 공통적으로 정해져 있다.

1) 업태에 대해

제조도매에서 창업을 시작한 기업은 백화점 등의 인 · 숍(in-Shop)형식의 준직영매장의 경영경험을 쌓아 마침내 직영점에 의한 판매(제조 소매업)사업을 확대해 나가고 있다. 소매업으로 창업한 기업은, 리스크분산의 관점에서 제조도매와 협력하여 제품개발을 하고, 소매업에 철저한 기업군과 필요한 제품을 직접 제조·판매하는 제조유통 업태로 성장하는 기업군으로 나누어 진다.

2) 상품기획에 대해

상품기획의 발달은 제조도매에서는 히트상품기획의 모방에서 출발, 해외정보/상품을 참고로 한 기획력 향상과 유명 디자이너와의 계약에 의한 기획력 향상의 경험을 축적하여, 소비자상을 명확히 의식한 자주 기획력 향상의 변천에 따르고 있다.

특히, 인.숍(in-shop)직영점포에 의한 소비자의 파악과 소비자카드에 의한 매장방문 구매자의 실태파악, Web사이트에서 브랜드 팬클럽이나, 브랜드 채팅정보를 활용함으로써 소비자에게 밀접한 상품기획능력이 크게 향상된다.

소매업에서 제조기능을 추가한 제조소매업에서는 도매업체의 제품선택에서 기획력을 강화시켜 해외패션정보를 수집하고 유행의 첨단정보가 많은 수도권에 실험점포를 설치하고, 조금씩 기획력을 향상시켜 나가고 있다.

3) 생산체제에 대해

처음에는 외주공장을 그때에 선택하고 생산능력을 강화시키고 있으나, 결국은 전속외주공장(국내·해외)을 확립하고 궁극적으로 자사공장(과거에는 국내, 최근에는 중국의 해외공장이 일반)에 의한 품질향상·원가절감활동을 지속적으로 개발하고 있다. 전속 외주공장을 활용하고 있는 기업도 결국은 더욱 비용절감과 생산관리능력의 강화를 목적으로 자사 공장화를 추진하게 된다.

4) 판매체제에 대해

창업기에서는 미분화였던 판매기능도 곧 기능별 조직(기획생산 및 판매 등)이 되어, 그 후에는 사업부제(기획생산·판매사업부화)에 의해 생산·판매의 최적화를 노린다. 결국, 제조유통과 같은 직영매장을 통해 판매체제를 강화해 나가고 있다.

5) 재고처분에 대해

제조도매에서 불량재고는 소매에 할인판매로 시작되고, 백화점이나 상사 협찬행사판매(바겐세일)등의 임시처분방법 아울렛이라고 하는 명품상설판매 자영점포에 의한 판매와 직영매장 신설의 복주머니 등의 처분방법으로 발전해 나갈 것이다. 국내에서 처분할 수 없게 되면 처분점포와 환율

위험감소를 위해 해외 특히 생산거점에 있는 중국에 판매거점이 설립된다.

(2) 기업의 성공요인

각 기업의 성장과정에서 성공요인을 정리하면 다음의 11항목으로 집약된다.

① 소비자가 요구하는 제품의 적시공급, QR생산 물류체제

② 가격소구(價格訴求)의 상품에 대해서는 저가격, 소재의 장단점, 나름대로의 디자인, 좋은 품질이 실현될 수 있는 것

③ 패션 등의 부가가치 추구상품은 인지도를 가진 브랜드로 세련된 디자인. 가격제품 품질소재 등이 균형있게 완성하는 것

④ 브랜드의 증가와 색상크기의 다양화 등으로 성숙화된 사회에서 세분된 시장에 대응하고 시장을 확보하는 전략을 병행해 나갈 것

⑤ 소비자를 표현한 상품이 기획된다면 명확한 소비자상의 정의파악 및 시장세분화로 점유율을 확보해 나가는 전략과 병행하여 진행한다.

⑥ 상품은 과잉재고와 결품을 일으키지 않게 생산을 조정할 수 있는 것. 비용관리 및 신속한 생산의 실현을 위해 국내 자가공장 및 해외 자가공장을 잘 구분하여 QR생산 물류체제를 확립하여야 한다.

⑦ 직영매장의 판매체제에 따라 소비자의 요구를 잡아 제조도매에 비해 높은 이익률의 제조소매업태를 사업부의 하나로서 확립한다.

⑧ 수치관리에 의해 객관적으로 기획생산판매의 균형을 제어하고, 또한 손익·자금융통을 고려한 부문관리가 되도록 관리능력을 강화한다.

⑨ 기획생산 판매재고처분을 포함한 일관하여 관리할 수 있는 직원을 육성한다.

⑩ 전문점 이상의 자영점포를 효율적으로 운용할 수 있는 것. 경영자는 기업전체 각 사업브랜드의 정보를 수집하고 항상 리더십을 취하는 것. 전략의 오류가 일어나지 않도록 폭넓은 정보수집을 한다. 열정을 가지고 경영에 임한다.

⑪ 사원이 활성화되도록 육성계획이나 모럴(도덕감)향상의 시책이나, 일정한 책임과 권한위양을 실시하는 것. 브랜드단위로 소비자를 의식하여 작은 회전의 활동단위를 편성하는 등 창업기의 원점으로 돌아가 일에 임하는 것

경영 성공포인트 ❸

1. 당신에게 맞는 환경을 선택하라

주변환경을 잘 읽어라 작은 사람은 환경의 지배를 받고 큰사람은 환경을 조성한다. 주변환경에 잘동화함으로서 협조조언자를 얻어 새로운 환경이 조성되기도 한다. 사람은 일생을 살아감에 있어 선택의 기회를 잘선택하여야 한다. 예. 학문의 선택. 직업의 선택. 배우자의 선택 등 자신의 가치관에 적합한 한경을 선택하라, 사회를 구성하고 있는 다양한 조직체들은 그들 특유의 가치관을 가지고 있다. 지금 당신이 속해있는 집단의 가치관에 동의할 수 없다면 그 집단을 벗어나 개혁을 일으킬 수 있는 역량을 길러야 한다.

2. 감사의 진실을 알라

사람이 행운을 부르고 행운이 행운을 부르며 그 행운이 부를 가져온다. 당신이 수입을 올리고 싶으면 감사하는 법을 배워라. 상사에게 감사하고 고객동료에게 감사하라, 감사의 마음이 잠재의식에 각인되어 당신의 마음을 부자로 만들 것이다. 마음의 부자가되면 협조자들이 생겨 자연성과를 올릴 수 있고 수입이 향상된다.

제2절 안정적 성장은 관리자의 리더십

1. 관리자의 소통리더십

(1) 관리자와 커뮤니케이션

1) 커뮤니케이션 과정모형

커뮤니케이션 모형(Communication Process Model)이란 발신자와 수신자 간에 메시지를 주고받는 과정을 말한다. 마케터는 효과적으로 메시지를 전달하기 위해 먼저 커뮤니케이션이 어떤 과정을 통해 이루어지는지를 이해할 필요가 있다. 커뮤니케이션 과정은 〈그림 2-3〉과 같은 요소로 구성된다.

먼저 커뮤니케이션의 참여자로서 정보의 발신자(sender)와 수신자(receiver)가 있다. 발신자가 보내는 메시지는 커뮤니케이션 채널을 통하여 수신자에게 전달된다. 그리고 커뮤니케이션 참여자들은 메시지를 주고받는 과정에서 발신자가 자신의 전달의도를 상징적인 형태로 표현하는 부호화(encoding), 부호화된 메시지를 수신자가 자신의 경험에 근거하여 이해하는 해독화(deccding), 해

그림 2-3 발신자 →수신자 매체 피드백 모형

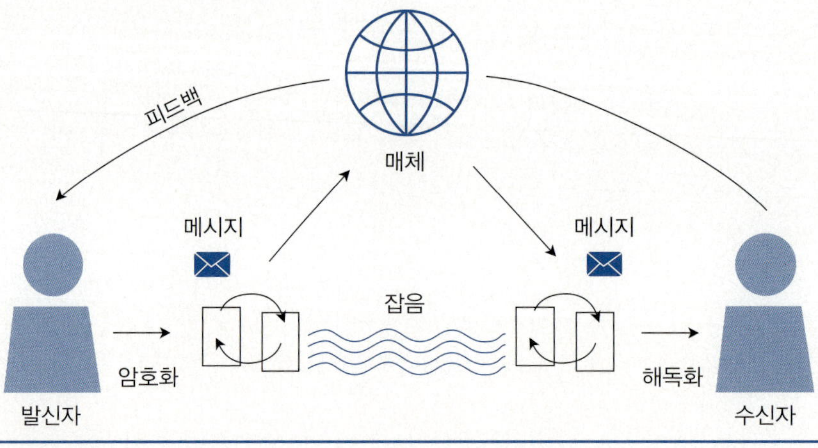

석된 메시지를 토대로 수신자가 보이는 반응, 이러한 반응이 발신자에게 전달되는 피드백이 수반된다.

2) 커뮤니케이션의 발신과 수신

커뮤니케이션은 발신인과 수신인 간의 의미를 전달하는 과정에서 많은 요소들이 개입한다. 가장 일반적으로 통용되고 있는 커뮤니케이션 과정모델은 미국의 수학자 클로드 엘우드 섀넌(Claude Elwood Shannon)과 과학자 워런 위버(Warren Weaver)가 제시한 것으로, 발신자 – 암호화(부호화) – 채널(매체) – 해독화 – 수신자의 과정을 거친다.

즉, 커뮤니케이션이란 발신자의 재료가 부호로 메시지화된 다음 채널을 통해 전달된 후 수신자에게 지각되어 해석되는 과정으로 요약할 수 있다.

- **발신자**(sender) : 다른 개인이나 집단에 메시지를 보내는 당사자
- **메시지**(message) : 전달하고자 하는 내용
- **암호화**(encoding) : 전달하려는 생각을 말, 문자, 그림 등으로 전환하는 과정
- **매체**(channel) : 발신인이 수신인에게 메시지를 전달하는 데 사용하는 경로
- **해독화**(decoding) : 발신인이 부호화하여 전달한 메시지를 해석하는 과정
- **수신자**(receiver) : 발신인이 전달한 메시지를 받는 당사자
- **잡음**(noise) : 의사전달과정에서 계획되지 않은 현상이나 왜곡
- **피드백**(feedback) : 수신자가 받은 메시지에 대해 발신자에게 보이는 반응

그러나 커뮤니케이션 과정의 또 다른 구성요소인 잡음은 발신자의 의도와 관계없이 효과적인 메시지전달을 방해한다. 예를 들어, 개그콘서트의 특정내용을 패러디한 광고인데, 정작 수신자가 그 프로그램을 시청한 적이 없어 기업(발신자)의 의도와 다르게 광고메시지를 이해하는 경우가 이에 해당된다.

3) 발신자의 영역과 수신자의 영역

가장 좋은 메시지는 수신자에게 익숙한 단어와 상징들로 구성된 것이다. 발신자의 경험영역과 수신자의 경험영역이 더 많이 중복될수록 메시지는 더 효과적일 가능성이 높다. 그러나 마케팅 커뮤니케이션 담당자의 경험영역과 소비자의 경험영역은 서로 다를 수 있다. 예를 들어, 표적청중과 사회경제적 배경을 가진 광고카피라이터가 부유한 금융자산가와 같은 다른 계층의 고객을 위해 광

고를 만드는 경우도 있을 것이다. 그러나 마케터는 효과적인 커뮤니케이션이 이루어질 수 있도록 고객의 경험영역을 이해해야 한다.

사람들은 인상깊은 메시지를 만들어 내는것은 모든 마케터들이 원하는 것이다. 메시지는 부호화되어 수신자에게 전달되는 내용을 말하는데 언어적, 비언어적, 시각적, 청각적 수단의 결합을 통해 개발된다. 시각적, 청각적 수단을 동원한 꿀꺽꿀꺽 마시는 시즐(sizzle)광고는 비언어적 메시지에 기반한 광고물의 예이다. 가령, '후루룩 후루룩 하아' 하며 국수마시는 장면을 보여주는 국수광고나, '치익'하는 맥주병 따는 소리와 클러치는 흰거품을 보여주는 맥주광고는 모두 시즐광고에 해당한다.

4) 표적청중의 긍정적 반응 효과적인 메시지

발신자인 기업은 수신자인 표적청중의 긍정적 반응을 이끌어 내기위해 효과적인 메시지를 개발해야 한다. 이상적인 메시지는 AIDA모형으로 주의를 끌고(Attention), 관심을 지속시키고(Internest), 욕망을 자극하고(Desire), 행동을 유도하는(Action) 것이어야 한다. 실제로 기업이 소비자들을 제품에 대한 인지에서부터 구매까지 모든 반응과정을 한 번에 거치게 하는 메시지를 개발하는 것이 어렵지만, AIDA 모형은 좋은 메시지가 갖추어야 할 바람직한 특징이 무엇인지를 이해하는데 도움을 준다.

커뮤니케이션 과정모형은 좋은 커뮤니케이션이 이루어지기 위해 요구되는 주요 요인이 무엇인지를 잘 보여준다. 발신자는 그들이 도달하기를 원하는 표적청중이 누구인지와 그들로부터 기대하는 반응이 무엇인지를 알아야 한다. 그리고 표적청중이 메시지를 어떻게 해석하는지를 감안하여 메시지를 부호화해야 한다. 그들은 표석청중에게 도달될 미디어를 통해 메시지를 보내야 하고, 메시지에 대한 청중의 반응을 평가할 수 있는 피드백채널을 개발해야 한다.

(2) 원활한 조직활동을 위한 커뮤니케이션

1) 관리자의 커뮤니케이션 스킬

조직활동의 커뮤니케이션 중요성에 대해서는 이미 ①지도자의 조건, ② 조직의 3요소와 팀 플레이부분에서 언급하고 왔다. 또, 관리자의 능력요건으로서 적은 집단유지를 도모하는데 있어서, 카운슬링 마인드에 보장된 커뮤니케이션·스킬이 얼마나 요구되고 있는지라는 것도 아울러 봐왔다.(리더십발휘와 3개 기능 참조)

카운슬링 마인드에 뒷받침된 커뮤니케이션 스킬이란 상대의 입장에서 상대의 기분을 전달, 의사소통할 수 있는 능력, 기술이라고 할 수 있다. 조직목표를 달성해 나가기 위해 집단을 통합해 나가는 관리자로서는 확실히 부하의 마음을 장악해 커뮤니케이션해 나가는 능력, 기술은 필수 불가결한 요건이다.

(3) 다음의 5가지 기술

즉 ① 말하는 기술, ② 듣는 기술, ③ 쓰는 기술, ④ 읽는 기술, ⑤ 생각하는 기술을 의식적으로 닦아가는 것을 유념할 필요가 있다.

1) 말하는 기술의 포인트

화술은 무에서 유를 창조한다. 구변은 인품의 표현이다. 말투에 의한 교환, 즉 상대와의 대화는 일상적으로 가장 빈도가 높은 커뮤니케이션 수단이다. 말하는 기술을 닦는다는 것은 말하는 내용을 상대방에게 얼마나 설득력 있게 주지시키느냐 이다. 이야기의 내용은 말할 것도 없고, 얼마나 상대에게 이해하기 쉽게 말할 수 있을까 라고 하는 궁리를 하는 것이다. 아무리 훌륭한 말을 해도 당사가 무엇을 말하고 있는지 부하를 더 모른다고 하는 것은 곤란하다. 또, 목소리가 작고 상대에게 알아듣기 어려운 것은 안 된다.

2) 듣는 기술의 포인트

듣는 것은 상대의 말만을 귀로 듣고 싶은 것이 아니라, '상대가 지금 무엇을 말하고 싶은지, 상대의 기분의 움직임을 잡아라하는 것이다. 그러기 위해서는 상대의 표정이나 손이나 발의 움직임을 잘 관찰하는 것이 필요하다. 말 이외의 것으로 발신해 오는 상대의 신체언어를 관찰해 나가는 것, 이것이 적극적 경청법(액티브 리스닝)이라고 불리는 것으로 그 실천이 필요하다.

3) 쓰는 기술의 포인트

관리자가 되면 쓰는 기술은 지금까지 이상으로 요구된다. 비즈니스의 장에서의 문장은 미사여구가 필요없다. 이것을 머리에 두고 당초는 결론을 가능한 한 단문으로 상대에게 전하는 쓰는 방법을 연습해 보는 것이다.

다음에 "왜 그런가?"의 설명을 삼단논법(三段論法)으로 생각해 말로 바꾸어 간다. 이 때의 문장의 포인트는 용건을 간결명료(簡潔明瞭)하게 써 나간다는 것이다.

4) 읽는 기술의 포인트

통달문서나 연락문서, 부하의 보고서 등 서말(序末)에 의해서 전달되는 문서의 내용을 의미하는 것을 정확하게 읽어내는 기술이다. 언뜻보아도 아닌 것 같습니다만, 이 읽는 기술이란 단지 지면에 나타나 있는 문자를 대충 훑어보는 것은 아니다. 그 배경에 있는 상황을 읽어 정확하게 판단해 의사결정해 나가는 작업이 포함되어 있다.

5) 생각하는 기술의 포인트

앞의 5가지 기술의 포인트를 소통융합하여 종합적으로 상황에 적합한 효율적인 의사결정을 하는 것이 진정한 커뮤니케이션 기술이며 관리자의 임무라 하겠다.

2. 관리자 행동과 커뮤니케이션

여기에서는 실제 업무장소에서의 관리자의 커뮤니케이션의 본연의 자세를, 관리행동에 비추면서 그 포인트를 들어보기로 하자.

1) 계획된 단계에서의 커뮤니케이션의 포인트

일의 계획단계에서 부하를 참가시키는 것은 부하의 동기부여를 도모하는 데 있어서도 지극히 효과적이다. 또, 그것과 동시에 자신의 상역(常役. 일살의 역할)의 계획에 대해서 적극적으로 임해가는 것도 상역을 보좌해 나가는 followship로서 관리자에게 요구되고 있다. 거기에서 일상업무에서와 같은 매니지먼트 사이클을 돌리고 상사, 그리고 부하에게 적극적으로 커뮤니케이션을 도모하는 것이 필요하다.

2) 조직화 단계에서의 커뮤니케이션의 포인트

조직화란 목표달성을 위한 업무의 명확화와 그에 따른 부하직원에 대한 업무할당 등이다. 이것을 원활하게 실시하기 위해서는 관리자가 서로 원활하게 의사소통할 수 있는 장을 어떻게 평소부터 만들 수 있는가 하는 것에 달려있다.

그러기 위해서는, 정례적인 회의보다 오히려 매일의 미팅을 중시해 원활한 커뮤니케이션의 기회를 만들어 가는 것을 유의하는 것이다. 그리고, 이것이 가장 효과적인 방법인 것을 알아두는 것이다.

3) 명령단계에서의 커뮤니케이션의 포인트

관리자의 명령은 항상 명확하지 않으면 안 된다. 그러기 위해서는 지령때 5W1H(언제 어디서, 누가, 무엇을, 왜, 어떻게)를 염두에 두고, 지시·명령을 확인하는 것을 게을리해서는 안 된다. 그러나 지령의 명확함이란 단지 일방적으로 말하는 것은 아니다. 부하의 의견에도 충분히 귀를 기울여 받아들일 것은 받아 들이겠다는 겸허한 자세를 잊어서는 안 된다.

4) 동기부여단계에서 커뮤니케이션 포인트

동기부여란 "어떤 목적에 향해 행동을 일으키게 하는 외부로부터의 직접적 의식적인 활동"이라고 할 수 있다. 칭찬, 질타격려한다고 하는 직접적인 동기부여와 아울러 부하에 대해서 항상 "잘해주지말아라", "부탁해, 기대하고 있어"라고 하는 적극적인 말로 상대의 잠재적 욕구에의 움직임을 계속하는 것이다. 이것이 동기부여의 커뮤니케이션의 포인트이며 부하와의 신뢰관계를 만들어 가는 기반이다.

5) 교육지도 단계에서의 커뮤니케이션의 핵심

부하의 교육지도가 잘 될지 어떨지는 가르치는 방법의 기술이전에 관리자와 부하와의 사이에 평소부터 신뢰관계의 기초가 되어있는지 아닌지에 걸려있다. 그 의미에서도 전술한 일상의 동기부여 의식적인 커뮤니케이션의 압력이 중요하다. 부하는 "자신을 기르려고 하고 있다"라고 한 것이 느껴져, 처음으로 상사의 가르침에 귀를 기울이는 것이다.

6) 통제단계의 커뮤니케이션의 포인트

통제란 계획과 실행과의 비교검토를 말한다. 검토중에 일탈하고 있는 것이 있었을 경우는 궤도 수정을 도모할 필요가 있다. 그러기 위해서는 부하로부터의 일의 보고, 연락, 상담이 밀접하다는 것이 요구된다.

그러나, 현실에는 나쁜 사정의 보고 등이 반드시 관리자에게 정확하게 전달된다고는 할 수 없다. 거기서 관리자에게 요구되는 것은 상대의 심리상태를 차지한 움직임이다. 예를 들어, "무슨 일이 있을 때나 실패했을 때는 언제라도 말해 와"라는 접근법이 평상시부터 얼마나 부하에게 행해지고 있는지에 달려있다.

즉, 통제가 잘 될지 어떨지는, 먼저 든 교육지도와 같이 관리자와 부하와의 커뮤니케이션의 본연의 자세에 달려있다고 말할 수 있다.

7) 평가단계에서의 커뮤니케이션의 포인트

부하의 일을 평가할 때에 잊어지지 않는 것은 일의 결과로만 부하평가를 실시하는 것이 아니라, 부하의 평소의 일하는 모습결과에 이르기까지의 노력도를 보고 평가하는 것이다. 그러기 위해서는 계획단계에서 올린 매니지먼트 사이클에서의 커뮤니케이션을 밀접하게 한 후에, 결과와 그 과정을 되돌아 보는 것이 필요하다. 거기의 순서는 우선 부하자신에게 자기평가시킨 후에 관리자로서의 어드바이스를 주어 가는 형태가 된다. 이것이 평가단계에서의 커뮤니케이션 포인트이다.

8) 보고단계에서의 커뮤니케이션 포인트

보고단계에서의 포인트는 무엇을 두어도 부하가 안심하고 보고할 수 있는 분위기를 어떻게 만들어 내느냐에 있다. 그러기 위해서는 이쪽이 알고 싶은 것을 일방적으로 물어보려고 하는 것이 아니라, 물음은 짧고간결하게 하고 상대의 이야기를 듣는 자세가 필요하다. 그 의미에서도 "말하지 마라, 이야기 하게 하라"가 철칙이다.

9) 혁신단계에서의 커뮤니케이션 포인트

종래의 조직의 본연의 자세나 일의 방법 등을 혁신해 나가려고 하면, 반드시 조직안에서는 마찰이 생겨 갈등이 생긴다. 이 마찰과 갈등을 최소한으로 억제하려면 우선 사전에 쌍방이 납득될 때까지 충분히 이야기하고, 게다가 저해요인이 되는 것을 없애가는 것이다. 그것을 위한 시간을 아껴서는 안된다.

10) 조정단계의 커뮤니케이션 포인트

관리자의 조정기능은 매우 중요한 것이다. 이 조정단계에서의 커뮤니케이션 포인트는 상대를 특별히 설득하려는 것이 아니고, 우선 상대의 이야기를 충분히 듣는다는 점에 있다. 상대의 진의가 어디에 있는지, 그것을 잡은후에 타협점을 찾아내 가는 것, 거기에는 확실히 카운슬링 마인드가 요구되고 있다.

 관리자의 구체적인 역할과 행동

(1) 관리기능에 대하여

관리자가 조직속에서 역할기능, 즉 그 기능에 대해서는 매니지먼트 사이클에 비추어 사람, 물건, 자금, 정보 등 네 가지를 최대한 활용하여 가능한 한 기회손실을 줄이는 것이라고 설명되어 있다.

(2) 관리자의 역할과 기능

관리자의 네 가지 기능속에 관리자와 해야 할 여러 가지 역할이 포괄되고 있다. 그러나 이 구분법으로는 너무 대략적이므로 더욱 이를 세분화하고 관리자로서 구체적으로 어떠한 관리행동을 일으켜 가면되는지 어디에 시점을 두어야 하는지 살펴보자.

(3) 관리자의 역할행동의 10가지의 포인트

관리자의 역할행동을 정리하고 보면 이들은 먼저 준 4개의 구분을 더욱 세분화한 관리기능의 10단계인 셈이 된다. 관리자에게 요구되고 있는 역할행동을 나타낸 것이다. 물론, 관리자 각각은 다양한 일이 있지만 이 10가지 포인트는 어떤 관리자인 자신에게 부과되는 일이었다는 것을 우선 제대로 머리에 넣어두어야 한다.

이 10단계의 내용에 대해서 더 구체적으로 고찰해 보기로 한다.

표 2-1 관리자의 역할행동 10포인트

1	계획화	6	통 제
2	조직화	7	평 기
3	지령(지시)	8	보 고
4	동기부여	9	혁 신
5	교 육	10	조 정

1) 계획화

무엇을 하든지 계획을 세운다는 것은 불가결한 조건이다. 이 계획화중에는 목표의 명확화, 목표를 설정한다고 하는 것도 포함되어 있다. 다음에 목표달성을 위해서 누가(Who), 어떤 방법으로(How), 언제까지(When)라는 2W 1H방식을 이용하여 구체적으로 계획을 입안하는 것이 요구된다.

2) 조직화

입안된 계획에 따라 인원을 배치하고 직무를 할당하거나 업무에 필요한 절차를 결정하고, 필요하면 매뉴얼을 만들도록 해야 한다.

3) 지 령

지령이란 문자 그대로 지시·명령이다. 부하를 움직여 일을 진행시키는 관리자로서는 목표달성을 위한 정확한 지시·명령을 부하에게 주지 않으면 안 된다.

4) 동기부여

지시·명령을 준 곳에서 부하가 이쪽의 의도대로 행동하지 않으면 의미가 없다. 특히 명령만으로는 사람이 좀처럼 움직일 수 없는 시대가 되고 있으므로, 상대가 움직이고 싶어지게 하는 것이 더욱 더 필요하게 되고 있다.

5) 교 육

관리자 자신에 의한 부하의 교육지도 이것도 관리자의 지극히 중요한 일이며 임무이다. 교육지도 등이라고 하면 우리는 어쩌면 그것은 인사·총무부문의 일로 생각하기 쉽다. 물론 그것도 기업내 교육의 하나이지만 그것과 합해 일상업무 안에서의 관리자 자신에 의한 부하의 교육지도(OJT)도 기업내 교육의 또 하나의 중요한 기둥이다.

6) 통 제

여기서 말하는 통제란 당초에 세운 계획에 따라 일이 순조롭게 진행되고 있는지 여부에 대한 계획과 실제 실시상황의 비교검토를 말한다. 만약, 계획대로 되지 않는 부문·업무가 있으면 궤도수정이 필요하다. 또 목표가 너무 높았다 등의 경우에는 목표의 재검토라고 하는 것도 필요하다.

7) 평 가

일의 평가란 단지 결과의 좋고 나쁨을 판정하고 그것으로 끝이라는 것은 아니다. 일이 잘 되어 기대대로 목표가 달성되었을 경우에는 왜 잘 되었는지, 그 포인트가 되는 곳을 재검토해 보는 것이 필요하다. 반대로, 기대대로의 결과가 나오지 않았던 경우에는 왜 계획대로 되지 않았는지를, 필요하면 계획단계까지 거슬러 올라 분석해 볼 필요가 있다.

이 반복작업(피드백)이야말로 평가의 가장 중요한 부분이다. 그것을 관리자 한 사람만이 하는 것이 아니라, 항상 부하를 맞대고 가는 것도 중요하다. 이것이 팀의 능력을 높이는 요령이라고 할 수 있기 때문이다.

8) 보 고

실무자는 관리자에게 업무의 상황을 보고 한다. 그것은 조직의 정보경로 속에서 관리자는 그 핵심이 되는 중요한 입장에 있기 때문이다. 물론, 여기서 말하는 보고중에는 이것 이외에도 부문간으로의 연락이나 상담이라고 하는 것도 포함된다. 세상에서 말하는 "보고, 얽힘, 상담"이라고 하는 커뮤니케이션 기능과 동일하다고 할 수 있다.

9) 혁 신

조직도 개인도 항상 어제보다 오늘, 오늘보다 내일로 성장을 위한 혁신이 요구되고 있다. 특히 지금과 같이 변화무쌍한 시대일수록 이 혁신은 절실히 요구되는 것이다. 거기서 필요한 것은 현상유지는 쇠퇴로 연결된다고 하는 의식과 행동으로, 현재의 일의 방법, 기존의 사업, 취급상품 등을 항상 재검토해 개선과 혁신을 실시해 가는 것이 관리자의 중요한 일이라고 말할 수 있다.

10) 조 정

사물을 혁신해 나간다는 행동에 대해서는 반드시 그것에 대한 저항이 조직안에 발생한다. 때로는 그것이 부문간이나 계간 혹은 개인끼리의 대립이나 갈등으로까지 발전할 수 있다. 이러한 상태를 그대로 두면 조직은 균열을 일으켜 분열이라고 하는 최악의 사태를 일으킬 수 있다. 이것을 피하기 위해서도 관리자의 조정기능이 중시되어 그 역할기능을 완수하는 것이 확실히 관리자의 임무이다.

4. 관리자의 필요한 리더십

(1) 리더십의 본질

리더십이란 지도력, 통솔력이며 부하를 움직여 조직으로 일을 해 나가는 관리자에게 이런 리더십이 요구되는 것은 재차 말할 것도 없다. 그럼 내가 과장님이나 대리가 되면 그날부터 그에 걸맞은 리더십이 몸에 붙을 것이냐를 따지려는 것은 아니다. 사람에 따라서는 과장이거나 대리가 되고 나서 몰라보게 그 사람 나름의 스케일을 크게 해, 주위의 기대에 부응할 수 있는 지도력, 통솔력을 발휘해 내는 사람이 많이 있다.

그러나 그 한편으로 어느 직무에 대해서도 여전히 그 본인이 자신의 입장에서 거기에 요구되고 있는 역할기능을 충분히 이해하지 못하고, 정확한 지도력, 통솔력을 발휘하지 못하는 사람도 있다. 이 차이는 대체 왜 일어나는 걸까? 거기서 리더십에 대해서 생각하는데 그것이 능력배양으로 훈련하고 단련하면 몸에 익숙해지는 것인가, 혹은 특정의 사람이 태어나면서 가진 자질같은 것인지 그 본질에 대해서 살펴보아야 한다.

(2) 리더 특성론

리더십(지도력, 통솔력)은 교육이나 훈련으로 몸에 익히는 것이 아니고, 어느 한정된 인간이 타고난 천성으로부터의 자질이라고 하는 것으로 인식되어 왔다. 소위 리더십 특성론이라는 것이 여기에 해당된다. 한 예로 아이들의 세계에서 용모와 성격 등으로 판단하여 자연발생적으로 동료를 정리해 친해가는 보스적인 존재가 생겨난다. 즉, 이와 비슷한 시기에 태어난 사람이 모아진다고 하는 타입의 사람이 있기 때문에, 이러한 사람을 리더에 두는 것이 상책이라고 하는 것이 리더십자질론을 파악하는 방법이다.

(3) 리더는 육성이 가능하도록 하는 기능론

리더십 자질론의 사고방식에도 일리는 있지만 사실적이지 않은 경우도 있다. 아이의 세계라면 몰라도 비즈니스의 그것도 복잡하게 이해가 걸린 어른의 세계에서 집단을 정리해 지도해 나간다면 그것은 단순한 문제가 아닐 것이다.

그러나 자질을 타고난 인간이 없으면 그야말로 나폴레옹이나 잔 다르크와 같은 인간이 나타나는 것을 단지 손을 놓고 기다리는 것 외에 다른 손이 없다는 것이 되어버리는 것이다.

거기서 현재는 이 리더십이론은 치울 수 있고 리더는 육성가능한 것, 리더십은 그 본인의 자각만 있으면 교육이나 훈련으로 몸에 익힐 수 있는 것이라고 하는 기능론이 지극히 보통의 생각이 되고 있다. 기능이란 일하는 것이니까, 말해보면 리더가 되면 리더로서 어울리는 기능을 해 주면 좋다고 하는 것이다. 관리자에게 요구되는 역할기능에 대해서는 전항에서 고찰해 왔으므로, 이하 여기에서는 리더십을 발휘하는데 있어서 어떤 것이 필요한지 시점을 바꾸어 보겠다.

(4) 리더십 발휘하는데 불가결한 요건

리더십(지도력, 통솔력)에 대해서는 자질론을 시작해 지금까지 사람들이 여러가지로 정의해 오고 있다. 덧붙여 "리더십의 정의는 정의하는 사람의 수만큼 있다"라고 말할 수 있을 정도로 그 연구 분야도 사회과학, 정치학, 종교학, 사회학, 교육학, 사회심리학, 문화인류학, 생태학, 경영학 등과 광범위하게 퍼지고 있다. 그 중에서도 가장 간결하고, 기업의 관리자에게 적합하다고 말할 수 있는 제임스 크리빈(센트존스대학 경영학부 교수)의 정의는 다음과 같다.

리더십이란, "공통의 목적을 향해서 조직이 필요로 하고 있는 이상, 다수의 의견의 일치(consensus)와 의지의 서약(commitment)을 부하로부터 얻을 수 있는 능력과 동시에 부하 등에 참가한 충실감과 만족감을 주면서, 그 목적을 달성하는 능력을 겸비한 것이라고 정의하고 있다. 다시 말해, 리더란 모두의 마음을 어떤 목표를 향해 하나로 묶어 그 힘을 결집해 일을 완수해 멤버전원에게 달성감의 기쁨을 느끼게 해 주는 그것이 진정한 리더의 역할이며, 리드력을 발휘하는 것이라는 것이다.

5. 관리자의 새로운 자기개발

(1) 자기혁신 접근

관리자의 자기혁신, 자기개발은 영속적 테마의 하나이다. 이 자기혁신에 대한 대처가 있어서 비

그림 2-4 **자기개발 사이클 모형**

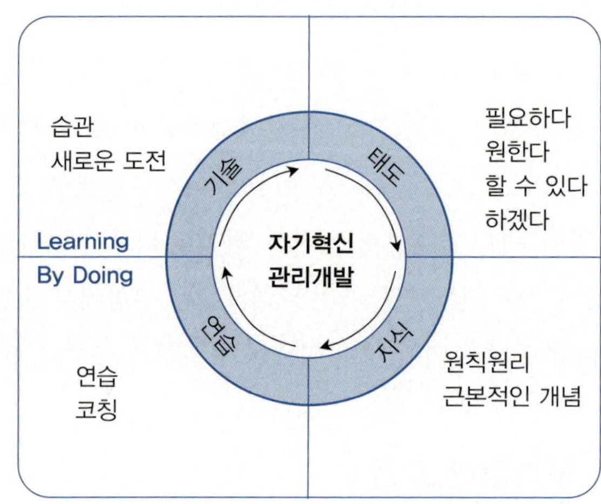

로소, 이상의 자기상에의 추구의 첫걸음이 시작되어 현재의 자신보다 또하나 둘씩 스케일의 큰 관리능력과 인간적 매력이 갖추어져 오는 것이다.

그러나 그러기 위해서는 우선 현재의 자기자신의 현실의 모습을 끝까지 객관적으로 자기통찰해 나가야 한다. 예를 들어, 자신자신의 기질이나 성격이 어떠한 특징을 가지고 그것이 평상시의 실제의 장면에서 어떻게 나타나 주위에 어떤 영향을 미치고 있는가? 또한 다른 사람의 눈에 비친 자신의 실상을 제대로 알고 있는지 등, 이를 소홀히 해서는 관리자로서의 자기혁신, 자기개발의 단초를 찾을 수 없다.

"자신은 자신이 가장 잘 알고 있는 것 같고, 그 열매 자신의 참 모습을 좀처럼 객관적으로 찾지 못하는 것이 인간이다" 거기서, 자신이라고 하는 인간을 어떠한 측면에서 파악해 가면 좋은 것인지, 자기이해의 단서가 되는 방법을 다음에 들어 보자. 참스러운 리더는 자기혁신개발에서 시작된다.

(2) 죠하리의 창문에 따른 자기이해

우선 인간에게는 네 가지 마음의 창이 있다고 한다.

1) 조하리의 마음의 창문

■ 열린부분

제1의 영역이란 자기자신이 자신에게는 이런 면이 있다고 승낙한다, 그것을 다시 남에도 잘 알고있다는 자신의 모습이다. 즉, 자신에게도 타인도 보이고 있는 개방적인 부분이며 퍼블릭한 면이다.

■ 모르는 부분

제2의 영역은 해당의 자신은 모르고 오히려 주위사람들이 잘 알고 있는 자신의 모습이다. 예를들어, 자신이 무의식적으로 갖고 있는 행동이나 습관같은 것이 이것에 해당되어 블라인드가 걸리고 자신은 보이지 않는 부분이다.

■ 비밀의 부분

제3의 영역은 제2의 영역과는 반대로 내가 알고있지만, 다른 사람에게는 감추고 보이지 않는 비밀인 부분이다. 즉, 사적인 면이라고 할 수 있다.

■ 미지의 부분

제4의 영역은 자신에게도 타인에게도 아직 잘 모르는 미지의 자신의 모습이다. 자신의 미개척적인 부분에서 언노은(unknown)의 영역이라 할 수 있다. 이 "죠하리의 마음의 창문"은 조지프 루프트와 해리 인햄 두 사람에 의해서, 1955년에 창안된 대인관계에서의 자기인식론이며 조 헬리는 두 명의 이름을 조합한 것이다. 그리고 "나"라는 자신의 모습을 잡고 나가려면, 이 4개 영역이 있음을 우선 제대로 인식하고 그는 최대한 자신의 개방적인 영역을 확대하는 것이 자기성장의 포인트가 있다.

아울러, 아직 미개척의 영역인 자기의 미지의 부분, 즉 잠재적인 능력을 개발해 새로운 자기상

표 2-2 자신이 본 자신의 모습

		알고 있음	알지 못함
타인이 본 자신의 모습	알고 있음	제1의 영역 열린 부분 (퍼블릭)	제2의 영역 모르는 부분 (블라인드)
	알지 못함	제3의 영역 비밀 부분 (개인)	제4의 영역 미지의 부분 (언노은)

을 확립해 나가려는 것이 이 생각의 목표로 하는 것이다. 그러므로 자신에 대한 주변의 소리에 겸허하게 듣고 자신은 "모르는 부분"인 제2의 영역의 자기부정적 행동이나 버릇을 솔직하게 받아들이고 자기수정과 개혁하는 것이 필요하다고 할 수 있는 것이다.

경영 성공포인트 ❹

1. 미래의 모습을 그려라

근시안적 동찰력과 거시적 관찰력의 결과는 재화를 얻어내는 방향성이 달라진다. 성공은 냉철한 결단력과 경쟁력에서 결정된다. 결단력과 경쟁력이 부족해서 눈앞에 이익에만 급급한 근시안적인 사람이 될 수밖에 없다고 변명하지 마라, 결단력과 경쟁력은 과거의 실패와 착오의 경험속에서 자성과 학습으로 충분이 얻을 수 있는 인생의 필수요소이다

2. 성공의 꿈을 꾸어라

꿈이 없는 자에게는 미래도 희망도 없다. 삶에서 무엇을 원하는지 말지 못하면 아무것도 얻을 수 없다. 꿈은 희망이요 용기에 있다. 꿈이 없는 사람은 목표가 없는 사람이다. 꿈을 만들어 꾸는 사람에게는 꿈이 돈을 불러모아 주는 것이다. 인생에 있어서 꿈이야말로 활력의 원천이다. 인생이 꿈을 꾸는 것이 아니라 꿈이 인생을 만드는 것이다.

- 햄프리코리어 창업상담. 인생60창업하기GRI, 경기개발연구원 2014년 4월29일(제49호)
- 정책기획연습, 최종보고서(2013년 8월19일)중소기업청 중소기업간 협업을 통한 중소기업 경쟁력 재고의 방안
- 중소기업청 공고 제2014--366호 2015년도 중소. 중견기업기술개발 지원사업 통합 공고중소 중견기업의 글로벌화와 강소기업 육성의 방안(2013년2월)
- 한국 강소기업의 블루오션전략에 관한 연구', 2011,한국무역보험학회 장정근
- 우리나라 기업의 지배구조가 기업성과에 미치는 영향에 관한 연구, 한남대학교. 2006. 윤평구외1명
- 중소기업을 위한 조세지원제도에 광한 연구, 조세특례제한법을 중심으로 연구
- 우리나라 기업지배구조의 새로운 패러다임 모색, 한국경제연구원.1999 이병기외
- 정책기획연습 최종보고서(2013년 8. 19)중소기업청 벤처정책과. 창업생태계 선순환을 위한 실패 중소기업인 재기활성화의 방안
- Centennial Company(백년기업) Handa Junichi 지음. 정영권 옮김 P23
- 중소기업의 도전 네일 J.험프리스. 조지 W 림러 공저 金容章 監修 샘터발행. 불항을 이겨내는 경영전략
- 한국기업가사(조기준, 박영사, 1974)
- 유럽 기업회생법법제의 특색과 시사점, 비교 사법제14권2호(이소희 2012)
- 창업생태계 선순환을 위한 실패 중소기업인 재기활성화방안, 중소기업청 벤처정책과(보고서 2013.8. 19)
- 한국기업의 형성과 발전에 관한 연구, 김영래, 국제무역경영연구원
- 2015년 개정판. 알기쉽게 풀어쓴 중소기업 범위해설, 중소기업청
- 소상공인 경쟁력 제고방안(중진기금내 소상공인 진흥계정 신설과 연계) 2012년 9월 19일. 관계부처 합동
- 경제장관회의 선순환 기업생태계 조성을위한 중소기업 재도전 종힙대책, 2013년 10월 30일. 관계부처 합동
- 융합중앙회 공고 제2013~~1호. 2013년 중소기업간 융합 및 협력사업 시행공고 중소기업 융합중앙회
- 기업-한국 민족문학 대백화 blog.naver.cdm
- 장수기업으로 가는길, 김종영 저 제3장2절 민주화와 기업체질개선

제3장

강소기업육성 기초경영전략

제1절 강소기업 지향적 경영전략

1. 기업이 나아갈 방향과 체계

(1) 기업의 환경분석과 나아갈 방향

1) 기업의 환경분석

표 3-1 SWOT 분석

SWOT 분석	
	s strength: 강점 → 기업이 잘 할 수 있는 것
	w weakness : 약점 → 기업이 잘 할 수 없는 것
	o oportunity : 기회 → 강점을 살릴 수 있는 외부환경 I
	T Threat : 위협 → 현재와 약점과 관련된 외부환경

S. Strength(강점)	O. Opportunity(기회)
• 기업이 잘할 수 있는 것 구체적이고도 지속적인 기업의 사명제시 뛰어난 경영기법/기술력.창의력. 행동력. 고가전략(차별화 원칙)품질과 가격의 차별화	• 강점을 살릴 수 있는 내.외부환경 시장의 빠른 변화에 적응력을 향상 업무의 효율성은 IT와 접목실현화 고객과 공조 소통체제 신뢰구축
W. Weakness(약점)	**T. Threaten(위험)**
• 기업이 잘할수 없는 것 고객이 요구하는 품질. 가격 대응력 강화 다품종 소량생체제로 고객만족도 확보 서비스 품질 향상 고객과 친화감 유지	• 현재와 약점과 관련된 외부환경 경기침체로 시장축소 매출감소 경쟁심화로 가격인하 외국상품 유입으로 경쟁력강화 필요

2) 나아갈 방향을 밝힘

기업을 둘러싸고 있는 환경에 대한 분석이 끝나면 그러한 환경속에서 기업이 수행해야 할 사명을 규정해야 한다. 여기서 사명(mission)이란 부여된 임무를 뜻하는 것으로 기업경영에서 달성하고자 하는 임무를 지칭하는 것이다. 그러므로 기업이 전략적 계획을 수립하기 위해서는 사명을 명확히 규정해야 한다. 사명을 규정할 때는 우리의 사업은 무엇인가? 우리의 고객은 누구인가? 고객에게 가치있는 것은 무엇인가? 우리의 사업은 어떻게 될 것인가? 우리의 사업은 어떻게 되어야 할까? 등에 대한 검토가 이루어져야 한다.

3) 기업사명의 규정

또한 기업사명을 구성하는 요소에는 ① 기업의 역사, ② 경영자와 소유자의 현재선호사항, ③ 시장환경, ④ 조직의 활용가능한 자원, ⑤ 기업이 가지는 독특한 능력 등이 있다. 이렇게 작성된 사명은 전사원이 공유해야 하는 것이기 때문에 하나의 진술문으로 표현해야 하며, 이를 사명진술문(mission statement)이라고 한다.

바람직한 사명진술문은 시장지향적(market-oriented), 현실적(realis-tic), 구체적(Specific)이어야 하고, 시장환경에 적합해야 하며 구체적 능력에 기초를 두고, 종업원들을 동기부여를 시킬 수 있어야 한다. 또한 사명진술문은 ① 모든 것을 주장해서는 안되며 ② 기업외부와 관련하여 설정하여야 하고 ③ 사업영역을 구체화해야 한다.

4) 기업목적과 목표를 설정함

다음으로 앞에서 규정한 기업사명을 실현하기 위한 기업목적과 목표가 설정되어야 한다. 목표는 가능한 한 구체적이며 계량적으로 설정되어야 한다. 기업의 목적을 수립하고 전종업원이 이에 동의하여 달성하도록 관리하는 경영기법을 목표관리(MBO: management by objective)라고 한다.

5) 사업 포트폴리오의 설계

사명을 실현하기 위한 기업목적과 목표가 설정되면 기초작업으로 현재 기업이 어떻게 구성되어 있는지를 파악해야 한다.이를 위해 현재기업을 구성하고 있는 사업단위들에 대한 평가가 이루어지는데 이를 사업 포트폴리오의 평가라 한다. 여기서 사업 포트폴리오(business portfolio)란 기업을 구성하고 있는 사업(단위) 및 제품의 군집을 말하는 것으로, 최선의 사업 포트폴리오는 기업의 강.약점을 환경의 기회와 가장 잘 적합시키는 것이다. 그러므로 기업은 이러한 사업 포트폴리오에 신사업(제품)을 추가하기 위한 성장전략도 수립해야 한다.(SWOT 환경분석을 통한 경영활성화, 강릉대 최계월 2006. 2)

(2) 관리체계확립 관리자의 역할

본장의 포인트는 관리자가 리더십을 발휘하는 것이 필요하다는 것이다. 그러나 관리자가 조직에서 해야 할 역할과 리더십이란 무엇인가? 라고 하는 것은 명확하게 이해함으로써 직무에 충실할 수 있다는 것이다.

1) 관리란 무엇인가

관리자의 역할에 대해 학습해 나가기 전에 우선 그 기본이 되는 관리란 어떠한 말인지, 무엇을 할것인지 확인한다. 일반적으로 관리란 '집단이 지향하는 목표를 달성하는 데 있어서 그 집단내에서 사용할 수 있는 모든 사람, 물건, 자금, 정보 등을 최대한 활용하여 가능한 한 기회손실을 줄이는 것이다.'라고 정의한다. 여기서 말하는 사람, 물건, 자금은 옛날부터 경영의 세 가지 필수자원으로 알려져 있다.

정보시대로 불리는 오늘날에는 정보도 필수적인 경영자원이므로 이에 플러스하고 "시간"이나 "공간"을 더하여 오늘날의 경영자원은 사람, 물건, 자금, 정보, 시간 등 5대 필수자원이라 말할 수 있다. 이러한 경영자원을 풀 활용하면서 기회손실을 적게 하고 즉, 낭비를 가능한 한 줄이고 목표를 달성해 나가는 것이 관리(Management)인 것이다.

관리란 어떤 의미인가, 관리자는 무엇을 관리하는 것인가, 정의해 보세요 라고 한다면 의외로 그 답에 대한 어려움을 논할 수 있다. 이상의 것을 이해한 후에 한층 더 "관리"라고 하는 말의 의미와 거기서 요구되는 관리자의 역할에 대해서 생각해 보도록 하는 것이 좋다. (조직개발론, GE사례)

2) 관리는 "관할처리"의 뜻, 관리자와 직장문제 해결사

관리라는 단어를 국어사전에서 찾아보면 관할처리라고 쓰여 있다. 이 관할처리란 모든 것이 잘 진행되도록 한다는 의미로 '관'은 내고, '처리'는 운반, '할'은 '열쇠 또는 쐐기'라는 뜻을 나타내고 있다. 즉, 말의 의미로부터 더듬어보면 관리자는 물건마다의 열쇠에 해당되는 중요한 포인트를 누르고, 일을 잘 처리수습하는 사람이라고 말할 수 있다.

그러면, 일의 장소를 관리하는 데 중요한 포인트란 도대체 무엇을 가리키고 있는 것일까?. 물론, 직장이나 일의 내용에 따라서 그 포인트는 달라진다. 어느 직장 어떤 관리자에게도 공통되어 있는 것이 먼저 말한 5대 자원 즉 "사람 · 물건 · 자금 · 정보, 시간 등"이라고 하는 경영자원의 효용적 방책이다.

인간을 잘 다스려 나가는 것, 이것이 부하관리이며 경영용어로 말하면 인사관리라고 하는 것이다. 마찬가지로 물건의 관리는 물품관리나 자재재고관리, 자금의 관리는 자금재무관리, 정보관리 시간은 시간관리이다. 말하자면, 관리란 그것들을 포함한 모든 중요한 포인트를 누르고 물건마다 지장을 일으키지 않게 미리 예방책을 세우는 것이다.

이와 같이 이해하면 관리자란 문제가 될만한 곳을 찾아 문제가 일어나지 않도록 미리 예방조치하는 사람, 그리고 문제가 발생했을 때에는 적절히 조치하는 사람, 즉 직장의 문제발견자이며 문제해결자라 할 수 있다. 관리자(매니저)에게는 이렇게 경영자원을 최대한 활용해 낭비를 줄이면서 그 조직이 지향하는 목표를 달성해 나가는 것을 최대의 역할로서 요구되고 있다.(강소기업의 특성, 재무성과, 2011.2. 감종래)

3) 목표구성해서 이행하는 관리자의 입장과 역할

직장에서의 관리자의 역할을 따지고 보면 그것은 마치 보트경기 콕스의 역할과 같다고 할 수 있다. 보트의 콕스는 크루(승무원)전원을 지향하는 목표(골)에 향하고 그 방향을 정확히 지시하여 전원의 힘을 결집하고 발휘시켜서 보트를 목표지점에 도달하는 것이 최대의 역할이다.

재미있게도 보트경기에서는 한 명에게만 한 가지 목표와 그 방향이 보이고, 크루는 목표를 외면하고 노를 젓는데 전념하다보니 목표와 방향을 알 수 없다는 것이다. 그렇다고 해서 콕스가 올이 아닌 메가폰을 들고 호령을 내린것은 콕스가 훌륭하고 편안한 것은 아니다.

왜냐하면 그에게는 노를 젓는 일과 별개의 중요한 일이 있기 때문이다. 그것은 보트를 확실히 목표에 도달하느냐 하는 것이다. 그 때문에 콕스는 바람이나 파도의 움직임이라고 하는 주위의 변화와 승무원상태를 파악하면서, 그 안에서 가능한 한 효율적으로 전원의 노력을 결실시키는 것을 임무로 하고 있다. 그 임무를 성실히 수행하기 위해 그는 선원에게 해야 할 일을 지시하고, 때로는 질타격려하는 식으로 겉보기와 상관없이 매우 바쁘다.

이 콕스의 모습은 그대로 직장의 관리자의 모습에 해당된다. 일상의 일 속에서 콕스역의 관리자가 목표를 잃지 않고 부하에게 지시·명령을 하고, 또한 질타격려하며 그 사기를 높여 목표를 달성해 나가는 것이 바로 관리자의 임무이며 기대되는 역할 그 자체이다.

하지만 안타깝게도 이런 관리자는 찾아보기 힘들었고, 현실에서는 관리자자리에 올라서면 마치 자신이 객선의 일등선실의 손님이 된듯한 착각이 들기 시작하면서 내게 요구되는 보트경기 콕스역, 여객선 선장 등의 역할을 잊어버리게 된다. 기업이든 선박이든 목표와 방향을 잃고 주위상황이 악화되면 언제 침몰할지 모르는 법이다. 특히 최근과 같이 기업을 둘러싸는 외부환경의 변화가 격렬하고 어려운 상태이면 한층 더 관리자의 목표를 응시하는 눈과 키잡이가 추궁당하게 된다. 부하전원에게 정확한 목표를 나타내고 어떻게 하면 스스로의 힘으로 재빨리 그 목표에 가까워질 수 있는지 그 지혜를 짜내 조직전체에 활력을 주어져가는 이것이 관리자의 최대의 근무라는 것을 잊어서는 안 된다. (경영경제기업분석 강소기업의 특성)

2. 강소기업의 정의와 특징

(1) 개념적 정의와 분류

1) 강소기업의 정의

강소기업에 관한 연구는 매우 부족한 편이며 소수의 연구자들에서 한국형 히든챔피언 혹은 강소기업이란 용어를 사용하기는 하였으나, 정확한 개념적 구분없이 고성장 고기능성 기업, 히든챔피언 등과 혼용되어 사용되고 있다.

강소기업이란 대중에게 잘 알려져 있지 않지만 높은 점유율을 기록하는 수출형 중소기업이나 기술적 비교우위기업을 가리키는 말이다. '작지만 강한 기업'을 지칭하는 것으로 이들 기업은 비록 규모는 작아도 틈새시장을 적절히 공략하고 파고들어 세계 최강자자리에 오른 회사들이다. 국내에서는 기술력이 앞서고 성장가능성이 큰 중소기업을 가리키는 말로 통용되고 있다.

히든챔피언(Hidden champion)은 대중에게 잘 알려져 있지는 않지만 전문분야에서 자신만의 특화된 경쟁력을 바탕으로 세계시장을 지배하는 작지만 강한 우량강소기업(強小企業)을 지칭하는 용어이다. 히든챔피언은 독일의 경영학자 헤르만 지몬(Hermann Simon)이 창안한 개념으로 자신의 저서 <히든챔피언>(1996)이란 책에서 소개해 유행하였다. 지몬은 독일의 중견중소기업 2,000여 곳을 조사해 세계적인 경쟁력을 보유한 1,200여 업체를 '히든챔피언'이라고 명명했다. 이들은 ① 일반 소비자에게는 잘 알려져 있지 않지만 ② 연매출 40억 달러 이하로 ③ 세계 3위 이내 또는 한 개의 대륙에서 1위의 시장점유율을 차지하고 있다는 것이 특징이다.

강소기업과 유사개념으로 사용되는 고성장기업은 가젤(gazelle)기업 혹은 고영향기업(high impact firm)이라고도 하며 빠른 매출성장을 통해 고용을 창출하는 기업으로 정의되며, 선정기준은 산업평균 성장률 2배 이상의 기업, 고용규모 500명 미만, 업력 20년 미만, 매출규모 500억원에서 약 4,000억원대의 기업이 될 수 있다. 강소기업과 유사개념으로 중견기업은 우리나라 경제에서 산업의 허리역할을 차지하는 기업군으로 규모면에서 중소기업을 벗어난 기업으로 상시근로자 약 1천명 미만 또는 자본금 1,000억원 이하인 기업이 될 수 있다.

강소기업과 유사개념인 히든챔피언 고성장기업 중견기업과 비교하였을때 강소기업은 이들 기업들과 전혀 다른 새로운 형태의 기업군이 아니라 히든챔피언이 가지는 글로벌 경쟁력 고성장기업이 가지는 성장성, 중견기업의 성장가능성이라는 유전인자를 가지고 있는 기업이라 할 수 있다. (강소기업(히든챔피언), 세무교육원 www.kmschool.or.kr)

2) 강소기업의 분류

우리나라 강소기업들의 성공동인을 기술(T), 비전(V), 마케팅(M)으로 구분하고 기술기반(T)을 다시 기술개척자 기업과 기술장인기업, 비전(V)은 비전건설가 기업, 마케팅(M)을 중점적으로 성공한 기업은 마케팅기업으로 구분했을 때,약 70%의 기업이 기술기반으로 이루어졌음을 알 수 있으며, 약23% 정도가 마케팅기업을 성공동인으로 하고 있는 것으로 나타났다.

강소 장인기업은 기술적 능력이나 아이디어를 기반으로 창업한 이후 주로 기술혁신에 매진하고 주로 제품의 성능이나 가격측면에서 차별화된 경쟁력을 획득하기 위해 효율적인 내부학습체계를 구축하고 있는 것으로 나타났다. 국내시장은 물론 글로벌시장에서도 우수성능의 제품으로 시장에서 인정받고 있는 기업들이다. 강소기업은 뛰어난 기술적 아이디어를 기반으로 신시장개척이나 신제품개발을 열정적으로 추진하며 폭발적인 성공을 하는 경우의 유형이다.

최고경영자의 기술혁신에 대한 열정과 시장에 신제품을 출시하려는 노력으로 R&D에 많은 투자를 하며, 신기술로 새로운 사업영역을 개척하는데 노력하는 경향이 있다. 강소건설기업은 원대한 비전과 뛰어난 사업기회의 포착능력을 바탕으로 급속적인 성장을 하는 특성을 가진다. 최고경영자의 의욕이 넘치고 새로운 사업기회를 적극적으로 찾고, 그에 따른 필요자금확보를 위해 투자유치를 성공적으로 이룬다. M&A를 통해 관련분야 뿐만 아니라 비관련분야로의 확장하는 경향을 가진다. (강소기업 혁신역량이 기업성과에 미치는 영향, 2015.vo1.5.no.1.9호)

(2) 국내 강소기업의 특징

1) 작은 기업의 스피디한 경쟁력

국내강소기업의 두드러진 특성은 “소규모”를 최대한 발휘하여 경쟁력을 확보한다는 것이다. 소규모가 가질 수 있는 속도력을 가지고 시장변화에 빠르게 대처하여 혁신적인 제품 및 서비스를 시장에 빨리 내놓음으로써 경쟁력을 확보하는 특징을 갖는다. 메디톡스는 100명 미만의 규모로 2007년 이후 매출성장률 50%, 2008년 100%를 달성하고 지속적인 성장을 하고 있는 소규모로서의 강점을 최대한 살리고 있는 기업이다.

메디톡스는 우리나라 바이오의 대표적인 실험실기업의 성공사례로서 보톨리늄기술의 기회를 포착하여, 즉 원천기술을 확보하여진 진입장벽을 높이고 고수익 사업구조를 정착하였다. 메디톡스는 창업초기부터 적은 인원으로 기업의 운영프로세스를 단순하게 운영하고 단일제품으로 성공하였다. 기업을 적은 규모로 운영하기 위해서 메디톡스는 자체역량이 부족한 판매 및 마케팅부문의 보완을 위해 국내의 제약회사와 전략적 제휴를 맺어 기업의 규모는 소규모로 운영하면서 최대의 경쟁력을 얻을 수 있는 구조를 선택하였다. (중국강소기업 생존전략, 경북대 대도, 2015. 2)

2) 세계화를 통한 경쟁력의 확보

우리나라 강소기업이 일반중소기업, 고성장기업, 중견기업과 두드러지게 차이나는 특성중의 하나가 세계화의 여부라고 할 수 있다. 헤르만지몬의 히든챔피언의 대상기업들의 세계화의 정도는 약 61%라고 할 때, 우리나라 강소기업을 대상으로 한 사례연구에서 수출비율이 약 50% 이상으로 집계되었다. 우리나라 중견기업들이 가장 애로사항으로 꼽고 있는 것이 해외시장진출이고, 세계화의 정도가 매우 미비한 것을 감안할 때 강소기업의 수출비율은 매우 높은 것으로 평가할 수 있다.

의료기기 특히 혈당측정기 및 진단기를 주요제품으로 하고 있는 인포피아는 매출액 중 약 90%가 해외수출로부터 일어난 매출이다. 또한 RF부품 제조기술에 기반한 글로벌 B2B 전문기업이라고 할 수 있는 에이스테크놀러지와 에이스안테나 또한 매출의 90% 이상을 수출로 이루어진다. 1980년에 설립된 에이스테크놀러지는 에릭슨, 노키아 등의 세계적인 글로벌기업들과의 비즈니스 네트워크를 구축하여 수출중심의 매출구조를 가지고 있다. 특히 글로벌수준의 제조 및 공급인프라를 갖춘것 이외에 글로벌화를 이룰 수 있었던 에이스테크놀러지의 핵심 성공요인은 글로벌고객과의 깊은 신뢰를 구축하고 있다는 점이다.

국내시장에서의 시장점유율은 매우 낮으나 해외수출비중이 95% 이상인 누가의료기는 체험마케팅에 기초하여 글로벌 가정용 의료기기 전문기업으로 성장한 기업이다. 2002년 창업당시 가정용 의료기기의 국내시장이 포화상태였으며, 같은 분야의 창업순위를 매겼을 때 약 57번째가 될 정도로 국내시장은 출혈경쟁이 일어나고 있었다. 그러나 누가의료기는 창업초기부터 체험마케팅을 중심으로 세계시장에 진출하고자 하는 전략적 방향성을 가지고 있었으며, 그러한 전략의 바탕으로 글로벌 가정용 의료기기 전문기업으로 성장하였다. (GE의 변신전략, 이학종)

3) 혁신에 기반한 성장원동력

성장기업들은 급속성장 이후에 성장의 후유증을 겪거나 새로운 경쟁논리의 전개로 급격하게 추락할 수 있는 위험이 내재하고 있는 경우가 많다. 헤르만지몬은 이러한 이유로 성장을 마다하는 히든챔피언들이 있는데 주로 수요사이클의 변화가 심한 시장에서 나타난다고 하였다. 우리나라 강소기업들과 고성장기업들 중견기업들을 비교해 보았을때 강소기업은 혁신에 근거한 성장을 추구하고 있어서 고성장기업이 갖는 성장후 실패에 대한 위험요소가 적고, 중견기업들보다는 높은 성장률에 달성하는 것으로 볼 수 있다.

특히 강소기업에 나타나고 있는 혁신관련 전략적 방향중의 하나가 개방혁신을 통한 혁신이라고 볼수 있다. 규모가 작은 기업이기 때문에 중견기업이 가지고 있는 장점인 규모의 경제효과를 누릴 수 없으며, 재무적인 한계로 인해 새로운 혁신에 대한 대규모의 투자가 어려운 것이 현실이다. 이러한 강소기업 자체가 가지는 한계점을 극복함과 동시에 빠른 혁신속도에 대한 대응과 창조경제의 패러다임에 맞는 혁신을 "개방혁신"으로 충족시키고 있다.

개방혁신(open innovation)을 통한 성공적 혁심의 대표적인 사례는 루트로닉을 들 수 있다. 의료용레이저 전문기업인 루트로닉은 1997년에 설립된 의료용레이저 개발회사로서 2000년도에 Spectra VRM이라는 제품으로 미국 FDA승인을 받았고, 2001년부터는 대만 및 일본에 수출하여 현재 북미와 유럽시장에 전체매출중 50%를 수출하고, 아시아지역에 47% 가량을 수출하고 있는 기업이다. 루트로닉은 제품을 개발하는데 있어서 내부기술개발에만 집중하는 것이 아니라 라이센스, 합작투자, M&A와 같은 방법으로 기술혁신의 구획을 늘리기 위하여 개방혁신을 원칙으로 하였다. 부족하거나 필요한 기술은 외부에서 적극적으로 찾는 방식으로 혁신을 주도하여 다른 경쟁사보다 빠르게 그리고 경제적인 방법으로 혁신을 주도해왔다. (마케팅전략 계획과정, blog.naver.com)

(3) 강소기업의 역량강화

1) 경영능력과 역량(MC/EC)

독일의 '히든챔피온' 원형의 특징에서 나타나는 강소기업의 핵심역량 간의 관계를 한국적 기업환경속에서 그 특징을 규명하고, 핵심변수들에 대해 경영역량(MC)과 기업가역량(EC) 등 한국경제의 당면한 과제는 새로운 시대정신인 사회통합을 통한 새로운 성장전략제시를 통한 경제부흥이라 할 수 있다. 새로운 선도형 경제창출모델없이 현실에 안주한다면 한국경제는 성장요소를 찾지 못하고 후퇴될 가능성이 우려가 된다.

한국경제의 발전단계로 볼 때 모방형 경제모텔(Catch-Up Model)에서 선도형 경제모델(First Mover Midel)로의 전환을 의미하는 새로운 창조경제를 성장패러타임으로 모색하여야 하는 것은 필연적 필수불가결한 시대적 요구라 할 것이다. 선진국진입이라는 시대적 요구를 실현하기 위해서는 한국경제는 차원과 궤도를 달리하는 새로운 대약진의 선도형 창조적 경제모텔을 전략적으로 발굴하고 실행되어야 할것이다.

경제부흥이라는 시대적 사명을 달성하기위한 최근의 추세인 개별기업간 경쟁에서 기업네트워크간 경쟁의 개방형 혁신체계(Open Innovation System)속에서 글로벌 수출지향형의 대기업과 중소기업의 역할이 구조적으로 분화된 새로운 패러다임의 동반성장모델 형성의 확충이 한국경제의 경인역활을 하는 중대한 변수로 대두되고 있다. (김영생. 2011)

기업가역량에 대한 중요성은 기업경생력을 연구한 많은 선행연구에서 찾아볼 수 있다. 기업역량의 핵심요소인 기업가역량(EC)은 혁신성, 진취성. 위험감수성 등이 내포하고 있는 것으로 나타나고 있다.(배종태. 차민석. 2009) 기업가의 역량은 그 조직문화와 직결되며 경영전략연구에 많은 관심이 모아지고 있으며 연구결과 기업가역량은 조직혁신 업무역량(창의성, 아이디어, 실행, 외부지향성)에 영향을 미치는 것으로 나타났다. (Cannone & Ughetto. 2014)

최고경영자는 혁신의 필요성 인식, 추진의지와 태도, 리더십과 적극적인 지원을 통한 조직의 비전을 명확하게 제시하여야 하며 경영자의 태도는 R&D 연구개발추진역량에 궁극적으로 영향을 미치게 되므로 조직운영의 리더십에 영향을 주게된다. (Knight. 20000)

한 조직의 구성원들이 가지고 있는 가치관과 신념, 이념, 규범, 행동, 양식을 포괄하는 조직문화는 조직구성원과 조직전체의 행동에 미치며 다양한 상황에서 조직의 구성원들이 어떻게 행동할지를 명시해주는 비공식적 지침으로 기업을 통합시켜주는 요소로 기업의 생존. 성장. 발전에 기본이 되기 때문에 적극적으로 조직의 문화를 형성해야 한다. (유미림. 2010. Deal & Kenedy. 2000)

기업문화적 환경은 기업의 철학을 포함하는 것으로 이는 종사원에게 자사의 목표. 계획 및 정책이 잘 전달도록 돕고 의식적이건 무의식적인 행위를 통하여 강화되는 지도원리, 추진력 및 체화된 태도 등의 집합이다.(강종천. 신형섭. 2007) 중소기업은 기업자체의 본질적 취약성으로 인한 경영자원의 부족과 경영기법의 낙후성으로 많은 어려움을 겪고 있으며 특히 글로벌시장에서는 현지에서의 경쟁우위를 확보하기 위해 강소기업고유의 경영특징을 통한 글로벌역량을 확보하여야 한다.(이영찬. 2002)

2) 강소기업의 기술혁신역량(CTI)과 육성전략

산업화초기에는 수요대비 공급이 부족하여 생산성 향상위주로 대량생산체제를 유지하는 여러 역량을 집중하였으며 산업의 다양화 이후 고품질과 신뢰성, 적기납품과 서비스, 신제품개발과 유연한 업무시스템, 효과적인 이익분배 등이 경쟁우위의 중요요인으로 등장하였다.(Skinner, 1974, Gallon et al. 1995)

강소기업의 발전 및 육성을 위해서 강소기업들은 성공의 함정 및 기술지상주의를 극복하기 위해 경험과 노하우를 공유하고 수용하기 위한 학습조직시스템을 구축할 필요가 있으며, 급속성장에 따른 성장통을 극복하고 성장패턴에 따른 성공함정의 위험에 대비하기 위해 경영관리체계의 개선 및 내부혁신시스템을 구축할 필요가 있다.

또한 매출정체에 의한 성장의 한계성을 극복하기 위해 새로운 비즈니스 모델에 대한 정보탐색과 신 시장개척을 위해 적극적인 모니터링 시스템을 도입할 필요가 있고, 다양한 협력적 네트워크의 구축 그리고 개방형 혁신체계의 구축이 필요하며, 특히 기술에서 강점을 갖는 벤처기업은 물론 영업과 유통에서 강점을 갖고 있는 대기업과 적극적인 상생관계를 구축하는 것이 필요하다. 이에 따라 특허관리를 통한 진입장벽의 구축이 필요하며 이를 위해 CEO와 임원의 특허관련 역량개발과 마인드의 고취가 요구된다.

정부는 강소기업을 21세기 선진경제의 중요한 주체로 인정하고 이들의 성장패턴에 따라 다양한 육성정책을 개발할 필요가 있다. 우선 산업의 허리역할을 하는 예비중견기업으로서 강소기업을 육성하기 위한 정책기반을 마련하고, 장인형 강소기업을 글로벌 히든챔피언으로 성장시키기 위한 정책대안을 개발해야 한다. 또한 개척자형, 마케팅형 강소기업들이 새로운 비즈니스 모델을 제안하고 신 시장을 적극적으로 개척하도록 이들을 전략혁신형 중견기업으로 성장시키기 위한 정책대안들을 개발해 실현도록 하여야 한다.

강소기업의 성공 및 실패사례의 개발과 지식의 공유시스템을 구축하는 것이 바람직하며 이를 위해 강소기업사례의 DB화를 추진하고 이를 체계적으로 활용할 수 있는 시스템을 구축할 필요가 있다. 강소기업들의 성장함정과 성장의 어려움을 극복을 위한 경영관리측면의 지원방안들을 고려할 필요가 있다. R&D지원에 있어 시장지향적 프로젝트의 우선지원을 고려할 필요가 있으며 중소기업의 R&D지원에 있어 실질적인 시장창출효과가 발생할 수 있도록 대기업과의 결합을 통한 시장확보형 기술개발과제를 과제선정단계에서부터 우선적으로 고려할 필요가 있다.

불공정거래의 개선 및 대·중소 기업간 거래의 글로벌 스탠더드화를 통해 공정거래구조를 확립해 가도록 관련제도들을 개선할 필요가 있으며, 신생 창업기업, 벤처기업, 중견기업, 대기업 등과의 다양한 협력적 네트워크가 구축되어 강소기업중심의 생태계가 활성화될 수 있도록 하는 정책적 지원이 필요하다. 정부의 선제적인 R&D지원이 확대되고 조세지원 등을 통한 투자확대를 유도할 필요가 있으며 강소기업 간 차별적 특성을 고려하여 차별화된 R&D 지원배분 및 평가시스템 마련이 필요하다. 지역별 중소기업청을 중심으로 관련기관의 네트워크화를 통해 강소기업의 발전에 필요한 성장동력을 발굴할 필요가 있다.

강소기업의 지속적 발전을 위해서는 우수한 노동인력의 유입이 필요한 바 중소기업 종업원들에 대한 실질적인 지원이 이루어질 수 있는 정책적 대안이 필요할 것으로 보인다. 중소기업에 대한 자금기술개발, 경영관리 등 지원정책에 있어서 기업유형별 맞춤지원체계를 구축하기 위한 방안들이 보다 세밀하게 강구될 필요가 있으며, 기업에 대한 직접적 지원도 중요하지만 산학연 공동프로젝트를 유도하는 형태의 지원도 적극 고려할 필요가 있다. (히든챔피언 위키백과 ko.wikpedia.org)

3) 글로벌 마케팅 역량(GM)배양

산업의 구조개혁과 더불어 개방화, 세계화, 융합화는 중소기업에 글로벌기반의 경쟁패러다임을 도입할 것을 요구하고 있다. 글로벌역량이 국제시장의 접근성을 가지게 되면 기술과 프로세스가 혼합하여 새로운 조직체계화로 경쟁우위의 역량이 작용하게 된다. (Prahalad & Hamel, 1990) 지속가능한 경쟁우위의 성장성은 글로벌역량에 큰 영향을 받는 것으로 나타난다. (David Whitwam, former CEO Whirlpool)

중소기업들이 국내외 시장동태 및 경영환경의 변화에 효과적으로 대응하기 위해서 글로벌 시장기반의 경영활동으로 4P전략을 추진해야할 필요성이 더욱 커지고 있다.

4) 글로벌 시장기반 경영활동 4P 전략

- Product : 고품격 프리미엄, 디자인을 강조한 제품
- Price : 고품격 걸맞는 높은 가격, 성능의 우수성 인정품
- Place : 전문소매체인 공약, 여러 멀티어 연관성 강조
- Promotion : 광고전략, 브랜드인지도

■ 디자인전략(PRODUCT)

제품디자인은 프리미엄 브랜드와 적합하다. 특히 소비자에게 이 제품이 프리미엄이라는 것을 인식시키려면 시간이 걸리는데 크레신은 강렬한 레드컬러와 기본 파이버소재를 사용해 제품의 신뢰도 아이덴티티를 만들어 가고 있다.

이것은 차별적 디자인이나 희귀소재를 사용했다는 것 자체만으로도 프리미엄의 느낌을 줄 수 있다. 강력하면서도 따뜻한 사운드를 전달하는 피아톤(PHIATON)의 이미지를 제품에 잘 적용을 시키기에 소비자들의 호응을 살 수 있을 것이다.

소비자들이 제품을 고려할 때 가장 중요시 하는 것이 모양과 품질이므로 그 부분 또한 놓치지 않고 있다. 밸런스가 잘 맞는 사운드로 해외고급시장에 내세워도 세계적인 경쟁력을 확보하고 있다. 다양한 제품라인을 갖추어 전문화에 따른 넓은 범위의 소비자를 커버할 수 있을 것이다.

■ 가격전략(PRICE)

가격전략에는 고급제품답게 기준설정이 필요로 보고 있다. 그러나 이 가격의 제품들은 충동적으로 구입하는 것이 아니라 사전에 충분히 알아보고 매장에 가게되는 제품이다. 시장의 수요증가는 단순한 MP3같은 멀티 포터블품위의 증가로 인한 것뿐만 아니라 소비자들이 제품에 대한 인식과 관심이 많아졌고 그로 인해 고급고가제품 또한 수요가 증가하고 있다고 보았다. 그러므로 비교적 높은 가격이라 하더라도 충분한 수요가 있을 것이라고 판단하였다.

■ 장소와 위치전략(PLACE)

해외진출을 위한 재품들은 현지의 판매유통과정을 정확히 파악해야 한다. 시장은 대형업체들이 과점상태를 보이고 있어 소매체인점들은 소비자들이 선호하는 브랜드를 우선적으로 구매하는 경향이 있다. 주요 판매경로를 잘 활용하여 이용해야 할 것이다.

■ 촉진전략(PROMOTION)

제품의 인지도를 알리는 광고전략의 실시는 그 제품을 사용하는 유명인을 인용하는 것이 인지도를 높이는데 효과성을 올릴 수 있으며 시기와 장소는 국제적 대중모임에 실행하는 것이 광고의 극대화를 얻을 것이다. 그러므로 3~5개의 각기 다른 제품들을 서로 다른 장소에서 다른 용도로 출현하게 한다면 그 장면을 보는 전세계의 시청자들에 대한 큰 광고효과를 얻으려 할 것이다.

제품브랜드 이미지재고에도 광고의 효과는 긍정적 영향을 끼칠 것으로 평가되고 있다. 전국적, 국제적 촉진전략은 향후 발전할 것으로 전망되고 있다. 이렇게 고급제품의 브랜드로서의 가치뿐만 아니라 다른 사업목적을 위해서도 사용할 수 있다. 또한 최근 문호개방으로 시장진입장벽이 중소기업의 새로운 시장개척과 새로운 가치를 창출할 수 있는 곳을 발견해 나가야 한다. (강소기업의 특성과 육성전략 중진공의 역할, www.bidrary.net)

(4) 디지털 경영활동과 마케팅믹스(4C)

1) 디지털기업의 경영활동과 마케팅믹스(4C)

4P 활동이라는 과거의 전통적인 마케팅을 고객관점에서 새롭게 정립해야 할 필요를 느끼고 고안해 낸 것이 바로 로버트 로터본(Robert Lauteborn)교수가 정의한 4C 개념이다. 전통적인 마케팅 믹스인 제품, 가격, 유통, 촉진활동의 4P전략은 그 자체가 기업의 입장일 뿐이다. 4P에서 말하는 제품은 기업이 만들어 놓은 제품이며 가격도 기업이 제시하는 가격일뿐 소비자가 원하는 가격이 아닐 수도 있다. 이처럼 4P 활동자체는 고객의 필요와는 상관없이 기업이 제품을 만들고 그들 방식대로 고객을 설득하는 일방적인 형식을 띤다고 볼 수 있다.

2) 4C의 첫 번째는 고객가치(customer value,customer contents)이다

4P의 '제품'이 기업관점이라면 4C의 '고객가치'는 고객관점으로 제품을 바라보면서 '우리제품의 장점'이 아닌 '고객에게 제공되는 가치'를 중심에 놓는다. 고객이 상품에 부여하는 가치는 매우 주관적이다. 따라서 고객이 어떤 상품을 우리상품의 비교대상으로 인식하는지, 제공하는 편익은 무엇인지 분석해 보아야 하는데 이 편익들은 상품설명서 작성 (심리적), 가격결정 등 마케팅활동에서 다양하게 활용된다. 만약 고객이 원하는 가치를 알지 못하고 설득할 수 없다면 그 상품은 아무리 잘 만들어도 소용없다.

과거에는 고객들이 '가격'이나 '성능'에 제품에 대한 가치를 부여했지만 최근에는 감성적 요인에 가치를 더 많이 부여한다. 스타벅스가 좋은 예다. 스타벅스는 '커피를 판매한다.'고 하지 않고 '집과 사무실외 제 3의 공간'이라고 고객을 설득한다. 지금까지는 이성적이고 논리적 사고로 기능적인 속성과 편익을 강조했다면, 미래의 마케팅은 소비자를 감성적인 존재로 인식하고 소비자감성 충족을 위한 경험을 제공해야 한다.

고객가치측면에서 감성 못지않게 중요한게 하나 더 있다. 바로 제품의 서비스화이다. 우버와 같은 공유서비스를 활용하면 필요할 때만 자동차를 사용할 수 있고, 이런 서비스가 많아지면 자동차는 제품이 아닌 서비스가 된다. 가족들과 캠핑을 떠나면서 캠핑용품을 대여해 사용한다면 캠핑용품 또한 마찬가지다. 그리고 이렇게 제품이 서비스를 제공하기 위한 도구로 인식되기 시작하면 제품에 대한 고객가치 자체가 바뀌게 된다.

3) 4C의 두 번째는 고객이 쓰는 비용(customer cost)으로

4P의 '가격'이 기업관점이라면 4C의 '비용'은 고객관점에서 가격을 바라보는 개념이다. 소비자는 제품을 구입할 때 돈만 지불하는 게 아니라 정보를 탐색하기도 하고, 주변사람에게 의견을 구하기도 하며 제품을 사용할 때 다른 사람의 시선을 의식하기도 한다. 따라서 가격은 당연히 비용의 관점으로 접근해야 한다.

가격은 기업, 소비자, 경쟁자의 세 가지 입장에서 결정될 수 있다. 원가에 적정이윤을 더한 결정이 기업입장에서의 가격결정이고, 제품을 소비하면서 얻는 가치기반의 결정이 소비자입장에서의 가격결정이다.

여기서 가치기반가격결정이란 고객이 느끼는 제품의 가치를 중심으로 가격을 결정하는 걸 말한다. 뮤지컬같은 공연의 관람료에 2층보다는 무대 앞좌석이 비싸고, 평일보다는 주말이 더 비싼것과 같다. 가치중심가격결정은 이처럼 원가중심가격결정과 달리 목표고객들이 우리제품과 서비스에 어느 정도 가치를 부여하고 있는지를 조사해 이를 중심으로 가격을 결정하는 행위이며, 경쟁제품 및 원가를 모두 고려한다는 점에서, 또 소비자중심으로 가격을 결정한다는 점에서 많은 기업들이 지향해야 할 방식이다.

하지만 가치중심으로 가격을 결정하기 위해서는 제품과 서비스에 대한 명확한 차별성이 존재해야 한다. 비슷한 제품과 서비스에 가격만 높이는 게 가치중심이 아니라는 의미이다. 따라서 기업은 제품과 서비스에 우리 회사만의 차별성이 존재한다는 전제하에 소비자관점의 가치를 파악해야 한다. 고객이 어떤 상황에서 구매를 결정하고 결정과정에서 누구에게 영향을 받는지, 구매채널은 어디인지, 경쟁기업의 가격이나 품질은 어떻게 인식하고 있는지 등 고객에 대한 다양한 정보를 수집해야 한다.

4) 4C의 세 번째는 고객편의성(convenience)이다

이 역시 4P의 '유통'이 기업관점이라면 4C의 '고객편의성'은 고객관점에서 유통을 바라보는 것이다. 과거에는 유통채널을 백화점, 대형마트, 온라인 쇼핑몰처럼 물리적인 공간으로 한정해서 구분했다. 그러나 고객편에서 보면 백화점이든 대형마트든 온라인 쇼핑몰이든 편리하게 구매할 수만 있으면 그만이다. 고객편의성 측면에서 온라인과 오프라인의 구분은 아무 의미가 없다. 유통은 언제 어디서든 고객이 편리하게 구매할 수 있어야만 의미를 갖기 때문이다.

이러한 관점에서 나온 유통방식이 '옴니채널(OmniChannel)'과 '리버스쇼류밍(Reverse showrooming)'이다. 옴니채널은 '모든'을 뜻하는 옴니와 제품의 유통경로를 의미하는 채널의 합성어로, 온라인과 오프라인 모바일 등으로 구분된 모든 쇼핑채널을 고객들이 하나의 매장처럼 이용할 수 있도록 한 시스템을 말한다. 반면, 리버스쇼류밍이란 온라인에서 물건을 검색한 후 오프라인 매장을 통해 물건을 구매하는 방식을 일컫는다. 온라인에서 미리 상품정보와 가격을 확인하면 오프라인에서 쇼핑시간을 단축할 수 있다. 기업들은 실제로 애플리케이션을 통해 쇼핑뉴스와 상품정보, 매장별 이벤트행사를 제공하면서 리버스 쇼루밍족을 공략해야 한다.

온라인에서 실시간으로 정보를 업데이트해 제공함으로써 고객들이 가까운 매장에 방문해 제품을 살 수 있도록 하는 방식이다. 오프라인과 온라인이 연결되는 O2O, 모든 채널을 통합하는 옴니채널은 거스를 수 없는 디지털시대의 흐름이 되었다. 이마트와 쿠팡의 경쟁에서 보듯 플랫폼의 장벽도 무너지고 있다. 이런 점에서 향후 유통전략의 핵심은 고객에게 얼마나 편리하게 구매할 수 있는 시스템을 제공하느냐가 성공의 관건이라고 볼 수 있다.

5) 4C의 네 번째는 고객과의 커뮤니케이션(communication)이다

제품, 가격, 유통과 마찬가지로 4P의 '촉진활동'이 기업관점이라면 4C의 '커뮤니케이션'은 고객관점이다. 보통의 성인이 하루에 접하는 광고메시지는 헤아릴 수 없을 정도로 많다. 출근길에 만나는 간판과 현수막에서부터 지하철, 스마트폰, PC, 신문, TV등 보고 듣는 메시지가 넘쳐난다. 기업이 생각하는 커뮤니케이션과 소비자가 생각하는 커뮤니케이션은 다르다. 기업은 좋은 제품을 만들어 광고, 홍보, 판촉활동을 하면 팔릴거라 생각하지만 소비자를 설득하기 위해서는 소비자관점에서 커뮤니케이션이 이루어져야 한다.

고객관점에서 볼 때 커뮤니케이션은 이미 과잉현상을 나타내고 있다. 커뮤니케이션 과잉사회에서 또 다른 광고를 이야기하거나 새로운 커뮤니케이션 효과를 떠드는 것은 과장이 많다.

매스 미디어환경은 이미 SNS를 중심으로 급변하면서 커뮤니케이션 패러다임이 쌍방향으로 바뀌었다. 제품과 서비스가 고객을 만났을 때 사람과 사람이 만났을 때의 아주 짧은 시간이 중요해진 것이다. 만남의 순간, 제품과 서비스에 노출되는 순간, 메시지가 전해지는 순간에 커뮤니케이션을 해야 하는데 그 순간이란 몇 초일 수도 몇 분일 수도 있다. 기업은 그 결정적 순간을 찾아내야 한다. 소비자들이 어디에서 브랜드를 만나고 어느 부분에서 접점이 이루어지는지를 알아내 그곳에서 어떤 방식으로 커뮤니케이션을 할 것인지가 중요하다.

또한 커뮤니케이션이 확장되고 있다는 사실에도 주목할 필요가 있다. 첨단기술기반의 디지털 쇼핑환경은 소비자가 상품을 선택하고 주문하는 과정에 대대적인 변화를 가져왔다. 이는 인공지능, 머신러닝 등 기술적 차원의 발전 때문이기도 했지만, 기업과 소비자 간의 커뮤니케이션이 완전히 다른 맥락에 놓이는 전환이기도 한다. 언택트(비대면)현상으로 사람과의 상호작용없이도 소비가 가능해지고(무인매장), 매장직원에게 묻는 대신 챗봇과 대화하며 쇼핑하는 시대로 접어든 것이다. 이제는 커뮤니케이션의 범위를 보다 넓게 해석해야 한다. 온라인을 중심으로 진행되는 디지털마케팅의 대부분이 '누구에게 무슨 말을 할 것인가?'로 귀결되는 만큼 마케팅활동의 4P를 4C로 바꿔 해석해야 한다.

 강소기업 지향적 리더십

(1) 리더십과 헤드십

리더십이란 부하를 지도하고 통솔해 나가는 관리자를 움직이는 역량이라 말할 수 있다, 이른바 리더십이라고 바꾸어 말하면 관리자가 부하에게 미치는 영향력이라고도 말할 수도 있다. 그러나, 여기서 고민해 두어야 할 것은 자신이 과장이나 매니저라고 하는 직책을 붙이면 그날부터 자신이 좋아하는 기호에 관계없이, 그것만으로 이미 주위에 어떠한 영향을 미치기 시작한다는 것이다. 하지만 그것은 리더십의 발휘도 아무것도 아닌 헤드십일 뿐이다.

헤드십(수장제)이란 비록 그 사람이 조금 통솔력이 부족하고 관리자로서 적합하지 않다고 해도, 과장·매니저라고 하는 조직의 "장"으로서의 직함이 주위에 영향을 미치고 있는 것이다. 관리자가 된다면 우선 이 일을 충분히 배려해 두는 것이 필요하다.(조직개발론 GE사례 p380-413)

(2) 리더십의 세 가지 유형

심리학자 커트 레빈 등이 1950년대에 제창한 그룹 다이내믹스의 이론에서는 관리자의 리더십 스타일에는 다음 세 가지 유형이 있다고 한다.

- **전제형 리더십** ; 전제형이란 이른바 귀군조, 독재자타입으로 유무를 말하지 않고 자신이 생각한 대로의 일을 부하에게 말하는 관리자를 말한다.
- **방임형 리더십** ; 방임형이란 전제형과는 반대로 부하를 방치하는 타입이다.
- **민주형 리더십** ; 민주형의 관리자와는 부하와 자주 이야기해, 사물을 합의후에 진행시켜 나가는 타입이다.

이 전제형, 방임형, 민주형이라고 하는 각 유형은 쿨트 레빈이 제창하고 리더십 스타일을 나타내는 대표적인 것으로 잘 알려져 있다.

그리고 그동안 관리자로서 갖춰야 할 모습은 세 번째로 꼽은 민주형 리더십의 발휘를 이상형으로 여겨졌다. 확실히 독재자형으로 고압적인 태도의 관리자, 또, 이해가 너무 좋아서 내팽개친 방임형의 관리자보다 민주형의 관리자가 좋은 것 같다. 그러나 이것도 경우에 따라 깨끗하고 항상 민주형 리더십으로 해 나갈 수 있을까? 종래의 리너십 스타일론을 재검증한 생각이 최근에는 나오고 있다. (1인기업 1인경영시대;(주)비즈웹코리아)

(3) 상황적응형 리더십

이 움직임이 니다닌 이유는 리더십의 스타일은 그 자체가 민주형이 좋다는 고정화된 것이 아니라, 상황의 변화나 부하의 능력정도 대처하는 일의 성질에 따라 리더자신이 그 발휘방법을 전제형, 때로는 민주형, 혹은 방임형으로 유연한 사고와 행동으로 창조적으로 구분해 나가는 것이라고 볼 수 있기 때문이다.

예를 들어, 지금까지 안정적이었던 자신들을 둘러싼 환경이 일전하여 기업이나 그 조직의 명운에 관계되는 사태가 발생했다고 하는 긴급시에 아무리 민주형이 이상형이라고 해도 부하를 모아 의견을 듣는 등 태평한 말을 해서는 전멸해 버린다고 하는 것이 될 수 있다. 이런 경우에는 리더의 즉단속결, 오히려 전제형 리더십의 발휘가 필요하다.

또한 부하라고 해도 거기에는 능력이 높은 사람과 그렇지 않은 사람, 베테랑도 있으면 오른쪽도 왼쪽도 아직 잘 모른다라는 신인도 있다. 부하의 능력이 높고 일일이 말하거나 명령하는 것이 오히려 상대의 기를 실리게 하는 경우에는 오히려 관리자는 포인트만을 억제하고, 나머지는 부하에게 맡기는 식의 방임형이 효과적이라고도 말할 수 있다. 이와 같이 "상황에 따라 다시 선도해 나가는 부하의 능력정도, 또한 종사하는 일의 성질에 의해서 리더십을 취하는 방법은 탄력적, 창조적으로 바꾸어 가는 것이다."라고 하는 것이 현재의 상황적응형의 리더십의 생각이다. (GUIDE BooK 대전데크로파크)

 성장조건은 지속적 혁신과 개발

(1) 구조조정과 조직개발

1981년에 웰치 회장의 취임과 더불어 전개된 구조조정과 조직개발은 GE의 기본사업과 전략경영, 그리고 기업문화에 많은 변화를 가져오면서 GE의 경쟁력을 크게 강화하였다. GE의 외형규모는 1981년의 272억 달러에서 1991년의 602억 달러로 그리고 1998년에는 1,005억 달러로 증가하였고, 순이익도 16.5억 달러에서 44.4억 달러로 그리고 93억 달러로 크게 증가하였다. 사업의 구성은 전통적인 전기관련 사업으로부터 고부가치의 첨단기술과 서비스사업으로 그 비중이 바뀌어 전체적인 사업전략의 방향과 초점이 크게 달라졌다.

또한, 계속적인 성장에도 불구하고 1981년에 40만명 이상이었던 구성원의 수는 1991년에 28.4만명 그리고 1998년에 27만명 수준으로 계속 감소되었다. 관료화된 사업부의 조직구조와 전략경영체계는 대폭 수평화가 소화되어 사업부의 활동이 크게 활성화되었다. 그리고 워크아웃 조직개발은 구성원들의 경영참여의식을 제고시키고 그들의 시스템 개선작업을 촉진시켜 많은 실질적인 성과를 거두었다. 이와 같은 구조조정과 경영혁신을 통하여 GE의 연 생산성 증가율은 1981년의 2%에서 1989년의 6%로 크게 향상시켰고, 1990년대에는 5% 수준의 증가율을 계속 유지시켜 나가고

그림 3-1 지속가능한 리더십 모형

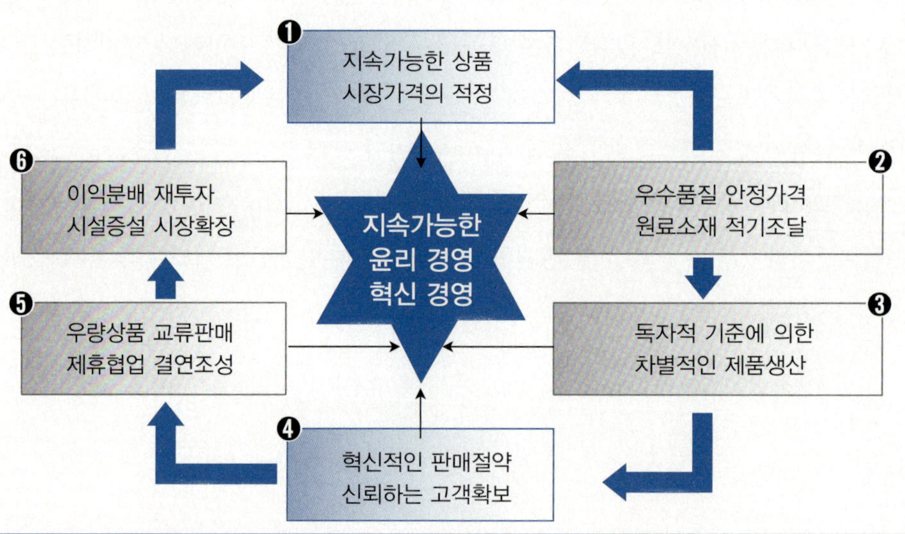

있다.

이와 같이 GE의 변신전략과 구조조정은 세계에서 가장 경쟁력 있는 기업체를 만들겠다는 웰치 회장의 비전과 그의 강한 의지를 바탕으로 내부의 거센 저항세력에도 불구하고 강력하게 추진되어 경쟁력이 강한 세계적인 기업체로서의 사업구성과 조직체계 그리고 기업문화를 개발하는 데 크게 기여해 왔다. 그리하여 GE는 1994년이래 세계에서 시장가치가 가장 큰 회사로 평가받아왔고, 최근에는 미국의 포브스(Fovbes) 지도 GE를 세계 최우수기업으로 선정하였으며, 포춘(Fortune)지도 2002년에 GE를 5년 연속 '가장 존경받는 미국기업(America's Most Admired Company)'의 제1위로 평가하였다.

1981년부터 시작된 구조조정을 통하여 GE는 전통적인 전기관련 사업에서 고부가가치의 첨단기술과 서비스사업으로 그 비중이 대폭 이전됨으로써 새로운 기업체로 변신하였다. 그리고 극도로 계층화된 조직구조와 관료화된 경영체계도 조직수평화·간소화와 감량경영 그리고 유연하게 적응할 수 있는 경영조직으로 변모하였다. 그리고 무엇보다도 웰치회장이 취임한지 I7년만에 GE의 시장가치를 1981년의 120억 달러에서 2000년의 5,340억 달러로 45배 이상 증가시켰다.

세계 최우수기업들의 기업문화를 정착시키기 위한 GE의 구조조정과 조직개발은 변신전략이 시작된지 18여년이 지난 오늘날까지도 진행되고 있고, 앞으로 웰치회장의 후임으로 취임한 이멜트(Jeff Emmelt) 회장하에서도 끊임없이 계속될 것이 확실하다. GE의 변신전략이 지금까지 이와 같은 큰 성과를 거둘 수 있었던 성공요인으로는 창립이래 120여년간 꾸준히 지속되어 온 전통, 사업부중심의 자율경영능력, 전략경영의 우수한 경영인력 그리고 구조조정과정에서 Crotonville 경영연수원의 전략적 활용 등 여러 가지를 들 수 있다. 그러나 무엇보다도 GE를 세계 제일의 최우수기업으로 만들려는 웰치회장의 비전과 그의 강한 의지 그리고 강력한 리더십이 가장 중요한 성공요인이었음은 틀림이 없다.

오랫동안 강한 경쟁력을 바탕으로 높은 성과를 달성하다가 환경변화에 적절히 적응하지 못하여 경쟁력을 잃게 된 기업체는 상당히 많이 있다. 미국의 3대 자동차 제조업체 IBM, Xerox, Sears Roebuck 등이 대표적인 예로서, 이들 기업은 강력한 구조조정을 겪어 나가면서 경쟁력을 회복하였다(Gerstner, 2002 ; Kearns and Nadler, 1992). GE는 이들 기업과는 달리 미래의 환경변화를 미리 예측하고 사전에 과감한 구조조정과 조직개발로 경쟁력을 강화하여 높은 성과를 계속 달성하면서 세계 최강의 경쟁력을 가진 초우수기업으로 계속 성장하였다.

우리나라 기업도 과거 I960년대 이래 주로 저기술·저가격제품분야에서 강한 경쟁력을 바탕으로 고도의 성장을 달성하였다. 그러나 우리나라의 많은 기업들이 이에 적절히 적응하지 못하여 경쟁력을 잃게됨은 물론 1997년에 닥쳐온 IMF한파에 못이겨 극심한 경영위기를 거쳐 나가야만 했다. 따라서 GE가 어떻게 변신전략을 구상하고 어떻게 사업 및 조직구조의 조정과 더불어 무한계의 기업문화개발을 전개하여 세계 최강의 경쟁력을 가진 기업으로 변신하였는지는 우리나라 기업에게 좋은 참고가 된다.(조직개발론, GE사례 www.korea.labor.ac.kr)

(2) 기업성장의 지속성

1) 품질문화의 조성

품질문화란 기업의 품질경영에 관한 운영철학으로 끊임없는 품질개선노력을 통하여 고객의 요

그림 3-2 기업성장 소비자와 생산자의 관계전략

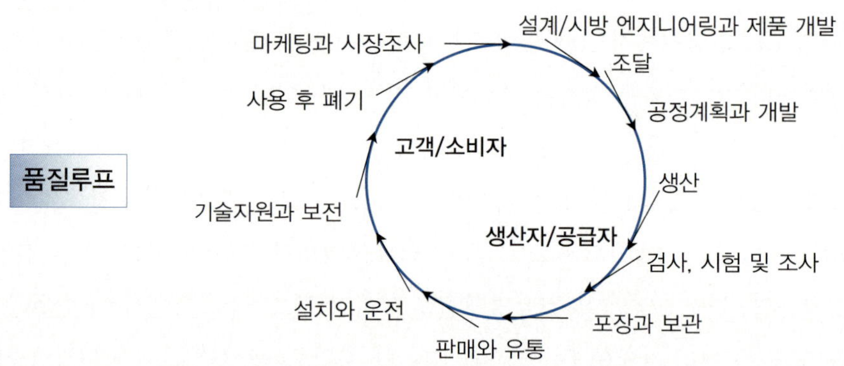

그림 3-3 기업문화 형성도표

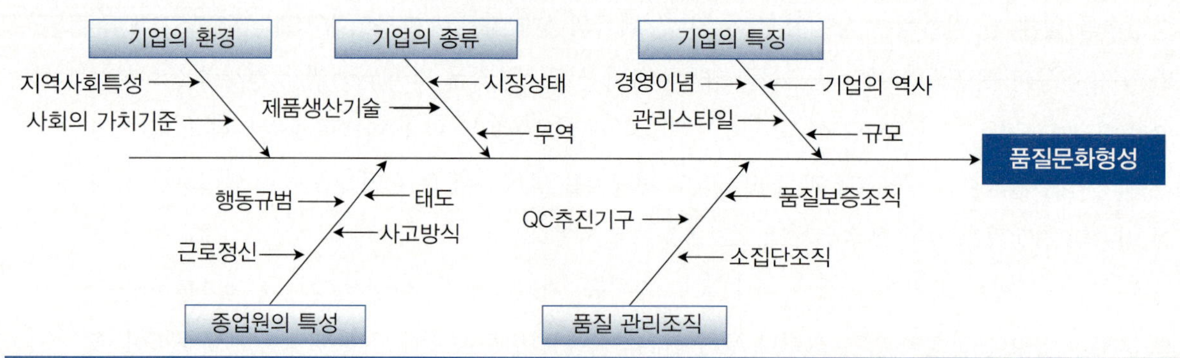

구에 맞는 품질의 제품을 경제적으로 설계, 생산, 서비스 해주기 위한 기업운영철학이 – 기업의 환경, 종류, 특징, 종업원의 특성, 품질관리조직 등과 밀접한 관계를 가지고 장시간에 걸쳐 형성되어 품질문화로 자리잡게 된다. (품질관리와 경영, part8 biog.naver.com)

(3) 기업의 성장과 단계별 특성

기업은 일정한 단계를 거쳐 성장하게 되는데 개개 성장단계에서는 여러 가지 어려움에 부딪치게 되는 경우가 맡다. 영국의 파이낸셜 타임즈지는 기업의 성장단계를 6가지로 나눠 각 단계에서 나타나는 특징과 문제점에 관하여 다음과 같이 설명하고 있다.

■ 1단계

이 단계에서는 창업자 자신이 곧 기업 그 사체이다. 제품개발, 제조, 판매 및 자금조달 등 모든 관리기능은 창업자의 몫이며, 그에게 있어서 가장 중요한 과제는 자금조달과 고객확보를 통해서 시장에서 살아남는 것이다. 창업초기 자금은 쉽게 바닥나고 고객흡수도 쉽지 않아서 창업자들은 이 단계에서 사업을 포기하는 경우가 많다

■ 2단계

이 단계는 제법 기업형태를 갖추고 고객도 확보함으로써 수지타산이 맞는 시기이다. 영업과 총무쪽에 관리자를 두고 있으나 주요의사결정은 창업자가 한다. 단기적으로는 현금회전을 원활히 유지하면서 장기적으로는 성장의 발판이 될 자본을 축적하는 것이 중요하다.

■ 3단계

이는 시장확보도 수익성도 가능하게 되는 단계로서 이 단계에서는 기능별로 전문화된 관리자를 두게되며 오너가 할 일은 줄어드는 특성을 나타낸다. 이 단계에서 계속 벗어나지 못한다거나 외부환경변화에 적절히 적응하지 못하게 되어 한계기업으로 전락하는 예도 있다.

■ 4단계

이는 본격적으로 성장을 추구하는 단계로서 오너는 사업확장에 기업의 모든 에너지를 바친다. 그러자면 현금흐름이 고갈되지 않도록 수익성을 유지하면서 성장에 필요한 고급인력을 미리 확보할 필요가 있다. 여기에서 성공하면 기업은 승승장구할 수 있으나 잘못되면 기업은 파산할 수도 있다. 오너는 일상적 의사결정이 아닌 예외적 의사결정에 전념하며 경영전략도 핵심간부들과 함께 짠다.

■ 5단계

기업이 양·질적으로 도약하는 단계로서 이를 위해서는 자금지원을 적극화하여야 하기 때문에 이 단계에서는 전문화된 자금관리와 비용통제가 필요하다. 기업경영은 분권화되는 경향이 있고 그에 따라 능력있는 핵심간부가 필요하다. 이 경우 오너는 전문경영자에게 권한을 대폭 위양해야 한다.

■ 6단계

이 단계에서는 성장에서 얻은 이익을 효과적으로 관리할 방안을 강구하여야 하며 기업의 융통성과 기동성을 유지하도록 늘 신경을 써야 한다. 그리고 장기전략을 중심으로 유능한 인재에 의한 전문적 경영전략을 짜도록 하여야 한다.(성공한 CEO들의 69가지 성공습관 10)

경영 성공포인트 ❺

1. 타인의 성공을 도와라

사회는 공동의 장이다. 경쟁심리가 너무 강하고 이기적일 때. 자신의 성공만을 바라는 소인이 될 우려가 있다. 큰 인물은 개인의 우수성보다는 집단의 우수성을 중시한다. 타인의 성공을 질투하거나 시기하지 마라. 성공의 내면을 배워라. 세상은 넓다. 당신의 주변에 있는 사람들을 경쟁자가 아닌 진정한 협력자 동반자로 만들어라.

2. 요행수를 버리고 무리수를 두지마라

정상에 오르려 애쓰지 말고 그 다음은 내리막 길이다. 오르막이 있으면 내리막이 있다. 만약 남을 속여 돈을 번다면 당신자신도 언젠가는 하늘의 제재를 받고 많은 돈을 날리게 된다. 속이면 속임을 당하는 것이다. 속이는 행위는 당신마음에 독약을 투여하는 것과 같다. 독 때문에 고통을 받는 것은 바로 당신자신이라는 것을 잊지말라.

제2절 고객관계관리와 빅 데이터 마케팅

1. 빅 데이터 마케팅 개론

(1) 개 론

- 빅 데이터가 화제가 되고 있는 가운데 데이터의 양뿐 아니라 그 종류발생빈도, 업데이트 빈도와 같은 특성을 포함한 관점에서 종래와는 다른 데이터활용에 대한 새로운 대처가 보인다.
- 빅 데이터를 마케팅에 활용하고 있는 통신판매기업의 사례를 보면 e 커머스(전자상거래) 등 인터넷을 활용하여 고객데이터가 디지털화된 형태로 쉽게 사용할 수 있도록 되어 있다. 고객에 대한 이러한 축적된 데이터를 분석하여 마케팅시책에 반영시켜가는 분석(분석기술)이 현재 다시 중요해지고 있는 것을 알 수 있다.
- 다양한 데이터분석, 분석의 활용이 진행되는 것으로 기업의 마케팅은 "분할" KPI(핵심성과지표) PDCA(계획실행과제 추출개선)의 세 가지 관점에서 크게 변화된다.
- 분석에 필요한 인재로서 최근 주목받고있는 데이터과학자(분석모델구축 및 검증을 담당) 외에도 업종별 지식을 가지고 개선가설을 구축하는 업무컨설턴트의 존재도 중요하다.
- 마케팅분석은 빅 데이터 시대가 변하는 부분과 변하지 않는 부분이 있다는 것을 우리는 인식하면서 앞으로도 대처해 나가는 것이 요구된다. (CRM시스템이 경영성과에 및이는 영향, 원강대 황인환 2007.2)

(2) 빅 데이터를 둘러싼 기업의 요구

1) 빅 데이터 시대의 도래

미국 "Harvard Business Review"2012년 10월호에서 빅 데이터를 주제로 특집 'Spotlight on Big Data'로 짜여졌다. 신문, 잡지, 세미나 및 비즈니스관련 서적의 제목은 그 빅 데이터를 비롯한 데이터분석에 관련된 다양한 키워드가 춤, 거기에 호응하도록 데이터활용에 관한 기업의 기대가 날로 높아지고 있는 것처럼 보인다.

대용량의 데이터활용이라는 의미에서는 지금까지도 "데이터웨어 하우스"와 "데이터마이닝" "BI(비즈니스 인텔리전스)"라는 키워드가 거론되고 정보기술(IT)업체에서 다양한 시스템이 제안되어 왔다. 그러나 이러한 노력은 주로 소매 및 금융, 정보통신의 특정 업무속에서 사용되는 경우가 많았다. 한편, 빅 데이터의 명확한 정의야말로 존재하지 않지만 Volume(데이터 양)의 비약적인 증가 외에도 Variety(데이터형식), Velocity(데이터의 발생빈도 업데이트 빈도)의 세 가지 관점에서 논의되고 (통칭하여 "3V"이라고 부를 수있는) 기존의 대용량 데이터활용과 다를 수 있다.

2) "3V"이라고 하는 데이터

■ 첫 번째 관점

데이터의 양(Volume)은 대용량처리 기술환경의 발전에 따라 취급양이 늘었다. 지금까지의 범용소프트웨어는 수집과 관리 및 허용되는 시간내에 처리가 어려웠다. 테라바이트(10의 12 승)의 위를 가는 페타바이트(동 15 승)과 엑사바이트(동 18 승) 등 데이터의 양을 다룰 수 있다.

■ 두 번째 관점

데이터의 종류(Variety)이다. 특히 인터넷기술의 보급에 따른 정보의 다양화에 의해 지금까지 기업이 수집해온 매출 및 거래실적, Web 사이트의 액세스 로그 등의 데이터뿐만 아니라 위치데이터, 각종 센서로부터 취득되는 데이터도 수집가능하게 되었다. 또한 그대로 집계분석할 수 있는 구조화된 데이터뿐만 아니라 비정형 데이터를 분석하는 기술도 진전을 보였다(텍스트 데이터를 분석하는 '텍스트마이닝' 등). 그 결과, 인터넷에서 문자정보를 분석하고 이를 마케팅에 활용하는 것도 가능하게 되었다.

■ 세 번째 관점

데이터의 발생빈도, 업데이트 빈도(Velocity)이다. 예를 들어 개별데이터의 볼륨이 반드시 크지 않은 것도 기업은 고 빈도로 취득이용하는 것이 가능하게 되었다. 따라서 기존보다 적절한 시기에 마케팅시책을 실시할 수 있게 되었다. 빅 데이터라는 키워드의 이미지에서 그 많은 양(Volume)에만 주목하는 경향이지만, 이처럼 데이터의 종류(Variety)와 발생빈도, 업데이트 빈도 등의 금액 이외의 특성도 잊어서는 안된다. 실제로 이러한 세 가지 측면에서 기존 데이터활용과는 또 다른 새로운 시도가 보인다.

예를 들어 소매는 고객의 구입이력위치, 정보날씨 등에 따른 쿠폰을 스마트 폰에 자동으로 전달하는 것이 기술적으로 가능하게 되었다.

또한 이 업체는 회원가입한 고객 ID와 "트위터"계정의 ID를 연계하여 정보발신력이 높은 소비자의 추출에 성공하고 그러한 소비자는 구매금액이 많은 사람까지 소비자보다 마케팅효과가 높은 것으로 확인되었다. 또한 금융기관은 여러 기록데이터를 접근하여 해지예측의 검출율을 크게 개선하는 데 성공하고 있다.

이상과 같이 빅 데이터에시 필요한 타이밍에 데이터를 적절하게 취득해 다양한 종류의 데이터를 연관하여 마케팅시책의 실현 가능성을 높일 수 있다.

(3) 빅 데이터 시대와 IT활용에 대한 기대

1) IT활용의 기대

이처럼 빅 데이터를 활용하는 시대를 맏는 상황에서 기업에 중점을 둔다. 경영시책에의 대처함과 IT활용과 효과에 대한 기대가 쌍방에서 높게 자리매김하고 있는 항목을 보면 정보활용관련이 많다. 노무라종합연구소(NRI)는 대기업의 경영기획부문 담당임원실장을 대상으로 했다. 조사결과를 보면 경영시책에 대한 IT활용과 효과에 대한 기대에 모두를 중시하려는 항목이 두드러지고 있다.

- 영업현장에서의 정보활용 능력강화
- 부문정보집약에 따른 경영판단의 구조강화
- 고객정보 판매정보의 수집분석 기능강화
- 정보의 상류, 하류공유에 의한 SCM(사프라이버시체인 매니지먼트)효율화
- 거래정보의 고객단위로 통합적 관리
- 같은 기업의 정보활용과 그것의 바탕 즉 의사결정지원, 영업력 강화 등에 관한 항목이다(표 3-1).

2) MIT(매사추세츠 공과대학)

북미의 주식공개기업 330개사를 대상으로 조사결과에 따르면 데이터중시를 자인하다 대기업일수록 재무 영업적, 객관적 지표가 뛰어나고 있는 것으로 드러나고 있다. 특히 의사결정의 데이터중시도에서 업계의 상위 3분의 1까지 기업은 평균과 경합타사를 생산성으로 5% 수익성으로 6% 높았다. 이상과 같이 정보활용·데이터활용은 기업경영에 있어서 매우 중요한 과제가 되고 있다.

표 3-1 IT활용과 효과의 기대

연구개발 상품 서비스개발		영업판매	
1	기술, 특허보유기업의 매수	1	영업환경에 의한 정보활용 강화
2	연구개발처의 통폐합재배치	2	판매체널의 선별통폐합
3	연구개발관리의 강화	3	종래와 다른 판매채널구축
4	상품 서비스의 다양화	4	대면, 비대면 체널 연대강화
5	부가가치가 높은 상품 서비스	5	고객정보 판매정보수집 분석기능강화
6	시장투입하는 기간 시간단축	6	수집정보는 고객단위로 통합적 관리
7	부대서비스 연관상품 서비스충실	7	최종 소비자와의 의사소통관계강화
조달생산 유통		경영관리	
1	공급선의 변화범위를 확대	1	부문정보집약 경영판단의 요소강화
2	생산방식의 개선생산의 효율화	2	재무회계 적정화 신속화에 의한 업무개선
3	생산기술의 공동화 방지	3	리스크관리체계 구축확대
4	정보의 흐름공유 가치사슬 효율화	4	간접업무의 외부화
5	공급생산물류 그룹화 연대	5	연구개발 기능통합 업무의 공통화
6	그룹의 규모 공급사슬의 최적화	6	그룹화와 경영관리수법 개선
		7	그룹화에 의한 조직재편
		8	사업의 지속성 위기관리체제구축
		9	환경문제에 대응 환경관리철저

2. 고객관계관리의 마케팅 변화

(1) 마케팅의 변화와 CRM 마케팅

1) CRM의 정의와 관계마케팅

상인은 모든 마을에 친구를 두는 것이 좋다."는 중동지역의 속담처럼 CRM은 이미 오래 전부터 존재했던 개념이다. 마케팅이라는 용어가 사용되기 훨씬 이전부터 사람들이 마케팅의 개념을 갖고 있었듯이, CRM의 개념도 오래전부터 존재했던 것으로 기업의 고객담당자들이 오래전부터 인지하고 있던 관계의 중요성이 다양한 시장환경변화로 인해 보다 구체화된 것이다.

CRM의 정의에 대해서는 논의가 분분하지만 간략하게 말하면, '선별된 고객과 정기적으로 긴밀한 관계를 유지함으로써 평생고객으로 만들고, 고객의 생애가치(life time value)를 향상시켜 고객 및 기업만족을 극대화하는 것'이라고 정의할 수 있다. CRM은 Customer Relationship Management의 약자로서 우리말로 '고객관계관리'라고 일컫는다. 즉, 직관적인 의미로 고객과의 관계를 효율적으로 관리하고자 하는 행위 혹은 개념이라고 볼 수 있다.(CRM이 고객행동의도에 미치는 영향 이학식 2003.10)

2) 고객관계관리라는 용어

고객관계관리라는 용어의 구성을 살펴보면 '고객(Customer)', '관계(Relationship)', 그리고 '관리(Management)'라는 세 가지 용어로 구성되어 있다. 여기에서 '고객'이라는 개념을 '나'라는 주체와 유/무형의 교환관계를 갖는 다양한 형태의 개체라는 의미로 확장할 수 있다. 따라서 고객관계관리는 기업경영전략뿐만 아니라 인간의 모든 사회적 활동에 적용될 수 있을 것이다. 그런 이유로 CRM에 대한 일치된 정의가 없고 관점에 따라 그 의미를 다르게 해석하기도 한다.

예를 들면 영업을 담당하는 사람들은 CRM을 하나의 영업전략으로 정의하고 있고, 정보기술과 시스템분야에 종사하는 사람은 CRM의 '기술을 기반으로 영업, 마케팅, 고객서비스 영역의 프로세스를 자동화하고 개선시키는 통합된 프로세스'라고 주장하기도 한다. 또한 데이터베이스 분야에 종사하는 사람은 '다양한 접점을 통해 고객데이터를 지속적으로 수집하고 이를 바탕으로 고객의 행동을 분석, 예측하여 효과적이고 효율적인 고객관리에 활용하는 과정'이라고 분석한다.

3) 관계마케팅은 어떻게 다를까?

그럼 CRM과 우리가 자주 쓰는 '관계마케팅'은 어떻게 다를까? CRM과 관계마케팅은 모두 고객지향성과 관계지향성을 근간으로 한다는 점에서 서로 공통점을 갖는다. CRM과 관계마케팅을 구분하자면 관계마케팅이 '마케팅측면을 강조한 개념'인데 비해 CRM은 고객과의 관계지향적 노력이 '전사적으로 확대된 개념'이라고 할 수 있다. 그러므로 기업활동의 대고객접점이 마케팅활동을 통해 이루어진다고 볼 때, 관계마케팅과 CRM을 특별히 구분할 필요는 없다.

시장환경의 변화로 인해 CRM의 중요성이 대두되면서 CRM이 마케팅에서 차지하는 위치에 대한 논의가 활발하게 이루어지기 시작하였다. 즉, 기업의 관계지향적 활동이 마케팅에서 차지하는 비중에 대한 논의가 이루어진 것이다. 이에 대해서는 두 가지의 견해가 있는데 하나는 CRM을 광의의 개념으로 해석해서 CRM이 곧 마케팅이라는 광의의 견해이며, 다른 하나는 CRM을 마케팅활동의 일부로 보는 협의의 견해이다.

CRM을 광의의 개념으로 보는 견해는 고객과의 고객관리가 곧 마케팅 자체이며, 마케팅은 고객과의 관계를 구축하고 유지, 발전시키는 데 공헌해야만 한다는 것이다. 이에 비해, 협의의 개념으로 보는 견해는 CRM을 제품이나 서비스의 판매이후 고객유지를 위해 사용되는 여러 전술들 중 하나로 본다.

(2) CRM 마케팅과 CS경영전략

1) CRM의 특징

CRM은 고객생애(Customer lifetime)의 여러 단계에 걸쳐 고객관계를 구축하고 강화하여 고객의 수익성을 극대화하려는 목적을 기본적으로 추구한다. 그렇다면, CRM은 어떤 특징을 가지고 있을까?

첫째, CRM은 고객지향적이다. 고객에게 필요한 상품, 서비스는 물론 차별화된 보상 등 적절한 혜택을 제공하여 고객과의 관계관리에 기업의 초점을 맞추는 고객중심적(Customer-centric)인 경영방식이다.

둘째, CRM은 고객의 생애전체에 걸쳐 관계를 구축하고 강화시켜 장기적인 이윤을 추구한다. CRM은 일회적이거나 단기적인 이윤추구가 아니라 장기적으로 지속적인 이윤을 추구하는 동적인 경영방식이다.

셋째, CRM은 기본적으로 개별고객의 생애에 걸쳐 거래를 유지하거나 늘려 나가고자 한다. 그러므로 고객과 기업 사이의 상호적인 혜택과 신뢰를 바탕으로 하는 윈윈(win-win)의 결과를 위한 쌍방향의(Interactive)관계를 형성하고, 지속적으로 발전시켜야 한다.

넷째, CRM은 정보기술에 기반한 과학적인 제반환경의 효율적 활용을 요구한다. 고객관리를 위해 고객데이터를 분석하는 등 경영효율성을 측정함으로써 가시적인 경영개선에 역점을 둔다, 그래서 마케팅에 있어서도 비효율적인 매스마케팅(mass Marketing)보다는 차별적인 타겟마케팅(Target Marketing)을 추진하여, 여러 마케팅활동의 전반적인 효율을 통합적으로 제고해야 한다.

다섯째, CRM은 고객과의 직접적인 접촉을 통해 쌍방향 커뮤니케이션을 지속한다. 특히 멀티채널의 경우에도 통합적이고 일관성 있는 메시지와 커뮤니케이션을 구사함으로써 고객과의 관계를 강화시켜 나간다. 이러한 상호작용적 고객접촉을 활용하여 기업은 고객의 니즈를 자세히 파악할 수 있고 더욱 능동적으로 대처할 수 있다.

마지막으로 CRM은 단순히 마케팅만에 역점을 두는 것이 아니라 기업의 모든 내부 프로세스의 통합을 요구한다. 관계관리에 필요한 모든 부분, 즉 표준화된 업무프로세스, 조직의 역량이나 훈련, 기술적 하부구조, 영업요건을 충족할 수 있는 시스템의 기능, 영업전략, 영업정보(business intelligence) 등의 부분에서도 균형잡힌 향상을 꾀하는 경영방식이다.(CRM문제점과 개선방안연구, 이선영/김문정, 2010.vol.1.no1.,1호 pp33~41)

2) CRM 마케팅

기업과 고객과의 관계를 장기적으로 유지하고 발전시키면서 고객과의 반복적인 거래를 지속할 수 있는 방법을 CRM 마케팅이라고 한다. CRM 마케팅 이전에는 단순한 교환을 위한 거래마케팅(Transaction Marketing)이었다. 그러나 고객과 시장의 급변하는 환경에 적응하기 위해서는 일회성의 거래중심 마케팅보다는 상호관계를 친밀하게 유지하고 발전시킴으로써 반복적인 거래를 지속할 수 있는 CRM 마케팅이 기업의 생존전략이 되고 있다. 데이터를 통한 맞춤형 마케팅으로 판매비용을 절감할 수 있으면서 동시에 더 많은 성과를 기대할 수 있기 때문이다. 아마존의 마케팅전략은 CRM 그 자체라고 할 수 있다

만약 당신에게 450만 명의 고객이 있다면 상점도 450만 개를 갖고 있어야 한다. 방문하는 한 사람 한 사람을 위해 잘 꾸며진 상점말이다." 아마존의 경영자 제프 베조스 회장이 한 말이다. 아마존에서는 고객이 전에 산걸 모르고 같은 제목의 책을 다시 주문했을 경우, 고객에게 그 사실을 알려준다. 한 권의 책을 더 팔지 못하는 대신에 아마존에 대한 만족도를 높이고 고객과 장기적인 관계를 맺는 기회로 삼는 것이다. 따라서 아마존과 거래하는 고객은 중복구매의 부담을 전혀 가질 필요가 없다. 아마존이 대신 기억하고 있다가 바로 확인해주니까. 이것이 바로 맞춤형 마케팅인 CRM이다. 한 조사결과에서는 이러한 맞춤형 서비스를 제공함으로써 '기업매출이 42퍼센트까지 늘어날 수 있고, 판매비용은 35퍼센트까지 절감되며 고객만족도가 20퍼센트까지 향상될 수 있다'고 밝혔다.

빅 데이터 마케팅의 선도주자는 단연 아마존이다. 아마존은 빅 데이터를 클라우드 서비스, 자동상품추천, 재고관리, 예측배송, 아마존고 등 다양한 영역에 활용하고 있다. 아마존의 상품추천시스템은 고객의 과거 구매정보를 분석해 구매예상삼품을 추천하고 할인쿠폰을 제공하는 알고리즘을 갖고 있다. 이를 통해 매출이 35% 상승하는 놀라운 성과를 거뒀고, 다른 온라인 쇼핑몰들의 벤치마킹대상이 됐다.

그러나 그간 기업의 전통적인 고객관리방법은 제품 및 서비스가 거래를 중심으로 일회성 혹은

단기적인 판매가 대부분이었다. 다시 말하면, 과거의 기업은 제품과 판매중심의 관리였다. 시장에 공급되는 제품의 수요가 고객이 필요로 하는 수요보다 작은 경우에는 기업이 경쟁할 필요가 없으므로 어느 고객이 어떤 상품을 얼마나 구매했는지에 대한 정보를 관리하고 고객개인별로 관심을 가질 이유가 거의 없었던 것이다. 그러나 공급이 고객의 수요를 훨씬 초과하게 되면 경쟁이 더욱 치열해지게 된다. 경쟁이 치열해지고 있는 상황에서 경쟁력을 확보하기 위한 기업의 전략은 고객 인별로 관계를 지속시켜 한번 거래한 고객은 영원한 고객으로 확보하는 일이다.

CRM은 기업이 장기적으로 고객과의 관계를 유지하고 발전시킬 수 있도록 지원하므로 기업의 미래 경쟁력을 확보할 수 있는 강력한 수단이 되고 있다. 미국의 마케팅협회의 조사에 의하면 기존고객의 유지는 신규고객의 유지보다 판매생산성 면이나, 효율성 면에서 5배 정도의 비용이 덜 든다고 한다. 그래서 효율적인 판매활동을 하기 위해서는 철저한 기존 고객관리가 필수적이며 이것에 의해서 영업사원 판매량이 결정된다고 해도 과언이 아니다.(국가공인. CS리더스사 m.bolg.naver.com 발행)

 고객관계관리와 빅 데이터활용

(1) CRM 마케팅과 빅 데이터의 활용

1) CRM과 데이터베이스 마케팅(Database Marketing)

CRM은 정보기술에 기반한 과학적인 제반환경의 효율적 활용을 요구한다고 배운바 있다. 고객관리를 위해 고객데이터를 분석하는 등 경영효율성을 측정함으로써 가시적인 경영개선을 꾀한다. 그래서 마케팅에 있어서도 비효율적인 매스마케팅보다는 차별적인 타겟마케팅(Target Marketing)을 추진하여, 여러 마케팅활동의 전반적인 효율을 통합적으로 추구한다.

최근에 고객의 거래데이터를 포착하여 이를 저장한 고객정보파일을 이용한 데이터베이스 마케팅(Database Marketing)이 널리 확산되는 등 디지털기술의 급속한 발전으로 거래의 전산화가 보편화되기 시작했다. 이러한 데이터베이스는 특정고객에게 상승판매 또는 교차판매방법을 이용하여 판매를 늘리고 여러가지 마케팅활동의 효율을 제고하는 목적으로 실행되어 왔다. 이러한 가운데 CRM이 출현하게 되었고, 이 둘 사이에 많은 유사점들이 있다. 그러나 데이터베이스 마케팅이 곧 CRM은 아니다.

CRM 마케팅을 하기 위해서는 고객정보 데이터베이스가 새롭게 구축되어야 한다. 이러한 고객데이터의 원천으로는 CRM을 도입하기 이전에 기업이 고객과 과거거래시 확보하고 있던 기존의 거래데이터, 외부의 정보제공회사나 각종 채널로부터 얻어지는 외부데이터 그리고 기존채널에서 고객과의 상호작용을 통해 얻게되는 추가적인 보조데이터 등이 있다.

은행의 예를 들어 보면 기존고객에 대한 거래실적 등을 보유하고 있는 경우, 이 데이터가 내부데이터이며 각종 신용정보회사 등을 통해 확보한 데이터나 인구통계조사 데이터 등은 외부데이터에 해당할 수 있다. 이 세 가지 데이터의 원천으로부터 주입되는 데이터들이 서로 통합되고 연결되어 하나의 고객정보 DB로 새롭게 태어나게 된다. (소비자불만 선제적 대응. LG경제연구원)

2) CRM과 빅 데이터의 특성

최근 1년동안 전 세계에서 발생했던 정보량은 과거 인류의 모든 역사에 발생했던 정보량을 초과할 정도로 많다. 빅 데이터는 지금 이 순간에도 전세계에서 상상을 초월할 정도로 많이 만들어지고 있다. SNS데이터, 인터넷문자 및 문서, 통화기록, 전자상거래목록, 스마트폰 사용데이터 등이 모두 데이터에 해당된다.

특히 스마트폰의 경우에는 이동경로, 교통정보, 검색어, SNS 및 블로그 방문내역 등에 대한 무수히 많은 데이터들이 만들어지고 축적되고 있다. 데이터는 컴퓨터의 발전, 정보통신의 발전 등으로 등장한 새로운 자원이다. 자원을 제대로 활용하면 가치가 창출될 수 있지만 사용하지 않으면 그냥 쓰레기일 뿐이다.

빅 데이터는 말 그대로 수없이 많은 대용량의 데이터를 의미한다. 빅 데이터는 데이터양이 너무 크고 방대해서 기존의 통상적인 방법으로는 수집하고 분석할 수 없다. 빅 데이터는 아날로그와 디지털을 불문하고 계속 생성되고 있으며 데이터가 생성되는 주기는 매우 짧고, 숫자뿐만 아니라 문자, 사진, 영상을 포함하는 대규모의 데이터집합체이다. 빅 데이터는 종전에 발생하던 정형화된 데이터와는 그 양을 비교할 수 없을 정도로 다양하고 많기 때문에 이러한 데이터를 제대로 분석하게 되면 미래의 예측이 용이하게 될 것이다.

3) 구조화된 데이터(정형데이터)

4차 산업혁명시대의 글로벌경쟁에서 우위를 차지하기 위해서는 빅 데이터를 분석하고 활용함으로써 미래를 예측해야 할 것이다. 이러한 관점에서 빅 데이터의 특성을 살펴보면 개별적이고 디테일한 빅 데이터의 특징은 3V로 요약될 수 있으며, 3V는 데이터의 양(Volume), 데이터 생성

그림 3-4 정형. 비정형. 다양성 데이터

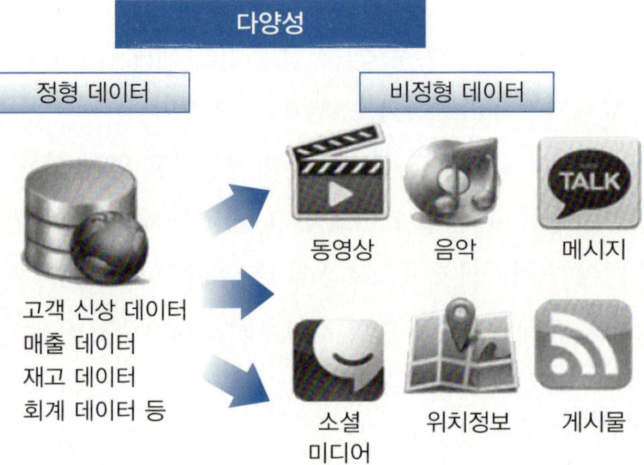

그림 3-5 빅 데이터의 특징

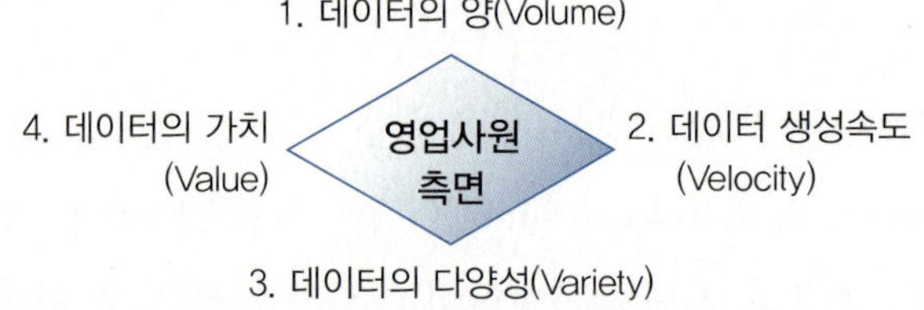

속도(Velocity), 데이터의 다양성(Variety)을 의미한다(그림 3-4 참조). 최근에는 3V에 데이터의 가치(Value)를 추가하여 4V라고 불리기도 한다. 다음 〈그림 3-5〉는 빅 데이터의 특징을 나타내고 있다.

4) 빅 데이터와 데이터 마이닝의 활용

빅 데이터 마케팅이란 빅 데이터를 통해 고객의 소비패턴, 선호도, 정보 등을 분석하여 구매가능성이 큰 고객에게 맞춤형 혜택을 제공하는 것을 말한다. 아마존같은 유통업체에서 시작해서 최근에는 금융, 의료, 통신 등 다양한 산업으로 확대되고 있다. SNS는 이미 빅 데이터를 활용한 온라인마케팅 플랫폼이다. 예를 들어 페이스북은 온라인에서 소비자의 활동내역을 분석해서 보여지는 게시물에 추천상품을 보여주고 있다.

소비자가 온라인 쇼핑몰에서 본 상품이 페이스북 게시물에 뜨는 경우가 있는데, 빅 데이터를 활용해 소비자의 활동내용을 분석한 결과다. 소비자가 한 번이라도 접한상품이나 콘텐츠를 한 번 더 보여줌으로써 구매로의 전환을 유도하는 온라인 쇼핑몰에 빅 데이터 마케팅을 적용해보면, '액세서리를 구매한 고객은 3개월내 구두를 구매할 확률이 높게 나타난다'라는 빅 데이터 분석결과를 통해 구두할인 쿠폰과 같은 맞춤형 혜택을 추천할 수 있다.

빅 데이터를 마케팅과 고객서비스에 활용한 사례는 우리주변에 많이 있다. 카카오뱅크와 같은 온라인은행은 지점하나없이도 빅 데이터를 바탕으로 한 맞춤형 마케팅으로 전통적인 은행을 잠식하고 있다. 넥플릭스(Netflix)는 빅 데이터를 분석해서 고객맞춤형 영화를 추천해 기존의 영화시장을 장악하고 있다. 소비자 빅 데이터를 분석하면 소비자에 대한 인사이트를 갖추고 소비자경험을 개선하여 고객만족도를 높임으로써 최적의 충성고객을 확보할 수 있음을 입증한 사례다.

우리는 하루에도 몇번씩 인터넷속을 거닌다. 길을 걸으면 발자국이 남듯 인터넷을 거닌 경로가 데이터로 남는다. 이러한 데이터가 너무 쌓이고 커져서 '빅'데이터가 된것은 최근이다. 그 배경엔 인터넷발달과 늘어난 각종 센서활용이 있다.

이제 데이터는 엄청난 양(volume), 다양한 형태(variety), 빠른 생성속도(velocity)가 특징이다. 이 빅 데이터의 영역에 금융산업이 관심을 갖기 시작했다. 두 가지 이유 때문이다. 첫째는 데이터 유입 및 집적량이 광대하다는 점이고, 둘째는 데이터 활용범위가 다양하며 활용가치도 높기 때문이다. 그러다 보니 금융은 물론 기업에서 정부까지 '빅 데이터를 어떻게 활용할 것인가'라는 고민에 빠졌다. 이 빅 데이터의 홍수속에서 적절한 해답을 찾아내는 작업이 데이터 마이닝(Data Mining)이다.

(2) 데이터 마이닝(Data Mining)

빅 데이터의 홍수속에서 해답을 찾아내는 데이터 마이닝은 크게 두 가지 목적을 위해 활용한다

1) 특정변수나 사건을 예측하는 것이다

많은 기업들은 데이터 마이닝을 이용하여 수백만명 고객들 중에서 기업의 마케팅활동에 반응을 보일 확률이 높은 고객들을 예측, 선별하여 우편, 전화 또는 이메일을 통해 마케팅 캠페인을 전개하고 있다. 무차별적인 전화나 메일은 반응율이 매우 낮고 비용이 많이 들지만 데이터 마이닝을 통해 반응확률이 높은 고객들을 예측하여 선별하게 되면 반응율이 높을 뿐 아니라 총비용도 훨씬 적게들어 마케팅비용의 효율성을 높일 수 있다.

2) 비즈니스 규칙을 발견하기 위해

여러 가지 변수들 사이에서 존재하는 패턴이나 관계를 찾아내는 것이다.

예를 들어 어느 편의점은 고객들이 맥주와 기저귀를 동시에 구매하는 구매패턴을 데이터 마이닝 결과로 발견했다. 그후 편의점은 이 정보를 이용해 맥주와 기저귀를 같은 진열대에 놓았고 그뒤, 뚜렷하게 매출이 증가했다고 한다. 이렇게 고객들의 실제거래에 대한 데이터를 통해 유용한 정보를 유도하고 이를 이용하여 기업의 경영성과를 높이기 위해서는 데이터 마이닝이 중요한 역할을 한다. 그러므로 CRM 마케팅을 도입하고 유용한 고객정보를 비즈니스에 활용하여 기업의 경쟁력을 강화시키려면 이러한 데이터 마이닝을 수행할 수 있는 역량을 갖추어야 한다.

CRM(Customer Relationship Management)은 과거의 고객행동을 분석한 후 고객의 구매활동을 예측해 내는 시스템이다. CRM은 고객의 구매행동을 예측하기 위해서 고객의 거래활동인 제품, 주문, 수량, 금액, 구입시점, 고객이름, 성별, 나이, 직업, 소득, 거주환경, 취미 등의 정형화된 데이터를 수집하고 분석하는 것으로 시작한다.

3) 정형, 비정형분석 적용가능

빅 데이터는 그간 CRM과는 별도로 발전해 왔다. 빅 데이터는 모든 산업분야에 적용되는 기술로서 인공지능분야와 함께 4차 산업혁명의 중추적인 역할을 할 수 있는 기술이다. 빅 데이터를 정형화된 데이터뿐만 아니라 비정형화된 데이터인 문자, 소리, 사진, 영상, 동영상 등의 수 많은 데이터들까지도 분석이 가능해졌다. 그런데 빅 데이터는 CRM에서 분석할 수 없었던 데이터인 하위 80%의 고객을 분석하는 것을 시작으로 한다. 과거 CRM에서는 고객전체를 대상으로 분석하기 어려우므로 20:80법칙이라고 불리는 파레토법칙을 적용하여 상위의 20&에 해당되는 충성고객과 고정고객을 집중적으로 분석하고 이들의 미래 구매활동을 예측하는 것이 대부분이었다.

그러나 이제 20:80의 법칙인 파테토법칙(Pareto rule)에 대응하여 빅 데이터는 80:20의 법칙인 롱테일의 법칙(Long Tail theory)을 적용하게 된다. 예를 들면 전문서적의 경우에는 평소에는 자주 구입하지는 않지만 간혹 구입하는 고객은 CRM에서는 하위고객으로 분석대상에서 제외되어왔다. 그러나 빅 데이터는 아주 오래전에 단 한번 구입했던 고객의 특별한 전문서적까지도 찾아내고 분석해서 다음에 출간될 전문서적의 구입가능성을 예측할 수 있다. 기존의 CRM으로는 어려운 예측이었다. (빅 데이터 마케팅, 네이버 블록)

(3) CRM의 전략적 활용

1) 고객관계와 업무영역

CRM을 어떻게 활용할 것인가는 두 가지 차원에서 생각할 수 있다. 하나는 고객과의 관계에 따른것이고 다른 하나는 업무영역에 관한 것이다. 먼저, 고객과의 관계에 따른 CRM의 전략적 활용은 네 가지 유형으로 나누어 볼 수 있다.

첫째, 잠재고객을 발굴하는 것인데, 기존 고객데이터를 중심으로 우리기업에 수익을 가져다 줄 수 있고 바람직한 관계를 지속할 수 있는 적절한 고객의 유형을 찾아내어, 그들과 관계를 맺기위해 다양한 채널을 통해서 접근하는 것이다.

둘째, 고객의 충성도를 높이는 것인데, 지속적인 고객만족 프로그램과 다양한 커뮤니케이션 활동 및 로열티 프로그램 등을 통해 고객의 관여와 충성도를 높이고 장기적인 관계를 강화하는 것이다.

셋째, 교차판매와 상승판매(up-selling)를 통한 수익성의 증대인데, 고객의 거래데이터 분석을 통해 고객구매패턴을 발견하고 적절한 구매시점을 파악하여 고객에게 상품과 서비스를 제안함으로써 수익성을 증대시키는 것이다.

넷째, 고객의 이탈을 방지하고 이탈한 고객을 재탈환하는 것인데, 다양한 고객정보를 기반으로 고객의 평가 및 이탈시점을 예측하여 이탈이 예상되는 고객에게 이탈방지 마케팅을 시도하거나 이탈한 고객을 다시 되돌아오게 함으로써 고객이탈로 인한 비용의 손실을 줄일 수 있다.(제조업체의 CRM 성과 방안, 홍익대 조준희 2002.2)

2) 마케팅 ; 영업, 고객서비스

다음으로 업무영역에 관한 CRM의 전략적 활용은 마케팅, 영업, 고객서비스의 세 가지로 구분해 볼 수 있다. 마케팅에서는 고객의 가치분석 및 평가를 통해 고객세분화를 꾀하고 타겟마케팅 및 일대일 마케팅을 실천하는 것이다. 영업측면에서는 고객접점에서 제품 및 서비스에 관한 다양한 정보를 제공할 수 있도록 하거나 과거고객의 구매패턴 및 정보분석에 기초하여 적절한 상승판매 및 교차판매를 유도할 수 있다. 아마존닷컴은 유아용 세발자전거를 구매한 고객 대부분이 세발자전거 안장벨트를 함께 산다는 사실도 알아냈다. 이를 토대로 세발자전거를 구매하고도 안장벨트를 사지않은 고객에게 할인쿠폰을 발급했다. 결과는 대성공이었다. 과거 데이터분석은 고객성

향을 분류해 파악하는 수준이었다면 빅 데이터 시대에는 쿠폰발송과 같은 의사결정까지 연결되는 것이다.

또한, 고객서비스에 있어서는 고객의 구매정보를 비롯한 각종 고객접촉정보를 통한 고객불만처리 및 고객의 목소리(VOC ; Voice Of Customer)를 청취함으로써 일대일 커뮤니케이션을 실천할 수 있다. 이러한 전략적 활용들은 모두 고객의 데이터에 기반을 두고 있으며 고객데이터를 수집할 수 있는 기술적 기반 및 시스템상의 지원을 갖추어야 한다. 또한 업무 프로세스에 있어서도 이들 세 영역은 고객접점을 중심으로 통합되어 중복된 업무를 제거하고, 서로 유기적인 협조하에 고객관계증진이라는 하나의 목표를 가지고 일관된 업무를 수행할 수 있어야 할 것이다. (CRM 구현의 중요성공요인 연구, 중앙대 신일균 2002.8)

4. 마케팅의 데이터활용을 기업사례

(1) 빅 데이터를 마케팅에 활용사례

사용하고 있는 구체적 사례로 닛셍의 토리수상 조를 보자. 카탈로그 통신판매 닛셍은 이전부터 확고하다 고객 데이터분석에 정성을 다해 고객에 맞추는 마케팅시책을 실시했다. 비록 이를 테면 성별, 연령, 라이프 스타일 등 10가지 넘는 카탈로그를 조합 연간 약 2억권을 고객에게 보내고 있다. 그것도 두 다세대주택에는 본인앞만 아니라 시니어 카탈로그를 준비하거나 또 육아중의 여성의 경우에는 어린이용 카탈로그도 함께 보낸다는 생각을 하고 있다.

카탈로그만 아니라 이 회사가 특히 힘을 기우리고 있는 것이 e커머스(전자상거래)에서 2010년에는 온라인매출이 전체의 절반을 넘어 특히 모바일 대비률은 3할을 차지하게 되어 있다. 그 때문에 전술의 카탈로그의 대처와 마찬가지으로 고객의 속성에 맞추어 웹사이트의 (마이페이지) 상품의 소개페이지 메뉴를 변경하는 생각을 해왔다. 최근 고객요구나 구매기회의 다양화에 대응하는 가운데 경쟁력과 고객 만족도와 함께 높께 알리기 위해서는 추가고객이해가 필요한 것이다. 그래서 닛셍은 사내에 엄청나게 축적된 고객정보뿐 아니라, 사외의 데빈-정보에서도 새로운 고객정보를 취득할 수 있었다. 더 나아가 가설을 세우고 빅 데이터 활용하는 일에 착수했다.

구체적으로는 "Facebook(후에이스붓아)"이나 Twitter등의 소셜 ID에 의한 온라인통판사이트에 로그인할 수 있었다. 로그인시에 개인의 프로필이나 글내용 등에 접속할 수 있는 허가를 받고 그

대신 고객맞춤정보를 표시가능하게 함으로써 고객서비스의 이용편성향상을 도모했다. 게다가 소셜ID와 닛셍의 회원ID를 연결함으로써 사회미디어 상의 정보와 지금까지 사내구매이력을 관련 짓는 데이터분석을 가능하게 되었다.

이러한 데이터를 텍스트마이닝 분석한 결과, 예를 들어 그 동안의 고객등록정보나 구매이력에 관해 잘알 수가 어려웠다. 단 이벤트정보로 결혼, 출산, 취미, 기호 애완동물, 여행, 스포츠, 맛있는 음식 등의 정보까지 파악이 가능하였다.

실제로 애완동물 주인여자의 세그먼트를 추출하고 애완동물 관련 상품을 추천한다는 결과 유효성이 나타났다. 또 "인쯔월죽"라는 발언한 고객에 인테리어관련 상품을 추천하는 등 새로운 마케팅이 가능했다. 기존의 사내데이터에서는 이러한 고객정보활용은 어렵움이 있었지만 여러 데이터을, 고빈도 형질(Velocity)으로 취득하고 관련화·통합한 대용량 데이터를 구축하면서 새로운 것들이 가능하게 된 좋은 사례라고 할 수 있다. (경영혁신과 조직개발-YES-24 m.yes.24.com)

경영 성공포인트 ❻

1. 독선을 버려라

시야가 좁을 수록 자신의 생각이 오른 것으로 주장이 강하다. 지휘급의 독선과 아집은 그 조직의 수준으로 미래를 위하여 간부들의 자질개선이 요구된다. 타인의 말에 귀를 기울여라.

과도한 자신감에 사로잡혀 독선하지 말라, 사람은 누구나 편견이나 선입견에서 자유로울 수 없다. 다양한 의견들을 개진할 수 있게 기회를 주어라, 창의적인 공통분모를 찾아라.

잘못된 주장을 알면서도 최면과 지위 때문에 끝까지 고집하는 것은 조직을 망치는 길이다.

2. 사소한 성공에 오만하거나 거만하지 말라

그릇이 차면 넘치는 법. 자기소양과 능력에 따라 자기의 그릇크기는 조정된다. 사람이 자만하면 나태해져 더 성장할 수 없다. 벼는 익을수록 머리를 숙인다고 했다. 일이 잘풀리거나 순조로울 때일수록 겸손하며 보답의 자세로 마음을 갖추고 있으면 더 많은 돈이 들어온다. 돈이란 사람의 인격을 바꾸는 매력체이다. 돈이 고개숙여 들어올 때 돈과 같이 고개를 숙여라.

참·고·문·헌

- 여은정(2008), 우리나라 기업경영권 보호제도현황과 시사점, 한국금융연구원
- 우리나라 기업지배구조의 새로운 패러다임모색, 한국경제연구원.1999 이병기외 6명.
- 우리나라 기업의 지배구조가 기업성과에 미치는 영향에 관한 연구, 한남대학교. 2006. 윤평구외1명
- 우리나라 기업사회공헌활동 현황과 발전방향에 관한 연구, 한양대학교.2008.한지혜
- 한국경제백년사, 경제평론사, 1982)
- 한국자본주의 성립사론, 조기준, 대왕사, 1982
- 한국기업가사, 조기준, 박영사, 1974)
- 중소기업 범위해설 - 경영혁신형 중소기업
- 알기쉽게 풀어쓴 중소기업 범위해설 중소기업청
- 기업가지향성이 경영성과에 미치는 영향 ; 혁신컨설팅 활동매개효과를 중심으로. 한성대학교 지식서비스& 컨설팅대학원 송현신 2016
- 중소기업 범위해설 - 찾기쉬운 생활법령정보
- 소상공인 창업실패에 따른 효율적 개선방향에 관한 실증적 연구. 호서대학교 벤처전문대학원 지용하 2007
- 우리나라 벤처기업과 강소기업의 특성 재무성과의 비교 연구. 서울과학기술대학교 김종래 2011. 2
- 중국 강소기업의 생존전략의 연구, 전북대학교 무역학과 대도 2015.2
- SWOT환경분석을 통한 경영활성화 방한 연구, 강릉대 경영학과 최계원 2006. 2.
- 경영학 원론 GE 경영혁신과 잭웰치 biog.naver.com. Naver 발행
- 한국형 강소기업 핵심역량이 기업성과에 및이는 영향에 관한 연구, 2015. vo1.5. no.1. 동권9호 pp97-121 김수진.김영길. 이선영
- 뉴패러다임의 勞使關係論.(노사공동체가 서로 협력할 때) 金聖壽 著 三英社 發行
- 성공적인 커리어를 위한 인간관계의 이해와 실천. 최애경, 청람발행
- 세계 초우량기업들의 리더십개발과 조직혁신 루이스카터. 데이비트 울리히. 마셜 골드스미스. 편저. 박래호. 이관영 공역.
- 경영혁신과 조직개발(현대기업의 전략적 변신관리. 이학종 法文社 발행
- 디지로그시대의 인적자원관리. 박성수. 김공수. 황호영. 이경근 공저. 博英社 發行
- 사람과 조직을 활성화시키는 新人事管理. 萩原勝 著 KMA研究開發本部 編譯
- 成長期から成熟期に移行しつつある. 資本市場クオ-タリ-2008 岩谷 賢伸. 吉川 浩史
- 成熟企業の經營戰略 KOBE university Create Date;2017 08-30 加護野忠男 제159卷 第3號 85-90
- 特輯 醫療機器ビジネスによる事業成長を留想に終わらせないために 松尾未亞 著 知的財産創造/ 2014年7月號 pp 18-23

- 國內市場の 成熟化と市場開拓戰略 高田正彦. 馬瑞. 有吉降成 著 經濟論究 第143號 pp.29-33
- CRM이 고객의 행동의도에 및이는 영향, 이학식·임지훈 저. 2003. 10
- 기업의 관계적 노력이 고객관계에 미치는 영향에 관한 연구, 호서대 정낙철 2006.2
- 상품 이벤트를 이용한CRM 비즈니스 전략에 관한 연구, 숭실대 이미라 2003. 2
- CRM 성과에 영향을 미치는 요인에 관한 실증적 연구, 원광대 정문수 2006. 8
- CRM 구현의 중요 성공요인에 관한 연구 서비스사례중심으로, 중앙대 산업경영, 신일균 2002. 8

02 독일과 일본 강소기업 실태

제4장

독일 강소기업 히든챔피언

제1절 시장을 선도하는 히든챔피언

1. 시장선도에 심혈을 다해

(1) 시장지배권은 시장점유율로 통해

시장지배권은 통상적으로 시장점유율을 통해서 결정되며, 대개는 시장점유율이 가장 높은 업체가 시장지배기업으로 받아들여진다. 그러나 시장지배권을 이런 식으로 바라보는 것은 지나치게 협소한 시각이라고 생각한다. 대부분의 히든챔피언 수장들도 같은 생각을 하고 있다. 시장을 선도하라는 요구는 방향성 제시, 기준설정, 벤치마킹, 대상되기, 고객보다 한발먼저 움직이기 등의 면을 모두 포괄하는 것이다.

선도(先導)라는 개념은 오늘날까지도 학계에서 제대로 이해되지 못하고 있는 개념들 중 하나다. 이런 사실은 시장선도에도 그대로 적용될 수 있다. 만약 선도라는 개념을 한 그룹전체를 성공으로 이끌어 가기위한 노력으로 이해한다면 히든챔피언들과 고객, 납품업자들 모두가 전적으로 한 배를 타고있는 셈이다. 그럼에도 불구하고 포터가 제시한 '다섯 가지 세력(Five Forces)'의 맥락에서 이들 사이에는 업계내 가치창출지분을 둘러싼 다툼이 벌어진다.

선도는 경쟁업체들 사이에서도 중요하다. 경쟁업체들이 한 기업을 모델로 삼아 그 기업을 그대로 따를 때, 우리는 이것을 시장선도라고 한다. 그 중에서도 알려진 것이 가격선도인데 한 경쟁업체가 먼저 제품가격을 조정하면 다른 업체들이 그 뒤를 쫓는것을 말한다. 이런 식의 선도자-추종자 구도는 단지 가격변동뿐만 아니라 혁신, 투자 혹은 마케팅방법에도 마찬가지로 적용할 수 있다. 사람들을 이끌때와 유사하게 이런 모든 측면과 관계에는 권력이라는 주제가 개입된다. 시장지배권은 흔히 시장지배력과 결부되어 있다.

(2) 시장선도란 무엇인가

히든챔피언들은 시장지배권이라는 개념에 대해서 광범위하고도 세분화된 견해를 가지고 있다.

분명히 그들도 시장을 선도하는 것이 무엇을 의미하는지 그리고 그들자신의 위치가 어디쯤인지에 대해 깊이 생각해 보았을 것이다. 한 연구에서 기업가들에게 당신의 기업을 시장선도 기업으로 보십니까? 그렇다면 그렇게 생각하는 이유는 무엇입니까?"라는 질문을 던졌다. 놀랍게도 76퍼센트의 기업가들이 자기회사의 매출액이 가장 높기 때문에 자신의 회사가 시장선도 기업이라고 답변했고 자기회사 제품의 판매량이 가장 많기 때문에 그렇게 생각한다고 답했다.

한 기업이 두 가지 범주에서 모두 선도적인 위치를 점할 수 있기 때문이다. 그러나 수량측면의 점유율보다 가치측면의 점유율을 더 중요하게 생각하는 히든챔피언들이 훨씬 더 많다는 사실은 시장지배권과 관련하여 가치지향적인 시각이 더 우세하다는 사실을 보여준다. 이는 수량에 근거해 시장점유율과 시장지배권을 정의하는 일반적인 관행에 어긋나는 일이다. 그런데 경우에 따라서는 이 두 관점의 차이가 극단적으로 벌어질 수도 있다. 예컨대 스위스에서 제작된 시계는 전세계에서 판매되는 시계의 2퍼센트도 채 되지 않지만 스위스시계의 세계적인 가치점유율은 50퍼센트가 넘는다.

히든챔피언들이 생각하는 시장지배권은 순수하게 시장점유율만을 고려한 것이 아니다. 히든챔피언들이 시장지배권을 정의하는데 근거가 되는 특징들을 보여준다. 히든챔피언들이 결코 시장점유율만을 근거로 하여 시장지배권을 정의하는 것이 아니라, 그 배후에 숨겨진 내용이나 원인을 함께 고려한다는 사실을 분명하게 보여준다. 그들은 무엇보다도 스스로 기술선도기업이자 품질선도기업으로 생각한다.

매출액과 제품판매수량은 고작해야 시장지배권을 정의하기 위한 하위기준에 머물러 있다. 프라운호퍼연구소(Fraunhofer-Institut)에서 실시한 한 연구는 시장지배권에 대한 이 같은 견해를 입증해 준다. 이 연구에서도 혁신/기술, 품질같은 유사한 특징들이 가장 상위에 자리잡고 있다. 또한 인지도, 명망, 전통같은 특징들 역시 상위에 위치하고 있는데, 이것은 시장지배권이 장기간 지속된 우월함에 기반을 두고있음을 의미한다.

이런 맥락에서 히든챔피언들이 평균 22년 전부터 시장을 선도하는 위치에 올라있었다는 사실은 시사하는 바가 크다. 22년은 아주 긴 시간이다. 이 대목에서 히든챔피언 사장들의 평균재직기간도 생각하지 않을 수 없는데 이 기간도 20년에 이른다. 흥미로운 우연의 일치가 아닐 수 없다.

(3) 시장선도 기업이라는 목표

시장지배권이 단순히 최대 시장점유율 이상의 것을 의미한다면, 그리고 좁은의미에서 선도와 관련되어 있다면 중요한 것은 시장선도권이라는 목표를 설정하고 이를 대내외에 효과적으로 전달하는 일이다. 언젠가 누군가와 대화를 나누던 중에 심리적 시장지배권'이라는 말을 들은 적이 있다. 순수 실리콘을 소재로 웨이퍼(Wafer)를 생산하는 실트로닉(Siltronic)은 이렇게 단언한다. 우리회사는 고객의 기대를 예견함으로써 시장을 이끌어 나간다.

또한 센서기술부문 세계시장 선도기업 가운데 하나인 지크(Sick)는 이렇게 말한다. 지배권이란 타인의 기준이 된다는 것을 의미한다. 우리는 세계시장에 통용되는 기준을 설정한다. 향수와 방향제부문에서 세계 1인자 자리를 고수하는 지보단은 비전선언문에서 시장선도권에 대한 요구를 다음과 같이 표현한 바 있다. 우리는 최첨단지식과 경험으로 업계를 이끌어가고 있다. 또한 실내용 게임제작 부문에서 유럽시장을 선도하는 루도팩트의 공동경영자 호르스트발츠(Horst walz)는 이렇게 말한다. 규모가 큰 업계의 들러리가 되느니 차라리 틈새시장에서 시장을 지배하는 기업이 되는 편이 너 낫다. 그 곳에서는 시장의 움직임을 결정하는 데 직접 참여할 수가 있기 때문이다.

많은 히든챔피언들이 바로 자신들이 업계기준을 설정한다고 말한다. 산업용체인부문 세계시장 선도기업인 RUD(리거&디에츠)는 다음과 같이 단언한다. 우리회사는 새로운 기술적인 기준을 설정해 나가고 있다. 진공기술과 엔진기술 등의 부문에서 시장을 선도하고 있는 하이테크 산업그룹인 스위스의 월리콘주식회사Oerlikon AG는 이렇게 논평한다. 우리는 혁신 및 기술과 관련된 척도를 제시한다.

우리회사는 본질안전과 폭발방지에 관한한 이론의 여지가 없는 시장선도 기업이다. 우리는 60년 전부터 공장자동화 부문에서 품질과 혁신의 기준을 전 세계에 제시하고 있다. 각종 센서 및 연결부품과 관련하여 우리회사보다 더 넓은 선택의 폭을 제공하는 산업자동화 회사는 그 어디에도 없다. 음료용기와 음식물 용기를 운반할 때 사용되는 레이어패드(layer-pad) 생산부문 유럽시장 선도기업인 카르톤 플라스트(Cartonplast)는 이렇게 말한다.

최고수준의 운송포장 어떻게 이렇게 자신있게 말할 수 있느냐고요? 바로 열성적인 직원들과 시스템 그리고 제품이 연결된 믿음직한 우리의 풀시스템덕분이지요. 한번 사용한 레이어패드는 재사용이 가능하며, 환경친화적인 방법으로 100퍼센트 재활용이 가능하다. 물류단계의 모든 부분을 위생적이고 안전하게 처리함으로써 우리회사는 업계표준이 되고 있다.

가스 스프링(Gas Spring) 세계시장 선도기업인 슈타빌루스는 제품에 적용되는 기술부호를 새롭게 바꾸었다. 그러자 채 반년이 지나지 않아 전 세계에 있는 모든 경쟁업체들이 새로운 부호체계로 전환했다. 우리는 다수의 경쟁업체들이 우리회사는 ㅇㅇ회사만큼 뛰어납니다"라는 말을 세일즈 포인트로 사용하는 것을 자주 듣는다. 경우에 따라서는 "그러나 가격은 저희가 조금 더 저렴합

그림 4-1 **기업성장의 방향성 모형**

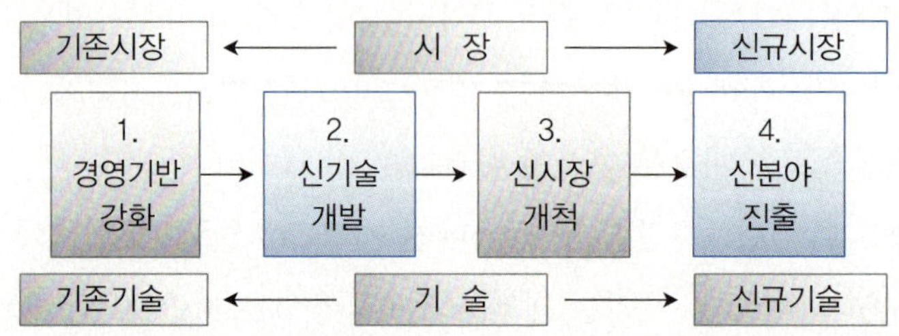

니다"라는 말이 따라붙기도 한다. 만약 경쟁업체들이 이런 식으로 비교를 하고 나선다면 이는 비교대상이 되는 그 회사가 시장을 이끌고 있다는 명백한 증거라고 할 수 있다. 많은 히든챔피언들이 이처럼 광범위한 의미에서 시장을 이끌고 있다. 그것도 전 세계시장을 말이다.

많은 히든챔피언들에게 시장지배권은 단지 하나의 목표일뿐 아니라 정체성을 구성하는 요소이기도 하다. 언젠가 어떤 히든챔피언 수장이 내게 이런 말을 한 적이 있다. "우리기업의 정체성은 세계시장에서 우리가 점하고 있는 선도적인 위치를 통해서 규정된다." 예컨대 RUD는 '기존시장에서 명백하게 선도적인 위치를 점유'하는 것을 목표로 삼고 있다. 해부학 교육기자재 부문에서 세계시장을 이끌고 있는 3B 사이언티픽(3B Scientific)은 이렇게 단언한다. "우리는 세계 1인자가 되어 그 자리를 고수하고자 한다.

1) 기업성장의 방향

기업을 성장시킴에 있어 신구(新舊)를 평가한 후 공이 효과성을 찾아서 실익을 도모하여야 한다. 새로움이 너무 앞서 나가도 고객과의 밸런스가 맞지 않아 소비를 확대하기 어렵고 재래상품이라해서 관심도가 떨어지면 시장에서 경쟁력이 떨어지게 된다. 기업의 성장의 방향성은 기존상품과 신상품의 균형성이 유지되었을 때 흐르는 물과 같이 아름다움을 보여주며 소리없이 목적지를 향하여 달려갈 것이다.

(4) 세계 1인자가 되어 고수하고자 한다

이것은 실리콘가공분야 세계시장 선도기업인 바커(Wacker)가 내세우는 기본원칙이다. 마취장치 및 인공호흡기 부문 세계시장 선도기업인 드레거(Drager)도 유사한 포부를 지니고 있다. 최정상에서 우리는 계속 선두자리를 지키고자 한다. 우리는 언제나 최정상에 오르기 위해 노력했고,

또 그 자리를 차지하였다. 이는 기술지배권 뿐만 아니라 시장지배권에도 해당되는 사실이다.

산업용 레이저 장비부문 세계시장 선도기업인 트룸프는 우리가 활동하는 모든 분야에서 기술적·조직적으로 세계를 이끄는 기업이 되기위해 계획을 세워놓고 있다"라고 말했고, 생두가공부문에서 세계시장을 이끌고 있는 노이만은 자기회사의 사명을 이야기하면서 다음과 같이 밝혔다. 우리는 세계 최고의 생두 서비스그룹으로 자리매김하고자 한다.

산업자동화 부문 세계시장 선도기업 피닉스 콘택트의 포부도 이와 유사하게 야심차다. 피닉스 콘택트는 모든 사업분야에서 세계적으로 중요한 위치를 점하고 있으며, 기술적인 측면에서 선도적인 위치에 도달하였다. 케메탈(Chemetall)은 이렇게 말한다. 우리기업의 목표는 수익성이 뛰어난 특수화학 틈새시장에서 전 세계적인 기술선도 기업이자 시장지배 기업이 되는 것이다.

케메탈은 세슘, 리튬을 비롯한 다양한 특수화학물질 및 특수금속부문 세계 1위 기업이다. 콜라겐 단백질(젤라틴)부문 세계시징 신도기업인 젤리타(Gelita)는 기업비전을 설명하면서 다음과 같이 밝혔다. "우리회사는 앞으로도 계속해서 세계 최고기업으로 남을 것이다." 많은 기업이 그들의 세계시장 지배권을 광고메시지로 활용한다.

예컨대 쇼핑카트부문 세계 1인자인 반출은 이렇게 말한다. 세계시장 선도기업이 안전을 보장한다. 실제로 최대 '일등' 혹은 최고라는 주장은 예로부터 효과적인 광고메시지로 받아들여지고 있다. 선도적인 시장입지를 유지하고 방어하려는 목표와 관련해서도 히든챔피언들은 한치의 불확실성이나 의심도 허용하지 않는다. 예컨대 방적기부문에서 세계시장을 이끌고 있는 한 기업의 사장은 다음과 같이 분명하게 말했다.

(5) 세계시장 점유율 1위 확고한 신념의 행동

우리는 세계시장 점유율이 75퍼센트 이하로 떨어지는 것을 그냥 보고만 있지는 않을 것이다. 매출액이 가장 근접한 경쟁업체의 매출액과 동일한 수준으로 유지시켜야 한다는 것은 우리회사가 언제나 지켜온 원칙들 가운데 하나였다. 스위스 초콜릿 제조업체인 린트&슈프륑글리(Lindt&Sprüingli)의 회장 에스트 탄너(Ernst Tanner)는 다음과 같이 선언했다.

우리는 모든 시장에서 세계 최고의 품질을 자랑하는 초콜릿 제조업체로서 확고하게 그 위상을 정립하였다. 린트&슈프륑글리는 1995년 9억 7,300만 스위스 프랑이었던 매출액을 2010년 26억 스위스 프랑으로 끌어올렸다. 우리는 다른 수많은 히든챔피언들에게서도 이와 유사한 목소리들이다. 그러니까 목표달성과 시장지배권을 향한 열망을 표현하는 발언들을 들을 수 있다. 피터 드러커(Peter Drucker)는 그런 목표를 설정하는 이유에 대해 이렇게 설명한다.

모든 기업은 단순하고 명확하며 조직을 한데 묶어줄 수 있는 목표를 필요로 한다. 이런 목표들은 반드시 쉽게 이해할 수 있어야 하며 동시에 사람들의 도전욕구를 불러일으킬 만한 것이어야 한다. 그래야 공동의 비전을 확립할 수 있다. 요즘 흔히들 '기업문화'라는 말을 입에 올리곤 하는데, 이것은 실제로 기업전체를 관통하는 약속, 공동의 목표와 가치에 대한 헌신을 의미한다. 이런 목표들을 생각해내고 공표하고 솔선수범하여 실천에 옮기는 것, 바로 그것이 기업경영인들이 해야 할 일이다.

동일한 목표를 향해 같은 방향으로 달려 나가도록 만든다는 점외에 목표와 비전이 발휘하는 가장 중요한 효과는 바로 동기의식을 고취시키고 에너지를 발산시킨다는 데 있다. 직원들이 비전에 공감하면서 그것을 함께 짊어지고 나갈 때, 비전은 일종의 규범적인 힘(Normative Force)을 발휘한다. 비전은 직원들에게 의미와 목표를 부여한다. 이렇게 되면 회사를 함께 끌고 나가는 강력한 흡입력같은 것이 생성된다. 앙투안 드 생텍쥐페리(Antoine de Saint-Exupéry)는 이를 다음과 같이 구체적으로 표현했다.

배를 만들고자 할 때 먼저 할 일은 장정들을 한데 불러모아 목재를 마련하게 하고 지시를 하달하고 일거리를 나누어주는 것이 아니라, 그들의 마음속에 끝없이 펼쳐진 바다를 향한 동경을 심어주는 일이다. 직원들은 비전을 원한다. 훌륭한 비전은 현실감각과 함께 유토피아가 섬세하게 조화를 이룬데서 비롯된다. 직원들조차 신뢰할 수 없을 만큼 이상주의적인 비전은 금물이다. 그러나 다른 한편으로는 직원들의 도전욕구를 자극하고 에너지를 발현시킬 수 있을 만큼 이상주의적이어야 한다. 비전은 어디까지나 실현가능한 것이니까 말이다.

2. 시장지배권의 목표와 비전

(1) 시장지배권 획득

위에서 설명한 시장지배권 획득이라는 목표와 비전은 직원들을 격려하고, 그들의 동기의식을 고취하고 기운을 북돋우는 측면에서 매우 큰 효과를 발휘한다. 심지어는 앞장에서 다루었던 성장에 대한 목표보다도 더 큰 효과를 발휘하기도 한다. 직원들은 최고기업, 일등기업, 가장 친절한 기업 혹은 가장 빠른 기업이 되겠다는 비전에 기꺼이 공감한다. 어중간한 위치에 머무르기를 원하는 사람은 아무도 없다. 경쟁업체를 추월하겠다거나 따라잡겠다는 목표는 효과적인 경영수단이 된다.

펩시콜라는 오랜세월 동안 코카콜라를 무찌르겠다는 야심에 사로잡혀 있었다. 그리고 에이비스(AVIS)는 시장지배 기업인 헤르츠(Hertz)를 물리치는 것을 목표로 설정하고 "우리는 더 열심히 합니다(We try harder)"를 기업모토로 삼았다. 막강한 라이벌인 메르세데스-벤츠(Mercedes-Benz)를 따라 잡으려는 도전은 수십년 동안 BMW와 아우디의 양 어깨에 날개를 달아주었다. 특히 스포츠부문을 보면 경쟁지향적인 강력한 목표가 얼마나 자극적이고 고무적인 역할을 하는지 분명하게 알 수 있다. 분데스리가에서는 매출액이나 관중 수같은 절대적인 목표보다도 경쟁팀보다 뛰어난 성적, 높은 순위가 무엇보다도 중요시 된다.

그렇다면 시장지배권과 같은 비전을 질적으로 혹은 양적으로 표현하는 것은 어떨까? 일반적으로 목표와 비전은 평범해서는 안 된다. 지나치게 평범한 것은 무의미하다. 평가체계, 더 뛰어난 성적, 기술선도권 등의 표현이 문제가 되는 경우에는 명백하게 질적인 표현을 사용하는 것이 더 바람직하다. 그러나 시장점유율이나 구체적인 경쟁우위와 관련된 목표의 경우에는 양적인 정확성에 주목해야 할 것이다.

그러지 않으면 구속력이 사라져버릴 위험이 있기 때문이다. 예컨대 "우리는 시장점유율을 높일 생각입니다"라는 말은 "우리는 향후 3년간 연 수익률은 동일하게 유지하면서 시장점유율을 10퍼센트 높일 계획입니다"라는 진술보다 정확성이 떨어질 뿐만 아니라 구속력도 약하다. 시장지배권이라는 목표는 질적인 요소와 양적인 요소를 동일한 비율로 갖추고 있어야 한다.

마지막으로 시장지배권과 관련된 목표를 언제, 즉 어떤 시기에 얼마나 명시적으로 공식화해야 하는지 살펴보자. 먼저 그동안 내가 받았던 인상에 대해 이야기하면 오늘날 히든챔피언으로 등극한 기업들 가운데 다수가 이미 일찍부터 시장지배권 획득이라는 야심찬 목표를 마음속에 품고있었던 것같다. 물론 이처럼 용감무쌍한 비전이 추후에 비로소 추가로 덧붙여진 경우도 적지 않다. 마찬가지로 야심찬 기업가들에 의해 세상에 태어난 시장지배권 획득과 관련된 목표와 비전들이라고 해서 모두 하나같이 좋은 결실을 맺은것도 아니다.

(2) 세계시장 선두주자의 목표

세계시장에서 선두주자가 되기 위해서는 끊임없는 도전과 자기방어능력을 길러야 한다. 그러기 위해서는 항상 TPM전개의 8본주를 염두에 두고 가치창조와 제공이라는 목표아래 스피트경영에 임해야 한다. 그 결과 남보다 앞에 고품질 다용도의 기능성제품이 개발유지되며 적극적인 코스트

그림 4-2 선두주자가 되기 위한 신뢰향상도

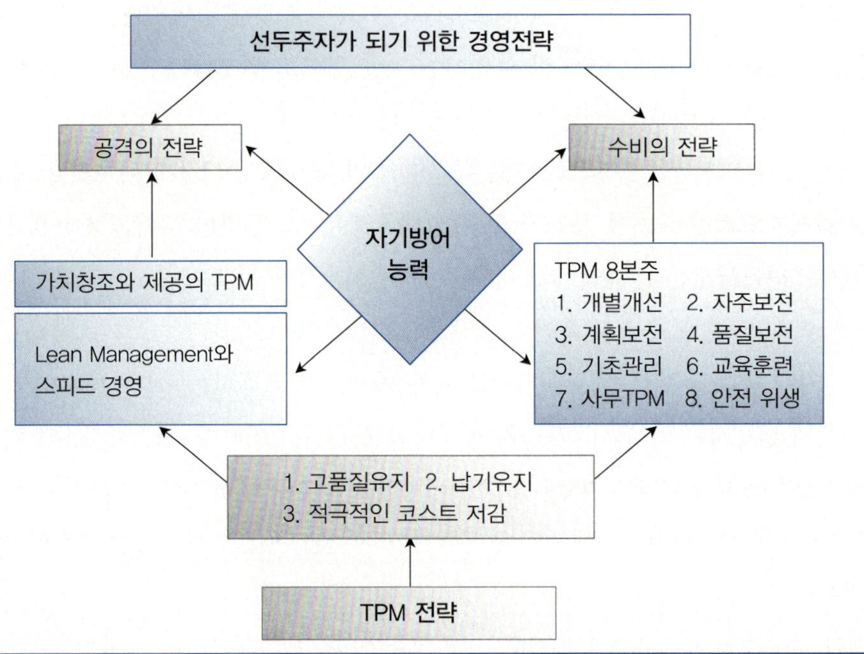

절감으로 경쟁력을 높여나가며 납기유지와 서비스로 고객의 신뢰도를 높여나가야 한다.

나는 곧잘 청중을 향해 세계시장에서 선두주자가 되겠다는 목표를 가지고 있는 사람이 있는지 묻곤한다. 그런데 선두주자가 되겠다는 목표를 가진 사람들이 가장 많은 곳은 바로 중국이다. 중국에서 위의 질문을 던지면 대개 무수하게 몰려든 청중중에서도 3분의 1이나 절반가까이 되는 사람들이 손을 든다. 물론 손을 든 사람들 모두가 세계시장 선두주자가 되는 것은 아니다. 극소수에 불과한 사람들만이 그렇게 될 수 있다.

같은 야망을 가졌음에도 불구하고 지금껏 많은 사람들이 좌절을 겪었고, 또 앞으로도 많은 사람들이 좌절을 겪게 될 것이다. 그러나 그런 야망은 미래의 세계시장 선두주자를 배출하는 인큐베이터 역할을 한다. 조기에 시장지배권을 손에 넣겠다는 야심찬 목표를 설정하고 그것을 솔선수범해 실천에 옮기는 일련의 행동들은 목표를 실현하고자 나아가는 길에서 가장 강력하고도 효율적인 추진연료가 될 것이다.

어떻게 하면 현실에서 그런 목표를 발전시킬 수 있을까? 이 질문에 대한 정해진 답은 없다. 따라서 나는 지금부터 나 자신이 처음부터 함께 체험하며 만들어 나갔던 이야기를 하고자 한다. 자서전을 쓸 때 사람들은 흔히 만사를 긍정적으로 표현하는 경향이 있다. 독자들에게 미리 경고하건

대 나 역시 그런 전기적인 이야기의 특성을 따르게 될듯하다.

오늘날 지몬-쿠허&파트너스(Simon-Kucher&Partners)는 가격컨설팅 부문에서 세계시장을 선도하고 있다. 중립적인 제3자가 보았을 때도 물론 그럴 것이다. 그렇다면 1985년 회사를 설립할 당시에 이미 가격컨설팅 부문 시장지배권(혹은 세계시장 지배권) 획득을 목표로 삼았을까? 대답은 명백히 "아니오!"다. 10년이 흐른후에도 이런 목표는 아직 그 모습을 드러내지 않았다. 조금 더 시간이 흐른후에야 비로소 우리는 두 번째 사무실을 대서양 건너편에 개설하는 위험천만한 모험을 감행하기로 결심했다.

이때 핵심적인 역할을 한 것이 바로 우리의 활동영역에서 업계를 선도하는 세계적인 컨설팅회사로 성장하고야 말겠다는 야망이었다. 당시 우리는 세계에서 가장 규모가 크고 가장 혹독한 컨설팅 시장인 미국에서 성공을 거두어야만 이 목표를 달성할 수 있다고 생각했다. 이런 야망이 없었더라면 아마도 우리는 취리히나 빈, 그러니까 독일어권 국가에 두 번째 사무소를 개설했을 것이다.

오늘날의 관점에서 보면, 세계화와 세계시장 지배권 획득을 위한 뿌리와 기반이 그보다 훨씬전에 마련되어 있었다고 말해도 무방할듯하다. 물론 당시 우리는 그런 사실을 전혀 의식하지 못했지만 말이다. 그리하여 지금은 지몬-쿠허&파트너스의 파트너들이자 공동 CEO가 된 나의 예전 조수들 전원과 더불어 미국유수의 대학에서 연구를 하면서 그곳에 머물렀다. 우리는 미국인과 우리의 차이에 대해 알게 되었고, 시간이 흐르면서 처음에 미국인에게 가졌던 두려움과 과도한 경외감도 사라졌다. 1995년에 우리는 직원 51명으로 790만 유로의 매출을 올렸다.

그랬던 것이 2011년에 이르러서는 직원수만 600명 이상으로 늘어났고, 매출액도 1억 2,100만 유로로 증가했다. 사무실 수는 1개에서 25개로 늘어났고 우리가 활동을 펼치는 나라도 19개로 늘어났다. 많은 히든챔피언들이 그렇듯이 우리도 헨리 민츠버그(Henry Mintzberg)의 말을 빌리면 서서히 드러나는 비상전략이 적용된 경우라고 할 수 있다. 이것을 우리말로 표현하면 (숨어 있다가 불시에) 나타나는 전략이라고 할 수 있다.

조직연구의 권위자 헨리 민츠버그(Henri Mintzberg)는 연속된 결정을 통해서 뚜렷하게 구체화되는 태도에 대해서 언급했다. 전략은 수많은 개인적인 행동의 결과물들이 일관된 패턴에 따라 한데 융합되는 과정속에서 발전된다. 수많은 히든챔피언들에 대한 나의 지식으로 미루어볼 때, 서서히 드러나는 전략'은 히든챔피언들 사이에서 시배적으로 나타나는 모형이다. 어찌하였거나 우리회사의 발전과정만큼은 이 개념을 통해서 정확하게 설명이 가능하다. 혁신 연구자인 클레이튼 크리스텐슨(Clayton Christensen)도 이 전략을 히든챔피언 유형에 속하는 기업들에게서 지배적으로 나타나는 전략이라고 보고 있다.

민츠버그는 또 다른 형태의 전략에 대해서도 언급했다. 그는 이것을 기업가적인 전략이라고 명명했는데 다음과 같이 설명했다. 직접 조직을 통제하는 개인은 자신의 비전을 고스란히 기업에 옮겨놓을 수 있다. 이런 전략은 흔히 새로 설립된 기업이나 규모가 작은 기업에서 사용하기 적합하다. 비전은 오직 하나의 공통된 방향만을 제시한다. 따라서 조절할 수 있는 여지가 있다. 계획을 세우는 사람과 계획을 실현하는 사람이 동일인이기 때문에 행동의 결과나 주변에 있는 새로운 가능성 혹은 위협에 단계적으로 신속하게 대응할 수가 있는 것이다. 기업가적인 전략은 유연하게 행동할 수 있는 여지를 허락한다. 비록 목표를 정확하게 기술하는 데는 불리하지만 말이다.

그러나 실제로 히든챔피언들 사이에서 이 전략은 우리가 예상하는 것만큼 전형적인 전략이 아니다. 한 기업을 세계시장 지배기업으로 만들어주는 것은 빈번한 방향전환이 아니다. 우리의 임의표본추출결과를 들여다보면 그런 경우는 예외적인 경우로서 몇몇 신생기업과 규모가 작은 회사들에 한정됨을 알 수 있다. 그들은 새로운 시장을 개척하고 고객의 욕구와 다양한 가능성들을 더 잘 이해하기 위해서 노력을 기울인다. 그런 기업들은 장기적인 목표와 나아가야 할 방향을 발견하기까지 매우 유연하게 행동해야만 한다.

이런 기업의 예를 들면, 벡케를레(Weckerle)를 꼽을 수 있다. 1970년대에 설립된 이 기업은 립스틱제작기계 전문기업이다. 이 영역에서 벡케를레는 지금까지 세계 1인자 자리를 고수하고 있다. 그러나 이 시장이 지닌 잠재가능성은 어디까지나 제한적이다. 따라서 회사설립자 페터 벡케를레(Peter Weckerle)는 일찌감치 또 다른 성장기회를 물색했고, 그 결과 대형화장품 회사의 주문을 받아 립스틱을 제작했다. 그러나 이 사업도 제한적이기는 마찬가지였다. 왜냐하면 대형화장품 회사들의 경우 전체제품의 극히 일부분만을 아웃소싱으로 제작하기 때문이다.

그 다음단계로 벡케를레는 독자적인 브랜드를 만들어 특수한 경로로 제품을 판매했다. 시간이 지나 립스틱제작기계 판매매출액과 립스틱제작 및 판매매출액이 서로 비슷해졌다. 그러나 장기적인 안목에서 보면 립스틱제작과 판매영역의 성장가능성이 더 크다. 모두 알다시피 로마로 향하는 길은 여러 가지다. 위의 예가 보여주듯이 시장지배기업으로 향하는 길도 여러 가지다.

독일상혼의 침투와 시장점유율

(1) 시장점유율과 시장지배권

지금까지 우리는 히든챔피언들의 시장점유율과 함께 그와 결부된 시장지배권에 대해서 살펴보았다. 그런데 시장점유율은 언제나 구체적인 '시장'과 관련되어 있어야 한다. 그러나 시장규모와 시장점유율은 결코 절대적이고 명확한 형태를 띠지 않는다. 그보다는 오히려 시장에 대한 정의와 경계설정이 시장규모와 시장점유율을 규정한다. 그러나 시장을 정의하는 일은 실제로 매우 어려운 일이 될수 있다. 경우에 따라서는 시장을 지나치게 협소하게 정의한 나머지 결과적으로 모두가 시장선두주자가 되는 일이 생길 수도 있으며, 혹은 시장을 지나치게 광범위하게 정의한 나머지 시장은 거대하지만 시장점유율은 극히 미미해지는 결과가 도출될 수도 있다.

이런 맥락에서 롤스로이스(Rolls-Roys)의 시장과 시장점유율 상황을 살펴보자. 만약 지금까지 롤스로이스를 구입한 사람들만이 해당 시장을 정의한다는 관점을 견지한다면, 롤스로이스의 시장점유율은 100퍼센트가 될 것이다! 새롭게 확보된 고객이 단 한명도 없다고 한다면, 그리고 지금까지 롤스로이스를 구매한 사람들이 다른 자동차를 구매대상으로 고려하지 않는다고 한다면 이런 정의는 아마도 옳을 것이다. 그러나 분명 모든 롤스로이스 구매자가 이렇게 하지는 않을 것이다.

왜냐하면 영국왕실조차도 롤스로이스가 BMW에 인수된 이후에 50년 동안 롤스로이스만 타던 전통을 깨뜨리고 벤틀리(Bently)로 갈아탔기 때문이다. 히든챔피언들 가운데는 실제로 이런 의미에서 자신의 고유한 시장을 독자적으로 정의하고 100퍼센트의 시장점유율을 확보한 기업들이 존재한다. 예컨대 주벨라크(Suwelack)가 그런 경우다. 고품질 콜라겐을 제조하는 이 회사는 유일한 경쟁업체를 물리치고 난 후부터 더는 경쟁자가 없다.

만약 롤스로이스 최저가 모델(고스트모델은 2011년을 기준으로 차량가격이 25만 4,000유로였다)과 가격대가 동일한 모든 자동차들을 롤스로이스와 경쟁을 벌일 대안차량시장에 포함시킨다면 시장규모가 엄청나게 커질 것이다. 여기에 바이바흐(Maybach), 벤틀리 같은 브랜드와 더불어 메르세데스 S클래스, 아우디A8, BMW 7시리즈, 재규어, 렉서스 혹은 마세라티(Maserati) 같은 브랜드를 추가로 포함시켜 시장을 정의한다면, 시장은 몇 배나 더 커질 것이다. 그리고 이런 상황에서는 롤스로이스의 시장점유율이 1퍼센트를 밑돌게 될 것이다. 여기서 한 걸음 더 나아가 자동차시장 전체를 범위에 포함시킨다면 시장규모는 그야말로 커지고 롤스로이스의 시장점유율은 약 0.00001

퍼센트로 줄어들 것이다.

그런데 이런식의 광범위한 시장정의는 전략수립에서 아무 의미가 없다. 왜냐하면 롤스로이스는 폭스바겐 폴로(Polo)와 경쟁을 벌이는 것이 아니기 때문이다. 거의 모든 시장이 이와 사정이 비슷하다. 예컨대 함부르크와 뮌헨구간에 대한 루프트한자(Lufthansa)의 시장정의와 시장규모 그리고 시장점유율도 마찬가지다. 오직 항공편만을 포함할 것인지, 아니면 기차나 자동차도 함께 포함할 것인지의 여부에 따라 시장규모와 시장점유율이 판이하게 달라진다.

이런 복잡한 상황 때문에 시장에 대한 정의를 내릴 때는 자의적인 해석과 희망사항 그리고 착각을 완전히 배제할 수 없는 것이 현실이다. 우리는 히든챔피언들이 그들의 시장과 시장점유율에 대해서 밝힌 사실을 그대로 신뢰할 것이다. 왜냐하면 개별적으로 일일이 점검하기가 불가능하기 때문이다. 물론 시장 및 시장점유율과 관련하여 자기자신은 물론이고 세상사람들도 속이려고 하는 히든챔피언들도 충분히 있을 수 있다. 그러나 그런 경우는 매우 드물다. 게다가 경쟁이 효과적인 통제기구역할을 수행하고 있다.

(2) 세계시장 지배권을 획득하기 위한 부단한 노력

예컨대 한때 세계시장 지배권을 획득하고 그 같은 사실을 공공연하게 알렸던 니더작센의 어느 히든챔피언 CEO가 내게 다음과 같은 내용의 편지를 보내왔다. "즉각적으로 이전에 세계시장을 지배했던 회사측에서 우리회사에 소송을 제기했었다. 그러나 이 소송과정에서 주고받은 문서들이 우리회사 매출액이 경쟁기업 매출액보다 확연하게 높았다는 사실을 증명해 주었다." 경쟁은 누군가 사실을 제대로 입증할 수도 없으면서 세계시장을 지배하는 기업으로 자처하는 행위를 결코 용납하지 않는다.

지금까지 시장지배권에 대해서 상세하게 설명했지만 히든챔피언들의 구체적인 시장점유율을 밝히지는 않았다. 〈표 4-1〉은 독일시장, 유럽시장 그리고 세계시장 점유율과 관련된 비밀을 알려준다. 표는 히든챔피언들이 스스로 선택한 시장정의와 시장점유율에 근거하여 작성되었다.

시장지배기업 난을 들여다보면 우리가 찾아낸 히든챔피언들이 세계시장의 약 3분의 2, 유럽시장의 약 4분의 3 이상 그리고 심지어 독일에서는 시장의 90퍼센트를 선도하고 있음을 알 수 있다. 〈표 4-1〉은 '절대적인' 시장점유율과 '상대적인' 시장점유율을 보여 준다. 상대적인 시장점유율은 본인의 시장점유율을 가장 막강한 경쟁자의 시장점유율로 나눈 수치다. 예컨대 자체 시장점유율이 32퍼센트이고 가장 막강한 경쟁자의 시장점유율이 20퍼센트라고 한다면, 상대적인 시장점유

표 4-1 세계시장지배 점유율 표

	시장지배기업	절대적 시장점유율	상대적 시장점유율
세계	66%	33%	2.3
유럽	78%	38%	2.8
독일	90%	47%	3.4

율은 32/20 = 1.6이다.

상대적인 시장점유율이 1을 넘는 기업은 오직 시장지배 기업뿐이다. 다른 모든 기업의 상대적인 시장점유율은 1 이하다. 위의 예를 참고로 계산해보면, 시장지배 기업에 맞서는 가장 막강한 경쟁자의 상대적인 시장점유율은 20/32 = 0.625다. 히든챔피언들의 절대적인 평균 시장점유율은 세계시장 33퍼센트, 유럽시장 38퍼센트, 독일시장 47퍼센트다. 10년 전과 비교해보면 이 세 가지 수치 모두 가볍게 상승했다. 시장의 성장 그리고 무엇보다도 세계화의 급속한 진전 및 그와 결부된 시장확장을 감안한다면 이는 기대이상의 결과다.

더욱 놀라운 것은 히든챔피언들과 그들의 가장 막강한 경쟁자들 간의 관계를 수치로 나타낸 상대적 시장점유율이다. 세계시장에서 히든챔피언들이 보유한 상대적 시장점유율은 평균 2.3으로, 히든챔피언들은 그들의 가장 막강한 경쟁자들을 2배 이상 능가하고 있다. 10년전만 하더라도 이 수치는 2를 크게 밑돌았다. 즉, 히든챔피언들은 규모가 한층 더 커진 세계시장에서 본인의 입지를 변함없이 고수했을 뿐만 아니라, 심지어는 시장지배권을 더욱더 강화시켰다.

그들은 절대적인 시장점유율을 가볍게 끌어올리면서 가장 강력한 경쟁자와의 격차를 확연하게 벌려놓았다. 이런 사실은 그들의 경쟁우위가 한층 더 강화되었다는 것을 암시한다. 우리는 이런 결과를 유발한 가장 중요한 원인이 강력한 혁신의 물결이라고 생각한다. 히든챔피언들은 시장을 선도해야 한다는 점을 지속적으로 강조하면서, '전 세계에 있는 경쟁자들을 전혀 두려워할 필요가 없다'는 사실을 직접 입증해 보여주었다.

4. 발상과 도전으로 세계시장 장악

(1) 시장점유율이 아닌 이익중심의 경영

'높은 시장점유율이 높은 이익으로 이어진다'라는 가설은 1950년대를 기점으로 수십 년 동안 경영이론 및 경영실무와 관련된 토론의 주된 주제다. 추측컨대 이 가설은 우리시대에 존재하는 가장 심각한 경영오류로 보인다. 수십년 전부터 기업간부들은 그들의 상관과 회사동료, 대학교수, 컨설턴트 그리고 그밖의 다른 전문가들로부터 높은 시장점유율을 달성하고 유지하는 것만이 기업의 성공을 보장해주는 유일한 길이라는 말을 수도 없이 들어왔다. 그러나 이미 수년전에 우리회사의 젊은 두 파트너들과 더불어 시장점유율과 관련된 이익중심의 양론이 단호하게 맞서고 있다.

우리는 《시장점유율이 아닌 이익중심의 경영(Manage for Profit, not for Market Share)》 (독일어판 제목 《수익을 추구하는 매니저. 시장점유율 중심적인 사고에 대한 결별(Der gewinnorienterte Manager. Abschied vom Marktanteilsdenken)》) 제목의 책을 출판했다. 지금까지 이 책에서 견지했던 시장지배권과 높은 시장점유율을 찬양하는 태도와 모순이 되지 않느냐고? 결코 그렇지 않다! 《히든챔피언》초판에서 이미 시장점유율과 수익률 사이에 아무런 상관관계가 없다는 사실을 확인했다.

지금도 여전히 수익률과 시장점유율 사이에는 전혀 의미심장한 관련성이 존재하지 않는다. 이는 절대적 시장점유율 뿐만 아니라 상대적 시장점유율에도 공통적으로 적용되는 사실이다. 또한 이것은 우리가 시장점유율 조사대상으로 삼았던 세 종류의 시장, 즉 독일시장, 유럽시장, 세계시장에 모두 적용되는 사실이다. 물론 우리의 임의표본추출에 포함된 기업들이 하나같이 높은 시장점유율을 보유하고 있고, 그런 점에서 이 변수의 변동성이 매우 미미하지 않느냐는 이의를 제기할 수도 있다. 그러나 그 같은 이의제기는 적어도 상대적인 시장점유율에는 해당사항이 없다. 왜냐하면 상대적인 시장점유율은 변동성이 매우 크기 때문이다

여기서는 높은 시장점유율이 높은 수익으로 이어진다는 가설과 그에 맞선 주장을 간단하게 언급하고 넘어가야 할 것 같다. 좀 더 상세하게 알고싶다면 앞서 언급한 책을 참고할 것을 권한다. 시장점유율과 관련된 주장에서 가장 널리 알려진 원천은 바로 시장점유율과 수익률 간의 높은 상관관계를 밝힌 PIMS연구다. 두 번째 원천은 경험곡선(Experience curve)이다. 이 개념은 원가지위(Cost position)가 상대적인 시장점유율에 달려있다는 가설에 바탕을 두고 있다. 상대적인 시장점

유율이 높으면 높을수록 경쟁사와 비교했을 때 제조단가는 낮아지고 그 결과 마진은 더욱 더 높아진다는 것이다.

보스턴 컨설팅그룹은 이런 가설을 바탕으로 하여 저 유명한 시장성장과 상대적인 시장점유율 매트릭스를 제시하면서 상대적인 시장점유율을 높여야 한다는 결론을 도출해냈다. 마지막으로 또 다른 유명한 원천으로 잭 웰치(Jack Welch)를 들 수 있다. 그는 1982년에 GE의 CEO로 취임한 후에 만약 자기기업이 세계 1위나 2위가 되지 못한다면 사장직에서 물러나겠노라고 천명했다. 최근 들어 시장점유율이 부리는 마술에 대한 믿음이 점차 의문시되고 있을 뿐 아니라, 부분적으로는 반박을 당하고 있기도 하다.

(2) 시장점유율과 수익률의 관계

흥미로운 사실은 이런 불신과 반박의 원천도 꽤 오래되었다는 것이다. 의문의 핵심은 시장점유율과 수익률의 관계가 단순한 상관관계에 불과한 것이냐, 아니면 진정한 인과관계를 형성하느냐하는 것이다. 문제의 핵심에 접근하기 위해서 여기서 이 주제와 관련된 생각들을 의도적으로 단순하게 소개된다. 결정적으로 중요한 것은 시장점유율과 시장지배권 그 자체가 아니다. 정말로 중요한 것은 시장점유율과 시장지배권의 성질이 좋은것이냐 아니면 나쁜것이냐 하는 것이다.

좋은 시장점유율은 월등히 뛰어난 성과 우수한 품질, 혁신, 특별한 서비스를 통해서 당연히 얻게되는 시장점유율을 말한다. 이런 경우에는 마진을 파괴하는 가격인하정책을 통해서 시장지배권을 획득하는 것이 아니라 고객의 편익을 증대함으로써 가격과 마진을 보존하면서 심지어 마진을 증대시키면서 시장지배권을 획득할 수 있다. 반면 나쁜 시장점유율은 무엇보다도 이 조건이 결정적인데, 원가지위의 개선없이 그저 판매량과 시장점유율을 확보하기 위해서 가격인하와 온갖 종류의 공격적인 가격정책 및 특별할인을 동원하는 것을 특징으로 한다.

나쁜 시장점유율의 경우에는 장기적으로 그 상태를 유지하는 것이 불가능하다. 그것은 비현실적인 가격할인을 통해서 단기간에 획득된 것에 불과하기 때문이다. 나쁜 시장점유율은 결과적으로 이익감소로 귀결되거나 손실로 귀결되는데 손실이 나는 경우가 더 흔하다. 왜냐하면 가격 대비 원가가 지나치게 높기 때문이다(거꾸로 말하면 원가 대비 가격이 지나치게 낮기 때문이다).

현재도 우리는 수많은 시장에서 나쁜 시장점유율과 마주친다. 추측컨대 아마도 제너럴모터스(General Motors)는 이와 관련된 가장 유명한 예가 아닐까 싶다. 이 회사는 수십년에 걸쳐 세계 최대의 자동차제조업체로 자리매김했음에도 불구하고 결국 파산하고 말았다. 2000년부터 2009년까지 제너럴모터스 CEO를 지낸 리처드 왜고너(Richard Wagoner)가 한 말을 보면 상황이 이렇듯 파국으로 치달은 가장 중요한 이유를 알 수 있다.

우리업계는 고정비용이 어마어마하게 높다. 우리는 위기가 닥쳤을 때 덩치를 줄이기보다 가격을 낮추면 더 좋은 실적을 낼 수 있음을 깨달았다. 다른 몇몇 경쟁사들과는 대조적으로 우리회사는 이 전략을 이용하여 여전히 돈을 벌어들이고 있다. 요컨대 제너럴모터스는 수요가 감소하자 가격을 낮추는 전략으로 이에 대응했다. 이런 전략의 배후에는 판매수량과 시장점유율을 유지하기만 하면 계속 시장선두주자로 남아있을 수 있으리라는 희망이 숨겨져 있었다.

그러나 이런 태도는 필연적으로 파멸로 귀결될 수밖에 없었다. 왜냐하면 가격 대비 원가가 너무 높았기 때문이다. 달리 말하면 할인폭이 감당할 수 없을 정도로 과도했기 때문이다. 항공사, 소매업체, 가전제품, 여행사 그리고 그밖의 수많은 부문에서 우리는 시잠점유율에 대한 강박관념이 낳은 이와 비슷한 파국적인 결말을 접할 수 있다. 참고로 말하면 가격이 낮다고 해서 그것이 곧 나쁜 시장점유율을 의미하는 것은 아니다. 매우 저렴한 원가덕분에 제품가격이 아주 낮은데도 충분한 마진을 실현할 수 있다면, 이런 경우에는 '좋은' 시장점유율을 획득할 수 있다.

알디, 이케아(Ikea), 린에어(Rynair)를 비롯한 다수의 저가업체들이 저렴한 가격을 내세워 높은 시장점유율을 확보하고 있지만, 동시에 탁월한 수익률도 올리고 있다. 왜냐하면 원가가 극도로 낮아서 충분한 마진이 발생하기 때문이다. 그러나 많은 회사들이 높은 시장점유율에도 불구하고 돈을 벌어들이지 못하고 있다. 공격적인 가격정책으로 시장점유율은 확보했지만 높은 원가탓에 충분한 마진을 올리지 못하기 때문이다.

(3) 탁월한 성능을 통해서 시장점유율을 획득한다

그렇다면 히든챔피언들은 이런 면에서 어떤쪽으로 분류될까? 소수의 예외를 제외하고 히든챔피언들은 저가나 공격적인 가격정책이 아닌 탁월한 성능을 통해서 시장점유율을 획득한다. 그들은 우수한 품질과 혁신, 서비스, 명망 등에서 선도적인 위치에 올라선다. 그리고 그에 따른 당연한 수순으로 시장지배권을 획득한다. 그 덕분에 그들은 대부분 현저하게 높은 제품가격을 관철할 수 있다.

내 경험과 다른 사람들과 나눈 수많은 대화경험에 비추어 추정해보면, 히든챔피언들의 전형적인 가격프리미엄은 대략 10~15퍼센트 정도다. 특별히 강력한 입지를 보유한 시장지배기업의 경우에는 가격프리미엄이 이 수준을 크게 웃돌기도 한다. 예컨대 풍력발전기부문 기술선도 기업인 에네르콘은 경쟁업체보다 대략 15~25퍼센트 정도 높은 가격을 관철시키고 있다. 심지어 가격압박이 심한 경우에도(예컨대 부품공급업체, 대형프로젝트, 대형고객) 히든챔피언들은 다른 경쟁사보다 확연하게 높은 가격을 받아낸다.

그들은 거물급 고객에 대해서도 탁월한 시장지배력을 보유하고 있다. 요컨대 히든챔피언들은 전형적으로 '좋은' 시장점유율, 즉 마진이 큰 시장점유율을 보유하고 있다. 히든챔피언들은 시장을 선도할 뿐만 아니라 더 높은 가격까지도 추가로 관철시킨다. 그리고 그 결과는 만족스러운 수준의 이익이다. 히든챔피언들은 마진을 파괴하는 공격적인 가격정책이 아닌 성과와 능력을 통해서 당연한 수순으로 시장선도 기업자리와 시장점유율을 획득한다. 우리는 이런 사실을 반드시 명심해야 한다.

그들이 높은 가치와 더불어 좋은 시장점유율을 보유하는 것도 바로 이런 이유때문이다. 수많은 다른시장에서 관찰할 수 있는 시장점유율을 둘러싼 광기, 요컨대 이익은 전혀 고려하지 않고 나쁜 시장점유율을 획득하거나 그것을 방어하는데 열을 올리는 그런 광기어린 행동은 히든챔피언들에게는 그야말로 먼나라이야기다. 시장지배권을 향한 그들의 열망은 성과를 통해 구체화된다. 그것은 폭넓은 기반을 갖추고 있으며 수익목표를 달성하는 데 큰 도움이 된다.

경영 성공포인트 ❼

1. 충직하라

정직은 최상의 예의이다. 조석이변(朝夕異變)이란 말이 있다. 아무리 재능이 충만하여도 정직하지 못하면 신뢰를 할 수 없다. 사리사욕을 탐하는 자에게는 책임을 부여할 수 없다. 충직한 인물만이 회사발전에 기여도를 높일 수 있다.

타인에게 충성하는 것은 당신자신을 존중하는 행위이다. 누군가를 위해 충성을 다해 일한다는 것은 바로 당신의 선택과 약속을 충실히 이행하는 행위이다. 충직성은 상사에게만 국한하는 것이 아니다. 부하직원이나 동료에게도 마찬가지로 충직한 마음가짐으로 대하라 그래야만 타인들도 마찬가지로 당신에게 충성을 다할 것이다

2. 성공의 맥을 짚고 싶으면 자신의 관점부터 바꿔라

관점이 바뀌면 또 다른 세상이 보인다. 어떤 경우라도 부정적인 생각이 잠재의식에 입력되면 이 오염된 부정적 잠재의식이 행동으로 들어난다. 돈의 흐름을 바꾸고 싶으면 당신자신부터 바꾸어라 즉 당신이 변하면 돈의 흐름도 바뀐다. 이 사실을 깨닫는 것이야 말로 금전운이 따르는 첫 걸음이다.

제2절 독일 중소기업 수출력이 강한 이유

1. 독일기업의 역할과 독일상혼

(1) 독일수출 세계챔피언 자리에 올라

1) 독일기업 독보적 역할

독일기업의 역할은 독보적이다. 세계화와 관련된 주요 지표에서 독일은 규모가 큰 모든 국가를 큰 차이로 따돌리고 있다. 독일처럼 작은 나라가 그처럼 엄청난 규모의 수출을 달성할 수 있었던 이유가 무엇일까? 독일인구는 세계인구의 1.2퍼센트에 불과했고, 가치창출면에서도 독일이 전세계 국내총생산에 기여하는 비율은 5퍼센트 정도에 불과할 뿐이었다.

그런데 1986년 바로 그해에 독일은 사상최초로 미국을 세계 수출챔피언 자리에서 몰아냈다. 그 후에도 계속해서 상황은 크게 바뀌지 않았다. 지난 25년 동안 독일은 수출분야에서 10번이나 세계 1위에 자리를 차지했다. 미국은 13번 1위 자리를 차지했는데 그것도 2002년이 마지막이었다. 미국은 독일보다 국민경제 규모면에서 4배는 더 큰 나라다.

2) 독일수출의 탁월성

국가별 1인당 수출액을 비교해보면 한층 더 의미있고 인상적인 결과를 알 수 있다. 그러나 이런 세계적인 비교는 어디까지나 규모가 큰 나라에만 의미가 있다. 비교대상이 된 나라들 가운데 독일이 차지하는 입지가 얼마나 독보적인지 그저 놀라울 따름이다. 한국도 마찬가지로 보다 현저하게 높은수준을 기록하고 있으며, 프랑스와 이탈리아. 영국과 스페인도 이들 모두 독일에겐 한참 뒤쳐져있다.

1인당 수출액의 비교는 세계무역의 향후 성장잠재력 예측을 뒷받침해준다.

3) 독일, 수출만이 살길이다

독일의 수출성적이 그처럼 탁월하다는 사실을 아는 사람들은 그리많치 않았다. 그러나 이처럼 지속적인 성공은 필연적으로 반작용을 수반했다. 금융위기가 발생하자 독일이 수출을 억제하고 유럽의 이웃국가들 또는 미국과 수준을 맞추어야 한다는 목소리가 터져나온 것이다. 독일이 수출을 지나치게 많이 하기 때문에 경제적인 불균형을 유발했다는 것이다.

이런 상황은 언뜻 직장내에서 다른 직원들보다 더 높은 성과를 올림으로써 암묵적인 기준을 무너트린 직원과 그 바람에 동료들에게 따돌림을 당하는 직원의 예를 떠올리게 한다. 직장에서는 어렵지 않게 볼 수 있는 현상이다. 그리하여 위싱턴국제경제연구소에 소속된 미국인 전문가애덤 포슨(Adam Posen)은 독일의 임금상승을 최상의 방안으로 간주했다.

그러나 독일과 독일기업들은 절대 이런 충고를 따라서는 안 된다. 왜냐하면 위의 전문가들의 충고는 명백하게 한 가지 사실을 오해한 데서 비롯되었기 때문이다. 그것은 바로 독일의 경우 (다수 이웃국가들의 무기수출이나 국영기업과는 달리) 수출역량 및 성적의 근간이 국가가 아니라 민간기업이며 그 중에서도 주로 중소기업과 히든챔피언들이었다는 사실이다. 이들 기업은 그들의 제품을 찾는 고객들, 설령 제품의 가격이 매우 비싸다고 느껴진다고 해도 기꺼이 돈을 지불할 준비가 된 고객들을 찾아 전 세계를 헤맸다.

독일은 국가적으로 수출역량과 수출지향 기조를 지속적으로 유지해야 할 것이다. 복지수준을 그대로 유지하려면 다른 선택의 여지가 없다. 국내소비와 서비스부문이 크게 성장한다면 가장 바람직하겠지만, 사실 이런 생각은 현재로서는 그저 수출이 용이하기 때문이다. 독일처럼 고령화와 인구감 소속도가 빠른사회는 성장가도를 달리는 젊은사회보다 소비수준이 낮을 수밖에 없다. 이는 불가피한 현상이다. 제아무리 국가적으로 조치를 취한다고 해도 이런 상황은 근본적으로 바꾸기는 어렵다.

(2) 독일의 산업구조와 실상(實狀)

독일기업들은 이미 오래 전부터 수출지향적 구조를 유지해왔으며, 일반적인 제품보다는 주로 특수한 제품과 그 시장에 주력하고 있다. 특히 히는챔피언들의 성우에는 너욱 그렇다. 바로 이런 집중화 전략이야말로 독일제품이 세계 최고수준을 갖추게 된 밑거름이다. 그러나 집중화 전략은 국가별 시장을 협소하게 만들며, 심지어 틈새시장만을 상대하는 독일기업도 적지 않다. 이것은 히든챔피언들에게 거의 일반적으로 통용되는 사실이다.

이처럼 규모가 작은 기업이 규모가 큰 시장으로 진출하는 유일한 방법은 바로 제품의 품질로 세계각지에 수출하는 것뿐이다. 그래서 집중화 전략과 세계화는 독일의 시장선도 기업들에게는 핵심적인 양대전략이며 동시에 서로 뗄 수 없는 불가분의 관계에 있다.

이런 사실은 개별기업들의 수출비율에도 반영된다. 개별기업들의 경우 수출이 전체 매출액의 80퍼센트 이상을 차지한다. 독일이 자국민의 고용률을 높이고 현재수준의 복지수준을 계속 유지하려면 독일기업들은 앞으로도 더욱 강력하게 수출에 매진해야만 한다. “수출, 그밖에 무슨 방법이 있는가?”라는 슬로건을 대신할 대안은 없다. 그런데 흥미롭게도 다른 나라의 수출중심 기업들도 같은 문제에 직면해 있다.

요컨대 독일기업은 미래에도 수출에 주력해야만 한다. 독일의 경제구조는 국제시장에 맞추어져 있다. 히든챔피언들은 국내수요만으로는 먹고 살 수가 없다. 어떻게 이런 구조를 갖추게 되었는지 궁금하다면 19세기까지 거슬러 올라가야 한다. 결국 경제구조는 한 국가나 기업의 필요에 의해 단기간에 바뀌기 어렵다는 것이다.

(3) 탁월한 혁신력과 경쟁력

1) 혁신은 연구개발에서 경쟁력 생긴다

유럽 특허청이 2010년 부여한 특허건수를 근거로 독일의 탁월한 혁신력을 구체적으로 살펴보자. 당연히, 특허건수는 한 나라가 보유한 혁신력의 일부분만을 반영한다. 그래도 결과는 매우 눈길을 끈다. 유럽특허청이 교부한 국가별 특허건수를 보여준다. 〈표 4-2〉에서 우리는 선별된 유럽 국가들의 특허건수로 범위를 제한했다.

특허건수에서 독일이 크게 앞서 나간다. 반면 스위스는 인구 100만명당 특허건수에서 선두를

표 4-2 세계시장 특허건수 표

구분	국가	15년	16년	17년	18년	19년
1	중국	29,839	43,091	48,905	53,345	59,193
2	미국	57,123	56,591	56,676	56,142	57,499
3	일본	44,053	45,209	48,205	49,702	52,693
4	독일	18,004	18,307	18,951	19,883	19,358
5	대한민국	14,564	15,555	15,751	17,014	19,073

달린다. 각 나라별 특허건수 차이가 극단적으로 벌어져 있다. 규모가 비교적 큰 나라들을 비교해 보면 독일의 인구 100만명당 특허건수는 프랑스보다 2배 이상 많고 이탈리아보다는 4배 이상, 영국보다는 5배 이상 더 많다. 독일어권에서는 스위스가 독일보다 혁신력이 더 강하고 반면 오스트리아는 더 약한 것으로 드러났다.

2) 첨예한 경쟁

경쟁전략분야의 유명한 교수인 하버드대학의 마이클포터(Michael E. Porter)는 소위 국제경쟁력 다이아몬드를 이용하여 첨예한 내부경쟁이 한 나라의 국제경쟁력을 강화하는 데 결정적으로 관여한다는 사실을 지적했다. 포터의 '다이아몬드는 생산요소, 경쟁, 수요 그리고 지원산업과 관련하여 한 나라가 갖춘 조건들을 평가한다. 포터의 핵심명제는 이 모든 다이아몬드들이 한 업계내지는 한 기업의 성공에 기여하는 것은 사실이지만, 그 중에서도 특허경쟁이 두드러진 역할을 한다는 것이다. 포터는 이렇게 말했다. 연구에서 도출된 가장 경험적인 결과들 가운데 하나는 바로 한 업계에서 벌어지는 치열한 국내경쟁과 경쟁우위의 창출 및 지속성 간의 연관성이다. 세계를 주도하는 국가들을 보면 흔히 다수의 강력한 지역라이벌이 있다.

그림 4-3 성공기업의 공유가치관 가치창조모형

성공한 기업의 공유가치관

성공한 기업들이 경쟁자보다 위에 있어야 한다는 가치혁신(valueinnovation)이라 전략자적 사고의 논리를 가지고 있다는 것을 발견했다. 또한 이어지는 연구에서 Kim & Mauborang(1999)은 시장을 창출하기 위해 경영자는 다음과 같은 모형을 참고해 새로 가치모형을 창출해야 한다고 밝혔다.

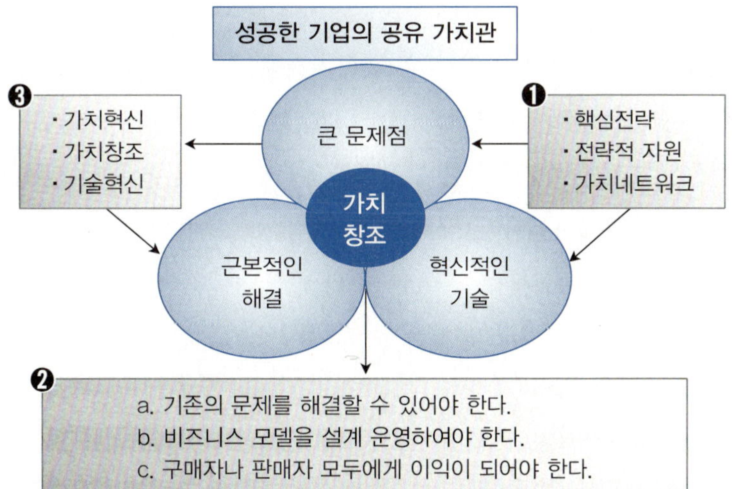

독일의 경우 대부분의 분야에서 경쟁이 매우 치열하다는 것은 의심할 여지가 없는 사실이다. 아마도 이것은 국제적으로 비교했을 때 독일기업들의 매출수익률이 오랜 기간에 걸쳐 낮은 수준을 기록하고 있는 것에 대한 한 가지 원인일 것이다. 다른 한편으로는 바로 히든챔피언들이 포터가 제시한 조건, 즉 해당 업체에서 세계시장 선도기업이 되려면 반듯이 한 나라 안에 다수의 강력한 경쟁자가 존재해야 한다는 조건을 충족한다. 히든챔피언들 가운데 3분의 1 이상이 바로 독일내부에서 세계에서 가장 첨예한 경쟁을 하고 있다. 이어지는 단락에서는 특정한 역량이 지역적으로 집중되어 있는 현상에 대해 이야기할 것이다. 치열한 내부경쟁이 독일기업들의 경쟁력을 강화하는데 기여하고 있다.

3) 독일산업 지역적 안배

독일의 모든 주에 히든챔피언들이 자리잡고 있다. 그 중에서도 베를린, 함부르크, 브레멘을 제외한 나머지 주에 특히 많이 분포되어 있다. 새로운 연방주에 자리잡은 히든챔피언들의 수가 아직까지 비교적 적다는 사실을 지적하기에 앞서, 먼저 독일이 통일이후 20년이라는 세월이 흘렀지만 아직 세계시장 혹은 유럽시장의 주도권을 획득하기에는 짧은 시간이라는 사실을 반드시 고려해야 할 것이다.

어쨌거나 새로운 연방주에 이미 45곳의 히든챔피언들이 존재한다는 것은 분명 기분좋은 일이다. 다른 나라들과 비교해보았을 때 독일은 각 지역의 인재들을 활용하고 그들을 지역중심지 뿐만 아니라 각각의 해당 지역에 배치하는데 좀 더 유리한 고지를 점한 것으로 보인다. 독일특유의 이런 분산현상은 커다란 장점인 동시에 이 나라에 많은 수의 히든챔피언들이 존재하는 이유이자 탁월한 수출성적에 대한 이유이기도 하다.

독일수출 세계챔피언 자리에 오를 수 있었던 저력에는 공유가치의 문화적 소산이할 것이다. 경쟁사보다 우위에 있어야 한다는 책임적 소산은 그들의 노력이 견인차역할로 발전의 초석을 이루게 하고 있다. 성공한 기업들의 가치혁신은 시장수요변화 초점을 맞추어 가치를 창조하였고 기술을 개발하여 경영을 혁신함에서 선두의 자리를 지키고 있는 것이다.

 독일기업들이 수출에 성공하는 이유

(1) 중소기업 주도형 수출

독일경제의 뛰어난 수출성적은 대기업덕분이 아니라는 것이다. 왜냐하면 독일 대기업들도 근본적으로 다른 나라에 있는 경쟁자들과 크게 다르지 않기 때문이다.

독일에는 국제적으로 두각을 드러내는 대기업 수가 비교적 적다. 최근에 실시된 한 조사에 따르면, 가장 가치가 높은 세계 100대 기업 가운데 독일기업은 고작 4개에 불과한 것으로 나타났다. 지멘스(55위), SAP(79위), 폭스바겐(85위), 바스프(BASF)(92)가 바로 그 기업들이다. 요컨대 전 세계적으로 볼 때 독일 대기업이 맡은 역할은 크지 않다.

모든 산업선진국에는 엄청나게 많은 상품을 수출하면서 국제적으로 활동하는 기업들이 있다. 그럼에도 불구하고 이들 나라는 수출에서 저조한 성적을 기록하고 있다. 독일이 보유한 지속적인 수출우위의 원천이 바로 '중소기업'이라는 사실을 거듭입증한다. 물론 모든 중소기업이 수출에서 성공적인 성과를 거두는 것은 아니다.

그러나 경제에 대해 어느 정도 지식이 있는 사람이라면 아는 바와 같이 중간규모의 기업들 가운데 해당 시장에서 세계시장 선도기업, 혹은 유럽시장 선도기업으로 올라선 독일기업이 매우 많다는 것만은 분명한 사실이다. 이런 시장주도 기업들이 독일의 수출성적을 지속적으로 유지하고 한층 더 강화하는 데 결정적으로 기여했다는 사실과 글들이 대외적으로 독일경제의 선봉을 이룬다는 사실에는 의심의 여지가 없다. 이것은 지난 25년 동안 거의 변하지 않는 사실이다. 오히려 세계화 과정이 진행되면서 그들의 역할은 더욱 중요해졌다.

(2) 역사적 소국분립주의

한 가지 가능한 설명은 19세기 말까지 독일은 프랑스나 한국처럼 민족국가가 아니라 군소국가 집단으로 이루어져 있었다는 사실에서 찾을 수 있다. 이런 상황에서 성장을 꾀했던 기업들은 국제화를 강요받을 수밖에 없었다. 바이에른 기업이 작센이나 뷔르템베르크에 있는 고객들에게 제품을 납품하는 경우 그것은 곧 국제무역이라고 볼 수 있었다. 아마도 이런 상황에서 개방성과 국제화역량이 생성되었을 것이다. 이것이 바로 규모가 훨씬 더 큰 민족국가와 다른 점이다.

2010년에 출간한 저서 ≪새로운 산업혁명(The New Industrial Revolution)≫에서 규모가 작은 국가가 규모가 큰 국가보다 더 효과적으로 기업가정신과 국제화를 장려한다는 추측을 제기했다. 규모가 큰 나라의 기업가들이 국제화가 필수적인 일로 간주하지 않는 경우도 있다. 특히 미국 중소기업주들 사이에서 이런 견해를 빈번하게 접한다. 이런 회사들 가운데 다수가 우수한 역량과 경쟁력을 갖춘 상품을 보유하고 있음에도 불구하고 국제무역을 거의 추진하지 않는다. 그 이유에 대해 물으면 미국시장이 크기 때문에 충분하다는 전형적인 답변을 듣게 된다. 또는 국제무대는 모든 것이 훨씬 더 복잡한데다 외국어도 익숙하지 않기 때문에 차라리 내수시장으로 활동폭을 제한하는 편이 더 낫다는 답변이 돌아온다.

오히려 그 반대로 모든 기업이 국제적인 파이의 한 조각이라도 베어물기위해 안간힘을 쓴다. 이것은 히든챔피언들과 수출이 함께 성장할 수 있는 토대가 된다. 국제화에 대한 선제적인 태도의 뿌리는 독일의 역사적인 소국분립주의로 거슬러 올라간다.

(3) 탄탄한 제조기반

독일이 지나치게 제조부문에 의존하면서 서비스사회로의 이행을 신속하게 진행하지 않는다고 주위국가들로부터 비판을 받고 비웃음을 사기도 하였다. 실제로 독일 GDP에서 생산 및 제조업이 차지하는 비율은 고도로 발전된 여타국가들보다 더 높았고 현재도 그렇다. 그러나 2007년 위기이후로 이런 비판의 시각은 완전히 뒤집혔다. 영국, 프랑스, 미국같은 나라들이 과거에 지나치게 서비스부문에 집중하고 제조부문을 소홀히 했던 것을 후회하게 된 것이다.

니콜라 사르코지는 대통령직 말기에 늘 독일식 모델을 설파하고 다녔다. 그런가하면 미국대통령 버락 오바마와 영국수상 데이비드 캐머런은 자국의 제조기반을 다시금 강화해야만 하는 필연성에 대해 끊임없이 역설한다. 실제로 강력한 생산제조업은 수출성공을 위한 중요한 토대가 된다. 소위 무역수지가 GDP에서 제조업이 차지하는 비율에 종속되어 있다는 사실을 분명하게 보여준다. 무역수지는 한 국가가 수입보다 수출을 얼마나 더 많이했는지를 알려주는 지표다.

GDP에서 제조업이 차지하는 비율과 무역수지의 상관관계는 상관계수 0.79로 매우 의미심장하다. 이런 의미에서 독일은 비록 유행에 뒤쳐져 있을지는 모르지만 성공을 구가하고 있다고 할 수 있다. 그 배후에는 다른나라보다 현저하게 높은 수준의 투자, 그것도 규모가 작은 기업들의 투자가 숨겨져 있다.

우리는 미래를 위해서라도 독일의 제조기반을 방어해야 한다는 통찰을 이끌어 내야 할 것이다.

그러나 이것은 점점 더 만만치 않은 일이 되어가고 있다. 왜냐하면 세계화로 인해 생산과 가치창출사슬의 많은 부분을 빠르게 성장하는 목표시장들로 이전해야 할 필연성이 대두되고 있기 때문이다. 아마도 히든챔피언들이 대기업들보다 더욱 더 성공적으로 이 일을 해낼 수 있을 것이다.

중소기업들은 지난 10년간 국내뿐만 아니라 해외에서도 고용을 늘려왔다. 비록 국내고용을 크게 늘리기는 했지만 말이다. 반면 대부분의 대기업들을 보면 해외일자리는 크게 증가한 반면 국내고용은 오히려 줄어들었다. 현재 독일은 이 두 가지 경향 사이에서 조화로운 균형을 창출해야만 하는 거대한 도전에 직면해 있다.

그러나 서비스산업과는 대조적으로 실체가 있는 상품들은 국내에서 제조하여 세계로 수출할 수가 있다. 이렇게 하면 국내고용을 안전하게 확보할 수 있다. 독일은 글로발리아가 제시하는 각종 조건들 하에서도 온갖수단을 동원하여 강력한 생산기반을 유지해야 할 것 이다.

(4) 전통적인 역량과 경쟁력

독일의 많은 지역들은 전통적으로 뛰어난 역량을 보유했고, 그것은 현재까지도 이어지고 있다. 예컨대 슈바르츠발트(Schwarzwald) 지역에서는 수백 년 전부터 시계를 만들었다. 시계산업은 고동의 정밀기계학적 역량을 요구한다. 영국 역사학자 루이스 먼포드(Lewis Munford)는 이 업계를 가리켜 '현대 산업화시대의 핵심기계'로 명명한다. 그러나 정밀기계학적 역량을 바탕으로 하여 새로운 산업이 생성되었다.

슈바르츠발트 지역의 가장 자리에 자리잡은 투틀링엔(Tuttlingen)에는 현재 의용공학분야, 그 중에서도 특히 외과용 기구제작분야에서 활동하는 기업이 400개도 넘는다. 이 분야에서는 정밀기계학적인 역량이 핵심적이다. 괴팅겐(Gottingen) 지역을 중심으로 정상적으로 밀집해 있는 계측공학 관련 회사들은 뿌리가 조금다르다. 이곳은 요컨대 학문적인 뿌리에 기반을 두고 있다. 그 곳에서는 39개의 기업이 서로 협력하여 하나의 연합을 이루고 있는데, 사람들은 실리콘밸리(Silicon Valley)를 모방하여 그 연합을 '계측밸리(Measurement Valley)'라고 부른다.

최정상급 계측역량을 갖춘 기업들이 이곳에 집결하게 된 데에는 한 세기에 걸쳐 수학부문에서 세계적으로 주도적인 위치를 점했던 괴텐겐대학에 그 기원을 두고 있다. "독일은 21세기에 성공을 구가하기 위해 중세에 기원을 둔 기술적 기반을 활용한다." 돌핀 테크롤로지 주식회사(Dolphin Technology AG) 감사위원장도 마찬가지로 계측기술분야에서 활동하는 페터 렌너(Peter Renner)는 이렇게 말했다. "독일은 오늘날에도 여전히 거대한 기술자 사무실이다." 요컨대 어떤 일들은 변함없이 지속되는 법이다.

(5) 지역적 분산의 특수성과 임금구조

1) 도시 분산적 구조와 인력고용의 효과

많은 나라에서 우리는 인재, 기업, 행정관청이 인구밀집지역에 강하게 집중되어 있는 현상을 찾아볼 수 있다. 프랑스 파리, 일본 도쿄, 영국 런던 혹은 한국 서울 등이 대표적인 예다. 독일처럼 분산적인 구조를 지닌 나라는 거의없다. 독일지도가 증명하는 것처럼 이런 공간분포는 히든챔피언들에게서 나타나는 중요한 특징이다.

독일전역에 히든챔피언들이 매우 균등하게 분포되어 있다고는 말할 수 없다. 왜냐하면 몇몇 지역에 부분적인 집중현상이 나타나 독일의 모든 주에 히든챔피언들이 자리잡고 있다. 그 중에서도 베를린, 함부르크, 브레멘을 제외한 나머지 주에 특히 많이 분포되어 있다. 새로운 연방주에 자리잡은 히든챔피언들의 수가 아직까지 비교적 적다는 사실을 지적하기에 앞서, 먼저 독일이 통일이후 20년이라는 세월이 흘렀지만 아직 세계시장 혹은 유럽시장의 주도권을 획득하기에는 짧은 시간이라는 사실을 반드시 고려해야 할 것이다.

여하튼 새로운 연방주에 이미 45곳의 히든챔피언들이 존재한다는 것은 분명 기분좋은 일이다. 다른 나라들과 비교해보았을 때 독일은 각 지역의 인재들을 활용하고 그들을 지역중심지 뿐만 아니라 각각의 해당 지역에 배치하는데 좀 더 유리한 고지를 점한 것으로 보인다. 독일 특유의 이런 분산현상은 커다란 장점인 동시에 이 나라에 많은 수의 히든챔피언들이 존재하는 이유이자 탁월한 수출성적에 대한 이유이기도 하다.

2) 낮은 단위노동비용

단위노동비용은 노동비용과 업무생산성 간의 관계를 바탕으로 하여 산출된다. 많은 사람들이 지난 10년간 독일의 수출성적이 단위노동비용이 낮은 수준으로 유지된 덕을 톡톡히 보았다고 주장한다. 이런 주장을 반박하기란 어려운 일이다. 독일의 2002년부터 2010년까지 단위노동비용은 거의 매년, 극단적인 위기가 닥쳐왔던 2009년을 제외하고는 온건하게 상승하는 수준에 그쳤을 뿐만 아니라 심지어 5년간 하락했다.

같은 기간 동안 다른 나라 특히 유럽국가들의 단위노동비용은 큰 폭으로 상승했다. 프랑스는 심지어 26.0퍼센트나 상승했다. 반면 독일의 단위노동비용 상승률은 고작 6.3퍼센트에 불과했다. 그 결과 관찰기간 동안 독일기업들의 경쟁력은 현저하게 개선되었다. 그 이전 몇 년 동안 독일의 경쟁력은 악화일로를 걸었다.

국내구매력을 지나치게 손상시키지 않으면서 국제적인 경쟁력을 유지하는 것, 바로 이것이 우리가 풀어야 할 문제의 핵심이다. 어쨌거나 독일내부의 고용상황은 성공적인 수출과 수출성공을 장려하는 낮은 단위노동비용의 덕을 톡톡히 보고 있다.

3. 지정학적 배경과 전략의 중심지

(1) 입지적 조건과 경쟁력

독일의 뛰어난 수출역량에 대한 또 다른 원인은 독일어권이 전략지정학적으로 중심지에 자리잡고 있다는 사실이다. 이런 입지는 다른 서유럽국가들과 비교했을 때는 큰 장점으로 작용하지만 미국이나 아시아와 비교하면 확실히 독일에게 유리하다. 독일은 유럽뿐만 아니라 지구전체에서 전략지정학적인 중심지에 자리잡고 있다. 이런 점에서 독일어권의 위치는 가히 독보적이라고 할 수 있다. 전 세계적인 차원에서 보았을 때 중도의 제국은 중국이 아니라 독일어권 국가들 그리고 그와 국경을 접한 국가들이다.

글로발리아에서는 시간대를 초월한 커뮤니케이션과 지식 및 정보의 교환, 여행과 협력이 증가할 것이다. 이미 지금도 각 기업들은 더욱 빨라지기 위해서 개발프로젝트를 태양과 함께 전 세계를 이동시키고 있다. 머나먼 여러 나라에 콜센터가 들어서 있다. 언제나 지구 그 어딘가는 낮이다. 기업들은 이것을 십분활용한다. 이 모든 일들을 가능하게 해주는 전 세계적인 커뮤니케이션 인프라가 최근 몇 년 사이에 대규모로 구축되었다. 오늘날에는 세계에서 가장 동 떨어진 오지에도 텔레커뮤니케이션과 인터넷, 비행항로가 닿아있다. 팩스, 이메일, 보이스메일 덕분에 동시적인 의사소통이 가능해졌다. 그 결과 지금은 동시적인 근무시간에 의존하지 않게 되었다. 텔레커뮤니케이션 비용도 무시해도 좋을만큼 낮아졌다. 이를 통해서 국제적인 분업이 제공하는 여러 가지 장점들이 전례없이 활발하게 이용되고 있다. 거리, 시간차, 국경이 전통적인 의미를 부분적으로 상실했다. 혹자는 벌써부터 한껏 행복감에 도취된 어조로 거리와 시간차의 소멸을 입에 올린다.

세계화는 전 세계가 곧 시장임을 의미한다. 이런 사실은 고도의 고객친화성, 그중에서도 특히 고위고객에 대한 고도의 친화성과 결합하여 전 세계적인 커뮤니케이션과 여행을 불가피한 요소로 만들고 있다. 따라서 입지가 전략지정학적인 차원에서 새로운 중요성을 획득하게 되었다. 그리고 이 부분에서 독일어권 국가들은 독보적인 이점을 보유하고 있다.

독일어권 국가들과 그와 경계를 접한 국가들은 근무시간을 조금 늘이기만 하면 근무시간내에 유라시아 대륙 및 아메리카 대륙전역과 커뮤니케이션을 할 수 있는 유일한 지역이다. 이렇게 할 수 있는 이유는 지구가 '삼각형 형태'이기 때문이다. 유라시아 대륙과 대서양 양쪽 그리고 태평양지역이 이 삼각형의 세 면을 구성한다. 그중 유럽은 정확하게 양쪽 '육지'의 중간에 자리잡고 있다

이처럼 전략지정학적인 중심지라는 독보적인 위치는 독일어권내에 그처럼 많은 세계시장 선도기업이 존재하는 한 가지 중요한 요인이 된다. 이곳에서는 세계 어느지역보다도 간단하고 수월하게 세계시장에 접근할 수가 있다. 이처럼 변하지 않는 사실을 근거로 우리는 세계적인 기업들이 점차 서유럽에 거점을 두리라고 예측한다.

수많은 독일기업들이 유럽의 중심부이자 전략지정학적인 중심부로서 독일이 지닌 이점을 활용하여 명백하게 이득을 보았다. 세계화추세가 점차 강화됨에 따라 유럽 및 세계의 중심부라는 입지적인 장점이 한층 더 강하게 부각될 것이다.

(2) 직업교육시스템

까다로워질수록 이런 능력이 갖는 중요성도 더욱 커진다. 2010년에 실시된 한 조사에서 경제협력개발기구는 17개 국가의 직업교육실태조사하고 독일이 그 분야에서 매우 뛰어나다는 결론을 내렸다. 독일교육연구부 장관인 안네테 샤반은 그런 조사결과에 대해서 다음과 같이 논평했다. 직업교육은 독일교육시스템에서 가장 중요한 부분이다. 독일의 직업교육은 독일기업의 제품품질과 생산성의 근간을 이루는 가장 중요한 토대다. 양질의 전문인력을 독일만큼 많이 보유한 나라는 그 어디에도 없다.

고도의 능력은 노동자나 대학교육을 받은 인력에게 매우 중요한 위치를 점하고 있다. 제품이 점점 더 복잡하고 독일의 직업교육은 단지 국내에서만 평판이 좋은 것이 아니라 세계적으로도 좋은 평판을 받아왔다. 브뤼셀에 있는 독일 산업무역상공회의소 EU대표단에서 직업교육과 교육정책을 담당하는 바르바라 파비안은 다음과 같이 평가한다. 전 세계적으로 독일산 직업교육에 대한 문의가 빗발치고 있다.

독일식 본보기를 따른 새로운 방식의 직업교육계획건수와 규모가 상당한 수준에 이른다. 이때 독일기준에 부합하는 직업교육을 받은 전문인력에 대한 독일회사의 수요가 핵심 원동력으로 작용

한다. 한 마디로 다른 나라에서는 그 같은 전문인력을 찾을 수가 없다. 이런 상황에서 자체적으로 그런 인력을 교육하는 것보다 더 좋은 방법이 어디에 있겠는가? 대부분의 경우 이런 교육은 다른 독일기업들 그 중에서도 특히 히든챔피언들이나 교육계획을 적극적으로 지원하는 상공회의소와의 협력하에 이루어진다.

우리는 전 세계적으로 교육의 상업화현상을 목격하고 있다. 이런 상황에서 이원적인 직업교육이라고 해서 안 될 이유가 있는가? 공공 민간파트너십을 구축하여 이것을 추진할 수도 있고 순수하게 민간기업 차원에서 이를 행할 수도 있다. 교육비 지급주체는 직업교육 대상자보다도 오히려 고용주가 될 것이다. 인터넷이 국제적으로 계획된 그 같은 프로젝트의 실행을 수월하게 만들어주는 한편 그것을 지원해줄 수 있다.

그런데 과연 직업교육으로 수익창출도 가능할까? 이 질문에 대해 아직 명확한 답변은 없다. 그러나 한 번쯤 시도해볼 만한 가치가 있는 것만은 분명하다. 어쩌면 이를 통해서 독일기업들이 수출뿐만 아니라 전 세계를 대상으로 한 교육활동에서도 지속적인 성공을 구가할 수 있는 토대가 마련될 수도 있다. 심지어 이 부분에서 새로운 히든챔피언이 탄생할지도 모를 일이다.

(3) 정신적, 문화적 국제화

역사를 들여다보면 국제적인 사업활동이 이루어질 때마다 늘 그에 참여한 사람들의 문화적인 지평이 함께 확장되었음을 알 수 있다. 문화적인 지평의 확장은 사업국제화를 위한 전제조건인 동시에 결과이기도 하다. 그 같은 경험은 고대 페니키아인들과 마르코에게까지 거슬러 올라간다. 그 옛날 당시 알려진 세계전체를 자신의 무역반경으로 삼았던 안톤푸거는 이렇게 말했다. 최고의 언어는 바로 고객의 언어이다.

국제적으로 성공을 거둔 기업가들은 외국어를 섭렵하고 다른 민족의 문화를 익히고 도화적인 세련미로 두각을 드러낸다. 그 어느 때 보다도 오늘날 이런 요건들이 절박하게 요구된다. 그렇다면 독일어권 기업들은 이 분분에서 얼마나 뛰어난 성적을 기록하고 있을까? 스위스는 4개 국어를 사용한다는 이유만으로도 이미 정신적, 문화적 국제화에서 앞서 나간다. 룩셈부르크의 상황도 이와 비슷하다. 오스트리아는 문화적, 언어적 다채로움에 빛나는 위대한 전동을 지녔다.

독일도 규모가 큰 다른 나라들과 비교했을 때 성적이 그리 나쁘지 않다. 도로 밀링머신 제작부문에서 세계시장을 이끄는 비르트겐의 창립자인 고 라인하르트 비르트겐은 이미 오래전에 내게 이렇게 말했다. 우리에게는 늘 세계 어느쪽에든 단기적으로 투입할 수 있는 팀이 필요하다. 현재 우리는 그런 파견업무를 수행할 만반의 준비가 된 사람들을 충분히 확보하였다. 알래스카든 사하사막이든 우리는 최단시간 안에 파견팀을 꾸릴 수 있다. 국제적으로 비교해보았을 때 이것은 경쟁상 큰 장점으로 작용하고 있다.

고등학생, 대학생 혹은 실습생자격으로 쌓은 해외경험도 세계화를 위한 중요한 정신적인 기반을 제공한다. 이때 우리는 두 방향을 동시에 관찰해야 할 것이다. 2009년을 기준으로 약 11만 5,500명의 독일대학생이 외국대학에서 공부를 했다. 이는 전체 독일대학생의 6.2퍼센트에 해당하는 수치다. 비록 1980년 이후로 그 수가 7배 가까이 늘어나긴 했지만, 대학재학 기간동안 해외경험을 하는 대학생 수가 증가를 보이고 있다.

국제적인 인력개발과 관련해서는 기업들 간에 큰 차이가 있다. 이는 히든챔피언들에게도 마찬가지로 적용되는 사실이다. 해외경험을 경영진의 자격요건 중 하나로 명시적으로 언급하거나 이것을 승진을 위한 필수조건으로 요구하는 기업은 소수에 불과하다. 그러나 글로발리아 시대가 다가오면 해외경험은 더 높은 지위로 승진하기 위한 필수조건이 될 것이다.

국제적인 전략, 아주 근사하고 현대적인 느낌을 자아내는 말이다. 그러나 그것을 실천에 옮기려면 국제적으로 생각하고 느끼고 행동하는 직원들이 필요하다. 바로 이런 이유로 정신적, 문화적 세계화는 국제적인 전략을 성공적으로 이행하기 위한 필수 전제조건이 된다. 따라서 전략을 이행하기에 앞서서 반드시 정신적, 문화적 세계화가 최소한 몇 년 정도는 선행되어야 한다. 다른 나라들과 비교해 보았을 때 이 부분에서 독일기업들은 우수한 성적을 거두고 있다. 이런 사실은 글로발리아에서 그러니까 과거와 현재보다는 미래에 성공을 거두기 위한 중요한 토대들 가운데 하나다.

(4) Made in Germany

'Made in Germany'라는 원산지 표시는 1887년 영국인의 압박으로 도입되었다. 당시 영국인은 독일산 상품을 질적으로 수준이 크게 떨어지는 상품으로 부각시키려는 의도를 품고 있었다. 그러나 세월이 흐르면서 'Made in Germany'라는 표시가 최상급품질 인증마크로 변모했다. 이것은 처음에 이 표시를 도입한 사람들이 의도한 바도 아니었고 또 예상했던 일도 아니었다. 오늘날 'Made in Germany'가 지닌 가치의 이변에는 독일기업들의 최고수준이 숨겨져 있다.

독일경제연구소 소장 미하엘 휘터는 이와 관련하여 이렇게 말한다. 독일 산업계가 보유한 수출능력은 무엇보다도 제품의 품질을 통해서 설명될 수 있다.

'Made in Germany'와 그 배후에 숨겨진 우수한 품질이 독일의 지속적인 수출성공에 근본적으로 기여했다는 것만큼은 의심할 여지없는 사실이다. 영국의 악박이 독일기업의 반사적 대응능력을 촉진시켜 독일의 번역의 촉진제역할이 되었다.

 독일기업 문화와 독일의 미래

(1) 국가는 왜 실패하는가

제임스A. 로빈슨이 2012년 출간한 저서에서 도출해낸 가장 중요한 인식은 다름아닌 제도의 중요성이다. 사실 이것은 이 책에서 심도깊게 다루기에는 지나치게 복잡한 주제다. 다만 사유재산권과 사법권독립, 법적안정성, 부정부패의 부재, 공정한 세금체계, 선택의 자유 등이 복지와 국제경쟁력 제고를 위한 필수불가결한 요소라는 사실을 지적하고 있다.

비록 독일관료주의의 복잡함을 비판하는 목소리가 많은 것은 사실이지만, 그럼에도 불구하고 전체적으로 보면 그에 찬사를 보내야 마땅할 것이다. 한 가지만 예를 들어보겠다. 지금까지 세계 약 20개국에서 회사설립의 절차를 보면 독일보다 간단한 나라는 단 한 곳도 없었다. 〈미래의 경제트렌드〉를 보면 독일관료주의의 효율성을 입증하는 또 다른 일련의 예들이 제시되어 있다.

(2) 독일의 미래

오늘날의 세계에서 독일이 수행하는 역할을 주로 과거와 현재의 측면에 비추어 분석해 보았다. 그러나 이보다 더 흥미로운 문제는 글로발리아에서 독일에게 주어질 역할이 어떤 형태를 취할 것인가, 또 취해야 할 것인가다. 이 문제 및 그 배후에 숨겨진 도전과 관련해 무엇보다도 중요한 것은 세계의 발전과 독일의 역량을 조화롭게 일치시키는 일이다. 이 같은 도전은 강도 높은 적응을 요구한다.

그러나 적응의 형태는 혁명적이기보다는 오히려 진화적인 형태를 취할 것이다. 이미 확인한 바와 같이 독일과 독일기업은 세계적인 경쟁에서 우수한 성적을 기록하고 있다. 경제규모가 큰 국가들 그러니까 소위 G7 국가 가운데 독일은 2011년에 이른바 세계화지표에서 영국을 앞질렀고, 현재는 세계화가 가장 강도높게 진행된 나라로서 자리잡고 있다.

과거에 독일에게 성공을 안겨준 독일의 국제화능력은 미래에도 그대로 유지되어야 한다. 독일은

2007년 이후에 찾아온 위기를 다른 산업선진국들보다 훨씬 더 효과적이고 신속하게 극복해냈다. 이 일을 계기로 외부에서 독일을 바라보는 시각도 완전히 달라졌다. '유럽의 환자'에서 '유럽의 기관차'로 변모한 것이다. 이런 맥락에서 전 세계가 독일경제 그 중에서도 특히 중소기업에 대해 강한 관심을 갖게 되었다. 생산기반은 이제 후진성의 징표가 아니라 장점으로 간주된다.

〈파이낸셜 타임스〉 특파원이자 국제적인 경쟁상황에 정통해 있는 피터마쉬는 독일중소기업과 관련하여 다음과 같은 결론을 내렸다. "틈새기업들은 새로운 산업혁명이 확고하게 정착될 때면 성공대열에 끼게 될 것이다. 독일기업들은 이미 강도높게 국제화되어 있고, 많은 시장에 진출해 있으며 주도적인 시장입지를 점유하고 있다고 말했다. 의심할 여지없이 경쟁, 특히 중국같은 개발도상국발 경쟁이 앞으로 더욱 더 치열하고 첨예하게 펼쳐질 것이다.

독일의 우선적인 과제는 강자의 입지를 유지하는 선에서 그치지 않고, 계속해서 그것을 확장해 나가는 것이다. 이렇게 하려면 독일의 내부역량을 강화하는 한편 이에 병행하여 새로운 목표시장으로 역량을 이전하는 일이 동시에 요구된다. 여기에 덧붙여, 무엇보다도 독일인구가 점점 줄어드는 상황에 직면하여 전 세계 최고인재들을 확보하고 영입해야만 한다. 이것은 대기업과 중소기업 모두 동일하게 요구되는 사항이다.

(3) 핵심요약

1986년 사상 최초로 수출 세계챔피언 타이틀을 획득한 이후로 독일은 전 세계적인 경쟁에서 두드러지는 역할을 수행한다. 독일은 중국과 더불어 세계화의 최대수혜자다. 이장에 소개된 가장 중요한 사실들을 요약하면 다음과 같다.

1) 1인당 수출액

국민 1인당 수출액에서 독일은 규모가 큰 모든 나라를 크게 앞서 있다. 미국, 일본과 비교했을 때도 그렇지만, 서유럽에 있는 이웃국가들과 비교해도 결과는 마찬가지다. 이런 주변국들은 전략지정학적인 중심부라는 입지적 유사성에도 불구하고 독일에 크게 뒤쳐져있다.

2) 독일기업들은 주로 틈새시장에 초점

독일은 결코 그 수출력을 손상해서는 안 될 것이다. 앞으로도 계속해서 독일은 수출에 전념해야 할 것이다. 독일기업들은 주로 시장이 협소한 분야에 초점을 맞추고 있기 때문에 충분한 규모의 시장을 확보하려면 반드시 전 세계를 대상으로 활동을 펼쳐야만 한다.

3) 대기업보다는 중소기업

독일의 성공적인 수출성과는 대기업보다는 중소기업에 기반을 둔다. 그 중에서도 히든챔피언들이 특별히 돋보인다. 독일은 다른 어떤 나라보다도 많은 히든챔피언을 보유하고 있다. 스위스, 오스트리아, 룩셈부르크도 인구 대비 히든챔피언의 수가 독일과 비슷하다.

4) 지방분권적인 특징

독일에 유독 히든챔피언이 많은 데는 여러 가지 이유가 있다. 19세기 소국분립주의, 독일이 보유한 전통적인 역량, 지방분권적인 특징 등이 이에 해당한다. 특히 후자는 기업들을 나라전체에 비교적 균등하게 분산시키는 결과를 낳았다.

5) 단위노동비용의 온건한 상승

독일의 지속적인 수출성공에 대한 또 다른 원인은 독일제품이 지닌 높은 명성과 품질('Made in Germany'), 단위노동비용의 온건한 상승, 예나 다름없이 강력한 생산기반과 이원적 직업교육시스템에 있다.

6) 지리가 전략지정학적 중심

입지적 조건은 독일을 거점으로 한 세계적인 사업운영을 한층 더 수월하게 해주는 한편(이런 사실은 다른 서유럽국가에도 동일하게 적용된다.), 미국과 아시아를 거점으로 하는 경우와 비교했을 때 경쟁상의 이점을 제공한다.

7) 정신적인 세계화 진행

국제적인 사업의 중요한 기반인 정신적인 세계화 진행사항을 살펴보면 규모가 큰 다른 나라들보다도 독일이 앞서 있다(그러나 규모가 작은 나라들을 뛰어넘지는 못하고 있다.).

8) 독일의 강점과 역량을 세계적

앞서 설명한 독일의 강점과 역량은 글로발리아에서도 중요해질 것이며, 심지어 중요도가 더욱 커질 수도 있다. 문제의 핵심은 독일의 강점과 역량을 세계적인 발전노선과 결합하는 것이다. 이렇게 하려면 독일내 역량을 강화해야 할 뿐만 아니라 미래의 목표시장으로 역량을 이전하는 조치가 추가로 요구된다.

9) 독일의 미래에 다가올 글로발리아

전체적으로 이번 장에서 우리는 중대한 실수를 범하지 않는 한, 독일이 미래에 다가올 글로발리아에서도 탁월한 역할을 수행할 것이라는 결론을 도출했다. 이 일이 얼마만큼 성공리에 진행될 것인지 여부는 무엇보다도 히든챔피언들의 손에 달려 있다.

경영 성공포인트 8

1. 감사하는 마음으로 비평을 받아 드려라

성공하는 사람은 남들의 비평에 다른 사람에게 귀를 기울일줄 안다. 그래서 그들은 타인의 지식과 지혜를 폭넓게 받아드려 성공의 풍부한 자양분으로 살아간다.

타인이 비평할 때 변명이나 논쟁을 벌리지말고 진진하게 귀를 기우려라. 그리고 공감대를 찾아내라. 혹시 악의적인 비평이라 할지라도 민감하게 반응하지 마라 성공하거나 유명한 사람일수록 비판을 많이 받는다. 혹독한 비평은 당산의 관심도가 그만큼 높다는 것이다.

2. 사소한 일에도 열정과 신념을 가지고 도전하라

나는 해야 한다. 그러므로 나는 할 수 있다라는 자신감과 신념이 행운의 출발점이다. 인생에 있어서 아무리 거대한 꿈이 있다 하더라도 불가능한 이유만을 생각하면 꿈은 이룰 수 없다. 반대로 현실가능한 것만을 찾으면 마음이 안정되고 자신감과 용기가 생기고 의욕과 활기가 솟아오른다. 신념이란 마음의 상태를 가르키며 신념이 바로 당신의 인생에 기적을 가져온다.

참·고·문·헌

- 조병선(2012)독일 히든챔피언 "지속가능한 경쟁우위"한국질서경제학회 국제학술대회 주제발표자료
- 조병선(2012)"독일 히든참피언의 지속가능한 성장요인과 정책적 시사점" 한국 중견기업학회 추계정책세미나 주제발표자료.
- 조병선. 김익성(2012) 기업가정신 재조명과 한국형 강소기업 육성방안에 대한 연구, 독일 히든챔피언 사례를 중심으로 중소기업연구원.
- 김갑수(2011) 독일정부의 중견기업육성을 위한 연구력량 강화지원정책. 한국생산기술연구원
- 김승일(2009)"독일 중소기업의 경쟁력실태 분석 및 정책적 시사점연구 중소기업연구원
- 정두식(2010)산업경제연구 제23권 제5호 장수 중소기업의 성공요인에 관한 실증적연구. 창원지역 장수 중소기업을 대상으로
- 백년기업. Handa Junichi 지음 정영권 옮김. 초우량기업의 특징
- 히등챔피언 헤르민 지몬이 말하는 독일기업의 13가지 강점 blog.daum.net
- 한국형 히든챔피언 기업의 발전전략에 관한 연구 : 경쟁력 지수에 의한 SWOT/AHP 기법을 중심으로 강남대학교 일반대학원 : 경영학과 정윤계 2014. 8
- 한국 중견기업의 성장과 세계화 전략 : 제조업을 중심으로 : 경성대학교 대학원 : 경제학과 이론경제학 강윤근 2015. 8
- 히든챔피언 글로벌 원정대. 온 세계를 시장삼아 거침없이 진출하기 위한 핵심전략!
- 선진기업의 조건 품격경영, 유한주 지음 KSAM 발행

제5장

일본 중소기업 문화와 사회적 책임

용어 정리

- CSR.(Corporate Social Responsibility) : 기업의 사회적 책임
- QC.(Quality Control) : 품질관리
- TQC.(Total Quality Control) : 전사적 품질관리
- TFP(Total Factor Productivity) : 총소요 생산성
- OEM(Original Equipment Manufacturing) : 주문자 상표부착생산
- ICT(Information and Communication Technologies) : 정보기술과 통신기술
- IT(Information Technology) : 정보기술

제1절 일본 중소기업 지속성과 강소화

 위기극복의 기업문화 친화성

(1) 잃어버린 20년

일본경제는 1990년대의 거품경제붕괴부터 현재에 이르기까지 잃어버린 10년이 아닌 20년으로 불리는 긴 디플레와 PIP불황에 의해 큰 타격을 입어 왔다. 나아가 2008년의 리먼쇼크에 의한 100년에 한 번이라고 하는 경제위기와 2011년의 동일본 대지진의 재해 및 후쿠시마 제1원전 사고라는 인재까지 발생하고 있다. 이러한 위기의 결과로서 몇몇 금융기관의 파탄과 이합집산이전에는 일본경제를 지탱하고 있던 대기업 전기메이커나 반도체메이커의 소멸과 몰락 등의 우려를 목전에 두고 있는 비상한 심정으로 대처하고 있다. 그러나 일본경제는 아직도 세계 제 3위의 GDP를 자랑하고 경상수지도 흑자를 견지하고 있다.

이 탄탄한 일본경제의 견고함을 이끄는 요인은 도대체 어디에서 나오는 것일까?. 우선 경제활동의 원천인 기업수와 그 구성내용에서 일본기업의 특징을 살펴보자 '중소기업 백서개요'(2016)부터 일본기업의 주된특징은 전체기업체 중 99.7%(381만두)가 중소기업으로 구성되어, 전체종업원 중 70.1%가 중소기업에 속해있는 것을 알 수 있는 5개의 경제적 구조는 지난 20년간 대체로 변화하지 않은 이들의 특징이 시사하는 것은 중소기업이 긴 불황 아래에서 중요한 경제주체로서 일본을 지탱하고 있었다는 점이다.

그리고 노동인구의 70%가 낮은 실업률을 유지해 일본경제와 사회의 안정에 크게 공헌하고 있는 것이다. 중소기업은 대기업의 그늘에 숨은 검은글씨로 보이기 쉽지만, 일본경제의 안정적 요소로서 결코 무시할 수 없는 존재라 할 수 있다. 일본기업의 경상이익추이를 보면 사람기업의 그것은 경기에 크게 호응하고 있지만 중소기업은 변동의 비율이 적다는 것을 알 수 있다.

만일 중소기업에 있어서의 경상이익이 경기와 연동해 크게 변동하는 경우 일본경제는 큰 타격을 입는 것이다. 그렇지만, 대기업에 비해 경영자원이 취약한 중소기업이 왜 일본경제를 지탱할 수 있을 정도의 견고함을 가지고 있는 것일까. 사람. 물건. 금. 정보라고 하는 종합적인 경영자원에서

그림 5-1 기업의 위기관리 조직운영 능력구축 모형

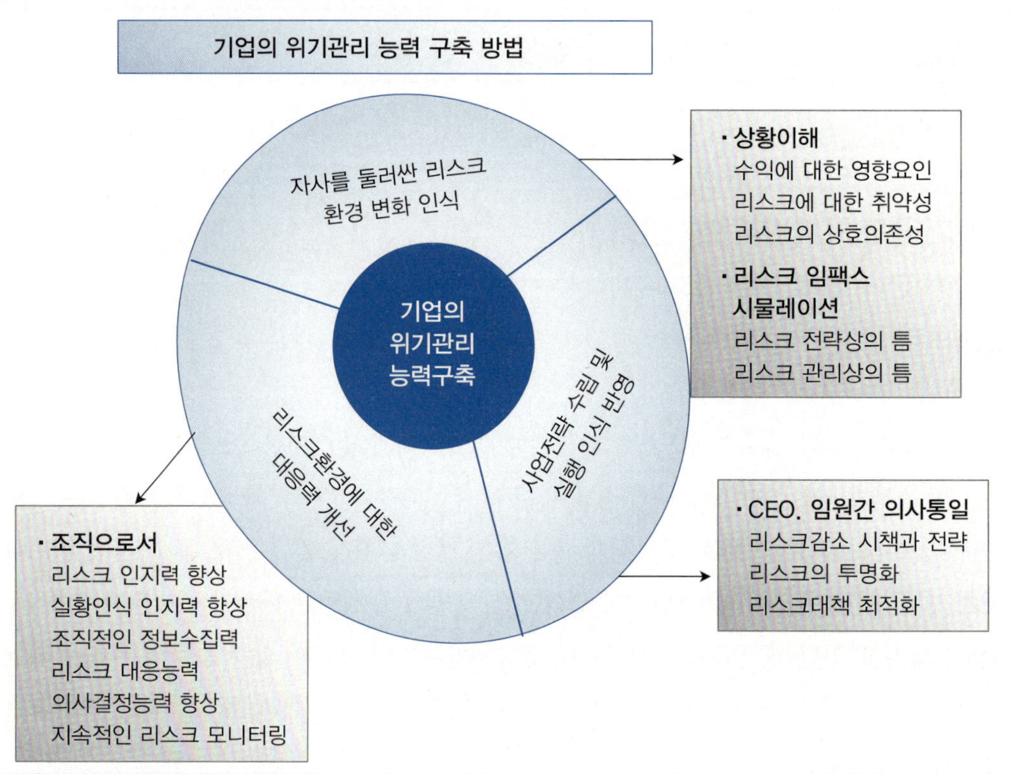

중소기업이 대기업보다 뒤쳐지는 것은 분명하다. 본 연구는 이 점을 리서치 중요문항으로서 일본에서의 중소기업 강도의 본질을 밝히는 것을 목적으로 하고 있다.

중소기업에서의 탄탄함의 요소를 검증한 선행연구의 리뷰를 실시하고, 선행연구의 과제를 근거로 본 연구의 가설을 명확히 한다. 일본의 중소기업 문화가 일본문화로부터 영향을 받고 있음을 검증하기 위해서 일본문화의 형성에 있어서의 종교 및 사상적 배경의 변천을 고대부터 근대에 걸쳐 살펴보도록 한다. 일본의 중소기업 문화를 사람·물건·금전·정보 이른바 경영자원 관점에서 분류하고, 그 특징을 밝힌다. 그후 일본의 중소기업에 있어서의 강점을 검증한 선행연구로부터 얻은 과제를 토대로 하여 일본의 문화적 특징과 중소기업 문화의 공통점으로부터 일본에서의 중소기업의 견고함에 대해 논한다.

기업은 언제나 위기에 직면할 수 있고 위기를 극복할 수 있는 시스템구축이 필요하다. 일본기업인들은 위기를 극복하는 위기관리능력을 어떻게 구축실행하는지 모형을 통해 살펴보고 대안을 수립하는 것도 경영학 공부의 한페이지라 하겠다.

(2) 중소기업 강도의 본질을 탐색

1) 일본 중소기업 강도의 본질

본절은 일본에서의 중소기업 강도의 본질을 탐색하는 것이 목적이다. 본절에서는 일본 중소기업의 특징이나 우위성을 검증한 선행연구를 다루기로 한다. 나카무라(1992)는 일본의 중소기업이 강한 이유를 "중견기업"의 존재에서 찾고있지만. 중견기업을 자본금 5천만엔에서 10억엔 정도이면서 직접 금융이 가능한 규모의 새로운 세력기업이라고 정의해 종전의 대기업인가 중소기업인가 하는 이중구조론을 부정하고 있다.

중견기업은 대기업과 소규모사업 등을 포함한 중소기업 사이에 끼여있지만 시대를 앞서가는 경영전략이나 독자기술에 의한 이노베이션 등 혁신형 경영이 강도의 원천이라고 지적했다. 이러한 중견기업에 속하는 중소기업이야말로 일본경제의 강력한 기반이며 중견기업은 21세기에 더욱 증가한다고 한다. 한편 기업과 경영자 개인의 가계의 구별도 할 수 없는 공사혼동형의 오너경영자나 종업원을 신뢰할 수 없어 권한이양을 할 수 없는 구형의 중소기업의 비즈니스 찬스는 한층 좁아질 것이라고도 논하고 있다.

2) 중소기업 특성의 분류 세 가지

첫 번째, 대기업에 대한 비조직적 의사결정의 역할이 크다는 점이다. 많은 중소기업들은 소유와 경영이 분리돼 있지 않지만 그 결과로 신속한 의사결정과 유연한 기업행동이 뛰어나다는 점을 지적하고 있다. 또, 일본을 포함한 선진국에서는 중소기업이 가지는 쇄신기능이 경제를 활성화시킨다고도 말하고 있다. (키요나리 · 다나카 · 항1996)

두 번째 특성은 중소기업의 시장점유율이 낮고 정상적으로 시장경쟁에 노출되어 있는 것이다. 중소기업은 시장메커니즘의 구현자로 어려운 생존환경이 중소기업의 강인함을 낳는다는 점이 지적되고 있다.

세 번째로 중소기업이 보유한 경영자원은 대기업과 비교해 절대량과 범위가 한정돼 있어 경영자원의 부존상황격차가 있음을 들었다. 이를 위해 중소기업들은 대기업과 경합하지 않는 틈새시장 특화와 독자기술로 제품을 차별화하기로 했다. 한편, 대기업에 의한 외부자원의 활용을 이용해 대기업과의 하청생산관계의 체결 등 쌍방공생형에 의한 존속형태의 존재도 논하고 있다.

3) 생존요인 창조적 중소기업

창조적 중소기업의 생존요인을 경영전략과 조직 매니지먼트의 시점으로부터 실증연구를 통해서 분명히 하고 있다. 이 연구에서는 창조법을 통해 정부로부터 인정을 받은 일본의 중소기업을 "창조적 중소기업"으로 정의하고 있다.

- 창조적 중소기업의 생존에 영향을 미치는 요인이 무엇인지
- 해저드가 높은 청년기업의 생존에 영향을 미치는 요인은 무엇인지
- 성장궤도에 있는 중소기업의 존속과 소멸에 영향을 미치는 요인을 세 가지로 설정됐다.

4) 창조적 중소기업의 매니지먼트

실증연구의 결과로부터 창조적 중소기업의 매니지먼트 변용에 관련되는 중요한 생존요인에 대해 4개의 점이 밝혀지고 있다.

- **첫 번째** : 창조적 중소기업이 비용중시의 경영전략을 억제하면 생존가능성도 저하되는 것이다. 이것은 중소기업이라고 해도 가격경쟁에 견딜 수 있는 코스트 우위성을 만들어 낼 필요성을 시사하고 있다.
- **두 번째** : 차별화된 자사의 독자적인 제품개발에 임하는 적극적인 전략이 창조적 중소기업의 생존가능성을 보다 높이는 결과가 나타났다. 틈새시장에서 고객이 필요로 하는 상품을 시행착오하면서 혁신적인 기술이나 제품개발의 필요성을 지적하고 있다.
- **세 번째** : 경영총수에 의한 현장에의 권한이양이나 리스크에의 도전이 약해지면 기업의 존속가능성도 저하하는 것이 밝혀졌다.
- **네 번째** : 최고 경영스타일이 과거의 성공체험이나 관습에 얽매이지 않고, 현실의 경영과제에 유연하게 환경에 적응할 수 있는 궤도수정능력을 가진 경우, 기업의 존속의 가능성이 높음이 제시된 것이다.

요컨대, 창조적 중소기업 중에서도 선구적인 경영전략의 자세, 혁신적인 태도, 리스크지향으로 구성되는 기업가적인 경영전략, 지향성의 개념을 일체적으로 혹은 각각의 특징을 고무하고 시장에 도입하는 것이 기업의 존속과 성장관리의 중심과제라고 논하고 있다. .

그렇지만, 나카무라(1992)에서 다루어지고 있던 리서치·사이트는 중소기업기본법에 근거하는 중소기업만이 아니고, 당시의 매장공개나 도쿄증권에 상장하고 있는 기업도 많이 볼 수 있었다.

중견기업론은 지금은 일반화된 저명한 이론이지만 일반적으로 비상장기업이 주체인 일본의 중소기업이라는 관점에서 중견기업의 특징과 강도가 중소기업의 그것과 같다고 보는것은 곤란하다.

키요나리 · 다나카 · 미나토(1996)는 H개의 중소기업은 시장메카니즘의 구현자이며, 어려운 경쟁하에서 틈새시장이나 차별화 제품을 창출하고 있다고 논하고 있다. 그렇지만, 해외의 중소기업도 같은 어려운 시장환경속에 몸을 두고있는 것이다. 왜 일본의 중소기업은 차별화된 기술이나 제품을 낳을 수 있는 것일까. 해당 연구에서는 그 요인이 밝혀지지 않았다.

에지마(2014)의 검증은 구미의 기업가적인 전략지향성(Entrepreneurial Orientation)에서의 선행연구결과와 거의 같으며, 해당 영역의 보편적 실증에 기여하는 귀중한 연구라고 생각된다. 그러나 이 연구는 중소기업의 보편적 특징을 검증한 것으로 일본 독자적인 중소기업의 강도에 대해 찾아내는 것은 어렵다. 이와 같이 본절의 리뷰만으로는 일본에서 중소기업으로서의 강점에 대해 그 요인을 검증하는 것은 곤란하다는 것이 밝혀졌다.

(3) 일본 중소기업의 강도와 본질

본절은 일본의 중소기업 강도의 본질을 탐구하는 것이다. 왜 일본의 중소기업은 한정된 경영자원속에서 선행연구에서 지적된 바와 같이 혁신적 경영이나 독자기술에 의한 차별화제품을 창조하는 것이 가능한 것일까. 일본적 경영의 일반적인 특징은 "3종의 신기" 즉 종신고용 · 연공서열 · 기업별 조합이 유명하다. 그러나 세 가지 신기는 어디까지나 일본적 경영을 뒷받침한 수단이며, 그 근저로서의 개념은 가족주의에 있다고 생각된다.

예를 들어 이데미쓰 흥산의 창업자인 이데미쓰 사조가 사시(社是)로 삼고있던 대가족주의 등이 거기에 해당한다. 이데미쓰 삼삼(三三)이 내건 경영방침은 다음과 같다.

인간존중 · 대가족주의 · 독립자치, 황금의 노예가 되든 생산자에서 소비자로, 이데미쓰 사조의 친자이자 이데미쓰 흥산 명예회장의 이데미쓰 쇼스케씨는 대가족주의에 대해 다음과 같이 말하고 있다.

그 중에서도 대가족주의에 대해 아버지는 이렇게 설명하셨다. 일단 이데미츠 상회에 들어간 사람은 집안에 아이가 태어난 기분으로 가고 싶다. 가게안의 모든 일들은 부모이사 사식이며 형이자 동생이라는 마음으로 해결해 나가는 것이다. 이데미츠 상회는 직원을 자르지 않는다는 것이 상식으로 되어있다. 직원들이 잘린다고 생각하는 사람은 한명도 없다고 생각한다.(데미쓰, 2016. 7.) 삼종의 신기가 아니라 이 경영사상이야말로 일본적 경영의 근간이라고 해야 할 것이다.

그림 5-2 중소기업의 조직오퍼레이션 시스템

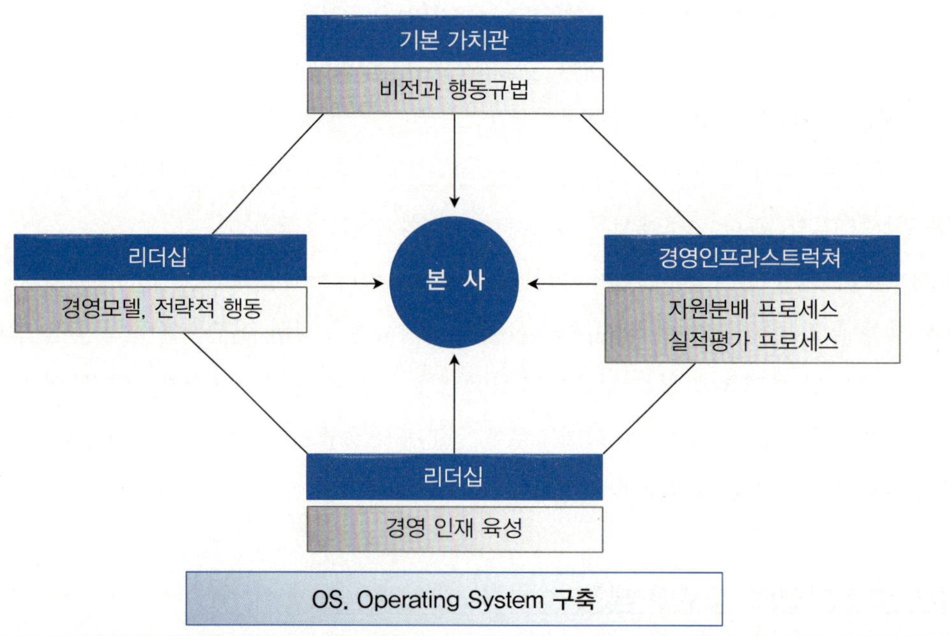

글로벌화된 대기업에서는 볼수 없게된 가족주의 즉, 일본적 경영의 근간적 사상이 만약 일본의 기업문화가 중소기업의 강도의 원천이라고 한다면, 기업문화가 그 나라 문화로부터 일정한 영향을 받는다는 전제위에서 그 요인을 일본문화 그 자체에서 찾을수 있지 않을까 한다. 즉 일본의 중소기업문화는 일본문화와 공통된 요소를 가지고 있으며, 거기에서 어떤 영향을 받아 그것이 독자적인 견고함이 되어있을 가능성이 크다. 따라서 본 연구의 가설은 다음과 같이 설정한다.

일본 중소기업 위기극복의 본질은 경영강도에 있으며 일본의 중소기업문화에 기인된다. 일본문화와 공통된 요인을 가지고 있다. 인간존중·대가족주의·독립자치의 능력배양의 중심선상에서, 일본의 중소기업의 강도와 번영은 일본문화배경의 공통요소에 기인한다.

2. 일본 중소기업 역사와 문화

(1) 기업문화와 경영이념

기업문화란 경영이념과 가치관으로 구성되는 것으로 정의하고 기업의 홈페이지에서 기업문화에 관한 정보를 정량화한 다음, 일본기업과 미국기업의 차이를 실증한 도오노(2013) 는 기업문화를 정량화하여 실증한 점에서 선진적인 연구라 할 수 있다. 그러나 기업문화는 물론 특정 국가의 문화를 정량화하는 것이 쉽지 않다는 점을 시사하고 있는 본연구의 리서치 메서드는 특정 국가의 문화가 기업문화에 미치는 영향에 대해 국가문화와 기업문화의 특징을 각각 다루고 그 공통점을 정서적으로 찾아내는 방법을 취한다. 오노(2013)를 감안하여 정량적인 검증은 실시하지 않는다.

문화를 형성하는 주요인으로서 종교와 사상에 주목하여 고대부터 근대에 걸쳐 일본문화의 특징을 살펴보도록 한다. 일본 중소기업의 문화적 특징을 경영자원, 즉 사람·물건·금전·정보의 관점에서 다룬다. 일본문화의 특징과 일본 중소기업 문화의 공통점을 본다. 중소기업의 견고함을 문화와 중소기업 문화의 공통요인에서 찾아 본 연구의 가설을 검증하는 것이다. 또한 리서치 데이터로서 일본문화에 대해 객관성을 갖게하기 위해 일반적인 교과서에 준거한 텍스트를 사용한다.

(2) 문화형성과 종교·사상의 변천

본절에서는 일본문화가 일본의 중소기업문화에 미치는 영향을 검증하기 위해 문화를 형성하는 주요인으로서의 종교 및 사상의 관점에서 고대부터 근대까지를 제1기에서 제4기까지 구분하여 일본문화의 특징을 살펴보도록 한다.

1) 1기 자연신앙에 기반한 청명심

일본문화의 기틀을 마련한 고대종교와 사상을 알아보자. 고대의 일본을 말하는 것으로 '고사기'(712년)와 '일본서기'(720년)가 있는데, 이것들은 사실이라기보다는 고대로부터 구전으로 전해져 온 사항들을 신화화한 것이다. 그러나 이들 책에는 일본인이 아직도 가진 중요한 요인이 많이 포함되어 있다. 예를 들면, 더럽고 부정한 것이나 죄를 의미하는 것(더러운 것), 돈을 제사로 깨끗이 하기 위한 미소의와 납 등, 현대에도 신도를 통해서 일본인의 윤리관의 원풍경이 되고있는 사상이 있다.

특히 고대일본에서는 청결한 것과 불결한 것을 구별을 중시하는 생활문화가 토착화되어 있다. 청결이란 깨끗한 마음을 의미하는 좋은 · 웃김 · 적심 · 소화하는 것 · 청원(請願) 등을 말하며 다른 한편으로 불결함은 나쁜것의 표현으로는 족 · 더러움 · 이심 · 사심부 · 흑심부 나(사심 · 이기심) 등 이들을 명확히 구분하고 있었다고 생각된다.

수 많은 신 등 만물에 정령이 깃든 자연신앙에 기반한 애니미즘을 바탕으로 신, 천황, 공동체질서를 따르는 가족주의를 미덕으로 삼는 청명심(清明心)'이 일본인의 소중한 심정으로 여겨져 왔다. 일본서기에 나오는 국토와 같은 만물을 창조한 아마테라스 오미카미는 이 세신궁에 모셔져 있는 신이지만, 지금도 신도의 중심지로서 많은 참배객으로 붐비고 있다. 이들 종교와 사상은 고대부터 끝없이 이어지는 독자적인 일본문화이자 일본인의 하나의 정체성이기도 하다.

2) 2기 조화를 중시하는 불교의 전파

야마토시대에는 대륙에서 불교가 전래되었다. 아스카시대에 불교뿐만 아니라 중앙집권체제와 관료제 등 대륙문화를 적극적으로 도입한 것이 쇼토쿠태라고 한다. 불교계몽을 위해 호류사를 건립하고 호카쿄(法華) 등의 주석서인 「삼경의소」를 만들어 오노세이코를 견수사로 파견한 것은 유명하다. 쇼토쿠태자가 제정한 것으로 알려진 7조 헌법'에는 '화(和)를 귀하게 여긴다'는 문구가 있어 조직내 권력다툼이 아닌 조화를 추구하는 일본 특유의 사상적 성격이 엿보인다.

3) 3기 유교와 주자학의 확산

전국시대부터 에도시대에 이르면 수신에 의해 천하태평(天下太平)이 다스려지는 남송(南)의 유교를 체계화한 '주자학(朱子)'이 널리펴지는 '견주자학(見子)'은 '궁리(窮)'와 '지경(持)'을 소중히 하는 사상으로, 특히 지경은 인격을 높이기 위해 일본무사에게 받아들여졌다. 또한 주자학은 주종관계를 중시하여 '대의명분론', '인륜의 길' 등 봉건제도를 지지하는 사상에도 사용되었다.

이밖에 지행합일설(支行合一說)을 가르치는 양명학(陽明学)이나 공자와 맹자의 가르침을 충실히 지키는 '성(誠)'과 '충신(忠信)'의 사상을 전파한 고학(古学) 등 주자학 이외의 유교도 활발하게 확산되었다. 일본의 주자학에서는 아라이 하쿠세키, 양명학에서는 나카에 후지키와 오시오 헤이하치로, 고학에서는 "경세재민의 학"으로 유명한 오기오 소토 등이 대표적인 사상가이다.

4) 제4기 서양사상의 급격한 유입

1549년에 예수회의 프란시스코=자비에르가 타네가시마에 표착해 기독교와 총이 전래되었지만, 토요토미 히데요시의 기리시탄 탄압이나 도쿠가와 막부에 이르는 쇄국정책도 있어 서양사상의 유입은 오랜세월에 걸쳐 정체되어 있었다. 그러나 에도막부의 미국 페리제독의 내항 이른바 쿠로후네항구를 계기로 구미열강국에 의한 일본으로의 치섭이 시작되어, 때를 같이 서양사상이 급격히 확대하게 된다.

도쿠가와 막부는 서구열강의 군사적 지원을 받은 사쓰마번과 조슈번에 패했고, 도쿠가와 게이키는 일왕에게 대정을 봉환했다. 그 후에는 메이지정부에 의한 문명개화 하에서 급격한 유럽화주의가 진행되고 영국의 벤담이나 프랑스의 루소 등 서양의 계몽사상도 널리 보급된다. 기독교도 해금되어 니지마 죠, 우치무라 간조, 니토베 이나조 등에 의해 일본인의 정신과 기독교를 공존공영시키는 움직임이 퍼졌다. 우치무라 간조는 “I for Japan; Japan for the World; The World for Christ; And All for God”라는 사상을 가지고 기독교포교를 추진하였다.

(3) 일본의 武士道 ; 義 · 勇 · 仁 · 禮 · 誠 · 名譽 · 忠義 · 克己

일본 무사도에서는 의 · 용 · 인 · 예 · 성 · 명예 · 충의 · 극기 등, 본인의 정신적 지주인 부시도는 메이지유신후에도 일본인의 보편적 사상이며, 그것은 기독교 및 기사도와도 공통되는 상사적인 가치관이라고 했다. 정치적으로는 계몽사상단체인 메이로쿠샤의 후쿠자와 유키치나 니시슈 등이 번벌정치를 부정하고 서구화를 위한 민주주의를 추진하는 자유민권운동이 높아져 국회가 개설됐다.

국회개설후인 1889년에는 독일헌법을 본뜬 흠정헌법인 “대일본제국헌법”이 발포된다. 특히 게이오기주쿠대학 창설자인 후쿠자와 유키치는 탈아론에서 탈아입구를 주장하며 일본의 서구화와 일본인의 사상전화를 강력히 추진하였다. 경제적으로는 “식산흥업”을 내걸어 야와타제철소나 토미오카 제사장 등 관제주도로 급격한 근대산업화를 도모한다.

동시에 ‘부국강병’이 추진되어 방산산업의 고조와 함께 일본은 청일전쟁, 러일전쟁, 제1차 세계대전의 전승국이 되어 경제도 크게 발전하게 된다. 민간기업에서는 시부사와 에이이치, 이와사키 야타로, 오오쿠라 기하치로우 등의 기업가가 활약했다. 그러나 시부사와 사가에이는 서구화된 경제지상주의에 의문을 품고 있으며, 기업인이야말로 도덕심을 가져야 한다는 도덕경제 합일설을 제창하고 있다.

이처럼 근대에서 급성장한 일본의 정치와 경제였지만 후쿠자와 유키치의 사상으로 상징되는 너무시급한 서구화는 그 여진으로 많은 상반된 문제를 낳았다. 메이지초기에 국교를 신도로 정했기 때문에 생긴 "폐불훼석 연동"에서는 전국의 귀중한 불상과 불당이 파괴되고 경전은 분서되어 버렸다. 서구화정책에 반대하고 일본민족의 자각을 촉구한 국수주의라는 원리주의적 사상은 수많은 전쟁에서 국위계양을 위해 이용되어 왔다.

그런 편중한 시대에 오카쿠라 덴심은 동양의 미라는 관점에서 아시아는 하나라는 서양사상으로의 회귀를 내세웠다. 그러나 국수주의를 부정했던 논객가 덕부소봉조차도 결국 황실에 의한 국가주의 사상에 경도되고 만다. 근대 일본인의 사상은 급격한 유럽화주의로 혼란스러웠음을 알 수 있다. 이를 테면 정치에서는 군벌지배를 부정한 다이쇼 데모크라시가 좌절되어 서구와 같은 민주적인 자유주의 사회가 형성되는 일은 없었다.

극적으로 발전한 경제에 있어서도 공해문제가 심각함을 지극히 심각하여 메이지시대에 광산에서 맹독이 흘러내려 지역주민을 괴롭혔던 아시오도잔 광독사건에서는 다나카 쇼조가 주도하여 시민운동을 전개하는 등 경제발전의 그늘에 숨어 있는 사회문제가 밝혀져 가는 것이다. 이처럼 메이지유신 이후의 과도한 유럽화가 일본문화에 가져온 반동적인 악영향은 복잡하고 심대했다고 할 수 있다.

그리고 국수주의를 믿는 군부의 폭주를 억제하지 못하고 아시아에 식민지지배를 감행하며, 미국열강과의 결전을 거쳐 2개의 원폭투하를 포함해 궤멸적인 상황에서 패전을 맞이했다. 그러나 연합군 최고사령부(GHQ.General Headquaters) 1945-1952, 점령하의 허허벌판에서 재출발한 일본인은 지금까지의 반성을 근거로 하여 새로운 헌법하에서 상징천황, 국민주권, 평화주의를 심축하여 타국과의 우호관계를 통해 세계굴지의 경제대국으로 성장해 가는 것이다.

(4) 일본의 종교·사상적 변천을 근거로 하여

지금까지 고대부터 근대까지 2600년 이상에 걸쳐 종교 및 사상은 일본문화형성에 영향을 미치며 변천을 거듭해 왔다. 일본인들은 고대부터 자연신앙 속에서 독자적인 문화를 구축해왔다. 중세에는 불교와 유교를 중심으로 한 동양사상의 전파를 통해 고대 일본문화와의 융합에서 새로운 문화를 형성하기에 이른다. 그리고 근대에는 서양문화를 가장 시급하고 적극적으로 받아들였음을 알 수 있다.

부연하여 설명하자면 고대일본의 독자사상위에 동양사상이 있고, 또한 그 위에 서양사상이 존재한다고 하는 세 개의 배화굉종 등 일본문화는 형성되어 온 것을 알 수 있는 3이 개념들은 화혼한

표 5-1 일본문화에 영향을 끼친 종교와 사상의 변천

시대	일본적 사상에 영향을 끼친 종교	주요 사상과 키워드
고대	신 도	더러움, 목욕재계, 불제 좋음, 아름다움, 진심, 막름 두마음(二心), 사악한 마음, 흑심, 이기심 모든 신, 애니미즘 신, 천황, 공동체질서, 청명심, 이세신궁
중세	불 교	화목한 것을 귀하게 여기나 고마음, 덕분에, 지옥사상, 무념무상, 위법사신 다도, 여유를 즐김, 옛스러움
	유 교	궁리, 지경, 대의명분, 이륜의 길, 성실, 충신, 의리, 인정, 삼종의 덕, 봉건적 도덕, 석문심학, 서당
근대	크리스트교	문명개화, 유럽화주의 탈아입구, 부국강병, 신산흥채, 불교배척, 국수주의, 국가주의, 신민패전, 상징천황, 국민주권, 평화주의, 경제대국

출처 : 필자작성

오, 화혼양오라고 하는 사상과 일치하는 것이다. 즉 일본문화는 고대로부터의 독자적인 사상을 소중히 하면서도 해외문화에 대한 수용성과 관용성, 그리고 해외문명으로부터 배워 새로운 문명을 융합하는 균형과 창조성을 겸비해왔다고 말할 수 있다.

일본열도에는 석유 등 천연자원이 거의없어 어느 시대나 가난과 이웃했다. 그러나 물자가 만성적으로 부족한 가운데 우리들은 새로운 문화를 받아들이는 것으로 창의 연구를 거듭해 살아온 것이다. 한편의 특징으로서 근대에 있어서의 불균형한 편중적 사상, 예를 들면 폐불훼석운동이나 국수주의 등은 좋은 결과를 낳지 않았던 것도 분명하다. 이하 〈표 5-1〉의 일본의 문화형성에 있어서의 주요한 현상을 정리했다.

3. 일본 중소기업의 독자적 기업문화와 친화성

(1) 일본 중소기업의 특징과 독자적인 기업문화

본절에서는 일본의 중소기업문화를 사람·물건·금전·정보 등 이른바 경영자원의 관점에서 보고, 이들과 일본문화의 특징을 관련지어 검증한다. 일반적으로 중소기업은 대기업에 비해 사람·물건·금·정보라는 경영자원이 윤택한 상태는 아니다. 더 많은 중소기업은 정부나 특정 기업의 비호없이 세계시장을 상대로 혹독한 경쟁을 겪고 있다. 그렇지만 일본의 중소기업 대부분은 계속 기업으로서 긴 역사를 가지고 기술적인 강점을 가지고 있으며, 일본경제의 인연하에서 계속 지탱하고 있는 것이다. 본절의 목적은 이들 요인을 일본에서의 중소기업 특징과 일본 독자적인 문화적 배경에서 그 공통점을 밝히는 데 있다.

1) 인재에서 인재로의 육성

기업에 있어서의 사람과 조직의 매니지먼트에 대해서 드러커는 “매니지먼트의 대부분이 모든 자원가운데 사람이 가장 활용되지 않고, 그 잠재능력도 개발되어 있지않다는 것을 알고 있다. 하지만 현실에서는 사람의 매니지먼트에 관한 종래의 어프로치의 대부분이 사람을 자원으로서가 아니라 문제, 잡사, 비용으로서 취급하고 있다”(드래커, 2001)고 논하고 있다.

드러커는 사람이야말로 가장 큰 자산이라는 사고방식에 일정한 가치를 발견했지만, 구미에서의 사람과 매니지먼트의 현실과 한계를 지적하고 있는 것이다. 한편 일본에는 기업은 사람이라는 말이 있다. 이 경영철학을 실천한 경영자 중 한 명이 파나소닉 창업자 마쓰시타 고노스케일 것이다. 마츠시타(1973)는 “서로의 상점회사가 발전해 사회의 공기로서 한층 더 빛을 발하게 되기 위해서는 역시 사원의 훈육이라고 할까요, 인간적인 성장에 회사로서 한층 더 노력을 해야한다고 생각한다라고 역설하였다.

2) 환경이 성실도를 길러

그러한 생각을 가지고 노력하고 있는 회사에 들어가야 청년사원의 장래라고 하는 것이 매우 밝게 〈빛나지 않을까요〉라고 말하고 있다. 파나소닉이 마쓰시타 전기로 불리던 시절, 전쟁전부터 마쓰시타 고노스케의 사상은 변하지 않았다. 이러한 발상은 종업원을 소중히 하는 일본적 경영의 특징 그 자체라고 할 수 있다. 요컨대 드러커와 마쓰시타 고노스케의 사고방식의 차이는 사람을 비용으로 하느냐, 사람을 자산으로 보느냐의 차이다. 회계적으로 보면 인건비는 손익계산서에서의 비용이지만, 일본식 경영에서는 인건비는 대차대조표의 자산에 가까운지도 모른다. 일반적으로 전자는 서구적 시점, 후자는 일본적 사상에 입각한 관점이라고 할 수 있다.

마쓰시타 고노스케가 말하는 인재의 시점은 일본적 경영사상이라고 할 수 있지만 대기업과 중소기업은 근본적인 조건이 다르다. 대기업에서는 항상 인재가 모이지만 중소기업에는 좀처럼 모이지 않는 문제가 있다. 거기서 많은 중소기업은 지금있는 인재를 장래의 회사의 재산으로서의 “인재”로 육성할 수 있도록 시간과 비용을 들여 사내에서 독자적인 교육을 실시하여야 한다.

3) 자체교육으로 인재육성

예를 들어 도요타 자동차가 중소기업으로 불리고 있던 시대에, 제조현장에 있어서의 스터디모임의 장소로서 QC 등 소집단활동은 태어났다. 소집단활동은 5Why"기법 왜왜왜왜 X 5회" 등의 수법을 통해서 이윽고 TQC나 열린사고로 이른바 도요타 웨이라고 불리는 세계적으로 유명해지는 일본적 경영기법을 형성했다. 혼다기연의 경우는 현장과 관리자가 직위없이 무례하게 하룻밤을 새워 문제점을 추구하는 "와이가야"가 있는 아 도요타웨이도 와이가야도 중소기업으로부터 대기업이 되어도 계속되고 있는 기업문화의 하나이다.

(2) 실학적 교육확산이 기업문화로 승화

이런 경영사상에 훈련를 받은 많은 중소기업에는 지금도 기업문화로 이들의 현장교육이 뿌리를 내리고 있다. 말하자면 신분등 차별을 두지않고 실학적 교육을 확산시킨 "마을사람 문화로부터 생겨난" 서당적인 발상이 중소기업의 현장적 미학으로서 전승되고 있는 것이다. 사내의 인재교육은 창업자의 이념이나 회사의 역사, 존재의의 등에 대해 배우는 귀중한 기회로서도 효과적이다. 특히 중소기업에서는 가족주의라는 풍토도 함께 작용하여 회사에 대한 충성심에 기초한 종신고용 등 일본특유의 중소기업 문화를 가능하게 하고 있다.

여기에는 창업가를 중심으로 한 "공동체질서"가 있어, "화(和)를 귀하게 여기다"라고 하는 안정된 기업풍사를 볼 수 있다. 즉 창업가와 사원 사이에 일정한 신뢰관계에 근거하는 "주종관계" 비유하자면 일본인 특유의 "청명심"과 유사한 가치관이 중소기업 문화에 존재하고 있다고 생각할 수 있다.

많은 개발도상 국가는 노동윤리의 결여에 시달리고 있으며 결과적으로 숙련노동자의 빈번한 취직활동문제에 시달리고 있다. 그들의 행동이 일본인보다 서양적으로 보이는 것은 이상하지 않다. 이들 국가의 교육제도는 식민지주의자들의 영향을 크게받아 교육은 아마도 일본인이 다른 아시아 국가들과 사회적, 산업적 행동이 매우 다른 가장 큰 이유이다. 현대에 있어서 일본기업의 성공요인은 서양문화와는 다른 화(和)를 존중하는 공동체질서와 윤리관에 입각한 인재교육에서 찾을 수 있다고 지적하고 있다.

(3) 곤궁으로부터의 창의적 연구

"Made in Japan"이라고 각인되어 있는 제품은 일반적으로 업계로부터 높은 신뢰를 얻고있는 것이다. 주된 이유로서 일본제는 깨지기 어려운 등 뛰어난 품질을 들 수 있을 것이다. 앞에서 서술한 것처럼 일본의 중소기업 문화는 QC등의 소집단활동을 TQC로 승화시켜 품질향상을 탐구해 왔다. 잘 알려진 QC활동의 심본개념은 5 Why 왜 왜?X5회 등 이른바 열린사고에 의해 항상 현상을 진화시키는 개선활동이다. 그리고 이 개선활동은 일본 독자적인 '5.S'운동의 사고에 근거한 것이다.

5.S운동(정리.정돈.청소.청결, 실천)은 일본문화가 오래전부터 갖고있던 전통적인 소작의 전승으로 보고 있다. 전술한 바와 같이 일본인은 고대로부터 감세(더러워짐)나 "미소이(지름)"라고 하는 개념을 이용해 정다운 것과 부정한 것을 명확하게 구분해 왔다. 이는 사물을 구분하는 정리정돈의 기본개념이라 할 수 있다. 또한 유교에 영향을 받은 에도시대의 〈석문심학〉을 살펴보면 석전매암은 장사에 있어 평소의 청소와 청결의 중요성을 계몽하고 있으며, 이를 '열반으로 계몽하고 있다. 즉 에도시대의 마을문화에 벌써 5.S는 뿌리내리고 있던 것을 알 수 있다. 사카이야(2006)에서도 마찬가지 지적이 이루어지고 있다.

5.S는 일반적으로 도요타방식과 함께 품질관리의 개념으로서 해외에 전파되고 있지만, 따지고 보면 고대로부터 전해져 온 일본고유의 문화적 영향이 큰 것이다.

또한 일본제품의 품질과 쌍벽을 이루는 특징으로서 틈새적인 온리 원 제품을 만들어내는 "창조적 기술"을 지적할 수 있을 것이다. 예를 들면 도요타 자동차의 프리우스와 같은 가솔린과 전기양쪽에서 주행하는 하이브리드 자동차나, 샤프가 중소기업시절부터 오랜 세월에 걸쳐 개발한 솔라발전패널, 보잉 787의 주익재료로 채용되고 있는 토레이의 카본섬유 등은 근년에 있어서의 일본의 독창성을 상징하는 제품이라고 말할 수 있다.

이들 제품에 공통되는 컨셉은 에너지의 에너지 절약화, 이른바 에너지 절약일 것이다. 휘발유를 제외하고 주행하는 자동차의 발상은 1970년대에 경험한 중동위기에 따른 석유충격으로 거슬러 올라간다. 두 차례에 걸친 이시이케 쇼크는 이시이케의 원산국이 아닌 일본의 취약성을 드러내면서 휘발유 이외의 자동차를 본격적으로 추구했다. 솔라발전패널은 중소기업시절의 샤프창업자인 하야카와 도쿠지의 아이디어로 당초는 전지가 필요없는 계산기로부터 시작되는 기술이었다.

그러나 기본적인 개념은 천연자원이 없는 일본의 화석연료를 대체하는 전원시스템 구축이다. 토레이(Toray)의 카본섬유는 종래의 방적입국을 방불케하는 기술적 진화와 불역유행의 사고에 근거하는 기술이다. 항공기의 주의에 철보다 훨씬 가벼운 탄소섬유를 채용하는 것으로 항공기의 항속거리는 큰폭으로 향상된다. 이 기술로 대형항공기의 연료향상이라는 해묵은 과제는 해결된 것이다. 이처럼 일본인은 자원이 궁핍한 환경을 살려내기 위해 창조적 발명으로 많은 혁신적인 재료와 부품, 상품을 만들어 냈다. 이들 발명의 원점에는 '아깝다'.

즉, 절약이라는 일본인의 전통적인 사상이 존재하고, 나아가 공해를 없애 자연과 공생한다는 '자연숭배' '애니미즘'이 환경보전의 기술을 만들어내는 사양을 형성하고 있는 것으로 보인다. 즉 일본제품의 독창성은 항상 천연자원이 부족한 곤궁한 상황이기 때문에 생각할 수 있으며, 또한 자연환경과 독자기술을 소중히 하면서 정신문화와 물질문명의 융합을 도모하기 위해 일본문화에 기초한 독특한 창의성이 쌓이고 전승되었다고 볼 수 있을 것이다.

경영 성공포인트 ⑨

1. 나쁜 일에서 행운을 만들어라

세상매사는 동전의 양면성과 같아서 희낙(喜樂).고애(苦哀)가 교차연주되며 지나간다. 위기는 기회를 동반한다. 나쁜 일에서 행운을 만들어내는 인물 큰인물은 한결같이 불행에서 행복을 창조하는 능력을 발휘한다. 불행을 접하였을 때 근심과 절망하기 보다는 어떻게하면 행운으로 바꿀수 있을지 고민하며 행동하라. 그러면 행운은 찾아진다.

2. 늘 생각하고 늘 행동하라

사람이 지혜가 부족해서 실패하는 경우보다는 성실성 부족에서 야기되는 사례가 더 많다. 성실하면 지혜도 생기지만 성실하지 못하면 지혜도 흐려진다. 꿈을 이루기 위해서는 신념. 노력. 행동 등 삼위일체가 되었을 때 당신의 인생은 당신이 바라는 방향으로 전개될 것이다. 사고와 행동이 결합되면 당신의 운명이 바뀐다. 행동력 없는 생각은 무의미하다.

제2절 예지적 능력개발 미래시장 개척

1. 미래의 시야로 산업구조 유행성 대비

(1) 소비자 라이프스타일 발상

우리는 미래를 예측하기 어려운 불확실속에서 살아간다. 그러나 내일은 다가온다. 많은 기업인들로부터 “전망이 안 보인다.” “새로운 도전을 할수 없다.” “타분야의 기업과 연결되고 싶다.”라고 하는 소리를 많이 듣게 된 것이 현실이다. 새로운 실험이나 도전이 필요하다는 것이다. 미래를 연구한다는 것은 또는 대비한다는 것은 무한대의 미래나 100년 앞의 미래를 예측하는 것이 아니라, 10년 정도 앞의 미래를 시야에 넣어 ”사용자인 소비자의 시점으로부터 라이프스타일을 발신해 가는 것을 의도하는 것이다.

그러한 시점에서 보면 우리나라 국민의 소비성향의 수준은 선진국 버금가는 꽤 성숙한 레벨에 있다고 생각된다. 다양화한 것중에서 자신의 취향에 맞추어 선택해 자유로이 조합한다 – 예를 들면, “유니클로”에 “루이·비통”을 맞추어 버리는 패션스타일은 구미로부터도 뜨거운 주목을 받고 있다. 그리고 이것은 패션뿐만 아니라 음식이나 주거환경까지 영역으로 퍼져있는 것이다. 삶을 통합하여 취향에 맞는 물건에 둘러싸여 풍요로운 마음으로 보내고 싶다는 의식은 일부이기는 하나 확실하게 퍼지고 있는 소비의 조류라고 느끼고 있다. 그렇기 때문에 향후 중요하게 되는 것은 토탈인 라이프스타일=생활제안을 하는 것이다.

단편적인 발상으로부터 태어난 상품이나 서비스가 아니고, 배경에 “이런 생활”이라고 하는 스토리를 둔 발상이야말로 소중해진다. 거리를 거닐어도 대규모 쇼핑센터나 패션빌딩 등 상업시설이 아닌 아는 사람이 다아는 곳에 작은 노점상을 두고 옷부터 잡화까지 갖춘 곳, 경우에 따라서는 카페를 함께 운영하는 곳이 은밀한 인기를 끌고 있다. 인터넷이 이만큼 발달해 물건이 넘쳐나게 되면 대규모로 많은 가게나 상품이 집합하고 있는 편리함만이 가치를 낳는것이 아니라, 다소 불편해도 이런 생활을 실감할 수 있는 가게나 상품의 가치야말로 재차 추궁당하고 있다고 생각한다.

상품이나 서비스를 공급자인 기업은 자신의 전문영역을 연구하는 과정에서 자칫 편견에 빠지기 쉽지만, 사용자인 소비자에게 있어서 그런것은 관계가 없다. 과감히 기존의 틀을 제거하고 한 사람의 손님으로서의 시점을 닦아가는 것이 중요한 것이다. 어디까지나 토탈한 라이프스타일=생활제안이라는 시점에서 실험이나 도전을 해 보는 것이 요구되는 시대라고 생각한다. 또한 자신이 두근거리지 않는 일에는 아무도 설렘을 주지않는 것이 아닐까요. 자신나름의 창의 연구를 포함시키고 재미있다고 생각되는 상품이나 서비스를 세상에 공급하는 것이 앞으로의 소비자의 요구를 파악해 가는 것이라고 생각된다.

(2) 중소기업의 인재확보와 육성

1) 젊은 힘을 키우는 조직과 경영

취직난에서 일손부족으로 구인환경이 크게 변동하는 가운데 인재의 확보·육성은, 중소기업에 있어서 계속해 큰 경영과제가 되고 있다. 일본정책금융공고종합연구소는 중소기업과 사람 특히 기업의 향후를 담당하는 "젊은 힘"에 초점을 맞추어 일본공고 심포지엄을 개최했다.

- 일하는 장소로서의 중소기업의 매력
- 독자적인 인재전략을 실천하고 있는 기업의 경영자와 종업원

2) 중소기업들의 일터로서의 매력

중소기업 취업자의 특성분석과 기업의 대응과 본절의 배경은 표면화한 격렬한 취직난이다. 학생들은 내정을 요구하며 고생하고 있는데 문호를 열고있어야 할 중소기업은 별로 관심이 없다. 그 큰 요인이 정보의 부족이다. 중소기업에서 일한다는 게 무슨 말인가. 일터로서의 중소기업의 매력이란 무엇인가. 그러한 정보가 부족하기 때문에 내디딜 수 없다. 그래서 양자를 가교하는 논고가 필요하다고 생각되었다.

3) 조사방법의 어프로치

조사수법으로서는 4개의 어프로치를 취하였다. 우선 중소기업 및 대기업근로자 3,300명에 대한 취업의식설문조사 다음으로 중소기업 5,620사에 대한 설문조사 덧붙여 많은 직원들에게 직접 인터뷰조사를 실시해 또한 경영자분에게도 개별의 인터뷰조사를 실시했다. 여기서 유용한 정보를 많이 얻었다. 그 중에서 먼저 중소기업의 인재구성을 살펴보자. 학력별 구성비로 보면 역시 대기업

이 고학력자 비율이 높다. 그러나, 이과계 대학졸업으로 한정하면 의외로 대기업과 중소기업 사이에 차이가 없다. 오히려 같은 정도의 비율로 나타난다.

다음으로, 도시와 지방의 중소기업과 비교하면 보다 도시의 기업이 고학력자의 비율이 높지만, 이과계 대학졸업자는 대체로 같은 비율이 되고 있다. 즉, 문과계 대학졸업자들은 대기업을 좋아하고 도시를 좋아하는 경향이지만, 이과계 대학졸업자들은 지방에서도 중소기업의 큰 전력이 되고있는 것이다. 게다가 입사전의 상황을 보면 대기업은 신규 졸업생의 70%가깝고, 중소기업에서는 이직자가 많았다. 그 중 대기업에서 정사원이 10%정도 대기업을 그만두고 중소기업을 선택하는 사람도 의외로 많다.

여기서 취업, 채용얘기가 나왔으니까 사람들이 취업시에 중시했던 점에 대해 알아보겠다. 특징적인 것은 통근시간의 짧음, 잔업(잔업)의 적음, 원격지 전근의 적음, 경영자와의 거리가까움 등을 중시해 중소기업을 선택한 사람이 많다는 점이다. 이른바 슬로우 라이프, 워크라이프·밸런스라고 하는 삶의 방법일지도 모른다.

취업자 인터뷰결과에서 이 생활중시의 라이프스타일을 나타내는 예를 찾으면 후쿠오카의 남성 50세인 사람은 현지에 있는 것이 중요했다. 중소기업이라면 자신의 라이프스타일에 맞춘 일 선택을 할 수 있다라고 지적하고 있다. 그밖에도 전직의 대기업을 그만둔 것은 전근이 많은 것 등이라고 회답하는 사람도 있고, 현지 생활중시의 지향이 나타났다. 중소기업에의 취직은 그 지향을 실현하는 수단으로서 선택되었다고 말할 수 있겠다.

4) 제약적 편의에서 미래지향적 사고

미래지향적 사고는 시간의 경과와 함께 바뀔 수 있다. 현재와 취직당시의 비교에 의하면 통근시간의 짧음이나 이동이 적음은 일찌기 회사를 찾을 때에는 중시했지만, 생각해 보니까 더 중요한 게 있구나 라고 변화가 보인다. 대신 사원교육의 충실, 능력의 적정평가 등이 중요하다고 알게 된 것 같다. 이 사원교육의 충실과 관련하여 인재육성책으로서 무엇을 실시하고 있는가? 라고 하는 설문과 귀사의 인재육성은 순조로운가? 라고 하는 설문을 씌워 크로스집계해 보았다.

그러므로 기능향상이나 승진을 위한 캐리어패스나 성장모델의 설정을 실시한 기업에서는, "인재육성이 순조롭다"라고 하는 회답비율이 분명히 높은 것을 알수 있다. 중소기업에서 이것을 실시하고 있는 기업은 많지 않지만 실시하면 효과가 높다는 것을 알 수 있다. 사원의 능력이나 실적이 올려간 곳에는 승진·승격이 있다. 이 점에서 인터뷰 조사결과를 추출해 보면 중소기업들의 좋은 점, 두 번째로 승진이나 승격기회가 상대적으로 크다는 지적이 있다.

앙케이트 조사결과를 보면 대기업취업자의 약 6할이 (임원이 되는 것은) 꽤 어렵다라고 하는 것에 비해, 중소기업에서는 어느 정도 될 가능성이 많다라는 것이다. 그런데 소박한 질문이기는 하지만, 일하는 사람은 날마다 무엇을 생각하면서 일하고 있는 것일까? 연령대별로 50대 일꾼들은 날마다 [일상기술, 기능, 지식의 습득]에 유의하고 있는데 반해 20대에서는 빨리 끝내고 귀가하는 것이 51.7%로 1위이었다.

다만, 이 의식도 환경이나 분위기에 따라서 다르다. 승진·승격의 전망이 있는 기업과 적은 기업에서 차이를 보았는데, 승진·승격의 전망이 있는 기업에서는 장래의 캐리어구상을 실현한다. "회사에 있어서 새로운 기술의 개발이나 판로개척을 진행하고 싶다", "회사의 성장·회사전체의 목표를 달성하고 싶다" 등이라고 의식하면서 일하고 있는 비율이 분명히 높은 것을 알 수 있었다.

하지만, 이러한 의식으로 일하기 때문에 어떠한가...라고 하는 의문도 있다. 거기서 날마다 일하는 데 있어서의 의식을 묻는 설문에 회사의 업적은 호조인가? 라고 하는 설문을 씌워 크로스집계해 보았다. 그러자, "장래의 캐리어구상을 실현하고 싶다"라고 의식하면서 일하는 사람들의 회사는 실적호조 기업의 비율이 높다. 이는 대기업에 있어서도 거의같은 경향이다.

(3) 일을 통해 사회공헌가치관 정립

게다가 일을 통해서 일본이나 세계를 위해서 공헌하고 싶다.라고 하는 숭고한 기분을 가지면서 일하는 이들의 회사는 분명히 실적이 호조되는 기업이 많았다. 일꾼의 일상의식이 회사의 실적에까지 영향을 미치고 있다는 하나의 사실이다. 그런데 중소기업의 매력으로 돌아가 사내 커뮤니케이션의 충실이다. "자신의 의견이 회사에 통하고 일하기 쉽고, 노력하기 쉽다" 등이라고 지적하는 사람들도 많이 있다.

이것에 관련한 크로스집계에서 사장과 이야기를 하는 빈도와 지금하는 일은 좋아합니까?라고 하는 설문을 거듭해 보면, 경영자와의 커뮤니케이션이 풍부한 사람일수록 일에 대한 호감도가 높다. 즉, 모티베이션이 높다고 하는 결과가 나와있다. 이어지는 중소기업의 매력은 대기업과 비교하여 자유도의 자기실현성이다. 중소기업이라고 다 알아서 잘할 수 있는 것은 아니지만 이건 내가 만들있다고 할 수 있다는 것이다

대기업이라면 "'이것은 우리회사가 만들었다'가 된다"라든가, "규모적인 만족도는 대기업쪽이 있다고 생각하지만 자신의 보람을 생각하면 절대적으로 중소기업이다" 등이라고 하는 견해가 나타나고 있다. 다만 중소기업에는 물론 과제가 있다는 점도 언급해야 한다. 예를 들면, 대기업과 비

교한 중소기업의 약점으로서는 프로젝트의 크기, 월급을 드는 것 외에 “동기가 없기 때문에 서로 경쟁하는 사람이 없다”는 등이 있다.

중소기업의 매력이라기 보다는 중소기업이라는 존재가 되어가고 있다는 점을 들어 조사하여 보았다. 그것은 “대기업 베이스에서는 쉽게 이직할 수 없지만 중소기업 베이스라면 이직하기 쉽다” “이직있을 정도의 사람이라면 오히려 중소기업은 좋다. 중소기업을 갈아 타고 스킬업 해나가는 것이 장래적으로 수요가 있는 사람이 될 수 있다”라고 하는 생각이 있었다. 이직지향자에게 수용체적인 역할을 중소기업이 담당하고 있는 것이 입증되었다.

2. 글로벌 인재확보와 육성

(1) 인재확보가 경쟁력

1) 글로벌 인재육성

중소기업의 인재육성상의 큰 과제는 인원수가 적고 통상업무의 폭도 넓은 가운데 계획적으로 육성해 나가는 것이 물리적인 어려움에 있다. 게다가 개개인이 담당하는 업무의 폭이 넓은 경향이 있어 1인당 업무부담도 크다. 특히, 글로벌인재로서 활약이 기대되거나 우선적으로 육성하고 싶은 인재는 현재도 많은 업무를 안고있어 육성을 위한 연수·교육에 할애하는 시간이나 여력이 줄어들고 있어 체계적인 인재육성계획에 근거한 육성을 실시하는 것이 어렵다. 이러한 가운데 사례기업에서는 어떻게 인재육성을 진행시키고 있는 것일까. 이것을 유형별로 살펴보도록 하겠다.

필요인재의 양성은 필요목표를 추구하는 실현의 시발이다. 설혹(設或)은 재인(才人)이라 어떤 인원으로 구성되어 있느냐가 그 조직의 미래상이다. 사회는 바야흐로 복잡다사로운 사회로 변화되고 있다. 고객은 다양한 욕구를 분출하고 이에 대응하기 위해서는 다기능적 기능자가 필요하다. 그러기 위해서는 미래의 성장동력인 인적자원의 확보여부가 그 기업의 미래를 그려볼 수 있을 것이다.

2) 일본인 인재육성책

글로벌인재의 육성을 위해서는 해외전개에 적극적인 기업에서도 고심하고 있으며 해외전개를 위해 체계적인 육성책을 강구하고 있는 기업은 적다. ① 기업에서는 개인에게 일과 재량권을 준다. ② 조직적으로 해외전개를 추진한다. ③ 해외전개를 지향한 풍토를 조성함으로써 인재육성이

그림 5-3 미래성장 동력 인재양성 차세대 성장구동모델

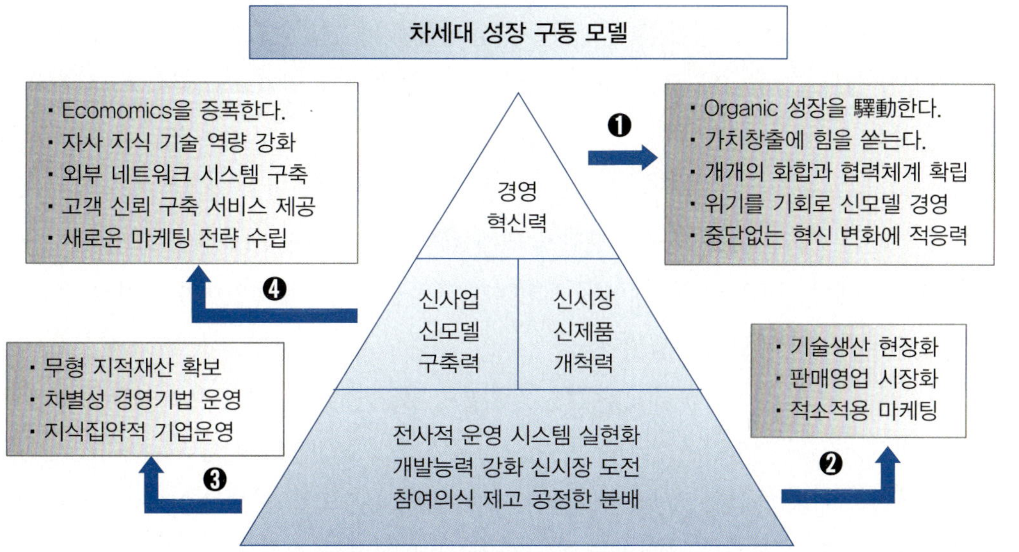

나 기술향상에 힘쓰고 있다. 개인에게 일과 재량권을 주는 사원개인에게 난이도가 높은 일과 재량권을 주고 업무를 실제로 수행함으로써 스킬을 늘리는 육성방법이다.

예를 들면, 시스템의 수탁개발을 실시하는 C사에서는 해외전개 업무경험이 없는 일본인 인재에게 진출후보처인 베트남에 1년 이상 체재시켜 사업계획의 책정, 파트너찾기, 판로개척 등 난이도 높은 업무에 임하게 했다. 그로 인해 담당자가 글로벌인재로 성장해 동사의 베트남사업의 성장을 지지하고 있다. 또 비슷한 방법으로 인도네시아 진출도 성공시키고 있다.

조직적으로 해외전개를 추진하는 해외거점의 새로운 확대나 다국적 전개를 추진하기 위해서는 특정 글로벌인재에게만 해외업무를 의존하는 것이 아니라 조직적인 인재육성을 실시하고, 조직적인 대응을 도모해 갈 필요가 있다. 몇몇 기업에서는 인사로테이션에 의한 해외파견이나 글로벌인재와 함께 업무를 하는 등 OJT에 의해 다음 글로벌인재를 육성하는 등 조직적으로 해외전개에 대한 대응력을 높이려는 사례가 보였다.

3) 해외주재국 인재육성

해외거점의 시장이나 해외운영경험이 있는 인재와 함께 일함으로써, 형식화되지 않은 글로벌인재가 가지는 스킬·노하우를 배워 취하는 장소를 형성하고 있다. 또, 해외거점을 활용하면서 인재육성을 실시하고 있다. 도금가공의 G사에서는 일본인 몇 명의 팀으로 필리핀거점을 만들었지만 안정된 거점운영을 할 수 있게 되고 나서는 해외거점에 파견할 인재를 교체하고 있으며, 일본에서 해외경험이 없는 인재를 파견하는 동시에 필리핀주재 인재를 일본으로 되돌려 보다 책임감 있는 큰 일을 주고 있다.

시뮬레이션 소프트웨어 회사의 B사에서는 공적지원을 활용하면서 과거에 해외에서 매니지먼트 경험이 있는 경영자를 초빙해 젊은인재에 대해 해외전개에 관한 사업계획서를 책정시키고 있다. 이와 같이 차대의 글로벌인재육성에는 해외전개를 성공시킨 글로벌인재가 가지고 있는 스킬을 직접 배울기회를 만드는 것이 유효하다.

해외전개를 위한 풍토조성 중소기업에서 일하는 많은 종업원에게 있어서는 해외전개가 요원하게 느껴져 심리적인 저항감을 가지고 있다. 그 때문에 많은 사례에서 심리적인 저항감을 줄여, 해외를 가까이 느끼고 종업원 스스로가 해외전개의 필요성을 느낄 수 있는 대처가 이루어지고 있다. 구체적으로는 매일의 업무중에서의 영어교육이나 빈번한 해외출장을 통해서 직접적으로는 해외업무를 담당하지 않는 종업원이라고 해도 해외전개를 당연하게 여길 소지가 만들어지고 있다.

자동차용 모터제조업체인 A사에서는 조례시간에 전 직원이 돌아가며 영어로 연설하고 있다. 전 종업원의 대상으로 준비를 실시하는 것으로 영어로 커뮤니케이션을 하는 습관이 뿌리내리고 있다. 또, 측정공구제조인 F사에서는 사장이 해외전개를 적극화할 방침을 명확히 한 점에서 사원의 제안이 있어 사내에서 영어학원을 개최하고 있다. 그 외 복수의 기업에서 많은 인재를 해외거점으로 적극적으로 출장시키고 있어, 국내출장의 연장선상에 해외출장이 공존하고 있다고 할수 있다.

외국인에 대한 종교·문화가 다르고 또 직업관이 다른 외국인에 대해서는 정착율과 모티베이션의 향상이 필요하다. 그것을 위해 일본적인 비즈니스 환경과의 융화와 모티베이션 매니지먼트를 시도하고 있다. 그 방법의 일환으로 일본의 비즈니스 환경을 이해하고 융화하는 외국의 경제인, 현지인들과 네트워크를 가지고 현지의 문화나 상관습을 일본적인 비즈니스 환경과 융화시켜 해외시장을 개척하는 일본인만의 특성을 가지고 있다.

한편, 팀워크에서의 업무추진을 중시하는 일본적인 비즈니스의 진행방법에 대해서는 충분히 이해가 진행되지 않는 경우도 있다. 그러한 관점에서 사례기업에서는 외국인에 대해 일본본사의 OJT로 기업이념이나 일본적인 비즈니스의 진행방법을 가르친 후에 해외거점에서의 업무를 맡게

하고 있다. 환경컨설팅 E사는 일본에 유학했던 중국인 유학생을 일본본사에서 채용하고 있는데 국내에서 일정 기간 OJT를 거쳐 중국기업에 파견함으로써 성과를 거두고 있다.

그리고, 시스템개발을 실시하는 C사에서는 중국법인에서 고용한 인재를 일본법인으로 초빙해 2년 간의 연수를 실시하고 있다. 이 연수를 통해 일본적인 비즈니스의 진행방법을 배우는 것 외에 일본문화에 대한 이해를 심화시켜 일본과 중국법인의 연계를 원활화시키고 있다. 모티베이션 매니지먼트 외국인 활용에 있어서는 공평성과 적절한 처우도 중요해진다. 적절한 처우는 인재의 정착율향상이나 모티베이션의 향상으로 연결되기 때문이다. 사례기업은 외국인을 과도하게 우대하거나 푸대접하는 일없이 일본인과 같은 처우를 실시해 인재의 정착이나 모티베이션 향상에 연결하고 있다.

또한 반송장치 등 제조된 D사에서는 과거에는 외국인 인재에 대해 귀국 시 출국비를 보조하는 등 예우를 했지만 현재는 최소 일본인과 똑같이 대우한다. 선철주조업체인 H사에서는 일본에서 연수를 실시해 높은 기술을 가진 인재를 적절히 대우하지 않았다는 것을 깨닫고 이를 시정했다. 그것에 의해 현지 노동자의 모티베이션 향상으로 이어지고 있다.

(2) 글로벌 인재확보 육성의 포인트

1) 인물상의 명확화

글로벌인재에게 요구되는 직무나 기술은 국적이나 경험속성에 따라 유형화할 수 있다. 그와 동시에 특기가 있어 한 인재가 모든 직무를 수행하기는 어렵다. 따라서 경영자는 해외선개계획을 실시하는데 있어서 어떠한 직무를 수행하고 어떠한 경험과 기술이 필요한지, 혹은 어떠한 직업관을 가지고 있는 것이 바람직한지 등을 검토한 후에 채용·사내발탁을 실시하는 것이 중요하다.

예를 들어 정밀굴삭부품제조의 I사에서는 중도채용으로 일본인을 채용하는데 있어서 동업종에서의 대기업경험보다 중소기업에서의 경험이 있다는 점과 진출국에서의 업무경험유무를 중시하고 있다. 또한 C사에서는 외국인채용에 있어서 높은 학력이나 능력을 가진 인재가 아닌 자사의 가치관을 공유할 수 있으며, 하나의 기업에서 장기적으로 일하고 싶다고 생각하는 일본적인 경역관(徑歷觀)을 가지고 있는 인재를 요구하고 있다.

2) 해외경험이나 업무어학실력

해외업무경험이나 어학력만으로 판단하는 것은 특채가 아니다. 자사에서 필요한 직무는 무엇인가, 인재가 가지는 경험·스킬이 정말로 그 직무에 유효한가, 또 가치관이나 생각이 자사의 사풍(社風)에 맞는지 그것들을 포괄해 채용하고 싶은 인재상을 명확하게 해 두는 것이 해외전개 성공의 지름길이다. 채용경로 다변화와 인력의 질 담보 중소기업은 대기업에 비해 상대적으로 희망자가 적고 채용에 들이는 비용도 제약이 있는 실정이라 채용후보자 수도 자연히 작아져 질 좋은 인재를 확보할 수 있다고 장담할 수 없다. 특히 외국인을 채용하게 되면 인물평가가 어려워져 이 문제가 더욱 두드러진다.

그렇기 때문에 신규인재를 채용할 때는 채용루트를 다각화하는 것과 동시에 인재의 질에 대해 스크리닝하는 구조를 도입하고 있다. 예를 들면, A사나 C사에서는 해외기업과 업무제휴를 실시하는 등 장기적인 거래관계를 구축한 후에 합작기업을 설립하고 있는데 그때에 합작파트너 기업으로부터 인재를 채용해 대표자로 하고 있다. 이것은 장기적인 거래관계속에서 상대방에 대한 정보의 불확실성을 감소시키는 동시에 신뢰관계를 양성화하고 있는 사례이다.

그리고 D사나 E사에서는 외국인 유학생의 채용에 임해 친한 대학교수의 추천·소개를 받고있다. 대학교수로부터의 소개를 활용함으로써 다수의 인원으로부터 선발을 실시하지 않고, 목적의 능력·기술을 가진 인재를 확보하는 것에 성공하고 있다.

3) 발탁에 대한 리스크관리

사내에 해외경험이 있는 인재가 없는 기업에서는 사내인재를 발탁해 일정 이상의 난이도 높은 업무를 주어 성장을 촉진하는 것으로 연결하고 있다. 이와 같은 발탁에 의한 인재육성 시에는 상정할 수 있는 사업상의 실패나 리스크를 동시에 분석한 후에 허용할 수 있는 범위에 손실을 유지하는 것이 중요하다. 발탁된 인재는 지금까지 경험해본 적이 없는 어려운 업무를 실시하게 되어, 예기치 않은 사태가 발생해 사업상의 실패로 이어지기 쉽기 때문이다. 그 때문에 리스크관리나 실패가 허용되는 환경만들기를 아울러 실시하는 것이 중요하다.

예를 들면, C사에서는 담당자 한 명이 소규모로 사업을 시작함으로써 비용을 최소한으로 하고 있다. 이 회사는 해외법인설립에 드는 비용과 실패시 발생할 위험을 감안한 본사경영에 큰 영향을 미치지 않는 범위에서 해외진출을 추진중이다.

F사에서는 전개 후보국의 담당자를 정하고 있지만 해외전개에 관한 최종 의사결정자나 책임자는 사장자신임을 명확히 하고 있다. 이로 인해 각국 담당자가 지나치게 위축되지 않고 어려운 업무도 도전할 수 있는 환경을 만들고 있다.

또한 발탁에는 사내공모제와 임명제 등 두 가지 방법이 있다. 본래 능력있는 인물이 스스로 희망하는 것이 가장 바람직하지만 반드시 이상적인 상태로 발탁되는 기업만은 아니었다. 이를 위해서는 후술할 비전 및 전체방침의 공유와 해외전개업무의 위상을 명확히 하는 것과 해외전근 후의 캐리어패스의 명확화 등을 실시하는 것이 중요하다.

4) 비전과 이념, 회사방침의 공유

외국인 인재가 일본적 비즈니스나 일본문화를 이해하는 것없이 일본기업과 지속적인 신뢰관계를 만들어 가는 것은 어렵다. 이것은 경영의 현지화를 실시하는데 있어서도 마찬가지다. 또한 중도채용에 의해 일본인을 채용할 때에는 자사의 경영이념이나 방침에 대해 공감할 수 있는 인재를 채용하여 전사방침의 공유를 철저히 하는 것이 중요하다. 이러한 인재를 전력으로서 기대하는 것에 그치지 않고, 자사의 경영이념을 잘 이해하고 있는 인재로서 자사에서 육성하는 시점을 빠뜨릴 수 없다.

5) 글로벌 인재활용의 유의점

- **인물상의 명확화** : 자사에서 필요한 직무는 무엇인가, 발탁·채용하려고 하고 있는 인재가 가지는 경험·스킬이 그 직무에 유효한가, 가치관이나 생각이 당사의 사풍에 맞는가 등을 포괄적으로 검토한다.
- **채용루트의 다각화** : 인재의 질의 담보, 신규인재를 채용할 때는 채용루트를 다각화하는 것과 동시에 인재의 질에 대해 스크리닝하는 구조를 도입한다.
- **발탁에 대한 리스크** : 인재발탁에 대한 리스크관리나 실패가 허용되는 환경을 만든다.
- **비전이나 이념** : 회사의 비번방침의 공유경영방침이나 이념, 전사방침을 공유하는 것을 제일로 실시한다.

6) 차세대 글로벌 인재육성을 위해

인재확보와 육성책을 살펴봤지만 사례기업이라 해도 처음부터 베스트 프랙티스를 실천할 수 있었던 것은 아니다. 시행착오를 거듭하면서 요체를 파악했던 것이다. 하지만 축적된 노하우는 귀중한 재산이 되다. 일부의 기업에 있어서는 글로벌 인재의 확보(채용)와 육성이 다음 세대의 글로벌 인재의 확보로 이어진다고 하는 선순환이 생겨나고 있었다.

G사에서는 해외진출에 맞춰 채용한 인력이 현재는 국내에 머물러 전사적인 해외전개계획수립을 지휘하고 있으며 채용한 인재의 스킬이 국내인재육성에도 도움이 된다. 이 밖에도 C사는 해외

업무경험이 없는 일본인 인재를 발탁해 해외거점으로 파견했는데 해당 인력이 현지인재를 채용하고 있어 진출처에서의 비즈니스를 확대하고 있다. 인재의 확보와 육성이 서로 좋은 영향을 주고 있는 좋은 사례라 할 수 있다.

7) 개개인의 실적과 임금의 차등

개개인의 실적에 의해서 임금액을 차등화하려고 하면 아무래도 평가를 매개로 한 개별관리가 되지 않을 수 없다. 상사인 관리직의 부담이 커진다. 게다가 확연히 차이가 없는 경우까지 차등을 두고 평가하기 때문에 공평성면에서 불만이 분출되어 제도자체가 불안정해지기 쉽다. 중소기업에 적합한 임금제도란 기업의 인원수 규모나 경영자의 생각, 영업, 제조, IT, 서비스라고 하는 직종이나 업종에 따라서도 적합한 임금제도는 다를 수 있다.

시행착오를 하면서 만들어 나가는 방법밖에는 없다고 생각되지만, 팀플레이가 중요한 중소기업에서는 그다지 임금격차를 두지않는 방향으로 검토하는 것이 바람직하다. 과도한 임금격차는 개인주의를 조장하고 협력관계를 저해한다. 특히 평가기준이 명확하지 않은 기업이나 경영자나 관리직의 평가기술기준이 불충분한 기업에서는 평가에 의해서 임금액에 큰 차이를 만들어 버리면 돌이킬 수 없는 사태에 빠지게 된다.

그러나 영업이나 개발부서라면 실적이 비교적 명확하기 때문에 평가에 애쓰는 일이 적고, 다이나믹하게 차이를 두는 것은 가능할 것이다. 또한 영업은 결과가 전부이므로 불공평감을 가지는 종업원도 적다고 생각한다. 다만, 매월 임금이 크게 변동하는 제도는 적절하지 않을 것이다. 안정성면에서 문제가 있기 때문이다. 매월의 임금에 포상금을 추가하거나 업적상여에서 차이를 두거나 하는 대응이 적절할 것이다.

임금제도는 연공을 베이스로 하는 것, 직무수행능력을 기준으로 하는 것 이외에 조직내에서 완수해야 할 역할의 크기나, 실제로 발휘된 행동을 평가하는 것까지 다양하다. 실적이나 행동 등의 개인을 평가하는 것보다 직무 등의 역할에 근거한 임금제도가 중소기업에서는 운용하기 쉽다고 생각한다. 정사원과 계약사원은 기대되는 역할이 다르기 때문에 다른 임금제도를 적용하는 것은 가능하지만, 정사원과 같은 업무를 풀타임으로 담당하고 있는 계약사원에 대해서는 공평성의 관점에서 정사원과 임금격차를 가능한 한 작게하도록 배려하는 것이 바람직하다.

3. 사업의 다각화 생존번영의 길

(1) 기존 사업쇠퇴에 대한 위기감

반슈직물은 효고현 기타하리마 지구에서 200년 이상 전부터 이어져온 전통있는 면직물이다. 실을 염색하고 나서 짜는 "선염"이 특징으로 염색한 실의 배치를 치밀하게 계산하는 것으로, 다양한 무늬나 색채가 풍부한 그라데이션을 표현할 수 있었다. 반슈오리라고 하면 평직셔츠지가 유명하였다. 당사도 메이지초기에 창업한 이래 의료용 옷감 등을 다루고 있었지만, 선대인 아버지가 사장이 된 1960년대 후반부터 손수건 제조에도 착수했다.

손수건이라고 하면 단순히 천을 정사각형으로 재단하고 봉제했을 뿐이라고 생각할 수도 있다. 그러나 실제로는 셔츠 천 등에 비해 매우 손이 많이가는 상품이다. 예를 들어, 보푸라기나 풀빼기 등의 가공후에 모양을 무너뜨리지 않고 뒤틀리지 않는 정사각형으로 완성하기 위해서는 원단을 짜는 단계에서 치밀한 계산이 필요하다. 이 때문에 당시 기타하리마 지구에는 손수건을 다루는 업체가 거의 존재하지 않았다.

하지만 선대는 재빨리 손수건 제조에 눈을 돌려 기술을 연마해 나갔다. 그리고 일본을 대표하는 대형손수건 제조사와 직접 거래를 할 수 있게 된 것이다. 손수건업계는 사실상 대기업 2곳에 의한 과점상태였기 때문에 그중 1곳과 거래할 수 있었던 것은 실적안정에 도움이 되었다. 그리고 당사는 80년대 후반에는 손수건 제조에 특화하도록 된 것이다.

바로 그 무렵 반슈오리 생산량은 절정을 맞이하였다. 당시에는 대량의 생산을 얼마나 맞출지가 중요과제였다. 선대는 외주처를 확보하기 위해 기계를 사서 대여하기도 했다. 그러나 그후 반슈직은 급속히 쇠퇴해갔다. 불황에 의한 국내수요의 감소와 염가의 해외제품과의 경합이 격화되었기 때문이었다. 특히 수출용제품은 대부분 해외수입산으로 몰려있었다. 제가 입사한 것은 96년이기 때문에 대량생산의 시대는 이미 끝을 맞이하고 있었다.

당시 반슈오리 사장은 다음과 같이 회상하였다. 일찍부터 사업을 이어갈 생각은 있었나요. 나는 장남으로 태어났지만 아버지로부터 사업을 계승하라고 들은적은 없고 졸입후에는 증권회사에서 샐러리맨을 하고 있었다. 그런데 일한지 5년이 지난 어느 날 선대로부터 사업을 이어갈 생각이 없냐고 물었다. "나는 증권업계에서 일하는데 흥미를 잃었던 적도있어서 돌아가서 사업을 계속하기로 결정했어요. 당사의 실적이나 거래관계에 대해 알게 된 것은 입사한 후의 일이다."

입사후 한동안 저희 사업현황은 수출을 주력으로 했던 다른 사업장과 비교하면 나쁘지 않았다. 염색손수건은 국내용 고급제품이기 때문에 해외와의 경합이 제한되어 있었다. 대기업과의 거래관계를 축으로 한 견실한 장사가 되어 있었다고 생각한다. 하지만 저는 입사직후부터 앞으로도 안정적인 업적이 계속된다고는 할 수 없다는 위기감을 가지고 있었다. 그리고 반슈오리기술을 활용한 손수건 이외의 상품을 손에 넣을 수 없을까 계속 생각해 온 것이다.

(2) 승산이 있는 분야모색

1) 왜 그런 생각을 하게 됐을까?. 이유는 세 가지가 있었다

- 첫 번째 : 1사 의존에 대한 위기감이다. 당사는 손수건에 특화된이래 매출이 대기업 1개사의 OEM으로 차지하고 있었다. 물론 선대덕분에 안정된 신뢰관계를 가졌지만 당사의 실적이 그 기업의 동향에 크게 좌우되는 점은 부정할 수 없었다. 그렇다고 경쟁업체와 거래할 수는 없기 때문에 손수건 이외의 분야로 뻗어나가야 했었다.
- 두 번째 : 수건손수건의 대두로 인해 당사가 다루는 염색손수건의 수요가 감소해갔다는 것이다. 수건손수건은 등장후 점유율을 늘려 2000년대 중반에는 손수건 매장의 반을 차지하기까지 성장했다. 당사에 있어서는 해외제품 이상의 위협이 된 것이다.
- 세 번째 : 산지쇠퇴의 위기감이었다. 현재 반슈오리 사업소 수는 절정때의 약 10분의 1까지 줄었다. 게다가 이대로가면 나머지도 후계자부족으로 문을 닫을 수도 있었다. 지역산업으로 반슈오리를 남기기 위해서는 셔츠와 손수건 감소를 보완할 새로운 상품을 찾을 필요가 있었다. 사실은 선대에 대해서 "다른 분야에 도전해야 하는 것이 아닌가"라고 제안한 적이 있었지만 그때는 제안내용이 받아들여지지 않았다. 선대는 한 분야에 특화하는 것으로 기술을 갈고 닦고 성공하신 분이기 때문이다.

다른 분야에 진출하는 것에의 위화감을 지울 수 없었던 것이므로 무리도 아닌 일이라고 생각되었다. 그러나 새로운 시장은 지금까지의 방식으로는 회사도 산지도 지킬 수 없다고 생각이 들었다. 그 후 선대가 세대교체를 해서 모든 것을 맡기려고 결단한적도 있고, 2004년에 새로운 후계사장이 취임하면서부터 본격적으로 다른 분야로의 진출에 임하기 시작한 것이다.

2) 다른 분야 진출의 동기

큰 변화를 가져오게 된 계기는 2006년의 도쿄 인터내셔널 기프트 쇼에의 출전이었다. 당시 반슈오리기술을 활용할 수 있는 상품을 계속 찾고 있었지만, 어느 분야에서 승부해야 할지 답이 나오지 않았었다. 파자마, 트렁크스, 우산 등 많은 상품을 시연해 출품했고 반응을 지켜보기로 했다. 그 결과 가장 반응이 좋았던 것이 우산이었다. 먼저 염색한 직물로 만들어진 고급스러운 우산은 매우 드물었기 때문인 것같다.

다만, 후발기업이 타분야에서 성공하기 위해서는 사전에 소비자의 요구를 조사한 다음 컨셉을 철저하게 좁힐 필요가 있을 것이다. 하지만 손수건업계에만 전념하던 반슈오리 우산업계에 대해 스스로 알아볼 방법이 없었다. 거기서 생각한 것이 컨설팅회사의 활용이었다. 외부전문가라면 업계사정을 철저히 조사하고 승산있는 콘셉트를 이끌어갈 단서를 줄 것이라고 생각되어 지인을 통해 중소기업 전문컨설턴트를 소개받아 조사를 의뢰했다.

그리고 조사결과 로하스지향을 강조한 우산이나 여러 디자이너를 활용한 개성적인 아트우산 등 다양한 방안이 나왔는데, 그중 반슈오리가 가장 주목한 것이 고슬로리의 우산이다. 고슬로리는 고딕 앤드 로리타의 약칭으로 검정이나 흰색을 기조로 한 고딕풍의 드레스에 레이스와 프릴 등의 예쁜장식을 조합한 여성용패션을 말한다. 고슬로리에는 우산이 필수 아이템으로 되어있어 작지만 하나의 시장이 형성되어 있었다.

당시 여성들은 패션에 대한 강한 집착을 가지고 있으며 마음에 드는 아이템에는 지출을 아끼지 않았다. 다만 많은 고슬로리 숍을 실제로 조사한 결과 고슬로리 우산의 품질이 만족스럽지 못하다는 것과 몇가지 단점을 포착하여 이것을 개선한다면 훌륭한 완성도 있는 제품을 만들 수 있다고 판단되어 2008년 8월에 고스로리를 모티브로 한 양산, 우산 등의 자사브랜드인 "루미에이블"을 설립하게 되었다.

(3) 다양한 분야로 판로를 확장

1) 파는 방법은 어떻게 고안되었나?

당시 손수건 제조에 특화되어 있던 반슈오리는 판매루트가 없었다. 게다가 품질에 집착한 결과 가격이 기존 고슬로리 우산보다 높아지면서 걸림돌은 더욱 높아졌다. 그래서 먼저 구매층에 직접 호소할 방법을 고민하면서 인터넷 통신판매를 시도하였다.

하지만 반슈오리에는 웹 디자인경험이 있는 인력이 없었다. 틈새시장을 목표로 하는 브랜드에서는 인터넷 등을 통해 컨셉을 얼마나 매력적으로 표현할 수 있는지 궁금하였다. 인터넷시장에 진입하려면 포털사이트에서 우산, 양산을 검색했을 때 루미에이블 양산이 상위에 표시되는 것이 중요하다는 것을 알게 되었다. 따라서 우선 웹전무가를 채용하기로 결정하였다. 동시에 판매정책으로 전문지에의 광고게재를 병행하여 오프라인(Off-line)판매도 병행하였다. 또한 홈페이지에 제품을 소개하면서 광고나 홈페이지를 본 소비자들이 폭증하여 백화점 등 시장판매도 활성화되게 되었다.

또한 전문디자이너를 채용함으로써 우산 이외에도 웨어나 액세서리 등을 다룰 수 있게 되어 현재도 그 가능성을 넓히고 있다. 2013년에는 스톨의 자사브랜드도 설립했다. 이번에는 산지에 보다 직접적으로 공헌할 수 있도록 직자체로 되돌아간 상품을 다루고 싶다는 생각을 하게 되었다. 다만 심플한 직물로 승부하기 위해서는 컨셉을 보다 명확하게 내세워 차별화를 도모할 필요가 있다.

그래서 새 브랜드를 위해 기획부터 판매까지 모든 것을 담당할 수 있는 경험자를 채용하는 것부터 시작했다. 타이밍 좋게 도심의 어패럴에서 디자이너 등을 경험한 인물을 채용할 수 있었다. 스톨을 선택한 것은 보다 원단에 가까운 상품이 당사밖에 할 수 없는 기술과 표현을 살릴 수 있다고 생각했기 때문이다. 또한 타사에는 없는 특징인 디자이너가 공장에 상주하며 생산단계부터 장인과 함께 상품을 만들어 낸다는 점을 컨셉으로 강조하기로 하였다.

브랜드명은 직인을 본뜬 "올리트"라고 해 2013년 2월에 판매를 개시하였다. 컨셉이 서서히 평가되어 지금은 도내의 대형잡화점에서도 취급할 수 있게 되었다. 다만, 자사 브랜드개발의 대처는 막 시작했기 때문에 새로운 판로확대가 필요한 것이었다. 반슈오리의 가능성을 넓히기 위해서도 향후도 고도의 기술을 살린 다채로운 분야에 도전을 계속해 나갈 것이다.

4. 업무향상을 위한 무형자산투자의 유효성

(1) 현저히 낮아지는 생산성

저출산실태로 인구감소가 계속될 전망이며 기업의 일손부족은 앞으로도 계속된다. 일손부족을 해소하기 위해서는 종업원을 늘려 생산을 확대하는 것을 생각할 수 있다. 앞의 공청회에 의하면 실제로 일손부족을 느끼고 있는 기업 중 49.8%의 기업이 신규채용활동촉진을 실시해, 30.7%의 기업이 인재확보를 위해서 기존 종업원의 임금인상을 실시하고 있다고 회답하고 있다.

그러나 문제는 해결되지 않은 것이다. 그 배경에는 기업의 생산성이 낮기 때문에 충분한 수익을 내지 못하고 고용을 확보하지 못한다고 하는 상황을 생각할 수 있다. 생산성을 나타내는 지표의 하나로서 이용되는 노동생산성을 보면 기업전반의 노동생산성 수준 시간당 부가가치를 미국과 비교할 때 제조업에서는 미국의 70%, 서비스산업에서 5할밖에 없다는 조사결과가 있다

또한 생산성을 나타내는 다른 지표로 어떤 전요소 생산성(TFP Total Factor Productivity)을 보면, 한국은 1990년대 이후에 TFP 상승률이 저조한 반면 미국. 일본 등은 TFP의 성장이 가속화되고 있다는 분석이 있다. 미국.일본 등의 기업과 비교한 결과를 토대로 하면 한국기업은 더욱더 생산성을 끌어올릴 여지가 있다.

한국기업의 해외투자 취약도 생산성과 관련돼 있다는 분석이 나오고 있다.

Kimura and Kiyota(2006)는 금융, 보험 등 일부업종을 제외한 데이터를 바탕으로 분석한 결과 생산성이 높은 기업일수록 해외로 진출하고 생산성이 낮은 기업일수록 국내에 머무르는 경향이 있다고 지적하고 있다. 이 분석결과는 기업전반의 것임을 토대로하여 다시 중소기업의 해외투자에 대한 입장은 낮고(제조업: 2.2%, 비제조업 1.7%), 하지만 대기업(제조업 9.5%, 비제조업 6.8%), 중견기업(제조업 3.4%, 비제조업 3.2%)도 높지 않다.

(2) 생산성을 높이기 위한 방책

생산성을 높이기 위해서는 어떻게 하면 좋을까? 한국기업의 유형은 고정자산투자 거기에 더해 그것들을 보완하는 무형자산에 대한 투자가 중요하다는 연구성과가 축적되고 있다. 무형자산에는 소프트웨어나 데이터베이스, 연구개발, 저작권 및 라이선스, 디자인, 브랜드자산, 기 고유의 인적자본형성, 조직개편 등이 포함되어 있다.

한국은 소프트웨어 등의 IT관련 정보화자산에 대한 투자와 직장외 교육훈련(OFF-JT)을 비롯한 인적자본에 대한 투자가 약하기 때문에, 정보화자산 인적자원 투자를 증가시키는 것이 과제라는 점이 지적되고 있다. 실제기업의 정보화 투자에 대한 스탠스 취약성 투자액이 적은 것을 지적하고 있다. 또한 인적자원에 대한 투자도 무형자산에 대한 투자도 적다. 하지만, 무형자산투자에서 차지하는 인적투자 비중은 미국의 11.7%, 독일의 14.7%에 비해 한국은 불과 1.3%에 불과하다

한국이 지금까지 IT 선진국을 추진해 왔음에도 불구하고 생산성 향상으로 이어지지 못한 배경에는 보완적인 역할을 하는 무형자산의 축적부족에 그 원인이 있지않나 생각된다. 무형자산축적도 증가세를 보이지 않고 있으며 인재육성에 대한 투자가 중요하다고 하고 있다. 기업의 생산성을 높

이기 위해서는 정보화자산에 대한 투자를 진행해 생산성 향상을 목표로 하는 것외에 사람에 대한 투자를 늘려 개개인의 생산성을 높여가는 것이 중요하다. 그래서, 실제의 중소기업은 어떻게 진행해 나갈 수 있는지를 이하에서 검토한다.

(3) AI로 해결할 수 있는 영역확대

1) ICT나 로봇 등을 활용하는 중소기업

상기에서는 ICT나 로봇 등을 활용하는 중소기업을 중심으로 한 기업의 사례는 향후 중소기업의 생산성을 향상시키다 눈에는 가까이 이용할 수 있게 된 AI는 매우 유망하다.(마츠오(2017) 심층학습(딥러닝; Deep learning)) 기술의 AI인 '눈을 가지는 기계'의 진전에 의해 지금까지의 기술로는 어려웠던 분야(경비 · 방범, 의료 · 간호, 가사 등)에서의 기계화·자동화가 가능해지고 있으며 농업과 건설, 식품가공, 의료·개호, 제조를 시작으로 하는 다양한 산업분야에서 부가가치의 높은 제품을 만들 수 있다고 지적하고 있다.

AI를 활용하는 기업이 늘고 또한 중소기업에도 AI 도입이 확산되기 위해서는 어떻게 해야 하나. 예를 들어 기업이 해결하고 싶다고 생각하고 있는 가까운 문제를 AI로 해결할 수 있다.

2) 기업의 일손부족 AI로 대체연구

많은 기업이 직면하는 일손부족의 해소는 AI를 도입하는 하나의 계기가 될 수 있다. 〈표 5-1〉은 재무부산하 재무국에서 전국에 있는 중기업을 중심으로 하는 일손부족의 목소리를 업종별로 표시한 것이다. 여기에 마츠오(2016)가 지적하는 지금의 AI 딥러닝기술로 일손이 부족하다는 기업의 과제해결에 직결되는 기술임을 알 수 있다.

그러나 AI에서의 인력부족해소는 어디까지나 계기일 뿐이고 「생력화 투자」라는 관점에서 투자를 실시하는 것이 아니라, 새로운 기술이나 서비스를 적극적으로 이용하는 것으로 기업의 생산성을 높이고, 부가가치를 창출하고 새로운 일자리를 만들기 위한 투자로 발전할 것으로 기대된다. 그렇기 때문에 AI 활용을 위한 사람에 대한 투자가 점점 더 중요해지고 있다.

AI가 도움이 되는 기술이라고 이해하지만 AI를 도입하는 데 주저하는 기업은 많을 것으로 보인다. 야나가와·아라이·오오우치(2016)는 「AI를 사용하지 않고 사람을 활용하고 있는 경우, 보다 효율적으로 AI를 활용하고 보다 저비용으로 생산이나 서비스제공을 실시하는 외국기업 등에 경쟁에서 져버린다.」라고 지적하고 있다. 일본국내만을 보는 것이 아니라 세계의 변화에 대한 신속한

표 5-2 12개 기업의 인력부족 소리와 AI활용 가능영역

	일손부족의 소리기업의 애로	눈이 있는 기계 심층학습의 AI
인쇄기계	일손 부족에 의한 추가부담 결품발생	조립가공용 산업로버트
수송기계	제조직 및 품질관리부문 일손부족	조립가공용 산업로버트
목제품제조업	공장작업원 부족한 상태	조립가공용 산업로버트
정보통신기계	제조작업원 및 장치보수. 점검사 부족감있다	일반수치 데이터의 이상감시
조선	용접공. 도장공 부족실정	기계에 의한 용접.수송
식료품	가공종사인원부족 수산가공품 인재확보가 문제	가용성 영상판정
건설	현장의 종사자 채용시 건설작업 장가근속이 문제	기계에 의한 세멘트고화
운수	최근부족실태를 가저온 트럭운전사와 일반작업자	자동조정 소형자동차
의료 복지	신규사업확대로 높은 이직율 간호사 부족	간호시설. 독고노인견수기술
숙박	만성적 인원부족 특히 조리사부족	기계에 의한 조리
음식업	조리스탭과 호텔스탭도 부족기미	점포내 행동의 최적화지원
소매업	점포에 근무하는 판매원 만성적으로 부족	점포내 행동의 최적화지원

대응을 의식해 가는 것이 기업의 규모에 관계없이 필요할 것이다. AI를 활용해 나가기 위해서는 마츠오(2017)도 지적했듯이 인재투자를 빼놓을 수 없다. 기술에 대한 투자와 사람에 대한 투자가 합쳐져야 생산성이 높아질 것으로 확신한다.

카플란(2016)는 "AI 기술을 단 하나 응용하는 것만으로 모든 것이 달라진다."라고 한다. 본절에서는 AI를 사용하는 계기로 많은 기업이 직면하고 있는 과제 중 하나인 인력부족의 해소를 예로 들었다. AI는 이러한 기업의 과제해결 및 생산성 향상에 도움이 되는 것 외에 AI 사용법에 따라 사업의 영역을 확대해 갈수 있다.

3) 종합정리

저수익인 채 인력부족을 종업원 부담증가로 견디고 있는 기업은 지속적이지 못하다. 이는 인력부족감이 큰 중소기업뿐 아니라 대기업에도 해당된다. 악순환을 끊는것이 생산성을 향상시키기 위한 투자며 이것은 기업의 장래성장을 위한 투자라고 할 수 있다. 생산성을 높이려면 정보화투자 등을 비롯한 무형자산투자가 필요하지만, 거기에 사람투자 등과 같은 보완적인 투자가 수반된다는 것으로 그 효과가 향상되는 것을 사례에서도 확인할 수 있었다.

기업이 이익을 올리고, 일하는 사람의 임금이 상승하고 기업활동이 더욱 확대되어 가는 순환을

창출할 필요가 있다. 이러한 확대가 대기업뿐만 아니라 중소기업에 좀 더 멀리 갈 필요가 있다. 그러기 위해서는 새로운 기술을 적극적으로 도입하고, 인재양성을 위한 투자도 이어감으로써 인적자본을 높이고 생산성을 높여가는 것이 지금까지 이상으로 중소기업에도 절실이 요구된다.

도전하는 기업은 사람을 끌어당긴다. 개개인의 의욕을 기르고 가질 수 있는 능력을 발휘시킬 수 있는 기업은 생산성 향상을 기대할 수 있을 것이다. 도전의 축적이 기업의 성장의 원천이 될 수 있다. 중소기업은 보다 기동적으로 도전해 나갈 수 있지 않을까. 중소기업의 생산성 향상을 위한 대처가 확산되고 생산성이 높은 분야에서 고용이 더욱 확대되면 지역경제 활성화, 나아가 일본경제 확대로 이어진다.

경영 성공포인트 ⑩

1. 머리를 숙여야 할때는 숙여라

머리를 숙일줄 모르는 고만한 인물, 목적수행의 필요에 따라 머리를 숙일줄 아는 인물, 어느 누가 성공의 키를 잡을 것인가? 큰 인물은 인생목표를 실현하는 과정에서 자신만만하게 걸어갈때도 있지만 상항에 따라서는 허리를 굽이고 머리를 숙이며 조심스레 눈치도 살필줄 아는 지혜도 필요하다. 매사는 완벽한 능력을 발휘하는 만능주의자는 없다. 큰 인물이 되려면 때로는 여러 사람의 도움이 필요로 하는 아기로 돌아가 볼 필요가 있다.

2. 부정적인 의식이 가난의 텃밭을 일군다

부정의식이 앞서면 관찰분석이 부정적이기 때문에 가치의 필요성이 발견되지 않는다. 반면 금정적인 정신자세를 가진 사람은 창조적으로 행복과 조화를 이끌어 낸다. 이 세상에는 불가능한 일은 존재하지 않는다. 모든 일은 실현가능하다. 현실적으로 불가능한 일이 발생하는 이유는 불가능하다고 믿는 사람들이 존재하기 때문이다. 인생은 자기가 믿는대로 전개된다는 사실을 잊지말라.

- 福井企業經濟委員會(2013)低成長時代の企業經營 長壽企業に學ぶ經營法則
- 河田容英 2013年5月13日. 仕事. 企業. 長壽企業の歷史.日本長壽企業 TOP10.
- TDB 特別企劃. 2015年に100周年 長壽企業の實態調査(九州地域)2.414個社
- TDB 特別企劃 長壽企業の實態調査(2013年) 創業100年以上の長壽企業 全國に2萬6.000個社
- 企業の長期存續についての硏究. 鈴木 志保. 名古屋市立大學大學院經濟學硏究科
- 老鋪企業に學ぶ長壽の秘訣と經營革新. 著作者 上野 延城. 會員番號. (2958)
- 老鋪から學ぶ企業永續の秘訣~~長期的な投資. 經營の視點から 硏究指導敎授. 平澤 賢一. 岩澤莉子. 渡部由記
- 老鋪に學ぶ繼續と成長の爲の企業リスクマネジメント. 東京企業リスク硏究會組織風土硏究グループ. 島恒昌明. 彬山裕. 西原良和. 林光夫. 平野圭一
- 老鋪企業に學ぶ長壽の秘訣と經營革新. 著作者 上野 延城. 會員番號. (2958)
- 福井企業經濟委員會(2013)低成長時代の企業經營 長壽企業に學ぶ經營法則
- 長壽企業における變革.革新活動.長壽企業の訓え.東京商工會議所.世界最古企業20
- 科學技術. 經濟ビジネ. 老鋪企業に見る企業永續の秘訣を深る(2013..8)
- 低成長時代の企業經營 長壽企業に學ぶ經營法則
- 地域社會における老鋪の生成プロセスについて考察. 流通科學大學論集 經營編 第22卷 第2號 51-74 (2010) 前川 洋一郎 著
- 老鋪に學ぶ繼續と成長の爲の企業リスクマネジメント. 東京企業リスク硏究會.組織風土グル-プ. . リスクマネジメント.TOORY. 2010.March
- 企業が生き殘るためには(2013年9月) EHS&S 硏究センター上級硏究員. 尾形 努.
- 素形材に關する長壽企業及び傳統的工藝品について. 經濟産業省 製造産業局 素材産業室.

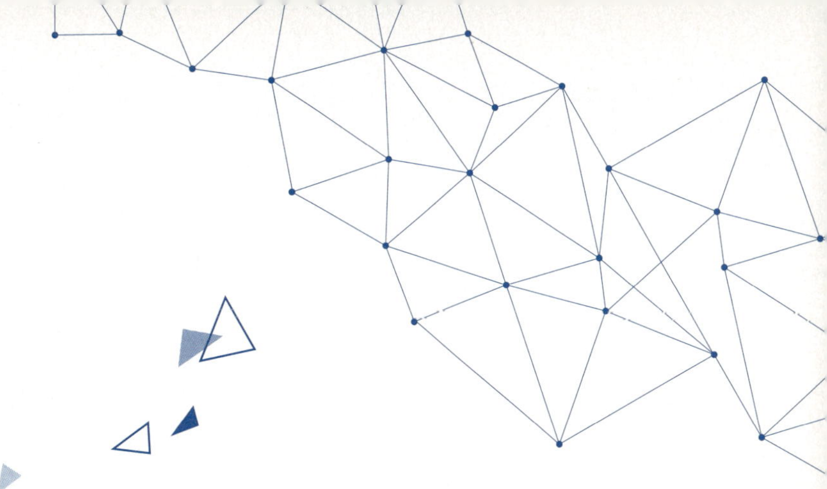

제6장

강소기업성장 진흥경영전략

제1절 강소기업 성장과 마케팅전략
제2절 중소기업 진흥과 강소화 접근

용어 정리 ▶

- KOTRA(Korea Trade–Investment Promoton Agency) : 한국무역진흥공사
- SBC(Swail medium Bvsiness Corporation) : 중소벤처기업진흥공단
- KOEIB(The Export Bank of Korea) : 한국수출입은행
- KOICA(Korea International Cooperation Agency) : 한국 국제협력단
- BDS(Business Development Service) : 경영자원 강화지원
- IDB(Inter–American Development Bank) : 미주 개발응행
- USAID(The United States Agency for International Development) : 미국대외원조 실사기관
- BIC(Bank for International Cooperation) : 국제협력은행
- ETRO(External Trade Organization) : 무역진흥회
- AOTS(The Association for Overseas Technical Scholarship) : 해외기술자 연수 협회
- ODC(Overseas Development Corporation:JODC) : 해외무역개발협회
- WTO(World Trade Organization) : 세계 무역 기구

제1절 강소기업 성장과 마케팅전략

1. 중소기업 강소기업화 마케팅전략

(1) 경영전략의 필요성

중소기업을 경영할 때 전략을 갖고 경영하는 것이 얼마나 중요한지 생각해 보자. 경영자 여러분, 여러분은 국내회사의 95% 정도가 종업원 30명 이하의 중소기업이라는 것을 알고 계십니까? 또 그 중에서 확실하게 이익을 내는 회사가 얼마나 있는지 알고 계십니까? 중소기업 중에는 경영환경이 뚜렷한 변화속에서도 확실하게 이익을 내고 성장하는 회사가 있다. 이렇게 이익을 올리고 성장하는 회사들에 공통되는 것이 사장님의 열정과 자신의 사업에 대한 전략을 갖고있다는 것이다.

그럼 기업의 95%를 차지하는 중소기업 중 '전략'으로 경영을 하고있다고 할 수 있는 회사는 얼마나 있을까? 여기서부터가 중요해요. 다시 말해 30인 이하 중소기업이라 할지라도 '전략'을 이해하고 적절한 '전략'으로 실행하면 크게 도약할 여지가 충분하다는 것이다. 왜냐하면 대부분의 경쟁사들은 전략에 대해 아무 생각이 없이 경영을 하고 있기 때문이다. 그래서 '전략'이 경영에 있어서 왜 중요한 것인지 막연히라도 이해가 되었을 것이다. 그러면 전략에 필요한 다섯 가지 요소에 대해서 살펴보도록 하겠다.

1) 전술과 전략의 구분

전략이란 눈에 보이지 않는 행동, 실행계획이고, 전술이란 눈에 보이는 행동' 즉 계획을 효과적으로 달성하는 무기이다. 전략과 전술을 명확히 구별한 후에 그것을 양륜(兩輪)으로 하여 일관성 있게 실행하면 압도적인 경쟁력을 발휘할 수 있다. 그러나 전략은 우수하나 전술이 약해 성과를 못내어 어려운 기업이 많이 있다. 이러한 기업은 말만 무성하지 행동력이 떨어지는 기업이다.

2) 업무의 우선순위 책정

회사에 있어서 무엇이 가장 중요한지를 알고나서 전략을 세워 나가지 않으면 안 된다. 즉, 자사의 강점을 발휘할 수 있는 분야를 신중하게 선택하고, 그 분야에 경영자원을 집중투입하는 것이 효과를 높이는 길이며 나아가 타사와 차별화할 수 있는 것이 무엇인지 찾아내는 것이 필요하다. 또한 자사의 약점이 무엇인지? 파악하여 수정보완하여 경영자원에 보충하여야 한다.

3) 미래예측도 겸비할 것

전략은 철저히 생각한 후에 장래에 대한 예측(리스크를 포함)도 포함한 것이어야 한다. 미래예측이란 분석과 직관으로 생각하여 볼수 있다. 근년에 와서는 많은 데이터들이 있음으로 이를 분석하여 예측하는 방법과 경험과 지식에 의한 직관으로 판단하는 것이다. 경영환경의 변화에 따라 공격할 때는 공격하고 물러설 때는 당기는 시나리오를 그것을 실행함으로써 계속적인 성장이 가능해진다.

4) 압도적인 강도와 스피드를 가지고 있어야 한다

전략이란 일상업무전략과 혁신전략으로 구분된다. 업무전략이란 현상의 업무를 개선하여 효율성을 높여나감을 말하고 혁신전략은 현상타파를 위한 것이다. 따라서 단기간에 업계지도를 바꾸어 놓을 수 있는 압도적 강도와 스피드를 가진 내용이어야 한다.

5) 전략이란 분석, 책정, 실행

전략이란 분석하고 책정할 뿐만 아니라 실행하는 것을 말한다. 아무리 정보를 분석하고 훌륭한 전략을 수립한다고 해도 그것을 실행에 옮기지 않으면 아무런 의미도 없다. 전략은 실행하기 위해 있으며 실행은 좋은 결과를 얻기위한 것이니 꿈을 잊지마세요! 이 꿈을 실현하기 위해서는 넘보다 앞서 생각하는 진취적인 사고력과 개발창조력, 결실있는 행동력이 3요소이다.

(2) 란체스터 법칙을 전략에 활용

전항에서 전략을 갖는 것이 얼마나 중요한지를 이야기하였다. 전략을 생각함에 있어서 참고가 되는 것은 영국의 항공공학 엔지니어인 프레데릭 윌리엄 란체스터(Frederick William Lanchester)가 세계대전의 공중전 결과를 분석하면서 발견한 원리인 "란체스터의 법칙"이라는 것이 있다. 이 법칙은 특히 중소기업의 전략을 생각할 때 도움이 될 것이라 생각된다.

1) 란체스터의 법칙은 어떤 것일까?

지금같은 전투능력을 가진 군과 군이 백병전전투를 한다고 가정하자. 두 진영에서 양군이 한판승부를 벌여 철저히 싸우면 결국 양군은 상호 전멸하지만 군인정신과 용맹스럽다는 이름밖에 존재하지 않게 된다.

한편, 이번에는 한판승부가 아닌 양쪽의 군이 전투를 벌인다고 가정하면 한군이 타군으로부터 공격을 받게되면 철저히 싸우던 군병사는 몇명의 생존자를 남길 수 있게 된다. 전자가 이른바 "란체스터의 제1법칙"(일명 "일대결"의 법칙)이며, 후자가 "제2법칙"이라고 하는 것이다.

여기에서 도출되는 것이 수에 따라 우위를 점하고 있는 자(시장점유율을 누르는 강자)는 '제2법칙'을 염두에 두고 물량작전에서 한명이 다수를 공격할 수 있는 원격적인 방법(예를 들어, 광고선전전략)으로 전략을 전개하는 것이 효과적이며 시장점유율을 쥐고있지 않거나 앞으로 새로운 시장을 만들려는 약자는 '일대결의 법칙'을 염두에 두고 가능한 한 국지전에서 게릴라전으로 공격을 가해 강자에게 타격을 주는 전략을 취하는 것이 중요하다.

소설(小說) '미야모토 무사시'에서 무사시가 교토의 이치죠지 내리막 소나무에서 요시오카 도장의 문하생 수십명과 싸웠을 때, 무사시는 문하생을 산길로 끌어들여 좁은 산길에서 몇 명을 쓰러뜨리고는 산으로 도망쳐 결국 대부분의 문하생을 쓰러뜨리고 떠나보내는 장면이 있었다. 수적으로 압도적으로 불리한 무사시가 "제1법칙"을 사용해 전략을 세워 싸운것이다. 이것은 소설속의 것으로 그렇게 싸웠는지는 확실치 않지만 약자가 강자를 앞에 두고 싸울때 참고가 되는 에피소드 아닐까요?

지금까지, 강자, 약자라고 표현해 왔지만 그 구별은 회사규모의 대소가 아니고 시장쉐어에 대해 압도적인 지배자를 강자, 그 이외는 모두 약자로서 생각해 주세요. 예를 들면, 산토리는 "위스키"에서는 강자입니다만, "맥주"에서는 약자라고 하는 것이 된다. 그럼 마지막으로 '란체스터 법칙'을 전제로 한 '강자의 진략'과 '약자의 진략'에 대해 정리해 보면

2) 강자의 전략(제2법칙)

- 광역적인 종합전을 전개
- 한명이 다수를 공격할 수 있는 집단형 공격(확률전)을 실시
- 접근전을 피하고 간접적이고 원격적인 전투를 전개(광고선전활동)
- 압도적인 병력, 물량으로 포위전전개 유도작전으로 적의 병력을 분산

3) 약자의 전략(제1법칙) ~ 약자이기 때문에 전략이 중요하다!

- 좁은 범위에서의 국지전
- 단판 대결형 전투전개
- 접근전으로 도전
- 병력을 집약하여 일점 집중공격
- 양동작전으로 적을 교란하여 적의 주의를 다른 곳으로 분산

(3) 중소기업 경영전략

이제 란체스터의 법칙을 바탕으로 중소기업의 경영전략을 고민해 보자. 중소기업 경영자중에는 경영비즈니스 서적을 자주읽는 분도 많으실 것으로 생각하지만, 여기에서는 소니의 전략, 도요타의 전략이라고 하는 대기업의 전략이 아니고, 어디까지나 중소기업의 전략에 대해 생각해 보자.

1) 중소기업 전략의 전제

중소기업의 경영자에게는 실례가 된다고 생각하지만 이러한 전제에 서서 전략을 생각해 보시기 바란다. '중소기업=소규모약자'라 볼수 있다. 대기업의 전략을 본보기로 하는 것이 아니라 소규모 약자에 맞는 전략을 세운다.

2) 약자 경영전략의 기본원칙

전항의 '란체스터법칙'에 근거해, '약자'가 취해야 할 경영전략의 원칙을 정리해 보면 다음과 같다.

'약자'는 선발회사와 차별화해 같은 방법을 하지 않는다.
'약자'는 소규모 1위주의 부분을 노려라
'약자'는 강한 경쟁상대가 있는 업계에는 결코 참가하지 않는다.
'약자'는 싸우지 않고 이기고, 쉽게 이기는 것을 노려라
'약자'는 대상시장 등을 세분화한다.
'약자'는 목표를 잘하는 것 하나로 좁힌다.
'약자'는 경상비로 자금의 고정화를 막는다.

표 6-1 약자의 경영전략. 전략별 정리표

전 략			키 워 드
고객관계 (80%)	상품 30%	상품 전략	특수성, 상품, 차별화, 라이프 사이틀, 엄선된 사람 소비자 시점과의 갭
	영업 50%	지역 전략	넓히지 않는다. 세분화 쥐어짜서 힘을 집중, 경합하는 사람이 없다.
		객층 전략	손님의 엄선 손님을 선택한다. 가망이 없는 손님에게 시간을 할애하지 않는다.
		영업 전략	최종 사용자 지향, 처음부터 팔려고 하지 않고, 우선 정보수집, 재방문, 효과가 있는 광고
		고객 전략	커뮤니케이션을 취한다. 감정에 호소한다. 고객이 좋아한다. '손님→리피터→팬' 에게 감사의 엽서나 정기적인 뉴스레터 재방문, 효과가 있는 광고지
내부관계 (20%)		조직 전략	인재관리
		자금 전략	자금조달, 자금융통

'약자'는 목표에 대해 가질 수 있는 모든 힘을 집중한다.

'약자'는 경쟁상대가 모르게 조용히 행동한다.

3) 약자의 경영전략

약자의 경영전략에 관해서 각 전략별로 정리해 보면 〈표 6-1〉과 같다. 여기서는 전략의 비중을 고객관계 = 8:내부관리관계 = 2와 같이 전략의 중점을 먼저 고객관계에 두고, 나아가 고객관계 중 상품 = 3:영업 = 5와 같이 영업전략에 중점을 두었다.

(4) 상품의 수명주기(라이프사이클)

상품에는 라이프사이클이 있고 자사가 취급하고 있는 상품이 라이프사이클의 어느 시점에 있는지를 아는 것은 중요하다. 구체적으로 상품의 라이프사이클이란 어떤 것인지 살펴보자.

상품의 수명주기에는 도입기, 성장기, 성숙기, 쇠퇴기가 있으며, 각각의 단계에서 다음과 같은 특징이 있다.

1) 도입기

신상품투입이 시작된 단계라 경쟁사는 별로 없으나 수요(매출)증가가 완만하다. 상품투입 초기 비용(제조비용, 마케팅비용)이 많이 들기 때문에 이익도 크게 늘지않는 상황이다. 도입기가 끝나는 시점(피크시)가 지나면 성장기에 들어간다.

2) 성장기

상품의 인지도가 높아지고 판매채널이 확산되면서 수요가 점차 늘어남에 따라 뒤에서 서술하는 〈플라토〉를 넘어서면 수요가 더욱 상승한다. 한편, 상품의 대량생산화가 진행됨에 따라 제조코스트가 저하되고 이익이 크게 늘어간다(이익률이 상승한다). 또, 이 시점에서는 경합타사가 많이 참가하고 있다.

- **플라토현상** : 플라토효과(Plateau Effect)란 "한계효용체감의 법칙"처럼 무언가 계속하다보면 정체현상이 나타난다는 것이다. 성장기에 접어들면 수요가 일단 제자리걸음을 하는 곳이 있다. 상품에 따라서는 이 플라토현상 후에 다시 수요가 상승하는 것도 있고, 그대로 실축되는 것도 있다. 상승할지 실축할지 판단은 어렵지만 이 현상이 끝나는 곳에서 후발조의 시장진입이 있다. 후발조로서는 선발조의 상품에 대해 차별화를 꾀하고 색다른 상품을 투입한다.

3) 성숙기

상품의 인지도가 더 높아지고 공급도 늘어나고 중요도 증가하는데, 정점을 넘으면 수요증가가 둔화되고 감소하기 시작한다. 이 시점에서는 점유율획득이 중요한 과제이다. 또한 경쟁사와의 가격경쟁이 시작됨에 따라 저가지배가 됨과 동시에 점유율획득을 위한 마케팅비용 등이 추가되어 점점 이익률이 낮아지고 있다.

4) 쇠퇴기

상품의 쇠퇴기란 고객의 상품인지도, 필요도가 계속 줄어드는 상황이다. 이 시점에서는 수요감소에 의한 판매경쟁으로 가격은 저하되고 경비는 증가되어 고정비의 부담에 의해서 이익액, 이익율이 모두 감소되는 상태를 초래한다.

5) 중소기업의 상품전략

상품 라이프사이클에 따른 상품의 라이프사이클과 전략에 대해 생각해보도록 하자. 상품의 라이프사이클중 도입기, 성장기, 성숙기의 특징을 바탕으로 자사의 상품이 어떤 사이클에 있는지를 적용하면서 전략을 검토해 재정립하여 보는 것이 좋다.

■ 도입기

특 징	전 략
• 매출의 성장이 완만함 • 경쟁 타사가 없다. • 고액소득자 타겟 • 상품의 사양 변경이 많다. • 제조원가가 비싸다. • 마케팅비용이 비싸다.	① 일점집중주의 전략 고객층의 엄선 판매지역 한정 유통채널의 엄선 소문, 광고지 중심의 선전광고 활동 ② 고가전략

■ 성장기

특 징	전 략
• 참가의 증가(경쟁상품의 증가) • 상품의 대량생산화 • 중산층 타켓 • 판매채널확대 • 가격저하 • 이익이 증가함	① 유통채널 다양화 확대 상품라인의 다양화, 차별화

■ 성숙기

특 징	전 략
• 저가지배 • 제조사와 판매대리점 간의 힘균형 • 점유율이 매출신장을 결정한다. (광고선전력 ⇒ 세일즈력) • 이익률의 저하	• 낮은 점유율 브랜드삭감 • 전문화하다 전문화한 후 상품점수를 늘려간다. • 보다 빠르게 상품을 제공스피드 차량검사 • 패키지 상품제공 안경 한세트~원 • 성장하고 있는 매체를 타다. DHC~편의점 판매 • 게으름뱅이의 욕구를 채우다. • 비용을 대폭삭감하다. • 엄선된 상품에 특화 • 사회적 사명, 내세워 상품, 기업메시지 입소문, 언론보도로 전달친환경 상품제공 유기농법에 의한 신선채소판매무농약, 무공해 등 소비자의 건강을 호소하는 활동

신상품개발 차별화전략

(1) 상품과 서비스

중소기업의 상품전략~상품·서비스에 대해 생각해보자. '상품'에는 그 라이프사이클에 있어서 성숙기에 들어가도 그 사양시점, 고객에게의 어프로치방법을 바꾸어 새로운 성장궤도에 올려 계속적으로 발전시키고 있는 케이스가 있다. 그 예로 '야마토 운수(山本運輸)'의 사례를 살펴보자.

1) 성숙기에 들어서도 계속 성장하는 회사사례

■ 야마토운수

한 상품이 성숙기에 도달하면 다음으로는 새로운 상품을 성장궤도에 올려놓고 지속적인 성장을 해나가는 회사들은 환경변화에 적응 새상품을 접목한다.

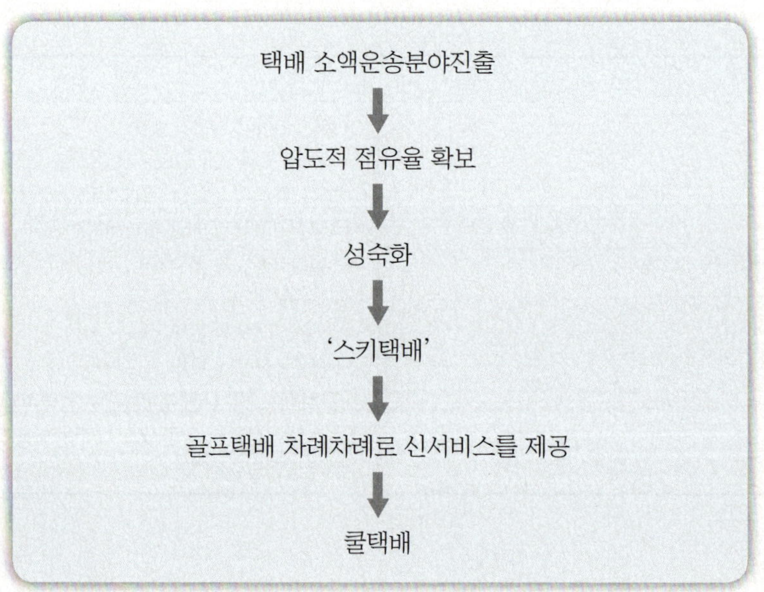

2) 상품·서비스에 대해 생각해 보자

상품·서비스를 생각함에 있어서 중요한 것은

- 요구(needs)와 요구(Wants)를 파악하고 있나?
- 상품컨셉(Concept)이 고객에게 전달되고 있나?
- 그 상품이 확산되고 있나?라고 하는 시점으로부터 생각해 가는 것이다.

3) 요구와 원츠를 파악하고 있나?

요구(need) = 필요성있어야 된다.

차량검사를 받아야 한다.

필요성은 높지만 욕구는 작다.

욕구(Wants) = ~하고 싶다. 벤츠를 타고 싶다.

욕구는 높지만 필요성은 그다지 높지 않다.

점심식사 동안에 속도차 검사매력을 강조하고 요구를 높인다.

안전성, 리세일밸류가 높음 필요성을 강조하여 요구를 높인다.

4) 상품컨셉이 고객에게 전달되고 있나?

요구와 욕구가 모두 비싼상품이라도 그 상품의 내용이 고객에게 전달되지 않으면 해당 상품은 팔리지 않는다.

고객이 구매하기 위해서는 초등학생도 알 수 있도록 상품이 설명되어 있는가라는 고객의 관점에서 상품을 재검토할 필요가 있다.

5) 그 상품이 확대되는가?

상품의 확대를 수직적 전개와 수평적 전개라는 축으로 판단한다.

- **수직적 전개** : 고객 스스로가 그 상품을 얼마나 사용하는지 어느 정도 구매를 반복해도 얻을 수 있을까?
- **수평적 전개** : 고객주변의 사람을 얼마나 끌어들일 수 있을까? 가족이나 친구에게 소개받아 얼마나 상품을 사달라고 할까?

수직적 · 수평적 전개쌍방이 가능한 상품이라면, 한번있는 상품으로 고객을 획득하면, 차례차례로 상품아이템이 고객의 생활에 파고들어 고객의 주위에 퍼져갈 가능성이 높아진다.

(2) 중소기업의 고객전략

1) 고객계층별 분류에 대하여

자사의 상품을 어느 고객층에 제공해가는지, 자사상품의 브랜드, 판매가격 등에 중요한 영향을 준다. 그래서 먼저 고객의 계층구분과 각 계층의 특징을 살펴보고 다음으로 신상품투입시의 전략을 알아보자.

■ 고객계층별 구분과 신상품투입전략

고객계층구분과 각 계층의 특징

계 층	특 징
스키닝 층 (skimming)	고액소득자층. 경기동향에 좌우되지 않는다. 가격둔감. 특정 브랜드에 구애받지 않는다.
이노베이터 층 (innovatory)	최고급품 지향의 허세가격에는 민감하지만 그런 내색을 남에게는 보이지 않는다. 신상품에 대한 관심이 높아 선구매층
팔로어 층 (follower)	주위가 가지고 있으면 갖고 싶어지는 층 성장기의 역군 경기동향에 좌우되기 쉬우며 가격에 민감함
페너트레이션 층 (penettatin)	싸면 사는 층. 가격으로 움직이는 경향이 강하다. 대매출, 특매에 약하다 경품부, 마켓부착에 취약함

2) 신상품투입시 전략

■ 스킴방식 : 스키닝층에서 신상품투입방법

- 점 집중주의 전략 : 고객선정 ⇒ 스키닝층 이노베이터층 회원제(인포멀한 동아리만들기 등)
- 고가전략 : 스키닝층-고액소득자 가격둔감 이노베이터층 고급품 허영심을 건드린다.

■ 페넷방식

페너트레이션 층에서 신제품을 투입해가는 방법

대량판매를 노리는 후발업체 차별화 전략

대량생산, 원가체감상품 ⇒ 소비재, 서비스 용품

대량으로 싸게 팔아 치우는 행사, 경품부 등과 병용

3) 고객분석 세분화

■ **고객 포트폴리오에 대해서-기존고객의 분류**

거래처를 '자사의 중요성'과 '매출점유율'에 따라 속성분류한다. 비교해보면 표와 같이 가장 중요 거래처, 현상유지 거래처, 중점방문·라이벌 추종형 거래처, 문제아적 거래처 등으로 분류할 수 있는 것은 아닐까요.

그럼 먼저 이 매트릭스 안에 자사의 고객을 적용시켜 보세요.

4) 자사고객에게 적용

가장 중요한 거래처	현상유지 거래처
당사의 매출쉐어, 거래처의 중요성 모두 높고, 당사의 포장마차를 지탱하는 고객회사 그룹	당사의 매출쉐어가 높고, 영업사원에 있어서 가장 가기쉬운 단골고객그룹 • 영업사원이 방문과잉이 되는 경향이 강하다.
중점방문, 경쟁자 추종형 거래처	**문제아적 거래처**
당사의 점유율은 낮지만, 그 중요성이 높고 또한 판매여지가 큰 거래처 그룹 강력한 경쟁자가 존재하며 고객사와 긴밀한 관계를 맺고 있다.	• 고객의 중요성, 당사 매출쉐어 모두 낮고, 영업효율이 지극히 나쁜 거래처 방문할수록 적자가 난다.

(3) 중소기업의 고객세분화 전략

1) 고객에 따른 판매방침을 세워보다

거래처를 분류한 후 그 특성에 따라 판매방침을 재검토한다. 우선, 판매변혁방침을 세워 그것을 수치화해 보다 효율적인 영업을 실시해 간다.

2) 판매변혁방침

최대중요 거래처	현상유지처
자사의 최대 중요파트너보다 긴밀한 관계를 구축해, 라이벌로부터 지킨다.	과잉방문에 주의하면서 현상관계를 유지해 간다.
과잉방문에 주의하면서, 현상관계를 유지해 간다.	**문제아적 거래처**
경쟁사의 시장점유율을 빼앗는다. 면밀한 방문계획을 세워 중점적으로 방문하여 매출을 늘린다.	최저한의 교제에서 해결한다.

3) 변혁방침의 수치화

최대중요 거래처	현상유지처
거래처 건수: 30건 *방문시간* 50분×12회 ⇒ 60분×12회 〈방문강화〉	거래처 건수: 60건 *방문시간* 60분×8회 ⇒ 40분×6회
중점방문, 경쟁자 추종형 거래처	**문제아적 거래처**
거래처 건수: 30건 *방문시간* 20분×6회 ⇒ 60분×12회 〈방문강화〉	거래처 건수: 180건 방문시 30분×8회 ⇒ 20분×3회

4) 거래처 방문계획

거래처	필요 방문시간	개선 후 필요 방문시간
핵심거래처	30건 600분	30건 720분
중점방문, 경쟁자 추종형 거래처	30건 120분	30건 720분
현상유지처	60건 480분	60건 240분
문제아적 거래처	180건 240분	180건 60분
합계	93,000분	68,400분

필요 방문시간은 27% 줄일 수 있다. 방문시간의 변화를 통해 매출을 늘리는 것은 가능하다.

⇒ 방문횟수를 늘린 고객사에서는 매출증가가 예상된다.

⇒ 방문횟수를 줄인 거래처에서도 충분한 팔로우가 되어 있으면 매출은 크게 줄이지 않는다.

영업사원의 행동을 바꾸면 적자의 거래처를 잘라내지 않아도 시간은 남는다.

영업의 성패는 시간과 치밀성에 달려있다.

영업비용을 줄이면서 매출, 이익의 증가도 가능해진다.

(4) 고객분야별 전략과 영업전략

기존 고객을 분류하고 그 속성에 의해서 고객의 중요도를 도모해 영업효율을 높이고, 영업코스트를 삭감해 매상, 이익을 확보해 나간다. 이것은 고객영업전략이라는 관점에서 매우 중요한 일이지만 마지막으로 계수적인 개념에서 벗어나고 회사에게 '이상적인 고객'이란 도대체 어떤 고객인지를 생각해 보자.

1) 고객에 대한 생각을 바꾼다

이상적인 고객을 만나기 위해서는 먼저 고객에 대한 생각을 바꿔야 한다. 예를 들면, 고객에게 선택받는 회사가 되자.

⇒ 고객을 뽑는 회사는 고객으로 선정손님을 쫓을수록 도망간다.

⇒ 님에게 사고싶다, 갖고 싶다라고 말하게 한다. 같은 발상의 전환도 중요하다. 그래서 고객으로 뽑힌 회사의 예로 루이비통에 대해 자사와 비교하면서 생각해 보자.

2) 루이비통 ⇒ 고객층은

고객대응은 제공하는 상품의 부가가치는 자사에 있어서 이상적인 고객이란, 어떤 고객인지 가능한 한 많이 들어보자.

회사에 이상적인 고객이란?

돈을 잘 쓰는 손님, 불평하지 않는 손님, 손이 가지 않는 손님, 손님을 소개해주는 손님

3) 이상의 고객을 만나기 위한 힌트

위에서 언급한 이상적인 고객을 만나기 위한 힌트로 다음과 같은 것을 생각할 수 있다.

스스로가 쫓는 고객은 이상적인 고객이 되지 않는다.

사귀고 싶은 고객과 사귀고 싶지 않은 고객을 명확히 구분한다.

제공하는 상품, 서비스가 차별화되어 희소성이 있다.

고객에게 아무래도 갖고싶다라는 감정을 심어줄 수 있다.

고객을 데려오는 영향력이 있는 고객이 있다.

(5) 전략경영의 제고

경영전략편에서는 경영에 있어서의 중요성을 중심으로 전략이란 무엇인가, 상품서비스와 시장, 그리고 고객과의 관계, 재무란 무엇인가(결산서의 견해·생각) 등에 대해 생각해 보자. 마지막으로 왜 경영에 전략이 필요한가를 다시 생각해보자. 기업을 둘러씬 환경은 변화무쌍하고 불확실하며 복잡해졌다. 그리고 사회의 요구는 다양화되고 환경의 변화에 대응할 수 있는 것만 살아남아 성장하는 시대가 되었다.

이런 상황은 대기업이든 중소기업이든 달라지지 않는다. 벌써 이른바 '승자'라고 불리는 대기업

에서는 명확한 목표를 설정해 목표달성을 위한 전략을 책정해 자금력, 인재력, 정보력을 구사하고 끊임없이 신경영을 행하고 있다. 이렇게 말하면 서운해 할지 모르지만 자금력, 인재, 정보량으로 대기업에 대항할 수 없는 중소기업이 같은 환경속에서 살아남기 위해서는 한정된 경영자원(자금, 인재, 정보)을 얼마나 효율적이고 최적화로 활용하여 경쟁에서 이기는가 하는 전략이 보다 중요한 것이다.

대기업이 책정하는 고도이고 복잡한 대규모전략이 아닌 이른바 '약자'가 취해야 할 전략을 생각해 가야 할 것이다. 즉, 중소기업에 필요한 것은 '전략'을 최상단으로 하는 것이 아니라, 우선, 전략을 가진다는 발상, 다음에 명확한 목표를 가지는 것이 중요한 순서이다. 또한 스스로의 상품·서비스를 재검토해 한정된 경영자원을 사용해 전략을 세우고, 시장, 고객에게 임할까를 오로지 생각하는 것이다. 그리고, 목표전략을 주시하면서 지속경영과 실천을 계속 관리해 가는 것이다. 이것이 전략경영인 것이다. 이러한 필요성을 발견하고 그것을 실행에 옮긴 것만이 대기업, 중소기업의 구분없이 '승자기업'으로서 성장, 발전해 나가는 것이다. 발견과 실천만이 미래를 개척하는 초석을 이루어가는 것이다.

 3. 중소기업 지속성장과 마케팅전략

(1) 본절의 개요

중소기업육성에 인식이 새로워지고 그 중에서도 특히 상업. 유통업과 서비스업에 관심이 모아지고 있다. 과점적 제조기업이나 대기업도 그렇지만 간과해서는 안 되는 현실로서 우리나라 경제의 기반의 원동력인 중소영세기업에 대한 날카로운 분석은 사회경제적 요청을 강하게 조명되고 있다는 것이다. 특히 이론연구에 있어서 뒷받침하는 것으로서 컨설턴트로서의 풍부한 실천경험의 참고가 필요하다. 마케팅은 이를 경제현상으로 파악하려는 입장에 있고, 다양하게 현상하는 마케팅활동들의 무한대의 확장을 갖는 실천속에서 본질적인 활동들을 추출하고 이를 체계화하는 것이다. 이와 같이 과점적 제조기업과 비교하여 방대한 수의 중소기업에 의한 다양한 마케팅실천 속에서 본질적인 부분의 진출작업은 그 경험속에서 이루어지는 것이다.

(2) 지금 왜 중소기업 마케팅인가?

충분한 기술력이 있어도 마케팅중에서 특히 판로개척에 약한 중소기업의 현상황을 타개하기 어려워진다. 거기에 우리는 눈을 돌려야 한다. 예를 들어 고도의 기술이 구사된 제품이라고 해도, 그것이 직접 기업의 존속으로 이어진다고는 할 수 없다. 제품자체가 가진 경쟁력을 발휘하기 위해서는 중소기업 마케팅의 지향성을 도입해야 한다. 생산에 지나치게 편중이 있어서는 안 된다. 특히, 신흥국 전용의 상품개발에 있어서 그것은 현저해진다. 현지경제의 발전정도에 대응해 소비자가 진정으로 요구하는 내용이나 품질의 결정이 내려져야 한다. 상품이란 수요수준에 비례되었을 때 효과성이 발휘된다.

중소기업의 힘을 발휘시키기 위해서는 전략적인 마케팅이야말로 중요하며, 거기에 근거해 세분화된 명확한 시장에 대해서 강한 독자성을 가진 제품의 도입이 중요하다. 그러나 그런 제품들은 그 특성을 강화하는 데 반비례해 시장규모가 한정적이다. 그에 상응하는 시장규모를 확보하기 위해 세계화의 물결속에 스스로를 투입해 글로벌 틈새기업으로서의 지위를 획득하지 않으면 안 된다. 중소기업에 있어서 요구되는 힘은 판매력이며 기술력에 비례해 그 힘은 강해져야 한다. 그 방안으로 중소기업 마케팅이 있다. 그러므로 고객수요만족을 위하여 다품종 소량생산의 시스템구축이 중요한 시기에 직면하고 있다.

(3) 중소기업 마케팅은 어떻게 인식되어 있나

중소기업에 있어서의 마케팅의 본연의 자세를 분석한다. 그것은 중소기업 마케팅의 체계화가 목적이며 그 분석소재로서 마케팅이 어떻게 활용되고 있는지를 분석하는 것이 본서의 기본적 자세이다. 근년, 해외에 판로를 요구하는 중소기업은 현지 캠페인 등의 움직임을 활발하게 하고 있다. 신규고객을 획득하기 위한 수단으로서 마케팅은 주목받아 그 노하우를 구축하고 있다. 그러한 환경하에 있고 우리나라의 중소기업론에서는 경제학적 어프로치가 이루어지는 것이 많아, 이 영역에 있어서의 마케팅에의 연구의 대처는 뒤떨어지고 있는 현상이다

과점적 제조업체를 대상으로 한 전통적 마케팅기법을 직접 중소기업에 적용하는 연구가 많다. 그러나 중소기업은 연구소재로서의 매력을 가진 뛰어난 기술력에 반해, 그러한 제품의 판매에 대한 관심은 상대적으로 낮은 현실을 감안할 때 그러한 연구의 유효성이 의문시 된다. 그런 사실은 있지만 맹아적 연구도 볼 수 있게 되었다. 거기서는 전통적 마케팅의 수정을 시도하거나 관계성 마

케팅에 의한 재구축을 목표로 하거나 독자성이 있는 연구도 행해지고 있다. 또, 컨설턴트적 성격을 가지는 연구영역도 있다. 이러한 국내상황에 대해 외국에서는 활발한 연구가 이루어지고 있다.

(4) 중소기업의 마케팅전략

중소기업 마케팅을 체계화하는 전제로서 다음 네 가지가 중요하다.

첫째, 중소기업 마케팅은 기업의 경영규모에 관해 어느 범위까지 적용가능한가 하는 것이다. 당연히 경영력은 자본규모로 규정될 뿐 아니라 경영자 개인의 경영력에도 크게 의존한다. 이 양면을 파악하지 않으면 안 된다.

둘째, 마케팅을 실시하는 중소기업의 경영자세이다. 규모의 확대를 목표로 하는 발전형, 보수적인 현상유지를 도모하려는 지속형의 두 가지가 있으며, 현실의 대부분은 후자의 타입이 많다. 따라서, 본서에서는 발전형에만 눈을 빼앗기는 일없이 지속형을 한 전형으로서 분석을 진행시킨다. 하지만 현실엔 발전형에 관심이 쏠리면서 기업의 성장패턴을 분석해 왔다.

셋째, 전통적 마케팅의 여러 활동을 어느 정도 적용할 수 있는가 하는 것이다. 이를 위해서는 중소제조업, 중소도매업, 중소소매업, 중소서비스업으로 나눠 분석이 진행돼야 한다. 자금적으로도 인재적으로도 제약을 받는 중소기업에 있어서 자사에 있어서 핵심이 되는 마케팅활동을 축으로 하

그림 6-1 기업마케팅 전략시스템 모형도

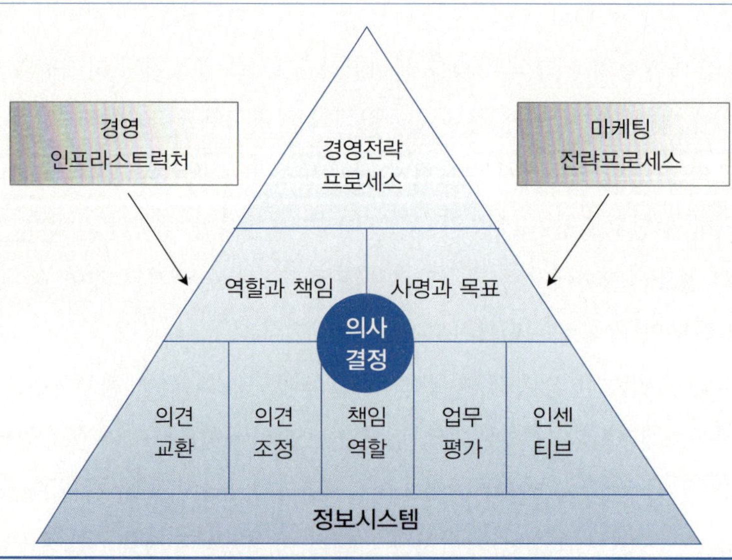

여 다른 여러 활동을 간소화할 필요가 있다. 단, 그것은 간소하지만 단순화를 의미하는 것은 아니고, 핵심부분이 복수의 다른 부분에 효과를 발휘하는 다의성(多意性)을 중시한 시스템으로서 파악되지 않으면 안 된다.

넷째, 중소기업 마케팅의 핵심은 무엇인가이다. 시장규모와 경쟁강도에 따라 중소기업 마케팅은 그 내용을 크게 규정해 각각 고유한 특징을 부각시켜야 된다.

전략의 효과는 조직운영의 결과이다. 우리가 조직관리를 합리성있게 운영하느냐가 그 기업의 성과를 판단하는 책임과 역할을 하는 사람의 의사결정이 지연되어 적기적 시간을 적중치 못하거나, 합리성을 배재한 독선적 의사결정은 실효성이 떨어지는 것이다

(5) 중소기업 마케팅의 구조

중소기업 마케팅이 안고 있는 제약조건으로서 과점적 대기업에 등장한 마케팅은 중소기업에 그 성과수법을 거의 이전하지 못하고 있다. 그 때문에 적절한 사례를 상세하게 분석하는 것에 의해서 실증적 증명을 하는 작업이 요구된다. 중소기업 마케팅의 연구접근법에 대해 마케팅과정에서의 접근은 중소기업의 마케팅을 전략적 마케팅과 업무적 마케팅으로 나누어 파악된다.

시장규모와 영업구조로부터의 어프로치로서 무제한의 시장의 경우 B to B 시장에서는 규모적 차이가 직접적으로 경쟁력이 되기쉽지만 B to C 시장에서는 고객의 다양성을 볼 수 있기 때문에 다양한 전략을 취할 수 있다. 또, 한정된 시장의 경우 B to B 와 B to C 시장 모두 중소기업의 경쟁력이 발휘될 가능성이 있다. 중소기업론으로 부터의 어프로치는 이중구조론과의 관련으로 마케팅을 파악할 수 있다. 또, 중소제조업, 중소도매업, 중소소매업, 중소서비스업이라고 하는 유형별의 어프로치도 있다.

중소기업 마케팅의 특질에 대해 경영의 의사결정은 경영자자신 또는 신뢰할 수 있는 특정 간부사원에 의해 대부분 이루어진다. 그 기초가 되는 시장조사노력은 부족하기 때문에 시장의 파악을 경시하는 경향이 있다. 시장조사에 의한 분석을 객관적인 것으로 한다면 보다 주관적인 고객이미지 중에서 고객만족을 파악하려고 한다. 대기업에는 곤란한 고객에 대한 신속하고 탄력적인 인터랙티브 마케팅, 개인으로서의 한계를 보완하는 인터오가이제셔널 마케팅, 종업원을 가족으로서 파악하려는 인터널 마케팅이라는 세 가지 IM이 있다. 중소기업 마케팅의 구조에 대해서 마케팅의 간소화와 다의성과 시장직결에 의한 문제발견력이 열쇠가 된다.

(6) 중소제조업의 마케팅활동

제품자체의 독자성 강화와 동시에 시장성을 확보한 존재가 중요하다. 소위 틈새기업으로서의 전개, 또 기술수준향상과 함께 마케팅적인 '한결'을 더하는 것이 중요하다. 제품의 의미변화를 확실히 파악하지 않으면 안 된다. 그것은 제품을 팔아서 끝내는 것이 아닌 순환형의 고도의 제조업에의 전환이다. 시장의 변화에 대해서 사회적 과제의 발견에 의한 새로운 사업기회의 창조를 실시하지 않으면 안 된다. 이에 적합하기 위해 GNT(글로벌니치톱)가 아니라 LNT(로컬니치톱)를 목표로 해야 한다.

'대지농원'은 드라이플라워 시장에서의 점유율이 60%나 된다. 재료를 모두 자체수입으로 해 최신 물류시스템을 구축해 신제품개발에 임했다. 사원은 제조, 기획, 디자인, 영업 등, 다의적 인재의 육성을 받고 있다. '가장 재미있는 회사가 되자'를 표어로 '진미를 지극히 한다'라고 하는 개성적인 기획개발형의 식품기업이다. 당초에는 기계설비를 가지고 있었지만 시대의 급속한 변화에 대응하기 위해 자사공장이 없는 파블레스 기업으로 제품의 기획마케팅력의 양성에 주력하는 방향으로 이행했다.

사원 스스로가 도전정신을 가지고 자주성과 창조성을 크게 발휘하는 구조로서의 자창(自創)경영을 도입해 사원개개인이 다의적인 능력을 갖는다는 사상이 저류가 되었다. 경영자는 사원과의 커뮤니케이션을 소중히 해, 매일 150문자 이내에서의 종업원으로부터의 메일에 답장을 쓴다.

4. 소비자의 변화 중소기업의 대응능력 강화

(1) 중소 도매업의 마케팅행동

유통혁명의 진전에 수반해 많은 도매기업은 도태되었지만 한편으로 생존하는 기업도 있다. 그러한 기업은 마케팅의 본질인 시장환경에 대한 창조적이고 통합적인 적합행동을 실시해 왔기 때문이다. 거기서는 전략적 마케팅이 중요한 위치를 얻는다. 코베 코난 사카에야는 홈페이지에서 돼지고기에 관한 풍부한 정보를 발신하고 있다. 효고 유키히메 포크는 그 대표이며 여러가지 궁리가 이루어지고 있다. 도매업의 경우 그 집적으로서의 도매시장이나 도매단지에 있어서의 마케팅활동도 볼 수 있다.

(2) 중소 소매업의 마케팅활동

중소 소매업이 살아남는 방향으로 합리적 측면과 다른 정서적 측면이 지적된다. 중소 소매업과 대규모 소매업과는 입지요인이나 가격요인에는 큰 차이가 있다. 입지는 여건이 될 가능성이 있지만 점포의 연출은 마케팅을 전개할 기회가 된다. 또, 비가격경쟁에서의 비합리적인 측면의 강화에 의한 존립가능성은 충분히 있다. 양적판매시점에서 벗어나 질적인 독자성을 높이는 것이 중요하다.

각지의 매력있는 제품을 개인적인 연결을 형성하는 것에 의해서 갖추는 노력도 필요하다. 제품을 작품으로서 그 구색을 충실하게 하고 그것을 보다 매력있게 하기위한 연출이 되는 장을 창조하여, 작품과 장소를 최대한으로 효과를 내기위한 소비자 커뮤니케이션을 실시한다. 소비자 커뮤니케이션의 핵심은 호스피탈리티 정신으로 정서적 측면으로 자리매김한다. 장의 창조는 자금적인 제한을 받는 가운데 연구가 필요하다.

오오츠키는 상품의 가격이 전체적으로 약간 비싸기는 하지만 다른 가게에서는 볼 수 없는 장르를 좁혀 충실한 상품구색을 형성하고, 호스피탈리티 정신을 가진 소비자 커뮤니케이션이 실천되어 가게의 개성과 특징을 어필한다. 기본 상품이외 매입은 점장의 자유재량에 맡겨져 점포운영에 관한 종업원의 애착심을 강화하고 있다. 나가사와 문구센터는 정가판매이지만 높은 접객수준과 다른 어떤 제품도 흉내낼 수 없는 깊이로 마니아적 소비자에 대한 소구력을 강화하고 있다.

츠마가리 S. 코야마는 초콜릿의 본고장 프랑스에 있어서도 높은 평가를 얻고 있다. 점포는 모두 주택지에 위치해 입지적으로는 풍족하지 않지만 장소만들기에 독자성을 발휘하고 있다.

니시무라카와 어점은 장어의 매장판매를 실시해 소비자에의 어프로치를 생각한다. 나가타역에는 상품 그 자체의 홍보를 거의 볼 수 없는 사장이 팔짱을 낀 간판, '잠깐 이야기'라는 미니코미, 사장이 스스로 눈에 띄는 복장을 입고 자전거로 배송하는 것 등에 의해서 마케팅을 실천한다.

지연적 공동조직으로서의 상점가 마케팅으로서 코하마상가에 보이는 개별점포의 인지도를 높이는 노력, 고베신선 시장에서 보이는 전국 유명시장 서밋이라 칭하는 이벤트의 실시에 의한 전국에서의 지명도 향상 등이 있다.

(3) 중소 서비스업의 마케팅활동

서비스의 제공형태에는 두 가지가 있다. 동일한 서비스를 제공한다고 하는 균일성 중시형과 비

반복성이라고도 말할 수 있는 전문화·개성화 중시형이다. 대규모 서비스업이 IT 등을 채용한 커뮤니케이션 수단을 채용하는 데 반해, 중소 서비스업은 리얼을 주로 감성에 호소하는 방법을 채용한다. 지리적 범위가 좁기 때문에 지연적 관계가 농후해져 고객만족에 주력하기 쉽다. 대규모 서비스업이 어려운 영역, 특히 지역성에서 중소 서비스업이 약진할 가능성이 있다.

킨키택시는 상권을 반경 2킬로 이내로 좁혀 고객만족도를 높이려고 한다. 오리지널 서비스로서 고베양과자점을 둘러싼 스윗츠택시, 학원픽업을 위한 안심개구리호, 꽃놀이 택시, 비프택시 등이 있다.

홀로닉은 소비자와의 2인 3각을 목표로 지역주민의 생활과 일체화하는 것을 목적으로 하는 커뮤니티 호텔이다. 회원한정의 요리교실 개최, 지역을 포함한 숙박투어의 제안, 서비스에 대한 의견교환회의 개최 등을 실시한다.

콘체르트는 독자적인 이야기를 만드는 관광기선사이다. 배자체를 고베의 영빈관역할로 삼고 선내 프로포즈 플랜도 한다.

(4) 중소기업 마케팅성과로서의 브랜드형성

중소기업에 있어서의 브랜드형성에 대해서 한정된 시장에서의 아는 브랜드로서 정착하는 경우도 있다. 브랜드화가 성공하고 사회적 평가가 높아지면 판매의 용이성이 높아져 이익을 확보한다. 사회적 평가의 고조는 금융기관이나 구입처의 평가를 높여 기업의 존립기반을 강화한다. 그것은 종업원의 대우에도 파급해 인터널마케팅으로서의 역할을 완수한다.

중소기업의 경영자와 종업원전원 스스로가 잠재적으로 가지는 브랜드가치에 대해서 의식을 공유하는 것이 출발점이 된다. 브랜드가치의 본질은 상품 그 자체가 가진 기능에 뒷받침된다. 그러나 브랜드화를 진행하기 위해서는 그 상품기능과 매력을 눈에 보이는 형태로 표현하고 제시해야 한다. 이 경우 중소기업의 존재 그 자체에 디자인성을 도입하는 것이다.

그것은 기업이 소구하려고 하는 코어메시지를 크리에이티브하게 디렉션함으로써 통일감있는 존재로 자리매김을 해 간다. 소비자에의 전달에 있어서 비용이 그에 상응하는 광고가 아닌 퍼블리시티를 적극적으로 활용한다. 이를 위해 정보발신 태세를 항상 취하는 노력이 필요하다. 당연히, 오늘날과 같은 정보화사회에 있어서 IT의 중요성은 비약적으로 높아지고 있다. 그리고, 한 번 확립된 브랜드라고 해도 공격과 수비양쪽을 제대로 하기 위해서 브랜드의 유지보수는 빠뜨릴 수 없다. 지역브랜드와의 상승효과를 도모하는 것도 중요하다.

(5) 본절의 의의, 평가, 과제

본서는 우리나라의 기업구조를 부여하고 강력한 경제발전을 추진하기 위한 중요한 지침을 제공하는 것이다. 중소기업 마케팅은 그 중요한 수단이 된다. 과점적 제조기업이 수행하는 마케팅의 체계화는 이루어지고 있지만, 이 영역에서의 그것은 맹아적 단계이며 선구적 대처로서 높게 평가된다. 특히, 과점적 제조기업의 행동은 여러 가지 기관으로부터의 정보발신이 이루어지지만, 그에 반해 중소기업의 정보량은 매우 적다.

그 때문에 이 체계화를 시도할 때 연구자 스스로의 풍부한 히어링조사나 경험이 필요불가결이 된다. 다나카씨는 그 점에서의 문제없으며 그만큼 뛰어난 연구성과다. 본절의 과제는 타나카씨도 말하는 것처럼 이 영역에서의 연구가 희박하다라는 것이다. 정치화를 추진하기 위해서는 연구환경의 장을 형성할 필요가 있다. 그것은 다나카씨 개인의 문제는 아니지만 기본적 문제로서 항상 의식하는 것은 중요할 것이다.

기초연구에서 과점적 제조기업에 의한 마케팅을 경제현상으로 파악하는 입장 또한 서비스마케팅의 대상을 고객의 다양성에 유연하게 신속히 대응하기 위해 서비스의 품질과 가격이 그만큼 높은 장면으로만 한정해야 한다는 입장에 있다. 이론연구의 기본방향이 그래야 한다고 생각하는 것은 아니다. 연구자세는 본연의 선택사항 중 하나에 지나지 않는다. 적극적으로 마케팅을 응용전개해야 한다고 인식한다. 타나카씨의 연구성과를 귀중한 소재와 위치, 앞으로 필자는 중소제조기업의 마케팅 체계화를 시도하고 싶다.

경영 성공포인트 ⑪

1. 당신이 처한 환경

사람은 환경의 지배를 받느냐 환경을 조성하느냐 기로에 선다. 위인은 환경을 조성하나 범인은 환경의 지배를 받는다고 한다. 진실한 자아는 그 사람의 영혼이다. 영혼을 다스리는 주인은 바로 가슴속에 담긴 꿈과 포부이다. 작은 인물은 꿈과 포부가 없기 때문에 방황하기 마련이다. 반면 큰 인물은 가슴속에 확고한 인생의 목표가 있기 때문에 고난과 역경앞에서도 흔들리지 않고 불우한 환경에 처할지라도 그것을 개선하며 자신의 꿈을 실현한다.

2. 타인의 삶을 존중하라, 상대를 먼저 배려하라

세상에서 출세하는 데는 두 가지 방법이 있다. 남을 딛고 올라서든가, 남의 충직한 발판이 되어주던가 하는 것이다. 부를 이루는 방법은 사람과 사람과의 관계라는 매개를 통하여 성공과 부의 기회를 엮는 방법이다. 성공하기 위해서 가장 중요한 것은 무엇인가? 다른 사람의 삶을 존중하고 원활한 인간관계를 만들고 유대관계를 소중이 여기는 생활문화조성이다.

돈이 필요하다면 우선 인간관계를 소중이 여겨라 그러면 돈은 저절로 따라온다. 성공한 사람들은 모두 이 진리를 피부로 느끼며 터득한 사람들이다.

제2절 중소기업진흥과 강소화 접근

1. 중소기업진흥에 대한 개관

(1) 중소기업진흥의 개관

1) 중소기업진흥의 현황과 중요성

중소기업진흥은 우리나라를 포함한 많은 나라에 있어 중요과제로서 자리매김되는 것이 많다. 그것은 중소기업이 한 나라의 사회경제속에서 다음과 같은 다면적인 기능·역할을 하고 있기 때문이다.

첫째, 한 나라의 경제활동에서 차지하는 중소기업 비중의 크기다. 중소기업은 많은 나라에서 사업체수, 종업원수 면에서 압도적인 지위를 차지하고 있어 경제활동의 주요한 플레이어 이기때문이다.

둘째, 중소기업이 가지는 노동시장을 통한 사회에서의 안정기능이다. 중소기업은 미숙련노동자를 포함한 많은 노동자에 대해 고용기회를 제공하는 것이 가능하며, 거시적으로 소득의 분배기능을 가지고 있다.

셋째, 중소기업의 시장참가율과 퇴출율의 높이다. 산업구조의 고도화를 포함한 경제발전은 비효율적인 기업이 효율이 높은 기업에 의해 대체되는 다이나믹한 프로세스를 통해서 실현된다. 이런 의미에서 중소기업은 시장경제 역동성의 원천이라 할 수 있다.

넷째, 아웃소싱처로서의 중소기업의 역할이다. 중소기입이 수출을 위한 조립기입이 필요로 하는 부품·컴포넌트의 공급처가 됨으로써 다양한 부품·서비스를 유연하게 제공할 수 있어 전체의 경제효율을 높이는 데 공헌한다.

다섯째, 지역경제에 있어서의 산업의 요체로서 역할이다. 지방·농촌부에서의 고용기회는 도시지역에 있어서의 실업·빈곤문제와 밀접한 관계를 가지고 있다. 중소의 현지 제조업은 지방·농촌부에서 비농업노동기회를 제공하는 귀중한 산업이다.

중소기업진흥협력의 중요성은 이상의 여러 점에 집약할 수 있지만, 협력실시에 있어서는 개발과 제와의 관계에서 기대되는 중소기업의 기능역할을 확인한 후에 구체적인 협력계획을 입안하는 것이 중요하다. 최근 개발도상국 정부로부터 중소기업진흥에 관한 협력요청을 받는 경우가 많은데, 중소기업에 기대하는 역할이 반드시 명확하지 않은 상태에서 협력요청이 나오는 경우가 많다. 효과적인 협력프로그램을 입안하기 위해서는 초기단계에서 중소기업진흥을 필요로 하는 이유를 정확하게 확인할 필요가 있다.

2) 중소기업진흥의 정의

중소기업에 관한 국제적인 정의는 없지만 중소기업진흥협력에는 개념적으로 두 가지 다른 어프로치가 있다. 하나는 사회의 안정에 완수하는 중소기업의 역할에 주목해 약자 보호적인 관점으로부터 지원을 실시하는 접근법이다. 다른 하나는 중소기업을 산업구조의 고도화를 통한 경제발전을 가져오는 주요 플레이어로 보고, 잠재성장력이 있는 기업의 성장을 촉진하는 접근방식이다. 실제 협력의 상황에서는 상기 어느 하나의 관점에서 중소기업진흥을 실시하느냐에 따라 대상 중소기업의 규모·성격이 달라진다.

일반적으로 잠재성장력이 있는 중소기업의 성장발전을 통해서 산업경쟁력 강화를 의도하는 중소기업진흥의 경우, 산업전체의 효율향상에 중요한 역할을 하는 중소제조업이 대상이 되는 경우가 많다. 소득격차의 시정을 통해 사회안정에 기여하는 지역사회의 활성화, 고용·소득의 창출을 목적으로 하는 중소기업진흥의 경우 비교적 소규모로 지역에 밀착한 제조업, 상점 등의 폭넓은 업종을 취급하는 경우가 많다. 농업관련 분야를 대상으로 할 경우 인포멀섹터육성도 포함된다.

3) 국제적 동향

민간분야에 대한 정부의 개입을 최소화해야 한다는 견해가 세계은행·IMF를 중심으로 한 국제원조 커뮤니티에서 강조되는 경향이 있지만, 중소기업에 대해서는 다른 원조국·국제기관도 중점 지원분야로 규정하고 있다 세계은행을 비롯해 IDB(Inter-American Development Bank), USAID(The United States Agency for International Development) 등은 조직내에 중소기업지원을 전문으로 하는 부서를 설치하고 이 분야에 대한 대응을 강화하는 자세를 밝히고 있다.

이것은 중소기업 분야에서는 시장의 실패가 발생하기 쉽다는 인식을 반영한 것으로 생각되지만, 한편 정부의 역할에 대해서는 여전히 다양한 논의가 있다. 각 원조기관이 어느 규모의 중소기업을 원조의 중점대상으로 하고 있는지 명확하지 않지만, 일반적으로는 산업경쟁력 강화·경제개발의 관점보다 사회적 안정·빈곤삭감의 견지에서 영세기업을 포함한 중소기업에 대한 지원에 초점을 맞추고 있는 경우가 많다.

또한 국제개발금융기관은 중소기업진흥협력 컴포넌트의 일부로서 기업활동 전반에 관한 level playing field 의 정비, 금융분야의 개혁 등에도 힘쓰고 있다.

4) 우리나라의 원조동향

우리나라는 중소기업진흥에 관해 오랜 경험을 갖고 있으며 그 경험을 활용한 효과적인 협력을 전개할 수 있는 원조국으로서 많은 개발도상국들로부터 기대되고 있다. 중소기업진흥에 관한 원조 방침으로는 공적개발원조에 관한 중·장기정책에서는 다음 사항을 언급하고 있다.

빈곤대책과 사회개발분야 지원으로 취업기회 확보하기 위한 지방산업의 육성을 지원한다. 아시아 통화경제위기극복 등 경제구조개혁 지원으로 우리나라가 추진해온 인프라정비협력, 기술이전, 중소기업진흥산업육성에 대한 협력에 대해 다른 공적자금과의 역할분담과 연계를 중시하면서 한층 더 충실을 도모한다. 핵심인재육성과 기업경영기술 기술력 향상 등에 이바지하는 협력을 실시해 나간다.

또한 중소기업 분야에 대해서는 ICA 뿐만 아니라 수많은 국내기관이 다양한 형태로 협력을 실시하고 있다. 국제협력은행(Bank for International Cooperation: BIC)은 금융측면의 지원을 하는 기관으로서 중소기업용 투스텝 론과 민간기업의 수출입·투자를 촉진하는 수출입. 투자금융, 언타이드 론에 의한 협력을 실시하고 있다. 무역진흥회(External Trade Organization: ETRO)는 전문가의 파견, 견본시, 산업교류포럼 등에 의해 개발도상국의 저변산업육성이나 기업의 지원을 하고 있다.

또, 해외기술자연수협회(The Association for Overseas Technical Scholarship: AOTS), 해외무역개발협회(Overseas Development Corporation: JODC)에서는 연수원의 수락, 전문가의 파견 등에 의해 개발도상국의 산업기술자의 육성을 실시하고 있다. 이 분야의 원조를 효과적으로 실시하는데 있어서 이들 국내관계기관이 우수분야를 서로 살리면서 상승효과를 낼 수 있는 연계협력을 촉진할 필요가 있으며, 국내관계기관과의 정보교환을 적극적으로 실시하는 것이 향후 더욱 더 중요해지고 있다.

(2) 중소기업진흥에 대한 협력의 개념

- 중소기업진흥과제

- 중소기업의 성장발전에 관한 과제
- 중소기업에 내재된 과제
- 중소기업의 성장발전에 관한 과제

1) 시장경제를 지탱하는 기본제도의 정비 · 운용

기업관련 법제도, 정부규제, 비즈니스 관습 등 기업이 원활하게 시장에 참가 · 퇴출할 수 있으며, 시장에서 공정 · 자유로운 기업활동을 하기위한 기본적인 룰의 정비 · 운용에 관한 과제이다. 도상국전반에서 발견되는 문제이지만, 특히 후발개발도상국, 시장경제이행국에서는 정비와 적절한 운용이 지연되고 있다.

2) 중소기업진흥에 관한 적절한 정책의 입안

행정조직의 정비가 많은 도상국에서는 중소기업진흥의 근거가 되는 기본법이 없다. 이 때문에 예산조치를 포함한 정부(중앙 · 지방)의 역할이나 책임범위가 불명확해 장기에 걸치는 정책일관성의 확보가 곤란하다. 또한 중소기업 전문행정조직이 정비되지 않고 행정관의 능력부족으로 인해 중소기업진흥시책을 효과적으로 입안하고 실시할 수 없는 경우도 있다.

3) 자금공급의 원활화

자기자본충실을 위한 여러 제도의 정비 · 운용기업이 성장발전하는데 있어서 직면한 최대과제 중 하나로 장기자금으로의 접속의 문제가 있다. 많은 도상국에서는 민간은행의 금융중개기능이 충분하지 않고, 또한 자본시장도 정비되어 있지 않기 때문에 자금 · 자본의 획득이 매우 어렵다. 특히 리스크평가가 어렵고 차입액도 작은 중소기업은 더욱 불리한 상황에 놓여 있어 이를 시정하는 제도의 정비 · 운용이 중요하다.

4) 산업활동을 뒷받침하는 지적 인프라의 정비 · 운용

기업활동을 뒷받침하는 인프라는 전기, 물, 도로, 통신, 항만과 같은 물리적 인프라외에도 산업의 지적 인프라라고도 할 수 있는 다양한 제도가 포함된다. 구체적으로는 표준제도, 지적재산권보호제도, 통계제도 등을 들 수 있지만, 많은 도상국에서는 이러한 산업활동에 밀접한 지적인프라가 정비되어 있지 않다.

5) 무역투자제도정비

무역투자제도는 기업이 해외에 새로운 시장을 개발하거나 외국기업과 연계하는 데 큰 영향을 미친다. 도상국에서는 무역·투자에 관한 여러 제도나 규제가 국제무역·투자의 메리트를 향수하는 데 있어서의 저해요인이 되고 있는 케이스가 있다.

무역·투자제도의 관련에서는 WTO(World Trade Organization:세계무역기구) 협정에 근거하는 의무의 이행과 함께, 현재 각지에서 지역경제통합이 급속히 심화하고 있다. 중소기업의 성장발전에 영향을 미치는 사업환경으로서 이러한 지역고유의 사정도 염두에 둘 필요가 있다.

(3) 중소기업의 내재적 과제

1) 개개의 기업과 경영자원의 부족

■ **업무인력의 부족**

산업인재의 부족이 현저하고 특히 중소기업의 현장을 담당하는 기능자가 압도적으로 부족하다. 또, 교육기관이나 직업훈련학교 등은 중소기업의 수요에 충족하지 못하고 노동시장에 있어 미스매치를 많이 볼 수 있다. 또한, 중소기업 자신도 중장기적인 견지에서 인재육성을 실시하는 것은 부족하고 인재부족이 중소기업의 성장발전에 큰 과제가 되고 있다.

■ **경영·기술 노하우의 부족**

중소기업의 상당수는 오너경영자이며 중장기적인 견지에서 비즈니스 플랜을 세우는 경영노하우를 가지고 있는 인재는 적다. 또, 자금력이 없기 때문에 연구개발 등을 통한 기술노하우 개발을 할 수 없다. 개발도상국의 중소기업 상당수는 만성적인 자금부족에 직면하고 있다. 그리고 이들 중소기업은 일반적으로 담보력이나 비즈니스 플랜을 세우는 노하우가 부족하고 차입액도 작아 민간금융기관으로부터의 자금조달은 매우 어렵다. 이 결과 성장에 필요한 중장기적 투자를 할 수 없게 돼 시장경쟁에서 탈락할 수밖에 없게 된다. 자금부족 자체에 더해 자금접근이 대기업에 비해 크게 제한되고 있는 점이 문제다.

■ **시장정보의 부족**

중소기업은 일반적으로 정보수집력이 약하고 도상국의 중소기업은 시장정보를 특정 트레이더에 의존하고 있는 경우가 많다. 이 때문에 원재료나 노동력의 점에서 우위성을 가지고 있어도 시장안에서 그러한 우위성을 살리는 것, 즉 시장요구에 응한 상품제안을 할 수 없기 때문에 새로운 판매처를 확보할 수 없어 사업의 확대를 할 수 없는 케이스가 많다.

▪ 기업간 링크의 형성

중소기업의 경쟁력은 기업간 링크에 근거한 분업과 특화의 메리트를 통하면 보다 발휘되는 케이스가 많다. 조립기업을 정점으로 하는 저변산업, 동업종의 집적을 통해서 규모의 경제성을 발휘하는 산지 등이 대표적인데, 도상국에서는 이러한 기업간 링크의 형성이 충분하지 않고 중소기업의 잠재적인 경쟁력이 충분히 활용되고 있지 않다.

▪ 지역진흥

기본적으로는 경영자원문제로 집약되는 과제이다. 지방분권화가 추진되는 도상국에서는 지역간 격차를 시정하기 위한 지방산업의 진흥은 중요과제이며, 지방산업의 담당자는 대부분의 경우 중소기업이다. 지방·농촌부의 잠재실업자에 대해서 농업 ㅜ이외의 새로운 고용기회를 창출하려면 현

그림 6-2 산업구조 진화과정

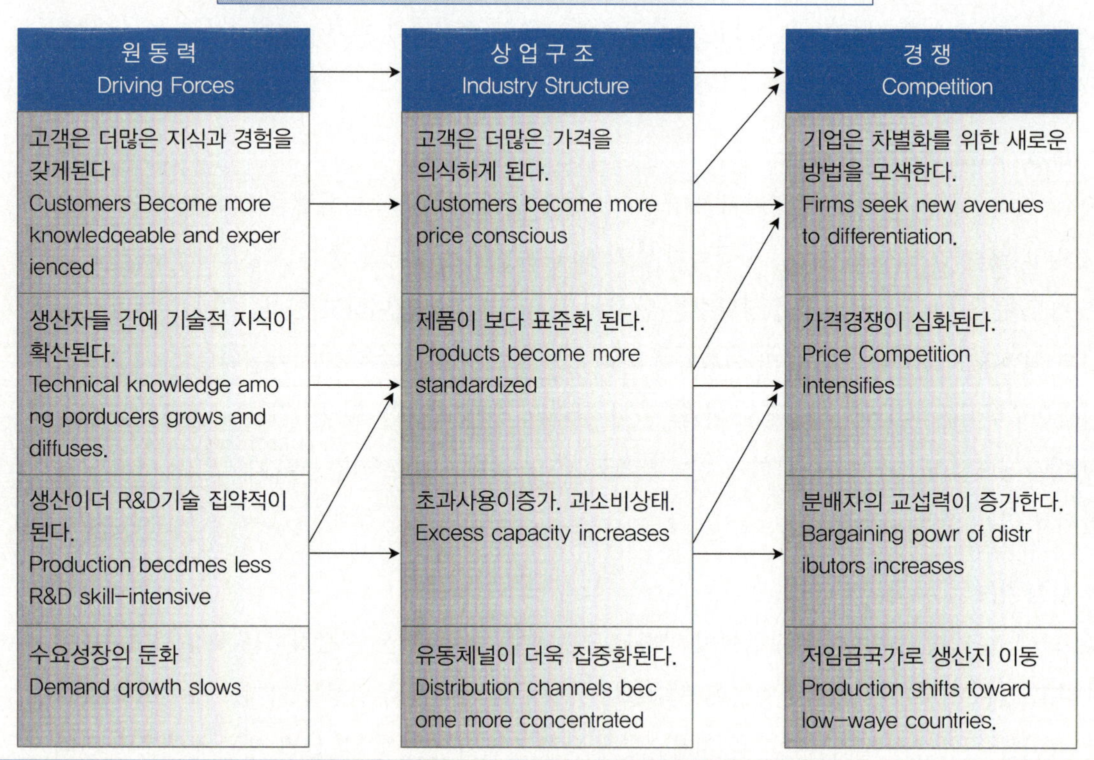

지의 자원을 활용한 중소제조업의 육성이 유효하다. 그렇지만, 도상국의 지방·농촌부에서는 지방 자원의 활용방법, 마켓정보, 제품제안·개발력, 판매력, 인재 등이 절대적으로 부족하다.

■ **협력의 기본적 생각**

중소기업의 다양하고 활력있는 성장발전을 통해서 산업구조의 고도화, 취업기회의 증대, 지역 경제의 활성화를 도모하는 것을 목표로 한다. 본절에서는 중소기업 전체를 약자로 간주해 폭넓은 향상을 도모하는 사회정책적인 사고방식은 취하지 않는다. 잠재성장력을 가진 중소기업에 대한 지원을 통해 산업구조의 고도화를 포함한 경제발전을 촉진하는 접근법에 중점을 두기로 한다.

■ **산업구조의 진화과정**

사업구조의 진화과정을 Grant(1998)에 의하면 소비자들이 보다 많은 정보의 경험을 갖게 되면 가격에 민감하여지므로 이에 따라 생산자기업들은 새로운 제품차별화에 보다 많은 노력을 하게 된다는 것이다. 또한 일반적인 기술이 보편화되고 확산됨에 따라 제품의 표준화가 이루어지고 가격 경쟁이 심화된다는 것이다.

성장이 둔화됨에 따라 공급의 과잉이 발생하고 유통구조가 집중화됨에 따라 유통채널의 교섭력이 강화된다는 것이다. 이와 같이 시장변화는 지속되고 있으며 다가오는 4차산업혁명과 같은 기술적, 구조적 변화대응능력의 강화는 혁신을 바탕으로한 불확실성에서의 예지적 능력과 도전적인 기업가정신이 요망되는 시점이라 하겠다

2. 중소기업진흥에 대한 효과적 접근

(1) KOICA를 통한 중소기업진흥

1) 한국국제협력단(Korea International Cooperation Agency : KOICA)을 통한 접근

중소기업진흥에 관해서는 크게 사업환경의 정비·운용과 중소기업에 내재하는 문제의 두 가지 과제를 생각할 수 있다. 또한 중소기업에 내재하는 문제에 내해서는 산업경쟁력 강화를 목적으로 하는 중소기업진흥과 지역사회 활성화를 목적으로 하는 중소기업진흥이라는 두 가지 접근법을 생각할 수 있다.

2) 한국국제협력단의 설립목적

개발도상국의 빈곤감소 및 삶의 질향상 여성, 아동, 장애인, 청소년의 인권향상, 성평등실현, 지속가능한 발전 및 인도주의를 실현하고, 협력 대상국과의 경제협력 및 우호협력관계증진, 국제사회의 평화와 번영에 기여한다는 목적으로 설립되었다. 국내에 기반을 두고 있어 접근이 용이하나 여러 방향에서 그 접근의 효율성을 검토해보고자 한다.

3) 개발전략목표

- 중소기업의 성장발전에 이바지하는 사업환경의 정비 · 운용
- 산업경쟁력 강화에 이바지하는 중소기업의 육성
- 지역사회 활성화 · 고용창출에 이바지하는 중소기업육성

(2) KOICA의 목표사업저해요소 개선

중소기업의 성장발전에 이바지하는 사업환경의 정비운용으로 개발전략목표의 저해요인으로 작용할 수 있는 법제도, 규제사항 등 저해요인을 사전에 제거할 필요가 있다. 아울러 후발개발도상국, 시장경제이행국 등에서는 시장경제의 토대가 되는 룰이 충분히 정비되어 있지 않거나, 과도한 규제에 의해 민간경제활동의 역동성(시장에의 참가, 퇴출, 자유롭고 공정한 경제활동)이 손상되고 있는 경우가 많다. 이러한 저해요인 추출작업은 중소기업진흥분야의 협력 첫 단계에서 실시할 필요가 있다.

1) KOICA 활동의 실적부진 요인

중소기업진흥과 관련하여 제도 및 규제측면의 문제에 초점을 맞춘 KOICA의 협력실적은 많지 않다. 이것은 제도 · 규제면의 문제해결을 중소기업 성장발전의 중요과제로서 언급하는 국제부흥개발은행(International Bank for Recomstruction and Development : IBRD), 국제통화기금(International Monetary Fund : IMF) 등의 대응과 대조적이다. 이 분야에서 KOICA 사업의 실적이 많지 못한 것은

- 제도와 규제에 관한 문제는 요청기반의 기술협력안건이 되기 어려움
- 중소기업을 대상으로 하는 특별한 진흥시책을 실시하는 전문가가 중심이다.

- 제도와 규제면의 문제는 세계은행, IMF 등에 의한 금융면에서의 지원조건인 경우가 많아, 자국의 관여할 수 있는 여지가 적다는 등의 이유를 들 수 있다.

(3) 개발과제에 관련된 안건형성상의 유의점은 다음과 같다

1) 문제점의 정확한 파악과 공통인식형성

제도나 규제적인 문제와 관련된 안건형성시에는 소통의 길을 찾아 상대국정부뿐만 아니라 민간분야 및 각계분야의 의견을 청취하고 시간을 두고 협력과제에 관한 공통인식을 형성할 필요가 있다. 또, 자금협력과도 제휴해, 기술협력의 성과를 지지하는 협력프로그램을 준비하는 것도 중요하다.

2) 지원분야 엄선 및 다른 기술협력과의 연계

우리나라에서도 전문가가 적은 분야이므로 안건형성에 있어서는 어떤 전문가가 파견가능한지를 사전에 조사한 후 다른 기증자에 비해 우위성이 있는 과제에 협력의 초점을 좁히는 것이 중요하다. 그 때 우리나라의 경험을 베이스로 한 협력(예를 들면, 산업정책과 경쟁정책 등)에 프라이어리티를 두는 것도 하나의 안이다. 또한 별도의 법제도정비 등과 관련된 협력이 이루어지고 있는 경우에는 당연히 연계를 확보할 필요가 있다.

3) 중소기업진흥정책 입안 및 실시

중소기업의 성장발전에 이바지하는 제도설계와 중소기업에 대한 효과적인 지원을 실시하려면, 정책입안·실시자로서의 정부가 충분한 행정능력을 가질 필요가 있다. 이런 의미에서 중소기업진흥정책의 입안 및 실시지원이 이 분야협력의 핵심이 된다. 중소기업진흥정책에 대해서 우리나라는 풍부한 지식과 경험을 가지고 있지만, 대상국의 재정상황이나 사회경제제도를 충분히 토대로 한 오더메이드의 협력이 필요하고, 우리나라의 경험을 단지 베끼기만 하는 협력이 되지 않도록 주의가 필요하다.

4) KOICA의 활동

중소기업진흥정책의 입안에 관한 협력으로는 전문가 파견에 의한 정책제언이 있고, 주된사례로는 동남아제국에의 '중소기업정책·금융' 전문가 파견이나 '중소기업진흥지원' 전문가파견이 있다. 모두, 중소기업진흥에 있어서의 행정의 중요성을 지적해, 일관된 정책이 효율적으로 실시할 수 있도록 중소기업기본법의 제정과 조직의 일원화를 요구하고 있다.

그 대부분은 "잠재성장력이 있는 중소제조기업"을 타겟으로 하는 진흥책이다. 정책실시면에서는 중앙 또는 지방행정관에 대한 인재육성(본방연수, 재외연수)이 중심이며 내용적으로는 한국행정의 경험을 전달하는 것이 중심이다. 지방과의 네트워크구축을 목적으로 하는 협력의 실적은 적고, 개발조사에서 지방정부의 역할 등을 조사분석한 것이 불과할 정도다.

이 과제에 있어서의 안건형성상의 유의점은 다음과 같다.

5) 카운터파트기관 선정

많은 도상국에서는 중소기업진흥행정은 일원화되어 있지 않다. 이 때문에 안건형성단계에서 유의해야 할 최대의 과제는 카운터파트가 되는 행정기관의 선택이다. 안건형성단계에서는 카운터파트기관의 선정에 관해 폭넓은 선택사항을 가질 수 있도록 해 두는 것이 중요하다. 그러기 위해서는 상대국의 정부수위급과의 컨택트를 유지하면서 가능한 한 많은 관계행정기관과 협의하여 해당기관의 정책, 대응의욕, 예산, 실시체제 등을 확인해야 한다. 또 다른 기증자의 경험, 민간섹터로부터의 정보수집도 유익하다.

6) 중앙과 지방의 관계

좋은 통치와의 관계로 지방분권화를 추진하는 도상국이 늘고 있다.

중앙레벨에서의 시책을 현장레벨로 침투시키는데 있어서 지방정부가 완수하는 역할은 크다. 안건형성단계부터 중앙정부와 지방정부의 각각의 역할과 상호관계를 염두에 두고 협력프로그램을 검토할 필요가 있다. 또한 상대국의 상황이나 규모에 따라 지방자치단체 뿐만 아니라 NGO와의 연계를 염두에 둘 필요가 있다.

(4) 자금공급 원활화, 자기자본확충

자금 및 자본의 원활한 획득은 기업활동에 있어서 불가결하며 특히 중소기업에서는 자금조달의 원활화에 관련되는 문제가 지원의 초점이 되는 경우가 많다. 자금조달에 관한 협력에서는 문제의 소재(시장의 실패)를 정확하게 파악하고 정부의 역할을 검토하는 것부터 시작하는 접근방법이 기본이 된다.

1) KOICA의 활동

자금협력기관이 아닌 KOICA의 경우 자금공급제도의 설계와 운용지원, 중개금융기관의 캐퍼시티빌딩이 주된 협력내용이다. 자금공급시스템의 정비에 관해서는 전문가 등에 의한 지도조언(담보제도 등 관련법 제도, 신용보완제도 및 중소기업을 위한 정책금융기관의 구축 등)이나 금융기관의 심사능력향상을 위한 인재육성면에서 협력실적이 있다.

자본획득시스템의 정비에 관해서는 연수스킴에 의한 한국증시의 소개, 감독·규제행정의 노하우에 관한 전문가 등에 의한 어드바이스외, 개발조사에서는 사업투자조합설립에 필요한 법제도정비나 벤처캐피탈의 제도설계에 관한 어드바이스를 실시하고 있는 케이스가 있다. 세제나 기업회계제도의 정비에 관한 협력실적은 적지만 자금공급을 원활히 하는 제도인프라이며, 향후협력의 필요성이 높은 분야라 할 수 있다. 이 과제에 있어서의 안건형성상의 유의점은 다음과 같다.

2) 공적개입범위와 타당성 검토

중소기업에 대한 자금조달지원은 신용보완제도나 정책금융의 구축 등 공적인 개입이 일반적이지만 민간금융섹터가 기능하고 있지 않으면 공적개입의 효과도 제한된다. 정부가 중소기업의 자금조달에 개입할 필요성을 논의할 때는 회계제도 등 제도인프라와 민간은행을 중심으로 한 금융기능강화를 동시에 검토할 필요가 있다. 또한 재정상황이 어려운 개발도상국에서 금융제도구축과 관련된 지적지원을 할 때는 제도의 지속가능성을 고려하여 정책금융의 원자재방식(해외자금원조에 의존하지 않고 국내자금을 동원하는 방안)에 대해서도 함께 검토할 필요가 있다.

3) 자금협력과의 연계

정책금융의 구축 등에 대한 기술협력을 할 경우에는 JBIC 등 자금협력기관과의 사전협의가 필요하다. 많은 도상국에서는 중요한 자금이 부족하기 때문에 제도설계나 인재육성만으로는 만족하지 않는 것이 많다. 자금협력요청에 대응하지 못할 경우 상대국의 실망을 살뿐만 아니라 관련 기술협력효과도 줄어들게 되므로 자금협력기관과의 연계는 이 분야의 안건형성을 위해서도 필수적이다.

4) 자본시장육성에 관한 협력

자본시장의 육성에 관한 협력을 실시하는 경우에는 단순한 "시장의 창설"을 목적으로 하는 협력을 실시하는 것이 아니라, 시장이 활성화하는 육성적인 어프로치를 취할 필요가 있다. 즉 "자본시장을 키우기 위해서는 회사나 회계 등 기본이 되는 법제도의 정비에서 시작해 우량주식시장이나 증권거래에 관한 법제도의 정비를 계기로 투자자들이 모여 감사법인과 증권회사가 육성된다. 거기에 시장감시기능이나 디스클로저제도도 충실해 자본시장과 관련한 제도환경이나 투자가의 성숙도가 일정레벨에 이르면 중소기업을 위한 시장이 창설, 육성된다."라고 하는 단계를 염두에 두어야 한다. 여건이 좋지 않은 나라에서 중소기업용 주식시장을 설립해도 중소기업의 자금조달에 기여하지 못해 정부부담은 늘어날 수밖에 없다는 점에 유의할 필요가 있다.

5) 다른 정책과의 연계 또는 정합성

거시경제정책과의 연계, 경영지도, 정보제공, 진단과 같은 경영자원대책과의 연계도 필수적이다. 일본에서는 우대세제와의 조합으로 시책을 실시해왔지만, 다른 우대조치와 어떻게 조합해 실시해 나갈 것인지에 대해서도 검토할 필요가 있다.

3. 산업활동을 뒷받침하는 지적 인프라정비

(1) 지적 인프라정비

1) 목표표준제도 정비

경제의 글로벌화, 보더레스화에 수반해 국제거래룰로서의 표준의 역할이 증대하고 있다. 제품개발이나 생산활동을 규정하는 공업표준화 제도의 도입을 통해 중소기업의 품질관리능력의 향상을 도모하고, 국제무역활동의 이익을 누릴 수 있도록 하는 것이 이 과제에 있어서의 협력의 기본적 접근이 된다.

지금까지 KOICA는 이 분야에서의 협력을 적극적으로 실시해 왔으며 협력내용은 시험·검사기관의 캐퍼시티 향상, 기준인증 행정·품질관리분야에 있어서의 인재육성이 중심이다.

2) 지적 재산보호제도 정비

기술의 개발이나 교류가 세계적인 규모로 진행되고 경제의 글로벌화가 진전되는 가운데 기술개발성과물 등에 가치를 부여하는 지적재산제도는 투자의 회수와 개발인센티브를 부여하는 제도기반으로서 중요성이 더하고 있다. 지적 인프라제도의 정비를 통해서 중소기업에 의한 틈새시장의 개척이나 창조적인 사업활동을 촉진하는 것이 협력의 기본적 접근이 된다. 이 분야에서의 KOICA 협력은 지적 재산권설정 및 보호를 담당하는 행정기관의 캐퍼시티·빌딩이 중심이다.

3) 각종 통계정비

기업이 경제·사회의 상황을 시기적절하게 파악해 경영계획을 책정하기 위해서는 기업활동에 필요한 정보정비로서의 각종 통계의 정비가 중요하다. 또, 중소기업이 안는 문제를 정확하게 분석 파악해 적절한 지원시책을 입안하는데 있어서도 중소기업에 관한 데이터가 불가결하다. 많은 도상국에서는 기업활동에 관한 각종 통계가 미비하여 기업활동에 필요한 정보의 입수가 어렵다. 또, 통계가 없기 때문에 각종 지원시책의 입안평가도 곤란해지고 있다.

기업활동에 관한 필요정보를 정비하는 동시에 중소기업정책입안·평가능력의 향상을 촉진하는 방향으로 통계정비를 추진할 필요가 있다. 이 분야에서는 공업통계의 정비에 관한 협력실적이 있다. 최근의 경기동향을 정확하게 파악하는데 있어서 유효한 생산동태통계의 정비에 관한 협력을 KOICA에서 실시하고 있다.

4) 안건형성상의 유의점

상기 지적 인프라정비에 있어서의 안건형성상의 유의점은 다음과 같다.

중소기업에 대한 특별한 배려는 규격의 인증이나 특허의 유지는 기업에 대해서 일정한 자금부담을 강요한다. 자금력이 없는 중소기업에 있어서 지적 인프라제도는 결과적으로 시장에 진입제한적인 제도가 될 가능성이 있다는 점에 유의할 필요가 있다. 중소기업진흥과와 관련되어 지적인프라의 정비에 대한 협력을 실시하는 경우, 안건형성단계부터 중소기업의 제도와 이익을 적정하게 향수할 수 있도록 배려할 필요가 있다.

5) 협력기관과의 연계

일본의 경우를 보면 산업의 지적 인프라에 관한 지식은 정부관계기관에 지적 인프라의 국제협력에 대해 독자적인 전략을 가지고 있는 경우가 많다. 이 때문에 안건형성에 있어서는 협력의 기본적 방향성이나 협력체제에 관해서 국내의 관계기관과 사전에 조정해 두는 것이 불가결하다. 덧붙여서 표준제도는 경제산업성(공업표준), 지적 재산권은 특허청(공업소유권 등)과 문부과학성(저작권), 통계제도는 총무성(국민소득통계 등)과 경제산업성(공업통계)이 주된 관계기관이다.

(2) 무역, 투자제도 개선

1) 자유롭고 공정한 국제거래장려

무역 및 투자제도는 기업의 자유롭고 공정한 국제거래를 장려하는 데 중요하다. 하지만, 반대로 국내산업의 보호수단으로서도 사용된다. WTO체제 하에서 무역·투자의 자유화가 요구되고 있으며 도상국에서도 국내산업의 발전과 점진적인 무역자유화를 잘 조화시켜 갈 필요가 있다. 협력을 실시할 때에는 자유무역의 이익을 최대화하고 리스크를 최소화하는 협력이 기본적 어프로치가 된다.

2) KOICA의 활동

무역투자제도의 개선은 기본적으로 중소기업진흥과는 독립적인 과제이다. 그렇지만 서로 밀접한 관련이 있다. 이 분야에서의 KOICA 협력은 해외시장정보의 제공이나 무역실무인재의 육성에 관한 협력이 중심이 되고 있다. 동남아제국에서는 무역촉진기관의 설립과 운영에 대해 무상자금협력과 기술협력을 통한 종합적인 협력을 노력하고 있다. 중소기업은 대기업에 비해 해외의 시장정보에 대한 접근이 한정되어 있고, 또 무역실무에 정통한 인재도 부족하다. 이 때문에 이러한 불이익을 커버해 중소기업의 수출확대에 이바지하는 협력에 대한 도상국의 요구는 크다.

무역제도자체를 직접적인 대상으로 하는 협력실적은 적지만 최근에는 WTO체제하에서 도상국이 자유무역의 이익을 향수할 수 있는 능력을 확보하기 위한 지원(WTO 캐퍼시티·빌딩)도 행해지고 있다. 중소기업진흥과의 관계에서 말하면 수출시장에의 접속지원과 함께 무역에 소요되는 거래비용을 삭감하기 위한 조치(무역원활화)가 중요한 지원분야가 된다.

3) 투자제도에 관한 협력

가공조립부문을 중심으로 하는 직접 투자촉진을 위한 지도조언이 중심이었고 중소기업진흥과의 관련성은 희박했다. 한편, 제조업부문의 외국직접투자가 현지기업의 성장발전에 막대한 영향을 미친다는 사실이 밝혀짐에 따라, 외국투자의 효과를 얼마나 국내산업구조의 고도화로 연결시킬지가 과제가 되고 있다. 이와 관련해 외국투자와 로컬중소기업의 연계강화를 꾀하기 위해 기존에 보호되어 온 국내중소기업 부문에도 외국직접투자를 유치하는 중요성이 인식되기 시작하고 있으며, 이러한 투자제도나 중소기업과의 매칭과 관련한 지원도 향후 중요성을 더할 가능성이 높다.

(3) 안건형성상의 유의점은 다음과 같다

1) 기본방침확인

중소기업진흥의 견지에서 무역투자제도의 기본방향을 논할 경우, 산업진흥의 기본정책과의 정합성을 확보하는 것이 중요하다. WTO 체제하에서 극단적인 수입대체정책을 취할여지는 거의 없어졌지만, 자유화의 이익을 최대화하고 리스크를 최소화하기 위해서도 시장이나 국내산업의 발전정도에 따라 자유화의 범위나 속도를 조정하는 것은 불가결하다. 무역투자제도는 선택사항이 많고 산업에 대한 영향도 크기 때문에 안건형성단계부터 산업진흥비전과 중소기업의 역할을 충분히 논의하고 그에 따른 제도마련에 대한 지원책을 검토할 필요가 있다.

2) 국제무역규율에 입각한 협력안건형성

무역투자제도와 관련된 협력안건형성에 관해서는 WTO 등의 국제무역규율의 내용을 충분히 토대로 하여 이들 규율과의 정합성에 대해 세심한 주의를 기울일 필요가 있다. 또한 테마에 따라서는 교섭사항과도 밀접하게 관련되므로 관계정부기관과 충분한 조정이 필요하다.

3)산업경쟁력 강화에 이바지하는 중소기업육성

여기에 분류되는 협력프로그램은 전체경제의 생산성을 높이고 국제경쟁력 있는 산업을 육성하는 차원에서 성장잠재력이 있는 중소기업(군)을 대상으로 적극적인 지원을 하는 것을 목적으로 하고 있다.

4) 경영기반 강화

인재, 기술, 경영노하우, 시장정보, 자금 · 설비라는 기업의 경영자원의 강화는 중소기업이 안고 있는 가장 기본적인 과제이며 KOICA도 적극적으로 지원을 실시해 온 분야이다. 국제적으로는 중소기업의 경영자원강화지원은 Business Development Service(BDS)라 하고, 그 제공자는 Service Provider라 불리고 있다. 덧붙여 국제적인 원조의 장소에서는 BDS의 타겟은 영세소기업인 것이 많다. 근년 기증자 사이에서는 BDS의 본연의 자세에 관해서 활발한 논의가 이루어지고 있다.

세계은행이나 복수의 원조국(영국, 독일)은 기증자의 지원을 받은 공적기관에 의한 기업으로의 서비스제공은 지속가능성이나 서비스 제공범위의 점에서 문제가 있었으므로, 기업에 대한 서비스

제공은 시장경제의 틀에 준거해 이루어져야 한다고 주장하고 있다. 이것은 KOICA가 취해온 전통적인 어프로치(정부기관에 대한 지원)와 다른 것이지만, 향후에는 이러한 어프로치에 관한 논의가 존재한다는 점을 토대로 하여 이 분야의 협력을 추진할 필요가 있다. 또, 개개의 기업의 경영자원 강화에 가세해 동업종기업 또는 타업종기업을 정리해 조직화를 도모하거나 산업집적의 활성화를 도모해 그 외부효과를 이용함으로써 개개의 중소기업의 경영자원을 높이려는 어프로치도 있다.

4. 경영혁신과 창업촉진협조성 조성

(1) 개발도상국에서 관심이 높은 테마

가치창조는 국가경제의 원동력이 된다. 개발도상국의 필요의가는 국가마다의 문화적, 경제적 수준에 따라 다른 것으로 그들의 필요의 가치를 제공할 수 있는 물품의 선정이나 제품의 개발로 공급된다면 부의 창출과 더불어 국위선양에도 많은 도움을 줄 것이다. 경영의 혁신은 수요만족에서 이루어지며 창업촉진은 능력이 있을 때 가능해진다

1) 신규사업의 육성

신규사업에의 참가지원, 벤처기업의 육성은 비교적 공업화가 진행된 도상국(ASEAN 제국)에서 지극히 관심이 높은 테마이다. 새로운 분야의 산업을 진흥해 산업의 경쟁력을 높여가는 견지에서 경영혁신·창업촉진에의 협력요구는 높아질 것이라 생각된다. 중소기업의 창업·경영혁신의 촉진은 우리나라에 있어서는 다른 시책에 비해 경험이 적은 과제로, 도상국에 대한 기술협력의 실적도 적다.

한편 최근의 중소기업진흥에 관한 개발조사에서는 도상국정부의 요망에 따라 정책제언중에 창업.경영혁신에 관한 시책을 포함하는 경우가 늘고 있다. 개발조사의 파일럿사업으로서 젊은 경영자의 육성세미나를 실시하거나 벤처캐피탈 육성의 견지에서 투자사업조합법을 제정지원하는 사례도 있다.

이 과제에 관련된 안건형성상의 유의점은 다음과 같다.

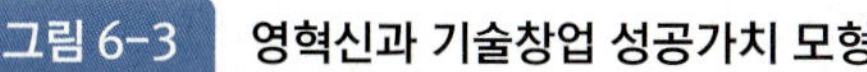
그림 6-3 영혁신과 기술창업 성공가치 모형

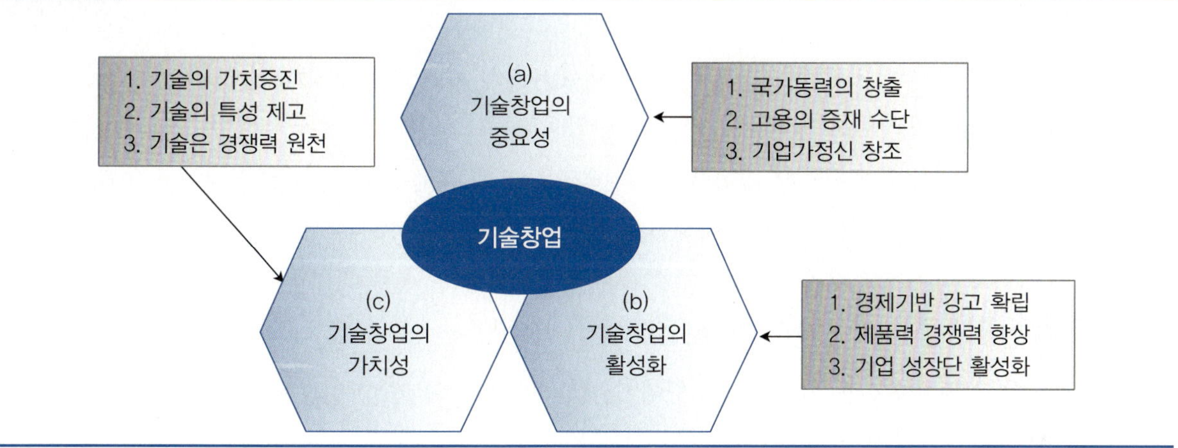

2) 협력범위의 신중한 설정

창업경영혁신에 대해서는 국내에서도 교육연구기관과의 제휴에 의한 연구개발활동의 촉진이나 인큐베이션 시설의 제공 등 다양한 시책이 전개되고 있다. 이들 시책의 유효성확인에는 시간이 필요하다. 또, 이 분야는 기술협력의 제공자가 될 수 있는 조직인재도 한정되어 있는 실정에 있다. 안건형성에 있어서는 이러한 상황을 근거로 해 협력가능한 범위를 신중하게 설계할 필요가 있다. 또, 도상국에 따라서는 제조에 기초적인 힘이 충분하지 않는, 또는 리스크머니의 공급을 기대할 수 없는 단계에서 중소기업의 창업경영혁신에 과도한 기대를 하는 예도 볼 수 있으므로 이러한 점에도 유의가 필요하다.

3) 교육연구기관에 대한 지원과의 연계

창업경영혁신 시에는 중소기업과 대학 등 교육기관의 제휴(인재개발이나 시험연구)가 중요하다. 인재육성의 견지에서 대학 등 교육기관에 대한 지원을 여러 가지로 실시하고 있는 경우가 많기 때문에 교육분야에 대한 협력과의 제휴협력을 적극적으로 검토하는 것이 효과적이다.

4) 저변산업육성

저변산업의 육성에 대한 협력의 기본적 접근은 외국투자를 포함한 산업전체의 효율향상에 있으며, 중소기업 전체의 향상을 직접적인 목적으로 하지는 않는다. 또, 저변산업육성에 관한 지원에서는 개개의 기업의 레벨업도 불가결하지만 국제적인 민간투자의 동향과 국제분업의 방향성을 근거로 한 육성전략수립이 중요하다. 저변산업육성에 대한 협력실적은 많다. 이것은 1980년대 후반 이후 외국투자 주도형으로 공업화를 진행시켜 온 ASEAN 제국 등에서 외자계 어셈블러에 대해 부품이나 컴포넌트를 공급하는 로컬기업육성의 중요성이 급속히 증대했기 때문이다. 저변산업은 도상국이 외국투자의 이익을 넓게 향수하고 산업구조를 고도화하는 데 있어서 빠뜨릴 수 없는 산업이며, 또한 외자계 메이커에 있어서도 저렴하고 양질의 부품·컴포넌트를 현지에서 조달할 수 있는 것은 기업의 경쟁력 확보라는 점에서 중요한 요소가 되고 있다.

5) 진흥에 관한 기본개념확인

저변산업진흥에 관한 안건형성에 있어서는 진흥의 대상이 되는 기업층을 미리 확인하는 것이 중요하다. 이것이 통상 상정하고 있는 저변산업진흥은 외자계 어셈블러를 핵심으로 하는 조달네트워크 안에 지역내 중소제조업체를 포함시켜, 공업기반의 고도화를 도모하는 것을 목적으로 하고 있다. 이 때문에 대상기업에는 단기간에 조달네트워크에 참가하는 잠재력이 있는 중규모기업(저변산업 예비군)이 포함되게 된다. 한편, 도상국정부중에는 이러한 중규모기업이 진흥의 대상이 되는 것이 타당하지 않은 경우도 많다. 실시단계에 이르러 대상기업에 관한 피아의 인식차가 가시화되는 경우도 있으므로, 안건형성단계부터 중소기업진흥에 있어서의 저변산업진흥의 의의를 확인해 둘 필요가 있다.

6) 바이어와의 연계

저변산업의 육성에는 바이어(buyer)인 어셈블러(assembler), 상위의 부품서플라이어(supllier) 또는 트레이더(trader)와의 협동이 불가결하다. 국제무역의 자유화가 급속히 진행되는 가운데 이러한 바이어의 국제경쟁전략에 합치한 부품공급의 가부가 저변산업의 성장발전에 사활적인 중요성을 가지고 있다. 이러한 의미에서 저변산업의 육성에 있어서는 공적인 지원기관의 육성과 함께 수요자로서의 어셈블러나 부품공급자와 제휴한 육성프로그램을 검토하는 것도 중요하다.

7) 특정 서브섹터육성

저변산업의 육성과 겹치는 부분도 있지만 여기에서는 특정의 업종(서브섹터)에 속하는 중소기업(제조업)을 대상으로 한 육성지원을 가리키고 있다. 개발조사 등에 의한 중소기업진흥 마스터플랜의 일환으로서 선정된 특정 유망업종에 대해 특별한 진흥책을 제언하는 타입의 협력이 중심이다. 한편, 공업진흥수출촉진이라는 맥락에서 예를 들어 섬유, 목공, 식품가공, 피혁이라는 노동집약형 특정 서브섹터의 육성을 목적으로 한 기술협력도 실시하고 있으며, 이러한 경우의 대상기업은 중소기업이 중심이 되고 있다. 특정 서브섹터에 관한 기술협력은 직업훈련센터를 통한 숙련노동자의 육성, 기술지원센터를 통한 시험검사나 순회기술사 서비스의 제공 등이 중심이지만, 최근에는 육성에 관한 행정체제, 법제도, 세제, 무역관세정책 등 소프트면에서의 협력도 늘고 있다.

8) 서브섹터선정

특정 서브섹터를 육성대상으로 선정하려면 당연히 해당국의 산업의 실태는 물론, 국제적인 생산의 분업체제나 경쟁환경에 대해 깊은 지식과 분석이 불가결하다. 안건형성단계에서는 특정 서브섹터를 지원대상으로 하여 선정하는 이유와 프로세스에 대해 명확히 함과 동시에 필요에 따라 조사나 연구부터 시작하는 것도 필요하다.

9) 세계은행-IMF 지원과의 관계배려

일반적으로 세계은행 · IMF는 중소기업이라고 해도 특정 서브섹터에 대한 정부개입을 타당하지 않는 경향이 강하다. 안건형성단계부터 양자와의 긴밀한 대화를 유지하면서 이러한 어프로치의 의의를 반복해 설명해 나가는 노력이 필요하다.

(2) 개발육성 전략적 목표

1) 지역의 활성화와 일자리 창출

사회활성화 및 일자리 창출에 이바지하는 중소기업육성과 산업의 집적정도 등 지역의 상황에 따라 협력대상 내용은 다르지만, 산업경쟁력 강화를 목적으로 한 중소기업진흥에 비해 기업규모는 작고, 업종도 지역과 밀착한 제조업, 상점 등의 폭넓은 업종을 취급하게 된다. 기본적인 접근방식은 지역의 자원을 풀 활용함으로써 고용기회를 창출하고 수출로 연결되는 제조업을 육성하는데 있다.

지역제조업 및 지역유통업의 육성에 대해서는 기본적으로는 경영자원의 강화, 집적의 활성화라는 중소기업진흥의 기본적인 과제를 취급하면서 지역고유의 사정을 감안한 진흥방안을 검토한다. 이때 지역밀착된 활동이 필요하므로 청년해외협력대나 시니어 해외봉사자 등이 보유한 기동성과 노하우가 효과적이다. 또한 영세 · 가내공업진흥'에 대해서는 지방 · 농촌부의 비농업취업기회창출을 통해서 잠재실업자에게 고용기회를 제공하는 것에 중점을 두게 된다. 경쟁력 있는 기업의 성장

발전을 목적으로 하는 중소기업진흥과는 달리 후발 개발도상국에서의 빈곤대책과의 관련이 강하게 대두된다

2) 도시와 지방농촌의 협력활동

최근에는 도시와 지방의 격차별시정, 그 지방의 자원을 활용한 산업육성, 농촌에서의 빈곤대책 등의 견지에서 협력의 중요성이 크게 높아지고 있다.

이 분야에서의 협력은 다음과 같이 나눌 수 있다.

- **첫째** : 개발조사에 의한 특정지역의 중소기업육성 플랜의 방책규정, 전통공예 등 지역산업진흥을 위한 정책제언, 지방산지의 클러스터 기능강화에 관한 정책제언 등이다. 이러한 제언형 협력에는 제언내용의 검증이나 실시지원을 위해 모델지역에서의 파일럿적인 사업을 포함하는 경우가 많다. 또한 조사과정을 통해 지방정부의 정책입안능력 향상도 기도하는 경우가 많다.
- **둘째** : 전문기술, 전문가, 연수, 자원봉사자 등에 의한 지방의 중소기업·지원조직 및 지도원의 육성, 특정 산지의 경영능력향상을 위한 지도·조언이다. 전자에 대해서는 중앙에 설치된 무역연수센터의 지방전개를 지원하는 협력이나 지방정부나 상공회의소 등의 지도원에 대한 연수가 사례이다. 후자는 마케팅이나 상품제안력 향상을 위한 디자인능력의 부여 등을 들 수 있다.
- **셋째** : 청년해외협력대원의 파견, 개발파트너 사업 및 개발복지지원사업에 의해 실시되는 농촌부에서의 영세가내공업육성을 위한 인재육성 등이다.

이 과제에 관련된 안건형성상의 유의점은 다음과 같다.

(3) 지역자원 효과적으로 사용

1) 지역종합개발 접근법의 중요성

지방부에서는 지역자원의 효과적 이용을 도모하기 위한 기술부족, 시장으로의 접속방법에 관한 정보부족, 기재·설비를 도입하기 위한 자금부족 등 중소기업에서 볼 수 있는 다양한 핸디캡의 정도가 현저하다. 게다가 도로, 전기, 물이라고 하는 기본적인 인프라가 도시지역에 비해 압도적으로 부족하다. 인프라의 정비는 하루아침에 할 수 있는 것은 아니지만, 지방에 있어서의 중소기업진흥의 문제를 검토할 때는 이러한 인프라의 정비를 일체적으로 생각하는 접근이 불가결하다. 또

한 자본축적의 견지에서 보면 농촌부의 농업생산력 확대도 큰 테마이므로 중소기업진흥을 위해서는 지역고유의 사정을 반영한 지역종합개발적인 접근을 필요로 하는 경우가 많다.

2) NGO와의 연계

지방에서의 활동시에는 현장의 사회경제시스템이나 정보를 잘 아는 NGO의 역할을 무시할 수 없으므로 안건형성초기단계부터 긴밀한 연계를 유지해 나갈 필요가 있다. 특히 영세가내공업육성에 관해서는 이미 다양한 NGO가 다양한 활동을 실시하고 있는 경우가 많아 중복의 회피에도 배려할 필요가 있다. 또한 안건형성에 있어서는 소위 BDS 프로바이더로서 유통업자나 현지의 교육기관 등을 활용하는 제도구축에 관한 협력도 고려하는 것도 중요하다.

이상의 과제체계는 중소기업진흥을 '잠재성장력을 가진 중소기업에 대한 지원을 통해 산업구조의 고도화를 포함한 경제발전을 촉진하는 접근법'에 중점을 두고 논의를 진행한 것이다. 중소기업진흥접근법, 즉 '약자보호의 관점'과 '잠재성장력이 있는 기업의 성장을 촉진하는 관점'으로 구분하고, 사업환경에 관한 과제'와 '중소기업에 내재하는 과제'로 나누고 있다.

이전부터 '잠재성장력이 있는 기업의 성장을 촉진하는 관점'에서의 협력이 주류이지만, '약자보호의 관점'에서는 경제발전촉진을 목적으로 하는 것과는 다른 약자 구제적인 접근이 필요하며 개발도상국의 니즈에 맞춰 향후 대응이 필요한 분야임을 덧붙인다.

3) 중점육성항목

중소기업진흥에 대한 협력을 실시할 때는 중소기업진흥의 목적이 무엇인지를 명확히 하고 그에 따른 협력을 할 필요가 있다. "잠재성장력이 있는 기업의 성장을 촉진하는 관점"으로부터의 협력에 대해도 중소기업진흥의 목적으로서는 "산업경쟁력 강화(경제적 발전)"와 "지역사회의 활성화, 고용·소득의 창출(사회적 안정)"이 있으며, 그 나라가 어느 쪽을 중시하고 있는지에 따라 협력의 중점도 달라진다.

과거의 협력실적에서 대략적인 지역적 경향을 보면 아시아지역에서는 산업경쟁력의 강화(예를 들면 타이에서의 저변산업진흥), 아프리카 국가들은 고용창출(짐바브웨에서의 중소기업진흥), 시장경제 이행국에서는 민간섹터개발(아르메니아에 있어서의 민간섹터개발)이 중심적인 정책목적으로 자리매김되어 있는 경우가 많다.

(4) 앞으로 협조와 조성을 위해

중소기업진흥에 대한 협력을 실시할 때의 유의사항은 다음과 같다.

1) 정책목적의 명확화

개발도상국의 협력현장에서는 중소기업의 진흥자체가 목적화하는 경향이 강하여, 배후에 있는 개발요구나 정책목적이 충분히 논의되지 않은 채 개별적인 논의에 관심이 가기 쉽다. 중소기업진흥의 목적에는 '산업경쟁력 강화(경제적 발전)'와 '지역사회의 활성화, 고용·소득의 창출(사회적 안정)'이라는 다른 두 가지 관점이 있으며, 개발도상국 간에는 우선 정책목적과 이를 달성하기 위한 수단으로서 중소기업진흥의 위상을 충분히 확인해 둘 필요가 있다. 그렇지 않으면 본래의 정책목적을 전혀 달성하지 않는 가치가 낮은 협력이 될 수 있다.

2) 경제·사회환경, 기업활동을 둘러싼 기본적인 시스템의 확인

개발도상국의 사회경제시스템은 우리나라와 크게 다른 경우가 있으며 이러한 경우는 일본 국내행정의 연장선에서 중소기업진흥의 문제를 생각할 수 없다. 즉, 우리나라의 중소기업시책이 전제로 하는 기본적인 제도가 원래 존재하지 않고, 이전하려고 하는 제도가 유효하게 작용하지 않는 케이스이다. 단순한 경험의 베끼기가 아니라 그 나라에 적합한 시책을 충분히 검토하는 것은 물론 보다 기본적인 제도의 정비로부터 협력을 실시할 필요가 있는 경우도 있다.

3) 협력접근법에 대한 논리적 설명

종래의 우리나라의 중소기업진흥협력은 중소기업이 직면하고 있는 문제에 대해서 어떠한 공적지원을 하는지라고 하는 어프로치가 많았다. 거기에는 중소기업의 문제로 시장원리(마켓·메커니즘)로는 시정이 불가능해, 정부가 어떠한 지원을 강구할 필요가 있다는 기본인식이 있었다고 생각된다. 이 때문에 협력의 방법도 우리나라의 각종 지원제도나 기업의 레벨을 벤치마크로서 개발도상국의 레벨을 측정해 그 차이를 메우는 방책을 공적지원이나 그 외 각종 제도로서 제안을 실시협력해 나가는 수법이 일반적이었다.

시장원리를 중시하는 기증자의 원조는 다른 접근법을 취하고 있다. 중소기업의 체력을 강화한다는 점에서는 큰 차이가 없지만 정부 및 기증자가 관여하는 영역과 정도에 관해서는 차이가 있다. 세계은행 등의 시장원리를 중시하는 기증자의 협력접근방식은 정부의 역할이 시장의 힘이 충분히 기능하기 위한 제도마련에 있다는 입장에 입각하며 관심의 초점은 중소기업에 있어서 친화적인 사업환경정비로, 정부에 의한 중소기업에 대한 적극적인 공적지원의 실시를 목표로 할 생각이 아니다.

최근 중소기업진흥 분야의 기증자 간 의견교환활동이 활발해지고 있어 세계은행 등의 주요 파트너가 추진하는 접근방식이 원조의 표준이 되는 가운데 이와 다른 제도를 이전하려고 하면 상대국 정부 및 기타 관계기관으로부터 이해를 얻지못할 우려가 있다. 따라서 일본의 경험을 바탕으로 효과적인 중소기업지원을 전개하기 위해서는 다른 기증자 국가나 기관에 협력의 유효성을 국제적인 언어로 논리적으로 설명할 필요가 있다.

(5) 향후협력을 위한 과제

1) 영세 · 소규모기업, 지역산업진흥 노력

이 분야에서 지금까지의 협력은 도상국의 산업구조고도화, 산업의 경쟁력 강화를 도모하는 것을 목적으로 해 중규모기업, 저변산업의 진흥을 주된 타겟으로 해 왔다. 한편, 경제발전이 미성숙한 나라에서는 중규모기업, 저변산업을 육성하기 전에 우선 영세 · 소규모기업, 지역산업의 육성에 의해서 고용기회의 창출이나 지역격차시정을 도모하는 것을 기대하는 일도 많다. 국제원조커뮤니티 사이에서도 최근에는 빈곤삭감의 단면에서 중소기업진흥을 생각하는 경향이 강하여, 그 주된 지원 대상은 영세 · 소규모기업이 되는 것이 일반적이다.

2) 협력어프로치의 검토

중소기업진흥에 대한 협력요구가 높아짐에 따라 많은 원조기관이 이 분야의 협력에 힘쓰고 있으며 이에 따라 최근 기증자 간에는 협력가이드라인 제정 등의 연계협력도 활발히 이루어지고 있다. 한편, 전항에서도 언급한 바와 같이 기증자 간에 주류가 되고 있는 이 분야의 협력스탠다드는 정부의 직접적인 지원을 주로 하는 일본의 중소기업진흥 경험을 기본으로 하는 종래의 일본의 협력접근법과는 다른 스탠드를 취하고 있다.

향후 중소기업진흥분야의 협력을 추진함에 있어 기증자 간의 논의 및 연계협력 동향을 주시함과 더불어 상대국 정부 및 기타 관계기관에게 일본의 협력접근법에 대한 이해를 얻기 위한 논리적인 설명을 해 나갈 필요가 있다. 그러기 위해서는 지금까지의 협력사업의 과제나 효과를 검증해 본분야의 지적지원의 질을 향상하기 위한 연구논의를 착실하게 쌓아가는 것이 필요하다.

또, 중소기업진흥 분야의 협력요구가 높아지는 것을 받아 우리나라 내부에서 여러가지 스킴에 의한 협력이 적극적으로 전개되고 있지만, 각각 개별적으로 실시되고 있는 것도 많아 프로그램 어프로치의 관점으로부터 향후는, 전체적으로 정합적으로 조화를 이룬 협력을 해 나가는 것이 중요하다.

경영 성공포인트 ⑫

1. 가난을 삶의 원동력으로 삼아라

가난은 절망이 아니라 기회와 동기의 부여이다. 그런데 왜 가난에서 벗어나지 못할까? 첫째로 그들은 자신이처한 현 사항을 바꿀 수 있는 능력이 자신에게 있다는 사실을 믿지 않는다. 둘째로 인생의 본질을 땀과 눈물을 통해 느끼는 만족감을 모른다.

가난을 삶의 원동력으로 삼는 성공의 큰 인물. 물론 가난이 성공의 필수조건은 아니다. 끊임없이 목표를 향하여 나아가는 도정정신이다. 그들은 곤경에 빠질수록 왕성한 도전정신을 불태운다. 지금 당신의 미래의 모습은 지금의 모습이 아니다. 당신은 모든 것을 바꿀 수 있는 능력이 있다는 사실을 잊지 말아라.

2. 행복을 꿈꾸거든 주위사람에게 사랑과 기쁨을 베플어라

인정은 다른 사람을 위한 것이 아니라 자신을 위한 것이다. 다른 사람에게 기쁨을 주는 마음이 없으면 재산이 늘어나기에는 어렵다. 행운이나 재산성공이란 쫓아가서 움켜쥘 수 있는 성질의 것이 아니다. 사람을 매개로 사람에 의해 도모되는 것이 행운이고 성공이다.

타인에게 배푼기쁨은 당신의 내부에 존재하는 보물창고에 쌓인다. 결국 당신을 행복으로 이끈다. 풍요로운 삶을 바란다면 우선 보물창고에 투자하라.

- 안상훈, 기술적 기업가정신이 기술혁신능력과 기술사업능력에 미치는 영향, 금오공과대학교 대학원, 2013.
- 이동식, 우리나라 중소기업의 기술혁신능력과 기술사업화 능력이 경영성과에 미치는 영향, 숭실대학교 대학원, 2009.
- 원지연, 기술혁신과 기술사업화의 시장지향성이 경영성과에 미치는 영향에 관한 연구, 청원대학교 대학원, 2012.
- 이원훈, IT중소벤처기업의 기술사업화 전략모델개발, 건국대학교 대학원, 2008.
- 김도훈, 산업유형별 제품혁신의 성과분석과 경쟁우선순위의 전략적 선택에 관한 실증연구, 부산대학교 대학원, 2011.
- 송제찬, R&D투자가 기업시장가치에 미치는 영향 - 기술혁신 시스템과 산업특성의 조절효과를 중심으로, 연세대학교 대학원, 2009.
- 전인오, 창업보육기업의 기술사업화에 따른 기술역량이 지원과 경영성과에 마치는 영향, 2012.
- 朱雲珺, 기업의 기술혁신역량과 기술사업화역량이 기술성과와 경영성과에 미치는 영향에 관한 연구, 가천대학교 대학원, 2013.
- 김민성, 통제시스템과 기업자원역량이 경영성과에 미치는 영향, 서강대학교 대학원, 2007.
- 전략경영에서 비즈니스 모델의 개념과 적용 산업경영연구 (제11호.2003. 이동현)
- 지속(가능)경영 '-지속경영보고서' 작성을 위한지침 (서울경제경영 2007.조동성)
- 벤처기업 성장단계와 지식활동간의 관계분석 벤처경영연구(83-110. 2002 차민식. 배종태)
- 한국은행 조사국 해외조사실 2008. 일본기업의 장수요인 및 시사점(한은조사연구 2008-13)
- 장수기업의 사회적 정당성 메카니즘' 서울대학교 경영학 논문(2005. 김보미)
- 벤처기업의 성과 결정요인 에관한 실증연구' 벤처경영연구.3-33(2003 고봉상. 용세종. 이상천)
- 우리나라 벤처기업의 성장단계 에대한 실증조사 핵심성공요인 환경특성. 최고경영자의 역할 외부자원의 활용. 기술혁신연구(125-153. 1999 김영배 하성욱)
- 장수기업의 성장단계별 경영혁신에대한 연구 ; IBM 사례를 중심으로, 한국항공대학교 양현식 2011
- 국내 장수중소기업의 성공요인관한 사례연구. 한국 중소기업학회 저자. 김인섭. 김우봉. 문종범. 2012.
- 마케팅-전략과정. Ansoff 성장전략 Porter 본원적 경쟁전략 STOW WWW. reportworld.co.kr
- 기업의 지속적인 가치창출을 위한 비즈니스모델 혁신전략, 한양대학교 대학원 저자 김아랑 2013

강소기업육성 성공전략

제7장

강소기업 인재양성 사회적 책임

용어 정리 ▶

- CSR(Corporate Social Responsibility) : 기업의 사회적 책임
- DTI(Department for International Development) : 국제개발부
- OI(Operating Income) : 영업이익

제1절 중소기업의 인재육성과 확보

1. 중소기업 경영환경개선

(1) 중소기업 현실과 인재확보

우리나라 경제는 2009년 제1사분기 실질 GDP 성장률이 주요 중진국중에서 최대침체를 기록하는 등 글로벌 금융위기의 영향을 가장 강하게 받았다. 그 후, 중국 등 신흥경제국의 경기회복에 의한 수출회복이나 에코 포인트제도나 에코카감세 등에 의지한 개인소비증가 등에 의해, 2010년 1분기에 걸쳐 4분기 연속의 플러스성장이 되는 등 최악기를 벗어나 회복으로 향하는 조짐이 보인다.

다만, 기업의 설비투자액이나 설비가동률은 여전히 저수준에 머무르고 있는 것에 가세해 경기대책의 개시로부터 1년이 지나, 그 효과가 향후 감쇠한다고 보여지는 것이다, 그리스의 재정문제로 발단한 유럽금융시장의 동요 등, 경기의 장래는 여전히 예측을 불허한다. 이런 가운데 중소기업 경영환경에 대해서도 중소기업청의 중소기업 경기실사 조사로 전 산업의 업황판단(영업이익)이 5분기 연속 마이너스 폭이 축소되는 등 낮은 움직임이 나타나고 있으나 그 수준은 저위에 머물러 여전히 어려운 상황이다.

경제활동의 글로벌화가 가속도로 진전하고 해외로부터의 염가의 부품·제품의 유입에 의해 중소기업의 경영환경이 한층 더 어려워진 가운데 발생한 리먼쇼크 후의 대폭적인 수요감소에 의해 법인기업 통계베이스로 본 중소기업의 매출액은 2009년 제1/4분기에는 피크시의 60%로 침체하고, 경상이익은 2009년 제1, 2분기에 마이너스를 기록했다. 그후 코스트 삭감노력에 의해 경상이익은 2009년 제4사분기부터 간신히 전년 동기 대비 플러스로 바뀌었지만, 리먼쇼크 이전에 비해 매출액은 80% 미만, 경상이익은 60% 이상의 수준에 머무르고 있는 것이 현실이다.

디플레이션의 장기화는 중소기업의 체력을 저하시키고 있으며, 게다가 환율동향에 따라서는 추가수익회복의 걸림돌로 되는 일도 우려된다. 중소기업의 지속적인 성장의 실현을 위해서는 타사와의 차별화를 도모하고 생산성 향상을 추구하면서 부가가치가 높은 제품·서비스를 계속 제공할 것이 요구된다. 그 때에 열쇠가 되는것은 말할 필요도 없이 사람이며 많은 경영자가 사람이야말로 경쟁력의 원천이라고 생각하고 있다.

중소기업청 인재관리에 관한 실태조사(2008년 11월)에 따르면 중소기업의 절반 가까이가 인재를 가장 중요한 경영자원으로 꼽고 있다. 또 기업사례에 게재한 기업에서도 인재가 사람이 경쟁사를 차별화할 수 있다는 점, 등 인재를 최대한 중시하는 의견이 다수를 차지했다.

(2) 중소기업의 인재확보정착과 육성

1) 인재가 확보되지 않음

이와 같이 중소기업에서는 인재의 확보·정착·육성의 필요성이 강하게 인식되고 있지만, 그 대처에 관해서 다양한 과제가 산적해 있는 것이 현실이다. 중소기업에서의 인재확보·정착·육성에 관한 조사결과에 따르면 약 30%의 중소기업이 신규 졸업자 중도채용 현황에 대해 ‘약간 불만’ 또는 ‘불만’이라고 응답했으며, ‘질 높은 인재를 확보할 수 없다’(85.5%)거나 ‘필요 수를 확보할 수 없다’(31.2%)는 것에 불만을 나타내고 있다.

일본의 리크루트홀딩스 산하 리크루트웍스연구소에 따르면 종업원 1,000명 이상의 대기업에서는 대학졸업 예정자의 구인배율이 2005년~2011년에 이르기까지 1배 이하로 추이하고 있는데 반해, 1,000명 미만의 기업에서는 약 2~4배로 대폭적인 격차가 발생하고 있다. 최근에는 “구매자 시장”이라는 인식이 퍼지고 있지만, 300명 미만인 기업의 경우는 2011년 3월 졸업예정자의 구인배율이 4.41 대 1로 나타나는 등 규모가 작은 기업일수록 인재의 확보가 어려워지고 있다.

많은 기업에서는 인재확보에 관한 만족도를 높여가기 위해서 자사의 지명도와 인지도의 향상이 필요하다고 인식하고 있다. 그러나, 전국에 많은 중소기업이 존재하는 가운데 타사에는 없는 기술력을 가지고 있는 기업이나, 특정 제품에서 높은 시장쉐어를 차지하고 있는 기업 등, 이른바 실력 있는 중소기업에서도 회사의 인지도를 높이는 것에 고심하고 있는 상황이며, 인재확보에 관해서 속효성(速效性)이 높고 효과적인 시책을 찾아내기 어려운 실정이다.

중소기업에 대한 의식도 큰 장벽이다. 중소기업 연구센터의 조사에 따르면 중소기업 취업에 저항이 있는 이유로서 근로조건이 나쁜것 같다, 기업의 장래성, 안정성에 불안 등을 꼽는 취업생들이 많다. 중소기업의 직장환경에 대해서도 이른바 3D직장(힘든, 더럽고, 위험)이라는 선입견과 함께 학생들의 대기업지향과도 맞물려 중소기업의 채용난이 가속화되고 있다. 원래, 저출산의 진행에 의해, 종래에 비해 우수한 인재의 획득이 어려워지고 있는 것에 가세해 취업생 자신들도 높은 직업관을 가지고, 내밀한 정을 많이 받는 사람이 있는 한편, 희망과 현실의 갭에 고민해 내밀한 지정을 받을 수 없는 사람도 존재하는 등의 격차가 발생하고 있다.

대학의 취업과나 캐리어지원실도 중소기업에 있어서 문턱이 높은 존재로서 의식되는 케이스도 있다. 대학에서는 대기업취업을 중심으로 하고 있는 것도 있어 중소기업을 포함한 취업설명회 개최나 학생에 대한 중소기업 소개에 반드시 적극적이지 않다는 지적도 있다. 헬로워크 등의 공적기관에서의 직업소개 기능에도 과제가 있다.

설문조사 결과에 따르면 중도채용에 관해 70% 가까이의 기업이 헬로워크, 잡카페의 활용을 실시하고 있으며 40% 이상의 기업이 앞으로도 중점적으로 활용할 것이라고 응답하고 있다. 이와 같이 중소기업에서는 공적기관의 활용을 추진하려고 생각하고 있지만, 히어링기업에서는 헬로워크를 사용한 유능한 사람이 응모해 오지 않는다, 잡카드활용의 메리트가 없다라는 지적이 이루어지고 있다.

2) 인재가 정착하지 않음

앙케이트 조사결과에서는 신규 졸업자채용에서 80%, 중도채용에서 75%의 기업에서 과거 5년간 채용한 인재의 정착률이 70% 이상인 것으로 나타났다. 후생노동성의 조사에 따르면 대졸의 경우 입사 3년까지 약 30%가 그만두는 것을 감안하면 응답기업의 정착률은 비교적 높고 정착상황에 대한 만족도도 62%로 대체로 높다.

그러나 중소기업은 종업원수도 적고 한 사람의 이직이 사업활동전체에 큰 영향을 미칠 수도 있다. 또한 앞서 나타낸 바와같이 애초에 인재확보가 어렵고 이직자의 보전은 용이하지 않다는 점 등을 고려하면 정착율에 관한 만족도가 비교적 높다고 해서 간과할 수 없다. 앙케이트 조사결과에 의하면 각종 교육훈련이나 연수제도의 충실화에 임하는 기업이 절반이상에 이르는 등, 각 기업은 인재의 정착을 향해서 적극적으로 시책을 전개하고 시책에 대해서 충분한 성과가 오르고 있다, 약간성과가 오르고 있다라고 하는 기업은 약 4%에 머무르고 있다.

3) 효과적인 인재육성의 필요

공청회기업의 의견이나 설문조사 결과에 따르면 "대다수의 기업이 인재의 육성·능력개발의 중요성을 강하게 인식하고 있으며, 적극적인 능력개발을 촉진해 나가기 위해 사내외의 연수실시나 OJT의 추진, 각종 자격취득 및 자기계발지원을 중심으로 힘쓰고 있다. 다만, 히어링기업에서는 대기업과 같이 체계적인 교육훈련의 실시나 프로그램의 확립이 어렵다. 고령화가 진행되고 있어 기능이나 기술의 전승이 위험해진다."라는 지적이 이루어지고 있다. 또, 앙케이트 조사결과에 대해서도 많은 기업이 지도·육성할 수 있는 인재가 부족하여 시간적 여유가 없다는 점을 주된 이유로서 인재육성·능력개발에 과제가 있다고 인식하고 있다.

(3) 중소기업의 성장을 위한 인재전략

선택되는 기업, 주목받는 기업이 되기 위해서 이렇게 많은 난제가 존재하지만 중소기업 스스로가 과감하게 과제를 해결함으로써 높은 레벨의 인재의 확보·정착·육성이 도모되고 그 결과 한층 우수한 인재가 모여 육성되는 선순환을 형성해 나가는 것이 요구된다. 기업의 채용을 지원하고 있는 디스코의 2010년 조사에 의하면, 학생의 취직활동에 대한 의식에 대해서 규모에 구애받지 않고 활동하는 비율이 확대되는 현상에 이르게 되었다.

이러한 상황을 근거로 하면 지금이야말로 중소기업에서 인재전략을 재구축해 필요한 시책을 강구하는 것이 인재의 확보로 연결된다. 또 커뮤니케이션의 마이코미 대학생 취직의식조사(2010년 2월)에 의하면, 학생의 대기업지향은 여전히 강하지만 미래전망이 있는 기업이라면 중견·중소기업도 좋다, 중견·중소기업이 좋다라고 하는 회답은 예년에 비해 5포인트 이상 증가한 47.2%가 되고 있다.

한편, "기업지향과 취직관을 곱한 결과를 보면 미래추구의 가치가 있는 일이라면 중견·중소기업도 좋다, 중견·중소기업이 좋다를 선택하고 게다가 즐겁게 일하고 싶다."라고 회답한 학생은 각각 37.1%, 36.8%로 나타났다. 이는 대기업이 좋다와 즐겁게 일하고 싶다를 동시에 선택한 학생의 22.5%를 크게 웃돈다. 중소기업에서는 대체로 전근이 적고 열심히 한 만큼 보람있는 일도 많다는 점에서 즐겁게 일하고 싶은 학생이 중소기업을 선택했을 가능성이 추정된다. 이는 중소기업 채용상 유리한 요소로 주목할 만한 사항이다.

2. 중소기업의 강점장려 차별적 강소기업 전개

(1) 인재의 확보·정착·육성의 과제

인재의 확보·정착·육성을 둘러싼 과제를 극복하는데 있어서는 중소기업에 있어서의 메리트(강점) 디메리트(약점)를 충분히 감안하면서 시책을 전개하는 것이 바람직하다. 중소기업은 대기업에 비해 규모가 작고 경영자와 종업원의 거리가 가깝기 때문에 의사소통이나 일체감 양성을 꾀하기 쉽고, 개개인의 역할이 보이기 쉽기 때문에 보람도 높이기 쉽다는 장점이 있다.

한편, 반드시 인재육성에서 인원을 충분히 보강할 수 없는 것이나, 동기가 적고 횡적인 제휴를 취하기 어렵다는 디메리트도 있다. 인원이나 자금면에서의 제약이 많으면 인재의 확보·정착·육성을 위한 시책도 소극적이 되기 쉽다. 그러나, 중소기업만이 가능한 좋은 점이나 연구에 눈을 돌리는 것으로 과제극복에의 실마리를 찾아내는 것이 기대된다. 특히, 히어링한 선진적인 중소기업에 있어서는 사장의 리더십이 발휘되기 쉽다는 강점을 살려 자사를 연마하는 자세와 지명도의 약함 등을 보완하면서 자사(自社)를 전하는 것이 공통적인 포인트로서 들 수 있다.

자사를 '닦다' 어려운 경영환경 속에서도 장래성·안정성을 높여 매력있는 기업으로 만들기 위해서는 끊임없이 자사의 강점을 갈고 닦으며 진화해 나가는 것이 학생·구직자에게 주목받는 기업이 되기 위한 필요조건이 된다. 취업생이 기업을 선택할 때 기업의 장래성이나 안정성은 물론, 개인의 능력을 활용할 수 있는 직장환경이나 일의 내용 등을 중요시 하고 있는 것은 상공회의소가 실시한 중견·중소기업의 신입사원 설문조사에서도 잘알 수 있다.

인재육성의 방침이나 경영자의 가치관 등 기업이 향하는 방향성을 적극적으로 나타내는 것은, 입사후의 종업원의 만족도를 높이는 것으로 연결된다. 거기서, 자사의 특징이나 어필포인트(사업내용과 시장에 있어서의 강점, 사업전개의 방향성이나 장래성, 실적이나 재무의 안정성, 오리지날의 기술·지적재산·노하우의 유무, 경영자의 인품, 직장의 분위기 등)에 대해 재검토하는 것과 동시에 그 매력을 한층 더 연마해 가는 것이 중요하다.

그런데 전문가들은 여유세대 학생들의 기업선택에 변화가 보인다. 예를 들면, 사풍을 중시해 평생갈 수 있는 회사인지 어떤지 자신의 성장을 향해서 적극적으로 커밋해주는 기업인지를 중시하는 경향이 있다. 본래, 자사의 매력은 그때 그때의 학생측의 의식에 의해서 바꾸어야 할 성격의 것은 아니지만 효과적으로 자사의 강점을 닦아가기 위해서는, 학생이나 구직자의 시선에 선 대응을 취하는 것도 필요할 것이다.

정착율이 높다고 자사를 평가하고 있는 히어링기업에서는 그 이유로 가족적 분위기가 있는 곳도 많아, 규모가 작은 기업만이 가능한 매력, 강점의 하나로서 재평가 받을 수 있다고 생각된다. 덧붙여 자사의 특징이나 어필포인트는 본래 경영자가 가장 이해하고 있는 것이지만, 사외인간에게 호소해 가기 위해서는 객관적인 시점도 있을 필요가 있다. 그 때문에 향후의 시장동향의 전망을 근거로 하면서 자사의 재무분석이나, 제품서비스에 관한 고객의 만족도 조사, 직장환경 등에 관한 앙케이트 등을 활용하는 것도 요구된다.

자사의 특징 등을 연마해 가기 위해서는 종업원의 소리를 적극적으로 도입해 노사가 함께 지혜를 모으는 것이 필요하다. 또, 사내에서의 검토에 머무르지 않고, 타업종의 경영자 등 다양한 전문가에게 어드바이스나 힌트를 구하면서 닦는방법에 연구를 거듭해 가는 것 등도 생각할 수 있을 것이다.

(2) 자사의 특징을 어필포인트로

자사를 "자랑하라" 자사의 특징 어필포인트를 갈고 닦았다고 해도 그것이 사회에 넓게 인지되지 않으면 인재의 확보는 불안하다. 자사가 학생 구직자의 주목을 받으려면 직간접으로 전달하는 노력이 필요하다. 우선은 홈페이지나 신문·잡지 등의 미디어, 지역·자치체의 홍보지, 민간구인사이트 등의 매체를 활용하면서 존재감을 나타내는 노력을 빠뜨릴 수 없다. 특히 효과적으로 호소해 가는데 있어서는 경영자 스스로가 선두에 서서 학생이나 구직자가 가능한 한 접촉하는 등 중소기업만이 가능한 대처가 요구될 것이다.

물론 규모가 작은 기업에서는 사장의 생각이나 인품이 사풍을 형성하는 경향에 있다. 사장이 직접 자사의 매력을 뜨겁게 이야기하는 것은 학생들의 마음을 사로잡는 데 가장 강력한 무기가 된다. 히어링기업 중에는 자사의 제품이나 경영방침 등을 적극적으로 발신하는 것이 인재의 확보에도 연결된다고 생각해 경영자가 적극적으로 강연활동을 실시하는 곳도 있듯이 채용전형시기에 한정하지 않고 밤낮 경영자 스스로가 자사를 어필해 나가는 자세가 중요할 것이다.

또, 자사를 널리 알리는데 있어서는 실제로 일하는 종업원의 소리를 활용하는 것을 빠뜨릴 수 없다. 단, 그 전제로서 종업원의 만족도를 높여 선별되는 기업이 되도록 임하는 것이 중요하다. 그 때문에 다양한 보고회나 친목회, 사내의 스터디모임이나 연수 등의 장소를 통해서 재정상황을 포함한 경영의 실태 등 자사에 관련되는 정보를 가능한 한 오픈으로 해 경영에의 참가의식을 향상시켜 가는 것이 요구된다.

게다가 기업으로서 직접 학생에게 전하는 것만이 아니고 대학교수나 고등학교의 선생님 등을 통해서 자사의 존재나 매력 등에 대해서 PR 받을 수 있는 노력을 거듭해 가는 것이 중요하다. 덧붙여 제2부의 기업사례에도 있듯이 자사에 접촉해 온 학생에 대해서 친절하고 정중하게 대하는 것으로 평판을 높여 그 친구지인에게도 연결시키는 것도 유효하다.

(3) 요구되는 세 가지 대응

상기의 기본적 시점의 중요성을 인식한 후에 이하의 세 가지를 중점적 대처로서 평가해 자사의 경영비전·근무환경·경영방침, 또 각사의 구체적 사례 등을 감안하면서 필요한 시책을 전개하는 것이 바람직하다.

기업의 합리적인 운용은 기업의 목표가 분명하여 경영자와 더불어 이해관계자들의 공감과 협력에서 성과가 도출된다. 지식경영의 바탕위에서 기업문화가 조성되어 자아의식(自我意識)이 조성됨으로 솔선수범능력배양이라는 과제가 잉태된다.

1) 기업이념 가치관의 명확화 공유

기업이 새로운 성장을 요구하며 사업을 전개하는데 있어서는 경영자가 어떠한 가치관 이념에 근거하고 있는지에 대해서 종업원이 올바르게 이해하고, 거기에 근거한 행동을 취할 수 있도록 해 나가는 것이 매우 중요하다. 앙케이트 조사결과에 대해도 종업원의 이직이유로서 25.9%의 기업이 기업이념이나 목표 등을 공유할 수 없는 것을 들고 있어 경영이념이나 비전의 침투는 종업원의 정

그림 7-1 기업목표실천 모형도

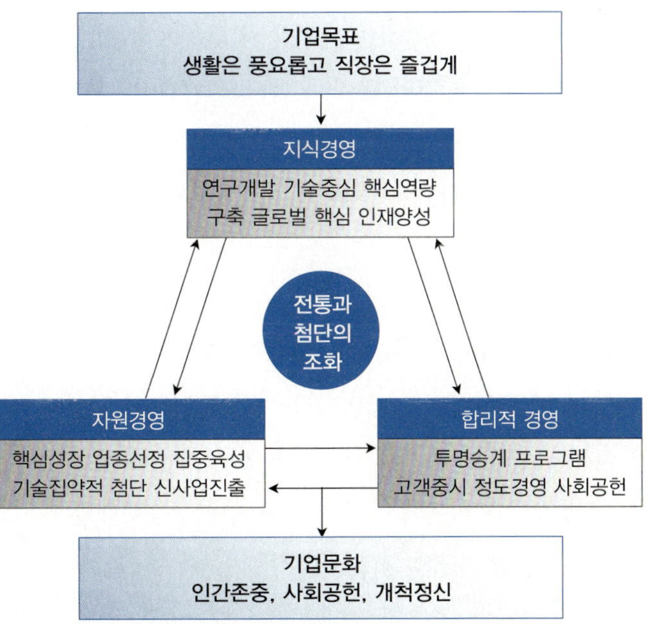

착에도 크게 관련되어 있다.

따라서 경영자는 연수나 스터디모임이라는 직접 사원과 논의하는 장소를 적극적으로 마련하고 스스로 메시지를 발신하는 등 솔선하여 기업이념이나 가치관의 철저화에 임하여 자신의 생각을 전달할 필요가 있다. 그 일환으로서 조례에서 경영이념을 복창시키는 등 항상 기업으로서의 행동지침 등을 의식하면서 업무수행에 힘쓸 수 있도록 연구를 거듭하는 것도 요구될 것이다.

덧붙여 미스매치를 방지해 사원의 입사후의 만족도를 향상시키는데 있어서는 채용전형단계부터 학생이나 응모자에 대해서 경영이념이나 가치관은 물론, 사풍이나 직장의 분위기 등 입사후의 정보를 적극적으로 알려가는 것도 중요하다. 히어링기업에서도 능력을 중시하는 것보다 가치관을 공유할 수 있는 사람을 채용한 것이 결과적으로 정착률의 향상으로 연결되고 있다고 인식하고 있는 곳도 있다.

2) 청취기업에서의 실천예시

기업이념의 철저한 침투를 도모하는 금속가공 기업인 하마노제작소(浜野製作所)에서는 경영계획서를 사원전원에게 배포하는 동시에 사장이 직접 강사가 되는 조조 스터디모임, 조례 등을 정기적으로 개최하고 있다. 이때 경영계획서를 반드시 지참시키고 기업이념을 주지시키는 등 철저한 침투를 위한 대처를 전개하고 있다. 아울러, 스터디그룹에 참가를 하면 포인트를 부여하여 어느정도 쌓이면 여행권 등과 교환되도록 하는 동기부여 향상에 힘쓰고 있다.

하마노제작소에서도 경영자가 생각하는 이념을 종업원에게 전해지도록 하고 있다. 경영이념에 공감함으로써 상사와 충돌하고 있지만 곧바로 이직으로 연결되는 것은 줄어들고 있다. 개개인의 능력을 육성발휘할 수 있는 직장환경의 정비가 필요하다. 중소기업중에는 효과가 뚜렷하지 않으며 어떻게 교육을 해야 할지 모르겠다. 사내체제와 이력이 충분하지 않다는 등의 이유로 종업원 능력개발에 소극적인 곳도 있다.

3) 개개인의 능력과 기업의 경쟁력

중소기업은 대기업에 비해 종업원 개개인의 능력이나 행동이 기업의 경쟁력과 실적에 영향을 미치는 정도가 높기 때문에 기업이 인재육성에 대해 소극적인 태도로는 미래에 기업의 존속을 위태롭게할 수도 있다. 종업원에게 있어서도 장기간 근속해도 능력개발을 도모할 수 없는 상태에서는 충실감이나 성취감, 보람을 잃고 결과적으로 이직을 유발하게 된다. 성장하고 있는 기업일수록 인재육성을 중요한 경영전략으로서 평가해 능력개발에 적극적인 경우가 많다는 것이다.

인원이나 코스트의 제약 등 각사의 실정을 근거로 하면서 종업원의 능력개발을 향한 지원체제의 구축, 커뮤니케이션의 활발화 등, 직장환경의 정비에 과감히 임하는 것이 불가결하다. 덧붙여 이러한 개개인의 능력을 육성·발휘시키기 위해서 실시하는 기업의 각종 지원책이 효과를 올리기 위해서는 종업원측의 자율의 의식자세가 필요하다. 이른바 5S운동(정리·정돈·청결·청소·운동)이나 매일 아침 실시하는 체조 등 기초적인 전사활동은 사회인으로서의 자세나 마음가짐을 전하면서 회사나 일에 대한 애정을 양성시키는 의미에서 인사노무시책의 기반이 된다.

실제로 위원사중에도 전 종업원이 매일 10분간 화장실을 청소하고 주 1회 서류정리를 오랫동안 함으로써 일에 대한 진지한 자세가 정착됨과 동시에 철저한 정리정돈을 통해 잔업시간이 줄어드는 부차적 효과도 나타나고 있다. 헝그리정신이 약해졌다고 지적되고 있는 젊은이의 의욕을 끌어내려면 향후 이러한 종업원의 의식개혁을 도모하는 것이 더욱 더 중요해진다고 보여진다.

3. 인재양성능력개발 환경정비

(1) OJT. 직장내 교육원

1) 현장력 현장교육

이른바 현장력(고객의 요망에 대한 적절한 대응, 팀워크에 의한 업무수행 등 현장에서의 깊은지식이나 유연한 대응능력)을 높여가는데 있어서 OJT(On the job training)는 중요한 시책이다. 그러나 앙케이트 조사결과에서는 약 7할의 기업이 OJT(직장내 교육원)를 도입하고 있지만 중점적으로 추진하고 있는 제도로서는 20% 정도에 머무르고 있다. 그 이유로서 중소기업은 규모가 작고 인재육성을 담당하는 지도자 및 인재육성을 실시하는 시간이 부족한 등의 제약때문이라고 생각할 수 있다. 우선 1업무 효율화를 진행시켜 인재육성의 요점인 중견리더직이 인재육성에 임할 수 있는 시간을 마련하는 것이다.

그 외에 간접부문의 아웃소싱화를 도모하는 것으로 들뜬 코스트를 사원교육비용으로 돌려 새롭게 태어난 맨파워를 인재교육에 돌리는 것도 과제해결의 방책으로서 생각할 수 있다. 또 마이스터 제도의 도입이나 고용자를 지도자로서 임명하는 등에 의해 기능을 가지는 인재를 정착시키는 대처를 전개해, 지도자 시간부족에 대응해 나가는 것도 검토할 만하다.

또한, 사원의 능력을 높이기 위해 OJT를 보완하는 시책을 도입하는 것도 효과적이며 자기계발

(啓發)이나 각종 자격취득지원제도의 도입, 사내의 인재를 강사로 한 연수나 스터디모임개최 신인에게 연령이 비슷한 선배가 지도역이 되는 멘토제도(브라더제도 수양부모제도 등)의 도입과 같은 시책을 활용하는 것도 중요하다. 특히 멘토제도는 연령이 비슷한 사원간의 유대를 강화함으로써 동기입사가 적고 횡적유대가 적다는 중소기업의 약점을 보완하는 데에도 효과적이다.

실제로 제도를 도입하고 있는 기업에서는 신입사원뿐 아니라 선배사원의 커뮤니케이션 능력이나 일에서의 대응능력의 향상이 도모되고 있다는 지적도 있다. 덧붙여 단독으로는 교육체계의 구축이나 연수 등의 실시가 곤란한 경우에는, 모회사나 기업과의 사이에 공동연수를 실시하는 등, 타기업과의 제휴를 진행하는 것도 하나의 대안이 된다.

2) 청취기업에서의 실천예시

인간형성, 인재육성의 기둥으로서 환경정비활동이 중요한 부분이다. 환경정비활동은(주변의 정리정돈, 마루나 화장실의 청소 등), 단순한 정리정돈이 아니고 업무를 하기 쉽게 하기 위한 활동으로서 모든 업무활동에 우선해 임하는 것으로 하고 있다. 조를 정해 분담표를 만들고 점검은 사장이 한다. 또한, 조의 평가점을 개인의 성과급에도 연동시킴으로써 반(班) 안에서 유대감이 강해져 자연스럽게 커뮤니케이션 활성화로 이어지고 있다.

3) 개인별 교육훈련 기록카드 작성

환금인쇄에서는 직무별로 필요한 기능·지식을 명확화하는 동시에 종업원의 기능·지식의 습득도를 단계별로 평가하고 있다. 또 전 직원을 대상으로 개인별로 교육훈련기록카드를 작성했으며 입사부터 퇴사할 때까지 어떤 자격증을 취득했으며 어떤 교육훈련을 받았는지 기록하고 있다. 각 부문에서는 상사가 각자의 카드를 보면서 각자가 수강해야 할 연수에 대해서 연초의 단계에서 계획을 책정해 거기에 따라 교육훈련을 실시하고 있다. 그때 총무부문에 있어 계획과 실적을 명기해 진척상황을 항상 확인할 수 있도록 하고 있다. 이러한 대처에 의해 각자의 능력에 따른 계획적인 훈련이 가능하게 되어 효과도 오르고 있다.

(2) 의욕을 끌어내는 구조만들기

1) 도전성으로 의욕충동

인적자원을 최대한 활용하기 위해서는 도전적인 일을 통해 직원들의 의욕을 이끌어내고, 성장의 실감이나 성취감을 얻을 수 있도록 하면서 동기를 높여갈 필요가 있다. 종업원의 모티베이션을 높게 컨트롤할 수 있으면 종업원의 만족도가 높아져 정착율의 향상에도 연결된다. 국민생활금융공고 종합연구소가 2008년 6월에 정리한 '소기업에서 일하는 매력에 따르면 종업원의 의욕을 이끌어내기위한 시책 중' 책임있는 일을 맡기고 있다. 동업타사보다 높은 임금을 지불하고 있다는 항목이 높은 정착률로 이어진다고 한다.

2) 목표관리 임금평가

따라서 발탁인사 다면평가(多面評價)나 목표관리제도 등에 근거한 임금·평가제도를 구축하는 것도 효과적일 것으로 생각된다. 또, 장기적으로 종업원의 모티베이션을 유지·향상시키기 위해서는, 의욕과 능력을 전제로 하면서 몇년후에 어떠한 직위에 취임해 어느 정도의 기술이나 노하우를 몸에 익히고 어느 정도의 임금을 받게되는가 등 스스로의 캐리어를 상정할 수 있도록 하는 것이 중요하다.그 때문에 의욕을 끌어내는 캐리어루트를 준비하는 것이 바람직하다.

단, 인재육성의 방침은 당연히 각사마다 달라 공통되는 캐리어루트는 존재하지 않는다. 예를 들면 "특정 기술의 전승 고도화가 곧 경쟁력으로 연결된다."라는 생각아래 전문가의 육성에 중점을 두어 직종변경을 실시하지 않는 중소기업도 적지 않다. 한편 경험을 쌓게함으로써 교육효과를 기대하고 계획적인 인사이동을 하는 기업도 나타나고 있다. 중요한 것은 기업이 요구하는 인재상을 종업원에게 알기 쉽게 명시하는 것이다.

히어링기업에서도 종업원의 마음가짐을 정리하거나 사장의 메시지를 발표하는 등 다양한 형태로 인재상의 명확화에 대응하는 노력이 이루어지고 있어 참고가 될 것이다. 덧붙여 일부의 중소기업에서는 가능한 한 본인의 희망을 존중한 배속이나 로테이션을 실시함으로써 인재의 정착을 도모하려하고 있다. 배치·인사이동의 방침을 책정하는 데 있어서는 대기업에 비해 종업원의 개별관리를 하기 쉽다는 등, 중소기업이 가능한 유연성을 근거로 자사에 맞는 형태로 검토하는 것이 바람직하다.

(3) 성취기업에서의 실천예시

1) 인사이동제도를 통해 인재교류 추진

동경전력(東京電力)이나 동창전기(東倉電氣)에서는 현장의 실태를 알 필요가 있다는 인식아래, 입사 3년까지의 관리부문의 신진사원을 대상으로 "현장 인사이 제도"를 도입하고 있다. 사내인재의 교류나 매니지먼트 능력의 향상을 도모하고 있어 관리부문의 요원을 육성해 차세대리더의 육성으로 연결해가는 것도 시야에 넣고 있다. 10년 간에 4개 부문 로테이션–공화진공기술에서는 기술계 사원에 대해서 전문성 뿐만이 아니라, 다른 부서에서 어떠한 일을 하고 있는지 알 필요가 있다고 생각하여 젊은층을 대상으로 10년 정도에 걸쳐 4개 부문을 로테이션시키고 있다. 예를 들어 설계와 제조를 로테이션 함으로써 지금까지 보이지 않았던 것도 발견할 수 있는 경우도 있다고 생각한다.

2) 사장외 모든 직책에 입후보제 도입한 후지주건

후지주건에서는 사내의 활성화, 의욕있는 인재의 등용을 도모하는 관점으로 부터 전사원을 대상으로 하여, 사장 이외의 모든 직무에 스스로 입후보해 리포트제출 등의 시험에 합격하면 그 포스트에 취임할 수 있는 독자적인 승진규정을 도입하고 있다. 또, 입후보하려면 직무에 대해 무엇을 할 것인지 생각해 리포트를 제출하게 되지만 상사의 시선에 서서 생각하는 계기가 된다고 인식하고 있다. 3개월마다 급여직급사정실시–레이스에서는 성별이나 연차에 관계없이 승진승급하는 구조로 하고 있어 임금제도는 일역할 공헌도를 기축으로 하고 있다. 급여사정직급사정을 3개월마다 실시하고 있으며 승급 및 승격기회를 많이 갖고 있다.

또한 입장이 사람을 만든다는 인식아래 향상심(向上心)이 있는 인재에게는 회사로서 리스크를 감수하고라도 그 사람의 성장을 믿고 실력이상의 자리를 주는 '밧테키 인사'를 실시하고 있다. 사원당 6명의 직원이 평가–라이브볼루션 "라이브레볼루션"에서는 이전에는 성과급을 도입하고 있었지만, 성과주의에서는 팀워크가 흐트러져 개인의 성적을 올리기 위해서 각자가 움직여 버리는 것부터 주위의 사원이 평가하는 제도를 도입했다. 한 명의 종업원에 대해 상사, 동료, 부하를 불문하고 6명의 종업원을 평가자로서 선택하여 회사가 생각한 행동기준이나 생각을 정리한 "LR HEART"에 기재되어 있는 항목에 대해 4단계로 평가하는 동시에 퍼포먼스에 대해서도 15단계로 평가한다. 평가결과는 본인에게 피드백되는 것부터 객관적으로 자신을 다시보고 모티베이션을 높여 새로운 성장에 연결하는 것을 가능하게 하고 있다.

3) 사원의 꿈을 실현하기 위한 꿈회의 개최

나카자토 스프링제작소에서는 사원전원이 일이나 개인의 꿈을 말하는 "꿈회의"를 매월 1회 사원전원의 출석하에서 개최하고 있다. 사원전원이 꿈의 달성을 위해서 언제까지 무엇을 해야하는지를 가능한 한 구체화한 "꿈연표"(행동계획표)를 작성하고 있다. 꿈회의에서는 꿈을 실현하기 위해 이달에 무엇을 해야할지 모두가 머리를 맞대고 논의하고 있다. 사원의 의욕을 높이는 것과 동시에 사원끼리의 커뮤니케이션 향상으로 연결되고 있다.

(4) 커뮤니케이션의 활발화, 원활화

1) 커뮤니케이션으로 사원일체감 조성

커뮤니케이션은 사원의 일체감이나 직장분위기의 양성 등을 도모하는데 있어서 중요한 요소이며 기업활력의 원천이 될뿐만 아니라 인재의 확보, 정착, 모티베이션의 향상, 나아가 능력개발에도 큰 영향을 미친다. 기업이념·가치관에 관해서도 사내전체에서 활발한 커뮤니케이션을 함으로써 보다 깊이 침투해 공유되어 간다.

히어링기업의 대부분은 질높은 커뮤니케이션의 실현을 위한 노력을 하고 있으며, 긴밀히 대응하는 곳일수록 대체로 정착율이나 사원의 시책에 대한 만족도도 높은 경향이 있다.

원활한 커뮤니케이션을 도모하는 수단으로서는 연수나 사내스터디모임, 정기적인 면담의 실시 등에 더해 종업원끼리 감사한 마음이나 노력에 대한 경의 등을 나타내기 위해서 "생스 카드"를 건네는 것이나 종업원의 기념일을 축하하는, 또 친목회나 운동회 등 사내교류를 촉진하는 이벤트를 개최하는 것도 효과적이다. 또한 입사후 조기이직을 막는다는 관점에서 내정단계부터 동기나 동료가 되는 자와의 사이에서 친목회를 개최하는 등 입사전부터 유대관계를 돈독히 하는 것도 효과적이다.

2) 청취기업에서의 실천예시

■ **런치모임이나 친목회 등의 시책추진-모바일팩토리**

모바일팩토리에서는 커뮤니케이션을 활성화하기 위해 1타 부서와 점심모임을 2개월에 1회 개최하고, 경비에 대해 회사가 보조하며 2휴식실에서 음료, 과자무상제공, 3조회에서 직원들의 좋은 점을 칭찬하는 등 다양한 장치를 마련했다. 커뮤니케이션을 매우 중시한 사풍도 정착율이 높은 큰 요인이라고 생각하고 있다.

■ **젊은사원 인사부 주도로 면담-타지마 루핑**

"타지마 루핑"에서는 입사 후 3년 정도까지의 사원에 대해서는 인사부주도의 아래에서 면담을 실시해 직장에서의 업무에 관한 상담을 하는 등 지원하고 있다. 이 면담을 계속함으로써 1사원의 퇴직을 막는 것으로 이어졌다, 2각 부서에서 보다 나은 직장환경조성을 위한 대처가 개시되었다는 등의 효과가 오르고 있다.

■ 직원 적극칭찬-마크로밀, 나고야 터미널호텔

마크로밀에서는 칭찬하는 문화를 사풍으로 뿌리내리기 위해 직원들끼리 칭찬하는 표창제도를 도입했으며 빛나는 실적을 남긴 직원을 반년에 한번 선출해 전 직원앞에서 표창하는 MVP제도를 두고 있다.

또, "나고야 터미널호텔"에서는 종업원이 일할 보람을 느낄 수 있도록 하기 위해서는 경영자가 종업원에게 관심을 가지는 것은 물론, 칭찬이라고 하는 형태로 체현해 나가는 것이 중요하다라고 인식하고 있다. 그래서 꿈 고마워요 상을 마련해 고객에게 친절을 베풀었을 경우, 종업원을 도운 경우 등 매달 5명 정도를 표창하고 상장과 금일봉을 주고 있다.

(5) 학생 구직자 대학호소

1) 자사홍보에 주력

자신을 알리는데 있어서 가장 유력한 수단은 학생 구직자를 대상으로 직접 도움을 주고 정보를 제공하는 것이다. 중소기업에서도 회사설명회의 개최, 대학의 취직과로의 방문 및 설명을 적극적으로 실시하는 것 외에 오피스견학회와 간단한 제품작성의 그룹워크실시 등 응모자가 많은 대기업에서는 실시가 곤란한 대처도 포함해 중소기업만의 어프로치로 적극적으로 어필해 학생의 마음을 파악하는 것이 불가결하다.

한편 많은 구직자에게 문호를 넓히는 것도 중요하다. 실제, 중국인을 비롯한 외국인 유학생의 취업의식은 높고, 정착율도 높은 것으로부터 계속적인 채용을 실시하고 있는 중소기업도 있다. 또, 우수인재를 획득하기 위해서는 일과 가정의 양립지원에의 적극적 대처나 실적을 호소하는 궁리도 생각할 수 있다.

2) 연구를 거듭한 회사설명회, 전형방법 등의 실시

신규졸업자 채용의 경우 회사설명회는 자사에 흥미를 가지는 학생에 대해서 기업의 실태를 상세하고 효율적으로 어필할 수 있는 기회이며, 많은 우수한 학생이 참가해 자사의 매력을 이해할 수 있도록 궁리할 필요가 있다. 이 때 학생이 요구하는 정보요망에 대해 가능한 한 정중하게 대응해 나가는 것이 중요하며 특히 경영자 스스로가 설명회에 참가해 학생과 대화하고 접할기회를 마련하는 것이 자사의 실정·매력을 보다 깊게 학생에게 인상시키는 데 효과적이다.

또한 기업설명회 참가자를 적은 인원수로 한정하면서 다수개최하는 질문에 대해 상세히 설명하는 자사의 사무실이나 공장, 쇼룸견학을 실시하고 전화나 메일 등을 사용해 세심하게 지원하는 등의 방법을 구사하는 동시에 직종이나 지역을 한정해 모집하는 것도 학생을 끌어들이는데 있어서 효과적이다. 덧붙여 인터넷을 활용한 채용활동이 주류가 되고 있는 현상을 감안하면, 중소기업에서도 취직사이트의 홈페이지의 브러쉬업이라고 하는 대처도 요구된다.

3) 학생 개개인에 세심하게 대응

연구소에서는 취업사이트의 활용을 메인으로 하고 있는데 틀리는 학생에 대해서 이른바 자동설정에 의한 리플라이 메일을 돌려주는 것이 아니라, 학생의 프로필을 보면서 한사람 한사람의 맞는 대답을 하는 등 치밀하게 대응하고 있다.

또, 회사설명회 종료후에 회사견학을 실시하고 있다. 단순히 사무실내를 그냥 지나치는 것이 아니라 적당히 멈춰서면서 종업원을 섞어 업무설명도 하고 있다. 이러한 대처는 학생으로부터도 호평으로 그 중에는 "여기까지 받을 수 있던 것은 처음"이라는 의견도 있다.

4) 대기업 따돌리고 채용활동실시-노자

"노자"에서는 타사와의 차별화를 도모하는 관점에서 채용의 시기를 늦추고, 대학 4학년의 6월경부터 설명회를 스타트하고 있다.또, 지역한정·직종한정의 운용으로 하고 있기 때문에 현지에 남고싶다고 하는 학생에게의 어필포인트가 되고 있다.

채용에 있어서 적성검사 등의 수법을 도입 – 계천(溪川)정라 제작소에서는 종전에는 충분한 전형을 실시해 오지않았던 것에 의해, 많은 이직자를 낸 채용방법을 바꾸어 적성검사나 디스커션 등의 수법을 도입하고 있다. 그 결과 응모자와 회사와의 미스매치가 해소되어 정착율의 상승으로 이어지고 있다.

4. 전통과 혁신의 조화기업의 지속성 강화

(1) 전통적 경영이념

■ 이념의 유무

경영이념이 성문화되고 있다와 구전을 합쳐 경영이념이 있다고 응답한 중소는 69.0%, 장수는 64.9%였다.

■ 이념의 침투상태

전술한 「경영이념이 있다」라고 응답한 기업 가운데 종업원 전체에 이념이 「침투하고 있다」, 「거의 침투하고 있다」를 합하면 중소 68.8%, 장수 67.3%였다.

그림 7-2 경영이념의 내용(%)

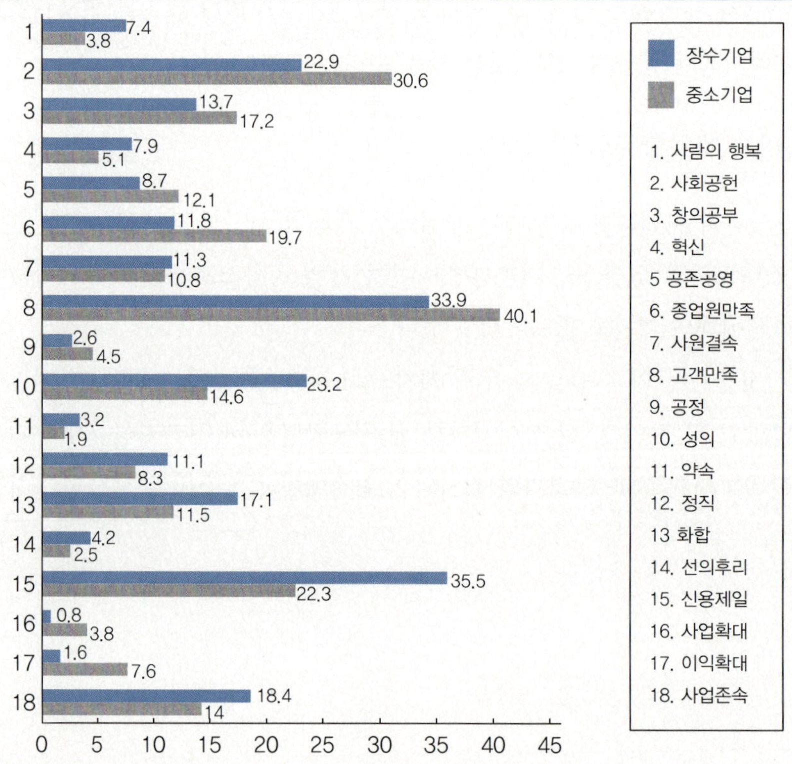

■ 이념의 주지방법

경영이념이 있다라고 응답한 기업에 대해, 이념의 종업원에게 주지방법을 물었더니 중소·장수 모두 거의같은 비율이 되어 사장에 의한 일상적인 훈시가 가장 많았다.

■ 이념의 내용(복수응답가능)

경영이념이 있다라고 회답한 기업에 대해 이념이나 사훈 등의 내용을 물었다.

중소에서는 고객만족사회공헌 신용제일종업원 만족의 개발의 순서로 되어 있는 곳이 많았으며 장수기업에서는 신용제일고객만족 성심성의 사회공헌 사업존속의 순서로 되었다. 중소와 장수로 큰 차이가 생긴것은 신용제일이다. 또, 사업확대라고 회답한 장수기업은 극히 적다. 그 외의 중소기업에서는 정근 거래처의 행복, 환경대책 등 장수는 정근(精勤)인내 품질제일 은덕(恩德)지족(知足) 거래처 등이 꼽았다.

■ 종업원이 지켜야 할 도덕, 기업윤리를 규정한 사내규칙의 유무

사내규칙이 '없다'고 응답한 기업은 중소 39.2%인 반면 장수는 56.2%로 많았다.

(2) 후계자

중소형 기업에게 "후계자에 관한 생각을 질문했는데 혈연자를 후계자로 하고 싶다. 또는 혈연에 구애받지 않고 입양 등에 의해 혈연이 없는 사람을 후계자로 해도 좋다."라고 회답한 동족경영을 희망하는 기업은 4할에 못미치는 반면, 동족경영을 실시해 온 장수는 90% 이상에 이른다. 특히 혈연이 있는 사람을 후계자로서 왔다라고 회답한 장수는 80% 정도가 되었다.

1) 이해관계자와의 대화

일반적으로 중소기업에 있어서 중요한 스테이크 홀더인 고객, 구입처, 종업원, 지역주민의 기대나 요망을 파악하는 구조에 대해 물었다. "파악하는 구조가 있다. 또는 구조는 없지만, 조사 등을 실시한 적은 있다."라고 응답한 기업은 이해관계자별로 보면 중소·장수 모두 종업원, 고객, 구입처 순으로 많고, 지역주민과의 대화는 약하다고 할 수 있다. 그러나 중소와 장수를 비교하면 지역주민과의 대화에서 차이가 발생하고 있으며 특히 지역주민의 기대나 요망을 '집회 등을 통해 파악하는 구조가 있다'고 응답한 장수(12.6%)가 중소(2.7%)를 웃돌았다. 또, 앙케이트나 집회 이외에 지역주민의 기대나 요망을 파악하는 구조로서 장수에서는 이벤트 등의 지역행사나 지역활동을 통

해서 현지의 소리를 듣는다고 회답한 기업이 많았다.

2) 경영의 중점항목과 사업지속

■ 이해관계자와의 연결에서 특히 중시해 온 것은 무엇인가?

상위 10개 항목 중 9개 항목은 중소·장수에 공통되는 항목으로, 특히 상위 5개 항목 품질관리·거래처와의 공존공영 고객서비스 인재육성노동안전위생은 같은 순위가 되었다. 다른 1개 항목에 대해서는 장수는 6위에 지역공헌, 중소는 7위에 부정방지가 올랐다.

표 7-1 이해관계자와의 연결에 있어서 중점사항

순위	중소기업	(%)	순위	장수기업	(%)
1	품질관리	49.0	1	품질관리l	51.3
2	공존공영	39.5	2	공존공영	46.3
3	고객서비스	39.5	3	고객서비스	39.7
4	인재육성	37.6	4	인재육성	29.5
5	노동 안전 위생	29.9	5	노동안전 위생	24.2
6	법령 법규 준수	20.4	6	지역공헌	17.1
7	종업원의 복라후생	17.8	7	법령준수	16.8
8	부정방지	9.6	8	종업원의 후생복리	13.9
9	환경대책	7.6	9	환경대책	7.4
10	조직의 투명성 확보	7.6	10	조직의 투명성 확보	6.6

■ 이해관계자와의 관계중시

이해관계자와의 관계를 중시해왔다고 응답한 사항은 사업존치에 공헌하고 있는가? 크게 공헌하고 있다와 대체로 공헌하고 있다고 생각된다를 합하고, 중소·장수 모두 9할을 웃돌았다.

■ 사업을 존속시키는데 특별히 중요한 것은 무엇인가?

중소·장수 모두 인재육성이 2위 이하로 크게 뒤떨어져 가장 많았다. 상위 10개 항목 중 9개는 양자에 공통되지만 나머지 1개 항목은 장수에서는 8위에 지역공헌, 중소에서는 10위에 결속력양성이 올랐다. 또, 경영혁신이라고 회답한 장수의 비율은 중소의 약 2배로 5위를 차지했다. 그 외 부정방지조직의 투명성 확보, 지적소유권의 보호, 정보공유환경대책 등도 거론되고 있지만, 장수기업중에는 창업가의 화(和)라고 회답한 기업도 있었다.

표 7-2 사업존속의 중요한 사항(상위10항목)

순위	중소기업	(%)	순위	장수기업	(%)
1	인재육성	73.2	1	인재육성	66.8
2	품질관리	36.3	2	공존공영	35.3
3	고객서비스	35.7	3	품질관리	34.5
4	공존공영	29.9	4	고객서비스	31.6
5	기술력	27.4	5	혁신경영	22.9
6	후계자 육성	21.7	6	기술력	21.1
7	노동 안전 위생	13.4	7	후계자 육성	20.8
8	경영혁신	11.5	8	지역공헌	11.1
9	법령등 준수	8.3	9	노동안전 위생	7.9
10	결속력 양성	5.7	10	법령등 준수	7.9

(3) 경영위기

1) 창업후 경영위기

창업이후 경영위기에 빠진적이 있는 경우가 중소기업은 54.2%에 비해 장수기업은 64.0%로 다소 높아졌다.

2) 어떤 때에 경영위기에 직면했는가?

장수기업은 제2차 세계대전 당시가 가장 많았으며 중소기업은 리먼쇼크가 두드러지게 많았다고 한다. 그 비율은 장수의 2배 이상이나 된다. 그 외에는 거래처의 도산, 종업원에 의한 돈의 사용이나 도망, 방만경영, 사장의 사망 등을 들었다.

3) 경영위기의 원인은 무엇인가?

판매부진이 가장 많았고 이어 자금사정악화, 가격경쟁 순으로 중소·장수기업 모두 같은 경향을 보였다.

4) 경영위기에 처했을 때 유효한 조언이나 원조를 어디에서 얻었는가

중소와 장수로 큰 차이는 보이지 않고, 가장 비율이 높았던 것은 “금융기관의 지원을 받았다.”

그림 7-3 경영위험의 원인-경영위기의 원인은 무엇인가?(%)

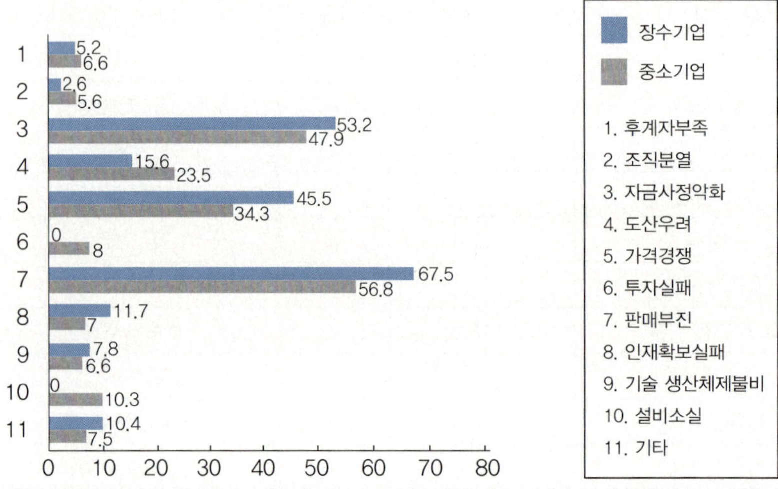

라고 회답한 기업 모두 40% 정도, 가장 낮았던 것은 공적기관으로 부터의 지원은 10% 정도였다.

(4) 혁신성 지속경영

1) 습관과 경영혁신

소중히 여겨온 사내의 관습으로 중소기업과 장수기업 모두 사원과 같이 여행 등에 의해 친목다짐

그림 7-4 사내의 습관(%)-대체로 하여온 사내습관은 있는가요

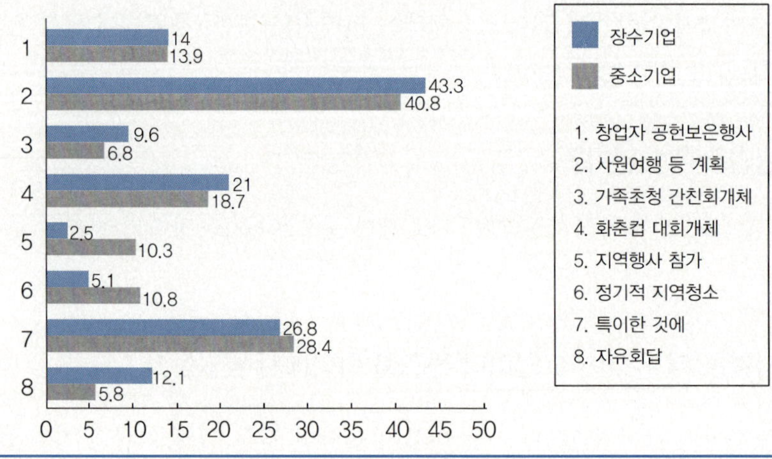

이 가장 많다. 지역행사참여와 지역의 환경정리청소는 중소기업보다 장수기업의 참여율이 많았다.

2) 지금까지 어떤 경영혁신을 실시해 왔는가?

시장개척에 대해서는 중소기업·장수기업 모두 긴기간 기술을 개발개척이 가장 많고, 그 다음에 중소기업은 비용퍼포먼스에 의한 가격우위성 일치의 발견과 참가장수하는 잠재요구의 발견에 의한, 신규시장의 창출일치의 발견과 참가의 순서가 되고 있다. 또 경영시스템에 대하여 중소기업에서는 종업원 참가형의 경영장수기업에서는 코스트 구조개혁이 모두 3할을 넘었다. 어느 쪽이든 중소기업의 장수기업에도 다양한 경영혁신을 실시해왔음을 알 수 있다.

그림 7-5 경영혁신 경영시리즈(%)-아직까지 어떠한 경영혁신을 하시었나요

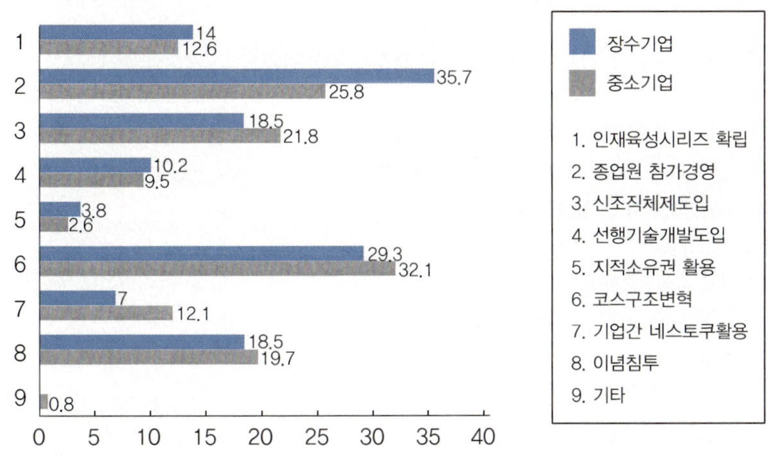

3) 창업이래 계속 지켜나가는 것

중소장수기업 모두 상위 3개 항목은 「고객지향」, 「본업중시」, 「품질제일」이지만 본업중시에 대해서는 장수의 비율이 중소를 크게 웃돌았다. 또 중소는 종업원 중시기술에 대해 장수를 웃돌아 장수는 구입처와의 관계경영이념(사훈·가훈)」에 대해 중소를 웃돌았다. 기타에는 장수에서는 지역주민과의 교류지역산업의 기술도 있었다.

그림 7-6 지켜온 것들(%)-창업이래 지켜내려온 것은 무엇인가?

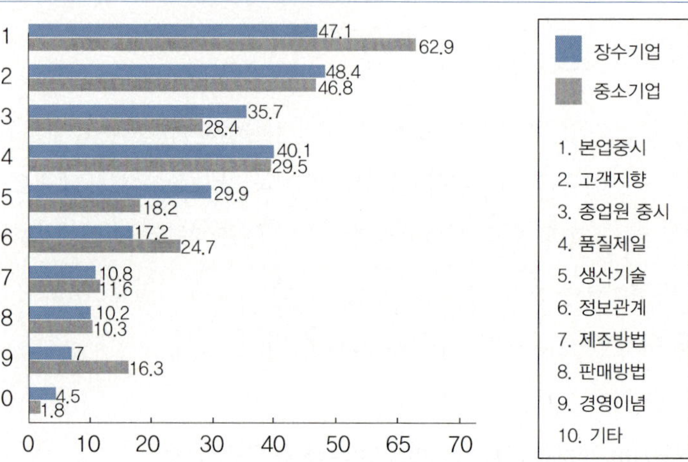

그림 7-7 현재의 문제점(%)-현재 귀사가 안고 있는 문제점은 무엇인가요

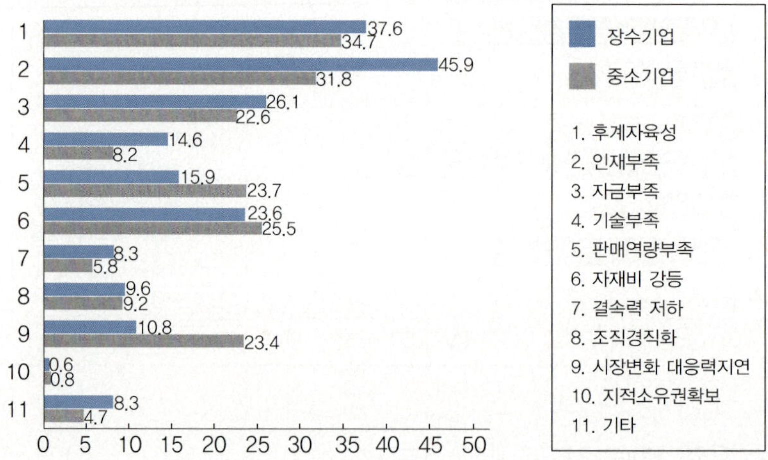

4) 현재 안고 있는 문제

중소기업이 안고 있는 문제는 인재부족이 가장 많았고 이어 후계자육성, 장수에서는 후계자육성이 가장 많았고 이어 인력부족 순이었다. 그외 장수에서는 시장변화에의 대응지연이나 마케팅력 부족을 문제시하는 기업의 비율이 중소와 비교해서 많다. 또 기타로서 중소·장수 모두 복수의 기업이 과당경쟁이라고 기술하고 있다.

(5) 종합정리

앙케이트 조사를 실시하기 전에 장수의 특징으로 다음의 4개의 가설을 세웠었다.

장수기업의 대부분은 경영이념을 사내에 침투시켜 조직전체로 공유할 수 있는 기업이 많다. 이념의 내용은 신용제일 · 화합 · 성의가 많고, 사업확대나 이익확대를 목표로 하는 장수기업은 적었다.

1) 가설

- 후계자에 대해서는 혈연을 중시한다.
- 지역지향이다.
- 견고한 경영을 실시하고 있다.
- 본업을 지키면서도 혁신이 중요하다고 인식해 실행하고 있다.

2) 후계자에 대하여

성문화하고 있는지 아닌지에대한 확답보다는 "경영이념이 있다."라고 회답한 기업은 60%를 넘었다. 그러나, 그 이념이 "조직전체에 침투하고 있다. 또는 거의 침투하고 있다."라고 회답한 기업은 장수전체에서 보면 50%를 밑돌았다. 종업원에게의 주지방법을 포함해서는 중소기업과의 차이는 거의 없었다. 이념의 내용에 대해서는 장수는 신용제일을 경영의 의사결정에 근거하는 기업이 많았고 사업확대를 내거는 기업은 극히 적은 것으로 나타났다.

3) 장수기업의 90%가 가족

후계자에 대해서는 장수기업의 90%가 동족경영이며, 특히 혈연을 중시해온 것이 앙케이트조사에서 밝혀졌다.

4) 지역지향성

지역중시가 다른 항목보다 두드러지게 많은 것은 아니지만, 사내의 관습은 지역주민과의 대화 스테이크 홀더와의 연결에 있어서의 중점사항은 회답으로부터 중소와의 비교에 대해서는 장수기업쪽이 지역과의 연결을 중시하는 경향이 있음을 알 수 있었다.

5) 견고한 경영을 실시

장수기업은 리먼쇼크의 영향을 중소기업만큼 받고있지 않다는 것은 확인할 수 있었다, 경영위기에 빠진적이 있는 장수기업중에는 그 원인이 과대한 설비투자나 방만경영에 의한 것이라고 회답한 기업이 몇개 있어 견실한 경영을 실시하고 있는 것을 실증하는 결과는 되지 않았다.

6) 본업을 지키면서도 혁신

장수기업의 대부분이 본업을 계속 지키고 있는 것이 밝혀졌다. 한편 사업존속을 위해서는 경영혁신이 중요하다는 기업의 비중도 중소형보다 높아 실제로 다양한 시장개척 및 경영시스템에 변혁을 시도한 것으로 나타났다.

경영 성공포인트 ⑬

1. 남에게 이용당하는 만큼 당신은 가치있는 사람이다

성공하는 인물은 남들로부터 이용당하던 말던 오로지 자신의 목표에만 집중한다. 타인에게 이용당한다는 것은 당신의 능력이 있기 때문이다. 타인의 성과나 성공에 시기하지 말라. 설사 남들보다 험난한 길일지라도 당신이 가야할 길을 묵묵이 가라. 당신의 성공을 위하여 아낌없이 협조를 베풀어줄 사람이 나타날 것이다.

2. 필요한 지식이나 정보를 제공한다

뿌린만큼 돌아오는 것이 지식과 정보이다. 서비스란 자신만의 노하우를 제공하는 것이다. 상대를 배려하는 마음, 친절한 마음이 상대에게 기쁨을 주고 그 마음이 쌓이면 복이되어 돌아오는 것이 우리가 살고 있는 세상의 이치이다. 돈을 늘리는 비결은 모든 정보와 지식을 혼자 독점한다는 발상에서 벗어나는 것이다. 다른 사람을 위해 정보와 지식을 제공하게 되었을때 당신의 부는 늘어나는 것이다.

제2절 세계 각국의 기업의 사회적 책임(CSR)

1. 기업의 사회적 책임

중소기업이 강소기업이 되고자 하고 장수기업으로 이어지기 위해서는 사회적 책임을 배제하고는 존립할 수 없다. 사람이나 기업이나 당장의 환경이나 자아의 이익에 끔급하는 근시안적 사고력이나 경영관으로는 지속력을 이어가기 어려워진다.

(1) 기업의 사회적 책임(CSR)이란

기업의 사회적 책임이란 "기업은 어디에 존재하는가? 기업은 사회속에 존재한다. 기업의 목적은 무엇인가? 이윤추구에 있다. 이윤은 어디에서 추구할 수 있는가? 그 사회에서 이루어진다. 그러고 보면 기업의 존립은 그 사회의 가치창조에 있다." 하겠다.

기업의 이해당사자들이 기업에 기대하고 요구하는 사회적 의무들을 충족시키기 위해 수행하는 활동이다. 기업이 자발적으로 사업영역에서 이해관계자들의 사회적 그리고 환경적 관심사들을 분석하고, 기업이 지역사회 및 이해관계자들과 공생할 수 있도록 의사결정을 해야 한다는 윤리적 책임의식을 말한다.

기업의 사회적 책임이란 자발적인 CSR의 필요성, CSR활동의 고려사항, 기업의 사회적 책임, CSR은 기업이 사회의 구성원으로서 지역사회 및 이해관계자들과 공생할 수 있도록 의사결정을 해야 한다는 윤리적 책임의식. 1960년대 미국을 중심으로 대두된 개념으로 기업이 사회구성원으로서 사회적 책임은 미국과 유럽의 다국적 기업이 후진국에서 활동하면서 아동노동과 환경파괴 등의 문제를 발생시킨 것을 원인으로 하여 1990년대 후반 유럽에서 처음으로 주장되었고, 2001년 미국 엔론사의 회계부정사건을 통해 일반화되었다.

지금까지 CSR에 대한 연구대상은 주로 대기업이었다. 또, 나라에 의한 CSR에 대한 대처나 제도에 차이가 있다. 미국의 CSR, 유럽의 CSR, 일본의 CSR, 선행연구에서 CSR활동이 계속기업의 전제에 대해 기대할 수 있는 활동임을 나타낸다. 중소기업을 대상연구로 했을 경우 소유와 경영의 미분리, 주식의 비공개, 기업규모에 의한 이해관계자의 중요도 차이에서 CSR의 개념이나 대처내용에 차이가 있다.

그러나, 학술적인 면에서 CSR의 고찰을 하기 위해서 본절에서는 대기업을 대상으로 한 CSR의 연구를 다룬다. 대기업에 대한 연구는 중소기업에 결부 위축되는지를 고찰하다. 또, 학술적인 면에서 본고의 가설에 대해 고찰한다. 미국과 유럽의 CSR에 대한 비교에 관해서 Matten and Moon(2008)에 의한 명시적 CSR(Explicit CSR)과 암묵적 CSR(Implicit CSR)이 있다.

(2) 나라별 CSR의 차이와 제도

나라별 CSR의 차이는 제도의 차이라고 하여 미국의 CSR를 명시적 CSR(Explicit CSR)(Explicit)가 있다. CSR 유럽의 CSR를 암묵적 CSR(Implicit CSR)로서 비교하고 있다. 명시적 CSR란 기업의 자발적이고 자유로운 활동이며 기업의 방침, 프로그램 및 기업전략으로 이루어진다. 기업이 각각의 이해관계자의 기대나 요망으로부터 동기부여된다고 한다.

암묵적 CSR란 기업에 대해 정부의 강력한 리더십에 의한 관여가 강하고, 기업의 역할로서 발생하는 가치, 할당 및 규칙으로 이루어져 사회합의에 의해 동기부여된다고 하고 있다. 또 가네코(2012)는 Matten and Moon(2008)의 연구에 관해서 현재적 CSR(Explicit CSR)과 잠재적 CSR(Implicit CSR)로 한 해석이다.

미국 CSR의 특징을 지역사회에 대한 이익환원이 중심으로 설정하였다. 미국에서는 사회적 책임을 다하지 않은 자는 정치적으로도 큰 리스크를 지는 것이며, 기업은 정치적인 발언력을 유지하기 위해서도 리스크관리의 일환으로서도 지역사회와의 유대를 강하게 해 두지 않으면 안 되는 배경에 영향을 미치고 있다.

또, 유럽 CSR의 특징을 기업이 환경 및 사회면의 고려를 업무에 통합하는 것으로 했다. 게다가 유럽의 CSR에는 법령이나 계약상의 의무의 이행이나 피랜솔로피를 CSR에 포함하지 않는 등 CSR의 대상을 한정하는 것으로 한 특징을 지적하고 있다. 유럽에서는 심각한 실업문제가 있어 CSR의 중심이 인재문제였다고 하고 있다. 행정은 CSR에 대해서 적극적으로 관여하고 있으며, 이것은 CSR를 통해서 인재문제 등의 사회문제의 해결과 지속가능한 발전을 위한 배경이 영향을 주고 있다.

(3) 우리나라 CSR의 특징

우리나라의 CSR의 특징은 환경+사회공헌+법령준수이라고 했다. 기업스캔들의 중심이 법령위반이었으므로 법령준수를 CSR의 중심으로 하고 있다. 다음 미국과의 무역마찰의 교훈으로부터 사회에 받아들여지기 위한 기부행위와 지역사회에 대한 공헌의 중요성을 배웠다고 한 배경에 영향을 미치고 있다. 미국의 CSR 선행연구는 각 기업에서 CSR활동이 자유재량적이기 때문에 본글에서는 학술적인 CSR를 다룬다.

기업과 사회론에 있어서의 CSR 피라미드 및 CSR 소극론에 대해 언급한다. 유럽의 CSR 선행연구는 정부에 의한 관여가 강하기 때문에 제도적인 CSR를 다룬다.

중소기업의 강점과 CSR의 원류를 바탕으로 각국의 CSR에 대한 선행연구 및 제도적으로 같은 대처로부터 학술적인 면에서의 가설에 대한 고찰을 한다.

(4) CSR활동은 신뢰성을 높여 수익으로 작용

CSR활동은 기업수 및 종업원수로부터 읽어낼 수 있듯이 중소기업은 경제의 근저를 지탱하고 있는 존재라고 할 수 있지만, 대기업과 비교해 경영자원이 부족하여 역사적으로 약자로서 취급되어 왔다. 최근에는 그 재검토가 이루어지고 있지만 계속 기업의 전제를 달성하기 어려운 기업도 많이 존재한다.

그러나 본절에서는 CSR활동은 비용이 들어 기업에 있어서 부담이 되는 것이 아니라 이해관계자로부터의 신뢰성을 높여 수익으로 이어지는 행위의 것이라고 여겨진다. 또, 대기업의 상당수는 자사의 CSR활동의 일환으로서 서플라이 체인(supply-chain)이나 거래처에 대해서도 CSR활동에 임하고 있는 기업을 선택하는 것이 요구되고 있어 중소기업은 이 요청에 대응하기 위해서 CSR활동에 임할 필요가 있다. 진정한 CSR활동 사회적 신뢰도를 높여 기업기반이 튼튼이 쌓일 수 있으며 고객의 환영을 받아 매출증대로 이어지는 결과를 가져온다. 사회공헌이란 기업의 책임을 다하려는 것으로 그 미덕은 자신에게로 돌아오는 것을 알 수 있다

서플라이 체인(supply-chain)에 포함되지 않는 독립성이 높은 중소기업이라도 대기업과의 거래나 협동으로 일을 실시하는 파트너이기도 해 CSR 활동을 실시하는 것의 필요성이 있다고 말할 수 있다. 본절에서는 중소기업의 특징에서 중소기업 고유의 강점을 고찰하고, 우리나라의 중소기업에 있어서의 진정한 CSR를 기대한다. 그것이 중소기업발전의 초석을 이룬다.

그림 7-8 **사회공헌은 장수기업으로 이어지는 모형**

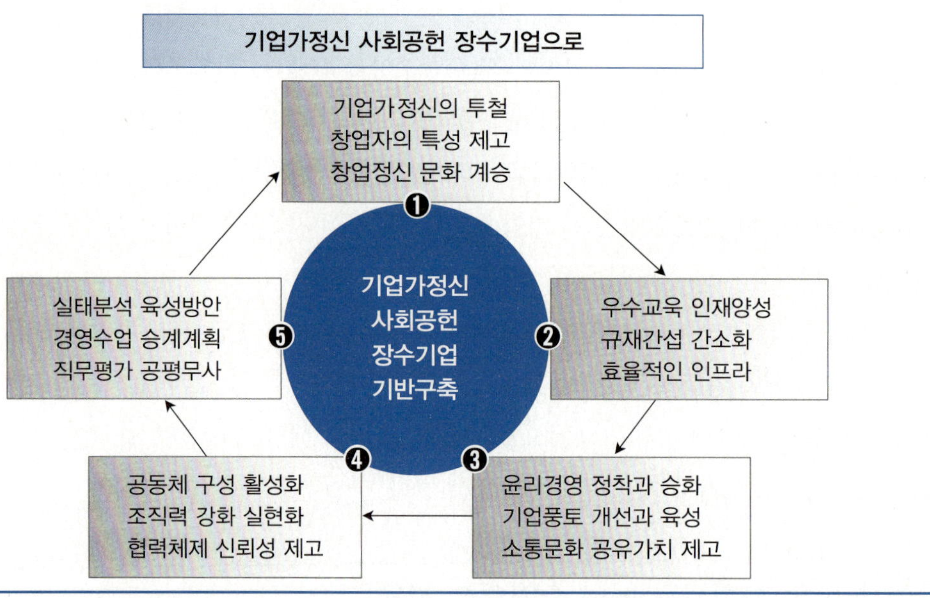

중소기업의 특징으로서 ① 소유와 경영의 미분리, ② 동족경영, ③ 자본조달의 비공개성, ④ 경영자의 노동과정참가, ⑤ 경영자나 종업원의 역할크기, ⑥ 경영자의 종업원의 파악, ⑦ 독립성을 들고 있다. 이 특징에서 중소기업에는 네 가지 강점이 존재하며 이 강점은 CSR활동에서의 강점으로 이어진다 하겠다.

첫 번째, 경영자와 종업원의 거리가 가까워 서로 얼굴이 보이고 의사소통이 가능하다는 점이다. 중소기업은 종업원규모가 대기업에 비해 작기 때문에 경영자의 생각을 종업원에게 전달하는 것을 용이하게 한다. 또한 중요한 이해관계자인 종업원의 요청에 대해 경영자는 커뮤니케이션을 통해 즉석에서 이해할 수 있는 강점을 가진다.

두 번째는, 임기응변의 대응을 가능게 하는 속도전이 가능하다는 점이다. 대기업에서는 결제하나를 따내기도 힘들고 거기에는 시간과 노력이 필요하다. 중소기업은 조직의 계층이 대기업에 비해 적기 때문에 경영자의 판단에 의해 즉시 조직을 움직일 수 있는 강점을 가진다.

세 번째로, 지역밀착형의 업종·업태의 기업이 많다는 점이다. 독자적인 기술이나 서비스를 무기로 대기업과 대등하게 거래하는 기업도 있지만 일반적으로 중소기업의 생산규모나 거래범위는 그 지역내에 한정된다. 키요나리(1997)는 중소기업은 지역사회의 형성자이며 중소기업을 지역사회생활의 질을 뒷받침하는 존재라고 지적하고 있다. 즉, 소비자와 같은 지역사회와의 결합이 대기업보다 강한 존재이다. 이것으로부터 대기업과의 차별화를 도모하는 전략책정에 관해서 지역의 요구에 대응한 선택과 집중을 실시할 수 있는 강점을 가진다.

네 번째로, 소유와 경영 및 소유와 지배의 분리가 이루어지지 않고 경영자의 판단에 의해 기업활동을 실시할 수 있다는 점이다. 중소기업은 시장으로부터의 독립성이 있고 경영자는 주주의 이윤을 추구한 주주의 판단에 의한 경영활동을 하는 것이 아니라, 경영자에 의한 자유로운 판단으로 활동내용을 결정하고 수행할 수 있는 강점을 가진다.

CSR활동 내용에 관해 중소기업은 대기업과 비교해 경영자원의 부족함과 규모와 범위의 경제성에서 뒤떨어지기 때문에 대기업과 비교해 한정된다. 그 때문에 CSR활동의 내용과 대상이 되는 스테이크 홀더를 선정할 필요가 있다. 본업과 동떨어진 기부활동을 CSR활동으로 했을 경우 소비자의 눈에 띄는 규모와 범위에서 대기업에 비해 뒤떨어진다.

대상이 되는 이해관계자에 관해 중소기업에는 자본조달의 비공개성을 나타내고 있으므로 주주의 중요도는 떨어진다. 또 중소기업은 기업내 종업원 수에 있어 대기업에 비해 적기 때문에 인재육성과 확보의 문제로 종업원의 중요도는 높아진다. 중소기업의 CSR활동은 부담을 수반한다는 인식이 아니라, 한정된 경영자원을 효과적으로 활용해 대기업에 비해 적극적이고 효과적으로 본업에 직결된 대응으로서 실시할 필요가 있다.

2. 미국형 기업의 사회적 책임실태(CSR)

(1) 기업과 사회

1) CSR 피라미드형

–Archie B. Carroll의 CSR 피라미드와 M. Friedman의 CSR 소극론– 미국의 CSR의 대표적인 연구로서 "기업과 사회"론이 있다. "기업과 사회"론에 의하면 CSR를 기업은 스스로의 행동에 실명책임을 가져 경제적인 이익과 동시에 사회적인 편익도 추구해야 한다고 하는 생각을 말하는 것이라고 정의하고 있다. 또한 기업의 사회적 책임(corporate social responsibility)이란 기업은 일반대중 커뮤니티 및 그 환경에 미치는 어떤 행위에 대해서도 설명책임을 져야 한다는 것을 의미한다.

일반대중이나 커뮤니티에 대한 손해는 가능한 한 인정하고 바로 잡혀야 한다는 것을 의미한다.

그럼으로써 기업의 사회적 책임은 사회로부터의 회피할 수 없는 요청이라고 말하고 있다. "기업과 사회"론에는 CSR의 본질을 나타내는 것으로서 CSR 피라미드가 있다. CSR 피라미드는 기업의 사회적 책임이란 어느 시점에서의 기업조직에 대한 경제적, 법적, 윤리적, 그리고 자유재량적(사회공헌적)인 사회의 기대를 포함하는 것으로써, Carroll(2009)에 의해 CSR의 개념을 네 가지 단계로 나누어 피라미드형으로 체계화해 제시하고 있다.

2) CSR 제1의 책임

CSR 피라미드의 토대가 되는 제1의 책임으로서 경제적 책임이 있다. 경제적 책임이란 사회가 원하는 제품이나 서비스를 공정한 가격에 제공하고 기업을 존속시켜 투자자에게 보답할 만큼의 이익을 얻는 것이 기업의 기본책임이라는 것이다. 대기업은 주식시장에서 받은 자금을 바탕으로 상품이나 서비스를 제공함으로써 이익을 얻는 것을 주요 활동으로 하고 있다. 시장경제의 대기업의 경제적 책임추구는 투자자에 대한 가장 큰 유인이며 사회에서 경제의 기본을 이루었다.

기업의 첫 번째 역할은 소비자의 요구에 따른 제품 및 서비스의 제공이며 경제적 책임을 완수하는 것은 지속적 기업의 전제이다. 경제적 책임은 다른 모든 것에 앞선기반이며 경제적 책임이외의 책임은 경제적 책임을 다한 후에 생기는 책임이라고 하고 있다. 경제적 책임의 내용을 평가하는 요소로서 ① 최대한의 이익을 내는 것, ② 가능한 한 이익률을 올리는 것, ③ 강한 경합상태를 유지하는 것, ④ 작업효율을 높은 레벨로 유지하는 것, ⑤ 지속적으로 이익을 내는 것 등 5가지가 있다.

3) CSR 제2의 책임

CSR 피라미드의 제2의 책임으로서 법적책임이 있다. 법적책임이란 법률은 사회적 선악의 법전이며 기업은 사회의 룰에 따라서 기업활동을 실시해야 한다고 하고, 경제적 책임과 같이 기업의 기본적인 책임이라고 하고 있다. 기업은 이해관계자로부터 법률 및 조약을 준수하는 것을 요구받기 때문에 경제적 책임추궁만으로는 기업의 사회적 책임을 다하고있다고 볼 수 없다.

경제적 책임과 법적책임은 상호관련돼 있어 어느 한쪽의 책임을 다하지 못할 경우 기업의 존속이 불가능하게 되어 있다. 법적책임의 내용을 평가하는 요소로서, ① 정부나 법률에 의해 규정된 범위내에서 기업활동을 하는 것, ② 법률이나 조약의 전부를 준수하는 경영자가 되는 것, ③ 스테이크 홀더로부터 법적의무를 채우는 기업이라고 인정되는 것, ④ 법적요구를 최소한으로 충족한 재화나 서비스를 제공하는 것 등 5가지가 있다.

4) CSR 제3의 책임

CSR 피라미드의 제3의 책임으로서 윤리적 책임이 있다. 윤리적 책임이란 법적책임을 폭넓게 확대하고, 법적책임에 규정되어 있지 않고 올바르고 공평한 활동을 실시하는 책임이라고 하고 있다. 경제적 책임 및 법적책임을 다하고 있는 것을 전제로 일반적으로 CSR란 윤리적 책임을 가리키고 있다. 윤리적 책임은 법률이나 조약에 규정되어 있지 않은 공평한 기업활동을 요구하는 사회로부터 요구되는 행동이나 관습 및 금지된 행동이나 관습, 스테이크 홀더의 권리를 존중하기 위한 상식, 기준, 기대를 포함한다.

따라서 새로 태어난 가치가 현행법에서 정한 이상으로 높은 기준을 요구할 경우 동시에 기획업무에 요구되는 윤리적 책임의 기준이 된다. 윤리적 책임은 법률이나 조약에 의해 필요 이상의 수준으로 이루어지는 고도의 기대나 요구이므로 CSR 피라미드에서는 법적책임의 위의 단계로서 위치하고 있다. 그러나 법률이나 조례에 의한 규제와 달리 구체적으로 성문화되어 있지 않기 때문에 윤리적 책임에 대한 벌칙은 없다. 윤리적 책임의 내용을 규정하는 요소로서 ① 윤리적 기준을 충족시킬 것, ② 사회가 인식한 새로운 윤리적 기준을 존중할 것, ③ 기업의 목표달성을 위해서 윤리적 책임의 추구가 타협되는 것을 방지할 것, ④ 윤리적·도덕적으로 요구되는 내용을 실행할 것, ⑤ 기업활동과 윤리적 행동이 법령준수를 넘어 기능할 것을 인식할 것 5가지가 있다.

(2) 최상층에 사회공헌책임이다

CSR 피라미드의 최상층에 사회공헌책임이 있다. 사회공헌과 책임은 좋은 기업시민으로서 기업이 자발적이고 자유재량적으로 추진하는 기업행동이며 도덕성이 요구되지 않는 책임이라고 하고 있다. 사회공헌책임의 내용으로 예술, 교육, 커뮤니티 활동에 대한 경제적 지원, 사회복지활동이나 자선활동을 선전하기 위한 행동이나 프로그램이 있으며 사회의 질 향상을 위해 기업의 경영자원을 사회에 환원시키는 활동이다. 자유재량적인 활동이기 때문에 사회문제해결에 공헌하기 위해 투입하는 경영자원의 제공에 대해 커뮤니티로부터의 요구기준을 충족하지 않는 경우 윤리성이 결여된 기업으로 간주되지 않는다.

사회공헌책임의 추구는 이해관계자로부터의 기업에 대한 사회적 요구이지만, 기업활동에 있어서 임의적이고 제한이 없는 대처이다. 사회공헌책임은 CSR 피라미드의 네 가지 계층중 가장 중요하지 않은 책임이며 부가적인 선택지로 하여 테피라미드의 맨위에 위치해 있다. 기업의 사회적 책임개념의 의미내용의 큰 틀은 캐럴의 ‘4파트 모델’을 통해 일단 완성했다고 볼 수 있듯이

Carroll(2009)의 CSR 피라미드는 CSR 틀의 원형을 나타내고 있다고 할 수 있다.

CSR 피라미드의 구성요소인 하나의 사회적 책임은 상호 배타적인 것이 아니면, 기업의 경제적 책임을 기타 책임과 병렬적으로 취급하는 것을 의도하지 않는다고 하고, 각각의 사회적 책임은 대립관계에 있는 것이 아니라 총체적으로 CSR를 파악해야 한다고 했다. 또, 스테이크 호르다는 4개의 사회적 책임 모두에 관심이 있는 것은 아니고 스테이크 호르다에 의해서 관심사는 다르다.

미국의 CSR연구에 관한 역사에서 CSR의 범위를 법에 따라 수익성을 최대한으로 추구하는 것으로 한정하는 것이야말로 기업과 사회에 최선의 효과를 가져온다는 CSR 소극론 또는 CSR 부정론으로 불리는 연구가 있다. 소극론과 부정론의 호칭에 관해서는 전면적인 부정을 연상하는 호칭을 피하기 위해서 본절에서는 소극론을 사용한다.

CSR 소극론에 대한 대표적인 연구자로 시장주의가 만능이라고 주창한 경제학자 M. Friedman(1975)을 들 수 있다. 이러한 경제에서 기업의 사회적 책임은 유일무이(唯一無二)하다. 그것은 즉, 게임의 룰의 범위내에 머무르는 한, 다시 말하면 사기나 부정수단을 이용하지 않고 열린 자유로운 경쟁에 따르는 한, 기업의 이윤을 증대시키는 것을 목표로 자원을 활용해 사업활동에 종사하는 것이라고 하고 있다.

신영역은 시장경제에서 기업이 져야 할 사회적 책임은 공정하고 자유롭고 개방적인 경쟁을 한다는 규칙을 지키고 자원을 유효활용해 이윤추구를 위한 사업활동에 전념하는 것이다. 이것이 기업에 부과된 유일한 사회적 책임이라고 하고 있다.

프리드먼(M. Friedman.)은 기업의 사회적 책임추구에 관해 주식회사는 관리자인 주주의 이익을 증대시키기 위해 사업활동을 해야하며, 기업의 경영관리자가 사회적 책임을 다하고자 할 때 그들은 주주, 고객, 종업원이라는 의식을 가지게 된다.

여기서의 사회적 책임이란 자선사업 및 기부활동을 가리키며, Carroll(2009)의 CSR 피라미드에서의 사회공헌책임에 대한 비판이다. M.Friedman(1975)은 사회공헌활동에 관해 기업이 그러한 기부를 하는 것은 시장경제에 있어서는 실로 부적절한 자본의 용도인 것으로서 기업단위가 아닌 개인단위로 실시해야 한다고 주장하고 있다.Carroll(2009)의 연구에서 사회공헌책임의 추구는 임의적이고 부가적인 책임에 따라 양자의 주장은 일치하고 있다.

CSR 소극론의 근저에는 대기업을 대상으로 하고 있기 때문에 기업은 주주의 도구이며 기업의 최종 소유자는 주주인 고로 한 개념이 존재한다. 그래서 시장경제 중 가장 상위권인 이해관계자는 주주이며 경영자는 이윤극대화가 사명인 것으로 보고 있다. 경제적 책임의 추구에 대해서는 기업의 규모에 관계없이 기업의 계속에 대해 가장 중요하다. 그러나 주주로부터 선택받는 기업이 되어

보다 많은 자본을 획득하는 것이 기업의 존속으로 연결된다는 주장에 대해서는 소유와 경영이 일치하는 중소기업에서는 해당하지 않는다고 할 수 있다.

 유럽형 기업의 사회적 책임(CSR)

영국 EU의 CSR정책에 관한 역사적 동향을 보면 유럽의 CSR는 기업의 CSR활동을 촉진하기 위해 EU를 포함한 정부기관이 주도적인 역할을 담당하고 있으며 경제단체의 관여가 강하기 때문에 본절에서는 영국과 EU의 제도적인 역사적 동향을 다루고 있다.

영국에서는 1997년의 블레어정권부터 CSR를 정부의 주요정책으로 삼았다. 그 대처는 2000년 7월의 연기금법의 개정으로부터 시작되어 연기금에 대해서 투자의 기준으로서의 CSR를 언급해 가이드라인을 작성해 CSR에 중시한 투자를 실시해 가는 자세를 명확하게 했다. 2001년 4월 세계 최초의 시도인 CSR 담당장관이 설치되게 되어 CSR정책의 추진은 국제개발부(Department for International Development: 이하 DTI)가 담당하게 된다.

CSR 촉진정책에는 12개에 이르는 부처가 관여하게 되어 각각 독자적인 CSR정책을 실시해 기업의 CSR활동을 지원하고 있다. DTI는 영국산업정책의 이념인 지속가능한 발전(Sustainable Development)에 기초하여 정책을 입안하고 있다. 이 이념에 근거한 정책은 산업부흥기술혁신의 촉진, 생산성 향상 등에 의한 경제적 번영을 목적으로 경제상, 사회적 환경관련의 트리플보텀라인을 축으로 정책입안을 하고 있다.

경제적인 퍼포먼스에 머무르지 않고 환경 및 사회에서 발생하는 사회적 과제의 해결수단으로서 CSR정책이 실시되었다. 정책내용으로서 ① CSR활동에 관한 비즈니스 케이스소개, ② CSR활동에 대한 표창, ③ 스테이크 홀더와의 파트너십 구축, ④ CSR활동에 참가촉진을 위한 직업훈련 및 세제 등의 지원, ⑤ 정부기관에 의한 기업에 대한 조언, ⑥ CSR에 대한 공감대형성이 있다. DTI에서의 CSR에 대한 정부의 생각은 CSR는 기업활동의 목적이나 자본주의 그 자체를 바꾸는 것이 아니라, 경제계가 사회의 요구를 받아들여 새로운 비즈니스 모델을 구축하는 시도이다.

어디까지나 비즈니스주도의 프로세스로 정부의 역할은 필요 최저한에 머무른다. 정부가 큰 사회목표를 이끌고 민간의 힘을 활용하면서 경제성장과 사회정의의 균형을 잡을 필요가 있다고 주장하고 있다. 영국정부는 CSR를 기업이 실시할 수 있는 자발적인 활동이며 최소한의 법률적 요청이라는 컴플리언스를 넘는 것으로, 기업자신의 경쟁력 강화와 광범위한 사회의 요청에 응하는 것이라고 정의하고 있으며, CSR활동은 기업의 사회성과 경쟁력 강화로 이어지는 것으로 하고 있다.

영국정부는 경제, 사회, 환경의 지속발전을 위해 기업에 대해 CSR를 강제 및 명령을 하는 것이 아니라, 그것을 지원하고 평가함으로써 기업측의 CSR활동을 이끌어내려 하고 있다. 그러나 블레어정부후 2007년 6월부터 시작된 브라운정부에서는 기업에 대한 CSR의 정보공개의무를 폐지하고 2010년 5월로부터의 캐머런정권에서는 CSR담당 대신의 임명이 이루어지지 않았다. 이러한 점에서 CSR 선진국 영국은 현재 분기점에 서 있다고 할 수 있다.

EU에서는 2000년 3월에 개최된 리스본 유럽이사회(서미트)에서 ① 경제성장, ② 경쟁력 및 사회정의가 상호보강되는 사회실현, ③ EU 여러 나라가 세계에서 가장 포괄적이고 경쟁력 있는 사회실현을 목표로 하고, 이 목표는 기업의 CSR활동을 통해 달성하는 것을 선언한 것으로 시작된다. 이러한 배경에는 기업의 CSR활동이 EU 역내의 실업문제 심각성과 경제격차에 의한 사회의 계층분화 해소로 이어질 것으로 기대되고 있다.

리스본 유럽이사회의 목표에 따라 유럽위원회는 2001년 7월 그린 페이퍼기업의 사회적 책임의 유럽틀을 촉진한다를 공표했다. 이는 향후 CSR 논의를 전개하기 위한 토대이며 CSR를 단순히 법을 지키는 것을 넘어 인적자원과 환경, 이해관계자와의 관계에 대한 투자라고 구체적인 영역별 분석이 이루어지고 있다. 기업내부에서는 인적자원관리, 안전위생 등이 있으며 기업외부에서는 커뮤니티 비즈니스 파트너 등이 있다.

기업의 국제적 전개와 글로벌 공급연쇄의 관계로 하청이나 공급자의 노동조건이나 인권, 환경이라는 영역의 행동규범이 기업이미지의 향상으로 이어진다고 보고 있다.행동규범에 대해서 CSR를 포함한 경영이념 등으로 형성한 기업문화를 적극적으로 전략에서 전술로 옮겨 대처하는 CSR 활동내용에 대한 정보개시, 감사, PDCA 사이클 등의 검증을 요구하고 있다. 기업의 감사에 관하여 관공서, 노동조합, NGO 등의 이해관계자의 관여가 필요하다고 하고 있다.

유럽위원회는 2002년 7월, 그린 페이퍼(green paper)에 대한 기업, 노사단체, 공공기관, NGO 등으로부터의 250건 이상의 의견을 토대로 "화이트 페이퍼" 지속가능한 발전에 대한 기업의 공헌을 공표했다. 기업측은 CSR의 자발적인 대처를 강조하지만 종업원이나 시민단체에서는 스테이크홀더 참가형의 규제를 골조에 도입하는 것을 요구하고 있다. EU로서의 공공정책으로서 EU역내에 있어서의 정책분야에 CSR의 통일과 도입해 CSR의 계발활동, CSR 활동의 실천 및 수단의 통일화와 투명성, CSR 멀티 스테이크 홀더포럼의 설치를 들고 있다.

EU 역내의 정책분야에 CSR의 통일과 도입으로서 고용정책, 환경정책, 소비자정책, 공공조달정책, 개발원조나 무역정책 등이 있다. CSR 활동의 실천 및 수단의 통일화와 투명성으로서 기업의 행동규범에 대한 측정과 보고, 라벨 및 사회적 책임투자(SRI)를 들어 CSR 멀티 스테이크 홀더포럼에 놓고 평가의 지침을 설정하는 것을 제안하고 있다.

화이트 페이퍼를 토대로하여 유럽위원회는 2002년 10월 CSR 멀티 스테이크 홀더포럼을 설치했다. 멤버는 유럽노련, 유럽산업경영자연맹, CSR유럽(NPO), 그린 G8(환경NGO), 유럽사회적 NGO플랫폼, 앰네스티 인터내셔널, BEUC(소비자단체), CECOP(노동자협동조합단체), 유럽공기업센터, 유럽산업가원탁회의, 유로카도르(관리직 조합), 유럽상공회의소, 유로커머스(상업단체), 공정무역라벨링조직, 유럽인권연맹, 옥스팜, UEAPME(중소기업단체), WBCSD(지속적 발전을 목표로 하는 사업단체) 등 노사 및 NGO를 대표하는 18개 단체로 구성되어 있으며 유럽위원회가 의장을 맡고 있다.

CSR 멀티 스테이크 홀더포럼에서 2년 가까운 심의를 거쳐 2004년 6월 최종보고서를 공표했다. CSR에 대한 개발과 교류로서 ① 공공기관이나 이해관계자 의한 핵심적 가치와 원칙에 대한 의식개발, ② CSR에 관한 정보의 수집 · 교환 · 분석, ③ CSR에 관한 지식과 행동조사연구의 추진이 있다. CSR의 주류화로서 ④ 기업이 CSR를 이해하고 도입해 가는 능력의 향상, ⑤ 기업에 대한 서포트기능의 강화, ⑥ 교육커리큘럼에 대한 CSR의 도입을 요구하고 있다.

기업의 CSR활동을 가능하게 하는 환경조성으로서 ⑦ 투명한 CSR보고나 SRI펀드로 보는 적절한 CSR활동의 조건만들기, ⑧ 스테이크 홀더간의 대화촉진, ⑨ 공공기관이나 EU의 역할의 명시를 들고 있다. 기업의 자발적인 CSR행동을 이끌어내기 위한 EU의 구체적인 시책으로서 유럽위원회는 2003년 3월 EU의 100대 직장, 평생학습상, 남녀평등상, 다이버시티상을 발표하고, 수상한 기업을 공표함으로써 기업PR로 이어지는 활동으로 하고 있다. 2004년 4월에는 두 번째 베스트직장이 발표되었다. 예산조치로는 유럽사회기금에 의한 보조금이 CSR에 관한 혁신적 접근법에 대해 교부되고 있다.

2002년에 일본의 경제동우회에 의한 유럽현지조사를 실시한 "유럽조사보고서"에 따르면 유럽의 CSR는 기업의 수익과 CSR는 동시에 목표로 인식되고 있다. 수익의 사회환원이 아니라 기업과 사회의 지속가능한 발전을 함께 실현하기 위한 전략이라고 기술되어 있다. CSR의 추진에 의한 기업의 이점으로서 ① 상래의 리스크가 될 수 있는 염려재료를 미리 정보개시함으로써 리스크를 제어할 수 있다, ② 신제품 및 서비스개발 유능한 종업원의 확보와 동기부여를 할 수 있을 뿐만 아니라 비즈니스의 효율화 브랜드 및 로열티의 향상, 투자대상으로서의 기업평가 등에 효과적으로 연결시킴으로써 기업수익이나 기업경쟁력의 원천으로 할 수 있다,

잠재적 시장의 규모가 확대된다고 되어 있다. 유럽조사 보고서에서는 우리나라의 CSR는 수익의

사회환원에 의한 사회공헌활동으로 한 인식이며, 코스트나 사치품으로서 자리매김되고 있다고 지적하고 있다. 한편, 유럽의 CSR는 장래 및 장기적인 이익창출로 이어지는 투자로서 인식하는 동시에 매니지먼트의 일부로서 경영의 핵심으로 자리매김하고 있다. 우리나라와의 비교로부터 유럽의 CSR는 기업의 장래를 좌우하는 대처라고 하고 있다.

동 보고서에서는 유럽위원회에의 방문조사를 실시하고 있다. 유럽위원회의 CSR에 대한 EU의 생각은 CSR이 자선활동이 아니라 퍼포먼스로 이어져야 한다는 것이다. 유럽위원회는 EU의 CSR전략을 행정의 입장에서 주도해 견인하는 입장이지만, EU 레벨에서의 법제화는 하지 않고 CSR는 지역별, 나라마다의 식으로 실시해야 하며 EU가 유럽의 새로운 자본주의 모델을 만들어 강요한다고 해서 협의나 가이드라인의 작성을 통해서 CSR를 추진해 갈 생각이다.

그린페이퍼에는 기업내부의 CSR로서 평생학습, 노동자의 영향, 정보제공, 차별없는 채용, 가정과 일의 양립지원 등이 포함된다. 또한 안전위생의 법령준수를 넘어 높은 안전위생수준을 달성하고 있는 사업소에 대해 인증이나 라벨링의 스킴, 공공조달에 있어서의 기준에 이용한다. 또 구조조정의 필요성을 인정하면서 사회적으로 책임있는 구조조정을 요구하고 있다. 구조조정이 성공하려면 정보제공과 협의에 의해 영향을 받는 사람의 참여와 관여를 목표로 비용을 명확히 하면서 대안을 검토하는 것이 중요하다는 것이다.

그린페이퍼에서는 기업외부의 CSR로서 주민의 고용, 상품의 소비자환경이 포함된다. 다음으로 비즈니스파트너로는 고객, 공급자, 하청업자가 포함된다.

4. 일본기업의 사회적 책임실태(CSR)

모리모토(1994)는 M.Friedman(1975)을 대표로 하는 CSR 소극론에 관해 기업의 정치, 자선, 교육, 문화 등 애매하고 광범위한 영역에 대한 사회공헌활동을 실시하는 것에 대해서 논하고 있다.

(1) 모리모토(1994)를 대표로 하는 CSR

1) 기업에 대해 무책임한 권력을 부여해 버릴 위험

기업에 대해 무책임한 권력을 줄 위험으로 경영자는 경제 이외의 영역에 대한 의사결정을 가지고 있지 않으며 자유재량적인 책임때문에 자원의 부적절한 사용이나 무책임한 결과를 용인하게 된다고 되어 있다. 이는 시장경제에서 주주들에게 이익의 침해로 이어진다. 따라서, 기업의 경제적 책임을 희석시키는 것으로 이어질 것을 염려하고 있다.

2) 기업에 대해 국가에 의한 억제를 초래할 위험

기업에 대해서 국가에 의한 억제를 초래할 위험으로서 사회공헌활동에 대한 자유재량적으로 미숙한 대처는 정부로부터의 간섭이나 지배를 부를 우려가 있어, 기업의 자유가 억제될 가능성이 있다고 하고 있다.

3) 기업국가라는 일원적인 사회로 이끌 위험

기업국가라는 세 가지 위험을 들고 있다. 기업국가라는 일원적 사회로 이끌어갈 위험으로 기업의 기부행위에 대해 정당화할 경우 기업의 문화, 교육, 자선의 지배로 이어진다고 돼 있다. 본래 기부행위는 개인이 스스로 판단해서 해야하는 것으로, 기업에 의한 기부행위는 개인의 자유로운 선택을 중시하는 다원적 사회의 특질파괴를 초래하므로 기업사회라는 일원적 사회로 이끌어 갈 위험이 있다고 보고 있다.

그러나 1970대 이후에는 새로운 논거로 내세웠던 유력한 전개가 나타나지 않고 있다는 점을 지적하였으며, 이익성 추구를 위한 규모확대와 그에 따른 사회적 영향력 증대로 이해관계가 복잡다양화되어 다른 이해들을 모두 수단화하여 수익성만을 추구한다는 것은 불가능함을 말하고 있다. 모리모토(1994)는 CSR 소극론은 반면 교사로서 CSR 적극론에 공헌했다고 하여 CSR 적극론의 입장에 서 있다.

4) 모리모토(1994)는 CSR의 정의에 CSR이란

기업이 자발적으로 환경주체의 여러 종류의 기대에 부응하는 동시에 행동결과를 적극적으로 공개함으로써 환경주체는 물론 사회전반의 이해와 지지를 획득해 제도로서의 존재를 완수하는 것이다. CSR의 본질은 자발적으로 이해관계자에 대한 기대에 부응해 정보공개를 실시함으로써 기업의 발전과 성장을 위한 기반인 정당성(행동이 사회에 수용되는 정도)을 획득하는 것이라고 했다.

또한, 기업의 정의를 경제적 급부의 생산을 하는 협동시스템이라고 하여 CSR의 내용을 경영경제시스템에서의 생산과 관련하여 생산이 전체적으로 기타규범에 적합해야 함은 물론(합법성), 생산되는 제품이나 서비스는 사회의 요청에 합치하는 안전하고 건전한 것이어야 한다(윤리성, 신뢰성, 안전성, 건전성).

모리모토(1994)는 CSR의 초점에 관해서 개별기업에 대해서는 그 기업시스템의 발전(기업→인적 기업→자본적 기업→제도적 기업)에 의해, 기업전체에 대해서는 환경상황의 역사적 변화에 가중되고 이것에 대한 책임의 초점은 순차적으로 새롭게 가중된 내용으로 변화해 간다고 지적하고 있다. 이것을 Maslow(1954)의 욕구5단계 구조설에 빗대 CSR의 "조직욕구계층"구조로 한다는 주장을 하고 있다.

CSR의 내용을 법적책임을 최저책임으로 하고 경제적 책임, 제도적 책임(윤리적 책임), 사회공헌의 네 가지로 분류하고, CSR는 기업의 성장에 따라 다차원화한다는 주장이다. 또, 모리모토(1994)는 이 CSR의 "조직욕구계층"구조에 대해서 책임의 단계가 다차원화할 때, 각 차원의 책임 그 자체도 점차 확대 및 다양화되어 책임의 질이 강화되는 것을 말하고 있다. 이것은 이해관계자로 부터의 기업에 대한 기대나 요망이 기업의 성장에 따라 단계적 확대 다양화됨에 따른 것이라고 하고 있다.

모리모토(1994)는 동시에 사회전략에 대해 언급하고 있으며 사회전략을 포함한 경영전략의 절대적 전제조건으로서 명확한 경영이념의 존재의 중요성을 기술하고 있다. 경영이념은 본업과 CSR를 나눈 이념을 가지는 것이 아니라 CSR를 포괄한 경영활동전반을 관철하는 이념이 아니면 안 된다고 하고 있다.기업의 CSR활동은 본업과 무관한 위치설정이 아니라 경영이념을 명확히 하고, 경영목표의 체계에 CSR의 내용을 도입해 경영전략의 일환으로서 사회전략을 책정해 적절한 집행체제를 통해서 그것을 실현화하는 것이라고 주장하고 있다.

이는 경제적 책임과 법적책임을 추궁하지 않은 채 본업과 동떨어진 사회공헌책임을 광고전략으로 도입해도 단 한번의 불상사로 기업의 정당성 획득을 손실하고 기업의 성장과 존속을 위태롭게 한다는 점을 지적하고 있다. 타니모토(2004)는 CSR를 기업활동의 프로세스에 사회적 공평성이나 환경에의 배려 등을 짜넣어 스테이크 호르다(주주, 종업원, 고객, 환경, 커뮤니티 등)에 대해 어카운터빌리티를 완수해 가는 것이다. 그 결과 경제적·사회적·환경적 퍼포먼스의 향상을 목표로 하는 것이라고 정의하고 있다

CSR의 내용으로서 법례(法例)준수나 불상사방지에 머무르지 않고 본업과 동떨어진 특별한 사회공헌활동을 가리키는 것이 아니라, 일상의 경영활동에 대한 기본방향 자체를 가리키고 있다. 또한 이해관계자의 요청을 이해하고 지지를 받고 신뢰받는 관계만들기의 중요성을 기술하고 있다. 타니모토(2004)의 정의에 따르면, 기업의 CSR활동은 경제적 퍼포먼스의 향상으로 이어진다고 하기 때문에, 기업의 존속으로 연결된다고 할 수 있다.

(2) CSR를 기업과 사회의 관계로

1) 기업경영활동의 사회적 공정성

■ 경영활동의 프로세스에 사회적 공정성

경영활동의 프로세스에 사회적 공정성이나 환경에 대한 배려를 도입하는 것은 CSR의 핵심부분으로서 기업이 사회나 환경에 대한 배려를 사업활동의 프로세스에 도입해 스테이크 호르다에 대한 어카운터 빌리티를 완수하는 것이라고 하고 있다.

■ 사회적 사업의 창조, 사회공헌활동

사회적 사업의 창조란 광의의 CSR로서 사회적 과제의 해결에 대해서 기업이 상품이나 서비스를 통해서 공헌하는 것으로 하고 있다.

■ 가치차원에서 파악할 수 있다고 말하고 있다

사회공헌활동이란 사업활동과의 연계에 의해 금전적 및 비금전적인 전략적 필랜스로피 활동으로서 코데즈 릴레이티드 마케팅을 예로 들고 있다.

2) 타니모토. CSR의 본질은

새로운 시장사회의 조류를 응시해 사회적 공평성이나 환경 · 인권 등의 배려를 근거로 한 기본적인 가치관(코어 · 밸류)을 베이스로 사업을 전개해 나가는 것이다. CSR를 가치관형 CSR 리스크대응형 CSR의 2개로 분류하고 있다.

■ 가치관형 CSR란

사회적으로 책임있는 기업으로서 스테이크 홀더에 대한 배려를 기업경영안에 적극적으로 도입하는 기업을 가리킨다. 이해 관계자로부터의 지지를 획득하는 것은 무형자산인 기업브랜드의 구축으로 이어진다고 하고 기업가치를 높여 가기 위해서는 CSR에 대한 대응이 중요시 된다고 말하고 있다.

■ 리스크 대응형 CSR란

사회화 등의 비판이나 압력을 최소화하기 위해서 현장의 업무레벨로 임하는 기업을 가리킨다. 대응하는 영역은 법적책임추궁이 중심이며 부서에 따라 대응이 다르다. 어느 타입이든 필요로 되는 것은 전략적으로 기업활동의 프로세스 안에 CSR를 평가해 경영의 질과 실적향상에 공헌해 나가는 비전을 가진 기업경영의 추진으로서 스테이크 홀더로부터의 지지획득을 위해서 전략적인 CSR대응의 필요성을 말하고 있다.

3) 이부키(2014). CSR 원년을 고비로

앞으로의 CSR의 과제로서

- 지금까지와 같이 지키는 자세가 아니라, 공격의 자세로 경영전략에 CSR의 요소를 적극적으로 도입해 자사의 발전에 불가결한 활동으로 자리매김하고 실천할 것
- 환경, 컴플리언스라는 개별영역에서의 부분최적에 빠져있기 때문에 전체최적을 확립할 것
- 경쟁력을 강화하기 위해서 필요한 전략성을 갖추는 것 등 세 가지를 기술하고 있다. 유럽선진기업에서는 CSR가 경영전략속에 편입되어 현장레벨까지 침투해 있어 비즈니스와 일체화되고 있는 점을 지적하고 있다.

4) 이부키(2014), 기업이 독자적인 CSR

기본방향을 고찰하는 틀로서 "전략적 CSR의 프레임"을 제시하고 있으며, 지키는 CSR, 공격의 CSR의 2축으로 3개의 영역으로 정리하고 있다.

■ 지키는 CSR

기업이 사회에 존재하고 기업활동을 영위하는 가운데, 사회에 마이너스의 영향이 미치지 않도록 예방하는, 혹은, 마이너스 영향을 미쳐 버리면 그 영향을 제로로 되돌리기 위해 대처하고 있다.

■ 공격적인 CSR란

기업이 사회에 존재해 기업활동을 영위하는 가운데 사회에 정(플러스)의 영향을 가져오는 것으로 정의되고 있다. 게다가 지킴이의 CSR과 공격의 CSR에는 각각 사업내의 영역과 사업외의 영역이 있는 것이 지적되고 있다. 보호 CSR에 규정되는 것으로서 ① 기업윤리·사회책임영역, ② 공격 CSR에 자리매김되는 사업외 활동으로서 ③ 투자적 사회공헌활동영역, 사업내 활동인 사업활동을 통한 사회혁신영역의 세 가지 영역이 있다고 하고 있다.

(3) 사업활동을 통한 사회혁신 세 가지 영역

1) 기업윤리 · 사회책임영역이란

기업이 사회에 존재하는 이상 그것만으로 기업에는 지켜야 할 법령이나 완수해야 할 책임이 있어 그것을 명확히 해 실행에 옮기는 방법을 강구할 필요가 있다고 하는 것이다. 이 영역을 소홀히 하면 불상사로 발전해 막대한 손실을 초래할 우려가 생기므로 기업의 대소에 관계없이 모든 기업에 요구되는 영역이다. 또, 사회책임에 관해서는 기업이 스테이크 홀더로부터 요구되는 책임은 다방면에 걸쳐 천차만별이기 때문에, 기업특성에 따라 책임의 범위를 결정할 필요가 있다고 하고 있다.

2) 투자적 사회공헌활동이란

기업의 사회성과 경제성을 양립시킬 수 있는 사회공헌활동이다. 이 영역은 지킴이 CSR에 대해 계속적으로 책임을 완수할 수 있는 구조를 정돈한 다음 이른단계에서 눈을 돌리는 것이 중요하다고 하고 있다. 우리나라에서는 사회공헌활동을 자선적으로 파악해 온 역사는 공세적인 CSR로서 투자적으로 파악해야 한다고 하고 있다.

사회공헌활동에 의해 초래되는 경영적 효과로서 매상과 이익확대, 기업이미지나 브랜드가치의 향상, 종업원의 복리후생 및 의식혁신, 비즈니스상 유리한 네트워크의 구축, 상품개발에 있어서의 사회의 안테나기능이 있다고 사회공헌활동은 반드시 단기적이고 재무에 대해 직접적으로 얻을 수 있는 효과뿐 아니라, 장기적이고 재무에 대해 간접적으로 얻을 수 있는 효과가 많으며, 중요한 것은 사회투자에 의해서 어떠한 사회적 가치, 어떠한 경영적 가치를 창출하고 있는가 하는 기업의 사고방식, 사상의 유무이다.

아울러, 선의적 사회공헌활동이 아닌 투자적 사회공헌활동을 사회에 투자로 했을 경우, 기업내 커뮤니케이션의 강화, 사회공헌활동의 미션의 재구축, 미션의 하향전개, 경영자원의 최적인 배분, 평가의 필요성이라고 하는 과제를 들고 있다.

3) 사업 내 활동인 사업활동을 통한 사회혁신 영역이란

사회성을 경쟁력의 원천으로 하여 사회성을 높인 사업활동을 함으로써 경쟁력을 더욱 높이는 활동이다. 투자적 사회공헌활동과의 차이는 CSR의 요소가 직접적인 비즈니스 모델로서 포함되어 그것이 타사와의 차별화로 이어져 경쟁력을 발휘하는 것이며, 어떤 사회공헌 프로그램을 전개하면 좋을지가 아니라 어떻게 비즈니스를 전개하면 좋은가 하는 사업전략 그 자체를 생각해 나가게 된다.

(4) 이부키(2014)는 CSR의 본질

1) 경쟁력 강화에 연결

- 기업자신이 주도권을 잡음으로써 경쟁력 강화에 연결해 간다는 주체적 대응
- CSR의 실천을 기업가치 향상에 연결한다는 공격적인 자세
- 일상의 업무 프로세스에 포함된 일상적인 대응 등 세 가지를 정의하고 있다. 또, 기업이 CSR 활동을 실시해 얻을 수 있는 효과로서 스테이크 홀더를 통해서 경영적 효과를 획득할 수 있다고 하고 있다.

2) CSR의 사례

■ **모리모토는 Carroll(2009)**

윤리적 책임(ethical responsibilities)을 사회적 제도로서의 기업이 기업시민으로서 법적책임을 넘어 자발적으로 수행해야 하는 책임이기 때문에 제도적 책임(institutional responsibilities)으로 대체하고 있다.

■ **코데즈 릴레이티드 마케팅이란**

사회적 과제의 해결을 위해 기업의 마케팅력을 활용하고 매출이나 브랜드의 향상도 동시에 목표로 하는 방법으로 정의하며, 1980년대의 American Express사에 의한 자유의 여신 수복캠페인 에이본사의 유암박멸캠페인 등을 예로 들고 있다.

■ **이부키(2014)에 따르면**

일본기업의 사회공헌활동의 역사적 변환은 1960년대 경제의 고도성장에 따라 공해나 안전의 문제가 부각되어 속죄의 의미로서의 이익환원을 해왔다. 1980년에는 기업의 글로벌화에 따라 좋은 기업시민으로서 지역사회에 대한 공헌의 의미로서 이익환원을 해 왔다. 1990년에는 경단련에 의한 1% 클럽, 기업메세나 협의회의 설립에 따라 필랜스로피 원년으로 불리며 대기업이 이익환원을 위한 전문부서를 설치하고 활동을 해 왔다.

일본정부는 중소기업정책에 대해서 결과평등에서 기회평등으로 시점변경하여 성장단계나 대응하는 사업활동에 따른 약점을 극복하고, 자사가 가진 강점을 살릴 수 있는 정책체계로 전환했다. 정책내용으로서 경영기반의 강화, 창업과 경영혁신을 향한 자구노력지원, 세이프티넷(safety net)

으로 하고 있지만, CSR에 대한 언급은 하고 있지 않다. 그 때문에 정부는 CSR에 관해서 기업의 자주성에 의한 대처라고 하는 인식이라고 말할 수 있다.

경영 성공포인트 ⑭

1. 성공의 밑거름이 되어줄 조력자를 찾아라

사업의 성공여부는 인재를 만나느냐 못만나느냐 갈림에 서있다. 매사는 재인이라 하였다. 적재적소(適材適所)에 인재기용(人材起用)하면 업무는 80%달성이란 말이 있다. 인재등용이 어렵다는 것이다. 훌륭한 인재를 조력자로 얻으면 당신의 성공을 10년이상 앞당길 수 있다. 사람을 볼 때 그 사람의 현재의 모습보다 그 사람의 잠재능력 미래의 가치를 보라.

2. 타고난 적성을 찾아 천직으로 삼아라

자신의 적성에 맞는 천직을 깨닫지 못하면 행복하기 어렵다. 인생의 최대의 비극은 많은 사람들이 자기가 진정으로 하고 싶은 일이 무엇인지 알지 못하고 있다는 것이다. 우리인간은 누구나 바닥을 알 수 없는 거대한 가능성을 가지고 태어났다. 그것을 이끌어 내는것이 천직이다. 억만장자가 되기위한 자격을 아는가? 그것이 천직에 종사하는 것이다.

참·고·문·헌

- 김동기(2007), 지속성장 가능한 회사가 되기 위한 필요조건, 고려대학교 경제인회 / 고우경제
- 신진교, 권구혁(1998), 계열사 성장단계와 통제 메카니즘간의 적합성이 계열사 성과에 미치는 영향, 한국인사조직학회
- 이인찬, 이광훈, 박성진, 김운호(1998), 벤처기업의 성장단계별 성공요인분석과 정책과제, 정보통신정책연구원
- 제조단계의 품질공학 田口玄-.著. 康奉譜 한국어판 감수. 번역 한국표준협회
- 新規事業開發の成功. 失敗の要因分析. 家庭用 ゲーム機事業への新規參入の事例 山形大學紀要(社會學科)第37卷 第2號 pp213 事業構想志向の社內企業家の存在
- TQC는 인간을 창조한다.(理想的人事管理를위한 科學的 어프로치)한국표준협회
- 소상공인 창업실패에 따른 효율적 개선방안에 관한 실증적 연구, 호서대학교, 2007. 지용하
- 소상공인 창업지원제도와 지역경제활성화 역량에 관한 연구, 경기대학교, 2003황면기
- 1A14. 技術係スタートアップ企業の成長 プロセスと Management 九州大經濟學部 柔鳥健 ビジネス學科(2003年3月)
- 벤처기업의 창업과 관리방안에 관한 연구, 2001 김인구, 우리나라 벤처기업의 성공요인과 시사점 : C사의 사례를 중심으로
- 신제품개발의 성공과 실패요인에 관한 연구 : 실패사례를 중심으로, 2001윤한극,
- 성공기업의 신제품개발전략/CCM(Career & creative management)崔淳哲 譯,
- 강원대학교 오형술교수. 건국대학교 성백서 교수. 서울산업대학교 2009년1월 김성민 교수 공동연구. 창조적 품질경영의 기능성에대한 탐색적연구
- 市場創造の重要性と重要課題としてのMIPコンセプト開發 2012.11.17. 梅澤'伸嘉 大會發表要旨. 深い洞察を持つた着想と果斷なる着手のみが
- 한국산업정보학회 논문집 제15권 제1호 2010.3 P 48, 임광혁 다품종 소량생산 공정을 위한 규칙기반 공정관리 시스템
- 산업경제연구 제10권 제1호. 1997/8.PP.212~213 .최원일.김상조. 기업규모를 고려한 신제품개발전략과 신제품 성과의 관계에 권한 연구
- 대한경영정보학화 경영정보연구 제28권 제1호 2009/3 PP.47~48 이재식 공급사슬관리의 핵심성공 요인과 추진유형이 기업의 경영성과에 미치는 영향
- 창업기업의 기업가정신과 혁신성과와의 관계 연구, 호서대학교, 2011.송재길 -
- 창업의지의 영향요인에 관한 실증연구, 호서대학교, 2009 유연호
- 창업의지 결정요인에 미치는 영향에 관한 한·중 비교연구, 숭실대학교, 2010 이기일
- 벤처기업의 현황 및 문제점을 통한 활성화 방안연구, 2006 박범용,

제8장

기업성공의 가치관과 변화의 방향

제1절 새로운 영역의 개척과 경쟁력
제2절 기업혁신의 지속성과 강소기업

용어 정리 ▶

- AISAS(Attention) 〉 (Interest) 〉 (Search) 〉 (Action) 〉 (Share) : 인지 · 흥미 · 검색 · 구매 · 공유
- STP(Segmentation) – (Targeting) – (Positioning) : 세분화 – 타켓선정 – 포지셔닝
- B2C(Business to Consumer) : 소비자에게 파는 것
- B2B(Business to Business): 기업에게 파는 것
- B2G(Business to Government) : 정부나 공공기관 등에 파는 것
- C2C(consumer to consumer) : 소비자와 소비자가 거래하는 것

제1절 새로운 영역의 개척과 경쟁력

1. 경제발전의 필수요소는 생산성 향상

(1) 경제발전의 필수요소

국가경제발전을 위해서는 중소기업이 생산성을 향상하고 성장하기 위한 방안을 검토한다. 중소기업은 기업수의 대부분을 차지해 고용의 약 70%를 지지하고 있어 경제의 기반이 되고 있다. 경제를 확대발전해 나가기 위해서는 중소기업이 성장해 나가기 위한 방책검토는 필수적이다. 중소기업의 경제활동이 더욱 확대되기 위한 노력은 지금까지도 관민이 함께 이루어져 왔지만, 그 효과는 아직 충분히 나타나지 못하고 있다.

최근에 와서는 중소기업을 중심으로 기업의 인력부족감이 강해지고 있으며 기업의 생산활동에도 영향을 미치고 있다. 이러한 상황을 해소해 나가기 위해서 중소기업이 요구되고 있는 것은 생산성 향상이다. 예를 들어, 노동생산성을 국제적으로 비교해 보면 반드시 중소기업에 특화된 것은 아니지만, 2015년에 한국은 OECD 회원국 35개국 중 22위를 이루고 있으며, 개선의 여지가 상당이 많이 있다고 보여진다. 그래서 본절에서는 기업 앙케이트나 히어링조사결과 등을 이용해 중소기업의 실태를 토대로 하여 중소기업이 생산성을 향상하고 성장해 나가기 위해서는 어떤 방책이 효과적인가?에 대해서 선행연구를 바탕으로 찾아보고자 한다.

(2) 생산성 향상을 위한 설비투자

많은 중소기업의 생산성 향상을 위한 새로운 방책을 연구검토하고 있다. 중소기업의 설비투자 스탠스를 보면 최근의 인공지능 등 데이터를 활용위한 움직임이 활발해지는 가운데에서 기업의 정보화투자와 스탠스는 과거 10년간 완만하게 계속되고 있으며 그 한편으로는 유지갱신만이 상승의 경향을 주고 있다. 기업의 실태를 보면 중소기업을 중심으로 일손부족을 실감하고 있다. 기업은 전체의 약 6할정도에 달하다. 기업이 생산성을 높여 일손부족도 해소해 가기 위해서는 정보화 자산에 대한 투자 또한 사람에 대한 투자를 늘려 개개인의 생산성을 높여가는 것이 빼놓을 수 없는 실정이다.

중소기업의 사례를 통해 투자에 적극적인 기업을 분석한 결과 정보화투자를 진행함과 동시에 인적투자를 중시하는 점이나 연구개발에서도 대학과의 공동연구를 실시하고 있다는 점, 기업확대에 인적 네트워크를 효과적으로 활용하고 있음을 알 수 있었다. 기업이 생산성을 높이기 위한 정보화투자나 연구개발투자는 사람투자나 조직에 대한 투자라고 하는 보완적인 투자를 수반함으로써 효과를 높여나가는 것이 연구성과와 함께 합리적이다. 생산성을 높이기 위한 수단으로 용도가 확대되고 있는 인공지능의 활용은 매우 유망해 보인다. 새로운 기술을 도입함과 동시에 인적자본도 높이고 생산성 향상으로 연결하는 기업의 도전이 기대된다.

(3) 기업의 현황 투자상황과 인력부족대비

1) 기업의 설비투자 스탠스

우선 법인기업 경기예측조사를 이용하여 기업의 설비투자 스탠스를 확인하였다. 본조사는 기업에 해당 연도의 설비투자에 대해 조사한 것인데, 선택응답은 국내유형 고정자산투자연구개발중 IT나 소프트웨어와 같은 정보화로의 대응 해외투자 등 투자항목들이 폭넓게 나타나고 있다.

중소기업의 설비투자 스탠스 조사결과를 보면 제조업에서는 생산(판매)능력확대가 간신히 상위권이지만 유지갱신도 높은 수준이다. 비제조업은 유지갱신응답이 가장 많고 게다가 해마다 증가추세에 있다. '유지갱신이 많은 이유에 대해서 작년에 실시한 점포개장의 반동에 의해 감소의 전망이라는 이처럼 전년도 투자의 반동때문이라는 응답이 많다. 투자의 불가역성이라는 성질도 있지만 투자가 지속적으로 이루어지지 않고 있다.

중소기업 가운데 정보화대응의 설비투자 스탠스는 제조업보다 비제조업쪽의 비율이 높다. 최근 인공지능 AIA(rtificial Intelligence)나 IoT(Internet of Things)를 비롯한 데이터를 보다 적극적으로 활용해 나가는 움직임이 급속히 확산되고 있다. 그러나, 정보화대응에 대한 기업의 설비투자 스탠스는 제조업·비제조업 모두 최근 10년 간은 저조한 경향에 있다.

중소기업에 한정하지는 않지만 기업의 특징으로서 업무효율화나 비용삭감의 관점에서 IT투자를 실시하는 경우가 많은 경향이 있다. 그 경향을 근거로 해 재차 생산력화, 합리화를 확인하면 역시 최근 몇 년 간은 감소경향에 있는 것을 알 수 있다. 게다가 연구개발 신규사업에의 진출, 해외투자의 설비투자 스탠스는 매우 약하다. 그 대신 유지갱신만이 상승세에 있다고 하는 상황이 되었다.

2) 정보화 투자와 관련

〈그림 8-1〉를 보면 일본기업들은 전반적으로 IT에 대한 기대감으로 '업무효율화 비용절감을 시도하고 있다'(그림 1번 오른쪽) 가 48.2%로 높은 반면 미국은 16.7%밖에 되지 않을까? 그 차이는 31.5%포인트, 일본기업 IT를 현저하게 '업무효율화 비용삭감'의 관점에서 파악하고 있음을 알 수 있다.

미국기업과 일본기업의 응답비율 차이가 다음으로 크다는 것으로서 '새로운 기술제품 서비스이용'(그림 8-1 왼쪽에서 4번째) 있으며, 미국기업은 26.9%인데 반해, 일본기업은 불과 1.2%밖에 없다(차이는 25.7% 포인트). 미국기업의 새로운 기술 및 제품, 서비스를 적극적으로 이용해 나가는 의식의 높이는 시대의 변화에 따른 인재에 대한 수요나 기업의 신진대사촉진에도 기여하고 있다고 생각된다. 뒤집어보면 일본기업은 미국기업이 가질 수 있는 이들 강점이 적을 가능성이 있다.

〈그림 8-2〉의 기업규모별 소프트웨어 투자액을 확인하면 제조업, 비제조업 모두 중소·중견기

그림 8-1 IT에 대한 기대(IT예산이 증가하는 이유에 관한 일·미 기업의 비교, %)

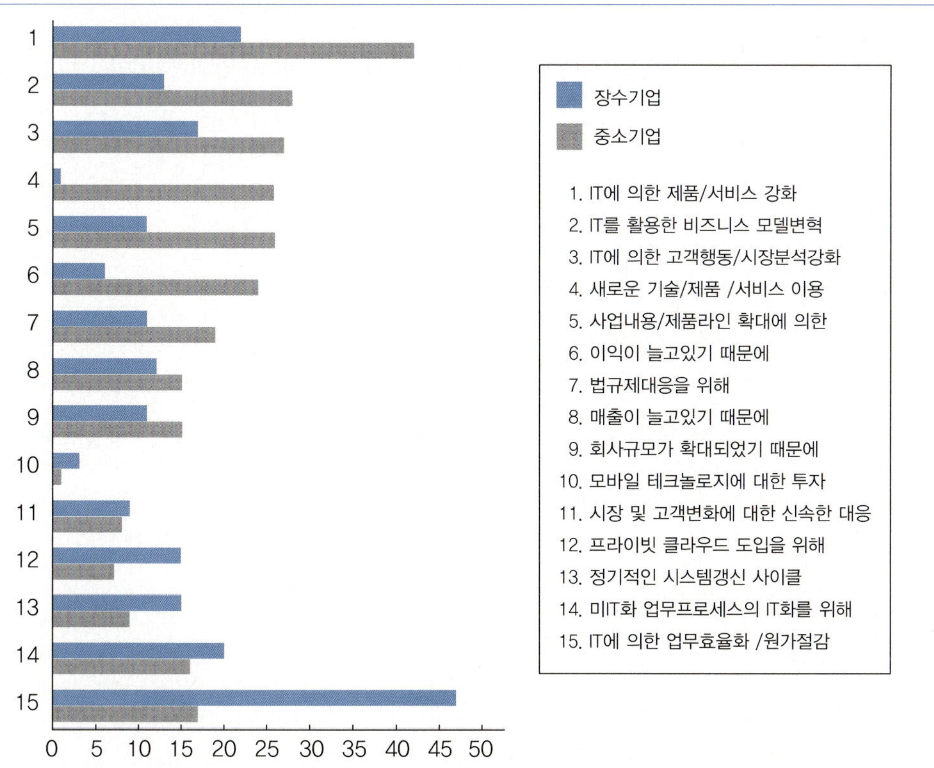

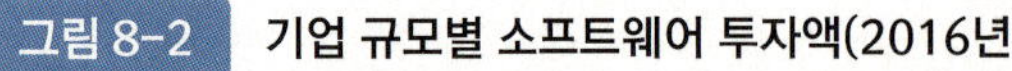
그림 8-2 기업 규모별 소프트웨어 투자액(2016년)

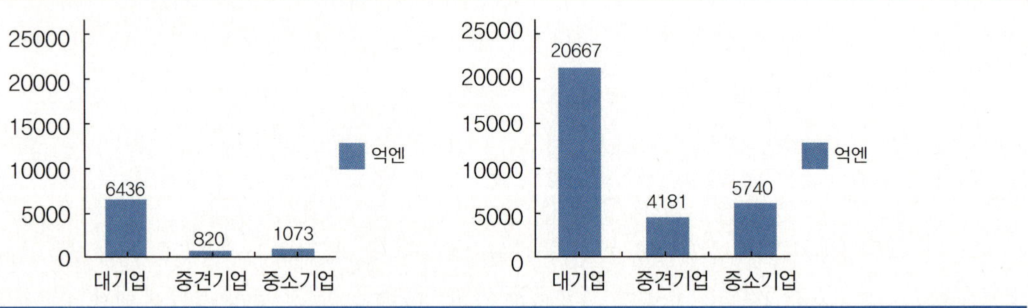

업의 소프트웨어 투자액이 매우 적은 것을 알 수 있다.

2. AI로 해결할 수 있는 영역확대

(1) ICT나 로봇 등을 활용하는 중소기업

앞으로 ICT나 로봇 등을 활용하는 중소기업을 중심으로 한 기업의 사례를 확인할 수 있다. 향후 더욱 중소기업의 생산성을 향상시키기 위한 수단으로 AI활용이 매우 유망하다. 마츠오(2017)는 심층학습(딥러닝; deep learning)기술의 AI인(눈을 가지는 기계)의 진전에 의해 지금까지의 기술로는 어려웠던 분야(경비 · 방범, 의료 · 간호, 가사 등)에서의 기계화·자동화가 가능해지고 있으며, 농업과 건설, 식품가공, 의료·간호, 제조를 시작으로 하는 다양한 산업분야에서 부가가치의 높은 제품을 만들 수 있다고 지적하고 있다.

하지만 애초에 AI를 어떻게 활용해야 할지 모르겠다면 기업은 AI를 도입하는 인센티브를 느끼기 어렵다. 실제로 AI를 활용하고 있는 일본 또는 한국기업은 아직 적다. 중소기업이라면 한층 더 AI의 활용에 이르기까지 시간이 필요하다고 생각된다.

AI를 활용하는 기업이 늘고 또한 중소기업에도 AI도입이 확산되기 위해서는 어떻게 해야 하나. 예를 들어 기업이 해결하고 싶다고 생각하고 있는 가까운 문제를 AI로 해결할 수 있다고 시도하다 보면 방법이 있을 것이다.

(2) 기업의 일손부족을 AI로 대체연구

많은 기업이 직면하는 과제인 일손부족의 해소는 AI를 도입하는 하나의 계기가 될 수 있다. 중소기업을 중심으로 하는 일손부족의 목소리를 업종별로 나눈 것이다. 여기에 마츠오(2016)가 지적하는 지금의 AI 심층학습(딥러닝; Deep Learning) 기술로 대응가능한 영역을 대응시키면 〈표 8-1〉 12 우측, AI가 일손이 부족하다는 기업의 과제해결에 직결되는 기술임을 알 수 있다.

그러나 AI에서의 인력부족 해소는 어디까지나 계기일 뿐이다. 기업에서 많이 볼수 있는 사람을 되도록이면 필요로 하지 않는 「생산력화 투자」라는 관점에서 투자를 실시하는 것이 아니라, 새로운 기술이나 서비스를 적극적으로 이용하는 것으로 기업의 생산성을 높이고, 부가가치를 창출하고 새로운 일자리를 만들기 위한 투자로 발전할 것으로 기대된다. AI활용의 지식과 기술의 필요성이 점차 드러나고 있다. 그렇기 때문에 사람에 대한 투자가 점점 더 중요해지고 있는 것이다.

AI가 도움이 되는 기술이라고 이해하지만 그래도 AI를 도입하는 데 주저하는 기업은 많을 것으로 보인다. 야나가와 아라이 오오우치(2016)는 「AI를 사용하지 않고 사람을 활용하고 있는 경우 당연하지만, 보다 효율적으로 AI를 활용하고 보다 저비용으로 생산이나 서비스제공을 실시하는 외국기업 등에 경쟁에서 낙오될 것이라고 지적하고 있다.

표 8-1 12개 기업의 인력부족 소리와 AI 활용가능영역

	일손부족의 소리기업의 애로	눈이 있는기계 심층학습의 AI
인쇄기계	일손부족에 의한 추가부담 결품발생	조립가공용 산업로버트
수송기계	제조직 및 품질관리부문 일손부족	조립가공용 산업로버트
목제품제조업	공장작업원 부족한 상태	조립가공용 산업로버트
정보통신기계	제조작업원 및 장치보수 · 점검사 부족감있다	일반수치데이터의 이상감시
조선	용접공 · 도장공 부족실정	기계에 의한 용접.수송
식료품	가공종사 인원부족 수산가공품 인재확보가 문제	가용성 영상판정
건설	현장의 종사자 채용시 건설작업 장가근속이 문제	기계에의한 세멘트고화
운수	최근부족실태를 가져온 트럭운전사와 일반작업자	자동조정 소형자동차
의료 복지	신규사업확대로 높은 이직율 간호사 부족	간호시설 · 독고노인견수기술
숙박	만성적 인원부족 특히 조리사부족	기계에 의한 조리
음식업	조리스탭과 호텔스탭도 부족기미	점포내행동의 최적화지원
소매업	점포에 근무하는 판매원 만성적으로 부족	점포내행동의 최적화지원

국내실정만을 보는 것이 아니라, 세계의 변화에 대한 신속한 대응을 의식해 가는 것이 기업의 규모에 관계없이 필요할 것이다. AI를 활용해 나가기 위해서는 마츠오(2017)도 지적했듯이 인재투자를 빼놓을 수 없다. 기술에 대한 투자와 사람에 대한 투자를 병행함으로서 생산성이 향상되는 것이다.

카플란(2016)은 "AI 기술을 단 하나 응용하는 것만으로 모든 것이 달라진다."라고 한다. 본절에서는 AI를 사용하는 계기로 많은 기업이 직면하고 있는 과제중 하나인 인력부족의 해소를 예로 들었다. AI는 이러한 기업의 과제해결 및 생산성 향상에 도움이 되는 것외에 AI사용법에 따라 사업의 영역은 확대해 나가게 되는 것이다.

(3) 종합정리

수익은 떨어지고 일손부족으로 인건비부담이 증가되는 기업은 혁신하지 못하면 기업은 지속적으로 이어가지 못할 것이다. 이는 인력의 부족함이 큰 중소기업뿐만 아니라 대기업에도 해당된다. 악순환을 끊는 것이 생산성을 향상시키기 위한 투자며, 이것은 기업의 장래성장을 위한 투자라고 할 수 있다. 생산성을 높이려면 정보화 투자 등을 비롯한 무형자산 투자가 필요하지만, 거기에는 사람투자 등과 같은 보완적인 투자가 수반되어야 한다.

기업이 이익을 올리고 일하는 사람의 임금이 상승하고 기업활동이 더욱 확대되어 가는 순환을 창출할 필요가 있다. 이러한 확대가 대기업뿐만 아니라 중소기업에서도 좀 더 멀리 볼 필요가 있다. 그러기 위해서는 새로운 기술을 적극적으로 도입하고, 인재양성을 위한 투자도 이어감으로써 인적자본을 높이고 생산성을 높여가는 것이 지금까지 이상으로 중소기업에도 요구되는 것이다.

도전하는 기업은 사람을 끌어당긴다. 개개인의 의욕을 기르고 가질 수 있는 능력을 발휘시킬 수 있는 기업은 생산성 향상을 기대할 수 있을 것이다. 도전의 축적이 기업의 성장의 원천이 될 수 있다. 중소기업은 보다 적극적으로 기동성 있게 도전해 나가야 생존과 번영을 가져올 것이다.

3. 고객관리유치 마케팅전략

(1) 고객만족

1) 생산자 시대에서 소비자 시대로

20세기 초반의 생산자의 시대에서 소비자의 시대로 넘어오면서 고객에 대한 개념은 기업의 가장 중요한 가치이자 자산이 되었다. 고객의 관리를 통해 기업은 수익을 창출하고 생존하고 성장할 수 있는 기반을 마련할 수 있기 때문이다. 생존과 수익, 성장을 성립시킬 수 있는 근거는 제품에 대한 품질과 서비스, 빠른 공급으로 이루어지는 공식이다. 이를 위해서는 경쟁업체보다 더 빠른정보와 더 많은 만족을 제공해야만 한다.

2) 고객만족(CS)의 대두

경쟁환경의 변화로 기업은 단기적 매출을 통해 이익을 확보하는 방식에서부터 고객만족을 추구하여 이익을 확보하는 방식으로 경영의 패러다임이 바뀌고 있다. 이는 기업이 원하는 고객과 장기적이고 지속적인 수익을 창출하고자 하는 데서 비롯된 것이다. 이와 같은 관점에서 고객만족은 현대기업들의 지상과제가 되었다고 해도 과언이 아니다. 따라서 기업들은 고객을 어떻게 만족시킬 것인가라는 중요한 이슈에 직면해 있다.

일반적으로 고객만족(Customer Satisfaction)은 고객의 제품 및 서비스의 구매로부터 시작되며, 구매한 제품이나 서비스에 대한 총체적인 경험이 자신의 사전기대수준에 부응했을 경우, 긍정적 반응을 거쳐 고객만족이라는 심리적 상태에 이르게 된다. 만족한 고객은 향후 해당 제품 및 서비스의 구매에 다시 긍정적인 영향을 미치게 되는데 이러한 선순환적인 흐름이 고객만족 이론의 핵심이라고 할 수 있다.

3) 시장의 다양성과 글로벌시대로

이제 기업의 시장은 국내에만 한정되지 않는다. 국경없는 글로벌시대로 들어서면서 모든 형태의 기업경쟁이 심화되고 있다. 이런 기업환경 속에서 고객만족을 실현할 수 없는 기업은 시장에서 퇴출당하는 위기를 맞이하게 될 것이다. 산업혁명을 통해 기업들이 기계화·근대화되면서 생산을 증대시키기 위한 많은 방법들이 쏟아져 나왔고 기업의 가치는 생산자에서 소비자로 변화되었다. 이런 환경에서 고객은 주도권을 가지고 상품선택의 자유와 폭을 넓혀가고 있다.

따라서 고객들은 그들에게 가장 많은 만족을 가져다 줄 수 있는 제품과 서비스를 구매하는 경향을 보이게 된다. 상품에 대한 품질과 서비스는 하루가 다르게 변화하고 있다. 더 빠른 주기의 기술개발, 더 저렴한 상품공급, 더 빠른 공급수단, 합리적인 유통과정 등은 소비자들이 손쉽게 그들이 원하는 상품을 수용하도록 도와준다. 따라서 오늘날의 고객들은 높은 교육수준과 인터넷 등을 이용한 풍부한 정보로 보다 우수한 품질과 서비스, 저렴한 가격을 요구하고 기업에 대한 기대수준도 높아지고 있다.

따라서 고객만족을 증진시키는 것은 이제 기업에게는 전사적인 과업으로 요구되고 있다. AMA(American Marketing Association)는 "고객만족은 고객의 니즈(Needs)에 의해 생겨난 기대를 충족시키거나 초과할 때에 발생하고, 반대로 기대에 못 미칠 때에는 불만족이 발생한다."라고 정의했다. 따라서 고객만족이란 고객이 지각된 제품과 기대를 비교하였을 때 유발되는 고객의 느낌이라고 정의할 수 있다.

■ 고객은 다양한 수준의 만족을 경험할 수 있다

첫째, 제품의 품질이 기대에 못 미치면 고객은 불만족한다.

둘째, 제품의 품질이 기대와 일치하면 고객은 만족한다.

셋째, 제품의 품질이 기대를 초과하면 고객은 대단히 만족한다.

(2) 고객만족(CS)전략

고객만족을 제고함에 있어서 기업은 그들의 기대를 만족하는 수준에 머무르기 보다는 대단히 만족하고 충분히 감격시키는 데 목표를 두어야 한다. 고객만족을 통해서 기존고객의 이탈을 방지할 수 있고 예상고객의 자사로의 구매전환을 유도시킬 수 있으며, 이는 곧 기업의 수익성으로 이어진다. 21세기를 디지털시대라고 하지만 고객만족은 긍정적인 구전커뮤니케이션을 통해서 궁극적으로는 시장점유율의 증가를 초래한다. 인터넷을 통한 확산은 무시할 수 없는 촉진수단이다.

또한 만족한 고객의 증가는 고객들로 하여금 제품과 서비스에 대한 가격에 덜 민감하게 만들며, 경쟁업체에 비해 마케팅관련 비용을 감소시키고 경쟁업체들의 마케팅관련 비용을 증가시킨다. 가장 중요한 초점은 충성도가 높은 고객을 창출한다는 것인데, 이는 더 이상의 많은 추가비용을 들이지 않고도 자사의 제품을 계속적으로 공급할 수 있는 효과적인 수단이 된다.

고객만족전략(customer satisfaction strategy)은 크게 공격적 전략과 방어적 전략으로 구분된다.

앞에서 열거한 것처럼 고객만족전략은 공격적이라기보다는 방어적인 성격이 짙다. 따라서 고객만족전략은 기존고객들을 유지하는 데 그 초점을 맞추고 있다. 새로운 고객을 창출하는 데 드는 비용은 기존의 고객을 유지시키는 데 드는 비용보다 다섯배나 더 많음을 고려할 때, 충성도 높은 고객의 유지는 기업의 생존을 위해 필수적인 요건이 된다.

(3) 기존고객유지를 위한 전략

1) 고객과의 관계성

새로운 고객을 창출하는 데 드는 비용은 기존고객을 유지하는 데 드는 비용에 비해 다섯배나 많은 비용이 요구된다. 따라서 새로운 고객을 창출하고자 하는 공격적 전략은 기존고객을 유지시키고자 하는 방어적 전략보다 훨씬 많은 비용을 요구한다. 따라서 기업으로서는 사활을 걸고 기존고객의 유지율을 최대한 높이도록 노력해야 한다. 인터넷의 발달은 고객들에 의한 구전효과를 놀랍도록 증대시켰다. 만족한 고객은 또 다른 만족한 고객을 창출시킨다는 것을 고려할 때 일회성의 거래보다는 꾸준한 고객관리가 필요하며, 이들과의 연과관계를 효과적으로 활용해야 한다.

2) 판매후 서비스활동

판매전의 활동보다는 판매후의 활동(postsale activity)에 더 많은 주의와 초점을 기울여야 한다. 새로운 고객을 창출하는 데 드는 비용이 다섯배나 더 많이 드는 것도 문제지만, 기존고객의 이탈률을 5% 줄이게 되면 기업의 수익을 적게는 25%에서 많게는 85%까지 증대시킬 수 있다는 조사결과가 있기 때문이다. 소비자로서는 귀찮은 면도 없지 않지만 국내의 여러 전자업체에서 애프터 서비스후에 몇 단계의 사후전화를 통해 고객서비스 만족도를 조사하는 것은 이러한 점을 고려한 사

그림 8-3 공격적 전략과 방어적 전략

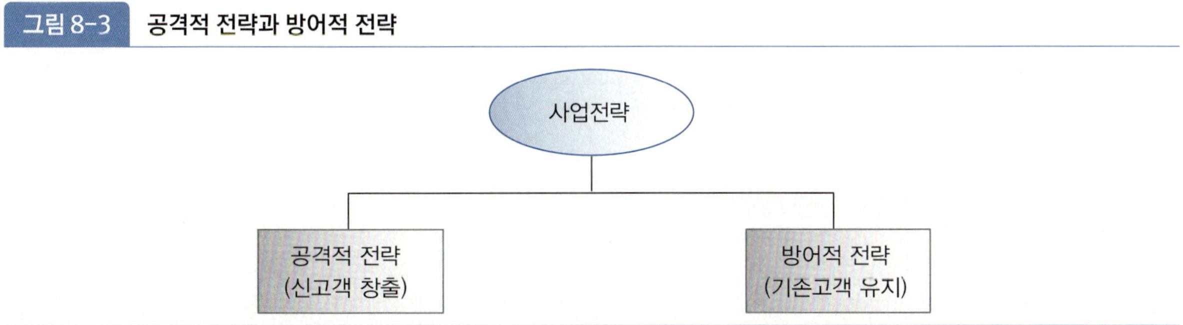

후 서비스활동으로 보여진다.

3) 효과적인 물류관리

이제 배달시스템의 관리는 기업의 수익에 큰 비중을 차지하는 중요한 사안이 되었다. 3S 1L(safety, surely, speedy, low price)은 수익을 향상시키기 위한 필수적인 조건이다. 고객들은 더 좋은 품질의 상품을 더 빠르고 안전하게, 저렴하게 공급받고 싶어한다. 따라서 생산업체 자체의 제품생산도 중요하지만 이후의 판매, 판매전후의 활동들을 합리적으로 연계하는 것은 기업의 가치를 향상시키는 가장 중요한 전략이 되었다.

4) 구매전환장벽의 구축

기존고객을 얼마나 유지하느냐는 곧 기업의 수익성과 직결된다. 기업이 효과적으로 구매전환장벽을 높게 구축할 수 있다면 기존고객의 이탈을 효과적으로 방지할 수 있다. 고객으로서는 타사의 제품으로 전환하는 데 드는 비용이 과도하게 발생한다거나, 정보를 수집하는 데 드는 비용이 발생한다거나, 기존업체로 부터의 계속적인 마일리지와 할인 등의 혜택이 유지된다면 쉽게 타사제품으로 전환하기 어렵다. 그러므로 기업은 계속적으로 구매전환장벽을 효과적으로 유지할 수 있는 다양한 전략들을 개발해야만 한다.

5) 2 : 8의 법칙

상위 20%의 고객이 수익의 80%를 창출한다는 말이 있다. 이는 기업으로서는 보다 많은 이익을 안겨줄 수 있는 로열티 고객에게 더 많은 서비스와 혜택을 제공해야함을 의미한다. 로열티 고객에 대한 더 많은 편의제공, 할인혜택, 부가적 서비스 등을 개발하여 이익적인 고객(profitable customers)을 더 많이 확보하고 유치하여 유지시켜야만 한다.

4. 원하는 관계형성과 마케팅기법

(1) 고객의 분류와 관계진화

인간관계와 마찬가지로 고객과 기업과의 관계도 시간이 지남에 따라 진화해 나간다. 이러한 관계의 진화정도에 따라 크게 잠재고객, 신규고객, 핵심고객 그리고 이탈고객으로 분류할 수 있다. 각각의 단계별로 고객들이 가지고 있는 욕구나 행동은 서로 다르다.

1) 잠재고객

이 단계는 엄밀한 의미에서 고객이라 할 수는 없다. 단지 잠재적인 가치를 가지고 있을 뿐이며, 기업은 그들이 장차 실제제품을 구매하는 고객이 되기를 기대할 뿐이다. 기업의 입장에서 이들에 대해 고려를 해야 할 부분은 바로 그들에게 어느 정도 수준의 가격을 제시하고 그들을 유치하기 위해 어느 정도의 노력을 기울여야 하는가라는 점이다. 예를 들어 애초에 그들에게 제품에 대한 너무 높은 기대를 심어주었을 경우, 실제 구매이후 실망할 가능성이 높으며 지속적인 고객유치가 힘들게 될 것이고, 반대의 경우에는 그들을 고객으로 유치하는 것 자체가 힘들어질 것이다.

2) 신규고객

잠재고객이 처음으로 구매를 하고나면 이들은 신규고객이 된다. 이러한 신규고객들은 매우 낮은 수준의 고객유지율이 보인다. 제품이 그들의 기대수준을 충족시켜주면 계속해서 구매할 것이다. 그렇지 못하다면 더 이상 제품을 구매하지 않을 것이다. 특히 소비재 등과 같이 구매주기가 짧은 제품의 경우 신규고객이 지속적으로 제품을 구매하도록 하는 것은 중요한 일이다.

그림 8-4 고객진화 가치곡선

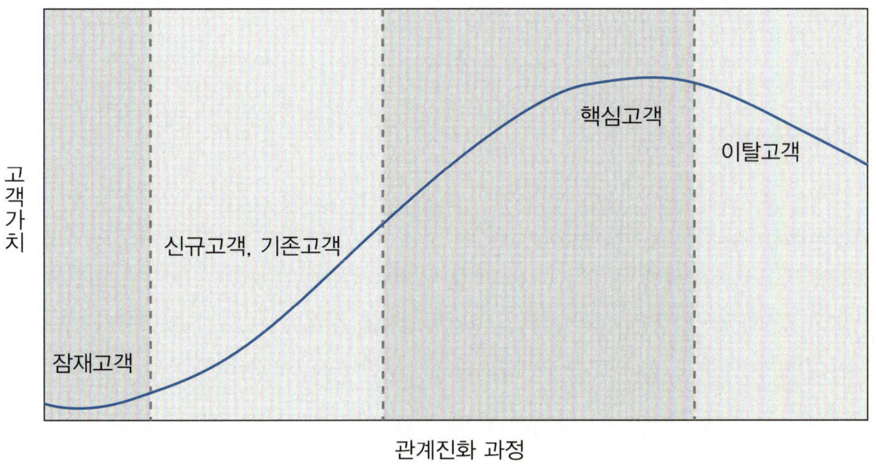

3) 기존고객

신규고객이 한 번 이상의 재구매를 한 경우 이들은 기존고객으로 분류할 수 있다. 이들은 신규고객보다 재구매를 할 가능성이 높으며, 자신들이 거래하는 기업에 대한 확신이 높아지면서 일인당 구매금액도 향상할 것이다.

4) 핵심고객

만일 기존고객이 규칙적으로 해당 제품을 구매하기 시작한다면 그들을 핵심고객이라 할 수 있다. 제품이나 서비스가 그들의 가치와 기대수준을 충족시키고 있다고 볼 수 있다. 만일 그들이 제품구매과정에서 여태까지 생각해 왔던 긍정적인 이미지가 무너질 정도로 문제상황이 자주발생하지 않는다면 그 고객과의 관계는 주기적으로 무리없이 이어져 나갈 것이다. 핵심고객들은 고객유지율과 일인당 구매액 모두 가장 높은 수준을 보인다. 이러한 고객들은 기업에 있어 매우 특별하고 소중하기 때문에 잘 관리되어야 한다.

5) 이탈고객

핵심고객들이 그들의 제품브랜드나 공급자를 바꾸려고 하는 경우가 있다. 새로운 경쟁제품이나 서비스의 출현, 고객 서비스상의 문제 등 여러 가지 원인이 있을 것이다. 일부 고객이탈의 발생원인이 기업외부에서 기인한 것이라면 고객이탈을 사전에 방지하기 힘들다. 그러나 만일 고객이탈을 유발한 원인이 내부적으로 해결할 수 있는 것들이라면 그러한 문제점을 개선하여 이탈고객을 다시 핵심고객으로 돌릴 수도 있을 것이다.

(2) 데이터 비즈니스

1) 데이터처리와 비즈니스 분석이란?

비즈니스 분석(business analytics)은 '기업이 이미 보유하고 있는 방대한 양의 데이터를 확인 및 평가해 데이터기반 의사결정에 활용하는 과정'을 말한다. 비즈니스 분석은 무슨 일이 일어났는지 알아보기 위해 숫자를 확인하는 것에서 한발 더 나아가 왜 그런 일이 일어났는지에 대한 통찰력을 제공하고 다음에 취할 기업의 조치를 알려주게 된다.

불과 몇 년 만에 데이터분석기술이 크게 향상되었다. 빅 데이터 채택은 2015년 17%에서 2018

년 59%로 증가해 42%라는 놀라운 증가세를 보였다. 그럼에도 불구하고 최근 설문조사에 따르면 많은 기업들은 이미 보유하고 있는 데이터를 제대로 활용하지 못하고 있다고 한다. 그럼 데이터를 분석하는 것 자체를 곧 비즈니스 분석을 말하는 것일까? 먼저 데이터분석과 비즈니스 분석의 개념부터 이해하여야 한다.

데이터분석(data analytics)은 데이터에 숨어 있는 유용한 패턴을 찾아서 의사소통하는 것이다. 데이터는 하나의 사건에 대한 기록이지만 대규모 데이터를 분석하거나, 또는 여러 데이터를 연관해서 분석하면 반복되어 나타나는 현상을 찾을 수 있다. 이를 패턴(pattern)이라고 한다. 패턴은 사건들의 인과관계를 알 수 있게 한다. 또한 패턴은 특정사건이 발생할 때 예상되는 미래의 사건을 알 수 있게 한다. 패턴을 찾게 되면 이를 비즈니스 관점에서 해석하고 비즈니스 의사결정에 반영하게 되는데 이러한 과정을 의사소통이라고 한다.

비즈니스 분석(Business Analytics)을 줄여 보통 BA라고도 하는데 비즈니스 분석이란 기업이나 조직에 존재하는 과거 데이터와 사례를 분석하여 어떤 이슈의 인과관계를 밝혀내고 향후 비즈니스 방향을 예측하고 의사결정을 내리는데 도움을 주는 기술이다.

비즈니스 분석은 'business'의 의미대로 특별히 기업 또는 공공기관의 경영활동에 이용되는 분석을 지칭한다. 비즈니스 분석은 데이터를 반복적으로 탐구하는 활동으로 과학적 조사방법론을 적용한다. 가설과 모형을 세우고 이를 검증하는 방식으로 분석하며 적용하는 방법론은 주로 통계기법을 사용한다.

반복적으로 탐구한다는 것은 분석이 일회성 작업을 의미하는 것이 아니라는 뜻이다. 원하는 결과를 얻어내는 접근이 아니라 분석을 거듭함에 따라서 분석모델의 설명력이 높아지는 접근이라는 뜻이다.

비즈니스 분석을 기업에 적용한다는 것은 기업의 경영의사결정을 데이터에 기반을 둔다는 의미이다. 즉 개인의 경험이나 직관이 아니라 데이터에 내재되어 있는 패턴을 찾아내고 이를 바탕으로 의사결정을 수행한다는 뜻이다. 데이터를 분석하여 의사결정에 도움이 되는 통찰을 발견하거나, 비즈니스 프로세스를 자동화 또는 최적화하는 것이 비즈니스 분석의 목표이다.

(3) 비즈니스 분석유형과 프로세스

1) 문제의 이해와 분석의 유형

분석을 하기전에 가장 주의해야 할 사실은 해결해야 할 문제를 이해하고 분석유형을 정확히 파악하는 것이다. 리크(Jeffery Leek)와 펭(Roger Peng)은 "당신의 데이터분석은 정확하십니까(Is this Data analysis correct)?"라는 연구를 통해 데이터분석에서 가장 빈번하게 실패하는 것은 문제의 유형을 제대로 이해하지 못한 상황에서 분석을 실시한다고 하였다. 그렇게 분석된 데이터들은 재생산되어 사용되고 있다는 것이다.

비즈니스 분석은 서술적 분석, 예측분석, 지시적 분석, 의사결정분석이라는 네 가지 유형이 있다. 먼저 서술적 분석은 실제 현상속에서 발생한 사건이나 자료를 수집하여 분석하는 것으로, 어떠한 현상이나 사건에 따라 "어떤 경우에 어땠다."라는 내용을 보여준다. 지난 사례를 이용하여 향후 유사사례에 대한 대응책을 세울 수 있는 것이다.

예측분석은 기존 데이터를 기반으로 미래에 대한 신뢰할 만한 가정을 도출하는 분석방법으로 "A라는 제품을 구매한 고객의 80%는 B라는 제품도 구매했다."라는 데이터를 가지고 "고객이 A라는 제품을 구매했으므로 경우 B를 구매할 할 것이다."라는 예측을 하는 것이다. 예측분석은 특정제품을 구매할 확률을 통해 비즈니스 활동결과를 예측하며, 이를 촉진하기 위한 마케팅전략 등을 수립할 수 있다.

지시적 분석은 최적화를 통해 복잡하고 전문적인 부분에 대한 대응을 지시하는 분석방법으로 복잡하여 예측이 힘들고 결정을 내리기 곤란한 상황에서 최적화를 통해서 최상의 방법을 얻을 수 있는 방안을 제시해 준다.

마지막으로 의사결정분석은 다수의 대안 또는 전략의 선택에 따른 결과를 분석하는 방법으로 어떤 결정을 내리기 힘들 경우 계량적, 통계적 기법을 이용하여 결정권자가 가진 선택사항과 이에 따른 결과를 예측해 준다.

2) 비즈니스 분석프로세스

비즈니스 분석프로세스는 비즈니스 니즈의 규정, 데이터탐색, 데이터분석, 예측, 최적화, 의사결정 및 성과측정, 시스템 업데이트라는 7단계로 구성되어 있다.

1단계는 비즈니스 니즈를 규정한다. 비즈니스의 이해관계를 파악하고 방향을 설정하는데 아직

그림 8-5 비즈니스 사이클

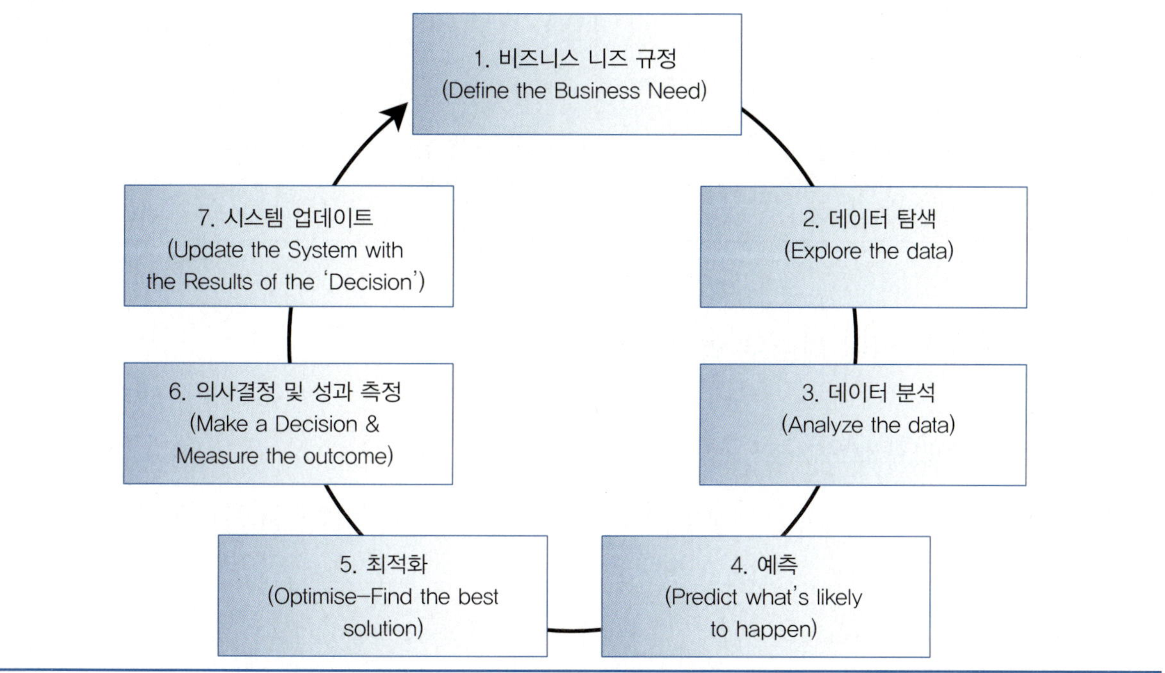

데이터에 관한 연구보다는 기업 내·외의 연구가 필요한 시점이다.

2단계는 비즈니스 니즈를 충족시킬만한 데이터를 찾는 단계로 기록된 데이터를 탐색한다. 기록된 데이터에서 불필요한 부분을 제거, 분리, 분류하고 선별하는 기술이 필요하다. 이 과정에서 불필요한 부분을 제거하고 분리하는 과정이 중요한데, 이는 잘못된 정보가 입력이 될 경우, 나쁜 의사결정을 하게 될 수도 있기 때문이다.

3단계는 데이터분석이 이루어지는데 비즈니스 분석에서는 고급분석기술이 요구된다. 이 단계에서 데이터의 가치를 창출해내는 작업이 이루어지기 때문에 조금 더 정교하게 데이터를 다듬는 단계라고 할 수 있다.

4단계는 미리 어떤 일이 일어나게 될지 예측하는 단계이고 5단계에서는 4단계에서의 예측을 기반으로 최적화시키는 단계로, 예측모델을 기반으로 최고의 솔루션을 창출하게 된다.

6단계는 의사결정 성과측정단계로 최종적으로 의사결정하고 이러한 의사결정에 따른 성과를 측정한다.

마지막으로 7단계인 시스템 업데이트 단계는 보완 및 피드백단계로 모든 과정을 마치고 보완과 피드백을 수행한다. 〈그림 8-6〉은 비즈니스 분석(BA)의 핵심프로세스를 간결하게 나타내고 있다.

그림 8-6 비즈니스 분석(Business Analytics)의 핵심

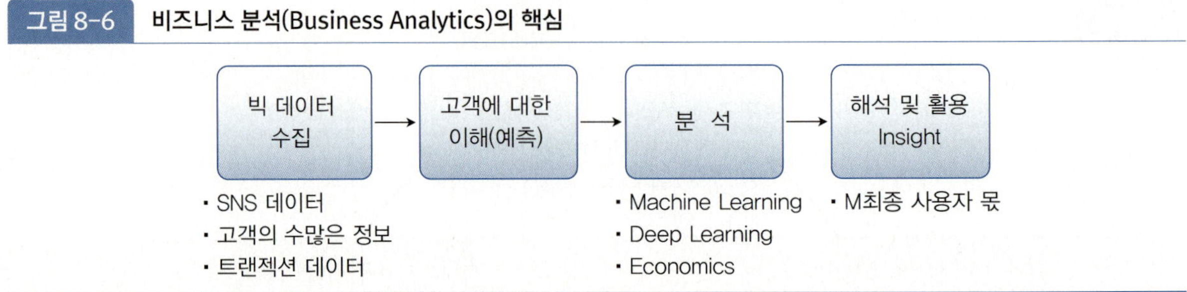

(4) 직원을 위한 새로운 역할을 만듭니다

1) 갈등관리와 협상기술

대부분의 마케팅조직에서는 관계부문에 대해 생각하거나 고객이 브랜드와 회사와 형성채권의 다양한 유형을 강화하거나 관리할 수 있는 조치를 취하는 것은 누구의 일도 아니다. 전문적인 갈등관리 및 협상기술을 가진 직원 : 적대관계가 일반적인 산업에서 기업은 반대 매니저의 사용을 고려해야 한다. 마스터 – 슬레이브 관계의 브랜드는 고객의 모든 욕구를 충족시킬 수 있는 잘 훈련된 안내인으로부터 혜택을 누릴 수 있다.

최고의 친구관계에 있는 회사인 할리 데이비슨(Harley–Davidson)에서 교훈을 받을 수 있다. 두 자리 수의 성장이 회사 20 년 이상 동안을 유지되는 전략의 일환으로, 할리회사와 소비자의 소셜 미디어의 상호작용 및 커뮤니케이션에 매우 미묘한 관계데이터의 분석팀을 설립했다. IT부서는 사회심리학, 임상심리학, 가족상담 등의 사회과학에서 교육을 받은 직원이 혜택을 누릴 수 있다. 이러한 개인은 더 나은 전통적으로 관리하고 내 CRM 데이터위탁 IT 분석가보다 데이터에서 의미를 도출하기 위해 설치되어 있다

스낵을 위한 Frito–Lay's entire marketing organization은 관계의 심리와 관계규칙과 신호의 현실에 사람들을 교육하기 위한 3일 교육프로그램을 경험한다. 따라서, 회사는 관계언어와 목표를 사용하여 통신자료를 재작성한다. 마찬가지로 아이슬란드 통신회사 Síminn는 회사의 관계지향적인 전략에 동참, 리셉션부터 소프트웨어 엔지니어까지 모든 직원을 돕기위해 18개월 프로그램을 구현하였다.

경영 성공포인트 ⑮

1. 현상보다 본질을 파악하라

성공하는 인물들은 겉으로 보이는 현상을 통해 본질을 파악하는 통찰력을 갖고 있다. 이렇듯 사물의 본질을 꿰뚫어 보고 사물의 변화를 읽을 수 있는 역량을 갖고 있다.

인성과 보편적인 행동의 특성을 연구하라, 주의사람들의 기호와 취미를 파악하라, 사람들은 일반적으로 자신이 좋아하는 것에 쉽게 매료되고 찬사를 보내며 싫어하는 일에는 부정적인 반응을 나타낸다. 사물의 변화와 규칙을 연구하라, 각 분야별로 내재되어있는 성공규칙을 파악하면 예지능력에 도움을 준다. 감정보다는 이성적으로 판단하는 습관을 길러라.

2. 유식한 바보가 되지 마라

아는 것이 힘이다. 지식만이 힘이라고 믿는 오류 – 행동을 통해서만 성과를 얻는다는 사실을 인식하고 산업에서 실리를 추구하여야 한다. 인생의 성공을 좌지우지하는 결정적인 요소는 지식이 아니라 행동이다. 누구든지 처세의 기본원칙과 적극적인 행동력을 갖고있다면 자신만의 독특한 인생경험을 쌓아가면서 성과물들을 만들어 낼 수 있다. 지식을 축척하는 것보다는 활용하는 방법을 아는 것이 중요하다는 사실의 인식이 필요하다. 적극적으로 행동하며 당신의 지식을 과감하게 활용하라.

제2절 기업혁신의 지속성과 강소기업

1. 경영이념과 기업의 지속성

(1) 경영이념과 기업운영

경영이념은 경영자가 기업운영에 대해서 품는 신조·이념·경영관을 가리킨다고 해도 좋을 것이다. 그것은 경영철학, 경영신념, 경영사상, 행동이념, 지도원리 등의 명칭으로 불린다. 경영자가 리더십을 발휘할 경영의 방향을 정하는 데 매우 중요한 역할이다. 경영자가 경영이념을 구성원에 침투시키기 위해서는 프로정신에 뒷받침된 리더십 함양과 그것을 기업내에서 발휘하기 위한 환경이 필수적이다.

1) 기업의 이념과 가치관

지속경영되는 장수기업의 상당수가 창업이후 경영이념(기업이념)을 들고 공통의 가치관 혹은 경영방침으로 그동안 경영을 해왔다. 모든 장수기업이 경영이념을 명문화된 것은 아니지만, 구전을 포함하고 장수기업에 공통적으로 보는 것은 양질저가, 신장을 중심으로 경영을 해오고 있는 것이다. 그런 경영에는 창업자의 경영이념, 경영철학과 같은 가르치고 교훈, 가훈이 경영지침이 되는 가치관의 양성, 정신적 지주가 되었기에 오늘까지 존재하는 것이다.

2) 공유가치창조(CSV)

마이클 포터(Porter, Michael E.)와 마크 크라머르(Kramer, Mark R.)는 Harvard Business Review(2006년 12월호)에서 사회적 과제에 대한 자사의 사업을 통해서 기업가치를 향상시키는 CSR의 수법으로서, CSV(Creating Shared Value) 공통의 가치창조을 제창한 그 다음 마이클 포터와 마크 크라머르는 Harvard Business Review(2011년 1월·2월 합병호)에서 CSV의 컨셉에 대해서 다루고 있다.

기업은 사회적 책임을 다하려 노력할 때 생산자와 소비자의 공통적 가치가 창조되는 것이

다.(Harvard Business Review, 2006./12호 기업의 자원)

3) 상인의 3면3미(商人三面三味)

그들의 개념보다 이전부터 내려오는 상인의 삼면 좋은(판매자 좋고, 사람 좋고, 세상 좋은)에 보듯이 사회의 정합성에 맞춘 경영을 실천하고, 그 경영에는 경영철학이 있음을 지적하고 싶다. 100년, 200년 이상이라는 장수기업은 일본에 왜 세계에서 가장 많은지 그 특징을 학습해야 할 일이 있다. 본절에서는 지속가능한 발전을 목표로 기업의 바탕을 이루는 경영자의 이념과 사회적 책임활동의 관계에 대해서 고찰한다. 구체적으로는 경영이념을 종업원과 공유하고 사회적 책임활동으로 경영실천하기 위한 규정, 그 특징을 밝히고자 한다.

(2) 경영자의 경영이념의 침투와 그 실천

1) 구체적 실천요강(實踐要綱)

- 경영이념에서 지속가능한 발전의 목적을 비추어 경영자가 시대의 요청에 맞추어 경영이념을 검토할 필요가 있다.
- 경영비전과 경영목표가 경영이념을 구현하기 때문에 경영비전과 경영목표를 구상하고 입안한다.
- 장기경영계획에서는 경영비전과 경영목표에서 장기경영계획을 경영자가 기업안팎에 위임한다, 경영자의 리더십에 의하여 조직전체에 침투한다.
- 경영실천, 경영자의 사업활동이 장기경영계획의 경영실천으로서 이루어지며, 기업의 사회적 책임활동이 경영실천동기의 하나로 집행된다.
- 중간관리는 기업의 사회적 책임활동을 도입한 경영실천이 중간관리에 조직학습을 통해서 침투한다.
- 종업원이 경영이념의 중간관리를 통해서 종업원에 침투하고 경영실천하는 것이 필요하다.

2) 경영자가 지속가능한 발전의 목표는 다음의 5가지를 들 수 있다

① 장기적으로 경영재무적인 기업가치향상에 매진하는 것

② 안팎의 법 및 그 정신을 준수하고 공정한 기업활동을 통해서 사회에 신뢰를 얻을 것

③ 그 실현을 위해서는 다양한 이해관계자와 상호관계를 구축하고 장기안정적인 성장을 이루

어 가는 것

④ 이를 위한 다양한 시책을 강구하여 자사에 적합한 코퍼레이트. 경영체제를 도모하는 것

⑤ 경영자는 이해관계자에게 특히 금융자본시장을 의식한 경영자의 사회적 책임을 다할 것

(Power of Human Relation 발행, blog.naver.com)

(3) 경영비전은 장기경영계획 구상에 필요하다

경영자는 자사의 기본방향을 구상하고 확고한 경영이념에서 경영비전이나 장기경영계획을 구상할 필요가 있다. 경영자의 경영이념은 조직을 통해서 기업전체가 일체가 되지 않으면 실효성이 없다. 경영자의 사리사욕이나 일방적인 리더십에서는 같은 방향을 향하고 경영을 추진하면 결과에 기대할 것은 없다. 경영자의 경영이념을 조직에 침투시키고 경영이념을 통한 사회적 책임활동을 실천하기 위한 지배력이 요구된다.

거기에서의 지배력은 이해관계자(주로, 주주)의 통치가 아니라 경영자가 성실한 기업 혹은 사회의 신뢰를 받는 기업을 목표로하려는 지배구조를 의미한다. 이러한 기업지배구조에서는 경영자의 경영비전과 경영목표를 명확히 하는 장기경영계획을 경영실천에 연계, 경영자의 사업활동을 중간관리, 종업원까지 책임경영을 실행중에 독자성이 필요하다. 여기에 경영자의 일방적인 리더십에서 경영실천이 이뤄지는 것이 아니라 경영자와 종업원이 경영이념을 공유한 쌍방향 관계위에서 경영자의 리더십을 통해서 경영실천이 이루어지는 데 특징이 있다.

경영자의 경영이념이 조직을 통해서 말단까지 침투하고 경영자와 종업원이 벡터를 맞춘 책임경영을 해나가기 위해서는 경영교육의 내실화가 불가결하다. 경영이념의 실천은 인재육성 그 자체에 직결된다고 지적할 수 있다. 기업의 인재육성은 기업내 대학 및 연수시설 등 하드웨어와 경영이념을 철저한 경영교육의 소프트면 모두가 필요하다. 그렇게 만들어진 기업풍토속에서 주인과 종업원이 커뮤니케이션을 거듭함으로써, 경영자와 종업원이 경영이념을 반영한 경영실천을 실시할 수 있다고 생각된다.

파나소닉은 마쓰시타 고노스케시절부터 이미 현대적인 사회적 책임에 통하는 경영을 해오고 있는 것이나 기업은 사회의 공기라는 창업자의 생각이 파나소닉그룹 전체에 면면히 계승되고 있는 점이 꼽힌다. 도요타 자동차에서는 기업이념에 기초한 경영을 행하고 있으며, 오늘의 기업은 사회적 책임이 전략적 사업으로 일상업무에 편입되고 실행하고 있는 점이 있으며, 캐논에서는 창업이래의 기업이념을 시대에 적응하고 새로운 가치관으로서 경영이념을 책정하고 그것을 바탕으로 사

회적 책임활동을 하고있는 점에 주목했기 때문이다.

발전지속되는 기업은 모두 창업이후 경영이념(혹은 기업이념)이 경영자와 종업원의 공통의 가치관이 되어 끊임없이 대화나 커뮤니케이션을 거듭, 확고한 경영이념 자체를 경영실천하고 있다.(창조적 품질경영 가능성연구 오형술,성백서 2009)

 경영자의 경영이념과 리더십

(1) 경영자의 경영이념

일반적으로 경영이념과는 경영자가 기업운영에 대해서 가지고 있는 신조·철학·경영관을 가리킨다고 해도 좋을 것이다. 그것은 경영철학, 경영신념, 경영사상, 행동이념, 지도원리 등으로 불리고 있다. 오쿠무라(1997)는 경영이념에 상당하는 명칭으로, 기업이념·사시·사훈·강령·경영방침·경영지침·기업목적·기업목표·기업사명·근본정신·신념·이상·비전·맹세 등을 목표로 하는 기업상, 사업의 비결, 사업영역, 행동지침, 행동기준을 말하고 있다.

광의의 경영이념으로서 경영자 조직체의 행동규범활동방침인 가치관 혹은 지도원리로서, 경영자 개인의 이념이나 철학에서 기업조직, 기업그룹의 이념과 미션까지 포함하고 있다. 여기에서는 경영자 개인이 품은 신조, 철학, 경영관을 의미한 경영이념으로 기업이념과 관련에서는 기업이념은 기업의 신조이며, 기업활동의 원점, 원동력, 최고기준이 될 것을 의미한다.

중국송대(中國 宋代)의 유학발전(儒學發展)의 시대배경을 정리한 선인의 이념과 정신과 가치관을 들면, 이시다 매암(1685년~1744년)석문 중국송대의 유학, 니노미야 타카노리(1787년~1856년)의 보덕사상, 시부사와 에이이치(1840년~1931년)의 이타의 정신, 도덕경제합일(윤리와 이익의 양립) 등이 있다.

마쓰시타 고노스케(1894년~1989년)의 기업은 사회의 공기, 토요다 키 이치로(1894년~1952년) 일본인의 머리와 팔로 자동차를 만들고, 리코 이치무라 키요시(1900년~1968년) 미요시 정신(사람을 사랑하는 나라를 사랑하고 직장을 사랑), 캐논의 공생, 삼자의 정신(자발·자치·자각) 등이 있다. 특히 창업자 또는 경영자에 대해서는 그 경영철학이 그룹기업이념으로 기업행동기준의 원점이 되고 있다.

경영자의 인품인 스스로의 경영이념은 구성원이 공유하고 실행하지 않으면 소용이 없어진다. 이것은 경영이념 자체가 기업의 벡터로서 반영해야 하는 것이다. 조직체의 구성원은 경영자와 같은 경영이념을 공유하고 같은 방향을 향하고 있는가가 중요하게 된다. 이를 위해서는 경영자가 명확한 경영이념을 갖고 있음을 전제로 된다. 그러한 의미에서 교세라 명예회장인 이나모리 가즈오는 그 경영이념에 대한 누구나 공감하는 보편성 있는 것이어야 한다고 말하고 있다. 아무리 뛰어난 경영자도 사리사욕을 종업원에게 강요하면 경영은 계속되지 않을 것이다. 아무리 성장했던 기업경영자의 경영이념에 이기주의가 너무 강하면 순식간에 붕괴할 우려가 있다고 지적했다.

이처럼 경영자의 경영이념은 사내외의 방향자체를 나타내고 있는 것이 발견된다. 경영자의 역할이 경영을 감독하는 입장과 경영을 집행하는 입장이 있다. 그러나, 경영자는 그러한 입장에 관계없이 종업원에게 무엇이 바르고, 무엇이 그른지를 나타내는 그 경영이념을 공유하는 것이 중요하다. 종업원이 경영이념을 공유하지 않으면 어떤제도도 기능하지 않음을 강조하고 싶다. 종업원 개개인에게 경영이념이 침투함으로써 종업원이 경영자와 같은 방향으로 종사하는 것이 중요하다. 기업활동의 근간인 경영이념이 필요하다, 그러한 경영이념에 따라서 누구나 납득하는 구조를 형성하는 것이 경영자들에게 요구하는 중요과제중의 하나이다.(품질관리와 경영, part8 blog.naver.com)

(2) 경영자의 리더십과 그 자질

경영자의 리더십에 대해서 선행연구안에서 정수기업의 논고를 중심으로 검토를 시도하였다. 시미즈에 따르면, 뛰어난 최고지도자의 능력에 관해서 조직의 목적을 달성하기 위해서 리더가 부하들에게 행사하는 대인영향력이다. 최고지도자는 환경변화에 대응하고 축(軸)을 기업가정신 혹은 관리자정신에 옮기는 것이라고 지적하고 있다. 경영자에게는 환경을 응변하는 능력이 리더십을 발휘하는 데 필요성을 느끼고 있다.

1) 능력요소에 대해서 시미즈는

- 최고지도자가 기업가적 태도로 장래구상의 구축·경영이념의 명확화를 실시할때는 통찰력, 비전, 결단력 등의 능력이 필요하다,
- 관리자적 태도로 집행관리를 실시할 때는 인간적 매력, 상대방의 입장에 서서 말을 생각하는 능력, 인성운용이 필요함을 보였다.

그러나, 최고지도자에게 "이들이 절대적인 것은 아니다."라고 시미즈는 언급하고 있다. 최고지도자로서도 업종, 형태, 규모 등에 따라서는 능력의 요소가 달라진다. 경영자의 절대적 조건을 보

이는 것이 아니라 다양한 능력을 가진 경영자가 있기를 의미한다.

예를 들면, 경영자에게는 폭넓은 경영지식과 인간적 매력이 불가피하더라도 회계나 재무, 기술에도 정통한 능력이 요구된다. 경영자의 자질로는 경영감각이 필요하다면 어떻게 습득해야 할지가 드러난다. 그러기 위해서는 몇배의 노력이 요구된다. 그 의미에서는 경영자의 리더십이 무엇인지 일반적으로 제시하는 것에 어려움을 드러낸다.(품질의 정의 특성분류. Blog.naver.com)

경영자의 몸짓에는 그 사람의 가진 인간성과 지성외에 리더십을 발휘하기 위한 경영자로서 자질이 매우 중요하게 된다. 구체적인 자질로는 창조성, 선견성, 비전, 판단력, 경영감각과 열정, 겸손 등을 갖추고 있는 인물이 요구될 것이다.

2) 현대의 경영자에게 중요한 자질 5가지

- 높은 윤리관과 가치관
- 뛰어난 판단력
- 용기있는 결단력
- 구상력과 선견성 · 감성
- 적응력

등 5가지를 꼽았다.

경영자의 리더십이 잘 적용되지 않는 것은 경영자자신의 인간성과 자질에 깊이 관련되어 있다 하겠다. 하지만, 경영자가 윤리관이나 도덕관과 지식이나 이론으로 알고 있어도 경영자 자신의 성격, 인간성까지 침투하지 않으면 소용없다. 그것을 경영자가 인식하고 경영의 프로패셔널로서 경영활동을 펼칠 필요가 있다. 오늘의 지배구조와 CSR에 관한 논의는 이런 경영자의 윤리관, 인간성의 실행이 중요하다 하겠다.

(3) 경영자의 경영이념의 침투와 경영실천

1) 경영자의 이념과 리더십

경영이념은 경영자가 리더십을 발휘할 경영의 방향을 정하는 데 매우 중요한 역할이다. 경영자가 경영이념을 구성원에 침투시키기 위해서는 프로정신에 뒷받침된 리더십함양과 그것을 기업내에서 발휘하기 위한 환경이 필수적이다. 그러나, 경영자 자신의 윤리관이나 도덕관이 부족하여 저질적 독선, 권위적 경영실태에서는 아무리 훌륭한 경영이념을 내걸고 있어도 경영은 오래가지 못한다. 경영자의 강한 감정을 일방적으로 종업원에 떠넘기는 것이 아니라 경영자의 경영이념과 조직전체가 서로 작용함이 중요하다.

교세라 필로소피는 경영자와 종업원이 공유하고 같은 방향으로 경영하는 것이 경영이념의 침투와 그 실천인 것이다. 도요타 자동차의 창업자인 토요다 키이치로 일본인의 머리와 팔로 자동차를 만든다는 이상은 도요타 자동차가 내세우는 인재육성의 이념인 것이다. 제조는 사람이 만드는 것으로 직결된다는 것이 토요타 키이치로의 이상적 신념이다. 아버지인 토요다 사키치의 사상이 영향을 주고 있지만 사람을 소중하게 여기지 않으면 공장을 포함하여 회사운영의 기능을 다하지 못하면 소비자의 신뢰를 얻지 못한다.

파나소닉의 창업자인 마쓰시타 고노스케의 "경영의 근간은 사람의 것" "물건을 만드는 전에 사람을 창조"라는 이념이다. 파나소닉은 2008년 10월 1일에 마쓰시타 전기산업에서 회사이름을 변경해도 마쓰시타 고노스케의 경영이념이 불변이라고 발표했다. 그 경영이념의 핵심을 이루는 "기업은 사회의 공기" "고객제일" "늘 새로운" "중지를 모은 전원경영"같은 생각은 파나소닉 그룹의 전 종업원에 면면히 계승되고 있다.

2) 모두 공통되고 있음은

- 어린시절에 받은 영향은 그 후의 경영이념에 반영하고 있음
- 경영이념을 종업원에게 말한다, 종업원을 소중히 하는 경영자와 종업원이 같은 방향을 향하고 나가려는 것
- 인재육성을 중요시하고 있어, 인간으로서 사회인으로서 훌륭한 인간임을 사명으로 한 교육훈련 간부연수 프로그램 등이 실시되고 있는 것이 꼽힌다. 이렇게 하고 조직체 구성원의 마음을 묶는 굳건한 것에 이어 갈 바탕으로 창업자의 신념인 경영이념의 실천을 엿볼 수 있다.(인간행복은 관계에서 온다. Blog.naver.com)

3. 강소 장수기업 지향적 품질경영

(1) 제품의 품질과 기업의 지속성

본절의 기술목적은 강소 장수기업으로 지향하는 품질영영은 어찌하여야 될것인가. 기존의 장수기업들은 품질영영을 어떻게 하여 기업이 장수할 수 있었던가? 제품의 품질은 사람이 만드는 것이기에 그 만드는 사람의 인적품격이 선행조건이라 할 것이다. 성공하는 사람은 생각이 다르다. 많은 장수기업들은 기업가정신에 입각하여 창조적 도전정신에 있었음을 알 수 있다. 창조적 도전정신은 행복추구의 근원에서 소생한다.

사람들의 삶은 행복추구에 있고 그의 실현은 인적품질에 이어 물적물질이 충족할 때 이루어진다 하겠다. 인간행복의 기본구성원은 각자의 일을 매개체로 사람들과의 수직적 관계와 수평적 관계를 이루면서 행복의 사회학적 기본구성원이 되어 살아간다. 이러한 사회관계에서 나타나는 사회적 상호작용이 원활할 때 인간은 행복하다.

삶에 있어 가장 중요한 것은 인간관계라 하겠다. 하버드대학에서 성공한 CEO를 대상으로 연구결과에 따르면 성공과 행복의 조건으로 직무능력이 15%, 인간관계가 85%라고 밝혔고 조지 베일런트 교수는 인생에서 가장 중요한 것은 다른 사람들과의 관계라는 사실이라고 하면서 인간관계의 힘(Power of Human Relation)을 강조했다.

사회환경과 더불어 기업환경도 급변되고 있다. 이러한 상황속에서 기업의 생존과 번영을 추구하는 수단은 생산제품과 더불어 모든 분야의 품질에 둘 수밖에 없다 하겠다. 이러기 때문에 기업들은 점점 다양하게 변화하는 고객요구에 부응하기 위하여 품질경영을 전략적 운영도구로 활용하고 있다.

기업들의 상품품질을 최우선시하는 것은 제조업뿐만 아니라 서비스유통업에 이르기까지 대중소기업을 불문하고 품질을 강조하여 변화는 시장에 대응력을 높이는 전략으로 고객만족으로 이어지는 수요창출과 재구매로 촉진되는 경쟁력 강화의 기법으로 품질관리의 도구들이 사용되고 있다.

기업경영에 있어서 품질은 기업의 사활에 관건한 문제로 전략적 무기로 활용되는 것은 규모와 업종을 떠나 모든 분야에 일반화되어 있지만 품질관리 도구의 활용시스템의 적용에는 명확한 수준을 진단하고 조직의 지속적인 개선방향을 제시한다는 측면에서 볼 때 시행상 많은 차이가 발생되고 있다.

이러한 문제점들의 관리상의 구도들을 기존에 제시된 품질관리모델의 단점을 보완하는 새로운 품질경영 성숙도(Quality Management Maturity: QMM)를 연구제시함으로서 문제점을 개선하여 산업의 품질운영관리 특성을 명확이 진단하고 기업의 발전방향을 설계할 수 있는 모델을 형성하고자 한다.

공정의 수행계획은 설계도면상에 주어진 정보나 모델을 이용하여 제조에 필요한 작업순서 및 치수(함량), 공차(성분)에 관한 상세한 정보를 제공하여 분리되어온 설계(시방)의 제조를 이어주는 교량적 역할을 하며 공정계획에서 주어진 결과인 작업순서에 따라 설계부품(약품) 치수(수량) 및 공차(성분)를 얻기위해 가공(합성)하는데 이때 가공품(완성품)의 경쟁력을 갖추기 위해 설계대로 함으로서 불량을 최소화한다.(창조적 품질경영 가능성 탐색연구, 2009. no.1. 성백서 김선민)

(2) 본장의 기술배경

품질경영의 궁극적인 성공은 인적자원 품질관리에 있는바 성공적인 삶을 위한 새로운 관계능력지수(NQ: Network Quotient)가 상호관계를 얼마나 원활하게 발전하며 잘 유지하고 운영하는가를 나타내는 지수로 무한경쟁시대에서 필요요소로 현대사회가 수평적 관계를 맺는 네트워크사회로 발전되는 과정의 소통은 품질경영의 기본요소라 하겠다.

품질경영의 성공은 구성원의 습관을 품질경영에 맞게 고치는 것이다. 감사함도 행복함도 습관에서 나온다. 훌륭함은 반복과 습관화로 이루어진 예술이라고 아리스토텔레스가 말했다. 그는 우리가 습관적으로 하는 일들이 우리가 어떤 사람인지(人的品質)를 결정한다. 경영학의 아버지 푸로페셜널의 저자 피터드러커도 목표달성능력은 하나의 습관이고 습관적인 능력들의 집합이라 말했다.

한국경제의 미래는 융합에 달려있다. 정부는 융합기술을 통한 창조산업육성을 국정과제로 제시하고 있다. 융합이라는 키워드는 창조경제의 핵심가치인 융합을 통해 중소기업을 상호보완하며 시너지효과를 만들어 내는 것으로 사람과 사람이 연결되고 기술과 물질이 결합되며 감성이 융합되는 새로운 품질의 미래 청사진의 실현은 정책과 사회의 수용능력이 좌우될 것이다

행복한 품질경영의 원활한 실천을 위해서는 인적, 물적의 품질의 조화와 사회적 환경이 뒷받침되었을때 가능한 결과치가 도출된다. 이러기 위해서는 인적품질이 선행되어야 물적품질로 이어저 고객만족을 가져올 것이다. 인적품질의 발원은 감사하는 태도에서 태동되며 이는 행복감을 높이고 관계발전에 금정적인 효과를 가져온다.

산업발전이 고도화되어 감에따라 기초화학에서 정밀화학쪽으로 방향이 선회함에 따라 기존의

기초화학제품의 수요는 줄어들어가며 정밀화학분야의 수요가 늘어나는 현상이 나타나고 있다. 이러한 수요에 대응하기 위해서는 기존제품을 고순도화하거나 품위를 조절하여 수요에 적응하여야 되는 환경적 변화가 도래하고 있다.

한편으로는 새로운 수요에 맞는 제품개발을 공급함으로써 수요만족을 주는 길이다. 제품개발이란 다양한 기술정보와 구체적인 필요차를 확보 못하면 시행착오로 오류를 범할 우려가 많아 세심한 주의를 요하는 것으로 제품개발의 복잡성은 수요제품의 복잡도에만 있는 것이 아니라 개발프로세스와 그 조직과 함께 존재한다.

개발프로세스에 있어서 어느 한부분만 최적화가 이루어진다고 하여 전체 프로세스가 완성되는 것이 아니므로 이러한 복잡한 개발프로젝트 환경에서 제품(Product), 공정(Process), 그리고 조직(People)이 3P 간의 유기적인 복잡한 관계를 하나의 문제를 다루는 시스템으로 운영의 효과를 얻을 수 있다.(김진훈.2007; Buede)

(3) 기업의 핵심역량은 경쟁력

기업의 핵심경쟁력은 마케팅, 디자인과 같은 영역에서의 경쟁자와의 차별화에 의해 발현되고, 이를 위한 기업의 혁신능력은 고객의 이해와 창의적인 사고에서 나타나게 된다. 기업들이 경쟁역량을 갖추기 위해 추진하여 온 품질경영도 이러한 경영환경의 변화에 따라 그 영역을 재정립하면서 발전하여 왔다. 다시 말하면 품질경영은 일반적으로 몇 가지 특징으로 구분되어 질 수 있는 발전단계를 거치면서 발전되었다.

품질경영의 태동기라고 할 수 있는 1930년대의 품질경영은 제품 및 프로세스에서의 품질검사를 통해 무결점 품질을 획득하는 것으로 인식되었으나, 1980년 후반에 등장한 종합적 품질경영의 개념은 고객의 관점에서 이해당사자의 욕구를 충족시키는 것보다 확대된 개념으로 해석되었다. 더 나아가 GE, 모토롤라, 삼성, LG와 같은 세계적 선도기업들은 보다 통제된 프로세스를 확립하고, 문제를 제거함으로써 높은 품질비용을 줄여 나가고자하는 방안으로 6 시그마를 적용하고 있다. 6 시그마는 기업에게 문제해결을 통한 개선을 제공할 수 있을 뿐만 아니라 기업조직이 이를 쉽게 받아들일 수 있다는 점에서 장점을 갖고 있다.

그런데, 최근의 경영환경변화로 인하여 6시그마 경영의 근본철학인 프로세스의 효율화를 통한 가격경쟁력의 재고만으로는 기업이 전 세계적인 경쟁에서 지속가능한 경쟁우위를 확보하는데 한계가 있다,

예를 들어, 모토롤라는 세계 최초로 무선전화기와 휴대폰의 개발 및 사업화에 성공한 회사지만, 계속되는 실적악화로 휴대폰 사업부를 2009년까지 분사하기로 결정하였다.

레인콤은 세계최초로 MP3 플레이어를 개발하여 사업화에 성공한 국내회사지만, 레인콤은 Apple사의 iPod 제품에 밀려 경쟁력을 잃어 버렸다.

본장의 초점은 이와 같이 세계 최초로 IT제품의 시장화에 성공한 기업들이 도태되어가는 이면에는 기업내의 지속적인 창조성의 유지와 개발이 미흡했던 것이 아닐까라는 관점에서 기존의 6시그마 접근법에 대한 확장개념으로 창조적 품질경영의 개념을 제시하는 데 있다. 본장에서는 6시그마 경영이 문제해결에 적합하지 않는 방안이라는 것을 강조하는 것이 아니라, 6시그마 경영이 창의적인 문제해결이 강조되는 경영환경에 적합한 방안인지, 만일 그렇다면 어떻게 경영이 적용되어야 하는 지를 제안하고자 하는 것이다.

이를 위해, 본절에서는 세계 최초로 시장화에 성공하여 시장을 선점하고서도 도태한 기업이나 제품의 사례와 애플이나 닌텐도 등의 성공사계가 주는 교훈을 살펴보면서, 기업사례들을 통해 창조성이 중시되는 경영환경에서 효율성만을 강조하는 6시그마 경영의 합리성 여부도 유연성 있게 고찰하여야 할 것이다.(건설프로젝트의 품질관리 인식도요인 개선방안, 성균관대 금명기 2002)

 품질경영

(1) Deming 품질경영철학의 핵심

1) 기업의 품질문화 조성

최고 경영자는 장기적인 품질목표를 세우고, 실천의지를 밝히고, 분위기조성을 이루고, 구호나 선전치중방식을 탈피하고 내적핵심의 철학을 가져야 한다.

2) 교육훈련

과감한 교육훈련투자 및 훈련프로그램의 개발을 실천함으로써 구성원의 공감된 품질필요의 가치관이 정립되어야 한다.

3) 구체적인 품질관리 실천

부품의 구매, 생산과정, 서비스 등에서 품질관리의 통계적 증거를 확보하여 팀워크를 효과적으로 활용하여 문제의 해결에 구체적 신속정확히 실천되어야 한다.

(2) Deming의 품질경영 14 포인트

① 단기간의 이윤추구보다는 장기목표를 달성하기 위하여 제품의 품질과 서비스의 향상, 자원의 분배에 대한 목적의 일관성을 유지하라

② 일반적으로 용인되는 생산지연, 실수, 불량품발생, 미숙련기술을 단호히 배격하고 기업의 경제적 안정을 도모하기 위한 획기적인 경영철학을 도입하라

③ 제조 및 구매기능을 수행할 때에 내재되어 있는 품질의 통계적 증거를 확보하도록 노력하여야 하며, 제품의 대량검사에 의존하지 않도록 한다.

④ 품질의 통계적 증거가 미약한 납품업자는 제외시킴으로써 동일부품에 관한 납품업자의 수를 줄여라. 가격경쟁만으로 납품업자를 선정하지마라

⑤ 지속적으로 공정을 향상시키기 위하여 시스템에서의 문제점을 계속적으로 발굴하여 부각시켜라

⑥ 종업원의 능력을 최대한 활용하기 위하여 근대적 교육기법을 도입하라

⑦ 종업원들이 일을 더 잘할 수 있도록 여건조성에 노력해라. 불량품, 정비의 필요성, 결함공구, 부적절한 운전조건, 품질에 나쁜 영향을 주는 사항 등에 관하여 종업원의 보고가 있을 때는 즉각적인 조치를 취하라

⑧ 조직내에서 일의 두려움을 없애고 좀 더 생산적으로 일할 수 있도록 효율적인 상호간의 의사소통방법을 가져라

⑨ 팀워크를 통하여 문제점을 해결하여 나가고, 연구, 설계, 판매, 생산 등의 여러 부서가 공동노력을 통하여 부서간의 장벽을 허물어라

⑩ 구체적인 방법의 제시없이 생산성을 높이라고 요구하는 수치적인 목표설정, 포스터, 구호 등을 맹목적으로 사용하지 마라

⑪ 품질과 생산성을 끊임없이 향상시키기 이하여 통계적 방법을 사용하고, 수치적인 목표를 할당하기 위한 인위적인 작업표준을 요구하지 말아라

⑫ 근로자들이 장인정신에 긍지를 가질 수 있도록 해 주고, 이와 같은 장인정신 함양에 장벽이

되는 모든 것을 제거하라

⑬ 재료, 방법, 제품설계, 기계 등의 변경에 적용할 수 있도록 적극적인 교육훈련프로그램을 실시하라

⑭ 품질과 생산성에 관한 최고경영자의 방침을 명백히 알리고, 이러한 방침을 실천하기 위한 의지를 확고히 천명하라

(3) Crosby의 품질향상 프로그램

각 기업의 기업풍토에 적합한 품질향상 프로그램이행이 필요하다.

■ Crosby의 품질 향상 14 단계

① 품질 중요성에 관한 최고 경영층의 결의표명할 것

② 품질향상팀의 구성

③ 현장의 품질측정과 문제점 파악

④ 품질비용이 평가로 품질원가 파악

⑤ 품질에 대한 중요성을 종업원에게 인식시킴

⑥ 종업원 스스로 문제점을 파악하여 시정조치를 취하도록 유도

⑦ 품질무결점 활동을 수행하기 위한 품질향상팀의 계획수립

⑧ 품질향상팀을 감독하는 감독자교육실시

⑨ 품질평가기준이 무결점임을 인식시키고 감독자와 종업원의 상호이해를 증진시키기 위하여 무결점일을 기념

⑩ 품질향상팀의 활동목표 설정

⑪ 원인추구와 과오원인의 제거

⑫ 품질향상 결과의 평가와 포상

⑬ 외부의 품질전문가와 내부.감독자들의 의견교환을 위한 품질자문위원회 개최

⑭ 앞의 13단계가 계속적으로 수행될 수 있도록 반복시행장치 마련할것

(4) 창조적 품질경영

1) 비즈니스 3.0

■ 4.0 산업혁명대비

롤프 얀센은 그의 저서 'Dream Society'에서 다음과 같이 주장을 하였다.

소비자가 제품을 구매하는 동기는 필요에 의한 것이 아니라 갖고 싶은 욕구때문이며, 미래의 기업은 소비자에게 차별화된 감성적 경험을 제공함으로써 가치를 창출한다."

이러한 주장에 더하여 그는 단순히 기술과 가격경쟁력만 신봉하는 기업이 만든 제품은 결코 월마트나 까르푸의 매장을 벗어날 수가 없을 것이라고 예견하고 있다. 이미 이러한 사실들을 증명하는 사례로 커피매장을 이야기가 있는 공간으로 만들고 하나의 라이프스타일로까지 승화시킨 스타벅스, 단순한 이동수단인 오토바이 모형과 꿈, 그리고 속도의 이야기를 담아낸 할리 데이비슨의 경우를 제시하고 있다. 이러한 사례를 통해 이야기를 전달하여야 한다고 주장하고 있다.

이들 사례들이 창조성과 관련이 있다는 것은 기존 비즈니스에 없던 새로운 개념을 도입한 것으로 그 결과가 현실 시스템에 매우 접합(내지는 유용)했다는 의미이다. 여기에 우리의 질문은 기존의 품질경영시스템은 창조성을 위해서는 포기되어야 하는 것인지, 아니면 이것을 확장하여 보완하면 기업이 원하는 창조성을 구현할 수 있는지가 매우 중요한 의미를 가지게 되며, 후자가 지지된다면 그 구체적인 방법은 어떻게 하면 될까에 대한 연구가 아주 중요한 의미를 갖게 될 것이다.

시장에서 고객이 가치를 부여하는 네 가지 제품속성은 가격, 품질, 반응시간, 다양성에 의하여 결정되어진다. 이러한 제품속성 중의 하나인 품질은 "고객용도에 적합성"으로 간단하게 정의할 수 있지만, 시대가 변하면서 품질이 내포하는 특성도 더욱 복합적으로 변하고 있다. 다구치(Taguchi)에 의한 품질손실 함수와 품질의 1:10:100 법칙이 알려지면서 최근에는 품질경영이 생산품질이나 사용품질보다도 설계품질을 더 중요하게 관리하는 방향에서 이루어지고 있다.

제품에 대한 소비자들의 이러한 요구속성의 변화에 따른 품질경영의 변천과정과 이에 따른 시장의 특징을 〈표 8-2〉에 정리하였다.

이러한 품질경영의 변천을 살펴보면, 분명한 것은 시간이 흐름에 따라 품질경영에 추가적인 새로운 요인이 포함되었다는 것이다. 이러한 새로운 요인들은 기존요인과 더불어 새로운 형태의 품질경영의 모습을 보여주고 있다. 특히, 비즈니스 3.0시대의 창조적 경영이 강조되는 환경에 직면하고 있으나 앞으로의 기업들은 4.0시대의 4차 형명시대를 대비하여 인공지능과 IoT의 설계를 구

표 8-2 품질경영의 변천과정

<table>
<tr><th>품질경영의 변천</th><th>SQC</th><th>TQC</th><th>TQM</th><th>6시그마 경영</th><th>창조적 품질경영</th></tr>
<tr><td>시장의 특징</td><td>수요≥공급</td><td colspan="2">수요〈 공급</td><td colspan="2">수요 ≪ 공급</td></tr>
<tr><td>시장의 주도권</td><td colspan="3">생산자</td><td colspan="2">소비자</td></tr>
<tr><td>생산방식</td><td colspan="4">대량생산</td><td>대량고객화</td></tr>
<tr><td>기업 경쟁력의 원천</td><td colspan="4">프로세스의 실행능력 : 효율, 효과</td><td>창조성</td></tr>
<tr><td rowspan="2">경쟁요인</td><td>가격</td><td>품질</td><td>서비스</td><td>스피드, 디자인</td><td>차별화</td></tr>
<tr><td colspan="2">생산품질(적합품질)</td><td>사용품질</td><td>설계품질</td><td>창조적 품질</td></tr>
<tr><td>소비자의 구매동기</td><td colspan="4">Need</td><td>Want</td></tr>
</table>

축해 나가는 미래지향적 구상을 실행하기 위해 창조성 경영과 창조적 인재가 절실하게 필요할 것이며 이러한 대비사항들이 기업장수의 초석(礎石)을 놓아가는 방도라 할 것이다.

전통적으로 심리학차원에서 창조성은 매우 다양하게 정의되나, 최근 사회심리학적 차원에서 하버드대 아미빌(Amabile) 교수가 제시한 창조성의 요소과정에 따라 이루어 나아가야 할 것이며 "창조성이란 새로운 무엇인가를 만들어내는 것으로서 과학적 관점에서의 창조적 결과물은 독창성과 적합성 두 가지의 특성을 가진다고 정의하고 있다. 기존의 품질경영이 시스템내의 문제해결을 위한 개선으로 비즈니스 3.0 시대에 바람직하고 적절한 개념으로 느껴지기도 하지만, 한편으로는 독창성과 적합성이란 두 단어의 조합이 양립할 수 없으며, 동시에 모순적인 개념을 융합하여 새로운 창조물로 간주될 수도 있다.

■ 품질의 창조성

창조성이란 새롭고 과거와는 다른것을 만들어 변화를 통한 혁신을 추구하지만 품질은 표준화, 낮은 변동, 체계화된 절차 등을 통한 개선이라는 의미를 지닌다. 그러므로 품질을 추구하는 기업은 점진적인 개선에 적합하고, 창조성을 추구하는 기업은 급진적이고 파괴적인 혁신에 적합하다고 판단할 수 있다. 그러나 창조성과 품질의 개념이 양립할 수도 있고 통합될 수 있으며, 비즈니스 3.0 시대의 새로운 경영방안으로 사용될 수 있음을 제안한다. 이를 위해, 효율성 제고에만 치중하는 6시그마 경영의 돌파구로서 효율성, 적합성, 독착성 모두를 제고하고자 하는 개념으로 창조적 품질경영을 제안하며 이를 위해 창조적 품질을 다음과 같이 정의하였다.

창조적 품질은 고객의 필요뿐만 아니라 욕구까지를 독창적이고 적합한 방법으로 충족시켜주는 것으로서, 제품(서비스)과 프로세스를 포함하는 비즈니스모델 차원에서의 창조적 품질을 달성하는 것이 창조적 품질경영이다.'즉, 창조적 품질경영은 그 안에 기존의 품질경영을 포함하면서 새로운 제품, 서비스, 비즈니스모델 혹은 절차와 프로세스에 관란 아이디어를 창출하고, 이를 도입하여 시장에서 고품질로 고객가치를 창출하는 프레임을 가진다. 창조적 품질은 미래고객을 위한 대비책이 준비와 노력을 요하는 것이다. 다가오는 4.0의 산업형명에 대비하여야 할 것이다.

(5) 품질경영의 목적

1) 품질을 통한 경쟁우위의 확보

어려운 기업환경을 극복하고 고객지향적 경영풍토를 조성하기 위하여 기업구성원이 의식개혁과 신바람을 통한 기술혁신, 품질우위를 달성하여 산업경쟁력을 확보하기 위한 것이다. 기업의 총체적인 질을 높이자는 품질운동(TQM)제품과 서비스의 품질뿐만 아니라 원가와 납기 등을 포함한 기업의 총체적인 시스템품질을 향상하기 위한 것이다.(칼리테스트 인증원ISO 13485인증 발행; m.blog.daum.net)

2) 품질의 분류

■ 목적품질

소비자의 기대품질로서 당연히 있어야 할 품질을 의미한다. 따라서 이것은 바로 그 제품에 대한 소비자의 요구라고 할 수 있다. 소비자의 요구를 정확하고 광범위하게 조사하고, 이것을 그 제품이 당연히 가지고 있어야 할 품질특성을 규정한 후 이것이 품질에 실현되도록 노력하는 목적의 필요성을 말한다.

■ 설계품질

설계품질은 발주자의 요구, 각종 규정, 사회적인 요구 등에 대한 검토를 통하여 지정된 건축물의 품질특성을 구제적인 산출물인 도면과 시방서 등으로 표현하고, 이를 시공자에게 전달하는 과정에서 달성된다.

■ 제조품질(적합품질)

제조품질은 적합품질 또는 합치품질이라고도 하며 실제로 제조된 품질특성 즉, 실현되는 품질을 의미한다. 현장의 품질관리는 제조품질을 설계품질에 합치시키기 위한 노력이라고도 말할 수 있으며, 제조품질이 설계품질의 허용공차를 벗어날 때 이것이 불량품이 되는 것이다. 제조품질의 적정

불량률은 총비용이 최저가 되는 불량률이다. 불량률의 변화는 총비용의 증가를 가져온다. 다만, 제조현장에서는 품질관리비용의 곡선을 변화시키면 총비용곡선이 변하여 불량의 감소와 동시에 총비용의 절약도 가져올 수 있어 품질향상과 원가절감을 동시에 달성할 수 있게 된다.

■ **시장품질**

제조품질과 설계품질이 합치된 합격품이 출하되어 소비자의 사용상태에 있는 동안 만족을 주는 품질을 말한다. 이러한 품질을 사용품질이라고도 한다. 특히, 시장품질은 물리적, 화학적 특성만이 아니라 가격, 소비자의 취향, 소득수준, 심리적 요인이 복합적으로 반영되기 때문에 최적품질 수준결정이 어려운 것도 이 때문이다. 시장품질을 높이기 위해서는 사용방법의 교육 등 서비스비용의 증액이 필요하다.

■ **제품 이외의 서비스품질**

제품을 직접 취급하지 않는 기업도 자사가 제공하는 서비스 등을 품질이라 생각하는 것이 현재의 추세이다. 제품(하드웨어)에 따르는 서비스(소프트웨어)도 결국은 전체적으로 기능을 제공하고 있는 것이다. 운송, 통신, 정보 등도 이것이 사용자에게 기능을 제공하는 것이므로 제품의 품질과 기본적으로 같다.

■ **시공품질**

시공품질은 설계단계에서 작성된 설계도면과 시방서를 전달받아 시공과정에서 지정된 품질기준에 어느 정도 일치하는 건축물을 구축(생산)해 내는가를 의미한다. 설계단계에서 설정된 설계품질을 달성하기 위하여 구체적인 공사달성의 목표로서 실제로 대응하는 품질목표가 확정되게되며, 품질목표를 달성하기 위하여 시공계획을 수립하고 이를 검토하는 과정을 포함하게 된다.(창조적 품질경영의 가능성 탐구, 오형술 · 김성민. 2009.)

(6) 품질관리

1) 관리의 사이클(Q.C.D.S.M)

관리란 목표를 설정하고 이를 능률적으로 달성하기 위한 모든 조직적인 활동을 말한다. 여기서 목표란 고객만족과 경제적 생산을 말하며 이는 품질(Q), 원가(C), 납기(D), 안전(S), 시기(M) 등의 종합적 관리를 통해서 가능하다. 관리는 일반적으로 계획 · 조직 · 지시 · 조정 · 통제로 구분하는데 품질관리는 주로 계획(plan), 실시(do), 검토(check), 조치(action)의 4단계로 말하고 관리의 사이

클 또는 그 첫 글자를 따라

2) PDCA 사이클이라 한다

- 계획(Plan) : 목표설정과 달성을 위한 계획수립 및 기준을 정한다.
- 실시(Do) : 설정된 계획을 실행한다.
- 확인(Check) : 실시한 결과를 측정하여 계획과 비교검토한다.
- 조치(Action) : 확인한 결과에 따라 조치를 취한다.

3) 데밍의 사이클

이것은 관리의 사이클에 품질의 문제를 적용한 것으로 데밍사이클이란 이름으로 우리에게 친숙하다.

- 설계 : 무엇을 만들것인가, 어떻게 만들것인가를 결정하는 단계로 품질표준서, 기술표준서, 작업표준서, 검사표준서 등이 작성된다.
- 제조 : 설계단계에서 결정된 방법에 따라 결정된대로의 상품을 만들어 내는 단계이다. 단지 만들어 놓기만 하는 것이 아니고 당연히 필요한 시험도 실시한다.
- 판매 : 제조단계에서 만든 상품을 시장에 매출하는 단계로서 고객에게 상품의 정보를 제공하는 것 또한 당연히 포함된다.
- 조사·서비스 : 매출한 상품이 시장에서 어떻게 평가되고 있는가, 또 그 품질이 사용자에게 만족하게 사용되고 있는가를 조사하고 충분히 만족할 수 있도록 하는 단계이다.

이렇게 네 가지 단계가 반복되어 가는 것이다. 특히 이 사이클은 "품질을 중시하는 관념" "품질에 대한 책임감"이라는 토대위를 굴러가기 때문에 계속 진보하고 발전함을 시사하고 있다.

경영 성공포인트 ⑯

1. 복잡한 문제를 단순화 시켜라

성공괴도(成功怪道)를 달리는 인물은 복잡한 문제를 단순화시키는 괴력을 가지고 있다. 그는 인생의 목표를 향하여 질주하기 때문에 사소한 일에 신경쓸 틈이 없다. 사소한 일로 정력과 시간을 낭비하지 아니 한다. 당신의 인생목표와 관련이 없는 일에는 신경을 쓰지말라 그리고 감정을 조절하는 법을 배워라 사업실패에서 좌절하는 것보다 사소한 일에서 망신당하였을 때 더 큰 분노를 느낄때가 많다.

2. 공익정신이 투철하면 세상을 얻는다

민심을 얻는 사람이 천하를 얻는다라는 말이 있다. 이 말은 어느 분야에서나 통하는 진리의 어구다. 크게 성공하는 인물은 대중의 이익을 위해 진심을 다한다. 기업이라면 기업의 기본사명감은 인류의 삶의 질을 향상시켜야 한다는 소명감을 가지고 기업을 경영하여야 한다. 항상 대중의 이익을 위한다는 사명감을 잊지 않았다면 그만큼 인생에서 성공을 거둘 것이다. 비록 부족함이 있다 하더라도 의로움과 관대함이 있다면 조력자를 얻어 성공할 수 있다.

- 經營戰略の重要性. C-Express 中小企業の經營戰略 編
- 國內市場の成熟化と市場開拓戰略 TOTO WAYの追求. 經濟論硏究 第143號
- 製品ライブサイクル段階戰略 2005年 經營戰略 J. SHINTAKU
- 自己變革を遂げて躍動する中小企業. 小規模事業者 第2部 2013 White Paper on Small and Medinm Enterprises in Japan
- 마케팅과 마케팅관리 철학, Peter Drucker 저
- 회수물류에서 물류자원, 물류능력, 성과의 관계, 경주대학교 부교수, 제1저자 조성원 산업경제연구 제25권 제2호 2012년 4월(pp.1513~1535)
- 인터넷 제휴 마케팅에 관한 연구- 아마존과 삼성물의 사례를 중심으로, 연세대학교 생활환경대학원 디자인정보시스템 전공 김 일 환 2001년 6월
- 기업의 마케팅제휴가 기업의 수익성에 미치는 영향에 관한 연구 -제휴의 강도와 기업 간 경쟁 정도의 상호작용효과를 중심으로, 연세대학교 대학원 경영학과 권계은 2008년 1월
- 成長期から成熟期に移動しつつある 美國IT ソフトウエア業界. 岩谷 賢伸 吉川 浩史 著 資本市場クオータリー 2008. Autumn pp 285-290
- 成熟企業の經營戰略(Management Innovation in Matured Firms) 加護野 忠男 Kobe University Repository; Kernel Create Date; 2017.08.30. pp 86-9
- ベンチャー企業, 老舗企業それぞれ 500 社を対象に, 日経リサーチが 1999年 11 月に実施した革新企業に関するアンケート調査. サンプル数は, ベンチャー企業 159 社, 老舗企業 51 社で, 製造業の回答が多い.
- 本谷るり「老舗企業とベンチャー企業一企業の存続戦略と成長戦略一」『経済論究 第 99 号』九州 大学大学院経済学会, 1997 年
- 服部静枝「第 10 章 中小企業の持続的経営」足立辰夫 編著『サステナビリティと 中小企業』同友館, 2013年にアンケート27 項目のうち主な質問と結果の 要点をまとめている.
- 横澤利昌「老舗(長寿)企業の研究(序論)」『アジア研究所紀要 第 35 号』亜細亜大学アジア研究所, 2009 年, p.288
- 『中小企業白書 2006 年版』の「開業年次別事業所の経過年数別生存率」より筆者が計算した.
- 2012년도 경성대학교 학술연구 지원에의한 연구(이상식 교수) 소셜커머스 성공을위한 품질기능전개(QFD)적용에관한 영구
- 2009년1월 강원대학교 오형술교수. 건국대학교 성백서교수. 서울산업대학교 김성민교수 공동연구. 창조적 품질경영의 기능성에 대한 탐색적연구
- 스마트시대의 서비스경영. James A Fitzsimmons. Mona J Fitzsimmons 저 서비스경영연구회. 역
- 품격경영 上下(상위1%를위한 글로벌 교섭문화 백서)신성대 지음 東文選 발행
- 품질최우선경영의해 박영택 지음, 한국표준협회미디어

참·고·문·헌

- Managing for Qualiity and Performance Excellence. James R. Evans William M. Lindsay.--- International Edition
- 제조단계의 품질공학 田口玄-.著. 康奉譜 한국어판 감수. 번역 한국표준협회
- 전사종합품질관리. TQC의 導入과 推進. 水野滋 지음 한국표준협회 번역
- TQC는 인간을 창조한다.(理想的人事管理를위한 科學的 어프로치)한국표준협회
- TQC 經營 竹原義郎 著 한국표준협회 編譯
- 창조적 품질경여의 가능성에대한 탐색적 연구. 오형술.성백서.김선민. 2009. vol.11. no.1. pp103-113
- 크레이머 교수 하버드 비즈니스 리뷰(Harvard Business Review 2006년 12월호 기업의 자원 전문성 동찰력
- 건설프로젝트의 품질관리인식도 및 요인별 개선방안 연구 성균관대 과학기술대학원 금명기 2002

제9장

4차 산업혁명과 사물인터넷

용어 정리

- IoT(Internet of Things) : 사물인터넷
- JEITA(Japan Electronics and Information Technology Industries Association) : 일본전자정보기술산업협회

제1절 제4차 산업혁명과 디지털 트랜스포메이션

1. 디지털 트랜스포메이션(digital transformation)

제4차 산업혁명과 디지털 트랜스포메이션은 서로 어떤 관련성이 있을까? 한 마디로 4차 산업혁명으로 인한 변화의 물결을 가르켜 디지털 트랜스포메이션이라는 용어로 표현하고 있다고 보면 된다. 디지털 트랜스포메이션이란 좁게는 기존 시스템을 디지털화하는 것부터 시작해서 넓게는 기업의 체질을 완전히 디지털화하는 것까지를 모두 포함하고 있는 개념이다.

디지털 트랜스포메이션은 우리말로 흔히 '디지털화' 또는'디지털전환'이라고 번역되며, 2004년 스웨덴 우메오대학의 에릭 스톨다만(Erik Stolteman) 교수가 'IT의 침투가 사람들의 생활을 모든 면에서 더욱 좋은 방향으로 변화시킨다'는 의미로 처음 제창한 개념이다. '제4차 산업혁명'이 기술적 변화에 따른 경제, 산업, 사회, 정치의 총체적 변화에 초점을 둔다면, 디지털 트랜스포메이션은 디지털패러다임에 따른 기업의 경영전략관점에서의 조직, 프로세스, 비즈니스 모델, 기업문화, 시스템 등 근본적 변화에 초점을 맞춘다.

기업들이 스마트공장을 통해서 방대한 데이터가 쌓이면 궁극적으로는 모든 기업은 '디지털화된' 기업으로 변신하게 될 것이다. 대표적 사례로 재너럴 일레트릭(GE)이다. GE는 '디지털 쌍둥이 공장플롯폼'을 구축했다. 가상의 디지털 공장안에 실제공장과 동일한 기계 등의 모형을 만들어 놓고, 시뮬레이션 과정에서 수집된 데이터를 분석하여 발생가능한 사고를 예측하고 있다. 우리주변에서 쉽게 발견할 수 있는 디지털 트랜스포메이션의 사례로는 스타벅스의 '사이렌 오더'를 들 수 있다. 스타벅스 모바일 앱을 통해 언제 어디서든지 사전주문과 결제가 가능함으로써 대기시간을 대폭줄였으며, 스타벅스는 이를 통해 고객의 취향 데이터를 수집하고 분석할 수 있게 되었다. 앞으로 전통적인 제조기업들도 디지털 트랜스포메이션을 통해서 IT기업을 선언하고 설 것이다.

일반인들에게 친숙한 음반시장도 디지털전환의 사례를 보여주는 좋은 사례중 하나이다. 프랑스의 대표적 지성이자 미래학자인 자크 아탈리(Jacques Attali)는 음악소비의 변화가 미래산업변화를 예측하는 가장 좋은 지표라고 말한다. 자크 아탈리는 지난 30년간 이 방법을 통해 실제산업과 사회의 변화를 잘 예측하면서 유명해진 인물이다. 실제로 1980년 이후 첨단과학이 반영된 제품의 제조기술은 음악이 선도해왔다. 음악을 듣기위해 다양한 IT제품들이 등장했다. 집집마다 오디오가 있었고 출퇴근길에서도 좋은 음질의 음악을 들을 수 있도록 워크맨이라는 혁신적인 제품이 등장했다. 자동차에서도 오디오시스템이 중요해졌다. 2000년대 본격적인 인터넷시대가 오기전까지 그야말로 제품의 전성시대였다. 소니가 세계최고의 기업으로 성장한 것도 음악자체도 카세트테이프나 CD같은 제품에 담겨 팔렸다.

그러다가 MP3 플레이어와 아이팟이 등장하면서 음악소비의 근간이 완전히 바뀌기 시작한다. 음악을 듣기 위한 제품은 여전히 필요했지만, 음악자체는 제품이 아닌 디지털 플랫폼을 통해 유통되기 시작한 것이다. 그리고 비즈니스의 플랫폼으로 스마트폰이 탄생한 지 10년만에 더 급격하게 옮겨갔다. 디지털 플랫폼에 기반한 음악소비가 보편화되면서 제품산업은 몰락한다. 샤프, 도시바, 제이브이씨(JVC), 산요와 같은 일본의 대표적 기업들도 사라지고 CD를 만드는 기업, CD 플레이어를 만드는 기업도 함께 사라진다.

VCR과 그 뒤를 이은 DVD도 사라진다. 어느새 미디어는 디지털 플랫폼을 통해 다운로드(스트리밍)해서 소비하는 것이 상식처럼 되어버렸다. 우리나라도 이미 음원매출이 음반매출보다 10배 이상 높다. 미국은 음원매출이 약 3배 정도 높다. 이제 전 세계적으로도 2018년을 기점으로 음원매출이 드디어 음반매출을 넘어섰다.

디지털전환도 각 단계별 진화과정을 거쳤다. 음반시장을 예로 들어 디지털전환에서 '디지털'이 무엇을 의미하는지를 보다 자세히 알아보자. 일반적으로 기업이 디지털전환을 수행하려면 1단계에서 디지타이제이션(Digitization)을, 2단계에서 디지털라이제이션(Digitalization)을 수행하는 과정을 거친다. 그리고 가장 마지막 3단계가 디지털전환(digital transformation)이다.

1단계 디지타이제이션은 기존의 아날로그 형태를 디지털정보로 바꾸는 것이다. 1980년대 음반

그림 9-1 디지타이제이션 vs 디지털라이제이션 vs 디지털 트랜스포메이션 비교

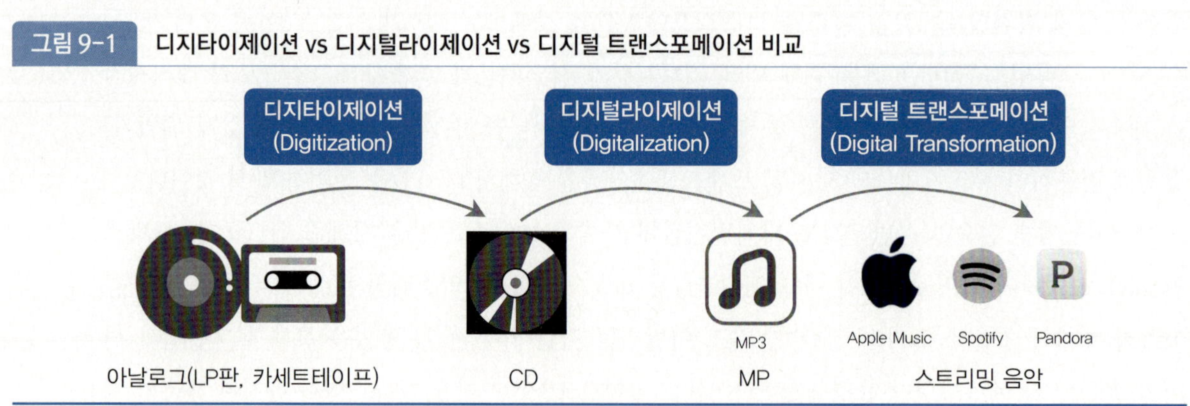

시장의 주류를 이루던 카세트로 녹음된 아날로그 기록이 0과 1로 디지털화되어 CD에 기록되는 과정을 말한다. 문자, 사진, 음성, 동영상을 처리하고 전송하는 일이 가능해졌다.

2단계 디지털 라이제이션은 디지털화 기술과 정보를 이용해서 기존의 업무방식, 프로세스 등도 그에 맞게 바꾸고 혁신하는 것을 말한다. 2000년대에 접어들면서 아이튠스(iTunes)의 등장으로 음반시장의 패러다임이 CD에서 온라인 디지털산업으로 급격히 이동할 때 나타난 현상이다. 사물인터넷, 빅 데이터, 인공지능, 블록체인 등을 이용한 공장자동화가 여기에 해당된다.

3단계인 디지털전환은 디지털역량을 활용해 새로운 비즈니스 모델은 물론 과금방식, 제품과 서비스를 창출함으로써 궁극적으로 고객의 이용경험을 혁신하는 지속적인 프로세스를 말한다. 디지털전환은 음원의 '소유'라는 개념을 애플 뮤직처럼 스트리밍 방식의 '접속'으로 변화시켜 놓았다.

2. 디지털 트랜스포메이션의 제품과 서비스

(1) 모든 제품에 서비스 포함되어 있다

예전에 에어컨, 냉장고와 값비싼 가전제품의 경우 소비자는 서비스의 지속성과 유지가능성에 관심이 많다. 따라서 물건을 고를 때 가전회사가 제공하는 A/S도 매우 중요한 구매의사결정요인이

그림 9-2 업종별 유형제품 무형 서비스 비율

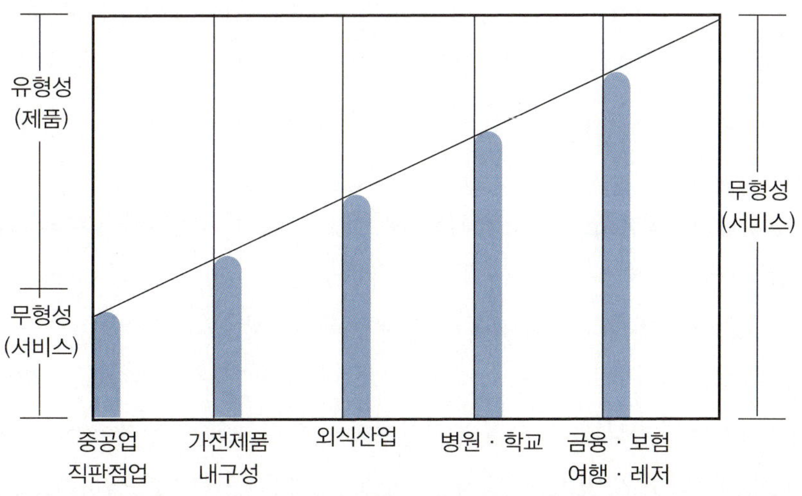

된다.

그래서 체계적인 A/S 네트워크를 보유하고 있는 가전회사는 타회사에 비해 차별화된 경쟁력을 가졌다. 특히 자동차와 같은 값비싼 물건일수록 제품의 품질보장은 그 진가를 발휘한다. 고객이 느끼는 가치는 원가 때문만이 아니기 때문이다. 제품의 계속적 사용에 대한 보장만으로도 제품의 가치는 올라간다. A/S의 네트워크도 그렇고 자동차의 리콜서비스의 보장도 마찬가지이다.

따라서 우리들이 제품을 구입한다는 것은 동시에 이에 관련된 무형의 서비스를 함께 구입하는 것으로 봐야하며, 이렇게 보면 모든 제품에는 서비스가 들어있는 셈이다. 다만 제품의 종류에 따라 유형부분(제품)과 무형부분(서비스)의 비율이 서로 다를 뿐이다.

(2) 제조업을 서비스화

디지털 트랜스포메이션(Digital Transformation)을 다른 말로 풀어보면 디지털기반이 아닌 업무를 디지털기반으로 전환하는 것을 의미한다. 그 주체는 기업, 금융기관 또는 기관이나 정부가 될 수 있다.

예를 들어, 주민등록등본의 발급업무가 주민센터 뿐만 아니라 개인이 정부민원포털에 접속하여 발급하도록 하고 있다. 이것은 주민등록등본 발급업무활동을 디지털로 전환한 것이다. 기업의 경우에는 기존 제품에 서비스를 추가하여 제공하는 경우나, 서비스에서 사람의 컨텍스트를 기반으로 제품화하는 경우가 존재하는데 이의 두 가지 경우를 통틀어, 제조업의 서비스화 즉 '서비타이제이션(Servitization)'이라고 부르기도 한다. 서비타이제이션이란 제품과 서비스의 융합을 통해 고객의 요구를 충족시키고 핵심역량강화를 통해 지속적인 경쟁력을 확보하기 위한 전략으로, '제품의 서비스화(Product Servitization)'와 '서비스의 제품화(Service Productization)'를 모두 포괄하는 개념이다. 예를 들어 제조사인 삼성전자가 삼성페이 서비스를 직접 제공하는 것이 그 사례가 될 수 있을 것이다.

최근 트렌드로서 제조산업의 스마트화를 꿈꾸는 4차 산업혁명이 부각되고 있으며, 시장에서의 경쟁우위확보와 제조업경기의 발전을 위해 어떤 형식으로든 디지털전환(Digital Transformation)과 서비타이제이션(Servitization)의 추진을 고민해야 하는 상황이다. 이것이 부가가치의 원동력이 되고 있기 때문이다.

과거 제조기업에 있어서 돈을 버는 부가가치의 원천은 제품의 생산이었다. 그러나 오늘날에는 제품생산에서보다 연구개발(R&D), 디자인, 마케팅, 애프터서비스 등의 서비스기능에서 상대적으

그림 9-3 스마일 커브개념도

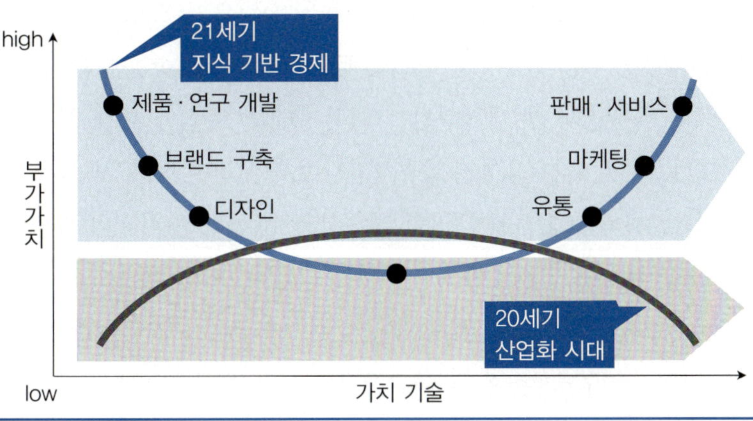

로 더 높은 부가가치가 창출되고 있다. 기술평준화로 인해 제품자체의 차별화가 어려워진 실정에 맞춰 제조기업들이 제품과 서비스의 통합을 통해 새로운 가치를 창출하고 이를 통해 경쟁력을 강화해야 하는 것이다. 이러한 제조기업들의 변화된 비즈니스 모델이 제조업의 서비스 즉 '서비타이제이션'으로 나타나고 있는 것이다.

이렇게 보면 롤스로이스는 단순히 비행기엔진이라는 제품을 판매하는 회사가 아니다. 토탈케어서비스라는 서비스기반의 상품을 통해 각 엔진을 사용하는 시간을 판매하는 회사가 되었기 때문이다. 정기유지보수부터 종합관리까지 엔진운용과 성능을 보장하면서 고객에게 신뢰와 이익을 제공하는 회사가 되었다. 이러한 롤스로이스의 사례는 최근 제조업체에 나타나고 있는 변화를 여실히 보여준다.

제조업의 서비스화에 따른 제품과 서비스의 융합은 기업에게 제품과 서비스의 차별화, 수익창출 다변화, 고객충성심 제고, 환경문제해결 등의 장점을 제공하기에 수많은 기업들이 제조업의 서비스화에 노력하고 있는 것이다. 또한 제조업의 서비스화는 보다 높은 부가가치를 창출하는데 과거 제조기업의 가치사슬을 살펴보면 제품의 제조와 조립과정에서 많은 가치가 창출되었지만 지식기반의 경제사회인 21세기에는 연구개발, 유통, 서비스 등에서 더 많은 가치가 창출되고 있다. 따라서 스마일 커브(smile curve) 개념도는 기업의 비즈니스 모델이 서비스화로 이동해야 보다 많은 가치를 창출할 수 있다는 시각을 잘 보여주고 있다.

■ [사례연구] 롤스로이스, 고품질 항공기엔진, 토탈케어서비스로 날개를 달다

항공기엔진을 제조하는 롤스로이스(Rolls-Royce)에서는 기존에 항공기엔진 제조사들은 대부분의 제조업과 마찬가지로 엔진을 제작해 항공기 본체와 함께 항공기 운항사에 판매하는 것을 주된 목표로 사업을 운영했다. 즉 엔진에 문제가 생겨 유지/보수가 필요할 경우 항공기 운항사들은 건당, 부품당, 투입인력당 비용을 항공기 엔진업체들에 지급하며 항공기 엔진제조업체들은 서비스에 관여하지 않음으로 제품판매 후 발생하는 고객의 불편과 손실에 대해서는 단지 추가적인 이익을 얻는 기회로만 활용한 것이다. 고객인 항공사입장에서는 엔진이 고장나면 항공기운항이 중단되므로 막대한 피해가 발생하는 동시에 수리를 위해서도 추가로 큰 비용이 발생하므로 만족도가 매우 낮았다.

그런데 롤스로이스는 업계최초로 항공기 운항시간(Continuous Uptime)에 비례해 보수를 지급받는 방식으로 변경하였다. 이를 위해 엔진판매후 상시 항공기의 운항기록을 모니터링하고 이상여부를 점검하는 등 사전에 예방적인 조치를 취함으로써 서비스의 영역까지 업무영역을 확대해 고객만족도 및 고객사의 수익성과 자신의 수익성을 함께 달성할 수 있는 윈-윈 비즈니스 모델을 구축하게 되었다.

3. 디지털시대의 마케팅전략

(1) 디지털마케팅의 정의

위키피디아에 의하면 디지털마케팅의 정의는 "디지털마케팅(Digital Marketing)이란 인터넷을 기반으로 하는 장치를 통해 온라인광고로 소비자들에게 제품과 서비스를 알리고 판매하는 것이다. 웹 브라우저, 스마트폰, (콘솔)게임 등이 대표적인 인터넷기반 장치의 예이다. 기술이 발달하고 많은 장치와 기기들이 인터넷과 연결되면서 디지털마케팅의 잠재성이 점진적으로 실현되고 있는 추세이다."라고 설명한다.

이와 유사하게 매일경제는 디지털마케팅을 "기존 마케팅활동에서 장애요인으로 작용했던 시간, 공간의 장벽이 허물어지고 기업과 고객이 상호연결되어 가치를 만들어 가는 통합형 네트워크마케팅을 말한다. 구체적으로 디지털구폰, 팩스, 셀룰러 폰, 인터넷, e-mail 등 디지털기술을 응용한 제품이 이용되는 모든 상업적 활동이 이에 속한다. 이에 비해 인터넷마케팅은 인터넷을 기반으로 하는 상업적 활동으로 가리키는 것으로 디지털마케팅보다 협의의 의미로 사용된다"고 정의하고 있다.

즉, 디지털마케팅이란 한 마디로 인터넷마케팅, 온라인마케팅, 웹마케팅, SNS마케팅, 모바일마케팅 등 우리가 일상적으로 사용하는 여러 IT기술 기반마케팅을 모두 포괄하는 개념으로 볼 수 있다. 콘텐츠마케팅이나 소셜마케팅, 앱마케팅, 온라인마케팅 등 각종 디바이스와 플랫폼의 변화에 따라 생겨난 마케팅의 여러 분야를 모두 아울러 보는 광의의 프레임워크가 바로 디지털마케팅이다.

(2) 디지털화가 마케팅의 중심

백화점, 대형마트, 편의점, 온라인쇼핑몰 등 유통산업은 대전환기에 접어들었다. 온라인과 오프라인의 경계가 완전히 허물어졌기 때문이다. 스마트폰을 통해 언제 어디서나 손쉽게 정보를 탐색하는 세상이다. 여기에 가상현실, 간편결제, 물류혁신까지 그 변화는 가속화되고 있으며 현재 진행형이기도 하다.

이와 같은 변화의 중심축에는 기술과 디지털화가 자리잡고 있다. 그러나 본질은 고객경험이다. 한번 편리함을 경험한 사람들은 다시는 과거로 돌아가지 않는다. 서울에서 부산을 갈 때 스마트폰에서 기차표를 발권하는 사람의 삶의 질이 높을까, 아니면 기차표가 남아 있는지도 모른 채 서울역까지 가서 발권하는 사람의 삶의 질이 높을까? 기술은 소비자를 편리하게 해주고, 그 편리함에 익숙해진 소비자들은 다시는 과거의 불편함으로 돌아가지 않는다.

최근 소비자행동이 바뀌게 된 결정적 계기는 스마트폰과 소셜미디어의 출현이다. 집과 사무실, 지하철이나 버스에서도 스마트폰을 들여다보는 세상이 되었다. 소비자들은 스마트폰을 통해 품질에 대한 객관적 정보를 손쉽게 얻을 수 있게 되면서 TV나 신문에서 광고를 한다거나, 과거의 구매경험만으로는 더 이상 상품을 구매하지 않는다. 브랜드, 고객충성도, 포지셔닝 등에 대해 그간 소비자들이 가졌던 의존도가 확연히 줄어들었다. 한때 '삼성이 만들면 다르다'라는 광고카피가 있었다. 삼성이 만들었다는 이유만으로 무조건상품을 구매하던 시대에는 특정 브랜드를 선호했다. 하지만 스마트폰과 소셜미디어 상에서 언제든 상품의 품질을 평가하고 확인할 수 있게 되면서 브랜드와 고객충성도는 예전만큼 큰 영향을 끼치지 못한다.

스마트폰과 소셜미디어는 사람과 사람을 서로 연결시켜 주었다. 언제나 어디에서나 스마트폰으로 정보를 검색하고 서로 연결될 수 있는 시대가 되면서 사람들은 사람들과 대화하지 않고 스마트폰과 대화를 한다. 다양한 SNS상에서 친구끼리 대화방을 만드는가 하면 동창회, 모임 등의 대화도 모두 소셜미디어 안에서 이루어진다. 단순히 정보를 소비했던 사람들이 이제는 자신의 이야기를 생산하고, 생산된 정보를 소셜미디어에 올리는가 하면 '좋아요'와 '공유하기'형태로 친구들이나 지인들과 이야기함으로써 유통에도 참여한다.

사람들은 여전히 TV를 보고 신문을 읽지만 거기에 나오는 광고를 일방적으로 받아들이지는 않는다. 무엇인가 궁금하거나 제품구입에 정보가 필요하면 검색을 통해 정보를 수집하며, 페이스북이나 카카오톡같은 소셜미디어를 통해 다른 사람들에게 의견을 묻거나 댓글을 확인한다.

한때 '대륙의 실수'라고 불린 사오미가 대표적이다. 샤오미는 싸구려라는 중국산 제품의 인식을 바꿔놓았다. 소비자들은 '샤오미'라는 브랜드를 선호하지도, 고객충성도를 갖고있지는 않았다. 오로지 가성비, 즉 가격 대비 품질이 좋다는 평가와 '대륙의 실수'라는 별명이 붙으면서 불티나게 팔리기 시작했을 뿐이다. 페이스북과 블로그 등의 소셜미디어에는 샤오미에 대한 글들이 매일같이 쏟아졌다. 궁금증이 생긴 사람들은 검색으로 추가정보를 얻는 한편 네이버나 옥션, 쿠팡 등에서 구매후기를 확인했다. 그리고 빠르게 품질평가를 끝낸 소비자들은 망설임없이 구매를 시작했다.

이처럼 디지털로 무장한 소비자가 증가하면서 기업은 마케팅활동을 바꾸고 있다. 사람과 사람이 연결되고, 오프라인과 온라인이 연결되고, 기계와 기계가 연결되면서 데이터를 축적한 결과 이제는 소비자들의 행동과 구매패턴분석을 통해 더 효율적인 마케팅진행이 가능해졌다. 소비자에 의해서든 기업에 의해서든 디지털공간에 남겨지는 정형, 비정형데이터는 기하급수적으로 증가하기 마련이다. 마케팅 테크놀로지는 이제 인공지능과의 융합을 통해 컴퓨터 스스로 소비자들의 행동을 분석하고, 마케팅관련 주요사항들을 판단하고 결정하는 과학의 영역으로 진화한 것이다.

브랜드, 포지셔닝, 차별화 등 전통적인 마케팅개념에만 익숙했던 기업들은 이제 마케팅활동에 디지털 테크놀로지를 적극적으로 활용해야 하는 시대가 되었다.

이제 금융기관이나 기업들은 TV, 신문 등의 매스미디어나 블로그, 페이스북에 자기회사의 상품이 어떻게 소개될지를 염두에 두어야 할 뿐만 아니라 광고를 본 사람들이 어떤 키워드로 검색할지, 사람들 사이에서 어떻게 이야기될지 등도 신경써야 한다. 스마트폰을 이용해 실시간으로 정보를 탐색하는 시대에는 기존의 일방적 메시지전달이 아닌 쌍방 커뮤니케이션이 필요하다. 기업이 온라인을 중심으로 마케팅활동을 통합해야 하는 이유이다. 제품에 대한 정보를 찾고 구매를 결정하고 구매 후 경험을 공유하는 지금은 카카오톡, 네이버, 페이스북, 유투브 등이 지상파방송보다 더 큰 영향력을 미치고 있다. 좋은 상품을 만드는 것, 그 상품의 적절한 출시시기와 더불어 마케팅의 역할이 점점 커지고 있다. 상품의 기획단계부터 어떤 기능을 상품에 포함해야 하는지, 어떤 매체를 통해 커뮤니케이션을 할지, 어떻게 입소문을 낼지를 마케팅차원에서 고민해야 한다.

(3) 전통적 마케팅 vs 디지털마케팅

앞에서 공부했던 것처럼 마케팅은 단순한 판매촉진활동이 아니라 고객의 문제를 해결해주는 제품과 서비스를 개발하여 그 가치를 해당 고객에게 전달하는 것이다. 바꿔말하면 고객과 제품과 서비스 그리고 채널을 올바르게 연결해주는 활동이라 할 수 있다.

1) 마케팅 주요 구성요소

따라서 모든 기업은 타겟고객이 가진 문제나 불편함을 해소하고 욕구를 만족시키기 위해 제품을 개발하고 서비스를 제공한다. 제품과 서비스가 고객에게 어떠한 효용을 주느냐가 바로 핵심가치이며, 마케팅의 첫걸음은 이러한 소비자의 핵심가치를 충족시키는 제품과 서비스를 제공하는 것이다. 상품과 서비스의 핵심가치를 타겟고객에게 효과적으로 전달하려면 메시지를 발굴해야 하며, 이 때문에 마케팅 메시지를 다른 말로는 가치제안(Value Proposition)이라 부른다. 마케팅 메시지는 목적에 따라 타겟고객의 성향과 메시지의 깊이, 채널의 특성 등에 따라 TV나 라디오 CF, 신문과 잡지광고, 블로그, 보도자료, 가판대, 배너, 전광판 등 셀 수 없이 많은 종류와 형태를 갖고 있다. 제품의 핵심가치를 담은 메시지를 타겟고객에게 효과적으로 전달하면 마케팅의 기본목적이 달성된다. 기업은 제품과 서비스의 구매가능성이 높은 목표고객을 설정하여 마케팅을 전개한다.

그러면 목표고객에게 마케팅 메시지를 어떻게 전달할 수 있을까? 목표고객을 설정하면 목표고

그림 9-4 제품 서비스. 채널 고객 순환도

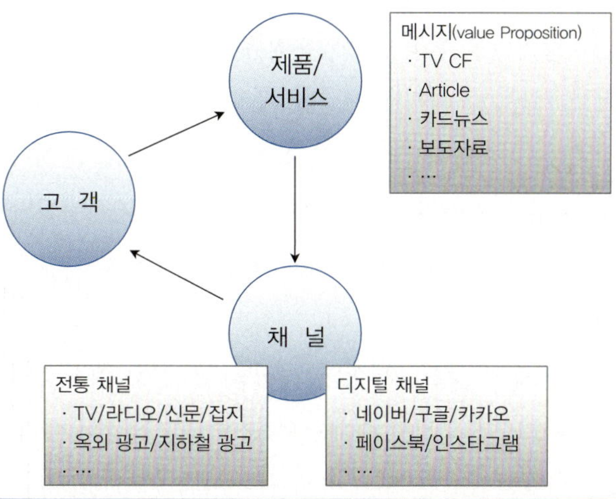

객이 존재할만한 TV, 신문, 라디오, 인터넷포탈, SNS 등 채널을 추정할 수 있다. 이 중 메시지 전달효과가 가장 좋을 것으로 판단되는 채널에 꾸준히 마케팅 메시지를 노출함으로써 해당 채널을 이용하는 목표고객에게 자연스럽게 메시지가 도달되기를 기대한다. 전달한 마케팅 메시지가 설득력이 있다면 목표고객은 해당 브랜드의 존재를 확연히 알게 되며, 웹사이트에 가입하거나 모바일 앱을 다운로드하여 최종적으로 제품 및 서비스를 구매하게 될 것이다.

이렇듯 디지털공간에서의 마케팅은 고객, 제품, 메시지, 채널의 네 가지 요소를 전략적으로 잘 활용하여 제품 및 서비스에 대한 마케팅효과(인지도 제고, 가입자확보, 판매매출증대 등)를 향상시키는 일련의 과정이다.

그럼 디지털마케팅과 전통적인 마케팅의 개념을 보다 명확히 구분해 보자. 결론부터 말하면 전통적 마케팅과 디지털마케팅의 가장 큰 차이는 바로 메시지를 배포하는 채널이 다르다고 볼 수 있다.

전통적 마케팅에서도 고객에게 제품과 서비스를 알리기 위해 다양한 접점채널을 활용해왔다. TV, 라디오, 신문, 잡지, 가판대, 버스광고, 간판, 유인물 등이 바로 전통적 마케팅에서 주요 채널이었다. 이 중 네 가지 주요 매체(TV, 신문, 라디오, 잡지)의 소비자 도달력이 다른 채널들에 비해 압도적으로 높았다.

그러나 여러분이 느끼는 것처럼 다양한 기술의 발전과 소비자 라이프사이클의 변화에 따라 기업의 메시지를 소비자에게 빠른 시일내에 대량으로 전달하는 역할을 담당했던 이를 4대 매체의 영향력이 급격하게 감소하고 있다. 이와는 대조적으로 소비자와 접촉이 잦은 페이스북, 블로그, 유투브, 인터넷검색 등 디지털채널들이 급격히 늘어났으며 이들은 마케팅 메시지를 소비자에게 효율적으로 전달하는 영향력 있는 매체로 부상하고 있다.

이에 따라 신규 디지털채널을 전통 마케팅관점에서 어떻게 바라볼 것인가는 중요한 주제가 되었다. 디지털채널의 초기 태동단계에서는 이 신규채널들의 영향력이 급격히 증가함에 따라서 5대 매체(TV, 신문, 라디오, 잡지, 디지털)로 분류하는 움직임도 있었다. 그러나 디지털채널은 기존의 전통적 채널과 매우 다른 특성을 지닌다. 디지털채널이란 기존 마케팅채널과 다른 패러다임의 지배를 받는 새로운 ICT 기술기반의 매체를 모두 포함한다. 이러한 디지털채널을 활용하는 새로운 마케팅을 디지털마케팅이라 한다.

단순히 생각하면 '마케팅의 주요채널이 달라졌을 뿐이지 않나' 정도로 여길 수도 있다. 그러나 새로운 마케팅채널의 등장은 전통적인 마케팅의 판을 뒤흔들었다. 기존의 전통적 마케팅과 디지털마케팅은 소비자에게 도달시키고자 하는 마케팅 메시지의 성과모형관점에서 매우 뚜렷한 차이를

그림 9-5 전통적 마케팅. 디지털마케팅 방식 성과모형

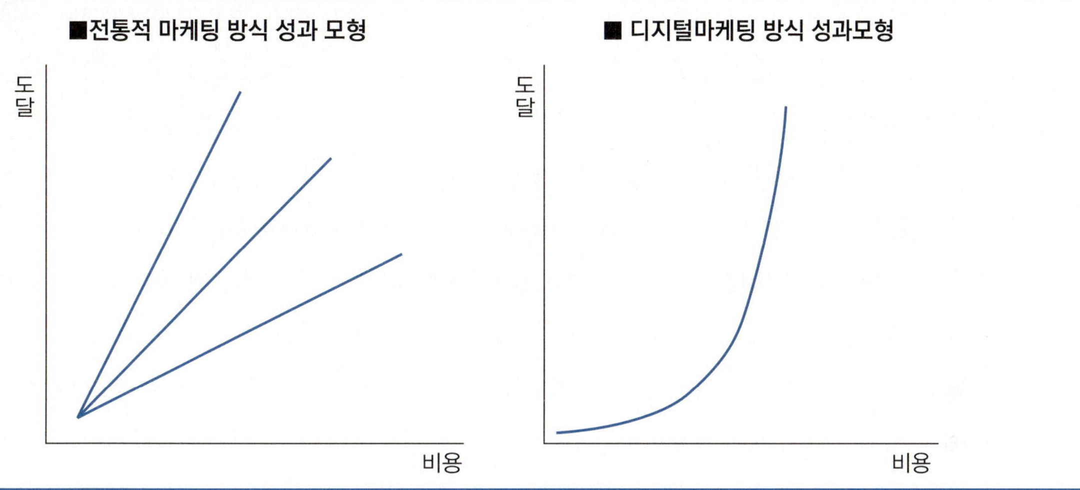

보여준다.

〈그림 9-5〉에서 보는 것처럼 전통적 마케팅채널에서 메시지 도달량과 전달비용은 대개 선형적으로 비례한다. 더 많은 사람에게 마케팅 메시지를 도달시키려면 더 많은 마케팅비용을 투입해야만 한다. 따라서 전통적 마케팅에서는 이런 비용을 감당할 수 있는 대기업중심으로 4대 매체의 마케팅전략이 수립되고 실행되어 왔다.

모든 마케팅채널 중 가장 소비자 도달율이 높은 채널은 여전히 TV이다. TV의 대중적인 도달력은 아직도 상당하다. 그러나 TV 광고를 집행하려는 기업은 최소 수 천 만원의 비용을 들여야 한다. 따라서 자금여력있는 일부 중견기업과 대기업만이 전통적인 마케팅 캠페인을 펼칠 수 있다.

그러나 디지털 마케팅환경에서는 자발적인 소비자의 참여를 마케팅 메시지전달에 활용하여, 적은 비용으로 파격적인 마케팅효과를 기대할 수 있다.

단순히 활용하는 채널이 달라졌을 뿐이지만 채널의 특성상 전통적 마케팅과 디지털마케팅은 전혀 다른 비용-도달(Cost-Effect)모형을 나타낸다. 이점에서 투자수익율(ROI)을 중시하는 기업의 특성상 디지털마케팅의 중요성이 매우 커지고 있는 것이 당연하다. 도달과 비용이 선형적인 비례가 아닌 J-curve를 그릴 수 있다는 디지털마케팅의 특징은 기업의 마케팅에 지대한 영향을 끼친다.

디지털마케팅은 아이디어만 좋다면 매우 적은 비용으로 눈부신 성과를 거둘 수 있다. 실제로 수많은 중소 중견기업들이 적은 마케팅예산으로 멋진 마케팅 메시지와 채널의 특징을 활용하여 엄청

난 마케팅효과를 이뤄냈다. 디지털채널을 활용해서 J-Curve 형식의 마케팅효과를 만들어 내는 디지털마케팅 방식을 '그로스해킹(Growth-Hacking)'이라 부르며 최근에 주목받고 있는 마케팅트랜드 중 하나다. 말 그대로 성장(Growth)과 해킹(Hacking)으로 저비용으로 최고의 광고효과를 추구하는 것이다.

그 중 하나의 사례가 바로 드롭박스(Dropbox)이다. 미국의 드롭박스가 제공한 클라우드 기반 파일저장 서비스인 드롭박스는 현재는 전 세계 3억명이 이용하는 대단한 서비스이지만, 초창기에는 가입자를 모으지 못해 허덕이던 작은 스타트업에 불과했다. 가입자 확보를 위해 드롭박스는 자사의 서비스를 소개하고 이용법을 알려주는 홍보영상을 만들었다.

디지털마케팅의 이해도가 높은 드롭박스는 전세계의 굵직한 커뮤니티의 특징을 파악해 각기 다른 동영상을 만들어 배포했다. 커뮤니티 별로 이용자의 선호도를 파악해 효과적으로 드롭박스를 설명하는 마케팅 메시지를 제작했던 것이다. 드롭박스의 전략은 유효했다. 드롭박스 소개영상은 유저의 네트워크 효과를 타고 퍼져나갔다. 일 평균 5,000명에 불과하던 서비스 이용자 수가 하룻밤 새 75,000명으로 15배 증가하는 기염을 토했다.

사업의 진용을 갖춘 드롭박스는 서비스를 보다 대중적으로 알리고 더 크게 성장하기 위한 고민에 빠진다. 전통적인 마케팅방식에 따라 TV, 신문, 라디오, 잡지광고 등을 집행해 이용자를 확보하려면 가입자 1명당 약 233~388 달러가 든다는 마케팅비용 추정치를 놓고 도저히 전통적인 마케팅으로는 기업을 성장시킬 수 없다는 결론을 내릴 수밖에 없었다.

드롭박스는 또 다른 시도로 사이트 첫 화면에 "Get free space"라는 버튼을 추가한다. 버튼을 이용해 기존 이용자가 친구를 초대하고, 그 친구가 초대에 응해 드롭박스에 가입하면 기존 이용자에게 500MB의 추가용량을 무료제공하는 서비스였다. 드롭박스의 무료용량을 받기위해 기존 회원들이 가족과 친구를 드롭박스로 초대했고, SNS에 적극적으로 입소문을 내며 신규 가입자를 모집했다. 드롭박스는 단지 Get free space 버튼만을 제공했지만 유저의 네트워크 효과덕에 한달새에 280만 명이 새로 드롭박스에 가입하는 쾌거를 이뤘다.

드롭박스 외에도 디지털마케팅을 활용하여 효과적인 마케팅성과를 거둔 기업사례는 헤아릴 수 없이 많다. 인스타그램, 에어비앤비, 링크드인 뿐만 아니라 개인병원, 배달형 외식업체, 예약서비스 등 다양한 업체들이 디지털채널을 이용해 큰 성장을 이뤄냈다. 디지털마케팅은 도달에 비례하는 비용이 추가로 들지않기 때문에 돋보이는 마케팅 메시지와 효과적인 채널활용만 뒷받침된다면 마케팅비용은 거의 0원에 가까워질 수 있다. 이제 디지털마케팅은 가장 즉각적으로 효과가 있으며 매출에 직접적인 영향을 주는 프레임워크로 자리잡았다. 전통적인 마케팅과 어깨를 나란히 하며 미래의 비즈니스에 영향을 줄 강력한 분야로 인정받고 있는 것이다.

 디지털마케팅 트렌드

(1) 오프라인에서 디지털마케팅으로

전통적인 방식의 마케팅은 한 마디롤 말한다면 "마케팅=광고"였다. 가장 강력한 마케팅매체는 TV, 신문과 라디오, 잡지가 그 뒤를 이었다. 그래서 기업마케팅 담당자의 주 역할은 4대 매체에 실릴 수 있는 광고규격에 맞춰 적당한 문구와 영상, 이미지 크리에이티브를 제작해 광고사에 넘기고 게재하는 것이었다.

그러나 1990년 대 말 인터넷 및 초고속광랜의 일반화와 2007년 스티브 잡스의 아이폰 발표이후 스마트폰이 등장하면서 사람들이 디지털에 연결되는 시간이 급속히 늘어났다. 어디에서나 쉽게 웹, SNS에 접속하게 되었고 최근 코로나19로 온라인 쇼핑의 시장규모는 나날이 커지고 있다. 개개인의 일상생활이 오프라인에서 온라인으로 옮겨가면서 이제 디지털환경에서 많은 돈과 시간을 점점 더 많이 소비한다는 사실은 이미 각종 통계를 통해 여실히 드러나고 있다.

2010년대 들어 촉발된 디지털마케팅 기술의 발전이 시장에 끼치는 충격은 1배, 2배의 산술급수적 성장을 이루는 것이 아니라 향후 10년간 100배 가량의 기하급수적 성장을 이루게 될 것이란 점이다. 이제 디지털은 거스를 수 없는 시대의 흐름이다. 혹자는 이를 제4차 산업혁명이라고도 하고, 다른 사람들은 이를 디지털 트랜스포메이션(DIgital Transformation)혁명으로 부른다.

TV, 신문, 라디오, 잡지 등 전통적인 4대 미디어 매체의 하락추세는 이제 '뉴스'도 아니다. 한국언론진흥재단이 발간한 '2018 언론수용자 의식조사'를 보면 2011년부터 2018년까지 전통미디어들은 미디어이용률에서 꾸준히 하락세를 보여왔다. 반면 모바일 인터넷이나 모바일기기를 활용한 메신저 서비스 이용률은 큰 폭으로 증가했다. 2018년 언론재단이 처음 조사한 온라인동영상 플랫폼의 경우에도 33.6%가 이용한다고 답해 라디오(20.8%)나 종이신문(17.7%)을 훌쩍 뛰어 넘었다.

이처럼 미디어 격변기를 거치며 독자들은 유튜브, 페이스북 등 새로운 플랫폼으로 속속 옮겨가고 있다. 뉴스소비의 주요창구 역시 이들 플랫폼으로 바뀌고 있고, 이런 현상은 앞으로 더욱 심화할 것이다. 광고시장도 심상치 않다. 전통미디어들은 위기감에 카드뉴스부터 동영상까지 다양한 콘텐츠를 시도해 왔지만 아직도 독자확보측면에서 성공적인 사례를 보여준 곳은 찾기 힘들다.

그림 9-6 2018년 미디어 이용률(n=5,040. 단위: %)

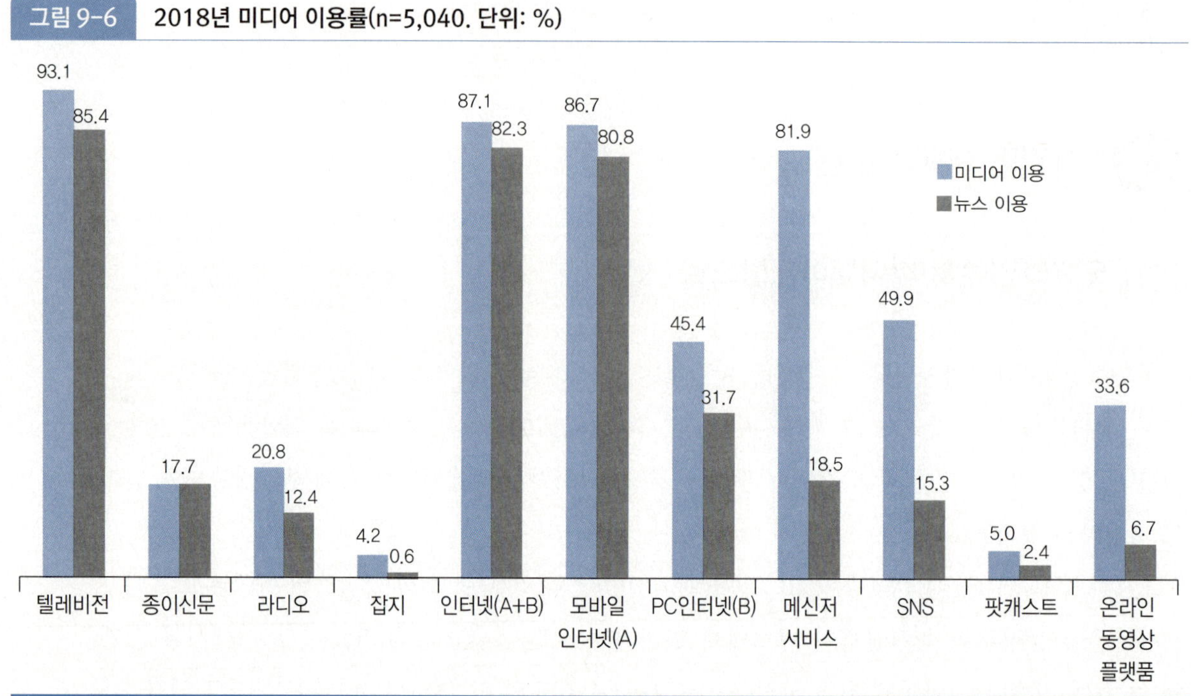

자료 : 한국언론진흥재단(2018)

전통적인 마케팅에서는 기업이 주요 매체를 선택한 후 미리 잘 가공한 메시지를 소수의 오피니언 리더(opinion leader)를 통해 소비자에게 전달하는 방식이었다. 기업이 주도적으로 메시지를 배포하는 일방적인 패턴이다.

여기서 오피니언 리더란 연예인, 운동선수, 사회저명인사, 방송인 등 흔히 TV방송에서 보는 유명한 스타를 뜻한다. 기업의 광고메시지를 김연아나 전지현같은 스타들이 대신 전달하고, 광고를 본 사람들이 메시지를 수용하는 전통적인 구조이다. 따라서 기업은 가장 대중적인 선호도가 높은 인기스타를 광고에 기용함으로써 메시지의 설득력을 높이려고 노력했다.

(2) 마케팅 시장환경에서 인플루언서(influencer) 영향력의 변화

그러나 요즘은 기업이 어떤 메시지를 전달할 때 쓸 수 있는 채널이 다양화되고 있고 메시지를 수신하는 창구는 더 많아졌다. MBC, KBS, SBS 지상파 3사가 득세하던 때와 달리 수백개의 케이블 TV채널이 공급되고 있고, 본 방송보다 IPTV의 VOD 서비스를 선호하는 사람도 많다. 그나마 TV는 전혀 보지않고 유투브를 더 많이 시청하며 필요한 뉴스만 SNS 또는 인터넷포탈에서 발췌해

그림 9-7 기업주도 방식/소비자 주도방식의 기업운영형태

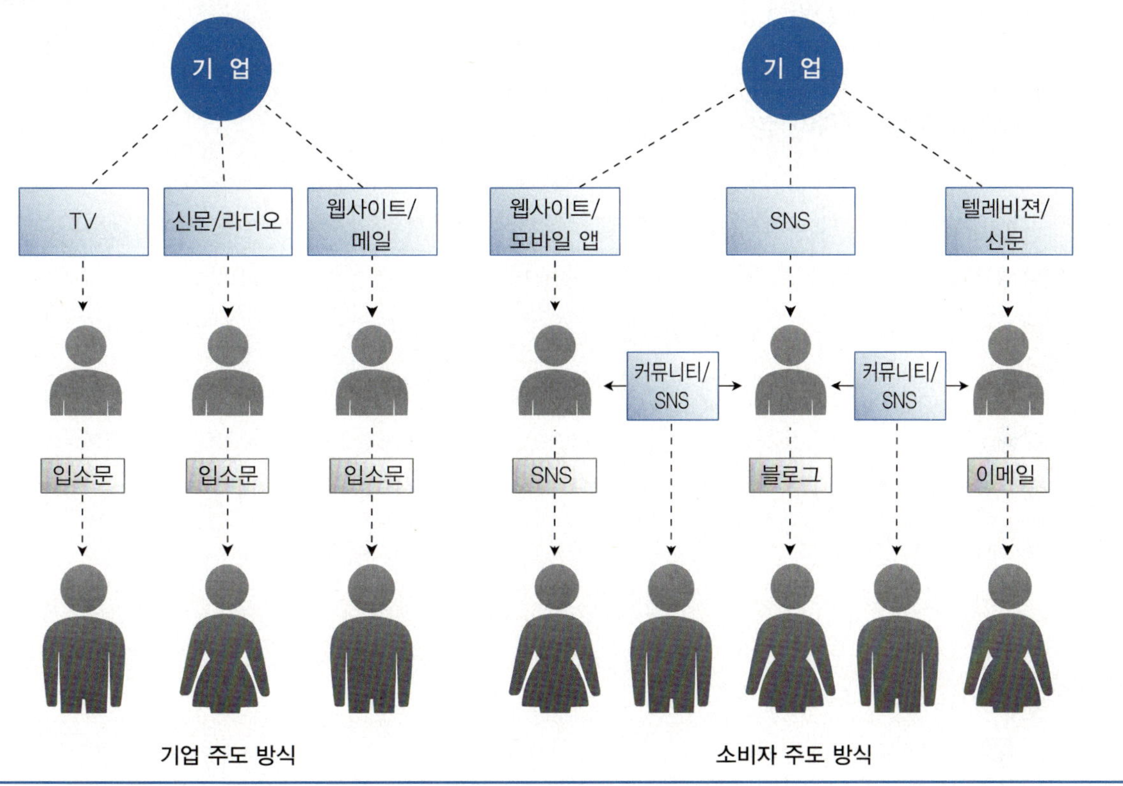

서 보는 사람도 있다.

디지털환경에서는 모든 소비자가 곧 채널이며 메시지의 수신창구로 자리매김하고 있는 것이다. 때로는 소비자의 메시지 확산능력이 기업의 마케팅능력을 훨씬 웃도는 상황도 벌어지고 있다. 만약 여러분이 노트북을 판매했는데 유난히 불만족한 구매자가 한 명 있다고 치자. 10년 전이었다면 불평하는 구매자가 할 수 있는 일이란 회사게시판에 글을 쓰고, 친한친구 몇 명에게 말하며 고객센터에 항의전화를 하는 것이었다.

그러나 디지털 시장환경이 발전하면서 전세가 완전히 역전되었다. 하자가 있는 노트북이라 판단해서 관련 소비자단체나 인터넷에 제보하면 무수히 많은 소비자가 빠르게 해당 정보를 공유하고 집단행동을 취한다.

다양한 SNS와 네트워크가 발달하면서 오피니언 리더가 아니라도 누구나 온라인 상에서는 기업 못지않은 주도권을 쥐게 되었다. 인터넷이나 SNS에 올리는 소비자의 불만글이 일파만파 퍼져나가 기업을 휘청이게 만들기도 하고, 딱히 마케팅을 하지 않아도 소비자들 사이에 좋은 입소문이 돌아

대박성공을 이루기도 한다. 개인이 언론매체급 확성기를 가지고 다양한 목소리를 세상에 널리 퍼트릴 수 있게 됨으로써 시장은 기업주도에서 소비자주도로 확실하게 변화하고 있다.

(3) 디지털 구매여정

마케팅활동에서 소비자의 구매과정을 설명하는 고전적인 모델이 아이드마(AIDMA)이다. 1920년대 미국의 경제학자 롤랜드 홀(Rolad Hall)은 소비자가 물건을 구매할 때 어떤 의사결정과정을 거치는지를 연구했다. 그에 따르면 소비자들이 상품에 주목하고 그 상품에 대해 흥미를 갖고 살펴본 뒤, 구매하고자 하는 욕구가 형성되면 기억해 놓았다가 마침내 상품을 구매하는 행동을 한다고 한다. 그와 같은 소비자행동을 주목(Attention), 흥미(Interest), 욕구(Desirre), 기억(Memory), 행동(Action)의 첫 글자들을 따서 아이드마(AIDMA)라고 이름붙였다. 그러나 아이드마 모델은 인터넷이라는 매체가 출현하기 전까지 통용된 모델이라고 볼 수 있다.

스마트폰의 출현과 소셜미디어 사용이 일반화되면서 사람들은 의사결정과정에서 검색도 하고,

그림 9-8 가치창조의 'AISAS 모델'

체계화한 프레임워크에 5단계 AISAS 이론이 있다. 모든 사물의 가치창조는 단계를 찾아 문제를 해결하는 것이 문제해결의 지름길이다. 가치창조모형을 참조 고객과 소통 가치창조의 공통점을 구축하는 것이 지속적인 변화의 길이다.

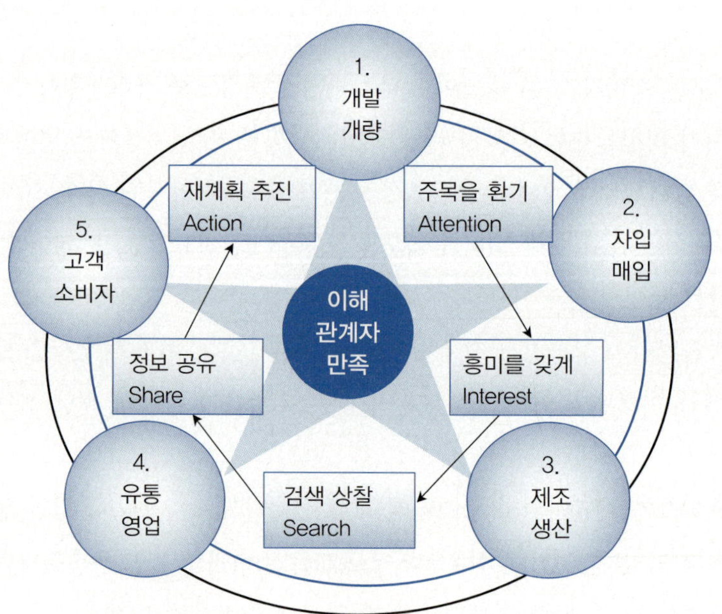

소셜미디어상에서 친구들의 의견을 듣기도 한다. 이런 과정들을 친구들에게 보여주면서 서로에게 영향을 미치는데 구매의사결정이 단순한 형태로 빨리 이루어지기도 하고, 복잡한 형태로 많은 시간과 노력을 들여 이루어지기도 하기 때문이다.

운동화를 사려는 W씨의 제품구입과정을 살펴보자. 일단 운동화를 사기전에 인스타그램에서 해시태그를 먼저 검색해 본다. 최근에는 어떤 디자인과 브랜드가 인기있는지 확인하는 과정이다. 이후 쿠팡이나 네이버 등에서 원하는 상품을 찾아본다. 연령대에 따라 지그재그, 무신사, 에이블리 등을 찾아볼 수도 있다. 그렇게 검색을 통해 원하는 운동화를 찾으면 다양한 방식으로 가격을 비교해 본다. 이때 다른 사람들의 구매후기나 질의 게시판 등을 통해 자신의 판단이 잘못되지는 않았는지 다시한번 확인한다. 구매과정에서 발생하는 적립금이나 간편결제, 빠른 배송 등도 구매결정의 중요한 요소로 작용한다. 그리고 자신의 구매활동이 전체적으로 마음에 든다면 해당 사이트를 계속 이용하고 마음에 들지 않는다면 다른 곳으로 이탈한다.

이렇게 온라인에서 운동화 한컬레를 구매하는 과정처럼 소비자들의 구매과정을 이해하는 행위가 바로 디지털마케팅의 출발점으로, 디지털마케팅은 채널을 구축한 후 고객유입, 구매전환, 재구매 프로세스를 거친다. 따라서 아이드마 모델은 디지털마케팅 채널에는 더 이상 적합하지 않다.

이러한 한계점을 보완한 이론이 '인지 〉 흥미 〉 검색 〉 구매 〉 공유' 모델로, 영문 앞글자만 따서 'AISAS 모델'이라고도 표현한다.

인터넷이 등장하면서 사람들은 궁금하면 검색해 본후 구매를 하고, 구매경험을 다른 사람들에게

그림 9-9 디지털 마케팅환경에서의 고객구매 여정의 변화

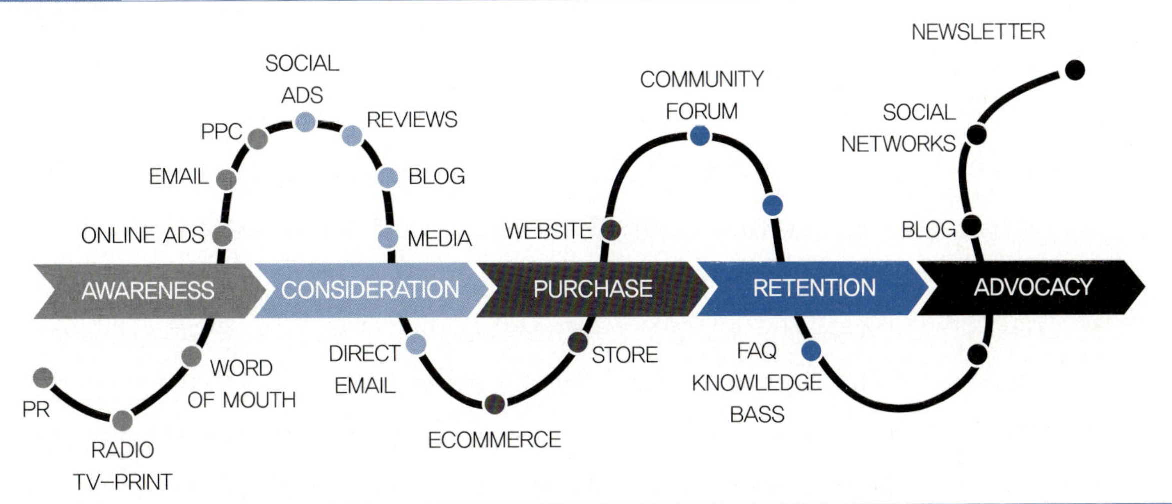

손쉽게 알리는 일까지 가능해졌다. 마케팅관점에서의 행동과정개념이 상품의 구매에서 끝나지 않고 그 뒤의 공유로까지 확장된 것이다. 소비자의 구매의사결정과정은 이처럼 기술 및 미디어의 발달과 함께 변해왔음을 알 수 있다.

디지털매체들의 영향력이 커져가고 있는 가운데 시장은 어떤 영향을 받고있을까? 일상생활속에서 소비자가 물건을 구매하는 여정을 한 번 살펴보자. 〈그림 9-9〉는 고객의 '제품구매 여정(Buyer's Joumey)'을 나타낸다.

(4) 디지털마케팅 환경에서의 고객구매 여정의 변화

'고객구매 여정'의 첫 단계는 바로 인지(Awareness)이다. 예를 들어 "자율주행 스마트카"가 새로 출시되었다고 하자. 어느 누구도 존재하는지 조차도 모르는 물건을 살 수는 없다. 소비자가 자율주행 스마트카를 구입하려면 일단 신제품이 나왔다는 사실을 인식해야 한다. 새로운 제품이나 서비스가 있다는 사실을 소비자에게 알리는 인지단계에는 대중적 도달력이 높은 전통매체인 라디오, TV, 잡지 등의 매체나 지인들의 추천이 아직도 상당히 큰 영향력을 갖고 있다.

제품의 존재를 인식하게 되면 두 번째로 제품구매를 고려하는 단계로 넘어간다. 전통적인 마케팅에서는 이 단계를 통제하기가 매우 어려웠다. 영업사원이 콜드콜(cold call)을 돌리거나 세일즈맨이 가가호호 방문하거나 지역공동체에서 친분을 쌓은 사람들을 이용한 피라미드식 판매 등이 주를 이뤘다. 그러나 디지털마케팅의 다양한 매체가 발달하고, 소비자가 온라인에 머무는 시간이 늘어나면서 고려단계의 설득기제가 눈부시게 발전했다. 온라인 배너광고나 이메일, 검색엔진에 대한 키워드광고, SNS광고, 온라인상에 뿌려놓은 제품사용후기, 제품의 상세정보를 제공하는 블로그 등 다양한 디지털매체의 활용법이 등장했다.

더구나 디지털마케팅은 전통적 마케팅과 달리 추적기술(Data Tracking)의 발전으로 고려단계에 머물러 있는 유저를 비교적 정확히 찾아낼 수 있다. 전통적 마케팅에서는 대중을 향한 무차별적인 광고공세후 실제구매를 고려한 고객을 파악할 수 있는 방법이 영업사원과 고객간의 접촉외에는 없었다.

그러나 디지털마케팅에서는 광고를 보고 제품소개 페이지를 한 번이라도 방문한 사람은 클릭도 하지 않는 사람에 비해 관심이 높은 상태로 판단하고 2회 이상 방문한 사람은 구매결정을 망설이고 있다고 간주할 수 있다. 이처럼 머뭇거리는 고객에게 할인쿠폰이나 사은품을 제공하고, 제품의 장점을 조금 더 자세히 설명해주면 구매할 가능성이 높다고 보는 식이다. 구매의사를 조금이라도 내비치는 소비자를 집중공략할 수 있게 됨으로써 무차별적인 대중매체광고보다 마케팅비용이 줄고, 판매가능성은 높아진다.

제품을 구매하는 단계에서는 이커머스(e-commerce)와 오프라인 매장에서의 구매가 비등하게 다뤄진다. 우리나라 이커머스 거래규모는 2001년 3조 3천억원, 2019년 134조원이다. 18년만에 약 40배 성장하는 놀라운 수치다. 최근에는 코로나19의 영향으로 외부활동에 제약을 받게되자 이런 추세가 가속화되고 있어 온라인쇼핑 거래액이 오프라인 쇼핑거래액을 가파르게 앞지르고 있다. 바야흐로 유통시장은 돌이킬 수 없이 디지털로 변화되는 변곡점을 지나고 있다.

과거에는 아무리 제품구매를 고려하는 단계에서 웹서핑을 하고 관련정보를 찾아보더라도 정작 구매는 오프라인 매장에 방문하여 직접 물건을 보고 사는경향이 짙었다. 또한 온라인구매는 패션잡화 등 일부품목에 제한될뿐 신선식품이니 고가품, 용역서비스 등은 반드시 오프라인에서 거래해야 한다는 생각을 가진 소비자도 많았다. 그러나 지난 10년 새 이러한 고정관념이 깨지고 거의 모든 품목의 온라인유통이 보편화되었다. 오프라인 유통의 정점이었던 백화점이 앞다투어 오픈마켓에 입점하고 보험, 자동차, 부동산은 물론 인테리어, 육아도우미, 재능기부 등도 온라인거래가 활성화되는 등 e-commerce가 나날이 확대되고 있다.

고객이 제품과 서비스를 구매한 다음 사용후기, 본인의 느낀 점 등을 남기면 또 다른 고려단계 소비자의 구매결정에 영향을 미친다. 개별소비자가 리뷰를 남기는 공간은 결국 온라인 커뮤니티나 SNS이며, 제품에 대한 만족도가 높아 적극적인 지지자가 되어 입소문을 내는 공간 역시 블로그, SNS나 커뮤니티 등 디지털 커뮤니케이션 채널이다.

이렇듯 '고객구매여정' 전체를 살펴보면, 신제품 또는 새로운 카테고리가 등장해 고객에게 인식시키는 단계에는 전통적인 매체의 영향력이 상당하지만 그외 과정에서는 이미 디지털로 변화가 가속화되고 있다. 특히 소비자의 구매여부에 막대한 영향을 끼치는 고려단계는 디지털매체의 영향력이 압도적이다. 바야흐로 전통적인 4P(Product, Price, Place, Promotion)의 시대에서 3C(Customer, Company, Competiton)의 시대로 변화하면서 일반적인 광고 커뮤니케이션을 넘어선 소비자와의 공감이 중요해지고 있다.

5. 디지털마케팅 추진전략

(1) 전통기업의 마케팅믹스

우리는 일상에서 '마케팅한다.'는 말을 자주한다. 그러면 마케팅이란 무엇일까? 그리고 이 책의 핵심주제인 디지털마케팅과는 어떤 관련이 있을까? 먼저 마케팅이 무엇인지부터 생각해보자.

마케팅이란 좋은 상품이 있어야 하고 상품의 가치에 맞는 가격이 결정되어야 하며, 소비자들이 구매하기 편리한 방식으로 유통되어야 한다. 그리고 이러한 면면들을 효과적으로 소비자에게 알릴 수 있어야 한다. 이것이 바로 마케팅 실행체계를 이루는 제품(Product), 가격(Price), 유통(Place), 촉진(Promotion)의 4P 활동인데, 이 네 가지 활동은 서로 유기적으로 맞물려서 돌아가야 한다. 우리는 이를 '마케팅 믹스(marketing mix)'라고 부른다.

한 기업을 예로 들어보자. 천연화장품을 제조판매하는 기업이 있다. 제품콘셉트는 '프리미엄'과 '천연성분'이고 실제기업의 기술력도 높았으며 화장품은 녹색라인으로 고급스럽게 만들어 고가전략을 취했다. 반면, 백화점과 면세점보다 네이버, 쿠팡, 옥션 등의 온라인판매에 치중하기로 했다. 수수료가 높은 백화점과 면세점판매는 제조원가와 유통비용 등을 감안할 때 실익이 없다고 판단했다.

그럼 여기에서 유통(Place)을 보자. 유통은 '우리 고객이 상품을 어디에서 구매하는지'에 따라서 결정된다. 이는 우리가 백화점과 면세점에 들어갈 수 없어 온라인으로 판매하는 행위는 유통전략이 아니라는 뜻이다. 촉진활동도 마찬가지다. 백화점과 면세점에서 판매한다면 뷰티나 패션잡지 등의 광고가 온라인에서 판매한다면 SNS활용이 훨씬 효과적일 것이다. 이처럼 기업에서 마케팅을 실행한다는 말은 곧 4P활동을 한다는 의미이며, 4P활동은 서로 유기적으로 맞물려 운영되어야 한다.

또한 기업은 가용자원의 한계로 시장의 모든 고객을 대상으로 상품을 판매할 수가 없다. 민감성 피부를 갖고 있는 특정고객의 마음속에 천연성분이라는 우리상품의 이미지를 심어줘야 하는 이유이다. 화장품 시장을 세분화해서 보아야 하고 세분화된 시장중에서도 매력적인 시장을 선별해야 하며, 선별된 시장에서 소비자에게 어떤 이미지를 심어줄지 결정해야 한다. 이것이 시장세분화(Segmentation), 타겟선정(Targeting), 포지셔닝(Positioning)이며, 이것의 머리글자를 딴 STP전략이다. 기업 마케팅전략의 기초란 바로 이 STP를 의미한다.

그림 9-10 마케팅 활동의 기본구조

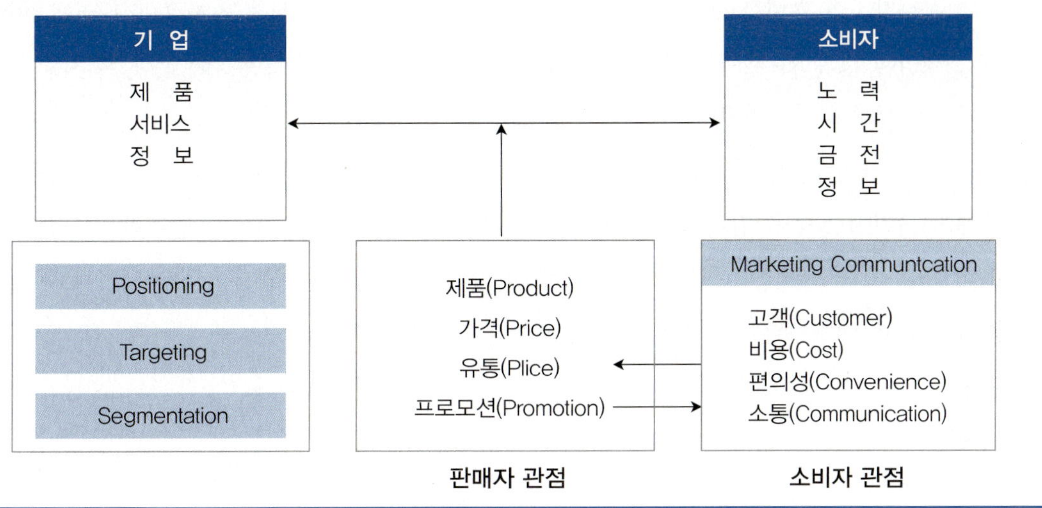

그런데 STP와 4P활동을 하려면 먼저 소비자를 분석해야 한다. 소비자에 대한 이해가 마케팅활동의 출발점이기 때문이다. 경쟁이 치열한 환경에서 소비자에 대한 이해없이는 효과적인 마케팅을 진행할 수 없다. 반면, 소비자들의 욕구는 매우 복잡하고 다양해 파악이 쉽지 않다. 소비자의 구매의사결정과정, 정보처리과정, 소비자행동에 영향을 미치는 개인적, 사회적, 상황적 요인들을 면밀하게 분석하는 이유가 여기에 있다.

그렇다고 소비자정보만으로 마케팅 의사결정을 할 수는 없다. 강력한 경쟁자가 있는데다 우리기업의 내부역량이 뒷받침되어야 하기 때문이다. 게다가 기술의 흐름과 사회의 트렌드도 큰 영향을 미친다. 따라서 이러한 것들을 모두 감안해 기업의 목표를 설정하고 자원을 적절히 배분함으로써 기업의 수익을 달성하고 지속적인 성장을 도모하는 목표를 달성하게 된다.

위에서 설명한 마케팅을 도식화한 것이 〈그림 9-10〉이다. 이 그림를 중심으로 내용을 다시 정리하면 이렇다. 기업은 보유하고 있는 제품이나 서비스를 소비자에게 팔고, 소비자는 그 제품과 서비스를 사기위해 시간과 노력, 돈, 정보 등을 지불한다. 이때 일반소비자에게 파는 걸 B2C(Business to Consumer)라 부르고, 기업에게 파는 걸 B2B(Business to Business), 정부나 공공기관 등에 파는 걸 B2G(Business to Government)라고 부른다. 이미 일반화된 오픈마켓에서 소비자와 소비자가 거래하는 것을 C2C(consumer to consumer)라고 한다.

유통도 중요하긴 마찬가지다. 유통은 제품을 다양한 경로를 통해 목표고객에게 제공하는 활동이다. 유통에 참여하는 사람들은 생산자가 만들어낸 사용가치에 시간, 장소, 소유, 형태의 교환가치를 더하는 역할을 한다. 도매와 소매를 담당하는 중간상은 생산시점과 구매시점의 불일치를 해결하고 생산장소와 구매장소의 불일치를 해소한다. 또한 생산자에서 소비자로 소유권이 이전될때까지 소유권을 보유함으로써 재정적 부담과 상품진부화의 위험을 떠안기도 한다. 이처럼 유통의 교환가치가 생산의 사용가치와 더해질 때 비로서 완전한 제품이 된다.

네 가지 마케팅활동 중 가장 많은 비중을 차지하는 부분은 무엇일까? 바로 촉진활동이다. 고객들에게 우리의 상품을 알리고 선택하게 하는 활동으로 제품이나 서비스에 대한 정보를 제공하고, 호의적인 태도를 갖도록 설득함으로써 구매로 이끌어내려는 노력을 촉진활동이라 한다. 촉진전략으로는 광고, 홍보, 인적판매(영업), 판매촉진 등이 대표적이다.

경영 성공포인트 ⑰

1. 말은 명확하고 간결하게 하라

성공하는 인물은 말할 때 간단명료하게 요점만 말한다. 큰인물의 특성은 냉철한 머리와 유능한 실력을 정확하게 표현해준다.

- 요점만 간단하게 말한다.
- 사람들이 믿고 신뢰할 수 있도록 근거있는 말을 한다.
- 진심이 담긴 말을 한다.
- 상대를 존중하며 세 번 생각한 뒤 말한다.
- 분위기 파악을 한뒤 말하는 습관을 갖는다.

2. 콤플렉스를 장점으로 전환시키는 테크닉

자신의 단점이나 콤플렉스가 마음에 걸리면 그것을 긍정적인 방향으로 전환시켜라

성공하는 사람들은 다른 사람의 결점이 눈에 띄면 그것을 장점으로 바꾸어 말해주는 재주가 탁월하다.

제2절 사물인터넷(IoT) 시대도래

1. IoT(Internet of Things)의 정의

(1) IoT의 필요성

기업이 살아남기 위해 필요한 일은 "기업생존의 시대변화에 적응력 여하에 달려있다." 하여도 과언이 아니다. 경쟁은 과학의 힘에 동화되지 못하면 뒤떨어 질수밖에 없다. 모든 사물이 인터넷에 연결되는 IoT(Internet of Things)라는 말이 2014년경부터 미디어나 산업계에서 빈번히 다루어지게 되었다. 처음에는 단기간에 사라지는 유행어라고 보는 사람도 있었지만 현재는 IoT가 파괴적 이노베이션을 만들어 내고, 산업을 바꾸고 사람들의 행동을 바꿔가고 있다.

많은 사람들이 시대변화의 인식이 바꾸어서 IoT의 존재감은 더욱 더 커지고 있다. 버스를 놓치지말라는 식으로 기업의 IoT 도입의 움직임이 퍼지고 있는 한편 IoT의 본질이 별로 이해되어 있지않은 케이스가 많다. 또, 대부분의 기업이 IoT의 활용에 관심을 가지고 있지만 어디서부터 먼저 손을 대야 좋을지 모른다 라고 하는 소리도 많이 들린다.

처음으로 모든 사물이 인터넷에 연결되는 IoT(Internet of Things)라는 말이 2014년경부터 미디어나 산업계에서 빈번히 다루어지게 되었다.처음에는 단기간에 사라지는 유행어라고 보는 사람도 있었지만, 현재는 IoT가 파괴적 이노베이션을 만들어내고, 산업이 있으며 사람들의 행동을 바꾼다고 하는 인식이 퍼져 이 말의 존재감은 더욱 더 커지고 있다.

- IoT는 지금까지 디지털화되어 있지 않았던 아날로그 프로세스를 디지털화하는 것이다.
- IoT의 진전에 의해 제조업의 경쟁축은 물건의 제조·판매에 머무르지 않고 물건을 통한 고객가치의 제공전반으로 확대된다. 경쟁력의 원천은 하드웨어에서 소프트웨어로 이행하고, 제조업은 사물자체의 진화뿐 아니라, 물건을 둘러싼 서비스나 이용자체험 등을 포함한 넓은 시야에서 이노베이션의 씨앗을 찾을 필요가 있었다.
- IoT를 실현하기 위해서는 자기부담주의를 버리고 타사와의 제휴를 진행시키는 것이 필수가

된다.

- IoT시대에 대기업이 대응해야 할 것은 타사(타업종, 신흥중소기업)가 파괴적 이노베이션을 일으켰을 때의 기존사업의 방위전략을 선제적으로 강구하는 것이다.
- IoT에서는 첨단기술력보다 과제발견력이 경쟁력의 원천이 되는 경우가 많다. 기업에 필요하게 되는 능력으로서 종래부터의 생각시험에 가세해 전하는 능력이 필요하게 되었다.
- 규제의 본연의 자세가 IoT에 의한 신시장창조 실현가능성에 크게 영향을 미친다.
- IoT시대에는 새로운 시도에 신속, 과감하게 도전하고 트라이&에러를 반복하며, 시대를 앞서가는 이노베이션을 만들어내는 대처가 필요하다. 이를 실현하기 위해서는 실패를 두려워하지 않고 리스크를 안고 도전하는 기업풍토의 양성이 필수적이다.
- 이러한 IoT시대를 살아남기 위한 지혜는 IoT를 추진하는 기업담당자뿐 아니라 모든 기업비즈니스인이 인식해 두어야 할 사항이다.

(2) 사물인터넷(IoT)

1) 사물인터넷의 기본개념

사물인터넷(IoT, Internet of Things)이라는 용어는 P&G에서 근무하던 케빈 애쉬튼(Kevin Ashton)에 의해 처음 사용되었다. 당시까지만 해도 가까운 거리의 무선통신개념으로 RFID(Radio Frequency Identification)가 활용되고 있었는데 RFID와 센서가 일상생활에서 사용하는 사물에 탑재된 인터넷이 구축될 것이라고 전망하면서 그 개념이 소개된 것이다.

사물인터넷은 기존의 유선통신을 기반으로 한 인터넷이나 모바일인터넷보다 한단계 진화된 개념으로 인터넷에 연결된 기기가 사람의 개입없이 서로 알아서 정보를 주고받아 처리할 수 있도록 되어 있다. 이를 통해 사람과 사람간의 통신을 뛰어넘어 사물에 IP주소를 부여하고 사람과 사물, 혹은 사물과 사물 사이의 통신을 이끌어낼 수 있게 되었다. 가장 이해하기 쉬운 예가 스마트폰으로 TV나 냉장고 기능을 제어하는 것을 들 수 있다. 스마트폰과 TV가 서로 인식하도록 기기를 등록하면 마치 리모콘처럼 쉽게 기능을 제어하고 콘텐츠도 공유할 수 있다.

사물인터넷 기술이 처음 소개될 때만해도 일상생활 속에서 활용할 수 있는 유용한 기술로 많이 소개되었다. 알람시계가 커피메이커를 작동시키고 냉장고가 새 우유를 사야할 때를 알려준다는 식이었다. 사람들의 삶을 바꿔놓을 미래기술로 각광받게 될 것으로 소개됐지만 지금도 이런 기술들이 일상생활 속에서 아주 급박하거나 없어서는 안 되는 필수기술로 인정받지는 못하고 있는 형편

그림 9-11 IoT의 전체상(全體像)

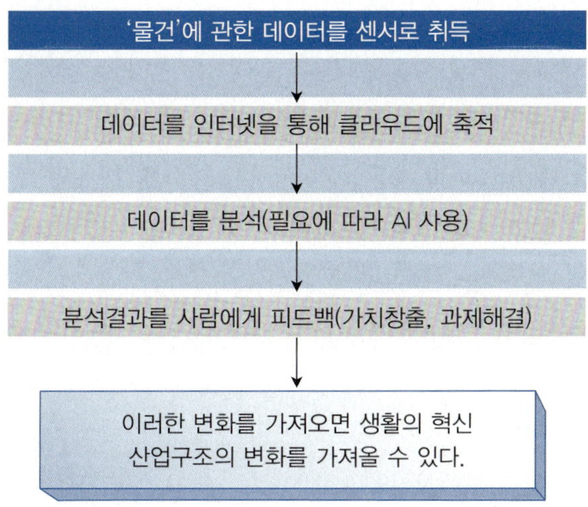

이다. 기술이야 충분히 가능하겠지만 그런 기술에 대해서 소비자들이 기꺼이 비용을 지불할 수 있느냐는 것이다. 예를 들어 새 우유를 주문해주는 냉장고를 위해서 기존 냉장고보다 몇 배나 비싼 사물인터넷 냉장고를 구입할 수 있는 소비자들이 얼마나 있을까를 생각해 보면 쉽게 이해되는 대목이다.

사물인터넷의 기술이 최근에 이르러서야 무한한 가능성을 보여주는 이유는 여러가지 이유가 있다.

첫째는 스마트폰의 발전이 한몫을 하였다. 최근에 스마트폰에 사용되던 첨단기술이 생활속의 제품과 서비스로 빠르게 확산되고 있다. 각종 정보를 얻을 수 있는 센서, 안정적이고 빠르게 데이터를 보낼 수 있는 무선통신, 대용량의 정보를 저장하고 분석하는 클라우드와 빅 데이터의 확산이 사물인터넷을 현실속으로 가져온 것이다. 센서의 가격은 매년 8.2% 하락하여 2005년 평균 1.3달러 수준이었던 것이 2020년에는 0.38달러로 내려갈 것으로 예상된다.

컴퓨터도 점점 작아져서 인텔이 발표한 웨어러블 기기용 컴퓨터 큐리(Curie)에 손톱만한 크기에 CPU, 블루투스, 센서, 배터리가 모두 들어있다. 무선데이터의 전송속도도 지난 5년간 무려 10배나 빨라졌다. 사물인터넷의 연결과 지능에 필요한 기술적 환경은 어느 정도 갖추어진 셈이다. 매년 미국과 독일에서 개최되는 CES(The International Consumer Electronics Show)에서는 스마트폰을 넘어 스마트홈, 웨어러블, 스마트카와 같이 모든 것을 인터넷으로 연결하는 제품과 서비스가 넘쳐나고 있다. 이처럼 사물인터넷은 산업전반에 큰 변화를 가져올 빅 트렌드로 크게 주목을 받고 있다.

둘째는 사물인터넷 기술이 모든 산업분야에 접목되면서 그 가능성이 무한하다는 점이다. 생산성 향상은 물론 설비의 유지보수와 각종 진단, 관제, 계측 등의 분야에서 기존의 시스템들과 비교할 수 없는 뛰어난 성능을 통해 안전하고 생산성 높은 공장으로 탈바꿈시키는 기술이 되고 있다.

비용절감효과는 물론 공장내의 환경과 안전문제에 대해서도 새로운 해법을 제시하고 있다. 사물인터넷 기술이 적용된 스마트공장은 단순히 편리한 공장이 아니라 없어서는 안 될 핵심적인 경쟁력의 기반이 되고 있으며 이제는 선택이 아니라 필수가 되었다.

2) IoT 비즈니스의 사업개발

IoT 비즈니스의 사업개발 이미지를 도시하면 〈그림 9-12〉와 같이 된다. 이것을 보면, IoT 비즈니스에서는 하드, 소프트, 애플리케이션(용도개발)의 세 가지가 갖추어지지 않으면 가치창조를 할 수 없다는 것, 하드와 소프트, 서비스를 융합시킨 비즈니스 모델의 구축이 필요하다는 것을 알 수 있다.

최근 많은 기업이 IoT 비즈니스에 나서고 있지만 물건을 인터넷에 연결할 만큼의 노력이 많아 사람에게 가치를 피드백하면서 머니타이즈(사업수익화)를 실현할 수 있는 사례는 현재로선 그다지 많지 않다고 생각된다. IoT 비즈니스를 성공시키는 열쇠는 뭐야? 기업의 IoT 대응은 어떻게 해야 하는가? 이것을 생각하기 위해서 우선 IoT의 본질에 대해 고찰해 보기로 하자.

그림 9-12 IoT 비즈니스 사업개발 이미지

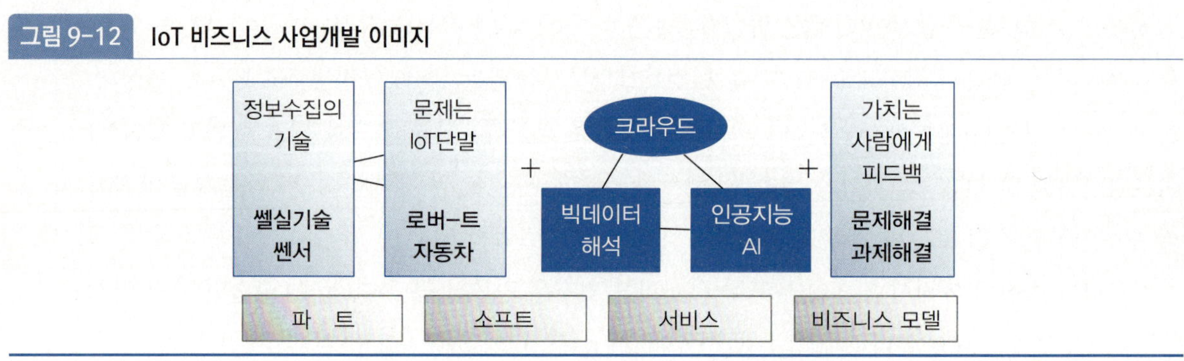

(3) IoT의 본질이란

종래부터 디지털혁명은 진행되고 있었지만 IoT는 지금까지 디지털화되어 있지 않았던 아날로그 프로세스를 디지털화하는 것으로 인식하면 된다. 지금까지 빅 데이터로 수집할 수 있는 것은 인터넷상의 컨텐츠나 개인의 구매이력 등의 행동정보에 머물렀지만, 새롭게 물건의 정보를 수집하는 영역이 추가되었다. 이것이 IoT 시대의 변화이다.

IoT는 현장의 현상이나 가까운 장래에 생기는 것의 전조등의 정보를 원격지에서 손에 넣도록 상시 파악하는 것을 가능하게 한다. 이것에 의해 새로운 서비스를 창조해 부가가치를 낳을 수 있는 가능성을 내포하고 있어. 이와 같이 IoT라고 하는 고객에 관한 현재와 가까운 미래예측의 정보 입수와 개선제안을 가능하게 하는 새로운 툴이 등장하고 보급되어 온 이상 기업은 그것을 도입하지 않으면 불리한 상황에 빠진다.

우리회사는 IoT 비즈니스와 무관하다는 회사로서도 남의 일이 아니다. IoT의 보급은 사람들의 생활과 행동을 변화시켜 광범위한 업종에서 기존의 산업구조를 변화시키는 힘을 가지고 있다. 즉 제4차 산업혁명의 진행이 불가피하며 모든 기업에 있어서 생존을 위해 IoT 사회로의 대응을 강요 당하는 시대가 도래하고 있는 것이다.

 제조업에 있어서의 IoT시대 도래의 의미

(1) 제공형의 비즈니스 모델로 전환

IoT가 보급되어 물건(자동차, 로봇, 드론 등)이 스탠드어론을 벗어나 버추얼로 이어지게 되면 제조업의 경쟁축은 물건의 제조판매에 머무르지 않고 물건을 통한 고객가치의 제공전반으로 확대된다. 제조업의 비즈니스 모델은 물건을 만들어 팔고 끝의 매진형에서 판 물건의 상태를 날마다 센싱해 얻을 수 있던 데이터를 해석함으로써 유저가 항상 최적최고의 상태로 그 물건을 계속 사용할 수 있도록 하는 계속적인 서비스 제공형의 비즈니스 모델로 전환해 나간다.

즉, IoT 사회에 있어서의 제조업은 디지털데이터를 사용하여 사람들이나 기업이 무엇을 원하고 있는지를 알고, 하드웨어와 소프트웨어, 서비스를 융합시켜 고객이나 사회의 과제해결에 공헌한다고 하는 비즈니스 모델로 이행해 나간다. 이것은 고품질인 물건을 만드는 기술력이 떨어지는 기업

(신흥국 기업 등)에서도, 서비스를 더한 종합력으로 고객의 요구를 만족시키면 이길 수 있는 시대가 되었다는 것을 의미한다.

또 하드웨어의 격차를 소프트웨어로 흡수할 수 있게 되므로 경쟁력의 원천이 하드웨어에서 소프트웨어로 이행하기 쉬워진다. 지금까지 제조업은 자사의 기술상품을 진화시키는 이노베이션을 일으키는 것에 집중해 왔지만, IoT시대에는 사물자체의 진화뿐 아니라 물건을 둘러싼 서비스나 이용자체험 등을 포함한 넓은 시야에서 이노베이션의 씨앗을 찾는 것이 중요해진다.

(2) 교환가치에서 사용가치로, 모든 산업은 서비스업으로

기업의 마케팅전략론에서는「물건화 서비스화」의 이분법으로 생각하는 것이 아니라 고객과의 가치의 공동창조가 일어나는 것을 전제로 하고 물건과 서비스를 하나의 덩어리로 파악하는 서비스 도미넌트 로직이라고 하는 생각이 2004년경부터 대두되어 왔다. IoT나 쉐어이코노미의 보급에 의해서 이 생각이 한층 강해져 제조업의 서비스화를 한층 가속해 모든 산업이 서비스업이 된다느 움직임을 지지하게 될 것이다.

업종의 울타리는 낮아지고 타업종간 경쟁은 격화된다. 예를 들어 커넥티드카나 자율주행 자동차가 제공하는 사용자 체험의 매력이 높아질수록 자동차회사, 자동차부품업체, 소프트웨어업체 등 기존 업계 구분은 의미가 없어지고 새로운 경쟁관계가 발생할 것이다. 물건이 성숙해지는 가운데 제품가치만으로는 차별화가 어려워지고 고객의 익스피리언스(Experience)가 기업의 최대 차별화 요소가 되는 경향이 한층 강해질 것이다.

기업은 물건의 교환가치보다 사용가치에 주목할 필요성이 커지게 된다. 물건을 파는것이 목표였던 시대에서 물건을 개입시켜 고객에게 얼마나 매력적인 체험을 제공할 수 있을지가 골이되는 시대로 이행해 간다. 한 마디로 IoT시대에는 제조기업이 경쟁력을 유지강화하기 위해서는 제조만으로는 이길수 없게된 것을 의미한다.

상징적인 움직임이 자동차업계에서 나타나고 있다. 이전까지 자동차회사들은 카셰어링(car sharing)을 자동차판매량 감소로 연결시키려 애썼다. 하지만 최근에는 다임러가 Car2go(카투고)라고 부르는 카쉐어링 서비스를 전개해 급성장하고 있는 것외에 도요타자동차도 라이드쉐어(합승)를 다루는 배차앱 세계 최대기업의 미 우버 테크놀로지스와 자본업무를 제휴하기로 결정했다.

표 9-1 IoT/BD/AI가 제조업에 가져오는 변화

구분	문 제		서비스			비즈니스모델
자 사	설계–개발	제 조	판 매	사 용		타산업으로 파급 빽데이티 2차로리용
	생산성 향상	생산성 향상	비즈니스 모델	비즈니스 모델		
	고부가 가치강화 기간단축 코스트 감소 리스크 감소	다양한 필요성에 대응 력강화 재고압축 품질향상	단납기화 재고감소 판매예칙 개별수주	대안 제안 체적 이용 간소 행동	▶	
	최적의 공장운영 고객에 만족제공 3D업종시작개발	생산 프로섹스 유연화 가동 기능 표준화 예지 보전		구식/정리 구제품 원절감 예지보전		
	▼ 협업 외주		▼ 협업외주			
타 사	설계 인지 데이터 공유	제조의 데이터공유	판매 데이터 공유	제품 데이터 공유		
타기업 타산업에 파급시스템의 범용화에 의해 판매서비스 제공						

(3) 제조업의 강점인 현장력이 무력화될 우려

IoT(빅 데이터, AI를 포함)가 제조업에 가져오는 변화는 다방면 다영역에 미친다. IoT시대의 도래와 제4차 산업혁명의 진전이 산업(특히 제조업)에 미치는 영향이 크며 이에 적응한 산업구조로의 변혁이 필요하다고 하고 있다.

위기감의 배경에는

- 제4차 산업혁명의 진전으로 어떤 재화를 만들 것인가가 아니라, 일련의 가치사슬 중 어느 기업활동으로 부가가치를 얻을지가 중요하다.
- IoT에 의해 지금까지 경쟁력의 원천이었던 제조 프로세스의 현장력이 무력화될 우려가 있다는 기본인식이 있다.

(4) 타사와의 개방적인 연계가 필수적으로

IoT의 전체를 모두 한회사만으로 실현할 수 있는 기업은 적다. 한층 더 IoT시대에 경쟁우위에

그림 9-13 경제산업성의 'IoT 추진랩'

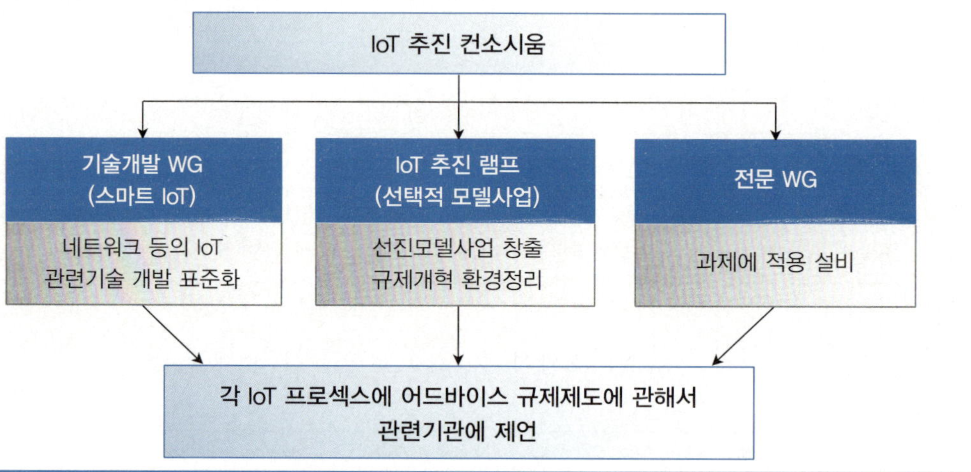

서려면 스피드가 중요하다. 따라서 IoT를 실현하기 위해서는 자기부담주의를 버리고 신속히 타사와의 연계를 추진하는 것이 필수적이다. IoT에 임하는 기업의 증가에 수반해 제조업과 IT기업과의 콜라보레이션의 중요성이 활발해졌다. 대기업과 벤처·중소기업 간 협업사례도 늘고 있다.

후지 제록스는 중견중소기업이 가지는 기술이나 노하우를 조합한 오픈 이노베이션에 의해, 획기적인 프로덕트 이노베이션에 도전하는 4차원 포켓 프로젝트를 전개하고 있어. 또, 로봇벤처인 ZMP는, 코마츠제작소, 소니, 디엔에이, 인텔, 일본 마이크로소프트 등, 수많은 저명한 대기업과 콜라보레이션을 실시하고 있어. 디지털화의 진전으로 제조업에의 참가장벽이 낮아지고 있는 가운데, 타업종 기업이 개발형 벤처기업과 제휴해 제조업에 참가하는 사례가 향후 증가해 올 것으로 예상된다.

IoT추진을 도모하기 위해 다양한 경쟁자들 간의 매칭을 지원하고 기업연계를 촉진하고 있다. IoT추진 컨소시엄 아래에서 IoT 추진랩이 선진적 IoT 프로젝트의 발굴육성을 향해서, 기업제휴·자금·규제개혁지원을 실시하고 있다.

IoT추진을 위한 타업종과의 제휴는 제조기업의 경영스탠스 재검토의 계기가 될 가능성이 있다. 예를 들면, 같은 자동운전이라고 하는 테마에서도 그것을 자동차의 미래기술이라고 생각하는 자동차 메이커와 새로운 교통서비스를 낳는 수단이라고 파악하는 IT 로봇벤처에서는 가치창조 시장창출의 어프로치가 완전히 이루다.

 대기업과 스타트업의 연계는 세계적 현상

(1) 대기업과 스타트업 연계는 세계적인 현상

대기업이 스타트업과 제휴하는 사례가 증가하고 있는 것은 세계적인 현상이다.

KPMG의 조사에 의하면 ForbesGlobal2000 랭킹에 근거하는 세계의 500사중 52.4%에 해당하는 262사가 스타트업 기업과 어떠한 형태로 제휴하고 있다. 업종별로는 의약품, 전기통신서비스, 은행, 보험, 반도체, 컴퓨터서비스, 음료 등에서 대기업과 스타트업의 연계가 많이 보인다.

대기업과 스타트업 기업과의 연계가 증가하고 있는 배경에는 IoT의 진전이 있다고 생각된다. IoT전략을 추진하는데 있어서 대기업과 스타트업 기업이 제휴하면 서로 부족한 것을 보완할 수 있어 Win-Win의 관계를 맺기 쉽다. 대기업은 스타트업과 연계함으로써 연구성과 속도감 있는 경영, 고위험개발기회, 혁신적 이미지 등을 얻을 수 있고 스타트업 기업은 대기업과 제휴함으로써 판로개척, 신뢰성, 자금조달 등을 얻을 수 있다.

표 9-2 세계 대기업과 스타트업 연계

세계 500대 기업(Forbes Global 500) 중 262개(52.4%)가 스타트업과 연계	
미국	Forbes Global 500에 랭크된 176개사 중 80개사가 스타트업과 연계 (Johnson & Johnson, Procter & Gamble,구글, Boeing, Dow Chemical등
독일	Forbes Global 500에 랭크된 21개사 중 15개사가 스타트업과 연계 (Volkswagen Group, SAP, Allianz, Siemens, Deutsche Telekom 등)
일본	Forbes Global 500에 랭크된 44개사 중 25개사가 스타트업과 연계 (NTT, 소프트뱅크, 닛산 자동차, KDDI, 세븐앤아이홀딩스 등)

1) 대기업과제는 '이노베이션 딜레마' 회피

IoT의 진전에 의해 기존의 질서나 산업구조를 바꾸는 파괴적 이노베이션이 일어나기 쉽지만, 원래 대기업은 파괴적 이노베이션을 일으키는 것이 어렵다는 숙명을 안고 있다. 이노베이션 연구의 1인자 크리스텐센은 고전적 명저 「이노베이션의 딜레마」(1997년)에서 대기업은 본질적으로 파괴적인 이노베이션에 대응할 수 없다고 지적하고, 대기업은 그 한계를 자각한 후에 파괴적 이노베이션에 대한 대응책을 강구해야 한다고 주장했다. IoT시대에 대기업이 스타트업 등 벤처기업과의 제휴를 강화하고 있는 것은「이노베이션의 딜레마」를 회피하고, 파괴적 이노베이션에 잘 대응해 생존을 도모하기 위한 방책 중 하나로 자리매김을 할 수 있을 것이다.

2) 사물인터넷(IoT) 시대에 대기업이 신경쓰야 할 일

국가나 기업의 성장전략으로서 IoT나 제4차 산업혁명의 추진을 말하는 경우는 많다. 하지만 여기서 주의해야 할 것은 자국이나 자사가 움직이지 않아도 IoT는 보급되어 제4차 산업혁명은 진행되어간다는 흐름이다.

산업혁명이 일어나면 산업구조가 크게 변하고 비즈니스원칙이 바뀐다. 그 안에서 자사가 어떻게 살아남아 장래의 성장기회를 손에 넣을지를 생각하는 것이 중요하다. IoT나 4차 산업혁명은 성장전략의 좋은 제목 중 하나라고 생각해서는 안 된다. 이에 적응하지 못하면 살아남기 힘들다는 각오를 갖고 대처해야 할 과제로 여겨야 한다.

게다가 IoT가 보급되어 파괴적 이노베이션이 빈발하는 시대의 도래는 대기업에 있어서는 반드시 바람직하지 않다는 것을 인식해야 한다. 물론 대기업도 이노베이션을 일으키기 위해 노력하고 있지만, 파괴적 이노베이션이 탄생할 확률이 높은 것은 전통적 대기업이 아닌 작고 새로운 기업이라는 사실이 잘 알려져 있어 스스로 파괴적 이노베이션을 일으켜 신시장 개척자가 되면 이상적이지만, 타사가 일으킨 이노베이션에 의해서 자사가 공격받는 전개가 될 확률이 높다.

따라서 IoT 시대에 대기업에 가장 요구되는 이노베이션 정책은 타사(타업종, 신흥중소기업)가 파괴적 이노베이션을 일으켰을 때의 기존 사업의 방위전략을 선제적으로 강구하는 것이다. 즉, 이노베이션의 딜레마에 빠지는 것을 어떻게 회피할지가 중요하다.

3) IoT 비즈니스는 중소. 신흥. 벤처기업 지향

대기업이 IoT를 활용한 신규 사업개발에 나설 경우에도 이와 같은 문제가 따른다.

대기업의 경우 IoT를 이용한 비즈니스를 생각해 실행에 옮기려해도 대의가 약하다,「기존 사업과의 공식이 된다」, 우리회사가 다루는 사업으로서는 고객층(시장규모)이 너무 작다 등의 이유로 단행하지 못하고 현상그대로 막힐 우려가 있다.

이와 같이 IoT 비즈니스는 대기업보다 소회전이 가능하고, 관계가 없는 중소 신흥벤처기업이 대처하기 쉬운 특성을 가지고 있다. 대기업에게 있어서는 이러한 핸디캡을 충분히 인식한 후에 그것을 극복하기 위해서 중소 벤처기업과의 제휴나, 다른 컴퍼니로서 새로운 서비스 사업시작(자사의 기존 사업과의 이익상반의 회피) 등의 방책을 취하는 것이 요구된다.

(2) 첨단기술력보다 과제발견력이 더 중요

1) 설비기술과 사용시술이 병행될 때 효과

IoT에서는 센서가 중요한 구성요소가 되지만 2011년 시점의 세계 센서시장에서 일본계 메이커의 점유율(수량기준)은 54%이며(일본전자정보기술산업협회(JEITA) 센서 글로벌 상황조사), 높은 기술력을 가진 기업이 많아 강한 분야라고 하나 한국 역시 IT기술이 고도화되어 있어 4차산업혁명의 전망을 밝게하고 있다.

하지만, IoT에서는 기술의 우위성이 반드시 경쟁력을 낳지 않는 점에 주의할 필요가 있다. 아무리 최첨단 고감도센서를 만드는 기술이 있어도 이를 사용할 용도를 찾지 못하면 경쟁우위로 연결되지 않는다. 그 고도의 기술로 어떠한 문제를 해결할 수 있는가 하는 과제발견력이야말로 경쟁력의 원천이 돼. IoT시대의 승자가 되려면 고도의 기술력에 더해 용도개척이나 고객에 대한 컨설팅력을 강화해 나가는 것이 요구된다.

또, 물건의 수요라고 하는 점에서 말하면 IoT시대에는 첨단기술보다 비전단기술의 수요가 성장하는 분야가 많다. 예를 들면, 반도체 제조장치에서는 IoT의 보급에 수반해 수요가 확대하고 있는 것은 첨단기술이 아니라, 아날로그 반도체 등의 비전단기술이다. 이것을 받아 반도체제조장치 메이커는 「레거시(유산) 장치」라고 불리는 이전의 제조장치의 라인업의 확충에 움직이고 있어 복수의 장치를 조합하는 솔루션제안을 강화하는 것으로 고객의 포섭을 도모하고 있다.

2) 「알아채다」「전한다」 능력이 필요하게

도쿄대학 첨단과학기술 연구센터의 모리카와 히로유키 교수는 기업에 필요하게 되는 능력은 종래는 「생각한다」와「시험한다」의 반복만으로 좋았지만, IoT사회에 있어서는 이것들에 더해 「알아채다」와「전한다」의 능력이 필요하게 되었다고 지적하고 있다

이것을 부연해 해설하면 IoT시대에는 위대한 기술을 개발하는 것만으로는 경쟁우위로 이어지지 않고, 그 기술을 사용해 어떠한 사회산업의 과제를 해결할 수 있는지를 발견하는 힘이 요구되게 되었다. 또, 그 제품이나 서비스를 올바른 방법으로 올바른 고객에게 전달해 그것을 활용하면 이렇게 쾌적 · 편리 · 저비용이 된다고 하는 것을 소구할 수 있는 사업모델을 짜내는 힘, IoT에 의해서 무엇을 실현하는가 하는 스토리를 디자인지향으로 생각하는 힘이 중요한 차별화요소가 되어 왔다.

그림 9-14 이것부터 기업이 요구되는 능력

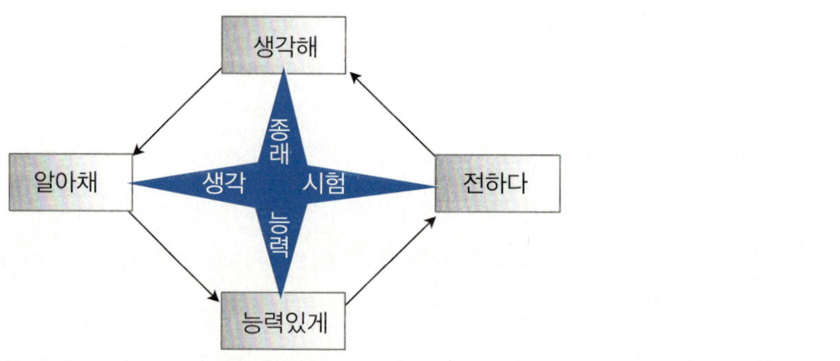

(3) 규제의 기본방향이 IoT 이노베이션에 영향

IoT 비즈니스를 추진하려고 하면 기존의 규제나 룰의 범위내에서는 안정되지 않는 경우가 많다. 규제의 기본방향이 디지털혁명의 속도나 IoT 비즈니스에 의한 신시장 창조실현 가능성에 크게 영향을 미친다. 따라서 기업들이 기회를 잡으려면 각국의 규제동향에 민감해야 한다. 또, IoT로 큰 신시장을 창조하려고 하면 기존의 제도나 규제의 범위내에서 사업을 생각하는 룰 추종형이 아니고, 새로운 비즈니스 모델을 실현하기 위해서 스스로 룰 만들기를 주도하는 쪽으로 도는 행동을 취할 필요가 있다.

정부에는 규제의 기본방향이 IoT의 이노베이션이나 제4차 산업혁명의 진전을 저해하는 일이 없도록 주요국의 규제동향을 파악하고 우리나라의 규제내용을 국제적으로 조화시키기를 기대한다. 우리나라에서는 세계산업의 조류에 맞는 법률이나 규제의 재검토가 늦어지고 있지만, 부분적으로는 규제개혁이 진행되고 있다.

농업분야에서는 2016년 4월 시행된 개정농지법에 따라 농지를 소유할 수 있는 법인을 설립할 때 요건을 완화했다. 이에 따라 농지소유적격 법인설립에 의한 농업에의 참가가 활발해져 「편하지 않다/벌다/안정적」농업을 목표로 하는 대처가 증가할 것으로 예상된다. 이런 가운데 IoT를 활용한 스마트농업의 움직임이 진행될 것으로 기대된다.

 시대에 맞는 기업문화 창조

(1) IoT시대에는 기업문화 쇄신필요

IoT시대에는 불확실성이 높아져 큰 변화가 빠른 속도로 온다. 이런 사회에서 살아 남으려면 사람도 기업도 창조성과 민첩성, 유연성, 새로운 것을 받아들이는 힘 등이 요구된다. 그러한 능력을 기르려는 노력을 하지 않으면 쇠퇴와 멸망을 면할 수 없다. IoT의 진전에 의해 이전에는 계측할 수 없었던 정보를 측정할 수 있게 되어 대량의 데이터로부터 새로운 지견을 얻을 수 있고, 지금까지 상정되지 않았던 다른 사상의 결합속에서 새로운 제품서비스를 창출하는 시장창조형 이노베이션을 서로 경쟁하는 시대가 왔다.

종래의 연장선상에서는 상정할 수 없는 새로운 시장을 여는 사업개발에서는 과거의 사례의 경험이나 상식에 맞지 않고, 사전의 면밀한 조사나 수요예측은 익숙하지 않은 것이 많다. 뭐가 정답인지는 해봐야 알 것 같고 실패할 확률도 높다. 누구도 앞을 정확하게 내다볼 수 없는 가운데 속도감을 가지고 새로운 시도에 과감하게 도전해 트라이&에러를 반복하는 것에 의해서 시대를 선점하는 이노베이션을 만들어 가는 대처가 요구된다.

이것을 실현하기 위해서는 작은 실패를 두려워하지 않고 리스크를 가지고 기민하게 행동하는 기업풍토를 양성하는 것이 불가결하다. 지금까지 기업에서는 새로운 행동을 일으킬 때 사전에 충분히 조사해 면밀하게 계획을 세우고 실행후에 실패했을 경우에는 담당자에게 페널티를 부과하는 경우가 많았다. 이것은 IoT시대에는 부적합한 환경이다. 기업이 IoT시대의 변혁을 이겨내기 위해서는 시대에 적합한 행동을 취할 수 있도록 기업문화를 쇄신할 필요가 있다.

(2) 애자일 개발방법론과 린 스타트업이 필요한 시대

이러한 IoT시대에 요구되는 기업의 행동양식은 지금까지 소프트웨어 개발 등에서 제창되어 온 「어자일개발」(짧은 주기로 개발과 검증을 반복하면서 효율적으로 개발하는 수법)과 지극히 유사하다. 또, 근년, 신세대 기업가 사이에 지지를 받아 세계적인 너울이 되고 있는 「린 스타트업」(낭비없이 준비하여 신제품개발 · 신규사업시작을 실시하는 수법)과도 내용적으로 공통점이 많다.

린 스타트업의 수법을 소개한 미국의 기업가 에릭 리스씨의 저서 린 스타트업의 해설로, 이토

죠이치씨(미 매사추세츠 공과대학 미디어랩 소장)가 린 스타트업을 알기 쉽게 표현하고 있다. 이토씨에 의하면, 린 스타트업의 본질이란, 「지도를 버리고 컴퍼스를 의지해 나아가라」라고 하는 것이라고 한다. 이노베이션에 필요한 비용이 극적으로 낮아진 현재는 신제품을 개발할 때 성공까지의 지도를 그리려고 하면 그 작업만으로 제품개발 이상의 비용이 소요된다. 설령 지도가 만들어졌다고 해도 변화속도가 빠른 요즘 세상에서는 개발도중 요점이 바뀌어 지도자체가 진부해질 가능성이 높다.

이러한 상황에서는 처음부터 지도 등을 가지지 않고, 시장의 변화를 민감하게 느끼는 나침반을 손에 부드럽게 제품개발의 방향성을 바꾸어 가는것이 좋다.

IoT시대에는 스타트업 뿐만이 아니라 모든 기업이 아자일개발이나 린 스타트업이라고 하는 수법을 도입하는 것이 필요하게 될 것이다.

1) 기업문화 쇄신의 모범 GE

기업문화 쇄신의 모범사례는 미국의 GE이다. GE의 CEO 제프리 이멜트(Jeffey R Immelt) 회장은 최근 「The GE Works Equation」라고 하는 방정식을 내걸고 사내에 침투시키고 있다. 이것은, 우선 「지금 세계가 무엇을 필요로 하고 있는가」를 생각하고, 거기에 항상 최선의 형태를 만들어지는 신념과 세계가 요구하는 솔루션의 끊임없는 발명과 창출을 결합하여 더 좋은 세상을 도출하는 방정식이다. 이것이 현재의 GE의 산업인터넷에 연결되어 있다.

이멜트씨는 「The GE Works Equation」를 철저히 하기 위해서 일찍이 자신이 밝힌 「GEGrowth Value」를 「GE Beliefs」(GE의 신조)로 쇄신, 다시 제정하고 있다. GE Beliefs는 「고객에게 선택되는 존재로 계속된다」, 「보다 빨리 그러니까 린에게」, 「신뢰하고 맡기고 서로 높여준다」, 「시험하는 것으로 배워, 승리로 연결한다」, 「아무리 불확실한 환경에서도 사업성과를 올린다」의 5개조로 이루어진다.

현재의 GE에서는 「심플리피케이션」(조직을 심플하게 해 의사결정을 포함한 모든 업무프로세스를 간소화하는 것)을 전사적으로 임하고 있어 그 수행을 위해서 본연의 기업문화를 양성하기 위해 「Fast Works」(완성품을 기다리는 것이 아니라 시작단계부터 고객에게 보여 그 피드백을 도입하면서 개량을 거듭하는 것으로 제품개발의 스피드업을 도모하는 수법)을 도입하고 있다. 이처럼 GE는 전통있는 거대기업이면서도 벤처기업수준의 스피드로 의사결정과 계획을 실현할 수 있는 조직으로 만들기 위해 기업문화를 시대에 맞게 만들고자 노력을 하고 있다.

2) IBM의 업무변혁으로부터의 교훈

미국의 IBM의 사례도 IoT시대를 살아가는 지혜를 배우는데 있어서 참고가 된다.

IBM가 애널리틱스를 활용해 얼마나 비즈니스 과제를 해결하고 비즈니스 가치를 창출해 왔는지를 논한 서적(Brenda L. Dietrich, Emily C. Plachy, Maureen F. Norton저 「IBM를 강하게 한 「애널리틱스」, 2014년)에는, IoT시대에 비즈니스로 성공하기 위한 노하우가 담겨져 있다.

- 많은 경우 신속한 실행은 완벽한 실행보다 낫다.
- 변화에 대한 적극적인 대처 및 적극적인 자세를 얻는다.
- 가치가 생기는 것은 통찰을 얻었을 때가 아니라 행동했을 때이다.

이것을 보면, IBM에 대해도 아자일개발이나 린 스타트업과 공통되는 수법을 채용한 것이 성공의 열쇠가 된것을 알 수 있다.

(3) 도전자를 지원하는 시스템정비

1) 도전의 풍토조성

원래 실패할 가능성이 있는 이노베이션에 대한 도전은 본능적으로 안정을 요구하는 사람에게 가능하면 피하고 싶은 것이다. 본능을 거스르면서도 종업원을 새로운 도전으로 이끌기 위해서는 등을 미는 극진한 매니지먼트가 불가결해 이러한 생각으로부터, 미국 3M에서는 이노베이션을 창출시키는 매니지먼트의 대부분은 도전자를 지원하는 구조로 되어있 어 도전하려고 하지 않는 사람은 상대하지 않는 풍토가 있다고 한다.

기업에서도 실패를 두려워하지 않고 과감히 도전할 것을 장려하는 회사가 있다. 예를 들면 사이버 에이전트에서는 회사의 가치관을 정리한 「맥심즈」에 도전결과의 패자에게는 세컨드찬스를 이라는 말이 명문화되어 있어 도전하고 있는 사람이 인정되는 풍토가 정착되어 있다고 한다.

2) 요구되는 행동지침-이노베이션 100위원회 리포트에서 학습

전술한 바와 같이 대기업에서는 패러다임 체인지(paradigin chain)를 일으키는 파괴적 이노베이션은 일어나지 않는다는 정설이 있다. 그러나 지금까지 살펴본 것처럼 IoT 시대를 대기업이 살아남기 위해서는 이 정설을 뒤엎고 파괴적 이노베이션을 스스로 일으키거나 잘 대응해 나아가야 한다.

이를 위해 대기업에 어떤 경영상의 과제와 행동지침이 필요한가. 이를 생각하는 데 매우 참고할 만한 자료가 있다. 이것은 경제산업성이 벤처창조협의회 아래에 설립한 이노베이션 100 위원회(선구적인 대응을 실시하고 있는 대기업 경영자가 멤버가 되고 있다.)가 이노베이션을 계속적으로 창출하기 위한 경영의 기본방향 등을 논의해 정리한 것이다.

동리포트는 표지로 기업이노베이션을 일으키는 것은 누구의 일인가?라고 물음을 내면서 「그것은 경영자의 일이다」라고 대답을 나타내, 경영자의 적극적인 코미트먼트 필요성을 호소하고 있다. 그런다음 이노베이션을 일으키기 위한 경영진의 5가지 행동지침(표 9-3)을 제시하고, 또한 이를 브레이크 다운한 구체적인 행동을 위한 100가지 질문을 게재하고 있다.

3) 살아남기 위한 마인드 세트나 행동

IoT시대에 살아남기 위해서 어떤 마인드 세트나 행동이 필요한가 하는 것을 배워, 스스로 적극적인 액션을 일으키는 계기로 하기 위해서는 현 상황과 마주하고, 대책을 생각하는 것이 유효하다고 생각된다.

본절에서는 IoT시대에 기업이 살아남기 위해서는 어떠한 대응이 필요한지를 고찰했다. 이러한 대응은 결코 IoT를 추진하는 기업부서 담당자에게만 요구되는 것은 아니다. IoT의 보급에 따라 제4차 산업혁명이 진전되고 산업구조나 사람들의 생활양식에 큰 변화가 일어나는 것은 이미 불가피하며 필연이다.

영국의 자연과학자 다윈이 말한 것처럼 10대 환경변화 속에서 살아남는 것은 강한자도 현명한 자도 아닌 적응할 수 있는 자뿐이다. 따라서, 본절에서 본 바와 같은 IoT시대를 살아남기 위한 지혜는 모든 기업 비즈니스인이 인식해 두어야 할 사항이라고 생각한다.

표 9-3 이노베이션(innovation)을 일으키기 위한 경영진의 5가지 행동지침 정리

구분	제목	실행
지침.1	변혁비전의 발신과 단행	변화를 내다보고 변혁의 비전을 발신하고 단행한다.
지침.2	경영의 증축	효율성과 창조성, 2단 경영을 실현한다.
지침.3	가치기점의 시스템 구축	가치기점으로 사업을 만드는 구조를 구축한다.
지침.4	도전의 장려	사원이 마음껏 시행착오할 수 있는 환경을 정비한다.
지침.5	지침달성의 장려	조직 내외의 벽을 넘은 협동을 추진한다.

경영 성공포인트 ⑱

1. 남의 말을 경청하는 법을 배워라

- 말하기 좋아하는 사람은 자제력이 부족하다.
- 사람의 생활범위는 한계가 있다.
- 말하기를 즐기는 사람은 자신도 모르게 자신의 결점을 드러낸다.
- 수다스러운 사람은 생각없이 자신의 의견이나 생각을 늘어 놓는다.

성공하는 큰인물은 다른 사람들의 생각이나 의견을 즐겨들으며 소중한 간접경험과 샘물이 솟아나듯 무궁무진한 영감을 얻는다. 그들은 경청의 중요성을 잘 알기에 잘 활용한다. 빈 수레가 요란하다고 했다. 다른 사람의 이야기에 진지하게 귀를 기우려라 그들의 경험과 정신세계를 탐험하면서 당신의 지식으로 소화시켜라.

2. 풍요로운 삶을 누릴수록 더욱 감사하는 마음을 가져라

자비는 그대의 풍요함과 부유함이 저절로 흘러나오는 것이다. 정신적이든 물질적이든 부가 찾아오는 모든 과정은 감사라는 말로 요약될 수 있다. 당신이 감사한 마음을 가지지 않는다면 풍요로운 삶을 영유하기는 어려울 것이다.

참·고·문·헌

- 經營戰略の重要性. C-Express 中小企業の經營戰略 編
- 國內市場の成熟化と市場開拓戰略 TOTO WAYの追求. 經濟論硏究 第143號
- 製品ライブサイクル段階戰略 2005年 經營戰略 J. SHINTAKU
- 自己變革を遂げて躍動する中小企業. 小規模事業者 第2部 2013 White Paper on Small and Medinm Enterprises in Japan
- 마케팅과 마케팅관리 철학 Peter Drucker 저
- 회수물류에서 물류자원, 물류능력, 성과의 관계 경주대학교 부교수, 제1저자 조성원 산업경제연구 제25권 제2호 2012년 4월(pp.1513~1535)
- 인터넷 제휴 마케팅에 관한 연구- 아마존과 삼성물의 사례를 중심으로 - 연세대학교 생활환경대학원 디자인정보시스템 전공 김 일 환 2001년 6월
- 기업의 마케팅 제휴가 기업의 수익성에 미치는 영향에 관한 연구 -제휴의 강도와 기업 간 경쟁 정도의 상호작용 효과를 중심으로 - 연세대학교 대학원 경 영 학 과 권 계 은 2008년 1월
- 成長期から成熟期に移動しつつある 美國IT ソフトウエア業界. 岩谷 賢伸吉川 浩史 著 資本市場クオータリー 2008. Autumn pp 285-290
- 成熟企業の經營戰略(Management Innovation in Matured Firms) 加護野 忠男 Kobe University Repository; Kernel Create Date; 2017.08.30. pp 86-92
- 한국의 기업가정신에 관한 조사연구, 한국학중앙연구원 도티카임번(2006),
- 경영환경과 기업가정신이 기업경영성과에 미치는 영향, 한성대학교 안규선(2010),
- 염명곤(2005), 기업가 정신에 관한 실증 연구, 조선대학교 염명곤(2005),
- 박진우, ERP 도입전략과 비즈니스 개혁, 박영사
- 이노우에 하루키(1999), 실천 SCM 경영혁명, 어진소리
- 정석찬, 박기남(2002), 글로벌 SCM 모델 구현에 관한 연구, 한국물류학회
- 전략적 마케팅 제고에 있어서 통제 메커니즘의 결정요인과 효과
- 원가관리회계 조현연. 김재준. 정형록 공저 산문출판 발행 P.108 송익분기점
- 회계원리. 김대곤. 이종천외2명. 명경사 발행. P.11.이해관계자
- 재무관리. 우춘식 지음. 三英社 발행. 재무관리 목표
- 노벨 경제학상 수상자 에릭 매스키 교수이론. 최고의 정책으로 목표달성
- 히든 챔피언 글로벌 원정대 헤르만 지몬 지음 배진아 옮김 흐름출판사. 탄탄한 재무구조 기술이 자본이다.
- 持續的成長を支する財務マネジメントのあり方. みずほコーポレート銀行 産業調査部(MIZUHO)
- 市場成熟期のプラント戰略 株式會社 東急エージェンシー 工藤英資 著 2003年 9月 消費者視點のマーケティングの4Pと3A. pp 3-8

04 강소기업의 지속성장 발전전략

제10장

기업의 성장과 성공의 조건

용어 정리

- SPA(Specialty store of Private label Apparel) : 제조유통
- QR(Quick Rseponse) : 판매상황에 따른 생산공급
- DB(Distributor) : 점포매출관리
- MD(Merchandiser) : 체제도 정비

제1절 기업성장과 성공조건

1. 기업성장 개론

독일의 기업성장의 실태를 보면 리먼사태로 촉발된 금융위기의 여파로 유럽 각국경기는 얼어붙었다. 그 중에서 독일의 경기는 아시아 등의 신흥국에의 수출을 배경으로 2010년 중반에 회복했다. 독일의 수출주도 경제는 대기업뿐 아니라 '미테르슈탄드(Mittelstand)'로 불리는 중소기업이 뒷받침하고 있다. 일본에서는 향후 경기회복이 전망되어 중소기업의 해외시장개척 기운이 다시 높아질 것으로 보이는 가운데, 그 국제적 전개에 참고하기 위해 해외판로개척에 성공하는 독일 중소기업의 대응을 소개한다.

(1) 총 론

독일 중소기업연구소(IfM)에 따르면 약 35만개의 수출기업 가운데 98%를 중소기업이 차지한다. 독일에는 법령 등에서 정해진 중소기업의 획일적인 정의는 존재하지 않으며, 각 경제기관이 독자적인 정의를 가진다. 대체로 일본 중소기업의 정의보다 넓은 범위를 가리키는 것에 유의할 필요가 있지만, 일본과 마찬가지로 기업의 대부분이 중소기업으로 구성되어(주로 제조업) 있다.

IfM의 2007년의 보고서에 의하면, 무역을 실시하는 중소기업의 대부분에 있어서 무역상대국은 EU역내에 머물고 있었다. 그러나 최근에는 중국 등 EU역외의 신흥시장에도 눈을 돌리는 것 같다. 최근의 중소기업의 국제전개에 대해서 독일 중소기업연맹 대표 미하엘·A. ㄱ러씨는 "우선은 EU역내에서 쉐어를 취하고 그 후 미국이나 중국에 전개하는 패턴이 많다. 특히 중국시장에 대한 기대가 크다."고 설명한다.

독일의 중소기업이 활발하게 해외를 전개하고 있는 배경의 하나는 혜택받은 외부환경이 있다. 러씨에 의하면 독일에서 "미텔슈탄드"는 "독일경제를 지탱하는 기반"이라고 하는 이미지가 있기 때문에, 대기업에서도 스스로를 "미텔슈탄드"라고 자부하는 기업이 있다고 한다. 이는 인재확보면에서도 살아나 우수한 이과학생이 자신의 기량을 살릴 수 있다고 해서 대기업이 아닌 중소기업에 취업하는 것은 드물지 않다. 문과학생도 한국이나 일본처럼 대기업지향이 아니라는 것이다. 또 독일에 국한된 것은 아니지만 이웃나라와 육지로 이어져 외국사람의 왕래가 잦고 기업내에 외국인 동료가 있는 것은 통상의 일로 영어능력은 전반적으로 한국이나 일본에 비해 높다는 것이다.

그러나 외부환경이 좋아도 기업자신의 매력과 경쟁력을 갖고 판로개척하지 않으면 국내외 경쟁에서 이길 수 없다는 것이다. 이전에는 독일에도 대기업메이커로부터 제공되는 도면에 근거해 생산을 하청받는 하청전문업자가 많이 있었다고 한다. 그러나, EU확대에 따라 그러한 하청업무는 서서히 코스트가 싼 중동, 유럽 등의 업자에게 위탁되게 되어 도태가 진행되었다. 그 결과 특수한 전문분야에서 독자기술을 가지는 중소기업이 많이 살아남을 수 있다고 한다.

한국이나 일본시장 개척에 성공하고 있는 독일중소기업(주로 제조업)도 레이저 기술 등 한국, 일본 등의 메이커가 가지지 않는 독자적인 코어기술, 특수기술을 가지고 있는 곳이 많다고 한다. 한국·일본에도 독자기술을 가진 중소기업은 많이 있다. 독일·일본·한국 역시 중소기업은 자금력이 한정돼 대기업처럼 많은 투자를 해 해외시장을 개척하기 어렵다. 특히 해외시장에서는 지명도가 한정되는 가운데 판로개척도 공통되는 과제이다.

(2) 독일 중소기업의 해외전개 사례배우기

1) 베그라 – 국내에 생산거점을 남겨두고 국외시장을 공략함

베그라(BOEGRA)사는 자동차 엔진 등에 쓰이는 청동 베어링제조와 구리금형주조에 특화된 독일의 중소기업이다. 폴크스바겐(VW) 일부차종에서는 커넥팅 로드 베어링이라는 엔진의 핵심부품을 모두 이 회사제품이 차지할 정도로 구리가공에서 높은 기술력을 갖고 있다. 이 기술력을 강점으로 고객은 구미, 중동, 아시아로 넓어진다. 독일 자동차 메이커의 생산거점이 국외로 확대되는 가운데, 동사는 생산거점을 국외로 이전하지 않고 국제시장을 계속 개척한다. 그 기법과 성공비결에 대해 수출담당 안드레아스 프루그씨와 법무인사, 마케팅담당 크리스티안 슈나이더씨에게 들었다.

2) 내구성이 뛰어난 베어링 희석메이커

자동차엔진용 커넥팅로드는 엔진의 피스톤운동을 회전운동으로 변환하는 중요한 부품으로 엔진부품중에서도 특히 부하가 걸리는 부품이다. 이 때문에 그 베어링에는 매우 높은 내구성이 요구된다. 베글라는 금형주조로 이 베어링을 제조하고 있다. 대기업자동차 메이커가 북적거리는 독일에서도 대량생산할 수 있는 기업은 동사를 포함해 2개사 밖에 없다. 베그라의 베어링은 판을 감아 용접한 베어링보다 고가인데, 그 뛰어난 내구성이 평가되어 VW에 연간 1,000만개가 납품되고 있다. 특히 터보디젤차에서는 이 회사제품이 100%를 차지한다. 독일자동차 메이커를 뒤에서 지탱하는 키 플레이어다.

3) 생산거점은 국내에 남긴다

베글라(Vegla)는 납품처인 독일 자동차회사가 생산거점을 국외로 이전한 데 이어 2002년 공동출자자가 교체되면서 그동안 유럽지역판매를 주로하던 전략을 전환했다. 최근에는 브라질, 중동 등 시장잠재력이 있는 신흥국이나 시장규모가 큰 일본에 눈을 돌리기 시작하고 있다. 납품처 자동차메이커의 국외생산이 가속하고 있지만, 베글라는 생산거점을 독일국내에 둔다. 모두 자사내에서 제조함으로써 지적재산유출의 리스크를 극소화하고, 지적재산권 보호의 관점에서 독일국내에서의 생산을 좋아하는 중소기업은 많다. 베그라는 바로 그런 기업 중 하나다.

판매면에서도, 자사의 판매회사를 국외에 가지는 않는다. 유럽지역 외에서는 대리점이나 외국기업과의 전략적 제휴를 하는 방법을 취한다. 현재는 중국, 인도, 브라질, 미국, 이집트에 판매대리점 등이 있다. 판매대리점에도 제품에 대한 정기적인 연수를 실시하고 있지만 데이터나 기술적 노하우 전달에는 한도를 두고 있다.

일반적으로 대리점을 통한 비즈니스는 자사거점을 만들지 않아도 되는 비용상의 메리트가 있다. 예를 들어 문화나 언어 등의 장애를 현지인력을 고용하지 않고 극복할 수 있다. 그러나 비즈니스의 성패가 대리점의 능력에 따라 달라지는 것이나 고객과의 거리가 멀어져 요구파악이 늦어진다는 약점도 있다.

그래서 베그라는 신규 고객개척을 대리점에 맡기지는 않는다. VW 등 이미 국외에 거점을 가진 대기업 납품처와의 컨택트를 활용하거나 기업방문이나 견본시장에의 출전을 통해서 직접 컨택처를 개척함으로써 대리점 경유 비즈니스의 약점을 커버하고 있다. 수출담당 안드레아스 프루구씨는 당장 비즈니스로 이어지지 않더라도 미래의 비스니스 기회가 될 수 있다. 컨택트처의 개척이나 사전공작은 매우 중요하다고 말한다.

(3) 이노베이션력이 성공의 열쇠

1) 기술우위 내구성

베그라제품의 최대 매도 중 하나는 내구성. 최근 자동차엔진의 소형화가 진행되어 커넥팅로드용 베어링에 대한 부하가 늘어나고 있어 기존의 베어링보다 높은 내구성이 요구되고 있다. 베그라제품처럼 높은 내구성을 가진 부품을 만들 수 있는 기업은 거의 없다. "우리회사의 비즈니스 기회는 더욱 가속된다."라고 프루그씨는 자신을 나타낸다. 그러나 기존 기술력에 안주하는 것은 아니다. 베글라가 보여주는 시장동향에 준민(俊敏)한 반란도 해외시장 성공비결로 꼽힌다.

지금까지 엔진용 베어링의 일부에 납을 사용하는 것이 일반적이었으나 EU는 2011년부터 자동차업계에 대해 엔진, 에어컨 컴프레샤 등 자동차용 부품에 납을 사용하지 않도록 의무화했다. 근년에와서 기업을 포함해 각사가 납미사용의 베어링의 개발·판매를 실시하고 있다. 베그라는 예전부터 납미사용 제품에도 강해 규제도 한몫을 하고 있다. 현재 이회사는 연구기관과 공동으로 나노테크놀로지 분야에서의 연구개발 프로젝트를 수행하고 있어 다른 기업을 기술면에서 더욱 차별화를 계획하고 있다.

2) 곤경을 겪고 납품처 다변화에 임한다

타사의 추종을 불허하는 기술력을 가지고 있어 대기업자동차 메이커를 중심으로 전세계의 고객을 가지게 된다고 해도 경영이 순조롭게 진행되었던 것은 아니다.

매출액은 2007년 약 2,480만 유로로 사상최고를 기록했지만 금융위기로 인한 자동차산업의 심각한 불황의 여파를 맞았다. 2009년 매출액은 1,431만 유로로 급감했다. "타산업분야로 판로를 여러가지로 시도해 보았지만 위기의 영향은 전 업종에 이르렀기 때문에 최종적으로 인원감축을 피할 수 없게 되었다."라고 플루그씨는 되돌아 본다. 조업시간을 단축하고 인력을 대폭줄여 관리비를 줄임으로써 위기를 넘겼다.

자동차산업의 실적회복에 수반해 10년의 매상고는 1,835만 유로로 28%상회했다. 2011년에는 금융위기 전의 매출액(약 2,480만 유로) 수준까지 회복할 전망이다. 법무인사 마케팅담당 크리스티안 슈나이더 씨는 매출연간 1010억 원, 15%증가라는 건전한 성장을 목표로 하고 있다고 말하고 있다. 현재는 실적이 회복되고 있다고는 해도 금융위기때의 반성으로부터 자동차분야에의 의존도를 단계적으로 낮추고 리스크분산을 도모한다. 중장기적인 목표로서 타업종분야에서의 판로 확대를 진행시키고 있다.

10년후 시점에서 전매출액에 차지하는 자동차분야의 비율은 약 7할, 나머지 30%는 전기전자나 기계 등 30개 업종으로 나뉜다. 다른 업종에서 자동차와 비슷한 수주량을 달성하기는 어렵다. 하지만 매력적인 업종의 고객을 개척하기 위해 기업실적 및 제품품질의 향상에 노력을 계속한다고 플루그씨는 말한다. 탁월한 기술력에 가세해 타사에 항상 선행하려고 하는 적극성이 한층 더 리스크를 최소한으로 억제하는 기민한 대체력 등이 동사의 강점으로 평가되고 있다.

2. 이노베이션력으로 업계 톱에

(1) 업종추가 사세확장

턴커스 마시넨바우(Tünkers Maschinenbau)는 주로 자동차공장에서 사용되는 로봇부품을 제조판매하는 중소기업이다. 제품개발력과 제안력의 겸비 이른바 이노베이션력을 무기로 유럽의 모든 자동차 메이커에의 납품실적을 가진다. 적극적인 국외전개나 유연한 고용제도의 활용, 국외거점의 종업원에 대한 “독일혼”의 침투도 성공요인이 되고 있다. 판매 및 제품관리담당 올리버 빌류닝크씨에게 물었다.

1) 최대 산업로봇업체 표창

커스의 우위성은 그 이노베이션(innovation)력이다. 이 회사는 자동차 산업용 로봇부품을 비롯한 팩토리 오토메이션(FA) 부품을 제조판매하고 있다. 원래 FA 부품은 납품처의 공장에 맞추어 개별적으로 다른 것을 만들 필요가 있기 때문에 완전한 맞춤형으로 개발생산된다.

자동차 생산라인의 용접 등을 실시하는 로봇에 장착하는 부품을 개발하는 경우를 예로 들어보자. 생산라인이라는 한정된 공간안에서 장착하는 산업용 로봇에 완전히 적합하고, 고정밀 또는 난이도 높은 가공을 할 수 있는 제품을 개발해야 한다. 고객의 요구를 충분히 파악한 후 제안력이 필요하다. FA부품의 공급업체로서는 발주원인 산업용 로봇업체와 자동차회사에 자사제품의 우위성을 얼마나 효과적으로 어필할 수 있느냐가 승부를 판가름한다. 이 점에서 동사의 이노베이션력은 큰 강점이다.

이 회사는 폴크스바겐, 다임러, 르노외에 유럽의 모든 자동차회사의 생산라인에 납품하고 있다. 2008년에는 독일의 산업용 로봇메이커 최대기업 쿠카로부터 품질, 코스트, 납기가 높게 평가되어 우수 서플라이어상을 수상했다. 독일 자동차산업의 FA 부품업계를 지탱하는 톱 플레이어다. 최근의 자동차업계에서는 환경배려형 제품의 개발이 더욱 더 중시되고 있다. 이 회사는 에너지효율이 높은 제품 에코클램프를 개발했다.

이 회사의 제품은 압착공기 클램프의 일종으로 로봇에 부착해 부품을 고정하는 연결쇠로 에너지 절약에 의한 CO_2 삭감, 비용절감용으로 팔고 있다. 또 부품만이 아니고 완성품도 제조하고 있다. 전동이륜차에서는 미국의 "세그웨이"보다 저가격의 "MOVI"를 또 공항내에서 사용하는 전동스쿠터 등을 개발해 제조·판매하고 있다.

(2) 종업원 15%를 중국으로

1) 생산거점 수요현지로

지적재산권 보호의 관점에서 생산거점을 독일 국내에 남기는 중소기업이 많은 가운데 중국, 브라질, 미국 등에 생산거점을 둔다. 특히 중국에서는 제품의 종류를 확충하는 것과 동시에 품질을 높여 성장하는 중국시장에서의 쉐어확대를 목표로 한다. 이를 위해 전체직원의 15% 가량인 90여 명을 배치해 현지생산과 판매를 하고 있다.

빌류닝크는 생산거점을 국외에 적극배치하는 이유로 국외시장을 개척할 때 현지 대기업이 생산거점을 설립하도록 요구하는 것은 많지 않다고 말해 현지측의 요청이 있었음을 시사했다. 개발제안이 요구되는 산업에서는 고객 가까이에 공장을 두는 것이 중요할 것이다. 지적재산권 보호에 대해서 동사는 특허취득이상의 대책은 강구하고 있지 않다. FA 부품의 공급자는 한정되어 있다. 가짜가 나와도 당사제품에 비해 결함을 내기 때문에 즉시 알 수 있다.

2) 적극적인 국외전개가 불황시 성공

국외매출이 전매출액에서 차지하는 비율은 2010년 현재 약 34%, 11년에는 50%에 이를 전망이다. 이 적극적인 국외전개는 2008년 이후의 세계적인 금융위기에 있어서 리스크해지의 기능을 완수했다. 금융위기로 자동차산업은 큰 타격을 입었다. 동사는 매상고의 9할을 자동차산업이 차지하는 것에도 불구하고 영향은 미미했다. 금융위기의 영향을 가장 많이 받은시기는 나라마다 달랐다. 예를 들면 중국경제에의 영향은 유럽보다 느리고 게다가 보다 한정적이었기 때문에 독일과 중국에 주요거점을 두는 당사는 금융위기를 큰 손해없이 극복할 수 있었다(빌류닝크씨). 국외전개가 성공한 결과였다.

또 독일의 많은 기업은 초과근무 시간의 일부를 잔업비로 지급하는 대신 휴가로 대체하는 제도를 도입하고 있다. 그에 따라 실질적으로 임금지급액을 낮출 수도 있다. 이 제도의 활용도 금융위기하의 불황을 극복한 요인 중 하나였다. 동사의 경쟁력은 이노베이션력에 가세해 적극적인 국외 전개나 유연한 고용제도에도 있을 것 같다.

중국, 브라질, 미국의 자사거점에 가세해 스웨덴, 오스트레일리아 단, 아프리카공화국 등에 판매대리점을 둔다. 현재, 동사가 노리는 것은 경제성장이 현저한 아시아 시장이다. 중국에 자사거점을 짓는 한편, 자동차산업의 시장잠재성이 높은 태국, 인도네시아, 말레이시아의 시장개척에 임하고 있다. 말레이시아에서는 자동차산업 파트너를 물색했다는 대리점을 거래처로부터 소개받았다.

한편 자동차시장의 크기에 착안해 오랜세월 시장을 개척하고 있는 일본에서 생각만큼 성과가 오르지 않고 있다. "일본의 자동차산업에 있어서의 대기업과 써플라이어 간의 강한 연대감은 평가해야 하지만, 국외기업에 있어서는 진출이 어려워진다." 국외시장 개척은 비용이 많이 들기 때문에 현지의 거래처 기업, 대리점와 독일 상공회의소 등 공적기관을 활용해 비용을 억제하면서 시장 잠재성이나 경쟁상황을 분석하고 있다고 한다.

 중소기업 지원과 플로우/스톡사업의 중요성

(1) 핵심지원 어드바이스

경제산업성을 중심으로 일본에서 중소기업지원의 중요성이 제기되어 일본 변리사회도 지적재산지원센터나 지적재산 캐러밴을 비롯한 다양한 시책을 적극적으로 실시하고 있다. 중소기업지원에 대해서는 "변두리 로켓"과 같은 중소기업의 저력과 중요성을 소재로 한 프로그램도 인기를 나타내고 있다.

하지만 실제현장에서는 마찰도 많다. 또 서투른 어드바이스로 그 중소기업에 있어서 피해가 되어 버리는 일도 있다. 이러한 점에서 중소기업의 지원에 관한 핵심이 되는 점을 언급하고자 한다.

1) VRIO 분석과 우리의 존재의의

21세기초 제이 B. 바니의 기업전략론 속에서 기업의 내부역량분석에 활용되는 프레임워크로 VRIO 분석이라는 경영분석법이 제창되고 있다. 최근 들어 유명해진 경영분석법의 요점은 "지속적인 성공"을 거두기 위해서는 "V" "R" "I" "O"의 머리글자로 나타나는 모든 요소를 갖추지 않으면 안 된다는 이론인데, 이 중 "I"가 "모방곤란성"이며 또한 그 "모방곤란성"을 획득하는 유효한 수단의 하나로서, 특허권이나 상표권 등의 지적재산권의 획득이 강조되고 있는 점에서 지적재산권에서는 관계자에게 인연이 깊은 경영분석이라고 할 수도 있다.

2) 여기서 VRIO 분석의 "V" "R" "I" "O"의 의미는 이하와 같다

- V: Value 가치
- R: Rarity 희소성
- I: Inimitability 모방곤란성
- O: Organization 지속성을 유지하기 위한 조직성

여기서 "모방곤란성"에는 "특허권 취득"이라는 것이 큰 팩터로서 들어온다. 이 때문에 지적재산 관계자에게는 관계가 강하고 어떤 의미에서는 지적재산 관계자라면 누구나 알아야 하는 경영분석법이 된다.

그런데 상기의 "V" "R" "I" "O"의 편성으로 어떠한 상태가 되는지를 나타낸 것이 이하의 것이다.

- V R I O: 지속적 경쟁우위
- V R I: 잠재적 경쟁우위
- V R: 일시적 경쟁우위
- V: 경쟁균형
- 하나도 없음: 경쟁열위

V R I O가 하나도 없으면 경쟁열외로 말이 안 된다. 그 한편 그것들이 전부 갖추어지면(VRIO가 되면) "지속적 경쟁우위"가 되는 것이다. 하지만 우리가 주목해야 하는 것은 'VR'과 'VRIO'의 차이, 바꿔 말하면 'IO'가 있는 경우와 없는 경우의 차이이다.

3) VRIO 분석에 의하면

VRIO 분석에 의하면 "VR"에 "IO"가 도착함으로써 "일시적" 경쟁우위가 "지속적" 경쟁우위로 변화한다. 반대로 말하면 "IO"가 없으면 그것은 "지속적"인 경쟁우위가 아니고 단순한 "일시적"

인 경쟁우위(=일시적 성공)에 지나지 않는다.

그래서 적절히 지재권을 취하는 것에 의해서 "모방곤란성"을 획득하는 것이며 여기에 특허권 등의 지적재산권의 출원권리화를 업으로 하는 우리변리사의 존재의 의의, 그것도 경영전략상 존재 의의가 있는 것이 된다.

따라서 특히 중소기업쪽에서 자주 묻는 왜 특허를 받아야 하는가?! 그것을 따는 것이 대체 무슨 의의가 있는가?라는 질문에 대해서는 그것은 독점배타권에 의해 모방을 방지하고 운운하는 등 아첨하지 않고 단순하게 모방곤란성(I: Inimitability)을 획득함으로써 일시적 경쟁우위를 지속적 경쟁우위로 승화시키기 위함이라고 대답하면 된다.

당연한 일이지만 단순한 일시적 경쟁우위에 취해 그 상태에 만족하고 있는 경영자에게는 그 소리는 미치지 않는다. 그렇지만 일시적 경쟁우위를 지속적 경쟁우위로 승화시키는 향상심이 없는 경영자에게 있어서는 지식재산권 획득이라는 것은 그야말로 "고양이 금판"이며 지식재산권에 대해 논의를 할 자격이 없다. 또 우리도 그러한 경영자와 교제할 수 있을 만큼 한가하지 않다.

경험으로 볼 때도 모방곤란성(I)을 획득함으로써 일시적 경쟁우위를 지속적 경쟁우위로 승화시

그림10-1 기업문화 조직체계 구축모형

강소기업의 문화적 조직체계 기반구축

기업이 차별화하려면 경영자의 뚜렷한 경영철학과 그 기업의 기업문화가 옳게 조성됐을 때 가능하다는 것은 여러 선행연구자들이 실증하고 있다. 기업이 차별적 강소화한다는 것은 지속적인 연구개발이 뒤를 받쳐주어 시대변화에 대응하는 적응력이 배양되었을 때 가능하다.

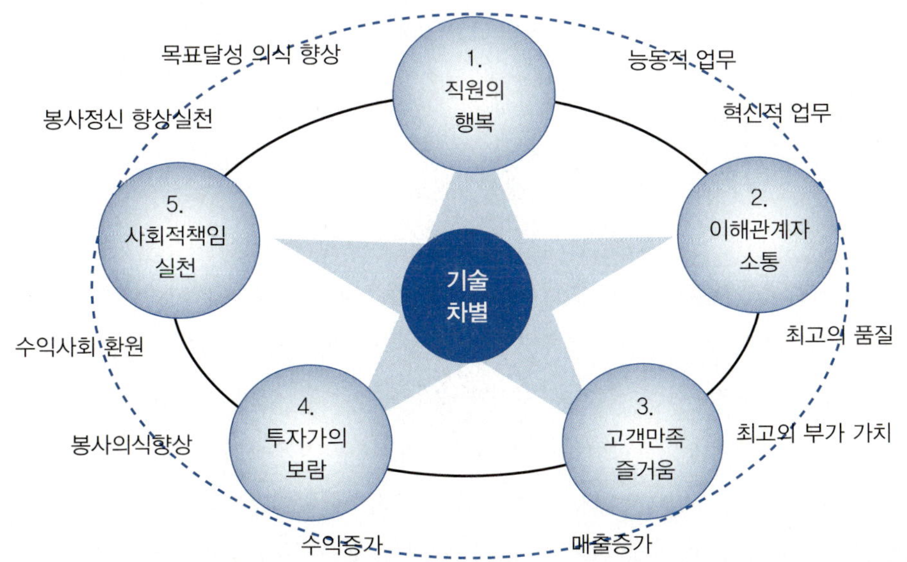

키기 위해서라고 말한 데 대해 무반응한 경영자와 사귀어 이득을 본 적이 없다. 대부분 귀중한 시간낭비가 된다. 그런데 VRIO 분석이라고 하는 것으로부터 지재권을 취득해 모방곤란성(I)을 획득하는 것의 의의에 대해서는 알았다. 하지만 일부학자나 변리사 등은 VRIO분석의 이론을 가지고 그야말로 귀신의 목을 자른것처럼 지적재산 만능주의 같은 핑계를 대기도하지만 사실은 적절히 지재권을 취함으로써 모방곤란성(I)을 획득하는 것만으로는 부족하다.

현명한 독자라면 벌써 눈치챘을 거라고 생각하지만 "O:Organization 지속성을 유지하기 위한 조직성"이다. 특허권에 의한 독점성을 담보할 수 있는 조직이 없다면 특허를 취득해도 전혀 무의미한 것이다. 실제로 특허에 대하여 권리행사를 하는 어떤 기관 또는 수단을 가지고 있지 않는 조직의 특허 등 그것은 '법률이나 벌칙만큼 그것을 준수시키는 경찰기구와 같은 것이 존재하지 않는 국가'와 같은 것이다. 그런 조직(회사)의 특허 등 그야말로 유린당할 뿐이며 단지 정보개시를 하는 것에 지나지 않는 결과가 된다.

〈그림 10-1〉을 참고로 기업실태를 분석과 조직강화발전의 방향을 선도하는 일이될 것이다.

(2) 조직적 계속성과 가치+희소성

덧붙여서 O(= 조직적 계속성)를 갖추는 것의 중요성에 대해 제대로 인식하고 있는 "경영자 혹은 경영 어드바이저"에서 정말로 확실한 사람은 I(= 모방곤란성)를 확립하고 나서 O(= 조직적 계속성)를 생각한다고 하는 것이 아니라 O(= 조직적 계속성)를 생각하고 그 디자인을 한 다음부터 그 중에서 어느 부분을 I(= 모방곤란성)로 할까를 생각한다. 그것은 확실히 특허제도 본래의 "우선은 남는 사업을 디자인하고 나서 그 사업을 지키기 위해서 특허를 취한다. 그리고 특허를 받기위해 특허출원을 한다."는 절차다.

중견·중소·벤처용의 본격적인 지적재산지원&사업화지원 서비스를 실시하기 위해서는"VR(= 가치+희소성)"의 정서는 이제 필요없다. 필요한 것은 오히려 우선은 남는 사업의 디자인(= 조직적 계속성)을 하고, 그 중에서 어느 부분을 I(= 모방곤란성)로 할지를 생각해 거기에 정확한 특허를 받는다고 하는 경영의 전문가 또는 거기에 필적하는 어드바이저 기관이 필요하다. 우리 변리사는 이를 확실히 염두에 두고 중견·중소·벤처용 지적재산지원이나 사업화지원을 할 필요가 있을 것이다.

사업의 확장과 성장매트릭스 여기에서 VRIO가 모두 갖추어진 조직(기업)이 있었다고 하여 그 조직(기업)이 채용하는 성장전략에 따라 어떤 조언을 해야 하는 것일까. 일반적으로 만약 그것이 VRIO의 모든 것이 갖춰진 제대로 된 조직(기업)이라고 한다면 이른바 "성장전략"이라는 것은 성장 매트릭스에 따라 이루어진다.

여기서 만약 대상기업이 '시장(고객)의 신규개척'으로 갈 경우에는 같은 상품·서비스를 미개척 시장으로 확장할 뿐이므로 지적재산권을 생각할 필요는 별로 없다. 그런데 "상품·서비스의 신규개척"에 가는 경우에는 그것을 위한 신기술이나 신상품 등이 나오기 때문에 특허권이나 상표권의 취득의 필요성이 나온다. 물론 다각경영을 실시하는 경우에는 시장(고객)의 신규개척과 상품·서비스의 신규개척이 모두 동시에 이루어지기 때문에 "상품·서비스의 신규개척"으로 가는 경우와 마찬가지로 지적재산권을 정확하게 취득해 나갈 필요가 있다.

"중소기업의 지원"이라고 하는 것을 일본 변리사회가 노래하고 있는 것은 지금까지 고객이 아니었던 곳에의 진출이기 때문에 "시장(고객)의 신규개척"이라고 하는 전략을 취하고 있는 것이 된다.

(3) 플로우(flowl) 사업과 스톡(stock) 사업

1) 플로사업 비즈니스

예를 들면 유니클로와 같이 계절이나 유행에 의해서 매상이 오르내리는 사업을 "플로사업(플로비즈니스)"이라고 한다. 이것에 대해서 전력회사나 전화회사와 같은 것은 한 번 가입하면 매월 거의 일정한 수입을 얻을 수 있게 된다. 게다가 월 매출변동은 그다지 없다. 이러한 비즈니스 형태를 '스톡사업(스톡 비즈니스)'이라고 한다. 여기서 스톡 비즈니스라는 것이 특수한 것은 아니다.

예를 들어 마이크로소프트를 보면 알 수 있듯이 소프트웨어를 매출하는 단계에서는 거의 완전한 흐름 비즈니스이지만 고객의 PC에 소프트웨어가 들어간 후에는 버전업이나 관련 소프트웨어의 매출 등에 의해 스톡화된다. 복사기회사로서 목적은 "스톡 비즈니스화"이다. 즉 복사기의 판매자체는 흐름 비즈니스 그 자체이지만 한 번 복사기가 납품되면 복사카운터에 따라 퍼포먼스 충전이 걸린다.

종이나 토너 등은 그 복사기가 있는 한 계속적으로 매상이 생긴다. 플로 비즈니스는 돈을 많이 벌기 때문에 상표는 예를 들어 히트테크나 에어리즘처럼 소비자 마음에 꽂히는 것처럼 자극적이고 공격적인 것이 된다. 이 한편으로 스톡 비즈니스의 쪽은 "도쿄전력"이라든지 "일본전신전화"라고 한 것처럼 어느 쪽인가 하면 평범한 것이 많다. 따라서 대상회사가 플로 비즈니스의 경우 네이밍과 마케팅능력을 갖추지 않으면 조언을 제대로 해줄 수 없다. 이것에 대해서 하수도시설 비즈니스의 경우에는 불필요하다.

그런데 불황에 강하고 끝까지 남는 것은 스톡 비즈니스 쪽이다. 때문에 많은 벤처기업은 스톡 비즈니스화를 목표로 한다. 그 스톡 비즈니스를 디자인할 때에 독점배타권인 지적재산권의 역할은 지극히 크다.

2) 수주산업과 전망산업

매출이란 새삼스럽게 여기서 말할 것도 없고 상품단가에 매출수량을 적산함으로써 산출된다. 여기서 이 "상품단가"를 결정하는 권능(즉, "가격결정권")을 갖추고 있는 산업을 "전망산업", 갖추지 않은 것을 "수주산업"이라고 부른다. 하청업체는 대부분 수주산업이다.

수주산업에 특허권은 필요없다. 수주산업이 실시하는 것은 발주처가 말한대로의 것을 시키는 기간내에 완성하는 것이다. 거기서 행해지는 "고안"이라고 하는 것은 요구된 내용과 품질의 제품을 얼마나 빨리, 얼마나 싸게, 확실히 납품하는 것을 실현시키기 위한 것으로 기본적으로 품질이나 성능 등의 차별화를 위한 신기술은 필요없다. 따라서 특허권을 딸 필요도 없다면 애당초 그런 생각을 할 필요조차 없다.

만약 수주산업에 특허권이 필요하다고 하면 그것은 원청과의 관계를 강화하기 위한 특허이다. 일본의 많은 중견기업이나 중소기업이 특허를 취득하지 않는 것은 그들 대부분이 수주산업이기 때문이다. 다만 수주산업이라고 해서 나쁠 것만은 없다. 수주산업이기 때문에 복잡한 마케팅이나 브랜딩 등을 실시할 필요도 없다. 원청과의 관계를 양호하게 유지하기만 하면 수주도 매출도 확보할 수 있기 때문에 예상산업보다 훨씬 안정적이다.

수주산업에는 특허권도 상표권도 필요없다. 이러한 곳에 특허의 취득을 권유한들 그 의의도 이해되지 않고 그 이점을 알 수 있는 것도 없을 것이다. 대체로 어설프게 이해하고 원청에 강하게 나서거나 하면, 그야말로 원청으로부터 "건방지다"라고 생각되거나 하여 관계를 깨뜨릴 뿐이다. 그러나 이 수주산업이 전망산업으로 바뀌기를 원할때는 사정이 달라진다.

그 때에는 특허가 필요하게 되는 것이다. 실제, 롬이나 무라타제작소, 일본덴산과 같이 부품메이커여도 "전망산업"인 곳은 얼마든지 있다. 이러한 곳의 특허전략이 중요한 것은 말할 필요도 없다. 이처럼 상대방이 수주산업인지, 전망산업인지에 따라 지적재산권을 취득하는 의의는 크게 달라진다. 대상기업의 산업유형에 따라 지적재산권 취득 및 기타전략은 잘 구분되어야 한다.

(4) 최강의 경영을 지향하여

여기까지 설명하면 현명한 독자분께서는 이미 간파되었다고 생각되지만, 세상에서 '최강'의 사업패턴이라는 것은 '전망산업'이며 또한 '스톡 비즈니스'의 경우이다, 최약의 사업패턴이라는 것은 수주산업이며 '플로 비즈니스'의 경우이다. 즉, "지적재산전략"이라는 것을 포함하는 "사업전략" 내지 "경영전략"이라는 것은, 요점을 어떻게 자신의 사업을 이 "최강"의 사업패턴으로 가져갈 것인가에 귀결한다.

예를 들면, 단순한 소프트웨어의 제조판매회사에 지나지 않았던 소프트뱅크라고 하는 회사가, 어째서 "최고가의 전화회선에 자동적으로 접속하는 장치"의 제공을 개시해 한층 더 주위의 반대를 무릅쓰면서까지 보더 폰이라고 하는 통신회사를 매수하게 되었는가.라고 하는 것의 이유를 알 수 있을 것이다. 물론 휴대전화 통화료로 돈을 버는 통신사는 전형적인 최강사업패턴이다. 요컨대 소프트뱅크는 "최약"의 사업패턴으로부터 "최강"의 사업패턴을 향해서 오로지 계속 달리고 있었던 것이다.

중소기업지원과 자신들의 사업(변리사업)과의 관계 특허사무소 비즈니스라는 것은 이전에는 가격결정권도 있던 전망산업이었다. 그리고 또한 언뜻보면 플로 비즈니스처럼 보이는데, 실은 거의 완전한 하수도시설 비즈니스였던 것이다. 비록 고문계약은 없지만 고객으로부터는 거의 일정수의 출원의뢰가 약속되어 있는 것과 같았고, 그렇게 간단히 끊어지는 일도 없었다. 대체로 이전에는 "상표등록의 갱신"도 "출원"이었기 때문에, 20만엔 정도의 고액의 수수료를 받을 수 있었다. 등록상표를 10만건이나 관리하고 있으면 매년 거의 1만건의 갱신출원 바꾸어 말하면 20만엔×1만건=20억엔의 매상이 매년 보증되고 있었던 것이다. 이것이야말로 하수도시설 비즈니스의 으뜸이었다.

그런데, 지금의 특허사무소의 대부분과 일부의 법률사무소는 완전 "최약" "수주산업"인 동시에, "흐름 비즈니스"가 되어 버렸다. 스스로 가격결정권도 없고 매출안정도 없다. 변리사회가 과거에 정하던 표준요금은 완전히 철폐되었고 가격은 모두 고객이 결정하고 있다. 때문에, 거의 완전한 수주산업이다. 또 이전과 달리 고객은 손쉽게 특허사무소를 자른다. 따라서, 고문계약이 없는 특허사무소 등은 완전한 플로우 비즈니스이다.

반대로, 그러한 상황이기 때문에 중견·중소·벤처전용의 지적재산지원이나 사업화지원이라고 하는 것을 실시할 때에는, "우선은 참호부터 시작하라"라고 하는 것으로 우선은 자신의 사무소를 이 "최약"의 상황에서 벗어나도록 생각하고 움직여 보면 좋을 것이다. 그리고, 자신의 사무소를 이 "최약"의 상황("수주산업"이며, 한편, "흐름 비즈니스")에서 빠져나오기 위해서 여러가지 생각하고 실행하는 것이야말로, 중견·중소·벤처전용의 지적재산지원이나 사업화지원이라고 하는 것을 실시할 때의 좋은 운동이 된다.

(5) 출원권리화 사업의 현실과 장래성

이미 말한 것처럼 변리사업계는 최근 몇 년 새 순식간에 "최강"("전망산업"이며, 또한 "스톡비즈니스")에서 "최약자"("수주산업"이며, "플로 비즈니스")로 전락했다. 이것이 지금 우리에게 벌어지고 있는 현실이다. 그리고 지금 우리의 업계라고 하는 것은 큰 전환기에 와있다고 해도 과언이 아니다. 실제, 특허권 침해의 재판이 되면 그 특허권의 반은 무효가 되어버리는 것이다. 이는 곧 지금까지 누적돼 현재도 유효하게 존속하고 있는 약 300만 건의 특허 중 절반인 약 150만 건의 특허가 사실상 무효라는 것을 의미한다.

이대로의 상황이 계속되면 이제 유효한 기술을 찾아낸들 일본에서 특허를 적극적으로 취득하려고 하는 사람은 없게 될 것이다. 실제, 특허계쟁의 전장을 일본에서 중국으로 옮기기(즉, 일본기업이 일본기업을, 중국의 재판소에서 고소한다)와 같이 중국에서의 특허취득을 적극적으로 실시하는 일본기업도 증가하고 있으며, 일본에서 특허는 취득하지 않는다. 공동연구처나 거래처로부터 수주를 받았을 경우에만 그 범위에서 최저한의 특허를 취득하도록 한다.라고 하는 것을 "지적재산전략"의 폴리시로 내거는 벤처도 적잖이 생겨나게 되었다.

상표도 현재 일본상황에서는 상표권자측이 소송을 당하는 쪽보다 유명하거나 사업규모가 크지 않으면 재판에서 이길 수 없다. 등록주의 시정쪽의 사상이 너무 강해 사실상의 출처혼동이나 자유계약자 사실이 요구되어, 단지 상표권자라고 하는 것만으로는 이길 수 없는 것이다. 요점은 부정경쟁방지법과 아무것도 다르지 않다. 상표권을 갖고있어도 부정경쟁방지법으로 이길 수 있는 것이 아니면 이길 수 없기 때문에 아예 상표등록을 적극적으로 한다는 것 자체가 무의미하다.

그보다는 오히려 부정경쟁방지법으로 이길 수 있는 상황을 만들도록 노력하는 편이 훨씬 낫다. 실제로 그동안 신상품이 나올때마다 일일이 상표등록을 하던 기업들조차 사용주의인 미국기업의 전략과 비슷해져 이런 상표등록을 허비하고 쉽게 출원하지 않기도 한다. 물론 그러한 것의 좋고나 쁨에 대해 여기서 논할 생각은 전혀 없지만 확실히 말할 수 있는 것은 특허출원도 상표등록출원도 그 의의가 현저하게 저하되고 있는 것이 현실이라는 것이다.

그리고, 실제의 실무가 그렇게 되어있기 때문에 "이러한 상황에서 특허출원이나 상표등록출원을 적극적으로 권하는 변리사의 존재라는 것은 도대체 어떠한 것인가"라고 하는 것이 되어 버린다. 지금 일본에서 오히려 필요한 것은 기술적 사상에서도 상표에서도 부정경쟁방지법에서도 이길 수 있는 체제와 사실(증거)을 만들기 위한 어드바이스를 실시할 수 있는 변리사야말로 필요하지 않을까. 그렇게 보면 과연 성장매트릭스에서 "시장개척전략"을 채택하는 것이 정말로 좋은 것인지,

지금 시점에서 진지하게 생각하지 않으면 안 될 것이다.

지금까지, 여러 가지 경영이론 외를 소개하면서 중견·중소·벤처전용의 지적재산지원이나 사업화지원을 실시하는 것에 대해 설명을 해 왔지만, "육아는 아이를 기르는 것만이 아니고 그것을 통해서 자기자신을 기르게 된다"라고도 말해진다. 또, 남을 가르치는 것은 그 과정에서 많은 발견이 있어 가르치는 사람에게도 매우 좋은 경험이 된다. 바꿔 말하면, 중견·중소·벤처전용의 지적재산지원이나 사업화지원을 실시하는 것은 절대로 자신에게 도움이 된다. 자신의 사무실 경영에 좋은 영향을 미치게 된다.

그러므로 중견·중소·벤처전용의 지적재산지원이나 사업화지원을 실시하는 변리사의 체험은 그것이 상대방에게 도움이 될 뿐만 아니라 자기자신을 위해서도 도움이 된다고 생각하고, 그것을 적극적으로 실시해 주었으면 하는 것이다. 실제로 현장 중소기업들도 이를 강력히 원하고 있다. 그리고 내가 여기까지 쓰는것은 이것을 읽고 있는 독자에게는 분명 그 능력도 자격도 그리고 뜻도 있는 것이라고 그렇게 확신하기 때문이다.

 중소기업의 미래를 만들다

(1) 인구감소 대응은 경영진화의 기회

1) 유연하고 강인한 조직만들기

진단사가 완수해야 할 진화에의 사명에 대하여 본절은 특히 인력부족시대의 중소기업 경영에서는 앞으로의 중소기업이 실시해야 할 경영에 대해서 그 대응책을 사람중심으로 말해 왔다.

■ 중소기업의 '사람' 문제를 규명한다

- '채용력'을 강화하기 위해서
- 다양한 인재의 참가촉진
- 중소기업의 "인력부족"을 "채용없음"으로 극복한다.

라고 하는 테마마다 전개해 왔지만, 여기서 전하고 싶었던 것은 중소기업이 어떻게 향후의 구조적인 인재난을 극복해 나갈것인가 하는 방법론이다.

"채용력 강화", "채용대상 확대", "생산성 향상"이라는 대책은 각각 유효하지만 가능하면 이 3

개에는 병행하여 대처하여 가야한다고 생각한다. 즉, 채용력을 강화해도 대상을 넓히지 않으면 다양한 조직을 만들 수 없고, 채용만 계속해도 생산성을 높이지 않으면 비용만 올릴 뿐이다. 필요한 인재를 다양성으로 확보하면서도 생산성을 높여 유연한 변화대응력과 강인한 업무수행력을 겸비한 조직을 만들어 나가야 한다.

그렇다고는 해도, 실제로 중소기업이 그러한 자기변혁의 활동에 어디까지 대응할 수 있을까. 말하기는 쉽지만 그것을 자력으로 실행에 옮기는 것은 꽤 어려움이 있다.

중소기업은 상품개발에서 판매까지의 라인활동에는 힘을 발휘하지만 사람을 중심으로 하는 관리활동에는 충분한 노하우도 주력하는 파워도 없는 경우가 많다. 그렇기 때문에 진단사나 각종 정책에 의한 지원이 필요한 것이다. 물론 타력본원 뿐만 아니라 스스로의 자구노력을 촉구해 나가면서의 지원이 요구된다.

(2) 국가의 정책동향이나 기술동향에 대하여

1) 일역총활에서 근로방식 개혁으로

2016년 6월 각의 결정에서 일역총활플랜으로 동일노동, 동일임금 실현, 장시간 노동시정, 고령자의 취업촉진 등이 발표되었다. 그러한 대응을 진행시켜 나가는데 있어서 생산성 향상이라는 관점은 잊어서는 안 된다. 생산성을 향상시키지 않고 노동시간을 줄이면 퍼포먼스감소로 이어진다. 그 움직임에 따라 “근로방식개혁 실현회의”가 설치되어 몇개의 테마에 대해 논의를 개시했다.

주된 테마는 국가의 정책에 관해서는 개인의 시점, 기업의 시점, 사회의 시점이라고 하는 넓은 시야에서 입안이 이루어지고 있다. 우리나라의 미래를 그리는데 있어서는 그러한 다면적이고 부감적인 시점이 불가결하고 중소기업도 그 사회시스템의 일원으로서 자기변혁에 노력해 갈 필요가 있다. 경영자는 이러한 근로방식개혁의 물결을 오히려 경영진화의 찬스로 파악해 어떠한 경영을 실시해야 하는지 정비해야 할 제도나 구조를 어떻게 구축할 것인지, 인재확보에 대한 대응과 생산성 향상을 양립시켜 어떻게 경쟁력을 높여가야 하는지를 생각해 주었으면 한다.

근로방식개혁실현추진실 설립당시 아베 신조 일본총리는 이렇게 발언됐다(요약). 근로방식개혁에 드디어 지금부터 우리는 착수하게 되지만, 일억총활약 사회를 목표로 하는 우리에게 있어서 최대의 도전이다. 그것은 사람들의 라이프스타일에 직결하는 것이며 경영자·기업에 있어서도 매우 큰 과제이다. 그만큼 어려움이 많지만 저도 앞장서서 해나갈 결의이다. 국가의 진정성을 엿볼 수 있는 코멘트이며 기업도 진심으로 임해야 할 테마라고 인식되었다.

(3) 제4차 산업혁명

산업혁명은 세 차례에 걸쳐 진행돼 왔다.

- 제1차 산업혁명 ; 증기기관의 발명에 의한
- 제2차 산업혁명 ; 석유와 전력의 활용으로 대량생산을 가능하게 한
- 제3차 산업혁명(정보혁명) ; 컴퓨터제어를 활용한
- 제4차 산업혁명 ; 핵심기술인 IoT, AI, 로봇, 빅 데이터 등은 근로방식이다.

이는 독일에서 선언된 것으로 일의 내용에도 큰 변화를 가져올 것이다. 라인의 업무인 제조나 조달 등은 로봇이나 IoT에 의해 성인화되어 갈 것이다. 영업·판매라고 하는 대인적인 일도 마찬가지로 AI, 빅 데이터 등에서 자동화되어 간다고 생각된다. 서비스분야에서도 AI나 로봇으로 대체되어 관리적인 일은 AI나 클라우드에 맡겨지게 될 것으로 생각된다.

반면, 상류공정이라고 불리는 일, 예를 들어 경영기획, 마케팅, 연구개발 등의 일은 증가하고 또한 데이터 사이언티스트 등 최신기술에 대응하는 인재가 필요하다. IT관련 업무도 하이스킬, 미들스킬 모두 증가할 것이다. 그러한 동향을 주시하면서 자사의 어느 업무에 있어서 생산성 향상 대책을 세워나가야 할 것인가. 현재의 연장뿐 아니라 이노베이티브한 발상도 필요하다.

기술의 이용 외에도 전략적인 아웃소스의 활용이나 타사와의 얼라이언스에 의한 비즈니스 모델화 등이 증가할 것이다. 이것을 기회로 보지 않으면 경영자 실격이 아닌가. 문제는 그런 역동적인 경영개선을 중소기업 사내에서 누구에게 맡겨야 하느냐다. 아무래도 사외지원자가 필요할 것이다. 중소기업 진단사가 나설 차례다.

(4) 산업경제 중소기업의 대책

환경변화 속에서 산업을 관할하는 경제산업성 중소기업에서 “인력부족 대응연구회”를 포함 3개의 연구회가 시작되었다.

1) 겸업 부엌창업 신사업창출연구

겸업·부업을 통한 창업·신사업창출에 관한 연구회에서는 겸업·부업에 관한 기업의 메리트로서 인재육성으로 연결되는 것, 우수한 인재의 획득이나 유출방지의 효과, 새로운 지식이나 고객

등의 경영자원을 획득할 수 있는 것 등을 들고 있다. 반면 단점은 본업에 지장을 줄 리스크, 인재 유출위험성, 종업원의 건강배려문제, 정보유출 등을 들고 있는데 그것을 근거로 해서 촉진해야 할 가치가 있다고 평가하고 있다. 기본적인 방향성으로서 노동자의 자유로서의 겸업·부업을 인정해야 하며, 그 정확한 이해촉진과 의욕적인 기업의 지원이라는 방침을 내세웠다.

2) 고용관계에 근로방식에 관한 연구

고용관계에 관계없이 근로방식에 관한 연구회에서는 근로방식의 선택사항을 늘림으로써 개인의 라이프 스테이지에 맞는 유연한 근로방식을 선택할 수 있는 사회를 만드는 것을 목표로 한다. 이를 통해 다양한 인재의 참여를 촉진하고, 노동공급의 폭을 넓혀 가겠다는 목적이다. 그러기 위해서는 일꾼의 스킬업이 중요하다고 생각해 플랫폼이나 공공·업계단체 등이 교육의 장소를 제공하는 것을 필요로 하고 있다. 그리고 일하기 위한 환경정비를 하고 안전망 등의 대책을 실시해 기업의 사례를 늘려 수평전개해 나갈 방침을 내걸었다.

3) 중소규모 사업자의 일손부족대응연구

중소기업·소규모 사업자의 일손부족대응 연구회에서는 기본적인 생각으로서 심각해지는 일손부족을 변혁·성장을 위한 기회로 삼아, 여성·고령자·외국인 등의 다양한 인재에 시야를 넓혀 인재를 확보하는 동시에 다양한 방법으로 노동생산성을 향상시켜 가는 것을 목표로 하고 있다. 그 전제로서 중소기업의 중요한 시점으로서 경영과제나 업무, 생산성이나 구인상, 그리고 인재모집이나 직장환경을 재검토하는 것을 제창하고 있다. 각각이 산업진흥에 기여하는 시책을 아웃풋하고 있다.

표 10-1 경제산업성·중소기업청의 3개 연구회

연구회	명목적
1. 겸업·부업을 통한 창업·신사업창출에 관한 연구회(중소기업청 경영지원부 창업·신사업촉진과)	이노베이션촉진, 인재확보, 인재육성, 창업촉진 등 다양한 효과로 이어질 수 있는 겸업·부업을 촉진한다.
2. 고용관계에 관계없이 일하는 방법에 관한 연구회(경제산업성 경제산업정책국 산업인력정책실)	프리랜서 얼라이언스라는 '고용관계에 의하지 않는 근로방식'을 근로방식의 선택사항으로 확립시키기 위해 현황과 과제를 정리한다.
3. 중소기업 · 소규모 사업자의 인력부족 대응연구회(중소기업청 경영지원부 경영지원과)	100개가 넘는 전국의 인재 활용 모범사례에서 일손부족 대응의 세 가지 단계를 추출하여 가이드라인으로서 정리한다.

경영 성공포인트 ⑲

1. 이 세상에는 당신보다 똑똑한 사람이 많다.

성공하는 인물은 자신이 새로운 아이디어를 떠올리고 문제점을 깨닫는 것은 다른 사람들도 하는 일이라고 여긴다. 단순이 아이디어를 만들고 문제점을 해결하는 것만으로는 성공을 거두기 어려우며 두각을 나타낼 수 있는 방법은 딱 한 가지이다. 바로 꿀벌이 꿀을 모으는 것처럼 겸손한 마음으로 다른 사람의 장점과 좋은 아이디어를 끊임업이 배우고 습득하는 것이다.

- 절대로 당신의 지혜가 충분하다고 착각에 빠지지 마라. 크나큰 위업은 머리로 만들어지는 것이 아니라 훌륭한 인격으로 이루어진다.

2. 마지막 결승점까지 완주하라

이 세상에는 끈기를 대체할만한 것은 없다. 높은 학력, 부유한 가정, 권력을 가진 친구 등 어떤 것도 이를 대체할 것은 없다. 모든 성공은 보통사람들이 포기하고 뒤돌아서는 순간 완성된다. 보통사람들이 상상할 수 없는 강인한 끈기를 발휘하여 승리를 쟁취한다.

곤경에 빠졌을 때 도대체 문제의 시발이 어디에 있는지 살펴보라, 때로는 해결할 수 있는 열쇠가 바로 옆에 있는데도 미쳐 깨닫지 못할 때가 있다.

제2절 기업성장을 위한 성공포인트

1. 성장과 가치향상을 위해 기업혁신

(1) '기업혁신' 수행의 필요

기업의 혁신은 끊임없는 수행을 통해 경쟁력을 강화하고 성장기업의 가치향상으로 존재의의가 있다. 그러나 기업을 둘러싼 사회환경이 크게 변화하는 가운데, 많은 기업들이 변화의 필요성을 이해하면서도 수익의 대부분을 한 번의 성장시장(성숙하는 시장)에서 얻고 있다. 혁신을 위해 대담한 전략전환을 단행하지 못하고 있다, 손재주의 변혁에 착수하는 정도에 그쳐 차기성장을 달성하지 못한 결과 경제전체가 정체되어 버리는 현상이 보인다.

이러한 상황을 타개하기 위해서는 각 기업이 변화하는 사회환경에 차기성장시장의 싹을 감지하고 이 시장을 메인타겟으로 결정, 지금까지 기업을 구성해왔다. 다양한 「구조」를 최적의 형태로 변화하는 것은 물론, 직원의 행동양식이나 사고 등 눈에 보이지 않는 '기업문화'까지 일신하는 등 '기업혁신'을 수행하는 것으로, 차기 성장달성과 기업가치의 향상을 도모하고 경제전체가 "다음 10년"으로 다시 성장궤도를 되찾을 수 있도록 주도적인 역할을 해야 한다. 또한 각 기업이 차기 성장시장의 싹을 개척하여 새로운 시장이 창출되기 때문에 사회전체에 대한 기여도는 헤아릴 수 없다.

(2) 차기 성장시장의 싹의 감지와 대책

최고 경영자를 중심으로 전 직원이 평소 '후각'과 '정보감도'를 날카롭게 두고 기존의 경영자원에 구애받지 않고 고객요구의 변화를 관찰하는 것이 중요하다. 그리고 차기 성장시장을 주요 목표로 전사적인 목표와 함과 동시에 전 임직원이 하나가 되어 행동할 수 있도록 각 조직수준에 대한 간단한 목표를 설정할 필요가 있다.

1) 구조혁신 유효하게 기업문화 일신필요하다

일반적인 형태로 보이기 쉬운 구조의 변화에만 집중하는 경향이지만, 구조는 수단에 불과하기 때문에 구조만 변해도 "기업혁신"은 연결되지 않는다. 또한 만일 뛰어난 구조가 있었다고 해도 기존의 기업문화를 그대로 도입하면 본래의 기능을 발휘할 수 없다. 눈에 보이지 않는 기업문화를 일신하기 위해서는 최고 경영자가 꾸준히 직원과 커뮤니케이션을 쌓아 경영진이 솔선하여 단호한 행동을 취하는 두 가지 방법이 있다. 전반적으로 직원의 질이 높다고 말하는 의사소통을 통해 경영진의 생각을 이해하고 행동하기 시작하면 신속하고 당초의 목적대로 '기업혁신'을 수행할 수 있을 것이다. 또한 기업문화를 일신하기는 하지만 전통이 있는 기업이념에 대한 배려도 필요하다.

(3) 지속적인 성장을 위한 창의적 혁신

1) 위기상황 전에 기업을 혁신

성장기 중에서 회사에서 위기감을 공유하는 방법으로 당위원회는 사업부 단위(사업단위)에 브레이크 다운하여 성장기에 있는 사업과 성숙(저성장)단계에 있는 사업을 파악하고 성숙기에 있는 사업에서 철수경영진이 결정하면 사내에 위기느낌을 양성할 수 있는 것이 아닌가하는 생각이 나왔다.

2) 기업혁신은 지속성이 유효

기업이 지속적으로 성장하기 위해서는 반복 "기업혁신"을 수행해야하기 때문에 차세대 경영진의 선발과 육성이 중요한 테마가 된다.

엠씨(MC)와 파나소닉의 사례는 사업부나 도메인 단위로 실적을 평가할 수 있는 지표를 도입하고 있으며, 엠씨는 "EXIT 규칙11"이라는 사업에서 철수를 결정하는 규칙까지 명확하고 있었다.

엠씨는 차세대 임원후보인 40대 후반의 직원을 대상으로 한 'MC 경영학원'이라는 연수를 개최하고 10년 후 경영진으로 맥을 경영할 것인가 시뮬레이션 등을 했다. 또한 대부분의 직원을 사업투자 기업임원과 경영자로 파견시켜 일찍부터 경영에 종사하는 것에도 적극적이었다.

기존의 사업을 운영하는 능력과 '기업혁신'을 수행하는 능력이 다르기 때문에 앞으로는 가능한 한 초기에 직원들에게 '기업혁신'을 실천하고 그 성과에 따라 향후 경영진을 선발해 나가는 것이 중요하다.

3) 경영자의 임무는 기업혁신 이행

지속적인 성장을 달성하고 기업가치를 향상시키고 유지하기 위한 것이다. 기업을 둘러싼 사회환경이 그 어느 때보다 격변하고 있는 가운데 앞으로 지속적으로 '기업혁신'을 수행하여 지속적인 성장을 달성하고 기업가치를 향상시키고 유지해야 기업의 존속자체가 위태롭게 될 수도 있기 때문에 최고 경영자의 역할은 중요하며, 그 책임은 어느 때보다 중요한 것으로 되어 있다.

그래서 앞으로의 최고경영자는 '기업혁신'을 수행하는 것은 당연한 결과로 어느 정도의 성장을 달성하고 기업가치를 얼마나 높일 것인지, 구체적인 목표를 언제까지 실현하는지 명확하게 헌신하는 것이 요구된다. 또한 예정한 기간내에 목표를 달성하지 못할 경우 지금까지 한다면 달성연도를 연기할 수 있지만, 격변하는 사회환경 아래에서는 이러한 유예는 적기 때문에 '기업혁신'을 시도하거나 '기업혁신' 검찰 = 경영진을 바꾸거나 판단해야 기업지배구조의 본연의 자세도 매우 중요하다.

2. 기업의 성공포인트 1, 2, 3

(1) 성공포인트 1: 차기 성장의 시장싹을 감지

어떤 사례에서도 구조에 그치지 않고 기업문화에 이르기까지 기업을 구성하는 모든 요소를 거의 동시에 혁신하고 있지만 이 벡터를 갖추는 역할을 했던것이 분명하고 구체적인 목표이다. 전사적인 목표로 각 사례도 성장시장을 향후 주요 목표시장으로 한다는 것을 다시 한 번 입증했고, 각 조직수준에서의 구체적인 목표로는 예를 들어, 페덱스 '서비스레벨 테이블'과 엠씨 'MCVA 8', 파나소닉의 'CCM 9' 등 수치화된 간단한 목표를 설정했다.

차기 성장시장의 싹을 감지하는 것은 매우 중요하지만 성공의 방정식은 없을 것이다. 사례검토 속에서 '후각'이나 '정보감도' 기존 주력사업에서 고객의 작은 불만뒤에 펼쳐지는 숨겨진 요구에 대한 '상상력'과 '통찰력'이 중요하다는 의견이 나왔다. 한편, 실패의 방정식은 분명 과거의 성공체험이 걸림돌 위기상황에 빠져있기 때문에 고객요구의 변화를 관찰하는 것을 잊지, 기존 경영자원에만 구애도 함께 차기 성장시장의 싹을 감지할 수 없고 목표시장을 전환해 해치는 것은 틀림없다.

또한 페덱스의 사례처럼 기존의 시장을 완전히 버리고 차기 성장시장에 전면적으로 목표시장을 전환한 경우는 차치하고, 기존시장에서 사업을 남기면서 차기 성장시장에 축을 이행해 나가기 위해서는, JSR과 엠씨의 사례처럼 기존사업에 대해 일정한 배려를 하거나 기존사업의 목표를 전환하는 등 상당한 노력이 필요했음도 주목할 만하다.

(2) 성공포인트 2: 최적의 형태로 구조변화

사례마다 성장시장은 달랐다. 그 시장을 메인타겟으로 개척하는데 최적의 형태로 구조를 변화함에 있어서는, 각 사례도 고객의 목소리와 요구의 변화를 사원에서 최고경영자까지 공유할 수 있고 고객에게 신속하게 대응을 할 수 있게 노력을 하고 있다.

예를 들어, 페덱스는 화물추적시스템을 구축하여 모든 짐을 고객과의 약속대로 다음날에 배달할 수 있는지 확인할 수 있도록 하는 한편, 드라이버의 역할을 바꾸고 권한을 부여함으로써 고객에 대한 대응을 즉시 판단할 수 있었다. 일본 IBM은 사장을 위원장으로 한 고객만족도 향상 위원회를 설치했다. MC는 새로운 비즈니스 모델을 구축하고 사업화를 추진하는 새로운 기능 사업그룹과 새로운 기술의 향후 사업화를 모색하는 사업개발부를 경영기구나 사장직할 조직으로 창설했다. 마츠시타 전기산업은 다단계로 되어 유통단계를 재편하여 고객의 요구에 대응한 제품을 신속하게 개발할 수 있도록 하는 한편, 다중계층 피라미드형 조직을 '플랫 & 웹형' 조직변경하여 고객에 대한 대응을 신속하게 확인할 수 있도록 했다.

또한 각 사례도 지금까지의 방식을 개선하기보다는 자체를 변경했다. 예를 들어, 페덱스는 드라이버의 집배작업방식을 개선하는 것이 아니라, 집배작업 뿐만 아니라 영업 및 수금까지 역할자체를 바꾸고 있었다. 일본 IBM은 비용절감방법의 하나로서 계약서를 얼마나 효율적으로 만들것이 아니라 계약서 자체를 없애는 발상을 전환했다. JSR은 기존시설을 어떻게 강화할지가 아니라 기존설비에 대한 투자자체를 그만두고, 인재에 대한 투자로 전환했다.

구조의 변혁에 있어서는 고객의 목소리와 고객요구를 기점으로 하여 잔재주만의 구조변경에 그치지 않고 경영진을 포함하여 전사적으로 변화를 실감할 수 있는 규모로, 게다가 지금까지 해온 일자체에까지 칼을 대는 질적변화를 수반하는 수준에서 실행하는 것이 필요한 것이다.

(3) 성공포인트 3: 기업문화의 일신창달

본 제언에서는 사례를 소개함에 있어서 구조의 변화와 기업문화에 대한 대응을 편의적으로 나누어 설명하고 있지만, 본래 이들은 불가분의 관계에 있다. 사실 각 사례에서도 인사제도 및 보상제도 등의 구조를 변경하여 지금까지의 기업문화를 새로운 구조에 적합적인 기업문화로 유도하려고 하고 있는 모습이 엿 보인다. 그러나 더 특징적이었던 것은 지금까지의 기업문화를 일신하기 위해 다양한 방법을 구사했다 점이다.

예를 들어, 페덱스는 경영진의 주도로 기존의 법인고객과의 계약을 해지하는 육체적 노동을 이용하는 한편, 서비스의 향상에 집착한 3개년 계획을 3회 연속 총 9년간 실시했다. 일본 IBM은 경영진과 직원과의 커뮤니케이션 기회의 증대를 도모하는 한편, 발탁인사와 경영자 스스로 실천하는 등 경연합친기법을 사용했다. 반도체소재 세계 선두기업인 JSR은 경영진이 자진하여 기존의 사업계획을 백지화했다. MC는 경영진과 직원과의 커뮤니케이션 기회의 증대를 도모하는 한편, 새로운 목표로 하는 기업문화를 가지고 있을 것 같은 기업에 직원을 파견했었다. 마쓰시타는 경영진이 솔선하여 지금까지 '성역'으로 간주되어 온 영역의 개혁을 단행했다. 견해를 바꾸면, 각 사례기업은 새로 도입한 구조가 유효하게 기능하도록 토양이라고도 할 기업문화를 일신하기 위해 부심하고 있었기에 '기업혁신'을 실현할 수 있는 것이다.

그러나 일반적으로 목적을 가지고 '기업혁신'에 착수하고 있다. 경영진과 지금까지의 방식과 기업문화에 익숙한 직원 사이에는 큰 차이가 있다. 이 차이를 해소하기 위해서는 커뮤니케이션을 통해 목적이나 의도를 직원들과 공유하는 것을 목표로 방법과 경영진이 단호한 태도로 솔선하여 행동함으로써 직원들에게 설득방법이 있지만, 어느 쪽이 유효한지 통틀어 말할 수 없다. 앞서 언급

그림10-2 기업의 성장과 성공포인트 모형

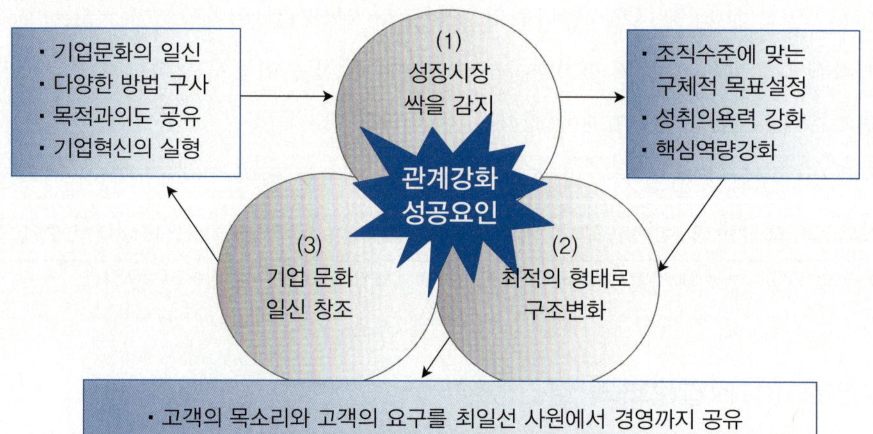

출처 : 성공포인트 기업문화 조성 자작도

했듯이, 이번 사례에서도 상황에 따라 이 두 가지 방법을 구사했다.

전반적으로 직원의 질이 높은 것으로 알려져 있다. 일본에서는 커뮤니케이션을 통해 직원들이 경영진의 생각을 이해하고 스스로 행동하기 시작하면 신속하고 당초의 목적대로의 "기업혁신"을 수행하게 되는 것은 아닐까. 반대로, 하향식 경영스타일이 일반적으로 알려져 있는 미국 등은 경영진이 구조를 바꾸는 것만으로 어느 정도 기업문화도 바뀔지도 모른다.

어쨌든, 구조는 눈에 보이는 형태로 제시되기 쉽기 때문에 그들을 변화하기만하면 기업혁신을 실현할 수 있는 것같은 착각에 빠지게 되지만, 눈에 보이지 않는 기업문화를 헌신하기 위한 꾸준한 노력을 게을리하면 아무리 이상적인 구조도 제 기능을 발휘한다는 것이다.

이번 사례기업에서도 기업문화의 근간이 되는 기업의 DNA 또는 존재이유라고 할 전통적인 기업이념만은 과거로부터 계승하고 있는 경우가 많았다.

 중소기업의 성공과 CSR의 경영효과

(1) CSR의 경영효과

기업이 사회에 기여없이 지속성이 유지되기는 어려울 것이다. 사회에 대한 책임감을 가지고 고객에게 충실할 때 차별성 강소기업으로 장수기업으로 계승될 것이다.

중소기업에 있어서의 CSR이 얼마나 경영효과를 가져오는지를 조사한다.

제1절에서는 유럽형 CSR의 특징인 정부에 의한 적극적인 관여를 중소기업에 실시하는 "사이타마시 CSR 챌린지 기업승인제도"를 채택한다. 이 제도는 2012년부터 시작되어 지방공공단체가 직접 발행하는 중소기업의 CSR촉진을 위한 해설서로는 전국최초의 해설서이다.

사이타마시에서는 CSR의 추진은 중소기업뿐 아니라 행정에 대해서도 큰 정책과제라며 적극적인 CSR활동을 추진하고 있으며, 2015년에는 67개사에 이르는 중소기업이 승인을 받았다. 향후 우리나라의 중소기업 CSR를 침투시켜 발전시키는 제도가 될 수 있다고 고찰하기 위해 본글에서 다루겠다. 실제 기업방문 및 인터뷰로부터 기업자신의 구체적인 CSR활동의 추진내용을 조사한다.

CSR활동의 자발적·종업원 전원으로의 대처는 강고한 조직과 기업문화의 형성이 이루어져 스테이크 홀더로부터 평가되어 경쟁우위성을 높이고, 다양하고 활력있는 중소기업의 성장 및 발전을 촉진시키기 위해 중소기업의 존속으로 이어진다는 가설에 근거해, 중소기업의 CSR가 얼마나 경영효과를 발휘하고 있는지를, 실제현장을 조사하고 가설에 대한 검증을 실시한다.

환경부가 "중부지구에서의 제휴를 통한 CSR활동조사"에서 동해 세 현에서 CSR선진 중소기업으로 꼽았던 "삼나무 제과주식회사" 스기우라 토시오 대표이사 타니모토 칸지들의『소셜·비즈니스·경우』내에서 사례조사 및 이미 400건 이상 언론에 소개실적이 있는 "주식회사 샐러드코스모" 나카다 토모히로 대표이사 인터뷰를 실시했다. 여기에서는 윤리적 책임추궁을 포함한 CSR 활동이 얼마나 실시되고 있는지, 또 가설에 근거해 중소기업의 CSR가 얼마나 경영효과를 발휘하고 있는지를 실제의 현장을 조사해 가설검증을 실시한다.

(2) 사이타마시 CSR 챌린지 기업승인제도

사이타마시에서는 2012년부터 "사이타마시 CSR 챌린지 기업승인제도"에 임하고 있다. 이것은 사이타마시가 CSR를 기업경영 그 자체라고 하여, 기업이 스스로의 사업활동의 유지확대를 도모하면서 사회적 건전성을 양립시킨 경영의 실천이라 정의해, CSR활동의 내용을 구체적으로 90항목에 이르는 체크리스트로서 설정해, 기준을 달성한 기업을 인정기업으로서 표창해 공개하는 프로그램이다. 체크리스트는 지방공공단체가 직접 발행하는 중소기업의 CSR촉진을 위한 해설서로서는 전국 최초의 대응책이다. 체크리스트는 Carroll(2009)의 CSR 피라미드를 기초로 하고 있다.

지키는 CSR와 늘리는 CSR의 2개의 골조로 분류되고 있다. 사이타마시는 CSR를 영리활동과 사회적 건전성의 양립이라고 해석하고 있어, 이것은 우리나라에서 CSR의 원류인 평화로운 인간의 영위속에서 경상적으로 수요와 공급을 정돈해 사회적으로 인정되는 정당한 이익을 받는 오미상인 69과 같은 인식이라고 말할 수 있다. 또, 행정의 입장에서 CSR를 체계적으로 정리해 기업측의 CSR를 촉진시키는 대처를 실시하고 있기 때문에 일본식 CSR에 미국형 CSR와 유럽형 CSR를 융합시킨 대처라고 말할 수 있다.

사이타마시가 중소기업의 CSR활동을 이끌어내기 위한 대처를 정책과제로 삼은 배경으로 하여 중소기업을 둘러싼 경영환경이 해마다 어려워지고 있는 가운데 중소기업이 지속가능한 성장을 실현하는 것의 어려움을 지적하고 있다. 한편, 의욕적인 기업이나 노포기업에는 명확한 경영이념을 정해 사내의 조직체제를 확실히 지켜 종업원이 일하기 쉬운 직장만들기에 노력하면서 고객·거래처·주주와의 관계를 양호하게 유지하고, 또 지역이나 사회전체에 대한 배려도 잊지않는다고 하는 공통된 경향을 볼 수 있다.

사이타마시는 오미상인으로 보는 '삼방경(三의精神)'의 정신이 중소기업의 존속에 영향을 미쳐있다고 인식한 후, 산업부흥의 키워드에 CSR를 자리매김하고 있다. 또, ESG문제의 해결에는 기업과 행정의 협동이 필요하다고 하여 기업의 CSR활동의 촉진을 행정이 백업하는 것으로 Win-Win의 관계를 구축할 수 있다고 하고 있다. 또, 사이타마시내 기업의 99%가 중소기업으로 CSR를 지원함으로써, 사이타마시의 ESG 문제해결로 이어진다는 목적이 있다. 또 중소기업의 강점으로 단순한 조직이기 때문에 경영의사결정을 신속히 할 수 있다는 것이며, 경영자와 종업원의 거리가 가까워 조직적인 CSR 실천이 용이하다는 점을 지적했다.

사이타마시 CSR 챌린지 기업에 승인을 받는 이점으로서 체크리스트에서는 승인을 받음으로써 기업의 인지도, 종업원의 모티베이션 향상과 서플라이 체인(supply-chain) 매니지먼트 등을 강화할 수 있어 한층 더 경영체질강화를 들고 있다. 승인을 받은 기업에 대해 '시보 사이타마', '사이타마시 프레스 릴리스', '사이타마시 홈페이지'에 의한 기업명, 기업개요, CSR활동을 소개함으로써 많은 이해관계자에게 인지되어 새로운 수주기회의 창출이 기대되고 있다.

또, 승인을 받은 기업은 "사이타마시 CSR 커뮤니티"에의 참가로부터 커뮤니티 한정의 CSR 경영에 관한 스터디 그룹의 참가, CSR과제에 응한 컨설팅을 받을 수 있다. 또, 커뮤니티에 있어서의 기업교류회의 참가로부터 비즈니스 매칭기회가 제공된다. 승인을 받기위한 응모자격으로서 3년 이상 계속되고 있는 기업으로 최근 2기에서 연속해서 채무초과가 아니라 2기 이상 적자가 아닌 것을 들고 있다.

또한, 세금이나 노동보험료를 체납하지 않은 기업에 한정되어 있으며, 이미 최저한 수준으로 Carroll(2009)의 CSR 피라미드에서의 경제적 책임 및 법적책임수행이 이루어지고 있음을 전제로 하고 있다. 게다가, 기업가치를 방위하기 위한 "지키는 CSR"와, 기업가치를 창조하기 위한 "늘리는 CSR"의 2개로 구성되는 합계 90항목에 이르는 체크리스트 가운데, "지키는 CSR" 31항목 중 50%에 해당하고 "늘리는 CSR" 59항목 중 20% 이상에 해당한 기업이 사이타마시 CSR 챌린지 기업으로서 승인을 받을 수 있다

(3) 지키는 CSR과 늘리는 CSR

1) 지키는 CSR란

법령과 시장이 요구하는 룰을 준수해 기업이 사회로부터 존속하는 것을 인정받기 위해서 필수적인 책임으로서 기업이 사회에 존재를 허락받기 위한 조건으로서 기업존속에 필요한 대처라고 하고 있다. 첫째, 기업내부에 대한 체크항목이 있다. 이것은 기업내부가 적절히 관리되고 있고, 처음으

로 기업외부나 지역사회에 있어서의 "지키는 CSR"가 실천가능해지고, 또한 기업가치를 한층 더 향상으로써 "늘리는 CSR"에 임하기 전의 전제조건으로 하고 있기 때문이다. 기업내부의 체크항목으로는 기업의 목적을 경영자뿐 아니라 종업원을 포함해 이해하고 공유하고 있는지의 기업풍토, ESG 문제에 관한 기업통치, 정보보안, 노무관리를 들고 있다.

- 지키는 CSR의 기업외부에 대해서는 서플라이 체인(supply-chain)의 각처에 존재하는 중소기업이 기업외부의 스테이크 홀더인 거래처나 고객에 대한 적절한 관계만들기라고 하고 있다. 기업외부의 이해 관계자와의 양호한 관계가 공급망 전체로의 ESG 문제해결로 이어지고, 이것이 CSR조달로 이어지기 때문에 기업의 경영력 강화가 된다고 하고 있다. 기업외부의 체크항목으로는 양질의 제품과 서비스를 사회에 내보내는 것이 기업의 본업이며, 본업을 완수하는 것이 기업의 사회적 평가를 높이는 동시에 CSR의 기본중 하나로 제품 및 서비스의 제공, 경쟁타사에 대한 부정한 경쟁방법을 하지 않는 공정한 조달 및 상관습을 들고 있다.
- 지키는 CSR의 지역사회에 대해서는 기업이 계속적이며 안정적인 사업활동을 하기 위해서는 지역의 환경을 양호하게 유지하고, 지역사회로부터 인정받는 존재가 아니면 안 된다고 하여 환경법의 준수, 에너지소비나 폐기물의 억제 그러한 적절한 처치가 필요하다고 하고 있다. 지역사회의 체크항목으로는 환경부하억제를 염두에 둔 환경경영을 들고 있다.

(2) 늘리는 CSR란

사업의 결과와 프로세스를 통해서 사회문제에 코미트하는 것으로 기업가치를 창조해 그 과실을 사회와 공유하는 책임 · 법령에 규제되는 것이 아니라 기업의 가치관에 따른 경영자원의 투하가 가능하다고 하고 있다. "늘리는 CSR"에 임하는 효과로서 기업의 사회적 평가의 향상으로 연결되어 종업원의 사기를 높여 다양한 스테이크 홀더와의 연결이나 관계성을 넓힐 수 있다고 생각된다. 또, 사회로부터의 여러가지 요청이나 사회적인 과제를 사업에 도입하면서 기업가치를 창조해 그 효과를 사회와 공유하는 기능이 있다고 하고 있다. 한편, 기업의 가치관이나 사명에 의해서 행해지는 자유재량적인 대처이기 때문에, 중소기업에 대해서는 경영자의 사회감이 크게 영향을 주는 점을 지적하고 있다.

- 늘리는 CSR의 기업내부에 대해서, "지키는 CSR"와 같이 기업가치를 창조하는 기점은 CSR의 주체인 기업내부에서의 대처에 있다고 하고 있다. 기업내부의 체크항목으로는 기술혁신이나

조직운영 등의 경영혁신, 활발한 사내커뮤니케이션, 인적자원에 대한 적극적인 투자에 의한 노무관리로부터 일하고 싶어지는 직장환경의 창조, 노동환경의 정비를 들고 있다.

- 늘리는 CSR의 기업외부에 대해서, 스테이크 홀더와의 제휴로부터 각각의 스테이크 홀더가 가지고 있는 CSR자원을 유효하게 활용하는 대처라고 하고 있다. 체크리스트에서는 기업간 CSR의 연계를 통해 자사의 기업가치를 지킬뿐만 아니라, 기업가치를 창조하기 위한 CSR를 중시한 공급망이나 CSR조달의 실현이 가능해져, 사업 프로세스 자체가 자사뿐 아니라 사회에 긍정적인 영향을 미치는 효과가 지적되고 있다. 기업외부의 체크항목으로는 CSR 리포트를 작성하는 등의 적극적인 사외커뮤니케이션, 양질의 제품 및 서비스의 제공, 서플라이체인(supply-chain), 전체에서의 CSR조달을 들고 있다.
- 늘리는 CSR의 지역사회에 대해서, 기업가치의 창조를 위해서는 지역사회로부터 존재를 받아들여 적극적인 지지를 획득할 필요가 있다고 하고 있다. 중소기업은 대기업과 비교했을 때 지역과의 밀착성이 높기 때문에 지역사회로부터의 고용창출, 고객의 창조, 사업면에서의 제휴 등 다양한 관계가 있다. 체크리스트에서는 자사가 지역사회의 다양한 자원을 활용하는 것과 동시에, 지역사회에 자사의 경영자원을 활용하게 하는 호혜적인 관계를 쌓아 올리는 것이 "늘리는 CSR"로 연결된다.

지역사회와의 관련의 중요성을 나타내고 있다. 지역사회의 체크항목으로는 지역성이 높은 제품 및 서비스제공, 환경부담의 억제뿐 아니라 보다 좋은 환경만들기를 목표로 한 환경경영, 지역의 안전성을 배려한 대처, 행정이나 자치체와 제휴한 교육이나 문화활동 등의 대처에의 참가, 지역밀착형의 사회공헌활동을 들고 있다.

2012년에 시작된 사이타마시 CSR 챌린지 기업승인제도는 2015년에는 67개사의 기업이 승인을 받았다. 사이타마 시장인 시미즈 이사무인은 CSR의 이해를 높여 보다 많은 기업에 인정받아 늘려가는 것을 향후의 과제라고 하고 있다.

그 때문에 향후의 대처로서 사이타마시 뿐만이 아니라 지역을 넘어 다른 자치체와의 제휴를 추진해 가는 것을 들고 있다. 현재는 경제적으로 지원할 수 있는 회사 및 지역에 공헌할 수 있는 회사를 육성해 나가는 대처의 지원내용 및 CSR에 임하는 기업에 대해서 대기업으로부터의 수주기회를 늘리는 환경만들기를 논의하고 있다.

4. 중소기업의 CSR활동 추진 실적사례

(1) 주식회사 기어링스의 추진

본고에서 주식회사 샐러드코스모를 다루는 경위는 관련회사로서 2000년 12월에 설립한 주식회사 기어링스의 추진 및 2006년 12월에 오픈시킨 '치코리무라'의 실적에 의한 것이다. 주식회사 기어링크스란, 주식회사 샐러드코스모의 나카타 사장에 의한 "기후현의 식량문제에 대한 위기의식, 일본계 이민지원에 대한 생각, 뜻깊은 사업에 임해보고 싶다는 용망"으로부터 나카타 사장을 포함한 6명의 발기인에 의해 1구 10만엔의 시민출자로부터 설립된 사회적 문제의 해결을 목적으로 한 회사이다.

기어링크스라는 회사명은 기후현의 기와 아르헨티나의 아를 링스(연계)시켜 기후와 아르헨티나의 손을 잡겠다는 뜻을 갖는다. '치코리무라'란 서양의 고급식재료인 치코리(주1)의 국내생산을 통해 '일본농가의 건강, 고령자의 건강, 지역의 건강'이라는 세 가지 건강의 실현과 'Reduce(폐기물 발생억제), Reuse(재사용), Recycle(재자원화)'이라는 세 가지 R을 테마로 하여 환경과 경제가 양립한 순환형사회의 형성을 위한 '교육·관광형 생산시설'이다.

주식회사 기어링크스의 설립배경에는 기후현의 식량자급률이 낮은 것이 배경에 있었다. 식량자급률 향상에 대한 당시 행정의 움직임으로서 1999년 4월에 '기후현민 식량확보계획'을 발표하고 식량자급률을 36%에서 50%로 끌어올리는 것을 목표로 했다. 식량자급률 향상에 대한 구체적인 방법으로 평상시에는 농산물공급을 아르헨티나로부터 받고, 긴급시에는 식량생산체제를 구축하기로 했다.

나카타 사장은 앞을 내다보는 정책에 감명을 받아 농협 등 15사·단체에 호소해 현과 함께 "아르헨티나 농업제휴연구회"를 발족시켰다. 그러나 현의회의원으로부터 반대로 인해 '기후현민 식량확보계획'의 집행은 단념되었다. 이것에 의해 행정으로부터의 출자는 받을 수 없게 되었지만, 나카타 사장은 "기후현의 식량문제에 대한 위기의식, 일본계 이민의 지원에 대한 생각, 뜻깊은 사업에 임해보고 싶다고 하는 욕망"으로부터 발기인들과 강연회나 미디어를 통해서 민간으로부터의 출자를 받았다.

자본금의 획득에 관해서 자기자금이나 차입금이 아닌 시민출자에 의해서 모은 이유는, 기후현의 식량문제를 현민과 공유하기 위해서이다. 그 결과, 주주 45명, 자본금 1,500만 엔을 모아 2000년

12월에 주식회사 기어링크스의 설립에 이르렀다. 설립후 2004년 3월에 기후현과 '제2차 기후현민 식량확보계획'을 책정하기 위해 다시 협동하고, 같은 해 6월에 기후현과 주식회사 기어링크스가 당초 계획과 마찬가지로 식량자급률 향상을 위해 평상시와 긴급시에 안정된 식량확보를 도모하는 목적의 협정을 체결했다.

주식회사 기어링크스는 2011년의 동일본 대지진이 발생했을 때에, 동일본대지진지원 프로젝트를 시동했다. 이는 동일본대지진 발생 3일 후(3월 14일) 나카타 사장이 파라과이 수도 아순시온에서 회담을 갖고 파라과이 일본인 이주농가보다 콩 100t과 파라과이공화국 및 일본인회연합회로부터 두부제조자금으로 1,000만엔을 기부받은 것을 발단으로 한다. 이 콩으로부터 5,000만엔을 들여 100만정의 두부를 만들어 재해지에 무상으로 배포하는 "마음먹기 두부 100만정 프로젝트"가 시동했다.

이 프로젝트는 2012년에 100만정을 달성하고 같은 해 5월 30일에 일왕이 남미 파라과이의 루고 대통령과 회담해, 동프로젝트에 대한 감사의 뜻을 전했다. 또한 2014년에는 후생노동대신으로부터 표창을 받았다.

치코리 마을의 설립배경에는 전도된 세 가지 원기왕성한 실현이 깔려있다. '일본농가의 건강'에 대해 주식회사 샐러드코스모 홈페이지에서는 농업을 둘러싼 환경은 엄격하게 '농가는 후계자부족', '휴경지의 증가' 등의 문제가 있으며 그 중에서도 일본의 식량자급률은 선진국중에서도 유일하게 40%를 밑돌고 있는 현 상황을 우리는 매우 슬프게 생각하고 있었다.

고령자의 건강에 관해서 주식회사 샐러드코스모의 홈 페이지에서는, 나카츠가와는 60세 이상이 31.8%로 고령화가 진행되고 있다.(2008년 4월 시점) 건강한데 일이 없는 사람도 2명 중 1명이었다. 이는 지방도시가 안고있는 과제이다. 그런 여러분의 지혜나 경험을 살린 사업으로 하고 싶은 생각이 있어, 현지 나카츠가와시의 고령화에 관한 문제에 대해서 기업경영을 통해서 해결하고 싶다는 생각이 있다. '지역의 건강'과 관련하여 치코리 마을을 '교육·관광형 생산시설'로 하여 문화활동을 포함한 관광사업으로 마무리함으로써 지역인 나카쓰가와시의 활성화를 목적으로 했다.

기업경영을 통해서 사회적 문제의 해결을 목표로 하고 있는 나카타 사장의 대처는 전국적으로 주목받고 있어 이미 400건 이상의 미디어에서 다루어진 실적이 있다. 또, 타니모토 칸지가 편저하고 있는 "소셜·비즈니스·케이스"에 사례연구로서 게재되고 있다.

이것으로부터 주식회사 샐러드코스모에의 기업조사가 본고의 가설인 CSR활동의 자발적인 한편 종업원 전원의 대처는 강고한 조직과 기업문화의 형성이 되어 스테이크호르다로부터 평가되어, 경쟁우위성을 높여 다양하고 활력이 있는 중소기업의 성장 및 발전을 촉진시키기 위해, 중소기업의 존속으로 연결되는 것의 검증에 최적이라고 판단했다.

(2) 주식회사 샐러드코스모

주식회사 샐러드코스모는 창사이래 연속 흑자경영을 하고 있다. 또 주식회사 샐러드코스모는 20년 전에 지역에 공중화장실을 기부했으며 입사식에 공중화장실 청소활동을 지속적으로 하고 있다. 이러한 실적이 근저에 있기 때문에 Philanthropic Responsibilities(사회공헌활동)의 덩어리라 할 수 있는 주식회사 기어링크스의 설립 및 2006년에 기업경영을 통해 사회적 문제해결을 목표로 한 "치코리 마을"의 개장이 있다.

주식회사 기어링크스는 창업부터 연속으로 적자경영을 하고 있으며, 초기목표가 달성된 후 2016년 11월에 해산한다. 원인은 주식회사 기어링크스 단독수익이 맞지 않았기 때문이다. 나카타 사장은 경제적 책임과 사회공헌을 동시에 추궁하는 것의 어려움을 경험하고, 이 경험을 통해 "우선 기업을 존속시키기 위해 계산을 하는 것이 우선이며 단계적으로 CSR의 내용은 다변화된다"고 한 인식을 표명했다고 할 수 있다.

나카타 사장은 주식회사 기어링크스 대처실적에 대해서 "기어링크스는 샐러드코스모라는 기반이 있어 가능해진 사업이다. 단독으로 경제적 책임을 다하지 못했지만 사회공헌으로 대성공이었다. 기어링크스의 프로젝트는 샐러드코스모 직원들에게 좋은 사풍을 몰고 왔다. 또한 많은 미디어에 소개됨으로써 사회적 인지도가 향상되었다. 기어링크스의 대처는 매우 뜻깊은 것이며 결과적으로 만족하고 있다"고 말했다.

또한, 사회적 인지도의 향상은 주식회사 샐러드코스모의 입사희망자 수의 증가로 이어졌다며 CSR조달을 실감하고 있다.

주식회사 기어링크스의 노력에 대해 칭찬을 받는 한편, 지역농업의 활성화를 요구하는 지역사회의 요청에 따라 2006년 12월 주식회사 샐러드코스모 본사에 '치코리무라'가 병설되었다. 이는 나카타 사장이 지역인 나카츠가와시에 대해 경작포기지의 증대, 식량자급률의 저조, 고령화를 과제로 인식하고 있으며 농업과 문화활동 등을 포함한 관광사업에 의한 지역 나카츠가와시의 활성화를 목표로 한 사업이다.

현재, 연간 내장자 수는 30만명에 이르러 기업경영을 통해서 사회적 문제의 해결에 공헌하고 있다. 치코리에 주목한 이유로 ① 수경재배에서 제조하는 채소이며 콩나물재배로 기른 노하우를 활용할 수 있다는 점, ② 유럽에서는 일본의 쑥갓, 우엉, 양상추와 같이 일반적으로 이용되고 있는 국화과 채소라는 점, ③ 당시 100% 수입에 의존하고 있는 채소였기 때문에 현지농가와 경합하지 않는다는 점이다. 쓰레기 국산화를 실현함으로써 휴경지 활용에서 식량자급률 향상, 고령자에 대한 취업장소제공을 실현했다.

'치코리촌'에서는 현재 30명 정도의 노인 일자리가 실현되고 있으며 외부기관으로부터 높은 평가를 받고 있다. 2007년 후생노동대신 주최의 고령자 고용개발콘테스트에서 '독립행정법인 고령 · 고용지원기구 부문별 상(신직장창설)'을 수상했다. 나카타 사장은 고령자의 고용에 관해서 당초는 생산성에 불안을 가지고 있었지만, 현재는 고령자의 배려나 접객력의 높이가 젊은이보다 우수하다고 실감하고 있다.

나카타 사장은 고령자 고용에 대한 효과로 고령자 고용은 기업에 도움이 됐다. "60대는 매우 건강하다. 젊은이에게는 없는 고령자만이 가능한 강점을 살린 내용을 기업측이 제공함으로써 품질향상 이익확보로 이어졌다. 또, 저출산이 진행되는 가운데 인재확보에도 도움이 되고 있다."라고 말해 고령자 고용의 효과를 인식하고 있다.

지코리의 인지도를 높이기 위해 '치코리촌'에는 문화활동 시설이 병설되어 있으며 강연회부터 시민주최의 다양한 행사를 거의 매일진행하고 있다. 문화활동의 실시로 방문객의 70획득 및 응어리 인지도를 향상시키고 있다. 나카타 사장은 지역사회와의 연결에 대해 지역사회와의 강한 연계는 기업운영상 매우 효과적이다. "매입과 고용뿐 아니라 문화활동에 대한 공헌은 지역사회와의 커뮤니케이션의 장이 되어 고객수의 증대로부터 수익의 향상으로 이어지고 있다."고 말해 CSR조달을 실감하고 있다.

본고의 가설에 대한 나카타 사장의 회답으로서 "CSR이란 마을제일의 납세자를 목표로 수익의 극대화를 도모하는 것이 진리이다. 그러나, 기업경영을 통해서 사회적 문제의 해결을 도모하는 것과 기업성장에는 호환성이 있다."라고 말하고 있어 CSR활동을 통해서 좋은 사내문화가 형성되어 외부 스테이크 홀더로부터의 인지 및 높은 평가를 받음으로써 결과적으로 수익의 향상에 연결된다. 해서 사회문제의 해결과 수익향상의 양립을 목표로 하는 것이라고 말할 수 있다. 또, 기업내부의 윤리적인 CSR활동은 간접적인 경영효과를 낳아 기업외부 및 지역사 즉, 주식회사 샐러드코스모의 CSR란, 지역사회의 과제를 인식하고 비즈니스를 통해 전략적인 CSR활동은 직접적인 경영효과를 발휘하는 것이라고 말할 수 있다.

경영 성공포인트 ⑳

1. 웃음과 사랑에서 꽃이 피운다

1. 쾌소(快笑)
   - 농담이나 익살시 통쾌하게 웃어라
   - 소담(笑談)의 습관을 가져라
   - 웃으면 만복래(萬福來)라 복이 온다.
   - 일소일소(一笑一少)랍니다.
2. 쾌애(快愛)
   - 사랑하면 예뻐지고 젊어져요
   - 이성의 구애는 회춘의 길
   - 유쾌한 성생활은 인생의 연장
   - 정력낭비는 수명의 단축이다.

참·고·문·헌

- 우수한 케이스스터디를 하는데, 연구자의 스킬(숙련도)면에서 생각하여도 극히 어려운] 것 등이 지적되고 있다. Yin 1994 pp.13-15
- 벤쳐기업의 정의에 대해, 淸成, 中村, 平尾(1971)는 벤처비지니스에 대해, 처음으로 정의된 후, 지금까지 여러가지 정의가 내려지고 있으나, 아직 통일된 정의는 없다[이노우에(井上) 2002 pp 12-18].
- 네트워크조직론에서 본 하청생산시스템] 중소기업사업단. 중소기업연구소[중소기업의 구조분석](89-1. 1989)
- 아나슈. 植田. 山本(1986), 177항. 그리고 이 정의의 元典은 植草益[산업조직론], 笷摩書房, 1982, 122항에 있다.
- 中小企業の經營の改善及び地域の活性化のための取組みの狀況. 事業性評價に關する取組み方針 pp 48-52
- MIZLHO. 持續的成長を支える財務マネジメントのあり方(閉寒狀況 企業財務財務マネジメント) みずほコーポレート銀行 産業調査部. pp 373-376
- ベンチヤー企業及び中小企業の育成に際しての問題とその解決策について經營研究調査會 研究報告 第8號 平成11年7月22日 日本公認會計士協會 pp 3-6
- KEIZAI DOYUKAI 企業イノベーション~企業價値向上のための成長戰略 2005年5月 社團法人經濟同友會 pp 1-5
- ベンチヤー企業の創出 成長に關する研究會 第6回 經濟産業省(METI) 2008年2月27日. 事務局資料 資料3. pp 1-5
- 제트로 센서 2011년 10월호~ 2012년 3월호에 연재내용 참고
- 한국의 기업가정신에 관한 조사연구, 한국학중앙연구원 도티카임번(2006),
- 경영환경과 기업가정신이 기업경영성과에 미치는 영향, 한성대학교 안규선(2010),
- 염명곤(2005), 기업가 정신에 관한 실증 연구, 조선대학교 염명곤(2005),
- 박진우, ERP 도입전략과 비즈니스 개혁, 박영사
- 이노우에 하루키(1999), 실천 SCM 경영혁명, 어진소리
- 정석찬·박기남(2002), 글로벌 SCM 모델 구현에 관한 연구, 한국물류학회
- 戰略的 마케팅 提携에 있어서 통제 메커니즘의 決定要因과 效果
- 원가관리회계 조현연·김재준·정형록 공저 산문출판 발행 송익분기점
- 회계원리, 김대곤·이종천외2명. 명경사 발행. 이해관계자
- 재무관리. 우춘식 지음. 三英社 발행 재무관리의의 재무관리목표
- 노벨 경제학상 수상자 에릭 매스키 교수이론. 최고의 정책으로 목표달성
- 히든 챔피언 글로벌 원정대 헤르만 지몬 지음 배진아 옮김 흐름출판사 독일은 왜 강한가. P 583. 탄탄한 재무구조 기술이 자본이다.
- 持續的成長を支する財務マネジメントのあり方. みずほコ-ポレ-ト銀行 産業調査部(MIZUHO)
- 市場成熟期のプラント戰略 株式會社 東急エージェンシー 工藤英資 著 2003年 9月 消費者視點のマーケテイングの4Pと3A. pp 3-8

제11장

기업의 혁신과 강소기업 구축

제1절 중소기업의 새로운 생존전략
제2절 강소기업육성 비즈니스 애널리틱스 전략

용어 정리

- ROA(Return On Assets) : 총자산순이익률
- CRM(Customer Relationship Management) : 고객관계관리
- KPI(Key Performance Indicator) : 핵심성과지표
- DBM(Data Base Management) : 디지털사업관리
- ROI(Return On Investment) : 투자자본수익률
- DM(Dtrect Message) : 소비자와 직접적으로 이루어지는 메시지
- NRI(Networked Reodiness Incex) : 정보통신기술 발전활용과 잠재경쟁력 평가지표

제1절 중소기업의 새로운 생존전략

1. 중소기업이 계속 중소기업인 이유

(1) 개 요

시대변화에 따른 대비는 기술진보나 환율의 변동 등 근래에는 소비자요구의 세분화나 글로벌 리제이션의 진전 등 우리나라에 있어서의 중소기업을 둘러싼 환경은 크게 변화하고 있다, 중소기업은 여러가지로 어렵고 곤란한 경험을 해 왔다. 그러나 이러한 역경에도 불구하고 중소기업은 우리나라에서 확고한 지위를 유지하고 있다. 80년대 이후 중소기업 수의 추이를 보면 많이 증가되었음을 알 수 있다. 또, 높은 기술력이나 서비스력을 무기로 시장에서 높은 쉐어를 차지하는 중소기업도 많이 존재한다.

한편으로는 계속 성장해 주식을 상장한 기업이 있는가 하면, 강력한 경쟁력을 가지면서도 계속 중소기업을 유지하고 있는 기업이 대부분을 차지하고 있다는 것을 알 수 있다. 중소기업의 성장이라는 것은 "기업규모의 확대에 의해 대기업에 접근하는 것을 의미하는 것이 많지만, 중소기업 경영자로부터 규모의 확대는 목표로 하고 있지 않다."라고 하는 것이 의외로 많다는 것이다.

이러한 사실로부터 본권에서는 중소기업이 활동하기 쉬운 영역이 존재하고 그러한 영역에서 활동하는 중소기업에는 중소기업으로 계속해 있는 것에 대한 적극적인 이유가 무엇인가? 라는 가설을 가지고 이것을 밝히는 것을 목적으로 했다.

구체적으로는 문헌이나 통계 데이터를 참고로 하면서 컴퍼니 대상기업을 중심으로 긴 업력을 통해서 강한 경쟁력을 가지는 한편 중소기업인으로 계속되는 기업인을 대상으로 실시해, 중소기업으로 계속있는 이유 및 전략을 조사했다.

이러한 이유를 밝혀 우리나라를 지탱하는 중소기업들에게 유례없는 새로운 시각을 제시하고자 하는 뜻이 있음을 참고하길 바란다. 본권 연구와는 다른 시점에서 중소기업의 성장을 분석하고 있어 참고하기 바란다.

(2) 조사의 필요와 목적

1) 조사의 목적

우리나라에서 중소기업의 수나 기업전체에서 차지하는 구성비는 일관해서 높은 수준을 유지하고 있다. 또, 긴 역사를 가진 기업을 보면 중소기업에서 대기업으로 확대 성장해 가는 기업이 존재하는 한편, 시장에서 강한 경쟁력을 가지면서도 중소기업으로서 일정한 규모를 유지하고 있는 기업이 대부분을 차지하는 것을 알 수 있다.

본권은 중소기업이 오랫동안 안정적인 지위를 차지하고 있는 가운데, 강한 경쟁력을 가진 중소기업(강소기업)을 대상으로 그 전략을 밝히는 것을 목적으로 한다. 구체적으로는 기업의 규모에 대해서는 일반적인 기업성장의 라이프사이클에 의하지 않고 확대를 제일로 하지 않는 중소기업의 전략 즉, 중소기업이 계속 중소 강소기업의 적극적인 이유와 전략에 대해 조사를 실시하는 것이다.

2) 조사방법

■ 문헌 · 통계조사

문헌이나 통계데이터를 이용해 매크로적으로 본 중소기업의 수나 재무상황을 개관한 후 중소기업의 존립기반 등에 관한 선행연구를 참고로 해 본조사의 베이스가 되는 개념을 정리했다.

■ 인터뷰조사

굿 컴퍼니 대상기업 리스트를 중심으로 강한 경쟁력을 가지는 한편 중소기업으로 계속되는 기업을 대상으로 인터뷰를 실시해 계속되는 이유를 조사하여 정리한다.

2. 우리나라의 중소기업 위상

(1) 확고한 지위를 유지하는 중소기업

1) 안정적인 추이를 보이는 중소기업

우리나라에서 중소기업은 지금까지 항상 약한 존재로 여겨져 왔다. 1972년의 중소기업 백서에서는 중소기업의 이미지 조사결과를 공표하고 있지만 이것에 의하면 이중구조라고 하는 이미지로 연결되는 나쁜 노동조건과 저소득층, 저생산성, 불안정, 금융난 경기변동에 약함, 도산이라고 하는 이미지가 강한 실정이었다.

또 중소기업을 둘러싼 환경도 많이 변했고 중소기업은 여러 가지 어려움을 겪어왔다고 할수 있다. 예를 들면, 80년대 후반보다 환율이 불안정으로 급격하게 진행되어 중소제조업의 상당수는 수출가격의 하락과 그에 따른 수익의 악화를 경험하였다. 또, 90년대 이후에는 글로벌 리제이션이 진전해 대기업에 의한 해외진출이나 신흥국기업과의 경쟁이라고 하는 환경변화에 휩쓸리기도 했다.

그러나 이러한 역경에도 불구하고 중소기업들은 여전히 우리나라의 위상을 유지하고 있으며 80년대 이후의 중소기업 수의 추이를 보면 최근 감소경향에 있는 업종도 있으나, 대략 80년대에 비해 상당 이상의 수를 유지하고 있는 것을 알 수 있다.

또한 최근 중소기업에서 폐업률이 개업률을 상회하는 이른바 개폐업률 역전이 지적되고 있지만 2004~2006년에는 개업률의 상승경향에 있으며 이에 따라 개폐업률도 개선경향에 있다. 이상과 같이 중소기업은 수적으로 안정적으로 추이하고 개업율에 대해서도 상승경향에 있으므로 신진대사도 여전히 활발하다는 것을 알수 있다.

2) 대기업을 능가하는 퍼포먼스

중소기업의 재무상황에 대해서 우선 중소기업의 ROA를 대기업과 비교하면 대기업과 동등하거나 그 이상의 비율을 나타내고 있다. 또, 마찬가지로 중소기업의 부가가치율을 대기업과 비교하면 소매 이외의 업종에 대해서는 대기업보다 높은 비율을 나타내고 있는 중소기업도 많다. 이상으로부터 큰 환경변화에도 불구하고 재무상황을 봐도 중소기업은 일정한 지위를 쌓아 유지하고 있는 강소기업이 많이 있다는 것을 알수 있다.

(2) 기존 가치관에 얽매이지 않는 중소기업의 존재

1) 중소규모를 유지하는 적극적 이유

앞에서 서술한 바와 같이 중소기업은 지금까지 급격한 환경불안정과 글로벌경쟁 등 다양한 역경을 겪고 있음에도 불구하고 경제의 안정적인 지위를 계속 확보해 오고 있다. 특히 미디어를 중심으로 높은 기술력과 상상력을 무기로 강한 경쟁력을 가지며, 글로벌경쟁 중에서도 세계시장에서 높은 점유율을 차지하는 중소기업인 강소기업이 소개되는 일도 많다.

이것들을 감안하면 어느 하나의 가설을 이끌어낼 수 있다. 그것은 중소기업이기 때문에 강한 경쟁력을 발휘할 수 있는 일정한 영역이 있고, 따라서 강한 경쟁력을 가지면서도 규모의 확대를 제일의로 삼지 않고 계속 중소기업을 유지하는 것은 아닌가 하는 것이다. 일반적으로 중소기업은 앞에서 서술한 것처럼 약한 존재로 간주되는 경향이 있다.

또 중소기업의 성장이라는 경우에는 기업규모의 확대에 의해 대기업에 접근하는 것을 의미하는 경우가 많다. 확실히 경제규모가 점점 확대 성장을 보이고 그에 따라 시장도 항상 확대하는 사회에서는 대량생산을 위한 설비투자를 실시해 규모의 경제성에 의한 코스트다운을 도모함으로써 경쟁우위를 쌓아 올릴 수 있다. 특히 우리나라 경제에서는 휴전후에 급격한 상승의 경제를 경험하고 있기 때문에 이러한 규모의 경제성 추구는 무시되는 경향이 강하다.

그러나 굿 컴퍼니 대상기업 515사의 그 뒤를 보면 성장해 주식을 상장한 기업이 66사(전체의 13%)에 이르고 있다. 결코 많은 수는 아니다. 그러나 그들 기업중에는 세계시장에서 활약하는 기업도 많이 있다, 그러한 대다수의 기업들은 계속 중소기업인 채로 남아있는 것을 지적하고 있다. 그 중소기업들은 오랜시간에 걸쳐 축적해온 기술을 한층 더 갈고닦고, 또 응용분야를 펼쳐 강한 경쟁력을 가지는 제품과 서비스를 창조해 왔다.

그것이 세계시장에서 높은 평가와 쉐어를 획득하고 있다. 그것을 가능하게 한 것은 글로벌 리제이션의 진전이나 기술혁신의 가속수요의 다양화와 어지러운 변화에 유연하고 신속한 대응이었던 것은 아닌가라고 분석된다. 굿 컴퍼니 대상기업의 그후 사례에서 보듯 중소기업이 계속 중소기업으로 남아있는 데에는 소극적인 이유가 아니라 적극적인 이유가 있다고 생각된다. 거기서 중소기업이 활동하기 쉬운 영역 또 중소기업으로 계속있는 적극적인 이유를 정리하고자 한다.

2) 선행연구에서 보는 중소기업의 존립기반

■ 중소기업 존립의 형태

서술한 바와 같이 중소기업에는 중소규모이기 때문에 강한 경쟁력을 발휘할 수 있는 일정한 영역이 있으며, 그러한 영역에서는 중소규모인 것에 소극적인 이유가 아니라 적극적인 이유가 있는 것을 생각할 수 있다. 그래서 선행연구를 바탕으로 중소기업의 존립기반에 대한 가능성을 살펴본다.

우선 중소기업의 존립기반에 대해서는 1960년~80년대에 걸쳐 활발하지만, 최근에는 많은 연구가 이루어지고 있지 않은 것이 현상이라고 할 수 있다. 이러한 일련의 논의에 대해 대표적인 것으로는 동일산업에서 규모가 다른 기업이 동시에 존립할 수 있는 형태로서

표 11-1 중소기업 존립형태

형 태	내 용
경합시장	대기업과 중소기업이 경쟁할 수 있다.
하청시장	대기업 · 중소기업 양쪽이 개별의 기능을 완수한다.
틈새시장	산업종에서의 대기업경영이 본래 성립되지 않는다.
대기업 독점시장	대기업이 프라이슬리더의 지위를 확보하고 있기 때문에, 소기업을 배제하는 메리트가 크지 않다.

(a) 중소기업이 대기업과 경쟁할 수 있고

(b) 양자가 개별기능을 완수하는 보완관계

(c) 소기업이 경쟁에 의해 대기업을 압도하거나, 업종에서의 대기업경영이 본래 성립되지 않는다고 하는 세 가지를 들고 있다.

(a)에 대해서는 이른바 하청관계를 시사하고 있다고 말할 수 있다. 이즈미는 대규모 경영이 유리한 산업에서 중소기업이 존립을 유지 · 발전시킬 경우 대기업에 대해 보완적 관계를 영위하고 종속적 지위에 서야 한다고 했다.

(b)에 대해서 "중소기업이 독점불완전 시장을 가지는 산업에 있어서도 그 독립성이 절대적인 것은 많치 않다."라고 지적해 소기업이 경쟁에 의해 대기업을 압도한다고 하는 형태는 그다지 현실적이지 않다고 하고 있다.

(c) 그 예외로 일부업종에서의 대기업경영이 본래 성립되지 않는 형태, 이른바 틈새시장의 존재를 시사하고 있다고 할 수 있다. 또, 타카하시(1955)에서는 "소기업을 존속시키는 요인으로서 산업내의 과점적 조건은 해당 산업내의 소기업의 존속을 가능하게 하고, 대기업은 프라이스 리더의 지위를 확보하고 있기 때문에 소기업을 배제해도 얻을 곳이 없다."라고 여겨진다. 따라서, 대기업의 독과점시장에서도 중소기업이 존립하는 한 형태가 있다고 생각할 수 있다.

이상을 정리하면 중소기업이 존립하는 형태로 ① 경쟁시장, ② 하청시장, ③ 니치시장, ④ 대기업 독과점시장이라는 네 가지를 들 수 있다.

(3) 중소기업이 존립하는 이유

1) 중소기업의 존립요인

중소기업이 존립하는 이유를 선행연구를 바탕으로 정리하고자 한다. 이들을 포괄적으로 논의하고 있는 대표적인 연구로는 다카하시(1955)를 들 수 있다. 다카하시에 의하면 중소기업이 존립하는 요인으로서 다음과 같다

- 소기업에서 대기업으로의 이행은 거액의 자본축적이 필요하기 때문에 성장에 상당히 긴 기간을 필요로 하는 것이다.
- 불완전경쟁은 소기업형태의 시장을 보호하고 소기업의 존립에 중요한 한 원인을 형성하고 있는 것
- 산업내의 과점적 조건은 해당 산업내의 소기업의 존속을 가능하게 한다. 대기업들은 프라이슬리더의 지위를 확보하고 있어 소기업을 배제해도 얻을 것이 없다는 점이다.
- 경영자의 도박자적 태도를 들고 있다. 나이토, 이케다(1995)에 의하면 중소기업이 계속적으로 존속하는 일반적인 이유이다.(타카하시(1955) 외에)
- 생산물에 관한 시장의 불완전성 ① 중소기업에 이익을 주는 것, ② 노동시장의 불완전성
- 중소기업이 기업가 자신에게 고용을 주고 있는 것
- 적정규모가 중소기업측에 있는 것

표 11-2 중소기업이 존립하는 이유

순 서	이 유
1	중소기업에서 대기업으로 이행은 거액의 자본축적이 필요하기 때문에 긴 기간이 필요하다.
2	대기업이 프라이슬리더의 지위확보 때문에, 소기업을 배제해도 얻을 것이 없기 때문이다.
3	경영자의 도박자적 태도때문이다.
4	생산물에 관한 시장의 불완전성이 중소기업에 이익을 주기 때문이다.
5	노동시장의 불완전성이 존재하기 때문이다.
6	중소기업이 기업인 자신에게 고용을 주기 때문이다.
7	적정규모가 중소기업측에 있기 때문이다.
8	기술혁신 등에 의해 소규모 단위의 생산이 가능해졌기 때문이다.

출처 : 다카하시(1955) 및 나이토, 이케다(1995)를 바탕으로 미즈호 종합연구소 작성

• 기술발전에 의해, 소규모단위의 생산이 가능해지는 것을 들고 있다.

이를 바탕으로 중소기업이 존립하고 있는 이유를 정리하면 〈표 11-2〉와 같다.

중소규모의 장점으로서 오가와(1974)에 의하면 ① 기업목표에 대한 실행의 확실성, ② 인간적 접촉이 도모하기 쉬운, ③ 대기업에 비해 높은 근로의욕을 기대할 수 있는, ④ 중소기업의 탄력성(기민성, 관리비가 낮은 등), ⑤ 조직구조가 간단, ⑥ 거대기업의 눈에 띄지않고 사업을 육성가능이라고 하는 6가지를 들 수 있다.(표 11-3 참조)

표 11-3 중소규모라는장점

순 서	장 점
1	기업목표에 대한 실행의 확실성
2	인간적 접촉이 꾀하기 쉽다.
3	대기업에 비해 높은 근로의욕을 기대할 수 있다.
4	중소기업의 탄력성(기민성, 관리비가 낮다 등)
5	조직구조가 간단해
6	거대기업의 눈에 띄지 않고 사업을 육성 가능

(4) 시장별로 보는 중소기업인 이유

앞서 서술한 대로 선행연구를 바탕으로 중소기업 존립형태 및 중소기업이 존립하는 이유를 정리할 수 있다. 본 조사에서는 이들 연구성과를 기반으로 하여 중소기업 존립형태별로 중소기업이 존립하는 이유를 적극적 이유, 중간적 이유, 소극적 이유로 정리했다. 이 중 본권조사에서는 적극적 이유를 상세하게 분석하고자 한다.

1) 경쟁시장

경쟁시장에서는 중소기업의 적극적인 이유로서 수요변동이 격렬한 시장이기 때문에 중소규모인 것이 유리하다고 생각할 수 있다. 수요가 일정정도 예상하고 대량공급으로 높은 이윤을 누릴 수 있는 시장의 경우에는 대기업이 유리해 중소기업이 경쟁을 이겨내기는 어렵다. 중소기업이 대기업과 경쟁하려면 대량공급이 어려운 시장이어야 한다.

이외 경합시장에 있어서의 적극적인 이유로서는 대기업에의 성장도중인 것이나, 소수정예의 높

표 11-4 중소기업 존립형태별, 중소기업이 계속 중소기업인 이유

구 분	적극적 이유	중간적 이유	소극적 이유
경쟁시장	수요변동이 심한 시장이기 때문에 중소규모인 것이 유리해 경영자가 고정화 · 안정화된 업무가 아니라, 항상 이노베이티브하게 활동하고 싶다. 거대기업으로의 성장도중 양대기업보다 높은 이윤율을 올리고 있다. 소수정예의 높은 근로의욕을 가진 종업원만으로 활동하고 싶다.	경영자가 도박적인 활동을 계속하고 싶다.	주식공개를 하면 단기적인 이윤을 추구하지 않을 수 없게 된다.
하청시장	거대기업으로의 성장도중 양대기업보다 높은 이윤율을 올리고 있다.		대기업의 존재에 따라 하청거래를 유지하지 않을 수 없다.
틈새시장	쇠퇴산업 또는 유망산업 등, 항상 중소기업이 활동하기 쉬운 분야에 초점을 맞춰 활동하고 있다. 수요변동이 심한 시장이기 때문에 중소규모인 것이 유리해 대기업에 주목받지 않고 활동을 계속하고 싶다. 경영자가 고정화 · 안정화된 업무가 아니라, 항상 이노베이티브하게 활동하고 싶다. 양대기업보다 높은 이윤율을 올리고 있다. 소수정예의 높은 근로의욕을 가진 종업원만으로 활동하고 싶다.	소규모경제가 작동하지 않는다.(최소 최적규모가 작다) 장터규모가 작다. 경영자가 도박적인 활동을 계속하고 싶다.	
대기업 독점 과점 시장	대기업에 주목받지 않고 활동을 계속하고 싶다. 거대기업으로의 성장도중 소수정예의 높은 근로의욕을 가진 종업원만으로 활동하고 싶다.		주식공개를 하면 단기적인 이윤을 추구하지 않을 수 없게 된다.
각 시장 공통의 이유	경기변동 등으로 인해 받는 리스크를 최소화하고 싶다. 중소규모가 경영자의 의사가 반영되기 쉽다. 중소기업의 기민성 · 유연성을 살리고 싶다(심플한 조직구조, 조직풍토의 침투 등).	소규모경제가 작동하지 않는다(최소, 최적, 규모가 작다). 장터규모가 작다. 고정비가 작다. 경영자가 현상에 만족하고 있다.(가족경영 등의 이유로)	각종 중소기업 시책을 받을 수 없게 된다. 경영자의 예견(외부환경, 확대의향)이 비관적. 경영자에게 대규모기업을 관리할 능력이 없다.

은 근로의욕을 가진 종업원만으로 활동하고 싶은 것을 들 수 있다. 소극적 이유로는 주식공개를 하면 단기적인 이윤을 좇을 수밖에 없다는 점을 들수 있다. 또 중간적 이유로 경영자가 도박적인 활동을 계속하고 싶어 한다는 점도 꼽힌다.

2) 하청시장

하청시장에서의 적극적인 이유는 대기업보다 높은 이윤을 올리고 있는 것이 특징이라고 할 수 있다. 또 대기업으로의 성장도라는 점도 꼽힌다. 소극적 이유로는 경쟁시장처럼 주식공개를 하면 단기적인 이윤을 좇을 수밖에 없다는 점을 들 수 있다.

3) 틈새시장

틈새시장에서의 적극적인 이유로서는 쇠퇴산업 또는 유망산업 등 항상 중소기업이 활동하기 쉬운 분야에 초점을 맞추고있다는 점을 들 수 있다. 또, 수요변동이 심한 시장이기 때문에 중소기업인 것이 유리하다는 것 등도 들 수 있다. 한편, 중간적인 이유로는 시장자체가 그다지 크지 않기 때문에 규모의 경제가 작동하지 않는다고 한것 등을 들 수 있다.

4) 대기업 독과점시장

대기업 독과점시장에서의 적극적인 이유로는 대기업에 주목받지 않고 계속 활동하고 싶다는 점을 들 수 있다. 또, 대기업으로의 성장도중이나 소수정예의 높은 근로 의욕을 가진 종업원만으로 활동하고 싶은 것도 들수 있다. 소극적인 이유로는 주식공개를 하면 단기적인 이윤을 좇을 수밖에 없기 때문이다.

5) 각 시장공통의 이유

각 시장에 있어서 전술한 바와 같은 이유를 특징으로서 들 수 있지만 한편 각 시장에 공통의 이유도 생각할 수 있다. 이러한 이유를 각 시장에 맞추어 계속 중소기업으로 있는 특징이 나온다고 생각할 수 있다. 공통의 이유중 우선 적극적인 이유로는 경기변동으로 부터 받을 리스크를 최소화하고 싶다는 생각과 중소규모가 경영자의 의사가 반영되기 쉽다는 점을 들 수 있다.

또 중소기업의 기민성, 유연성을 살리고 싶다고 한 것도 들 수 있다. 이러한 적극적인 이유는 일반적으로 중소기업의 메리트로서 널리 알려진 것이기도 하다.

중간적 이유로서 규모의 경제가 작용하지 않는 것이나, 시장규모가 작은 것, 고정비가 작은 것, 경영자가 현상에 만족하고 있는 것 등을 생각할 수 있다.

소극적 이유로는 각종 중소기업시책을 받지 못하는 점, 경영자의 예견이 비관적인 점, 경영자가 대규모기업을 관리할 능력이 없다는 점을 들 수 있다.

3. 전략을 축으로 한 새로운 분석시점

(1) 시장을 바탕으로 분석하는 것의 어려움

앞에서 서술한 대로 선행연구를 바탕으로 중소기업 존립의 형태별로 중소기업이 존립하는 이유를 적극적 이유, 중간적 이유, 소극적 이유로 정리했는데 이들 시장은 보다 구체적으로 어떤 시장인지에 대해 밝힐 필요가 있다.

선행연구에서는 중소기업이 존립하기 쉬운 시장으로서 산업특성이나 업종특성을 기준으로 고찰하고 있는 연구가 많은 것 같다. 예를 들어 이즈미(1954)에 따르면 중소기업은 경공업에서 큰 경쟁력을 보이고 있다고 한다. 또, 호소노(1955)에 의하면 중소규모에 있어 뛰어난 산업으로서 식료품제조업, 가구 및 장비품제조업, 화학공업을 들 수 있다. 스에마츠(1962)에 의하면 제3차 산업에 있어서는 중소기업의 활동분야가 꽤 많아진다고 여겨진다. 최근의 연구로서는 마츠무라(2007)가 기업수·개폐업율의 추이, 재무지표, 최소최적 규모론에 의한 어프로치를 기본으로 의료·복지(사회보험·사회복지·간호사업)나 수송용 기계기구제조업, 일반 기계기구제조업, 금속제품제조업에 중소기업의 존립기반이 있다고 한다.

그러나 단일업종에서도 다양한 시장이 존재하기 때문에 업종을 기본으로 이러한 시장(경쟁시장, 하청시장, 틈새시장, 대기업 독과점 시장)을 분류했을 경우, 각각의 기업에 있어서의 중소기업으로 계속되는 이유를 상세하게 분석하는 것이 어렵다. 또, 예를 들면 세분류와 같이 업종을 보다 세세한 단위로 분석하는 방법도 생각할 수 있지만 이것은 결과적으로 틈새시장의 도출에 끝날 가능성이 있다.

게다가 각 중소기업을 봐도 대기업과 경합적인 사업을 실시하는 한편으로 대기업으로부터의 하청을 실시하고 있는 등 복수의 사업을 실시하고 있는 경우가 있어, 이러한 시장이나 업종을 기본으로 중소기업이 계속되는 이유를 묻는 것은 분석이 불충분해질 가능성이 있다. 애초에 중소기업이 계속 중소기업인 이유에는 앞에서 서술한 바와 같이 중소기업이 존립하기 쉬운 기반의 존재, 이른바 외부환경과 함께 거기에서 도출되는 내부환경(전략이나 경영자의 방침)이 짙게 반영된다고 생각된다.

또, 외부환경은 동일한 업종이라도 시대에 의해 크게 변화하기 때문에, 업종 특성에 의해서 중소기업의 존립기반을 확인했을 경우에서도 다른시대에는 해당되지 않는 것을 생각할 수 있다.

(2) 전략에 근거한 선행연구 재정리

1) 업종과 시장의 존속

본조사에서는 업종/시장이라는 축이 아니고 선행연구를 기초로 도출된 중소기업이 계속되는 이유에는 사업전략이라고 하는 새로운 축을 마련해, 왜 그러한 전략을 채용하게 되었는가라고 하는 외부환경의 변화도 고찰하는 어프로치를 채용했다.

사업전략이라는 축을 채용한 이유로서 시장별로 중소기업으로 계속 있는 이유의 대부분은 이른바 사업전략으로서 거론되는 것임을 들 수 있다. 예를 들어 쇠퇴산업 또는 유망산업 등 항상 중소기업이 활동하기 쉬운 분야에 초점을 맞춰 활동하고 있다는 것은 사업도메인 결정과 다름없다. 또 대기업보다 높은 이윤율을 올리고 있다는 것은 고부가가치전략으로 볼 수 있다.

덧붙여 전략을 분석하는 메리트로서는 우선 다양한 업종/시장에서 활약하고 있는 중소기업도 다루어 분석의 대상으로 할 수 있는 것부터, ① 시장을 기본으로 분석하는 것의 곤란성에서 지적한 결론이 틈새인 시장의 도출에 끝나 버리는 것을 피할 수 있는 것을 들 수 있다. 또, 각사 개별의 상황에 초점을 맞추기 위해 외부환경뿐만 아니라 각사 특유의 강점이나 약점이라고 하는 내부환경(기술력 · 서비스력 · 인적자원 등)도 상세하게 고찰할 수 있는 것도 들 수 있다. 게다가 하나의 기업이 여러가지 업종/시장에서 활약하고 있는 경우도 각각의 업종/시장의 상황을 종합한 다음, 규모의 확대를 하지 않고 중소기업인 채로 계속있다고 하는 전략을 상세하게 분석할 수 있다.

2) 중소기업의 존립기반

선행연구에서 보는 중소기업의 존립기반에서 도출된 중소기업 존립 형태별 '적극적' 이유를 다시 사업전략별로 정리하면 다음과 같다.

(a) 헌터(Hunter)형

유망산업(향후 시장의 형성확대가 전망되지만 시장규모가 작기 때문에 참가가 심하지 않은 산업)이나 쇠퇴산업 등 항상 중소기업이 활동하기 쉬운 분야에 초점을 맞춰 활동하는 이른바 수렵적인 전략을 채용하고 있는 기업이 해당된다. 시대의 변동속에서 타업종에의 참가나 동일 업종에 대해도 전혀 다른 업태로 변경해 이윤을 좇는 기업도 해당된다.

헌터형전략을 채택하는 기업에게 있어서는 조직의 규모가 커지면 기민성이 없어지기 때문에 중소규모인 편이 유리하다고 생각된다. 선행연구에 있어서도 유망산업이나 쇠퇴산업에서는 기업간

표 11-5 사업전략별 중소기업이 계속 중소기업인 이유

전 략		내 용
전략별 이유	헌터형	유망산업이나 쇠퇴산업 등, 항상 중소기업이 활동하기 쉬운 분야에 초점을 맞춰 활동하고 있다.
	서핑형	수요변동이 심한 시장이기 때문에 중소규모인 것이 유리함
	프리크형	고객과의 접점을 중요시하여, 눈이 미치는 고객수 안에서 만족도를 최대화한다.
	스트롱서포트형	타사를 모방하기 어려운 기술을 무기로, 가격결정권을 가지고 있어 무형의 전문성·노하우를 살려 활동하고 있어 하도급거래에서 특히 강점을 발휘할 수 있는 전략이다.
	서브마린형	대기업보다 높은 이윤율을 올리고 있지만, 대기업의 눈에 띄지 않고(대기업의 그늘에 가려)활동을 계속하고 싶다.
	편의점형	제품라인업 하나하나의 마켓이 작고, 결과적으로 다품종 소량생산이 된다.
공통의 이유	경영자가 고정화된 업무가 아니라 항상 이노베이티브하게 활동하고 싶다. 소수정예의 높은 근로의욕을 가진 종업원만으로 활동하고 싶다. 중소기업의 기민성·유연성을 살리고 싶다. 중소규모가 경영자의 의사가 반영되기 쉽다.	

경쟁이 심하지 않고 시장규모도 그다지 큰 것이 아니기 때문에 대기업보다 중소기업이 참가하기 쉽다고 여겨진다.

(b) 서핑(Surfing)형

수요변동이 심한 시장 때문에 대기업이면 수요가 침체되었을 때 비효율성이 현저해지기 때문에 중소규모를 유지하고 있는 기업이 해당된다. 구체적으로는 고객의 요구가 시대와 함께 격렬하게 바뀌기 때문에 독자성이 높은 기술이나 전문성, 노하우를 무기로 하면서도 시대의 요구를 재빨리 감지해 유연하게 대응하는 기업 등이 해당한다.

많은 시장에서 양적확대가 과거의 일이 되고 있어 동일한 일이 계속적으로 있었고, 게다가 장기적으로 계속 증가한다고 하는 시대는 끝났다고 여겨진다. 이 지적에서도 볼 수 있듯이 단순한 확대는 리스크를 수반한다. 또, 리스크 분산화를 위해서 사업포트폴리오를 확대한다고 하는 전략도 생각할 수 있지만, 어중간한 확대는 반대로 리스크가 커질 가능성도 있다. 따라서 중소규모를 유지하고 유연한 체제를 구축하는 것으로 수요변동으로부터 받는 리스크를 최소화할 수 있는 경우가 있다고 생각할 수 있다.

(c) 프리크(Freak)형

고객과의 접점을 중요시하여 고객을 프리크(Freak 광팬)함으로써 사업을 안정확대하는 전략을 채용하는 기업이 해당된다. 이러한 기업에서는 경영자나 종업원이 눈에 띄는 범위에서 고객에게 치밀한 서비스를 제공하는 것이 필요하기 때문에 기업규모의 확대를 제일로 하고 있지 않은 것을 생각할 수 있다.

예를 들면, CRM(Customer Relationship Management) 분야에서도 중요한 고객과 계속적으로 거래를 실시함으로써 기업의 이익(고객으로부터 얻을 수 있는 가치의 총합)을 최대로 한다는 생각이 중요시되고 있다. 특히 성숙기를 맞이하는 시장 등에서 CRM에 의한 고객유지는 보다 중요하다. 프리크형은 CRM으로 대표되는 고객과의 관계유지를 넘어 고객을 열광적인 팬으로 보다 강고한 기반으로 하고 있는 것을 생각할 수 있다.

(d) 스트롱 서포트(strong support)형

하청거래를 하고 있는 기업에 있어서 특히 강점을 발휘할 수 있는 전략으로, 타사를 모방하기 어려운 기술을 무기로 가격결정권을 가지고 있는 기업이나, 무형의 전문성·노하우를 활용해 활동하고 있는 기업이 해당된다. 전자에서는 예를 들면 제조업에 있어서의 강한 기술력을 가진 기업이 해당한다고 생각할 수 있다. 후자에 대해서는 예를 들면 서비스업에서 눈에 보이지 않는 전문성이나 노하우를 가지고 있어 그 기업에서만 대응할 수 있는 업무가 존재하는 기업이 해당한다고 생각할 수 있다.

덧붙여 중소기업 금융공고(현 주식회사 정책금융공고)(2006)에서는, 스트롱 서포트형으로 대표적인 기업인 강한 하청기업으로서 시장에 있어서의 자사의 포지션과 요구를 적확하게 파악해 한정된 경영자원을 수탁청부업무에 집중적으로 투입해, 경쟁우위성을 높임으로써 거래처 기업에 대한 자사의 존재가치를 확립하는 것에 성공한 중소기업이 소개되고 있다.

(e) 서브마린(submarine) 형

대기업보다 높은 이윤율을 올리고 있지만 대기업의 눈에 띄지 않고 대기업의 그늘에 가려 활동을 계속하겠다는 기업이 해당된다. 구체적으로는 대기업 독과점시장 안에서 일정정도의 점유율을 확립하고 있는 기업이나 OEM에 의해 높은 이윤을 올리고 있는 기업 등이 해당한다고 생각된다. 전술한 바와 같이 이것은 선행연구에서도 지적되고 있다. 즉 대기업이 프라이스 리더의 지위를 확보하고 있기 때문에 중소기업을 배제해도 얻을 것이 없다고 생각하는 경우에는 중소기업이 존립할 여지가 있다고 여겨진다.

(f) 편의점형

제품라인업을 많이 갖추지만 하나하나의 마켓이 작아 결과적으로 다품종 소량생산을 무기로하는 기업이 해당된다. 이른바 틈새시장에 주목하는 기업은 편의점형에 속할 가능성이 높다. 중소기업청(2003)에서도 중소기업이 활약하는 분야라는 것은 공급면에서 보면 자본집약도가 낮고, 수요면에서 보면 다품종소량, 수요변동이 심한 분야라고 지적되고 있다.

3) 공통의 이유

이른바 일반적으로 중소기업이라는 점을 장점으로 들 수 있으며 각형에 공통된 이유라고도 할 수 있다. 예를 들면 경영자가 고정화된 업무가 아니라 항상 이노베이티브하게 활동하고 싶은 소수정예의 높은 근로의욕을 가진 종업원만으로 활동하고 싶다, 중소기업의 기민성, 유연성을 살리고 싶다. 중소규모가 경영자의 의사가 반영되기 쉽다라고 하는 것을 들 수 있다. 이러한 전략을 토대로 경영환경이나 자사의 강점을 감안해 전술 (a)~(f)의 전략을 채택함으로써 각 기업의 특징 및 중소기업으로 계속 남아있는 이유가 명확해질 것으로 생각된다.

이상 중소기업 존립의 형태 및 중소기업인 적극적인 이유에 대해서 선행연구를 바탕으로 정리한 후 본 조사의 목적인 중소기업이 계속 중소기업인 이유를 보다 상세하게 분석하기 위해서 각사의 사업전략이라는 시점을 넣어 계속 중소기업인 이유를 다시 정리할 필요가 있다.

4. 중소기업의 새로운 생존전략

(1) 사업전략의 배후사례

1) 강한 경쟁력을 기본으로 독자적인 포지션유지를 중요시

본권에서는 중소기업이 활동하기 쉬운 영역이 존재하고 그러한 영역에서 활동하는 중소기업은 계속 중소기업인 것에 대한 적극적인 이유가 있다는 가설을 갖고, 선행연구의 사업전략에 의한 재정리나 인터뷰조사를 통해 검증을 시도했다. 그리고, 결과적으로 중소기업들 중에는 반드시 확대를 제일의 목적으로 삼지 않고, 강한 경쟁력을 기본으로 독자적인 포지션을 유지하고 있는 기업이 존재하고 있었다. 사회구조의 변화로 양적확대가 성과로 이어진다고는 할수 없는 상황은 향후 더욱 강해질 것으로 생각되므로 이러한 기업의 기본방향은 새로운 중소기업 상으로서 크게 참고가 될 것이다. 여기서, 재차 사업전략마다 각 기업이 중소기업으로 계속있는 이유를 정리하고자 한다.

2) 중소기업의 배후생존전략

선행연구와 인터뷰사례를 정리해 보면 사업전략별로 중소기업이 계속 중소기업인 이유를 정리할 수 있다. 그러나 이러한 기업의 중소규모유지라는 전략은 중소규모인 것이 최선의 선택인지 아닌지를 숙고하고, 또 외부환경이나 내부환경을 판별해 중소기업임을 긍정적으로 고려한 후에 나온 것이라고 할 수 있다.

거기서, 사업전략별 분류에 머무르지 않고 각 기업에 공통되는 특징을 추출하는 것과 동시에, 각 기업이 어떠한 시점을 기본으로 중소규모의 유지라고 하는 선택을 했는지에 대해 기업전략의 보다 깊은 부분을 분명히 하고자 한다.

우선, 본조사의 대상기업에 대해서 많은 기업에 특징적인 사항을 정리하면, 이하의 세 가지로 집약할 수 있다.

■ 각 기업에 공통되는 특징

첫 번째, 영속적인 기업에 대한 의식이 사업전략의 차이에 관계없이 많은 사례에서는 영속적인 기업(Going Concern)으로서의 자사를 강하게 의식하고 있어, 전략의 근저로 하고 있음을 알 수 있었다.

예를 들어 무세(주간·주철)의 특수강재는 역동과감하게 기업장수라는 기업이념을 내세워 회사의 수명은 영원하면 좋겠다는 것이다. 또한 풋마크에서는 2046년까지의 계획을 정하고 그 계획을 외부용 홍보자료에도 기재하고 있다. 기업을 영속적으로 유지하는 것을 우선 업무사항으로 하고 있다. 또한 경영자의 사고에 의하면 영속적인 기업이라는 것은 전통적인 윤리와 사회성을 지키는 것과 동시에 당사에 업무자원를 제공하는 지역 주민에 대한 책무라고도 느끼고 있으며 지역을 지탱하는 기업이라는 자각도 강하게 가지고 있다.

■ 확대보다 우선하는 사항의 존재

본조사에서 거론한 기업은 모두 업계내에서 강한 경쟁력을 가지고 있어 양적확대(생산량의 확대, 종업원 수의 확대 등)를 첫 번째 목표로 하면 현재 이상의 규모에 이르는 것도 어렵지 않다고 생각된다. 그렇지만, 어느 기업에 있어도 단순한 양적확대보다 우선하는 목표가 있는 것을 알았다.

예를 들어 이비사에서는 질 좋은 핸드백을 만드는 것은 물론 고객과의 관계를 무엇보다 중시한다. 이를 통해 열광적인 팬(프리크)이 탄생해 당사를 지탱하고 있다. 당사는 고객이 경영자 및 종업원의 눈에 잘 띄는 범위에 들어가는 것이 중요하기 때문에 규모를 확대한다는 방침은 후순위다.

닌덴야카미하라 유시치는 400년 전통의 기술을 지키고 또한 시대에 맞는 개량을 거듭해 후세에 남기는 것을 중시하고 있다. 당사에서는 세계적인 브랜드메이커보다 당사의 소재를 구입하고 싶다는 타진이 있었던 것으로도 대표되듯이, 현재보다 많은 수요가 예상되므로 양산체제를 구축함으로써 규모를 확대한다는 선택사항도 있었다. 그러나, 자사의 전통이나 디자인력을 지키기 위해 이러한 오퍼에 응하지 않고 독자적인 포지션으로 계속 활동하고 있다.

이외 종업원에게 관심을 가지면 종업원 수의 증가보다 생산성의 향상을 중시하고 있는 기업이 있고 특히 해야 할 일이라고 말할 수 있다. 예를 들면, 키타하라 전목에서는 종업원 수를 확대하는 것은 생각하지 않고, 종업원 한사람 한사람의 생산성을 향상시키는 것으로 효율적인 경영을 실시하는 것을 중시하고 있다. 쿠리야마 쌀과에서는 IT투자에 의한 업무효율화 등도 있어 영업담당 종업원의 감소와 매상증가의 양쪽 모두를 실현하고 있다. 또, 풋마크에 대해도 종업원 수의 확대에 대해서는 의식이 없지만, 각 종업원의 생산성 향상에 대해서는 철저하게 추구하고 있다.

새로운 인재등용에 의존하지 않고 우선 생산성 향상의 길을 모색하는 이 방침도 시사하는 바가 크다하겠다.

■ 기업성장과 직원성장연결

전술한 바와 같이 본조사에서 다룬 기업은 양적확대를 고려하는 것이 용이한 기업도 많다. 현재 상황을 상회하는 고객니즈가 있는 경우에는 중도채용 등을 통해 체제강화를 도모해 업무용량을 확대하는 액션도 가능하지만, 본 조사의 경우 외부인재등용에 적극적인 기업이 많이 나타나고 있다. 그 배경으로서 현재 재적하는 종업원이 성장해 가는것이 기업자신의 성장에 깊게 연결된다고 하는 생각이 근저에 있는 것처럼 보여진다.

예를 들어 다이아공업은 중도채용을 앞두고 프로퍼직원을 성장시키는 것을 우선으로 하고 있다. 이는 외부에서 우수한 인재를 고용해 합당한 자리에 앉힐 경우 프로퍼직원의 동기부여가 떨어져 결과적으로 기업전체의 퍼포먼스가 떨어질 것을 우려한 것이다.

또, 타케오 특수강재에 대해서는 차차 세대의 교육이라고 칭하는 연수프로그램을 계획해 차세대를 담당하는 중견층이 아니고, 한층 더 그 다음 세대를 담당하는 젊은층에 중점적으로 교육을 실시해 종업원과 기업의 성장을 링크시키고 있다.

쿠리야마 쌀과에 대해도 종업원 교육을 철저히 해, 어려운 연수를 실시하고 있어 이것에 의해 종업원이 자기자신을 되돌아보고 정신적인 성장을 이루어 기업의 변혁발전에 도움이 되어, 최종적으로는 실적향상에도 연결되고 있다. 이상, 각 기업에 공통되는 특징을 세 가지로 정리했는데 이것들은 모두 경영자가 자사에 대해서 가지는 보편적인 신념, 생각에 지나지 않는다. 즉, 각 기업이 헌터형이나 서핑형이라고 하는 사업전략을 내세우는 근저에 있는 의식이라고 말할 수 있을 것이다.

(2) 중소규모 선택의 중요한 시점

다음으로, 이러한 경영자의 신념이나 생각을 근거로 각 기업이 중소기업으로 계속 유지한다고 하는 선택에 이른 프로세스를 쫓아 거기로부터 도출되는 중요한 시점을 정리하면 이하의 세 가지 쟁점이 떠올랐다.

1) 중소기업 지속의식 공유

경영자의 신념생각을 토대로 하여 자사가 나아가야 할 방향성을 검토하고 후술하는 프로세스를 거쳐 중소기업인 것이 최선의 선택이라고 판단했을 경우에는, 이것을 경영자만의 의식으로 할 뿐만 아니라 종업원을 포함한 전사에서 의식을 공유하는 것이 가장 중요한 요소가 된다. 특히 강한 경쟁력을 가지는 만큼 종업원 사이에도 확대라는 의식이 생겨 전사적인 방향성의 통일감을 유지할 수 없게 될 가능성이 있다. 대기업과 비교하면 중소기업의 경우는 양이라는 의미에서의 인적자원이 한정되기 때문에 종업원이 각각 다른 방향을 향하고 있는 것은 큰 손실이 된다.

예를 들면, 이비사에서는 버블기에 시대의 요청에 의해 양판에 의한 확대노선을 지향한 종업원이 있어 전략의 통일성을 도모할 수 없는 사태가 발생했다. 하지만 당사는 이 시점에서 궤도를 수정하고 대량생산이 아닌 독자성 높은 제조라는 방침으로 전사적인 벡터를 갖춰 중소기업으로서 더욱 활약하고 있어 이것은 종업원을 포함해 의식을 공유하는 것으로, 생산성의 향상이나 기기에 수반하는 기업의 활력이 만들어지는 예라고 말할 수 있다.

다만, 의식을 전사에서 공유하는 것은 말하기 쉽지만 실행은 어렵다고 말할 수 있다. 자사의 실적이나 업황 등을 개방으로 하는 등의 연구를 하고 있는 기업은 적지 않지만, 경영자 혹은 경영층의 이념비전까지 전 종업원이 이해하고 각자의 행동에 반영되고 있는 기업은 그리많지 않을 것이다. 그러나, 중소기업으로서 대기업과 호각 또는 대기업을 능가하는 활약을 하고, 또한 영속적인 기업으로 계속되기 위해서 전종업원의 의식의 공유는 필요불가결하다.

경영자에 있어서는 자사를 되돌아보고 자신의 신념·생각이나 거기로부터 계속 도출되는 중소기업으로 있는 선택이 전종업원에게 침투하고 있는지 아닌지에 대해서는, 계속적으로 확인할 필요가 있다고 말할 수 있을 것이다. 덧붙여 중소기업이라고 하는 선택을 할 때는 이하의 프로세스가 필요하다.

2) 중소기업이라는 점에 대한 검토

중소기업 계속 의식의 공유에서는 "중소기업으로 계속 유지된다."라는 선택에 있어서 가장 중요한 시점을 들었지만 이 선택을 실시하기 전에 자사가 중소기업인 것이 최선인지 아닌지를 검토할 필요가 있다. 여기서 도출되는 응답은 각 기업에 공통되는 특징으로 든 경영자의 강한 신념·생각에 규정되지만, 그 중에서도 자사가 영속적인 기업으로서 존속하는 것을 전제로 하고 있는지 아닌지와 같은 기업에 있어서 가장 본질적인 의식에 크게 영향을 받는다.

법규제 등의 시한성이 있는 사업을 실시하는 경우나 일과성이 높은 사업을 실시하는 경우에는, 단기적으로 취할 수 있는 최대의 수익을 우선하기 위해서 규모의 확대를 제일로 생각하는 것은 의의가 있는 것이며, 영속적인 기업으로서 존속한다고 하는 관점은 불필요할 것이다. 그러나 통상적인 사업을 실시하는 경우에는 규모가 작은 기업이라도 거래처, 금융기관, 종업원, 지역사회 등 다양한 이해관계자가 지속적으로 사업을 하는 것이 무엇보다도 큰 사명이 된다.

게다가 사업승계문제가 표면화되고 있는 요즈음의 사정을 감안하면, 자사의 인재나 기술·서비스력을 후세에 남기는 것을 바라는 중소기업도 많이 존재하는 실정이라고 생각된다. 그 때 역시 한번 영속적인 기업인 것을 강하게 의식하고 그것을 위해서 무엇이 필요한가를 재고하는 것은, 향후의 방향성을 결정하는데 있어서의 큰 요소가 될 것이다.

이것에 덧붙여, 중소기업인 것이 최선인지 아닌지의 판단은 자사의 활동영역의 시장규모나 향후 예상되는 시장의 성장성, 시장구조(대기업 독과점의 시장인가, 제품차별화나 코스트우위를 쌓아 올리기 쉬운 시장인가 등)라고 하는 외부환경, 자사의 현재의 설비나 자금의 상황, 인적자본의 상황이라는 내부환경에 의해서도 크게 규정된다. 구리하라나 다이아몬드 공업으로 대표되듯이 본조사 대상기업에서도 자사가 놓여진 상황을 철저하게 분석한 다음, 채용해야 할 전략을 결정하고 있다. 이것은 확실히 전략책정의 프로세스에 다름없다.

또한 본 조사에서는 대상기업들이 모두 주식공개를 강하게 원하는 것은 아닌 것으로 나타났다. 그리고 이는 결코 소극적인 선택이 아니라 자사의 전략적 관점에서 도출된 적극적인 선택이었다. 예를 들면, 이와테 아베제분에서는 단기적인 성장을 바라지 않고 장기적인 시선에서의 상품개발

체제를 쌓아 올리기 위해서 주식공개의 권유를 모두 거절하고 있어 풋마크에서도 주식공개가 고객의 이익에 반드시 연결되지는 않는다며 주식공개의향은 갖고 있지 않다.

이와 같이 강한 경쟁력을 가지면서도 중소기업임을 스스로 선택하고 있는 기업이 존재하는 것은 많은 중소기업에 있어서 큰 참고가 될 것이다. 단, 한편으로 대기업으로 성장한다는 전략도 존재한다는 점에는 유의할 필요가 있다. 본 조사에서는 굿컴퍼니 기업중심으로 분석을 진행했지만 수상기업중에는 교세라로 대표되듯이 중소기업에서 대기업으로 성장하고 성공하는 기업도 존재한다는 점을 잊지말아야 한다.

대기업이 더 활동하기 쉬운 경우 안이하게 중소기업에 머무르는 것은 성장의 기회를 놓치고 영속적인 기업이기 때문에 잘못된 선택이 될 가능성이 높다. 이것들을 토대로 하여 다시 중소기업인 것이 최선이라고 판단되는 경우에는 자사가 중소기업인 것을 적극적으로 인식하고, 나아가 중소기업이라는 포지션에서 활약하기 위해서 필요한 대응을 검토하고 실행할 필요가 있다.

3) 강력한 경쟁력을 유지하기 위한 노력

전술한 대로 키타하라전목이나 구리야마 쌀과, 풋마크에서는 종업원 수의 증가가 아니고 종업원 한사람 한사람의 생산성을 향상시키는 것에 주력해, 그로 인해 자사의 경쟁력 강화를 도모하고 있다. 또, 카쯔론이나 무생특수강재에 대해서는 종업원의 다능공화를 목표로 하는 것에 적극적으로 임하고 있어 종업원이 여러가지 업무를 완수함으로써 동업타사에는 없는 인재력을 무기로 하고 있었다.

또, 다이아몬드 공업에 있어서의 프로퍼사원의 성장을 우선하는 사례나 무세이 특수강재에 있어서의 「차세대의 교육」 등, 종업원의 성장과 기업의 성장을 밀접하게 링크시키는 대처도 대기업과는 구별되는 방법으로 자사의 경쟁력을 높이기 위한 전략이라고 할 수 있을 것이다. 덧붙여 구리야마 쌀과에서는 DPM 시스템이나 ERP 패키지의 도입이라고 하는 IT투자에 의해, 종업원 한사람 한사람의 생산성을 향상시키는 것에 성공하고 있다. 이와 같이, 종입원의 업무를 지원해 보다 효율적인 업무를 가능하게 하기위한 대처도 큰 효과가 있다고 말할 수 있다.

이러한 예는 확실히 자사가 중소기업으로 계속 유지한다고 하는 스스로의 선택을 적극적으로 파악해 기업규모라고 하는 골조와는 관계없이 자사의 활동영역에서 강한 경쟁력을 발휘하기 위한 적극적인 대처라고 말할 수 있다. 자사의 방향성에 관한 철저한 분석결과 자사의 포지션을 결정하는 한편 포지티브하게 파악하고 있기 때문에 실행할 수 있는 대응이라고 할 수 있을 것이다.

이상, 각 기업이 계속 중소기업으로 있는 선택에 이른 프로세스를 쫓아 거기에서 도출되는 중요한 시점을 정리했지만, 많은 중소기업이 향후의 방향성을 검토하는데 있어서 이 세 가지는 큰 참고가 될 것이다.

(3) 중소기업으로 살아남기 위해

본절에서는 중소기업이 계속 중소기업인 이유를 지금까지의 방법인 시장·업종이라는 축이 아니라 사업전략이라는 축에서 재구축해 검토해왔다. 거기서는 「중소기업은 약한 존재」라고 하는 종래형의 이미지에 사로잡히지 않고, 중소기업임을 적극적으로 선택해 독자적인 포지션을 쌓아올려 강한 경쟁력을 발휘하고 있는 기업의 실태가 부각되었다.

이러한 기업의 「중소기업인 이유」에는 사업전략의 배후에 있는 경영자의 신념·생각이나 전사적인 전략이 큰 영향을 주고있는 것으로 나타났다. 각 기업 모두 경영자의 신념이나 강한 생각이 먼저 존재하고 거기에서 「중소기업이 자사의 최선의 판단인가 아닌가」라고 하는 큰 물음에 대해서 외부환경·내부환경 등을 분석해, 최종적으로 중소기업으로 계속된다고 선택한 경우에는 그것을 지지하는 대응이나 전사를 통한 의식의 공유를 적극적으로 도모하고 있었다.

그리고, 그 최종적인 귀결이 본조사에서 든 헌터형이나 서핑형이라고 하는 사업전략이다. 즉, 사업전략은 기업의 근저에 있는 생각·신념이나 전사적인 전략이 첨예화한 것이라고 할 수 있었다. 많은 중소기업에 있어서 향후 방향에 대해서는 항상 판단해야 하는 문제라고 할 수 있다. 그러한 기업이 이러한 기업을 참고로 할 때에는 「2(2) 중소규모 선택의 중요한 시점」에서 다룬 3개의 시점이 참고가 될 것이다. 특히 중소기업으로 계속 유지한다는 선택을 할 경우 그 의식을 전사에서 공유하는 것은 강한 경쟁력을 유지하기 위해 필수적인 요소이다.

향후의 우리경제에서는 사업활동에 있어서의 불확실성은 보다 커지고 중소기업에 있어서는 규모를 확대하는 것이 반드시 최선의 선택은 아니라는 인식이 중요시 될 것이다. 자사의 규모를 일정하게 유지하고 자사에서 감당할 수 없는 업무에 관해서는 외부기업과 협조·제휴함으로써, 불확실성이 높은 경제사회를 살아남는 것이 용이해지는 케이스도 많이 존재해, 향후 이러한 경향이 가속될 가능성도 충분히 있을 수 있다. 오해를 두려워하지 않고 말하면 기업규모를 줄임으로써 더 강한 경쟁력을 발휘하고 영속적인 기업이 될 수 있는 기업도 있을 것이다.

단, 본 조사는 대기업으로 성장하는 것을 부정하는 것은 아니다. 그러나 중소기업에 있어서는 대기업으로의 성장이라는 길외에 적극적으로 중소기업으로 계속 있는 길이라고 하는 선택사항도 확실히 존재한다. 그것은 본조사 대상기업이 실행하고 있는 중이다.

금융위기로 인한 경제축소에서도 보듯 향후 경제의 불확실성은 더욱 커질것으로 예상된다. 우리나라에서는 저출산 고령화사회의 진전에 의한 시장의 축소나 글로벌화에 의한 세계규모의 경쟁 등 중소기업을 둘러싼 환경은 크게 변화하고 있어, 눈부신 기회가 생기는 한편 어려운 상황에 빠질 가능성도 커질 것이다. 본 조사에서의 대상기업의 대응, 혹은 거기에서 도출되는 시점을 다시 한 번 재고하여 많은 중소기업이 영속적인 기업으로서 활동하기를 바란다.

경영 성공포인트 ㉑

1. 인간관계 10가지

① 熱心 ; 형식적으로 대하지말고 열심히 대하라

② 眞心 ; 거짓으로 대하지말고 진심으로 대하라

③ 觀心 ; 무관심이 아닌 깊은 관심을 가져라

④ 善心 ; 악한 마음을 버리고 선한 마음으로 대하라

⑤ 愛心 ; 미워하지 말고 사랑하는 마음으로 대하라

⑥ 操心 ; 잘못이나 실수없이 조심하라

⑦ 忍心 ; 감정을 억제하며 대하라

⑧ 背心 ; 배심은 의리를 배반하지 말고 배려하며 대하라

⑨ 良心 ; 어진 마음으로 대하라

⑩ 物心 ; 물심은 과욕을 부른다. 과욕은 실패의 근원이 된다.

제2절 기업의 투명성 비즈니스 애널리틱스의 전략

1. 기업의 신뢰를 위한 투명경영

(1) 기업의 투명성과 신뢰성

1) 복합세상에서는 투명성이 답

얼굴도 알수 없는 수천, 수만 네티즌, 60년 전통(1952년 창업)의 PR업체 에델만도 이들이 만들어가는 복합적인 세상만은 다루기 어려웠다. 2006년 에델만은 오랜 고객사인 월마트홍보에 협조를 하다가 자사의 평판까지 무너뜨리게 된다.

네티즌의 비난이 쏟아지자 에델만은 두 번째 실수를 저질렀다. 경쟁사들도 고객사에 대한 호감도를 높이기 위해 다 그렇게 한다고 해명한 것이다. PR은 기업을 위해서라면 사실을 교묘하게 왜곡하는 거짓말쟁이라 여론은 몰아 붙였다. 사태의 심각성을 깨달은 에델만은 실수를 인정하고 자사의 PR모토를 급진적 투명성으로 정했다. 복합적인 세상에서는 정직함만이 가장 안전한 길이란 것을 스스로의 위기를 통해 깨달은 것이다.(벤처기업과 강소기업의 특성 재무성과, 과학기술대 김종래 2011. 2)

2) 위기의 순간, 기업은 투명성으로 회생해야 한다

CEO의 역할은 "CEO는 자기들이 공개적으로 사과해야 한다는 책임감을 느낀다." 에델만 신뢰지수결과 한국 응답자의 대다수는 경영위기, 제품리콜 등의 사태때 CEO가 나서야 한다고 답했다. 이때 CEO들이 저지르는 실수는 자기가 위기까지 해결하려 한다는 것이다. CEO는 대중앞에서 문제해결과 보상은 전적으로 우리책임이다 말하면 된다. 그 다음엔 전문가들에게 문제해결을 맡겨야 한다. CEO는 기업전체를 운영해야지 위기에 파묻히면 안 된다. (경영경제/기업분석 강소기업의 특성. 발행 Naver)

3) 우리의 강점은 단순하고 명확한 사업모델에 있다.

우리는 비상장회사고 매년 영업이익 14%를 남겨 직원 보너스와 장기재투자에 한 번도 그 원칙을 거스른 적이 없으며 상장하면 이 원칙을 깨고 단기이익에만 목매야 한다. 앞으로도 상장할 계획이 없다. 내 아버지는 아시아 시장의 가능성을 보았다. 1991년 우리 삼형제를 데리고 중국으로, 1993년에는 한국의 시장조사를 했다. 그는 한 번도 기업에서 돈을 빼내 사적으로 쓴 적이 없으며, 럭셔리 차도 없었고 옷은 늘 크리스마스 시즌 할인행사때 사 입었다. 나는 디지털의 가능성으로 1996년부터 디지털서비스를 시작하고 인터넷을 기업경영에 적극도입했다. (수출중소기업내부특유의 자원, 한양대 전재일 2016. 2)

4) 세계시장을 향한 기반구축

경제는 세계시장에 발판을 두고 있다 우리산업의 지속적인 발전은 성공적인 글로벌화 능력을 갖춘 강소기업의 육성에 달려있다. 협소한 내수시장은 과당경쟁을 야기하면서 더 이상 글로벌 강소기업육성에 필요한 유효경쟁환경을 만들어내지 못하고 있을 뿐만 아니라, 글로벌 수요를 선점할 수 있는 글로벌혁신 자원의 창출도 원활하지 못하다. 따라서 중소 강소기업은 내수시장에 안주하지 말고 글로벌화 추진에 박차를 가해야 하며 정부의 관련지원도 더욱 강화되어야 할 것이다.

FTA확산에 따른 선진국시장의 무역장벽이 얄아짐은 우리산업의 경쟁력 향상은 중소 강소기업의 글로벌화 추진 전망을 밝게 해주고 있다. 정부도 글로벌화 추진 의지를 갖춘 중소기업에 다각적인 지원혜택을 제공하고 있다. 그럼에도 불구하고 중소기업의 글로벌화 위상은 기대에 못 미치고 있다. 여전히 수출보다 내수에 치중하고 있는 중소기업의 비중이 압도적으로 많고 소규모수출 중소기업들이 대다수를 차지하고 있는 기형적인 수출구조의 개선이 지연되고 있기 때문이다.

이와 같은 문제점을 해결하기 위해서는 무엇보다 글로벌화 능력을 갖춘 중소기업들의 역할이 중요하다. 글로벌 경쟁력을 갖춘 중소기업들이 일회성의 글로벌 시장진출을 넘어 지속적인 글로벌 성장을 담보할 수 있는 글로벌화 전략을 적극적으로 전개함으로써, 글로벌 강소기업의 대열에 더 많이 참여할 때 글로벌위상이 제고될 수 있을 것이다. 글로벌 강소기업을 목표로 하는 글로벌화는 글로벌혁신과 조화를 이루어 글로벌 경쟁력 향상에 기여해야 할 것이다.

글로벌혁신의 뒷받침이 약한 글로벌화로는 지속적인 성장을 담보하기 어려워 중소기업들은 추가발전없이 평범한 수출중소기업에 머물게 될 공산이 크다. 글로벌화가 배제된 혁신도 국내용 혁신기업의 양산만을 초래할 우려가 있다. 중소기업들이 글로벌시장에서 통용될 수 있는 혁신능력을 갖추고 적극적인 글로벌화를 추진할 뿐만 아니라 후속 글로벌 제품개발을 목적으로 하는 글로벌

혁신 자원의 발굴 및 개발을 유기적으로 추진해 나갈 수 있어야 글로벌 강소기업의 문턱에 도달하는 중소기업이 늘어날 것이다. (제조업육성을 위한 지원확대 및 개선방안, 대전발전연구원 김기회 2012)

정부도 글로벌시장의 혁신수요와 조화를 이룰 수 있는 다각적인 지원을 통해 글로벌 강소기업의 문턱을 넘어설 수 있는 환경을 조성해 줄 때, 비로소 중소기업들이 글로벌 강소기업으로 성장해 나갈 수 있을 것이다.

(2) 기업환경과 불확실성

1) 기업환경

기업환경의 정의를 기업에서 볼 때에 자기에게 어떤 형태로든 의미있게 연관을 가지는 외계의 사상 내지 요소의 집합이 기업환경이라 정의되는바, 이때 특히 주의를 요하는 점은 기업의 외계의 모든 요인들 특히 객관적 환경이라 부를 수 있는 그대로 기업환경이 되지 않는다는 것이다. 바꾸어 말하면 외계요인 중의 특정의 부분집합만이 기업환경이 된다는 것이다. (EMPAS 사전)

2) 기업의 환경

기업환경이 중요한 이유는 기업활동이 인간생활 전반에 미치는 영향력이 증대하고 있으므로 결과적으로 비판이 증대됨에 따라 기업자체가 사회적 영향력을 고려할 수밖에 없는 사회적 환경이 변화되고 있다. 기업의 경쟁이 치열해짐에 따라 환경조건이 여러 가지로 복잡하여지는 추세가 이어짐으로써 의사결정을 위한 환경예측과 대책적응이 매우 어려워졌다. 기업전체를 하나의 시스템으로 파악한다면 환경도 하나의 시스템으로 기업은 상위시스템으로 운영하여야 되는 중요성을 갖는다. (중소기업 지원정책연구, 한양대디자인대학원 임상민 2012)

(3) 사회문화정치, 경제가 기업환경에 미치는 영향

1) 사회문화적 환경

사회문화적 환경은 인구분포, 세대수와 규모, 인구증가율, 성별, 연령별 등의 구성이 사회환경적 생활변화에 따라 백화점이나 수퍼마켓과 같은 대규모 소매업이 그 경영전략으로서 대책을 강구해야만 한다. 또한 직업, 생활조건, 관습, 교육, 종교 등의 요인도 기업활동에 크게 영향을 미치게

표 11-6 기업과 이해자집단과의 상호작용

이해자집단	이해관계
주주	자본금의 유지, 증대 및 배당금의 증대
금융업자	자본대여와 대여자금에 대한 이자
공급업자	거래관계의 안정, 거래대금의 수납
고객	제공되는 제품과 서비스의 질 및 가격, 소비자의 욕구
경쟁업자	공정한 경쟁의 유지
노동조합, 종업원	고용의 안정, 임금, 급료, 노동시간 및 기타 인격적 대우
정부	이해관계자들의 이해조정, 조세징수
지역사회	생산요소의 제공, 노동력의 제공, 시장의 제공, 복지증진

된다. 더구나 기업의 제품이나 서비스가 해외에서 판매되고 있을 경우 그 영향에 대해서 더욱 관심을 가져야 한다.

2) 정치경제적 환경

정치경제적 환경은 정부의 규제법, 압력단체(소비자 단체)의 상호작용 구성으로 기업을 보호하기 위한 불공정한 경쟁의 방지, 공정경쟁의 보호와 소비자를 위한 불량품생산, 과대광고포장의 속임수, 가격조작 등 사회에 미치는 악영향을 방지하고 있다. 경제적 환경은 경제체제의 자본시장, 구매력 GNP, 노동시장, 자원, 국제적 시장상황 등이 국민소득과 성장률에 비례하여 소비자의 실질소득의 가감실태에따라 기업은 영업정책을 수행하여야 한다. (에델민 온라인전략;네이버블로그)

(4) 경제학적으로 본 미래예측의 정의

기업경영력은 미래예측능력 비례되는 중요한 사항이다. 소비·투자·수출·수입·물가 등 경제현상의 어떤 특정측면 또는 모두를 포함한 경제전체의 움직임에 대해 장래시정(將來時點), 또는 특정조건을 설정했을 때에 나타난다고 생각되는 상태를 정성적 또는 정량적으로 예측하는 일을 미래예측의 방법이라 정의한다.

1) 예상조사

소비자나 기업의 개별경제주체 또는 특정분야의 전문가에 대해서 어떤 특정조건 아래서의 장래의 태도나 상황에 관한 개개의 행동예상이라든지, 상정을 앙케이트 방식 등으로 직접 조사하여 그 조사결과에 근거해서 예측을 세우는 방법이다. 가계의 소비행동이나 기업의 설비투자행동 또는 산업기술의 동향 등을 예측할 때에 이 방법이 쓰이는 경우가 많다.

2) 시계열분석(時系列分析)

시계열분석에 의한 예측은 경제요소 간의 상호 의존관계를 명시적으로 고려하지 않는 점에서는 예상조사에 의한 예측과 동일하나, 그 수법은 과거의 현실적인 데이터의 움직임을 기본적 정보로서 사용하고, 그 움직임을 분해·집계 등의 절차를 거쳐 덧붙여서 예측하는 것이다. 이동평균법(移動平均法)과 경기동향 지수법 등이 이에 속한다.

3) 계량경제모델

경제현상의 배후에 있는 경제의 여러 요소 간의 인과관계를 경제이론에 의거해서 수량모델로서 파악하고, 현실경제의 동향에서 얻어지는 각종 데이터를 이용해서 통계적으로 추정된 구조방정식에 의거해서 행하는 것이며, 그런 점에서 경제체계내에서 움직이는 경제량을 예측하는 수법으로서는 가장 과학성이 높은 것으로 평가되고 있다. 그러나 이 수법도 구조추정기술에 관한 문제라든지 추정된 경제구조의 안정성이라는 점에서, 특히 중장기의 예측력에 난점이 있는 것으로 지적되고 있다. (기업환경의 불확실성, 경영경제레포트 발행 www.reportbamg.com)

(5) 미래의 불확실성, 환경의 불확실성

1) 불확실성의 정의

불확실성이란 경제학 용어로 장차 일어날 일에 대하여 인간이 가지고 있는 정보의 정확도에 관한 구분을 말한다. 일상생활에서 어떤 결정을 할 때 또는 기업에서 투자 및 신제품개발 등의 결정을 하는 것을 전문용어로 의사결정(decision making)이라 하며, 의사결정을 하는 사람을 의사결정자(decision maker)라고 한다. 의사결정자가 가지고 있는 정보의 정확도에 대하여 확실성, 리스크, 불확실성, 무지의 4종류로 분류할 수 있다.

확실성은 무엇이 일어나느냐에 대해 확정적으로 알고 있는 경우를 가리킨다. 리스크는 무엇이 일어날지 확정적으로는 알 수 없으나 일어 날 수 있는 상태는 알고 있으며, 그 확률분포도 알고 있는 경우를 말하고 이것과는 달리 불확실성은 일어날 상태는 알고 있으나 그 확률분포를 모르는 경우를 가리킨다. 무지는 무엇이 일어날지, 어떤 상태가 일어날지 전혀 예측할 수 없는 경우를 가리킨다. 또 넓은 뜻의 불확실성이란 리스크와 불확실성의 양자를 가리킨다.

이와 같은 개념적 틀은 1920년대에 경제학자 F.H.나이트가 처음 발표하였고, 40년대부터 50년대에 걸쳐 수학자 J.노이만과 경제학자 O.모르겐슈테른이나 통계학자 A.발트 등이 다시 제창한 것이다. 나이트·노이만·모르겐슈테른 등은 기업행동과 인간행동의 해명을 위해 발트는 통계적 추정이론의 구축을 위해 제출한 개념이며, 이는 현재 불확실성 경제학이나 경영학의 의사결정이론의 기초가 된다. (계량경제학이 뭔가요?;kim.naver.com)

2) 불확실성 하의 의사결정

불확실성 하의 의사결정은 대체안의 결과의 일부 또는 전부에 대하여 알수는 있지만, 그 결과가 일어날 확률을 전혀 알 수 없는 상황하의 의사결정을 말한다.

위험분산(Portfolio)는 주식투자에서 위험을 줄이고 투자수익을 극대화하기 위해 여러 종목에 분산투자하는 방법, 간단한 서류가방이나 자료수집철을 뜻하는 말로 주식투자에서는 투자자산의 집합이라는 의미로 사용된다. 불확실성은 미래에 대해 언제, 무엇이 일어날지 모른다는 의미이다. 이것은 기업을 경영함에 있어서 위험을 주는 요소인데 미래를 예측할 수 없다면 경영계획을 짜거나 프로젝트진행하는데 어려움이 생길 것이다. 그래서 경제학적으로 위험부담을 줄이기 위해 포트폴리오(Portfolio)라는 것이 있다. 자금을 한 곳에 모두 투자한다면 엄청난 이득이 있거나, 엄청난 손실을 보겠지만 분산투자시 그런 위험부담은 줄어들고 좀 더 안정된 이득을 챙길 수 있을 것이다. (공정을위한 규칙기반 공정관리시스템 산업정보 15/11호. 임광택. 2010. 3)

2. 비즈니스 애널리틱스에 의한 마케팅의 변혁

분석기술정보(Anaiytics)를 기업이 활용할 수 있는 고객취향과 구매동향에 관련하는 데이터는 이전과는 비교가 안 될 정도로 증가하고 있다 그 배경에는 인터넷보급에 의해서이다. 고객 데이터가 디지털화된 형태로 용이하게 연결입수할 수 있게 된 바 있다. 기업에서는 이러한 데이터를 분석함으로써 고객을 더 자세히 알 수 있게 되어, 광고판매촉진은 물론이고 상품·서비스를 고객요구에 따라 효율적으로 수요자욕구에 임할 수 있게 되었다.

이렇게 축적된 고객에 관한 데이터를 분석하고 이를 마케팅시책에 반영하는 아나리틱스(분석기술)은 현재 없어서는 안될 중요요소로 되어 있다. 아나리티크스는 수중에 갔고 있는 데이터를 해석하기 위한 폭넓은 기술과 기법의 총칭이다.

다양한 데이터분석과 애널리틱스 활용이 확대되어 마케팅은 어떻게 바뀔지에 대해서, 여기에서는

① 세그먼테이션(분할)

② KPI(Key Performance Indicator:중요업적 성과지표)

③ PDCA(계획, 실행, 과제, 개선)의 네 가지 관점에서 논하다

(1) 애널리틱스에 근거한 새로운 분할의 가능성

기존의 마케팅에서는 일반적으로 데모그래픽 속성이라는 성, 년대, 세대유형, 지역 등이 고객의 세그멘테이션 축으로서 이용되어 왔다. 그러나 소비자의 요구와 행동의 다양화가 진행되어 일반적인 성·연령 등의 축으로 분석하기 때문에 충분치 못한 경우가 많아지고 있다. 또 회원제조직 등에서 회원정보를 수집하고 그것을 분할에 활용하려는 가족구성, 직업, 취미 등 본래의 회원정보는 아직 갱신하지 못한 경우가 많아 충분한 것은 아니다.

고객설문을 통해서 수집하는 정보도 그 시점에서는 유효하지만 개개인의 기호나 행동은 시시각각 변화하고 있다. 그래서 다양한 고객을 위해서는 한계가 있다.

그러므로 빅 데이터 시대에서는 다양한 정보를 새로 획득, 활용할 수 있게 된다. 그래서 새로운 분할의 방식이 널리 활용되고 있다. 예를 들어 각종 회원카드의 구조를 사용함으로써 이른바 ID에 입력된 구매이력(누가 어떤 품목을 구입했는지) 데이터를 수집할 수 있다. 그 데이터에서 구매빈도 등을 산출하고 고객로열티에 바탕분할이 가능하다.

영국의 대형소매업인 테스코에선 회원카드 외상구매결제의 보급을 추진하는 것으로 회원 ID와 구매이력을 연결시키고 있다. 그것에 품목별로 상품 DNA 용량의 대중소 선도가 좋고 조리가 간단하고, 어린이용 정보로 불리어지는 상품속성의 데이터에 부가하고 품목별 구매이력과 연결한다. 그래서 고도의 라이프스타일 세그 멩테-시를 하고 있다.

휴대전화단말·스마트 폰과 GPS(전지구측위시스템)기술에서 얻는 소비자 위치정보를 활용하여 현지에 따른 DM(다이렉트 메일)을 보내는 타겟팅이 가능하다.

웹(Web)사이트액의 액세스로그를 분석해 소비자의 사고·행동적 변화에 따른 분할, 티켓팅타를 하는 대처도 늘고 있다.

페이스북, 트위터 등의 소셜 미디아에서 글이나 발언내용, Web 사이트상에서의 인간끼리의 관

계에 관한 정보를 분석함으로써 (정보발신력의 애정의 소비자)의 영향도 등을 근거 세그멩테-쇼가 가능해진다. 이처럼 고객의 실제행동에 근거한 정보를 활용함으로써 고객의 세그 구성테-션을 생생하게 변화시키면서 마케팅시책이 실행할 수 있다.

(2) 비즈니스 애널리틱스에 따른 KPI 정밀화

경영전략에서 우선 명제인 목표를 정하고 다음에 그 목표를 구체적으로 실현했다. 시책을 책정했을 때 그 시책이 원만하게 수행되어 있는지를 측정하는 것을 KPI로 불리는 "지표"가 최근에는 중시되고 있다. 마케팅에도 KPI을 정하고 "4P"로 불리는 Product(상품), Price(가격), Place(수입파는 매체), Promotion(광고판매촉진) 마케팅시책의 업무프로세스를 모니터링하는 것이 중요하다.

빅 데이터라고 불리는 각종 데이터를 활용 사용함으로써 이 KPI을 보다 정밀화할 수 있다. 오기노는 야마나시 현을 중심으로 2013년 11월 현재, 39점포를 전개하고 있는 슈퍼 마-켓 도이다. 오기노에서는 일반적으로 사용되고 있는 KPI을 정밀화하게 활용하고 있다. 예를 들어 DM의 효과를 DM전송후의 반복함으로써 보다 명확히 파악하고 있다. 또 크로스 셀의 효과로 고객의 소리, 개개인 및 가게의 평가 등을 정리하고 우량고객층을 좁혀 정량화함으로써 KPI을 보다 정밀한 효과를 얻게된다. KPI의 설정은 전략상의 목표에 응하고 예정설정한다

(3) PDCA 사이클 운용의 고도화

설정된 KPI에 근거하여 마케팅의 PDCA 사이클을 운용하도록 요구하고 있다. 그것에는 과제추출(Check)의 기능확충을 위해서 각종의 빅 데이터를 구사했다 실시하는 시간화는 기민성과 신속성이 관건이다.

캐주얼의류의 핵심은 자사의 목표를 20대, 30대 여성을 압축한 상품기획부터 매장판매까지 시간의 단축을 실현했다. 매출, 매입, 재고데이터를 바탕으로 분기마다 재고관리를 날짜로 하고, 상품투입한 뒤에도 도중에 소재와 색 등을 기동적으로 수정할 수 있도록 하고, 최장 3개월의 상품공급을 평균 1개월에 장외의 상품 대부분이 바뀌는 구조를 갖추고, 고객에게 잦은 방문을 촉구하는 신선한 가게점포 양성을 전개하는 등 마케팅 PDCA 사이클의 실현화를 철저히 하고 있다

포인트는 생산을 외부에 위탁해 ODM(상대편 브랜드에 의한 설계·생산)을 강점으로 매출액 1000억엔 이상 기업으로 성장했다 그러나 최근에는 ODM이 경합타사와 같은 동질화를 초래했다는 반

그림11-1 **포인트 비즈니스 모형**

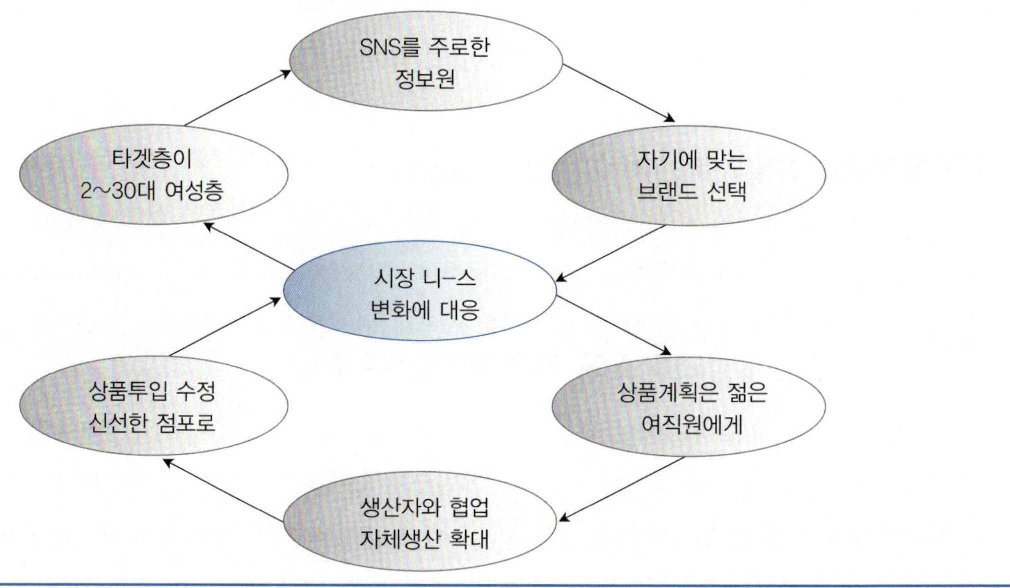

성에서 SPA(제조소매)를 도입하고 디자인 및 생산기능 내제화를 도모하면서 시장변화에 대응한 PDCA 사이클을 어떻게 운용할 것인가의 새로운 도전에 고민에 직면하고 있다.

Web 마케팅의 세계에서는 특히 계획(Plan) 실행(Do)이 비교적 용이하다. 예를 들어 우선 일부층에서 캠페인 참가를 촉구하는 DM(전자메일)을 송부하고 효과를 측정한 뒤 DM효과가 높았다. 세그먼트의 층에 추가로 DM을 송부한 것과 같은 프로모션 시책이다. 그 때는 프로모션의 효과를 곧 측정할 수 있는 분석프로세스를 PDCA 사이클에 짜넣는 것이 요구되므로 ICT(정보통신기술)의 활용도 검토하는 것이 중요하다.

사내외에 산재해 있는 대량의 정보자원 및 데이터를 집약하고 그것을 분석·활용하기 위한 시스템인 BI(비즈니스 인텔리젼스)라고 불리는 시스템을 활용함으로써 필요정보를 필요한 시점에서 제공할 수 있게 된다. 또 PDCA 사이클을 굴릴 때의 과제추신(Check)때는 반드시 정량적인 정보아니라 정성정보가 활용되는 것도 최근 다시 주목받는 행동관찰 등에 의한 에스노그래 픽아프로-지와 같은 수법에서 정성정보의 활용하는 것을 검토하는 것도 요구된다.

1) 포인트 비즈니스 모델의 특징

- 가격인하 상품판매에 확실한 계획상품

타켓은 같은 세대의 젊은 여성사원에게 권한을 위임

- 상품계획부터 점포에서 판매까지의 시간단축

상사와의 협업현장에 권한위임, 협업에서 자체생산 확대이행

- 입화후 기간중에 소재나 색상을 기동성 있께 수정제공
- 재고관리 매상이나 매입은 재고데이타에 의해 브랜드는 즉일 대응
- 고객에게 신선함을 주기위해 점포를 장식하고 매월 세 가지 최고상품을 제공한다.

 비즈니스 애널리틱스에 기업이 필요로 하는 인재체제

다음에 애널리틱스가 얽힌 실제 프로젝트를 추진할 때 어떤 사람들의 체제가 필요하게 되는지 NRI가 과거에 실시한 각종 업계의 프로젝트(건설팅시스템 개발의 모두를 포함) 경험을 바탕으로 정리한 결과를 나타낸다.

(1) 마케팅 PDCA 사이클 운용과 애널리틱스

지금까지 살펴본 여러 기업의 사례들을 보고 알듯이 마케팅 PDCA 사이클에는 데이터를 수집·분석하는 아나리티크스가 다양한 국면에 직면하게 된다. 특히 계획(Plan)과 과제추출(Check)스텝에서는 데이터분석에 입각제안과 시사가 요구되고 있다.

빅 데이터의 활용이 진행되면서 데이터의 양(Volume), 정보의 종류(Variety), 발생빈도·갱신빈도(Velocity)에 변화가 일어났다. 그것들에 대해서 IT를 활용하는 것으로 대용량 데이터정보처리, 비구조화(非構造化) 데이터의 해석, 고속·고빈도의 데이터처리가 가능했다. 이것은 IT의 활용에 의해서 아나리 테이크스의 프로세스가 바뀌는 것을 의미하고 있다. 특히 데이디수집, 데이터분석은 IT에의해 직접적으로 크게 달라진 스텝에 있다. 그 외에도 IT를 활용하는 것이 사실 현실화의 일이다. 1개는 문제발견의 기회를 비약적으로 확대되는 일이 된다.

1개는 데이터에 근거한 가설구축이 검증에서 제안과 시사점을 만드는 프로세스를 보다 창조적이고 기민한 것으로 바꾸는 것이다. 그렇게 마케팅 아나리티크 소스를 바꿈으로써 마케팅 PDCA 사이클의 운용을 변혁하고 데이터에 근거한 도전적 전략적 전술적인 의사결정을 고속화, 고도화가 실현하게 된다.

그림11-2 마케팅 PDCA 사이클 운용과 애널리틱스 모형

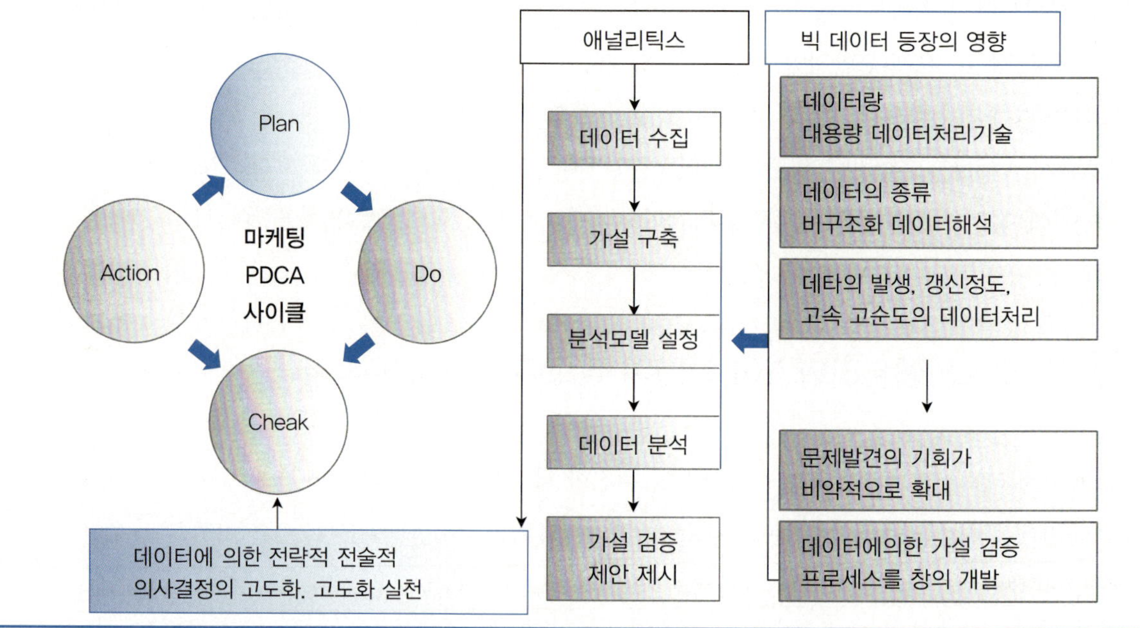

(2) 애널리틱스에 있어서의 업무컨설팅의 중요성

이처럼 애널리틱스를 추진하기 위해서는 IT의 활용이 중요하다고 되어 있고 그를 전제로 필요한 인력을 정리한다. 그리고 애널리틱스 상에서 데이터분석이 필요하다. 업무를 BI(비즈니스 인텔리젼스)라고 하고 BA(비즈니스 애널리틱스)으로 나누어 생각한다. 또한 BI의 범위는 다양한 견해가 있지만 본고에서는 이하처럼 설정하고 있다.

즉, BI는 과거 데이터를 집계하고 과거에 무엇이 일어났는지 그 실태를 밝히고 그 배경에 있는 문제점을 분석하고, 어떠한가에 대해 대책이 필요할지도 검토하고 KPI설정까지 하는 업무이다. 반면 BA는 분석모델을 이용하여 원인을 검증하거나 향후 예측이나 또는 최적화를 꾀하거나 하는 업무이다. BI, BA에서 중요한 것이 개선을 위한 프로세스이다. 가설구축과정에 있어 가설구축은 "전략의 입안은 해당업계 정통한 인재기 필요로 한다.(전략컨설턴트)"라 불리어진다.

업무컨설턴트와 전략컨설턴트는 정통한 인력이 겸임하는 것도 가능하다. 그러나 해당 업계의 업무지식을 바탕으로 한 업무의 관계는 개선가설의 구축이나 KPI설정 등을 담당한다. BI, BA의 어느 경우에도 개선가설을 얼마나 유효하게 세우느냐가 중요하다. 가설설이나 수집된 데이터를 분석해도 유효한 결과를 얻기는 어렵다. 여기서 개선가설을 구축하는 업무컨설턴트의 역할이 중요핵심이 된다.

(3) 데이터 과학자의 역할

분석모델을 이용하여 원인을 검증하거나 향후 전망 및 최적화를 하는 BA에서는 분석모델을 이용한 데이터분석, 가설검증을 담당하는 업무가 필요하다, 그 인력이 데이터 정보과학자이다. 데이터 과학자가 작성하는 분석모델은 현실의 세계를 데이터분석으로 다룬것처럼 단순한 것이며 현실에 가까운 데이터에 대한 분석모델을 이용하여 솔루션사태에 의한 현실의 문제를 해명한다.

데이터 과학자하면 요즘에는 고객의 속성이나 구매이력, 기호축적 데이터에 날씨와 교통량, 주식시세 등의 유통되는 정보를 더한 이른바 빅 데이터를 분석해석하고 효과적인 판매촉진 조달수요예측 등을 끌어내는 직업의 총칭으로 불리는 것이 많아지고 있다. 통계적 계획 등의 전문성을 지닌 프로페셔널 인재가 향후 빅 데이터를 분석하는 수요가 늘어남과 동시에 인력부족사태가 우려된다.

최근에는 사내에 데이터 과학자로 구성되는 조직을 만들어 사내 데이터분석을 지원하는 체제를 취하는 기업도 나오고 있다. 花王(카오)에서는 마케팅 개발부문의 산하에 6명의 데이터 과학자로 구성된 디지털 사업관리(DBM)실를 설치하고 있다. 이 조직은 원래 마케팅투자 ROI(투자수익률)을 측정하기 위한 DBM 프로젝트로서 2004년 출범한 뒤 05년에 독립된 조직에 승격했다. 처음에는 데이터분석 시스템으로 구축했다.

실제 분석과 개선을 현장에 맡긴다는 도구선행형(道具先行型)의 방침을 취해나갔다 현장과 긴밀하게 대화하며 과제를 함께 찾아 개선책을 고안했다. 과제해결형의 조직으로 변신하고 있다. 이를테면 가령 의료용세제, 표백제, 유연제, 탈취제 등 네 가지 범주의 병매(併賣)실태를 DBM실이 분석하고 그 결과, 표백제가 소비자의 구매의 허브가 되어 있는 것을 발견하였다. 표백제를 확대판매함으로써 상품의 판매증가가 기대되므로 이에 푸로모션을 강화함으로 표백제로 인해 매출이 3배 증가함을 보여주고 있다.

DBM실은 분석수법을 중시한 아프로치에 뛰기 쉬운 경향을 고치고 처음의 목적으로 방침을 명확히 하는 것과, 알기 쉬운 쪽을 중시하고 수집분석평가하는 항목을 정한나는 기본방침을 취하고 있다. 데이터 과학자나 업무컨설턴트의 활동을 지원하기 위해서 ICT의 전문성을 가지는 엔지니어의 지원이나 시스템적인 기반정비도 중요하다. 빅 데이터 시대로 대량의 데이터를 취급하는 케이스도 늘고있는 가운데 컴퓨터수준에서는 다루지 못하는 경우가 증가하고 있다.

분석이 쉽도록 사전의 데이터가공 또 분석틀의 설정·정비가 요구된다. 이상과 같이 BI, BA의 프로젝트를 실행하려면 각종 기능, 역할을 담당하는 인재가 요구되고 있다. PDCA 사이클을 고속으로 운용이 가능하려면 한 사람으로 해결할 수 있는 것이 이상적이지만, 그것은 실현하기 어려운 마련이라고 일체화한 팀을 만들어 긴밀한 연계를 도모하는 것이 중요하다.

4. 비즈니스 마케팅 애널리틱스에서의 과제

빅 데이터 시대의 기업의 마케팅활동에서의 애널리틱스의 활용현황과 과제에 대해서 개관했다. 본장에서는 빅 데이터 시대를 맞아 마케팅 애널리틱스에 있어서 변한다는 점과 다름없는 점을 합쳐서 거기에서 앞으로 우리가 과제로 인식해야 할 점을 정리한다.

(1) 빅 데이터 시대로 마케팅 애널리틱스

변화를 가져오고 있는 점,빅 데이터의 이용이 확대되어 마케팅 애널리틱스 상에서는 이하의 3개가 변화하고 있는 점이다.

1) 적용할 수 있는 데이터의 양과 질의 확대

빅 데이터 시대에서 마케팅으로 활용할 수 있는 데이터의 양이(Volume) 증가뿐 아니라 종류(Variety)발생, 갱신빈도(Velocity) 등 질적인 요소변화되어 감에 적용할 수 있는 데이터범위는 확대하고 있다. 데이터를 분석할 때 관련 IT도 진보속에서 확대하는 데이터의 양과 질에 대응할 수 있는 분석을 위한 툴과 기반의 정비가 요구되고 있다. 또한 업무컨설팅, 데이터과학자 등 애널리틱스 관련 인재의 각 스킬과 분업체제로하는 조직력이 중요하다.

2) 민첩하게(agile)

시장변화에 대응하려면 수집하는 데이터정보를 발생빈도, 갱신빈도가 높아지는 형태로 신속하게 분석하고, 고속 PDCA 사이클을 돌릴 수 있도록 함이 요구된다. 이 말은 PDCA 사이클의 아쟈일루화를 뒷받침하며 마케팅 애널리틱스가 중요하다.

3) PDCA 사이클을 운용하는 기업의 자세

빅 데이터가 모종의 붐을 이루고 산업계에 침투함으로써 데이터활용에 대한 기업의 요구가 높아지고 있다. 그것은 데이터를 분석하고 KPI를 설정하는 것으로 가시화를 도모하고, 혹은 PDCA 사이클로 운용에 적극적으로 임한다는 기업자세의 변화로 이어지고 있다.

(2) 마케팅 애널리틱스에 관해

종래부터 변화가 없는 중요한 점. 한쪽에서 빅 데이터 시대가 되었다고 해도 마케팅 애널리틱스에 관해서는 변화가 없는 것으로 해서 다음 2가지 점을 거론한다.

1) 데이터의 가치

미국의 광고회사 오글우이 앤드 메이자-글-프의 데이터 과학자가 선택한 디미토리믹스(Dimitri Maex)는 최근 빅 데이터의 붐이 평가되어 데이터의 가치가 급속히 증대되는 것은 아니라는 주장이다. 그래서 "데이터의 가치는 양으로 측정하는 것은 아니다."라는 것이다. 종래 존재하는 규모가 작다 하더라도 비즈니스 성장에 크게 공헌한바 있다. 그러므로 데이터의 가치는 목적에 적응하는데 있다. 데이터는 양에 있는 것이 아니라 종래부터 존재해 있는 것을 지금 사장(死藏)되어 있는 데이터를 활용하여 목적을 향상시킬 수도 있다.

2) 가설구축의 중요성

입수할 수 있는 데이터의 양과 질이 확대되면서 데이터 정보분석에 관한 정보기술이 진보하고 있다. 그래서 분석방법 및 접근은 변화의 가능성을 가지고 있다. 가설없이 분석하는 것은 당연한 효율적인 것은 아니라 정통인 접근도 아니기 때문에, 그래서 각 업계의 업무지식을 모아 가설을 구축하고 업무컨설턴트의 역할의 중요성이 변화가 이루어 질것으로 역어진다.

차라리 기업내의 전략설정을 담당하는 능력자가 있다면 분석모델 KPI를 설정, 여기에 연관되는 IT나 이해조작할 수 있는 학제적(學際的)인 인재가 바람직하다. 그러므로 전략책정자의 창조성이 아나리 아나리티쿠스의 활용을 통해서 증폭이 된다면 그것이 기업의 강점으로 될 것이다. 이를 바탕으로 가설을 구축하는 업무컨설턴트 역할의 중요성은 달라질 것이없다는 것이다. 더 하면, 기업내에 있어 전략책정을 담당하는 인재도 분석모델, KPI설계 쪽에서 데-타 시대의 마케팅어프로치나 리티크스의 현황과 과제를 정리한 실천적인 마케 ROI의 측정과 활용은 마케팅에서 최근 중요한 KPI이다.

경영 성공포인트 ㉒

1. 불가능에 도전하라

성공을 추구하는 사람의 머리속에는 불가능이라는 단어는 찾아볼 수 없다. 그들에게는 목표를 달성하고자 하는 용기만이 있을 뿐이다. 불가능이라는 장벽앞에 발걸음을 멈추는 사람이 있는가하면 기를 쓰고 장벽을 넘어가는 사람이 있다. 이 두 사람 인생의 성공과 실패를 갈라놓는 길이다. 성공의 주저는 당신의 재능이 부족한 것이 아니라 도전정신의 결여에 있다. 난제에 부딪쳤을 때 불가능하다고 단정하기전에 해결책이 없는지 생각하고 찾아보라, 스스로 해결할 수 없는 문제는 협력의 도움으로 해결책을 찾아라, 외부의 협력을 구해내는 것도 능력이다.

2. 최선의 마음으로 상대를 배려한다

친절과 배려는 주는만큼 돌아온다. 당신도 다른 사람이 나에게 그렇게 해주었을 때 기분좋은 일을 먼저 다른 사람에게 하여 주도록 하라, 이러한 사소한 배려를 갖추고 실행한다면 그만큼 상대방은 감동하고 마음이 밝아지게 될 것이다.

다른 사람에게 인정을 베플라 인정을 베풀수록 당신의 호감도는 늘어난다. 성공한 사람들은 인정과 배려를 통해서 기회를 잡았다는 사실을 잊지마라.

- 植田浩史(2003年)「歴史的視点から見た中小企業」日本中小企業学会論集第 22集, pp.3~15
- 小川英次(2004年 8月)「わが国における中堅企業の調査と分析」商工金融 2004年 8月号
- 小川英次(1974年 10月)「中小企業の存立条件」商工金融 1974年 10月号
- 清成忠男(1998年)「中小企業読本(第 2 版)」東洋経済新報社
- 粂野博行(2004年 8月)「中堅企業と地域集積」商工金融 2004 年 8月号
- 小林靖雄(2002年 9月)「適度規模論について今考える」商工金融 2002年 9月号, pp.4~5
- 小林靖雄(1995年 5月)「中小企業の盛衰分析」商工金融 1995年 5月号, pp.3~22
- 佐藤芳雄編著(1996年)「21 世紀, 中小企業はどうなるかー中小企業研究の新しいパ ラダイムー」慶應義塾大学出版会
- 末松玄六(1962年 10月)「中小企業の成長と最適経営規模ーハックス教授の中小企業 論によせてー」商工金融 1962年 10月号
- 杉浦哲郎(2007年)「グローバル化の中で見えてきた中小企業の大きな存在感」みず ほリサ-チ 2007年 3月号
- 다품종 소량생산 시스템하에서의 로트크기 결정기법에 관한 사례연구, 공업경영학회지 제17권 제32편 1994년 11월. 송수정
- 상호공급 예측계획 프로그램(Collaborative Planning Forecasting and Replenishment)글로벌 비즈니스 SCM으로 승부한다. 주호재. P.33
- 공급사슬관리(SCM)의 핵심성공요인과 추진유형이 기업의 경영성과에 미치는 영향. 경영정보연구 제28권 제1호 2009년 3월
- SCM의 도입이 기업성과에 미치는영향, (비즈니스 프로세스 관리측면에서) 단국대학교 대학원 생산운영관리전공 임지선
- 중소기업의 연구개발 및 생산운영관리 개선영역 도출연구, 경영과학 제30권 제3호 2013년 11월 PP.71~79 장영순
- 다품종소량생산 공정을위한 규칙기반 공정관리 시스템, 한국산업정보학회 논문지 제15권 제11호 2010년 3월 임광혁
- 다품종소량생산 시스템하에서의 로트크기 결정기법에 관한 사례연구, 공업경영학회지 제17권 제32편 1994년 11월. 송수정
- 중소 중견기업의 글로벌화와의 강소기업유성방안, KIET산업경제 2013년 02
- 우리나라 벤처기업과 강소기업 특성에따른 재무성과의 비교연구, 서울과학기술대학교 산업대학원 김종래 2011년 02
- 수출중소기업의 내부특유자원. 전략적 지향성 및 동적역량이 해외진출성과에 미치는 영향, 한양대학교 경영학과 전재일 2016. 2.
- 중국 강소기업의 생존전략에 관한 연구, 전북대 무역학과 대도 2015년 2월
- 제조업육성을 위한 지원확대 및 개선방안 연구, 대전발전연구원 김기회 2012.
- 중소기업지원 정책에 관한 연구. 중소제조기업을 중심으로, 한양대학교 산업경영디자인대학원 임상민 2012.

제12장

중소 강소기업의 생존과 번영전략

제1절 중소기업간 제휴전략의 단계적 성과

제2절 중소기업 연대제휴 전략의 사업전개 효과

용어 정리

- WTO(World Trade Organization) : 세계무역기구
- FTA(Free Trade Agreement) : 자유무역협정
- M&A(Mergers and Acquisitions) : 기업의 매수합병

제1절 중소기업간 제휴전략의 단계적 성과

1. 기업간 전략적 제휴

(1) 제휴전략의 정의

전략적 제휴(Strategic alliance)방식을 채용하는 기업이 최근에 와서 증가하고 있다. 전략적 제휴란 기업의 독립성을 유지하면서 전략전개에 따라 극히 중요한 특정의 경영자원을 획득하기 위한 수단이다. 다른 기업과 완만하고도 유연한 조직관계를 맺는 것이다. 일반적으로 그 제휴내용은 기술제휴나 판매제휴, 생산제휴 등 자본관계를 수반하면서 합병이나 자본참여 등의 자본관계를 수반하기까지 다양하다.

또한, 최근에는 이업종간이나 경합기업과의 제휴나, 국제제휴, 계열을 초월한 제휴 등도 이루진다. 전략적 제휴가 성립하는 논리는 불안정하면서 단기적인 시장거래와 안정적이면서 장기적이고 계속적인 M&A쌍방의 단점을 잘 보완·상쇄하는데 있다. 전략적 제휴에 관한 연구는 지금까지 많은 연구자에 의해 연구되었으나, 명확하게 정의되지 못한 현상이다.

기업간 제휴가 전략적 제휴에 해당되기 위한 조건으로는, 첫째로 장기성 확보, 둘째로 전략적 의도, 셋째로 대등성의 성립 등 세 가지의 조건들이 전제되고 있다. 장기성이란 기업간 제휴사업이 단기적으로 끝나지 않고 어떤 종류의 관계가 장기적으로 지속함을 가리킨다. 전략적 의도란 쌍방의 당사자가 자사의 경쟁우위를 확립한다는 의도에 근거하여 관계가 성립하는 것을 의미한다.

대등성이란 양자간에 본질적인 의미로 주종관계가 아니며 상호 존중관계임을 의미한다. 이들 조건을 만족한 상태에서 전략적 제휴는 본질적인 대화가 상호작용이 되지 않으면 발전적 의미가 없으며 신뢰의 관계가 이어질때 새로운 지식과 기술이 협력적으로 생겨나 도약의 미래가 구축되어 발전의 가능성이 내포되고 있는 것이다.

그리고, 본문에서는 전략적 제휴를 기업간 관계가 상기 세 가지를 충족한 상태에서 복수의 기업들이 제휴하고 각기 제휴사들이 가지고 있는 다른 기술, 노하우를 조합함으로써 신제품이 개발되고 신시장이 개척되는 상호협력적 발전의 틀인 것으로 정의하다.

(2) 제휴연구의 배경

현재, 우리나라의 중소기업을 둘러싼 환경은 매우 어렵다. 그 주된 원인을 살펴보면 수요의 정체와 대기업의 해외생산의 확대 등에 의한 국내산업의 부진성이 야기되는 경향이 초래된다고 생각된다. 수요의 위축이나 욕구의 다양성은 획일적인 제품이나 방법으로서는 시장확대에 한계가 있고, 잠재적 니-드를 현재화로 하는데는 차별성 있는 신제품 신기술의 개발의 필요성이 증가하고 있다. (전략적 제휴의 유형, 전용욱 2002)

이러한 소비계층의 다원성과 소비자들의 다양한 욕구의 생태는 시대변천에 따른 소비기호에 적응력을 길러내지 못함과 더불어, 시장환경변화를 제대로 예측대비하지 못하면서 불확실성이 커져가는 시장의 구조적 변화를 확실히 읽지 못하고 대응력을 준비하지 못한데서, 기업들의 쇠퇴의 요인들을 찾아볼 수 있다.

또한, 해외시장확대의 국가정책에 따라 WTO와 FTA체결로 중국을 위시한 여러나라 제품들이 유입됨에 따라 국내중소기업의 생산제품은 부가가치가 떨어져 경쟁력이 감축되고 있다. 국내 중소기업의 일반적인 제품들의 코스트경쟁에서 크게 절감할 수있는 요소들을 찾기 어려우므로, 니-드 상품고부가 가치화를 위한 신제품 신기술개발이 보다 중요한 실정에 놓여 있다.

중소기업이 신제품 신기술개발 필요성의 증대와 더불어 중소기업중에는 중소기업 특유의 우수한 기술노하우를 가진 기업들도 있다. 그러나 중소기업의 기술노하우는 좁은 분야에 한정된 경우가 많다. 따라서 잠재적 니-드를 현재화하여 부가가치가 높은 신제품 신기술을 중소기업이 개발하기 위해서는 다음 세 가지 수단이 있을 것으로 생각된다.

■ 첫째, 수단

자사가 가진 기술노하우를 좀 더 연구하여 발전실현해 나가는 것이다. 이로 인해 개발된 신기술이나 신제품은 경쟁기업들이 모방하기 어려울 것이다.

그러나 이를 설취하는 길은 고뇌와 노력이 뒤따라야 한다. 이는 수단과 전략으로 생각하고 실현되어야 하지만, 본문에서는 다음 수단에 주목하고자 한다

■ 둘째, 수단

자사가 가진 기술과 능력을 종합하거나 또는 특수분야만을 타사와 제휴로 융합하여 다른 곳에는 없는 전문성 있는 신제품신기술을 개발하는 것이다. 자사의 기술노하우가 좁은 분야에 한정되어 있는 경우 중소기업 단독으로는 여러가지 어려운 점이 많기 때문에 다른 회사의 기술과 협력하기

위해서는 자사와 다른 기술노하우를 가진 다른 기업과 제휴를 갖는 것이 효과적인 수단이 된다.

신제품 신기술개발을 위한 이업종 제휴의 효과성에 대하여 많이 논의되고 있다. 그러나 다른 업종과의 제휴를 체결할 때의 문제는 제휴할 상대를 파악하기 어렵다는 문제점을 안고 있다. 그래서 본고에서는 동종 업종간 제휴로 업무신장의 방법에 대하여 효과성을 연구하고자 한다.

■ **셋째, 수단**

전문성을 추구하여 중소기업이 존립하는 분야에서의 제휴방법은 각사가 가지고 있는 기술적인 노하우를 유지하면서 분야별로 제휴하여 공동으로 운영하는 것이 가능하다. 그러나 그 반면 자사의 사업분야 이외에 대한 정보나 전문성이 부족하여 제휴대상이나 제품의 선정은 매우 신중하여야 한다. 그러기 때문에 동종분야에서의 제휴가 능력을 배가하고 실수를 줄이고 효과성을 높이는 방법이 될 것으로 생각된다.

(3) 제휴최적의 대상기업의 정보

중소기업이 이업종과 제휴를 체결하기 위해서는 제휴하고자하는 분야의 정보가 필요하게 된다. 따라서 타 분야의 정보를 파악하려면 최소한 다음 세 가지 정도는 심도있게 고려확인되어야 된다. 제휴하고자 하는 분야의 정보, 제휴코저 하는 해당사의 정보, 그리고 상대사 경영자의 정보 등이다. 이 세 가지 정보를 얻게 되면 연대할 상대의 가치를 십분알 수 있게 된다.

■ **첫째, 타업종분야의 정보**

중소기업은 자사의 사업분야 외에 대한 정보가 미약함으로 타업종의 기업과 제휴를 체결하여도 그 업종에 자사의 기술노하우를 전수하여 활성화하면 좋을 것인지 알기 어렵다. 제휴연대할 대상을 찾는 데는 타업종의 정보를 알고 자사의 기술노하우를 어떤 업종의 기술노하우와 조합할 것인가를 사전에 판단할 필요가 있다.

■ **둘째, 제휴해당사의 정보**

사업영역, 핵심기술력, 경영의 토대기반, 구매처, 판매처, 핵심이 되는 상품 등에 관한 정보이다. 중소기업은 타업종의 정보를 알아도 지식과 기술의 전문성 때문에 십분타사의 정보를 이해하지 못하여 제휴할 대상사를 만나지 못하는 경우가 많다. 제휴할 대상사를 찾는데는 폭넓고, 깊게 대상사의 정보를 알고 그 얻어진 정보중에서 기업을 검토하여 가치성을 선별할 필요가 있다.

■ **셋째, 상대사 경영자의 정보**

경영자의 경영스텐스(경영의 행보), 경영철학, 신조, 신념, 경영관, 목표, 전망, 경영자의 당면관심사 등에 관한 정보이다. 중소기업은 오너경영자가 많아 경영자의 생각이 기업경영방침에 큰 영향을 미치는 속인적인 요소가 강한 경영체이다. 따라서, 경영자를 이해하는 것은 기업을 이해하는 것으로 연결된다. 때문에 제휴를 체결할 때 경영자의 신상정보를 상세히 검토할 필요가 있다.

(4) 최적의 제휴할 대상기업의 선정

■ **첫째**

중소기업이 이업종연대를 체결할 때 문제로 타 분야의 정보가 부족하여 연대할 상대를 찾는 것이 곤란함을 지적하였다. 그리고 중소기업이 이업종의 기업과 제휴를 체결하는데는 타분야 지식·기술·정보부족을 극복하고 제휴할 상대를 찾는 것이 필요하다. 그러나 단지 상대를 찾는 것만으로 되지 않는다. 제휴연대를 맺어도 신제품 신기술에 의한 신제품 신기술개발과 신시장개척을 성공으로 이끄는 데는 자사로서 최적의 자질있는 제휴할 대상을 찾는 것이 중요하다.

■ **둘째**

최적의 제휴할 대상의 조건으로 ① 장기적인 관계를 가질것, ② 전략적 의도를 가질것, ③ 대등한 관계를 가질것, ④ 기술적 가치를 공동화 할 것, ⑤ 기업규모의 차이를 최소화 할 것 등의 다섯가지 점에 유의하여야 한다.

■ **셋째**

제휴를 맺고 신제품 신기술을 개발하는데는 자사만의 기술노하우로 조합한 제조신기술를 제휴할 상대사와 공유하게 되는 것은 필요불가결하다. 또한 기술수준이나 규모의 차이가 있을 경우의 문제나 서로 필요로 하는 기술노하우가 부합되지 않는 경우가 있어 제휴가 잘 되지 않을 때가 많다. 실제 모니터링에서도 기술격차나 규모격차가 있으면 제휴가 잘되지 않는 것으로 나타나고 있다. 따라서 제휴를 체결할때 기술적 수준이나 규모의 차이가 크지 않는 범위내에서 대상을 찾는 것이 합리적인 필요성이라 하겠다. 다만 차별성, 독특성 있는 기업간에 제휴는 제3의 차별성, 독특성의 제품이 산출되어 시장영역을 넓히는데 효과적이라 하겠다.

2. 기업간 제휴를 통한 경영활동

(1) 기업간 제휴활동에 관한 이론

본고에서는 중소기업은 대부분의 사업기반이 지역경제의 활성화에 공헌하는 지역기업들로 사업전개와 지속적인 성장을 이루면서 글로벌경쟁에 대응할 수 있는 재화와 서비스를 창출하는 능력으로 정의하고 논의키로 한다. (Doz and Hamel, 1998)

또한 기업간 제휴활동은 기업들이 특정목적이나 이익을 위해 협력하여 전개하는 활동을 말하는 것으로 공동연구개발·제조·판매의 활동 등 제반시장개척활동을 포함하여 기업의 경영활동으로 정의한다. (Barney, 2002)

특히 산업조직론 분야에서는 산업구조중에 있는 기업의 상대적 위치가 중요한데, 자사의 전략위치를 높이기 위해 기업간 제휴관계를 활용하여 시장력을 확대하고 이익의 최대화로 능력과 경영자원을 획득하는 것이 중요시되고 있다. (Porter and Fuller, 1986)

첫째로, 최근의 전략적 제휴를 포함한 기업간의 제휴관계를 해명하는데 초점을 맞춘 연구에서는

- 전략적 제휴의 동기, 과정, 형태별로 다른 전략성과 기업간 관계에 관한 이론적·실증적 연구와 유사하다,
- 전략적 제휴의 실태 및 활용방법에 관한 탐색적인 연구가 주류를 이루고 있다. 이들 선행연구는 전략적 제휴의 성공적인 도입과 효율적인 운영 및 관리에 중점을 두고 있으므로 실제로 기업의 전략적 정책프로세스에 공헌하는 것으로 평가된다. (Ryo and Seo, 2001)

이들 연구에서는 1980년대부터 현저하게 출현한 전략적 제휴는 복수의 기업에 의한 협력네트워크의 구축을 통한 행동으로 외부자원의 호혜적인 사용을 목적으로 하는 전략적인 기업행동으로 논의되고 있다. 또한 특히 경영자원에 제약이 있는 중소기업에서 외부기업와의 제휴는 경영자원의 보완을 통해 새로운 경쟁우위가 창출되는 매우 중요한 전략수단으로 논의되고 있다. [竹田 2001, 德田 2000, Hennan 2001]

둘째로, 전략적 제휴의 동기나 목적에 관한 연구들은 다음과 같다.

- 경쟁차원의 확대
- 선행분야에서 조기의 경쟁우위 확립

- 신제품이나 신사업창출을 위한 이질요소의 필요성
- 새로운 경영자원의 축적
- 막대한 연구개발비의 부담문제
- 사업리스크 분산
- 자사약점의 보완과 강점의 창출
- 국제적인 경제마찰의 회피와 보완 등을 기업간 제휴의 동기와 목적으로 논하고 있다.(Porter 1986, Hamel and Doz 1998)

또한 기업의 환경변화에 ① 경제적, 정치적, 사회적 외부환경요인과, ② 내부환경요인으로는 부가가치, 학습, 유연성, 핵심능력 등 우위성의 보호를 말하고 있다. (Yoshino and Rangan(1995) 竹田(1992))

셋째로, 경영전략론 분야에서는 전략적 제휴의 유형과 구체적인 전개패턴에 관하여 다양한 관점에서 다수의 연구가 축적돼 있다. 전략적 제휴에 관해서는

- 합병, 라이센스, 공동연구개발협력
- 장기공급협정
- 주식의 상호보유 등을 통한 기업간 연계(coalition)
- 공동사업(Collaborative Ven tures)을 포함한 기업 간의 파트너십에 근거한 기업간 관계로 논의하고 있다. (Portrer 1990)

- 업무제휴(Non-equity alliance)
- 업무, 자본제휴(equity alliance)
- Joint Ventures로 분류하면서, 전략적 제휴를 성공적으로 촉진하는 요인으로는 다음과 같다 ① 규모의 경제추진, ② 경합으로부터 학습, ③ 리스크관리와 코스트부담, ④ 암묵적 담합의 사업전개, ⑤ 저코스트로 신시장진입, ⑥ 기존업계 내의 신사업전개, ⑦ 저코스트경쟁의 추진, ⑧ 불확실성에 대응 등의 문제들이다. (Barney, 2002)

넷째로, 전략적 제휴를 중심으로 한 기업간 제휴활동을 성공으로 이끄는 조건에 관한 연구가 기술되고 있다. 이 연구에서는

- 각 주체가 특정목적을 추구하면서 독립적인 지위를 유지할 것
- 각 주체가 제휴의 이익분배에 참가하는 것
- 각 주체가 제휴활동에 공헌한다는 세 가지 필요조건을 갖춤으로써 성공가능성이 높아지는 것

으로 되어 있다. (竹田. 1998)

(2) 중소기업의 제휴관계의 효과

중소기업의 수익성악화의 요인은 소비수요의 침체, 판매부진에 따른 가격경쟁수요처의 수요감소, 수요처로부터 단가인하요청 등은 경기가 바닥을 치는 심각한 정도로 수요감퇴의 쓰라린 경지를 넘기 위해 가격경쟁이 격화되는 것으로 나타나고 있다. (中小企業白書 2009)

■ **중소기업의 발전을 저해되는 요인이나 활성화를 위한 방법의 선행연구에서는**

- 중소기업의 경영환경개선을 위한 지원책과 제도의 효과
- 중소기업과 대기업의 성장패턴 차이점
- 중소기업의 연구개발활동을 촉진하는 방법
- 중소기업문제의 본질과 그 문제를 해결하는 방법 등 다양한 각도에서 제안되고 있다.

■ **선행연구 결과에 의하면,**

- 대기업은 혁신주도형 기업으로 변신을 모색하고 있으나, 중소기업은 아직 수요주도형 단계에 있다.
- 많은 중소기업들은 대기업의 하청관계 중심의 구조로 독립성이 부족하여 대기업의 침체가 중소기업의 침체로 이어진다는 점
- 경제환경의 변화에 탄력적이고 적극적으로 대응하기가 어렵다는 점
- 경영환경이 영세의 비중이 높아지고 있어, 노동조건과 고용불안이 깊어지고 있다는 점
- 대기업과 중소기업 간의 임금편차, 생산성 등의 격차가 심화되고 있는 점은, 중소기업의 구조적인 문제점과 해결과제로 지적되고 있다. (百瀬, 分析 2000)

이와 같은 선행연구성과로 본 논문에서 주목하는 것은 동종업계 기업만이 아닌 이업종의 기업을 포함하여 외부기업과의 제휴활동에서 생기는 문제점과 과제이다.

중소기업의 경쟁력 강화와 발전을 논할 때 1990년대 오일파동 이후부터 관심이 높아지고 있으며 기업간 협력이나 제휴라는 개념을 빼놓을 수 없는 과제이기도 하다.

그 최대의 이유는 중소기업이 가진 경영자원은 대기업에 비하여 너무나 부족하고, 그것으로 인해 중소기업의 발전이 제약되는 것을 들수 있다. 따라서, 한계가 있는 경영자원을 유용하게 활용하기 위해서는 자사가 차별성 있는 경쟁우위를 가진 자신있는 분야에 경영자원을 집중하는 그 외

의 분야에서는 타기업이나 기관과 유연하게 연대하여 외부의 경영자원을 적극적으로 활용하고, 상호보완하는 현실적인 요청이다. (連携戰略 尹卿烈 2010)

개개 중소기업이 가진 경영자원을 결속하면서 개개기업이 가진 경영자원의 한계를 넘는 상호작용을 활성화할 수 있는 중소기업 간의 제휴의 중요성을 강조하면서, 경영자원의 상호작용을 가능케하는 창조적인 경영전략의 전개 필요성을 논하고 있다. (하꾸라이(百瀨), 2000)

(3) 경영자원, 노하우 등을 기반으로 사업확장

기업의 성장패턴을 단순화 하여 보면 단일사업을 특정지역에 거점을 두고 로칼전개하면서 축적한 경험과 경영자원 노하우 등을 기반으로 하여, 가일층 사업확대를 위해 타지역이나 해외진출을 기하는 과정을 답습하고 성장해 가는 패턴이 전형적이라고 하겠다.

운영상 리스크와 불확실성을 줄이기 위한 행동을 보면 초기단계에서는 사업활동의 리스크와 부담을 최소화하는 단순판매(납품)방식을 선택하지만, 사업경험과 지식, 경영자원이 축적되면 계약적 방식(라이센싱, 프렌차이징, 계약생산 등)과 직접 투자방식(합병투자, 직접 투자, 전략적 제휴, M&A 등) 등에 사업전개방식을 고도화시킨다.

성장단계별 필요한 기업내부역량, 적절한 기업규모나 경영 노하우와 경영자원을 획득하기 위해 많은 기업은 타사와의 제휴연대를 활용한다. 이 제휴관계를 활용할 때 기업의 성장단계별 목표와 중점포인트가 다르게 되고 각사마다 직면한 문제와 과제, 동기, 목표 등이 다르므로 다양한 제휴의 패턴이 보이는 것으로 분석된다(표 12-1).

위의 설명과 같이 기업간 제휴활동은 그 동기와 전략상의 목표나 사내외의 요인, 처해진 상황 등에 따라 기업관 관계의 구성과 전개단계별 기업행동패턴이 극히 다양해진다. 선행연구는 단독요

표 12-1 기업협력관계 구조와 목적 (出所 ; 竹田 2001)

형 태		기업분야와 목적
수평형	보완형	기술개발, 제품개발, 판매 등, 전분야의 상호협력을 통해 보완과 학습
	리스크 분산형	기술개발, 시설투자나 신규사업의 전개시 따르는 불확실성과 리스크
수직형	생산성 향상형	선발기업은 생산시설 투자의 리스크와 부담의 저감 후발기업은 선발기업과의 협력을 통한 생산성 향상과 학습
	N/W 성형형	선발기업은 자사기술의 확산과 시장점유율의 확대, 후발기업은 기술자원 획득이나 보완과 학습
수평적 · 수직적		사업다각화로 해당산업의 전후방 분야로 진출

인이 아닌 몇 가지 요인이 조합된 복합적 요인에 의해 형성되는 다양한 패턴의 제휴활동이 전개되는 것으로 분석되고 있다. 여기서 제휴활동은 확실히 글로벌시장에서의 존속시장 지위의 향상을 실현하는 전략적으로 유용한 것으로 분석되고 있다(楔名 1996, 林昇一 1995).

3. 제휴의 성과

(1) 제휴의 조직간 관계와 성과

기업은 제휴를 통해서 파트너 조직과 협력관계를 관리유지하면서 성공적인 제휴목적달성에 노력한다. 제휴조직 간의 상호작용은 특정제품의 공동개발·설계·생산·마케팅 등에서 밀접한 협력관계를 유지하며 성과를 이루는 것을 말한다. 따라서 조직간의 상호작용은 기업특성의 조화·상호보완성의 의지·신뢰성과 소통·재무상태의 건전성이 제휴성과의 기본요소이다. (國際經營研究 제13권 제2호 p 266 2002/12)

제휴의 성과는 제휴업무를 수행하는 조직역량에 있다. 제휴성과에 미치는 영향은 다섯 가지의 제휴역량 즉 ① 제휴연역 및 파트너 선정역량, ② 재휴협상 및 계약체결역량, ③ 의사소통역량,

그림12-1 기업제휴 성장 활성화 모형

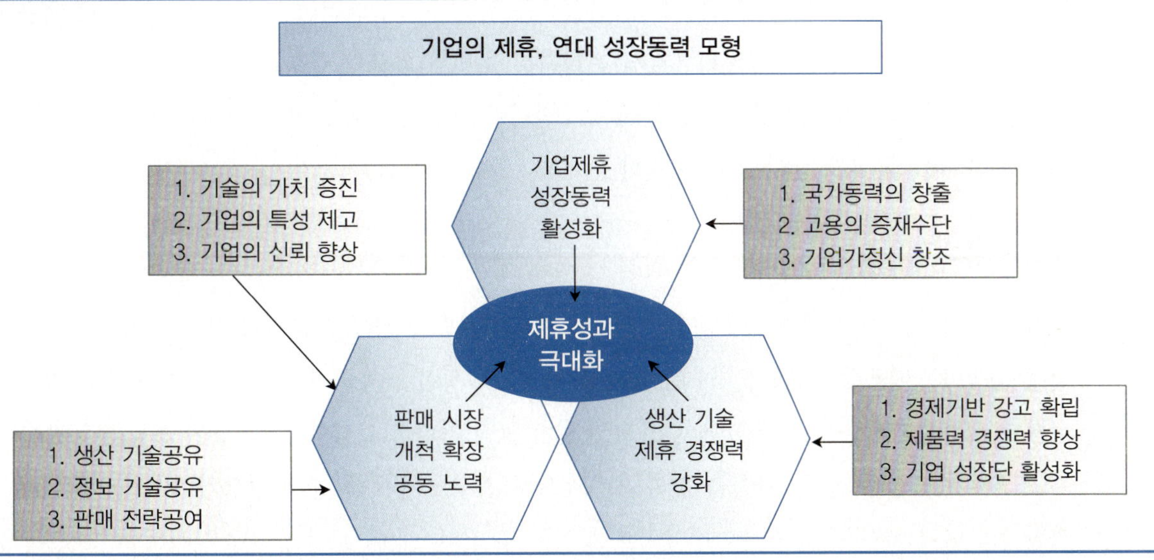

④ 유대관계역량, ⑤ 제휴평가 및 종료역량 등이 제휴의 경쟁성과에 금정적인 영향을 미치는 것으로 파악되었다. 또한 제휴역량은 효율성 개선제휴 목적달성 그리고 전반적인 제휴만족도 영향을 미치는 것으로 파악되었다.

기업은 조직내부의 한계를 극복하고 사업의 불확실성을 감소시켜 높은 성과를 창출하고자 전략적 제휴를 수행한다. 조직내부 특성을 창출의 동인으로 중시하는 기존이론을 따른 제휴활동을 수행함으로써 성과를 창출하고자 하는 경우 파트너기업의 강점을 흡수하고 제휴업무를 적절하게 수행할 수 있는 협력 노하우를 창출하게 된다. (국제경영리뷰, 제15권 제4호, 2011. 12. 권기훈 · 권기환)

제휴의 성과는 제휴체계의 활성화이다. 제휴사간의 신뢰도에 따라 활성화의 추진력이 이루어진다. 일자독식의 시대에서 다자협력공동의 시대로 변해가고 있으며 이것이 경쟁력을 키우는 길이요, 산업을 발전할 수 있는 길이다. 다자공익인 사회성만이 기업을 안전하게 발정시키는 길이기도 하다.

(2) 제휴의 지향성과 창의성

제휴의 지향성은 제휴정보에 관한 수집과 확산 그리고 학습에관한 기업내부의 역량축척을 의미하는데 제휴관계의 특성상 제휴파트너와의 적절한 관계강도와 갈등방지의 메커니즘이 필수적이다. 상호의존적 요소로서 제휴관계의 성과는 제휴파트너와의 관계강도와 만족스럽게 협업할 수 있는 관리능력을 의미한다.

독특하고 의미있는 제품을 공급하는 기업활동을 제공하는 창의적인 기업은 시장변화에 매우 혁신적이고 우월한 서비스를 제공함으로서 변화하는 소비자의 욕구를 충족시킨다. (Cooper, 1979) 제휴의 창의성은 독특한 의미의 기업활동에서 차별화수단이 되며 여러 가지 변수를 고려한 의사결정에 다양한 형태의 의견수렴이 이루어진다. (Andrews and Smith, 1996)

1) 제휴이행의 가치

제휴의 가치는 그 프로그램이행에서 각각의 자원준거의 관점에서 금전적 가치 · 열망의 가치 · 적절성 · 편리성 · 이용확률 · 소비들의 충성도 등에서 가치성이 부여되며, 기업에서 제공하고 있는 보상적 기치를 높이 평가할수록 고객충성도 형성이 높게 나타나고 있다. 기업들이 공동의 목표를 가지고 혼자서 얻을 수 없는 가치를 창출하는 것으로 자원의 공유를 통해 경쟁력 및 시장점유율, 성과향상의 협력관계구축을 제휴이행가치로 정의할 수 있다. (Hoffmann & Schlosser 2001)

전략적 제휴는 기업들이 신규시장진입을 위하여 제휴를 통한 학습은 자원의 한계를 극복할 수 있게 하며 경쟁우위의 원천적 핵심역량의 적용을 확장시킨다. 이로 인해 제품개발·비용절감·공유확산·마케팅 범위확대 등을 위한 수단으로 전략적 제휴를 활발히 사용되고 있다. (Heimeriks & Duysters. 2007) 이러한 제휴는 새로운 제품개발, 보완적 마케팅전략, 기술적 범위의 리스크방지 등으로 다양한 이익을 창출하는 잠재성을 지니고 있다. (Inkpen. 2001) (상명대 국제경영 홍선혜. 2012/2)

(3) 제휴의 관계성과 사업성과

제휴를 성공적으로 이끌기 위해서는 기업특성의 조화, 상호 보완성의 의지문화, 생활적인 차이뿐만 아니라 파트너 기업 간의 신뢰성과 몰입도의 의지를 가지고 제휴에 임할 때 보다 성공적인 협력관계가 유지될수 있으며, 진실성과 성실성은 필수적인 요건이다. 파트너 기업과 문제해결을 위한 논의를 하고 있는가. 아이디어를 함께 공유하고 있는가.하는 공동의식이 사업성과에 영향을 준다. (國際經營研究 제13권 제2호 p 263 2002/12)

제휴로인한 기업의 성과는 현재의 제품 또는 시장에서의 성공과 미래시장에서의 위치를 포함하는 것이다 기업은 제휴파트너와의 관계의 질을 기초로 시장에서의 재우위를 차지할 수 있다.(Sarkar et al. 2001) 제휴파트너와 강력한 관계를 형성함으로서 기업은 우월한 조건의 전술을 교환함으로써 양질의 정보와 신뢰를 기반으로 한 지배구조(govemance)는 시장에서의 경쟁우위를 갖게 된다. (Larson. 1992 ; Uzz. 1996) (한국마케팅저널 제13권 제2호 2011년7월 P.55~56. 강성호. 강하영)

4. 중소기업간, 전략제휴와 네트워크형 산업조직

(1) 기업간 관계

최근에와서 기업간 관계의 연구는 중소기업의 전반적인 연구개발력·마케팅력·경영관리력의 향상을 배경으로 이업종교류, 전략적 제휴 등 새로운 형태의 기업간 관계가 출현하고, 이와 같은 관계를 종래의 친기업을 정점으로 하는 피라밋형 산업조직·기업간 관계와 구별하여, 네트워크형 산업조직·기업간관계라고 하는 견해가 등장하고 있다. (中村 1985)

1) 네트워크형 산업조직의 특징은

- 자립성이 있는 기업의 연합, 제휴라는 것
- 리더십을 발휘하는 주체가 기업의 규모에 의한 것이 아닌 문제내지는 역할에 따라 교대하는 것
- 그 연대의 이면에는 가치관의 공유성내지는 새로운 산업사회와, 이것에 대응하는 기업에 대해 이미지를 공유한다는 특징이 있다. (清成, 1990)

전문능력을 가진 복수의 기업이 새로운 가치를 창조하기 위해 자발적이고 대등하게 연대함으로써, 정보창조형의 네트워크형 기업간 관계가 형성된다고 한다. (中村 1992)

본문에서는 새로운 형태의 기업간 관계의 발전을 염두에 두면서 지금까지의 중소기업연구과정을 정리·검토하고, 현단계에서 중소기업의 기업간 관계를 분석하는데 필요로 하는 시점·과제를 찾고자 하는 것이다.

2) 네트워크 조직론

네트워크 조직론의 중간조직론이나 기업간 조직생산성 시점의 연구와 큰 차이점은 다음과 같은 점이다. 즉, 지금까지의 조직연구가 주로 헤랄키형의 조직을 대상으로 하고 이로 인해 권한이나 권력 등의 개념을 중시하고, 관리자의 역할에 주목한데 대해 네트워크 분석에서는 주로 수평형조직을 대상으로 하고, 네트워크의 밀도가 연결성과 어떤 개념을 사용하는지 조직간 이어지는 경영자의 역할에 주목하고, 또한 우발적 자연발생적 연결이 만들어져가는 창발적인 네트워크에 주목함으로써, 조직전개와 발전의 활동적 특성을 취할 수 있는 점이다. (今井, 金子. 1988)

3) 타사와의 제휴를 통한 사업전개의 상황

타사와의 제휴를 통한 기업전개 상황과 성과의 사례

福島縣내의 기업중에 타사와의 제휴를 통한 사업전개중에 있는 기업은 38%이고 이전에 경험한 바 있는 기업 9%를 포함하면 47%이다. 이 연대를 통한 사업전개를 경험하거나 전개중이라고 회답한 기업의 현상을 분석하면 다음과 같이 정리된다.

우선, 협력기간은 6～8년(22%)과 4～5년(22%), 6～10년(16%)의 순이고 2～3년(17%)과 1년미만(16%)의 상대적으로 단기간의 협력보다 중장기적인 협력관계를 유지하는 경향이 있다. 또한, 제휴기업수는 2～3년(40%) 한회사(23%)로 63%를 점하고, 다수기업보다 소수기업과 밀접한 관계를 오래동안 유지하는 경향이 나타났다. 구체적인 제휴를 통한 사업전개의 동기로는 시장개척(81%)

표 12-2 제휴활동에 관한 만족도(%) (福島大學地域創造 第22卷 第1號2010. 9)

구 분	국내사업에 공헌	사업전개에 불가결	현 사업의 경영자원확보	금후 사업경영자원확보
매우 높다	13	21	11	11
높다	34	33	31	27
판단유보	28	30	39	42
낮다	13	9	22	24
매우 낮다	12	7	8	6
합 계	100	100	100	100

가 압도적으로 많고, 생산활동의 강화(9%), 연구개발(5%), 원가절감(2%)의 순으로 나타나고 있다.

다음으로 福島縣내 기업들과 연대관계를 유지하고 있는 상대기업은 지역별로 후꾸시마현내(43%), 관동지역(28%), 동북지역(21%)이고, 현내와 지리적으로 근접한 상권이 형성되어 있는 지역은 92%를 점유하고 있다. 또한, 그 상대기업과의 협력분야에서는 판매분야(38%)가 가장 많고, 기술분야(28%), 생산분야(21%)의 결과에서 후꾸시마현하 기업은 직면한 과제인 판매개척 생산부문의 강화를 위해 타지역진출의 시사할 점이 도출되었다. (經濟産業省2008年度實態調査)

또한, 제휴관계유지에 어렵고 곤란한 항목은 커무니케이션(37%), 상대기업의 의욕(19%), 인재확보(15%), 협력업체의 탐색(14%)의 순이었다. 다른 한편 상대기업은 자사개입에 대한 만족도가 높다(53%)로 판단하는 기업은 불만족이다(19%)보다 많았다.

(2) 기업간 조직의 생산성 시점

효율성 · 경제성의 시점의 내용과 이것의 분석시각은 다양한데 하나의 전형적인 기업간 조직의 생산성에서 연구에서 볼수 있다. 기업간 조직의 생산성의 연구복적은 사회석 분업의 한 형태인 하청생산시스템이 비교적 높은 생산성과 효율성이 생기는 메카니즘의 해명에 있다. 이 경우, 하청기업과 친기업이 기능적으로 통합돼 있다는 사실의 인식이 전제돼 있다. (左藤, 1976), 161-184항

기능적인 통합이란 다시 말하여 친기업과 하청기업 사이의 통제, 권한이 수용되는 관계가 성립돼 있는 것이다. 처음부터 하청기업이 이와 같은 관계를 구축한데 기인하여 친기업의 경영자원(시장 · 기술 · 자금)에 의존함으로써 성장이 가능한 점에 있다. 그렇지만 다른 한편, 친기업의 경영자원(시장 · 기술 · 자금)에 대한 의존은 친기업에 하청기업을 통제하는 권한을 주게된다. 이와 같이 하여

성립된 것이 친기업과 하청기업 사이의 통제·권한의 수용이란 관계가 된다.

이와 같은 관계로 효율성이 발생하는 논리는 다음과 같이 요약된다.

1) 중층적(重層的)

계층적인 하청생산의 근본에는 정보전달상 기업간 커뮤니케이션으로 코스트를 낮추며 유지할 수 있고, 하청기업의 수가 한정되므로 밀도 높은 정보파악이 가능하게 된다.

2) 장기적 거래에 따라

새로운 하청기업을 개척하기 위해 [정보탐색 코스트]를 절약할 수 있고 하청기업측에 학습효과 발휘를 도와줄 수 있게 된다. 또한 하청기업의 성장에 따르는 성장의 이익, 리스크분담이란 의미의 분업의 이익, 기술전이 촉진효과 등을 얻을 수 있다. 그리고 장기적 거래의 바닥에는 하청기업의 기회주의적 행동이 하청기업이 잠재적인 경쟁상태에 있음으로 억제된다는 것이다. [중간조직]론을 제창한 것은, 今井. 伊丹. 小池(1982)

(3) 산업구조의 변화와 실증

생산제품이 산업내 동종품목의 경쟁구도와 수익성에 미치는 효과를 이해하려면 산업구조에 미치는 영향부터 살펴보아야 한다. 모든 산업에서 경쟁은 구매차별적 교섭력, 기존 경쟁기업들 간 경쟁의 특성과 강도, 신규진입의 위협, 대체상품의 위협, 공급자 교섭력이라는 다섯 가지 경쟁요인에 영향을 받게 된다.

이러한 요인들의 전반적인 구성과 역학관계에 따라 산업내 경쟁의 특성과 기존 경쟁업체들의 평균수익이 결정된다. 산업구조의 변화는 새로운 기술 소비자의 수요 또는 다른 요인들이 이러한 다섯 가지 경쟁요인들을 바꿀때 나타난다. 스마트한 구조변화는 스마트한 결과를 가져오며 그 영향을 크게 받는 것은 제조업이다.

1) 구매자 또는 공급자 교섭력

구매의 교섭력은 제품가격 이외의 부분으로 경쟁의 초점을 이동시킴으로서 제품의 차별화와 기회를 크게 확장시킨다. 소비자가 실제로 어떻게 제품을 사용하는지에 대한 정보를 이용해 기업은 소비자들을 세분화하고 제춤형제품을 생산하고 가치를 더욱 확보할 수 있도록 품질을 개선하여 가격을 설정하여 부가가치 서비스를 확장할 수 있다.

거래적 관계란 구매자가 공급자와 일정간격을 유지하면서 단순이 거래중심적인 사안에 초점을 맞추는 관리의 유형이다. 특징을 보면 다음과 같다. 모든 계약은 단독적이고 단기적인 경향이 많다. 즉 하나의 계약이 향후 다른 계약에 영향을 미치는 일이 적고 한번의 계약은 그 한번의 계약에서 모든 이해관계가 끝나는 사례가 많다.

가격이 모든 관계설정에 가장 중요한 요건이다. 즉 다른 공급자가 더 좋은 가격조건을 제시한다면 언제든지 공급선을 바꿀 수 있다. 이러한 거래적 관계의 경우 다음과 같은 장점이 있을 수 있다.

- 구매자는 구매하기 위하여 최소한의 시간과 경비를 투입한다.
- 가격조건을 검토하여 최적 가격자에게 구매행위를 요구하게 된다.
- 구매를 하기 위하여 고차원의 기술이나 능력이 요구되지 않는다.
- 가격조건을 보고 가장 최적의 공급자를 매번 고르기만 하면 된다.

2) 경쟁기업간 경쟁관계에서 협업관계로

제품은 다양한 방식의 차별화와 부가가치 서비스를 가능하게 함으로서 경쟁구도를 흔들 수 있는 잠재력을 갖고 있다. 다양하게 세분화된 고객에게 제춤형 제품과 서비스를 제공함으로써 자사제품의 차별화를 실현코저 시도하고 있다

협력적 관계란 상대방과의 협력과 상호의존이 공급자 관계에서 필요하다는 것을 상호인지한 형태의 관계이다. 협력관계에 있어서는 상호신뢰 의사소통정보공유 등 기업운영에 있어서 상호도움이 되고 궁극적으로 기업경쟁력을 제고할 수 있다고 보는 경우를 말한다.

협력적 관계는 불확실성에서 오는 변동에관한 유연성을 가질수 있으며 서로의 정보가 공유되므로 갑작스런 공급중단이나 예상치못한 빈도를 줄일 수 있으며 협력과 신뢰의 기반위에서 관계가 이루어지므로 서로에게 도움을 줄 수 있는 개선활동을 하게 되는 동기가 발생한다는 점이다.

협력적 관계에서는 정보의 신뢰에 의하여 검증검수비용을 지출필요가 없어진다. 거래관계에서는 상대방이 내가 모르는 나에게 불리한 일이 생길 수도 있다는 의심의 방어적인 근거 때문에 여러가지 보험성격의 비용을 지출하게 되는데 협력관계에서는 이러한 비용을 지출할 필요가 없어진다.

3) 신규진입과 대체상품위협 방어제휴로

■ 위협방허 새로이 시장진입

시장에 새로이 진입하려면 진입장벽의 커다란 장애요소들과 부딪치게 된다. 한층 다양하고 복잡해진 제품의 성분과 구조, 기술요소들 또한 다층적으로 구성된 새로운 IT인프라로 인한 높은 고정비용으로부터 신규진입을 막는 요인들이다.

유통의 기존제품이 지니고 있는 품질보다 자신이 보유한 기능이 이를 뛰어넘을 수 있는 경우라면 장벽은 낮아질 수밖에 없다.

스마트제품은 대체품의 위협을 줄이고 사업성장과 수익성향상이라는 양득을 볼수 있다. 스마트한 기존제품은 대체상품에 비해 우월한 성능으로 고객에게 가치를 제공할 수 있기 때문이다. 그러나 많은 산업영역에서 새로운 형태의 대체상품은 위험을 창출하기도 한다. 기존제품의 품질을 능가하는 대체품의 기능이 능가하여 확장될 수 있기 때문이다.

4) 해결방법(제휴적 관계)

■ 제휴관계란

서로의 보완적인 핵심능력을 연계하는 것이다. 공급자와 구매자가 서로의 핵심역량을 합치는 경우 과거보다 새로운 능력이 창출된다면 공급자와 구매자는 한회사처럼 제휴할 수 있다. 두회사가 제휴하는 것은 공동으로 위험을 대처하고 비용을 분산하는 결과를 가져온다.

■ 제휴관계를 구축하면 어떤 점이?

제휴관계를 구축하면 공급자와 구매자는 마치 한 회사처럼 쓸데없는 거래적 행위를 할 필요가 없고 공급자공정을 구매자가 마치 자신의 회사인 것처럼 개선하고 향상시킬 수 있다. 긍정적으로 두 회사가 한 회사인 것처럼 움직이면 두 회사에서 발생하던 모든 거래비용을 줄일 수 있다.

■ 제휴관계가 되면

실제적으로 두 기업은 자원을 공유하고 경영목적을 공유하며 공동의 목적을 달성하기 위하여 신뢰관계가 구축하게 된다. 두 기업이 제휴하게 되면 두 기업이 독자적으로 운영하던 방식에서 새로운 운영방식이 택해지므로 시너지효과를 창출할 수도 있다.

경영 성공포인트 ㉓

1. 전문지식을 갖춰라

어떤 분야의 성공자든 성공한 사람은 그 분야의 전문지식을 갖고 있다. 전문적인 식견을 가짐으로서 관찰력이 달라지고 정보 소화력과 창작력이 달라져 성공의 접근율이 높아지는 것이다.

다재다능(多才多能)한 재사(才士)보다는 한 가지라도 적용기술의 전문지식이 있는지 스스로를 돌아보는 자기관리가 필요하다. 어설픈 기술자보다는 실무종사경력이 필요하다.

전문성과 효율성은 똑같은 시간에 보다 많은 성과를 거둔다. 그 요인은 근면성, 전문성 치밀성 등이 복합수로 작용하는 결과이다. 큰 인물에게나 작은 인물에게나 주어진 시간은 똑같다. 자신에게 주어진 시간을 얼마나 효율적으로 사용하느냐에 따라 인생의 미래는 달라진다.

2. 준비보다는 행동하라

만반의 준비를 갖추고 시작하기에는 입지적, 환경적, 재정적 사정이 여의치 못할 경우가 많다. 미지의 세계란 완벽이란 누구도 예지하기 어렵다. 다소의 시련을 안고 행동하며 문제를 풀어가는 창조적 개발이 요구된다 하겠다. 성공자는 만반의 준비를 갖출때까지 기다리지 않는다. 사물은 불확실성과 변수를 가지고 있으며 전쟁을 치르면서 새로운 전략을 배우고 경영전선을 누비면서 새로운 경영모델을 착상한다.

제2절 중소기업 연대제휴 전략의 사업전개 효과

1. 중소기업 연대전략 서론

(1) 경영자원의 효율화

중소기업기본법의 규정에 의하면 중소기업의 기업 대비 비율은 99%대를 점하고 있는 가운데, 지방중소기업을 둘러싼 경영환경은 여전하게 어렵다.(중소기업백서, 2009) 단일기업이 보유 획득한 경영자원만으로는 금일의 불확실성과 리스크가 높아 경영환경에 대응하는 것은 극히 어렵다. 특히, 경영자원에 제한이 있는 중소기업의 경우 자사단독으로는 기업성장에 한계가 있는 신제품 서비스 개발을 통한 신규사업과 새로운 시장개척은 결코 용이하지 않다.

따라서 사업전개에 불가결한 보완적인 경영자원과 능력을 외부에서 구하고 경영자원의 부족을 보완한다. 신제품서비스의 개발과 신규시장의 개척이 필요하다. 따라서 자사의 경영자원을 보완할 수 있는 기업간의 연대 특히 이업종기업간 교류를 통하여 사업전개에 관심을 높인다. 이 자사단독만이 아닌 사내외의 자원을 전략적으로 활용할 수 있는 협력관계를 활용한 사업전개가 격화하는 경쟁환경중에서 중요한 전략 쏠(soul:정신)로 중시된다.

또한, 타사와의 교류를 촉진하고 조직내의 경영자원과의 새로운 조합을 가능케하는 협조·협력·공동의 개념이 더해진 기업전략이 강조되어 왔다. (Porter 1986, 1998)

실제 1980년 이후 기업은 신상품 및 신기술의 개발, 경영자원의 교류 및 공유 등을 목표로 한 기업간 연대를 활발하게 한다. 이 동일산업내의 경쟁기업간 혹은 타산업기업간 협력을 통한 사업활동은 환경변화에 적절한 대응, 유연한 제품혁신, 내외부자원을 효과적으로 결합하여 운영하는 경영능력의 향상 등이 기대된다.

따라서, ① 기존능력의 활용과 새로운 능력의 개발을 동시에 추구하는 것, ② 환경대응으로 경쟁력을 개선하는 특유의 능력과, 조직 내외부자원을 강화할 수 있는 많은 선행연구로 논의되었다. 외부협력을 중시하는 기업행동중에서 전략적 연대에 관한 선행연구에는 그동기, 성공요인, 행동, 효과 등이 이론면과 실증면에서 분석돼 왔다. 연구성과는 기업이 필요로 하는 많은 스킬(숙련)이나 자원이 기업의 외부에 존재하므로 외부와 내부를 결속하는 전략적 연대가 경쟁의 성패를 결정하는 중요요인으로 강조하고 있다[다께다(竹田) 1992, 2003, Doz and Hamel 1998].

이들 선행연구의 한계로는 국제적인 규모로 경영활동을 전개하는 다국적 기업이 분석의 대상이 되고 있으며, 중소기업간 공동사업에 관한 연구는 대기업 간의 연구개발과 공동사업의 분석에 초점을 맞추고 있으며, 중소기업에 관한 선행연구의 대부분은 몇 개의 성공사례에 기초한 것으로, 실태파악이나 결과를 일반화하는데는 무리가 있는 것으로 분석되고 있다.(岡室 2003)

(2) 기업간 연대를 통한 경영활동에 관한 연구

1) 기업간 연대활동에 관한 이론

본고에서는 후꾸오카현하의 기업과 같이 지역경제의 활성화와 생활수준향상에 공헌하는 지역기업의 경쟁력을 지역에서 기업사업전개와 지속적인 성장을 기하면서, 격한 글로벌경쟁에 대응할 수 있는 재화와 서비스를 창출하는 능력]으로 정의하고 논의키로 한다.

또한, 기업간 연대활동을 기업들이 특정목적이나 이익을 위해 협력하여 전개하는 활동을 가르키는 것이므로, 공동연구개발·제조·판매·판촉 등의 제활동을 포함하여 기업행동으로 정의하고 논의하기로 한다. 근년, 기업간 연대를 통해 기업활동의 여러 가지 동기, 목적, 성공요인 등을 해명하기 위한 연구가 활발해지고 있다. 이들은 경영학만이 아니라 산업조직론, 지역경제학 등의 경제학분야도 겜이론 및 거래비용 코스트 이론 등을 포함하여 다양한 이론적인 접근에서 연구되고 있다.

특히 산업조직론 분야에서는 산업구조중에 있는 기업의 상대적 위치가 중요한데, 자사의 전략위치를 높이기 위해 기업간 연대관계를 활용하여 시장력을 확대하고 이익의 최대화로 능력과 경영자원을 획득하는 것이 중요하다고 논하고 있다(Porter and Fuller, 1986). 이와 같이 다양한 분야에서 분석된 기업간 연대, 주로 전략적 연대에 관한 연구테마와 논점은,

- 협력기업간 관계
- 협력관계의 성립동기와 목적
- 협력관계의 형태와 전개패턴
- 성공요인과 그 조건 등으로 크게 나누어 분류된다.

(3) 전략적 제휴와 기업간 연대

■ 첫째

최근의 전략적 제휴를 포함한 기업간의 연대관계를 해명하는데 초점을 맞춘 연구에서는 ① 전략적 제휴의 동기, 과정, 형태별로 다른 전략성과 기업간 관계에 관한 이론적·실증적 연구와, ② 전략적 제휴의 실태 및 활용방법에 관한 탐색적인 연구가 주류를 이루고 있다. 이들 선행연구는 전략적 제휴의 성공적인 도입과 효율적인 운영 및 관리에 중점을 두고 있으므로 실제로 기업의 전략적 책정프로세스에 공헌하는 것으로 평가된다(Ryo and Seo, 2001).

이들 연구에서는 1980년대 후부터 현저하게 출현한 전략적 제휴는 복수의 기업에 의한 협력네트워크의 구축을 통한 의도적 행동으로 외부자원의 호혜적인 사후이용을 목적으로 하는 전략적인 기업행동으로 논하고 있다. 또한, 특히 경영자원에 제약이 있는 중소기업에서 외부기업과의 연대는 경영자원의 보완을 통해 새로운 경쟁우위가 창출되는 매우 중요한 전략수단으로 논하고 있다[竹田(다께다)2001, 德田(도꾸다)2000, Hennan 2001].

■ 둘째

전략적 제휴의 동기나 목적에 관한 연구가 열거된다. 이와 같은 연구에서는 ① 경쟁자원의 확대, ② 선행분야에서 조기의 경쟁우위확립, ③ 신제품이나 신사업창출을 위한 이질요소의 필요성, ④ 새로운 경영자원의 축적, ⑤ 막대한 연구개발비의 부담문제, ⑥ 사업 리스크분산, ⑦ 자사약점의 보완과 강점의 창출, ⑧ 국제적인 경제마찰의 회피와 보완 등을 기업간 연대의 동기와 목적으로 논하고 있다(Porter 1986, Hamel and Doz 1998). 이것 외에 다께다(1992)는 기업의 환경변화에 대응 ① 외부환경요인(경제적, 정치적, 사회적), ② 내부환경요인을 부가하고 있다.

Yoshino and Rangan(1995)는, ① 부가가치, ② 학습, ③ 유연성, ④ 핵심능력이나 우위성의 보호를 열거하고 있다.

■ 셋째

경영전략론 분야에서는 전략적 제휴의 유형과 구체적인 전개패턴에 관하여 다양한 관점에서 다수의 연구가 축적돼 있다. 전략적 제휴에 관해 포터(Portrer, 1990)는 ① 합병·라이센스·공동연구개발협력, ② 장기공급협정, ③ 주식의 상호보유 등을 통한 기업간 연계(coalition), ④ 공동사업(Collaborative Ven tures)을 포함한 기업간의 파트너십에 근거한 기업간 관계로 논하고 있다.

Barney(2002)는 ① 업무제휴(Non-equity alliance), ② 업무·자본제휴(equity alliance), ③

Joint Ventures로 분류하면서, 전략적 제휴를 촉진하는 요인으로 ① 규모의 경제추진, ② 경합으로부터 학습, ③ 리스크관리와 코스트부담, ④ 암묵적 담합의 사업전개, ⑤ 저코스트로 신시장참입(진입), ⑥ 기존업계내의 신사업전개, ⑦ 저코스트경쟁의 추진, ⑧ 불확실성에 대응 등을 열거하고 있다.

그리고 다께다(1998)는 ① 기술제휴(기술공여, 공동개발), ② 조달제휴(부품조달, 생산위탁), ③ 생산제휴(공동생산, 생산위탁), ④ 판매제휴(판매위탁)으로 분류하고, 사토(1996)는 기업제휴, 사업제휴, 자본제휴, 기술제휴, 개발제휴, 생산제휴, 판매제휴, OEM(주문자 상표부착)제휴, 업무제휴로 분류하였다. 이들 선행연구는 기업의 국제화나 타지역 타분야로 진출사례를 분석대상으로 하여 전략적 제휴의 다양한 전개패턴 고찰을 시도하고 있다.

■ 넷째

전략적 제휴를 중심으로 한 기업간 연대활동을 성공으로 이끄는 조건에 관한 연구가 열거되고 있다. 이 연구에서는 ① 각 주체가 특정목적을 추구하면서 독립적인 지위를 유지할 것, ② 각 주체가 제휴의 이익분배에 참가하는 것, ③ 각 주체가 제휴활동에 공헌한다는 세 가지 필요충분조건을 갖춤으로써 성공가능성이 높아지는 것으로 논하고 있다. 또한, ① 각 제휴참가자 간의 상호신뢰, ② 쌍방의 합의에 의해 규제와 푸로세스를 정하는 공정성, ③ 제휴상대의 능력과 특성을 포함한 제휴조건의 검토를 철저하게 하는 것 등이 전략적 제휴의 성공요인으로 중요함을 논하고 있다.

이와 같은 선행연구의 결과는 고도의 스킬(숙련, 숙달)과 지식, 경영자원의 활용 노하우, 연대활동의 경험 등 기업간 연대를 성공으로 이끌 요인을 가지지 못한 중소기업의 기업간 연대의 성공율과 성과가 낮아진다는 역설적으로 논하는 연구결과로 생각된다. 따라서, 중소기업의 연대를 통한 사업전개에는 명확한 목적의 설정에서 실행프로세스, 연대관계의 성과를 높이는 방안, 성과의 분배와 책임문제 등을 설계하는 계획단계에서 충분한 검토가 필요하고, 그 점에 관하여 적절한 어드바이스가 가능한 지원기관과 협력이 중요함을 강조하고 싶다.

2. 중소기업의 연대은 명확한 목적의식이 전제

(1) 중소기업의 경영과제와 협력관계의 활용의 효과

전국기업 단기 경제관측에 의하면 중소기업의 업황판단(업체상황판단)은 제조업이 주되는 형태로 개선돼 왔는데, 2007년 들어서서는 악화를 지속하고 있다. 중소기업백서(2009)에도 중소기업의 수익저하에 의한 자금회전, 인재와 노동문제, 제품개발의 곤란, 기업의 성장둔화 등의 요인으로 중소기업의 업종구성에서 제조업의 비중이 큰 간토우(關東), 중부, 긴기(近畿)의 3개 지역만이 아닌, 동북지역의 기업업적도 악화되는 현실을 읽을 수 있다.

또한, 중소기업 동우회가 실시한 경황조사(景況調査, 경기상황조사)에서는 민간수요의 정체, 동업자 상호간 가격경쟁의 격화, 거래처의 감소, 판매처로부터 단가저하요청kath, 관공수요의 정체는 1993년 후반의 버블붕괴후 바닥을 치는 심각한 정도로 수요감퇴의 쓰라린 경지를 넘기위해 동업자 간의 가격경쟁이 격화되는 것으로 분석되고 있다.

중소기업을 괴롭히는 요인이나 활성화방법의 해명을 시험하는 많은 선행연구는,

그림12-2 기업의 연대 목적의 정확성 전개 모형

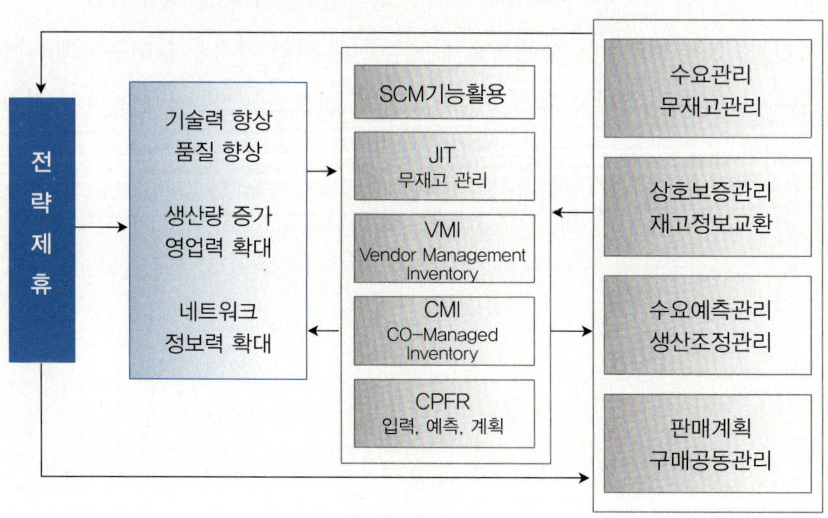

- 중소기업의 경영환경개선을 위해 실시되는 지원책과 제도의 효과
- 중소기업과 대기업의 성장패턴 차이점
- 중소기업의 연구개발활동을 촉진하는 방법
- 중소기업 문제의 본질과 그 문제를 해결하는 방법 등 다양한 각도에서 진행되었다.

(2) 선행연구 결과를 보면

- 대기업은 혁신주도형 기업에 변신을 모색하고 있으나 중소기업은 아직 요소주도형 단계에 머물고 있는 점
- 많은 중소기업은 대기업과 하청관계 중심의 구조로 독립성이 부족하여 대기업의 침체가 중소기업의 침체로 되는 점
- 경제환경의 변화에 탄력적이면서 적극적 대응이 불가능한 영세자 영업비중이 높아지고, 열악한 노동조건과 고용불안이 길어지고 있는 점
- 대·중소 기업 간의 매출규모, 임금, 생산성 등 격차가 심화되고 있는 점은, 중소기업의 구조적인 문제점과 해결과제로 지적된다고 분석하였다. (百瀨, 2000)

이와 같은 선행연구성과로 본고에서 주목하는 것은 동업계기업만이 아닌 이업종의 기업을 포함하여 외부기업과의 연대활동에서 생기는 문제와 과제이다.

중소기업의 경쟁력 강화와 발전을 논할 때, 80년대 이후부터 관심이 높아지고 있는 기업간 협력이나 연대라는 개념을 빼놓을 수 없다. 그 최대의 이유는 중소기업이 가진 경영자원은 대기업에 비하여 떨어지고, 그것으로 인해 중소기업의 발전이 제약되는 것을 들 수 있다.

따라서 한계가 있는 경영자원을 유용하게 활용하기 위해 자사가 경쟁우위를 가진 자신있는 분야에 경영자원을 집중하는 한편, 그 외의 분야에는 타기업기관과 유연하게 연대하여 외부의 경영자원을 적극적으로 활용하고 상호보완하는 현실적인 요청이다. 특히, 중소기업을 가장 괴롭게하는 판매분야와 제조분야, 연구개발분야의 연대활동에 의해 중소기업은 규모의 경제와 범위의 경제를 달성하는 것 외에도 연결의 경제보완효과라는 시너지효과의 획득도 기대할 수 있기 때문이다

(3) 풍부한 경영자원을 가지는 것이 주목적

중소기업의 활성화 정책을 연구한 하꾸라이(2000)는 중소기업의 활동영역이 다양한 산업분야로 파급되는 것, 다양하면서 우수한 기술·기능이나 노하우, 판매체널 등 풍부한 경영자원을 가지는 것에 주목하였다. 그는 개개 중소기업이 가진 경영자원을 결속하면서 개개 기업이 가진 경영자원의 한계를 넘는 상호작용을 활성화할 수 있는 중소기업끼리의 연대의 중요성을 강조하면서, 경영자원의 상호작용을 가능케하는 창조적인 경영전략의 전개 필요성을 논하고 있다.

기업의 성장패턴을 단순화하여 보면 단일사업을 특정지역에 거점을 두고 로칼전개하면서 축적한 경험과 경영자원, 노하우 등을 기반으로 하여, 가일층 사업확대를 위해 타지역이나 해외진출을 기하는 과정을 답습하고 성장해 가는 패턴이 전형적이라고 본다. 구체적으로 타지역으로의 진출에는 다른 지역에 대응하는 문제와 리스크와 불확실성이 존재한다.

이 문제는 리스크와 불확실성을 낮추기 위한 행동을 보면 초기단계에서는 사업활동의 리스크와 부담을 최소화하는 단순판매(납품)방식을 선택하지만 사업경험과 지식, 경영자원이 축적되면 계약적 방식(라이센싱, 프렌차이징, 계약생산 등)과 직접 투자방식(합병투자, 직접투자, 전략적 제휴, M&A 등) 등에 사업전개방식을 고도화시킨다. 이 성장단계별 필요한 기업내부역량, 적절한 기업규모나 경영노하우와 경영자원을 획득하기 위해 많은 기업은 타사와의 연대를 활용한다.

이 연대관계를 활용할 때 기업의 성장단계별 목표와 중점포인트가 다르게 되고 각 사마다 직면한 문제와 과제, 동기, 목표 등이 다르므로 다양한 연대의 패턴이 보이는 것으로 분석된다.

위의 설명과 같이 기업간 연대활동은 그 동기와 전략상의 목표나 사내외의 요인, 처해진 상황 등에 따라 기업간 관계의 구성과 전개단계별 기업행동패턴이 극히 다양해진다. 선행연구는 단독요인이 아닌, 몇 가지 요인이 조합된 복합적 요인에 의해 형성되는 다양한 패턴의 연대활동이 전개되는 것으로 분석되고 있다. 여기서 연대활동은 확실히 글로벌시장에서의 존속, 시장지위의 향상을 실현하는 전략적(솔, Soul) 정신으로 유용한 것으로 분석되고 있다. (榛名 1996, 林昇一 1995)

그 때, 연대활동의 대상은 동업종이나 이업종의 기업에 한정되지 않고, 지방자치체, 대학이나 연구기관 등까지 포함하고 일본국내에서도 다양한 주체가 연대하여 형성된 협력네트워크는 적다. 다음은 동업종만이 아닌 이업종기업과 협력관계를 구축하여 발전을 모색하는 기어의 동향에 주목하여, 이 이업종기업과 연대를 효과적으로 활용하는 활동의 동향과 그 요인에 초점을 맞추어 분석한다.

 이업종연대를 통한 사업전개

근년에 와서 지역경쟁력과 지역기업에 대한 관심이 높아지고 있다. 많은 연구에서 이 두 개는 별도의 것이 아니고 상호영향을 받으면서 발전하는 개념으로 인식되면서 분석하고 있다. 이 지역기업과 지역경쟁력을 분석한 선행연구에 나타난 금일의 기업행동에서 세 가지 중요한 변화포인트와 의미를 음미하고 있다.

(1) 이업종지역 내외기업과 연대

■ 첫째

[지역내외 기업이나 다양한 주체로서 연대]를 중시하는 점이다. 강한 경쟁력을 가진 지역을 의미하는 산업클러스터(동업종집단의 의미), 산업집적, 공업단지, Innovative Miliec(이노베이티브 미리에) 등의 개념을 제시하면서 강한 경쟁력을 가진 지역의 조건이나 요인, 성장프로세스를 분석한 연구로 공통적으로 지적하는 것은 강한지역에는 강한 연대네트워크에 의해, 강한 경쟁우위에 있는 지역에서 주역은 대기업이고 중요한 역할을 맡은 나라의 정책도 대기업을 활성화하기 위한 육성책이 돼 있는 현실이다.

실제, 근년까지 각국이나 지방자치체의 정책적인 관심은 방임상태에 가까웠다. 점점 지역중소기업에 관한 관심과 기대감이 높아지고, 다양한 지역중소기업의 육성책이나 환경정비가 되고 있다. 이 정책과 지역중소기업 환경변화에 따라 역내의 다양한 주체로서 연대는 관심을 끌게되고, 연대활동은 선택할 한 가지가 아닌 기업경영에 빼놓을 수 없는 절대성을 가진 활동으로 인식이 변화되고 있디.

■ 둘째

비교우위보다 경쟁우위 중시하는 것을 들 수 있다. 근년 일본기업의 국내회귀현상을 분석한 결과에서 많은 일본기업의 국내사업전개의 한계를 극복하기 위해, 저인건비나 저가생산을 가능하게 하는 [비교우위]를 찾아 해외거점을 중시하여 사업전개를 하였으나, 높은 생산성과 지식에 기초한 [경쟁우위]가 창출되는 국내로 회귀하는 것으로 분석된다(德永. 2005, 나까무라 2007). 이 국내회귀 현상이 의미하는 것은 글로벌적인 경쟁시대에 생존하기 위해 기업전략의 중점은 코스트우위가 달성되는 자연적 자원. 노동적 자원 등 부존자원을 중시한 입지조건으로 변한 것이다.

이 비교우위를 중시하는 패러다임 변화가 일본기업의 본국회귀를 가속화하는 요인의 기능을 하고, 새로운 중핵(中核)생산거점과 생산기술이나 신제품개발 담당의 연구개발거점을 결정하는 주된 요인으로 분석할 수 있다. 따라서, 지방자치체의 기업유치책은 [코스트저감을 가능케하는 비교우위의 달성]에 공헌할 수 있는, 타지역보다 유리한 조건을 제시한 유치정책에서 [이익증가·창출을 가능케하는 경쟁우위의 강화]로 이어지는 타지역과 차별적인 지원책과 지역적인 특징을 살린 유치정책의 질적변화가 필요한 것으로 강조한다.

■ 셋째

대기업 의존형 비즈니스 모델에서 자립형 비즈니스 모델로의 변화를 들수 있다. 일본의 생산성 향상과 경쟁력 강화에 공헌한, 가장 일반적인 중소기업의 비즈니스 모델이라고 말하는 하청형 비즈니스 모델의 변화에 초점을 맞춘 연구에서도 지역중소기업의 변화가 분석돼 있다. 198년에는 중소기업의 약 7할이 하청기업형태였던 하청형 비즈니스 모델은 신기업을 정점으로 한 1차 하청·2차 하청이 되는 피라밋형 조직으로 장기거래에 근거한 분업을 통한 생산의 전문시스템이다.

(2) 중소기업구조 하청시스템 전개

이 일본의 하청시스템 전개를 지탱하는 조건으로 Ueda(植田浩史, 2004)는 ① 일본경제가 성장기였다는 점, ② 발주측과 하청측이 종속관계였다는 것, ③ 일본의 생산방식이 국내완결형이었다는 점을 들고 있다. 그러나, 1980년대 이후 종래형의 하청시스템에서 탈바꿈하고 탈하청화와 다각화를 기하는 중소기업의 새로운 경향이 나타났으며, 기술력이 있는 중소기업이 새로운 분야로 전환한 예도 적지 않다. 또한, 자립한 부품메이커나 조립전문기업으로 변화를 통해 다수기업과 거래를 가능케하는 독자의 네트워크를 구축한 기업도 적지 않다.

이상, 간단히 고찰한 ① 연대관계를 중시한다. ② 비교우위보다 경쟁우위를 중시한다. ③ 의존형에서 자립형 비지니스 모델로 변한 세 가지 기업행동변화에서 공통적인 것은 동업종만이 아닌 다양한 이업종기업이나 다른 주체와의 효율적인 연대활동을 통해, 창출할 수 있는 경쟁우위에 기대감이 높은 점이다. 우선, 이업종기업간 연대를 고찰해보면 이 활동은 기업경영상 경쟁상대가 아닌 이업종기업이 하나의 그룹이 되고, 각 기업의 경영정보, 경영사원이나 사업전개상 문제점 등을 공유·교류하면서 협력을 기초로 자사의 경영목표를 달성하는 경영전략과 전략수단을 모색하는 활동과 실제의 공동행동으로 이동하는 활동을 의미한다.

또한, 이 이업종교류활동에는 공동개발이나 사업화를 목표로 한 교류를 통한 학습효과와 연대성과의 자사흡수와 활용능력이라는 측면이 중요하다(니시구찌, 西口 2003). 그 유형은 정보교류형(정예회, 강연회, 견학회 등), 경영자원의 상호 이용형(생산·연구·실험설비의 공동이용 경영과 기술 노하우 공유, 판로, 인재의 공유 등) 신제품개발형(개발자원의 제공과 역할준담을 통한 공동연구에서 단독개발d; 어려운 신기술과 신제품을 개발) 등으로 분류된다.

아울러, 이 발전단계는 그룹결성단계(제1단계), 신뢰기반 구축과 정보, 인적교류가 되는 교류단계(제2단계), 제품(상품)개발과 공동실행계획을 책정하는 상호 개발단계(제3단계), 신규사업을 전개하는 사업화 단계(제5단계)로 진화하는 것으로 정리된다(Park 2005). 이 이업종교류활동의 매릿트로는 정보와 인적교류의 활성화를 통한 신싱품개발 이나 신규사업개척 외에도 문제해결능력의 향상, 자사의 독자적인 경쟁우위확립 등을 통한 경영스킬(숙련) 향상 등이 열거된다.

특히, 새로운 분야진출을 계획중인 기업은 주로 거래처·외주처(주로 이 근거리 기업간 계속적·폐쇄적(閉鎖的)교류는 이점도 많으나, 사업내용이나 채택기술과 판로 등의 고착화우려가 있다[사카다(坂田) 2006]. 다른 한편으로는 원거리기업과의 교류는 신사업전개와 신시장개척을 가능케 하는 효과가 기대되지만, 가시적 성과를 보는데는 장시간과 대량경영자원을 요하는 것으로 생각된다.

따라서, 산학연대활동은 산업계와 학계의 상이한 영역에 속하는 조직이 연대하고, 현재까지 장래 사업전개에 필요로 경영자원의 개발·정보 등의 학습과 습득으로 지식경쟁우위를 구축해 가는 활동으로 정의된다. 이 산학연대는 활발한 기업과 새로운 기업의 유입증가, 지역민의 고용창출과 직업능력을 높혀주는 효과를 기대할 수 있어 주목을 끌고 있다. 일본의 산학연대활동을 분석한 연구에서는 국립대학법인화, 대학연구의 사업화, 기수이전촉진법, 각지역에 산학클러스터 조성 등 다양한 산학연대지원정책이 충분하게 되어 있다.

또한, 적극적으로 지역연대의 중요성 인식과 촉진을 진흥한다는 높은 평가연구도 많다. 다른 한편, 일본의 산학연대가 활발하면서 효과적으로 실시되지 않고 있다는 낮은 평가도 많다. 그 이유로 미국과 비교하여 연구자금의 용도와 연구성과 권리의 처리문제에서는 공동연구가 원활하게 추진되지 않는 등 해결되지 못한 과제도 많이 안고 있는 점이다. 이것 외에도 대학교원과 운영의 경직성과 기술이전의 불충분, 폐쇄적, 비밀주의적인 연구풍토 등의 폐쇄적 조직과 경영시스템의 문제가 복잡한 것도 산학연대활동의 쟁해요인으로 분석되고 있다.

본고의 실증분석에서는 낮게 평가되는 산학연대를 통한 사업전개 성과와 제문제점에 관해 분석해보기로 한다.

(3) 중소기업의 연대할동에 관한 실태분석

1) 실증조사의 개요와 방법

조사 데이터를 이용하여 실증분석을 하였다. 이 조사의 실시기간은 2009년 9월 1일부터 11일까지 10일간으로 후꾸시마현하 중소기업 동우회의 회원사 1,600사를 조사대상으로 하여 Fax송수신을 통해 실시하였다. 최종적으로 회수된 것은 159사인데 데이터분석에 SPSS통계 소프트를 이용하였다.

구체적인 조사내용은 ① 현하 기업의 경영활동실태와 현상인식, ② 현하 기업의 타지역진출을 통한 사업전개상황과 연대할동의 상황, ③ 타사와의 협력관계를 통한 사업전개에 관한 인식, ④ 주로 후꾸시마 대학과의 산학연대에 관한 의식조사이다.

2) 후꾸시마현하 기업의 경영실태 개념

금회 조사대상이 된 전 샘플기업의 평균적인 모습은 년간 매출액 8억 4,851만엔 정도이고, 창업에서 37년인데 사업체수 2.79(후꾸시마현내 2.07)개소이다(표 12-3). 구체적으로, 창업년수와 사업형태를 보면 창업 60년 이상의 기업은 13%이고, 40-60년 기업은 63%였다. 반면, 20년 미만의 비교적 젊은 기업은 적음(5%)을 알게 되었다.

표 12-3 조사대상 기업의 개요

도수(度數)		최소치	최대치	평균치
년간 매출액	158	800	2,500,000	84,851
종업원수(인)	159	1	600	36.95
창립년수	155	2	136	36.25
사업체수(개소)	150	1	65	2.79
(내) 현내	148	1	33	2.07

본고를 통하여 알게된 후꾸시마현내 기업의 특징은 기업활동에서 현내 집중도가 높았다. 특히, 사장의 출신지에서는 후꾸시마현이 88%를 점하고, 도쿄(東京), 미야시로(宮城), 혹카이도(北海島), 新潟의 순이다. 타지역의 합계는 12%에 지나지 않았다. 또한 본사의 소재지도 후꾸시마현 내에 99%(157사)가 집중돼 있고 사업소의 입지도 현내집중도가 높았다.

표 12-4 업종별 종업원수의 비율

구 분	10명미만	20명미만	50명미만	100명미만	100명 이상
제조 100%	33.3	19.0	33.3	9.5	4.8
상업 100%	25.9	16.7	27.8	20.4	9.3
건설 100%	15.4	25.6	38.5	15.4	6.1
운수/정보통신 100%	–	50	25	25	–
금융보험 100%	100	–	–	–	–
서비스 100%	20	30	30	10	10
미회답 100%	55.6	22.2	22.2	–	–
합계 100%	25.2	22.6	30.8	14.5	6.9

그리고, 후꾸시마현하 기업의 95%가 주식회사(66%)나 유한기업(30%)로서 법인격을 갖추었으나, 사원수의 규격에서는 10명미만(25%), 10~49명 57%, 50~99명 12%, 100명 이상 6%로, 소·영세기업이 많음을 알 수 있다(표 12-4). 이점에 관하여 경제산업성이 실시한 사업체수와 종업원수를 규모별로 조사한 자료를 보면, 전국적으로 30인 미만의 기업이 전체의 85.1% 를 점하고 30~99인은 10.6%, 100인 이상 기업은 4.4%였다. 또한 이 종업원수 규모별 기업수를 전년과 비교해보면 30인미만(전년비 ▲8.1%), 30~99인(동▲5.2%), 100~299인(동▲2.3%), 300~999(동▲0.8%), 1,000인 이상(동▲0.8%)로, 전 규모면에서 감소하였다. 이 두 가지 조사결과와 비교해보면 현하기업의 상황은 전국의 중소기업 규모와 큰 차이는 없었다.

후꾸시마현하 기업의 업종별 사업만족도 항목에서는 업종에 관계없이 불만족하다는 답을 한 기업이 많다(표 12-5). 경제산업성의 2008년도 실태조사를 보면 출하액 베이스로 전국적으로 31도

표 12-5 업종별 사업만족도(%)

구 분	매우만족	만족	판단보류	불만족	매우불만족
제조 100%		23.8	28.6	38.1	9.5
상업 100%		11.1	37.0	31.5	20.4
건설 100%		21.1	28.9	39.5	10.5
운수/정보통신 100%				75.0	25.0
금융보험 100%			50.0	50.0	
서비스 100%		16.7	20.0	50.0	13.3
미회답 100%	22.2		33.3	44.4	
합계 100%	1.3	15.2	29.7	39.9	13.9

표 12-6 업종별로 중시하는 분야(%)

구 분	R & D부분	판매부분	조달부분	생산부분	인적자원관리
제조 100%	4.8	71.4			23.8
상업 100%	16.7	53.7	3.7	7.4	18.5
건설 100%	7.9	65.8	5.3	2.6	18.4
운수/정보통신 100%	25	50			25
금융보험 100%			50		50
서비스 100%		37.9	3.4	10.3	27.6
미회답 100%	20.7	44.4	11.1		44.4
합계 100%	12.7	54.8	4.5	5.1	22.9

도부현(都道府縣, 일어에서는 현자중실사가 없음)은 감소하고, 16도 도부현이 증가하는 가운데 후꾸시마현은 2007년 60,664억엔에서 2008년은 58,573억엔으로 3.4%(구성비는 1.8%) 저하하였다 후꾸시마현은 96조 5,672억엔(전년비 7.4%감)이었다. 이 통계자료에서 후꾸시마현을 포함하여 전국적으로 어려운 상황이 지속됨을 알 수 있다.

이와 같이 어려운 상황이 지속되고 있는 현하기업을 고통스럽게 하는 요인으로는 시장확대를 수용의 정체(41.7%), 자금조달(14.7%), 인재확보와 노사문제(13.5%), 제품과 기술개발(11.5%)의 순으로 집계되었다. 그리고, 경영전략상 중시하는 업무분야를 찾는 항목에서는 판매부분(54.8%), 인적자원관리부분(22.9%), 연구개발부분(12.7%)의 순으로 답변하였다(표 12-6).

4. 타사와의 연대를 통한 사업전개의 상황

(1) 타사와의 연대를 통한 기업전개 상황과 성과

후꾸시마현하의 기업중에 타사와의 연대를 통한 사업전개중에 있는 기업은 38%이고, 이전에 경험한 바 있는 기업 9%를 포함하면 47%이다. 이 연대를 통한 사업전개를 경험하거나 전개중이라고 회답한 기업의 현상을 분석하면 이하와 같이 정리된다.

우선, 협력기간은 6~8년(22%)과 4~5년(22%), 6~10년(16%)의 순이고, 2~3년(17%)와, 1년 미만(16%)의 상대적으로 단기간의 협력보다 중장기적인 협력관계를 유지하는 경향이 있다. 또한,

연대기업 수는 2~3년(40%), 1사(23%)로 63%를 점하고, 다수기업보다 소수기업과 밀접한 관계를 길게유지하는 경향이 나타났다. 구체적인 연대를 통한 사업전개의 동기로는 시장개척(81%)가 압도적으로 많고, 생산활동의 강화(9%), 연구개발(5%), 원가삭감(2%)의 순으로 열거된다.

다음으로, 후꾸시마현하 기업과 연대관계를 유지하고 있는 상대기업은 지역별로 후꾸시마현내(43%), 간토(關東)지역(28%), 도후꾸(東北)지역(21%)이고, 현내와 지리적으로 근접한 상권이 형성되어 있는 지역은 92%를 점유하고 있다. 또한 그 상대기업과의 협력분야에서는 판매분야(38%)가 가장 많고, 기술분야(28%), 생산분야(21%)의 결과에서 후꾸시마현하 기업은 직면한 과제인 판매개척 생산부문의 강화를 위해 타지역진출의 시사할 점이 도출되었다.

본고의 조사에서 주목할 부분은 [어느 것도 말하지 않음, 무응답]이란 판단유보 또는 판단불능이란 대답이 많았다. 특히, 연대관계를 활용한 사업전개효과나 만족도 등 가치판단을 요하는 항목에서는 특히, 명확한 판단이 되지 않거나 판단유보 답의 비율이 높았다. 이것은 현재의 사업업적에 영향을 주는 요인이 국제적인 경제불황 및 국내경기의 장기적 침체 등 통제할 수 없는 외부상황에 의한 것인지, 기업자체가 행한 다양한 활동에 의한 것인지 불명확하여 판단이 어려운 것에 기인하는 것으로 판단하고 있다.

이와 같은 인식이 협력관계를 통한 사업전개효과의 판단에도 영향을 주는 것으로 생각된다. 이 [어느 것도 말하지 않음]이란 직접적인 판단을 표시하지 않은 응답에 관한 치밀한 조사는 금후과제로 남는다. 이 판단유보나 판단불능의 회답을 제외하고 연대활동의 성과에 관하여 현하기업의 판단과 현상의식을 분석해보면 이하와 같이 정리된다.

우선, 대부분 국제사업을 전개하지 않는 후꾸시마현하 기업에서 국제사업에 대한 공헌도는 낮은 것으로 기획단계에서 예측되었다. 이 항목을 제외하고 현재의 국내사업전개에 필요성이 높다

표 12-7 연대활동에 관한 만족도(%)

구 분	국내사업에 공헌	사업전개에 불가결	현 사업의 경영자원확보	금후 사업경영자원확보
매우 높다	13	21	11	11
높다	34	33	31	27
판단유보	28	30	39	42
낮다	13	9	22	24
매우 낮다	12	7	8	6
합 계	100	100	100	100

(44%), 현재 사업전개에 필요한 경영자원확보에 공헌도가 높다(47%), 현재의 사업전개에 필요한 경영자원확보에 공헌한다(44%), 현재 사업에 필요한 경영자원의 확보에 공헌한다(44%), 장래사업에 필요한 경영자원의 확보에 공헌한다(38%)의 긍적적인 판단의 답이 많았다(표 12-7). 이 항목에서 현재의 국내사업 전개에서 외부와의 협력관계를 중시하는 높은 기대감과 인식의 확인이 가능하였다.

그리고, 우호적인 기업간 관계를 유지하기 위해 중시하는 항목으로는 커뮤니케이션(34%)이 가장 높고, 기술(25%)이나 인적교류의 확대(12%), 상대기업의 이익배분(16%)으로 열거된다.

또한, 연대관계유지에 어렵고 곤란한 항목은 커뮤니케이션(37%), 상대기업의 의욕(19%), 인재확보(15%), 협력업체의 탐색(14%)의 순이었다. 다른 한편, 상대기업은 자사개입에 대한 만족도가 높다(53%)로 판단하는 기업은 불만족이다(19%)보다 많았다.

(2) 타지역 진출행동에서 기업간 관계

후꾸시마현하 기업중에서 타지역으로 진출중이거나 진출경험이 있는 기업은 전체의 40.3%였다. 이 타지역진출 유무별 사업성과에서는 타지역진출경험이 있는 기업의 평균매출은 14억 5,589만엔으로 타지역진출경험이 없는 기업의 4억 3,497만엔보다 3배 넘는 높은 업적임을 알게 되었다. 또한, 타지역진출의 경영성과에 대한 회답을 분석해보면 현하기업의 타지역사업에서 이익이 있는 경우(43.5%)가 손실이 있다는 케이스(24.2%)보다 많음을 알았다. 이익=손실로 답한 경우도 32%였는데 타지역에서 사업성과는 매우 높은 것으로 표시되었다.

후꾸시마현하 기업이 진출한 지역은 연대관계를 유지하고 있는 기업의 소재지와 사업전개를 하고 있는 기업은 10%에 머물러 있음을 알 수 있다. 또한, 타지역으로 진출형태로는 지점·지사를 포함한 자회사의 설립을 통한 형태(48%)가 많았다.

표 12-8 협력사업전개 유무와 타지역 사업전개(%)

구 분		타지역 사업전개				합 계
		전개중	철수	전개 무	금후계획	
협력사업 전개상황	전개중	50.0(18.9)	1.7(6)	35.0(13.2)	13.3(5.0)	100(37.7)
	전개경험 있음	26.7(2.5)	26.7(2.5)	46.7(4.4)		100(9.4)
	자사 단독전개	25.0(13.2)	4.8(2.5)	63.1(33.3)	7.1(3.8)	100(52.8)
합 계		(34.6)	(5.7)	(50.9)	(8.8)	(100)

지금부터 타지역 진출행동에서 기업간 연대활동을 분석한다. 먼저, 기업간 연대의 활용유무와 타지역에서 사업전개유무를 교차분석을 통해 단독시업전개중 기업에서 타지역으로 진출하는 케이스는 25%정도인데, 연대를 통한 사업전개를 하는 기업중 타지역에서 사업전개를 진행하는 케이스는 반수정도인 현실을 보게 된다. 이점을 통해 현하기업이 사업확대를 위해 타지역으로 진출할 때, 타기업과 연대관계를 활용하는 경향이 높은 것을 알 수 있다(표 12-8).

그리고 타지역에서 시업활동(진출분야)을 분석해보면 기업간 협력관계(진출분야)를 활용하는 그룹의 경우 판매부분(68%)이 가장 압도적으로 많고, 생산부문(20%), 조달부문(8%), 인적부문(4%)의 순이고, 협력관계 활용경험이 없는 그룹의 경우 판매부문(81%), 생산부문(8.1%), 연구개발부문(5.4%), 조달과 인적자원관리부문(각2.7%)의 순이다(표 12-9).

이것으로 인해 후꾸시마현하 기업의 타지역 진출행동에서 연대유무별로 그 동기의 차이는 없었고, 판매나 생산부문의 강화가 주된 타지역 진출동기임이 확인되었다.

표 12-9 협력 유무와 타지역 전개부문(%)

구분. 해당부문	연구개발	판매	조달	생산	인적자원관리
연대사업전개(100%)		68	8	20	4
단독전개(100%)	5.4	81.1	2.7	8.1	2.7
합계(100%)	3.2	75.8	4.8	12.9	3.2

이와 같은 협력관계를 활용한 활동분석에서 타지역진출의 형태와 행동이 자사제품의 판매나 제조가 메인이 되는 것, 지역밀착성을 가진 사업전개에 집중하는 것을 알았다. 이 점은 진출동기에 관한 회답으로 시장개척(81%)이 압도적으로 많은 세어(몫)를 나타냄이 이면(裏面)에 있다.

(3) 이업종기업과의 협력관계와 사업성과

여기서는 후꾸시마현하 기업이 연대하고 있는 기업간 관계의 중신(中身, 중추적형태)과 그 효과에 관한 분석을 한다. 우선, 기업간 관계별 평균매출액을 분석하면 동업종 기업과의 수직관계(39건, 7억 5,976만엔)에 있는 기업수가 가장 많고, 동업종 수평관계(18건, 7억 2,488만엔), 이업종 수직관계(7건, 13억 3,933만엔)의 순인데, 이업종기업과의 수직관계를 형성한 기업의 사업업적이 가장 높음을 알 수 있다.

표 12-10 협력기업간 관계와 지역분포(건수, %)

구 분	후꾸시마 (福島지역)	도후꾸 (東北지역)	간토 (關東지역)	간사이 (關西지역)	기 타	해외	합계
동업계 수직관계	18	4	10	2	1	1	36
	26.1	5.8	14.5	2.9	1.4	1.4	52.2
동업계 수평관계	6	5	5	0	2	0	18
	8.7	7.2	7.2	0	2.9	0	26.1
이업계 수직관계	3	2	2	0	0	0	7
	4.3	2.9	2.3	0	0	0	10.1
이업계 수평관계	3	2	2.9	0	1	0	8
	4.3	2.0	2	0	1.4	0	11.6
합 계	30	13	19	2	4	1	69
	43.5	18.8	27.5	2.9	5.8	1.4	100.0

이들 기업간 관계를 본사 소재지별로 조사해보면 후꾸시만현내 동업종기업끼리의 수직적 연대가 가장 많고, 동북지역이나 관동지역의 동업종기업과의 연대가 중심인 것을 알 수 있다(표 12-10).

이 지역과 기업관관계를 크로스(교차)로 한 분석에서 후꾸시마현하기업은 근거리에 입지한 동업종기업과의 협력으로 보완적인 경영자원의 활용과, 정보나 기술교류를 통한 사업전개를 중시하는 것이 밝혀졌다. 그러나 전술한 바와 같이 근거리에 있는 동업계 기업과의 폐쇄적인 협력관계는 현재의 사업확대나 강화를 기대할 수 있으나 현 비즈니스에 고착할 우려가 있는 것으로 지적된다.

이 논점에 관해 현하기업의 협력기대 부문을 분석한 결과 확실히 현사업의 강화나 리스크의 경감을 기하는 목적이 69.4%로, 협력관계를 통한 신시장이나 또는 신사업개발을 목적으로 한, 미래지향적 기업간관계(30.6%)보다 2배이상 높았다. 이 결과에서 동업종기업과의 연대를 통한 사업전

표 12-11 협력기업간 관계와 협력기대분야

	기존사업의 강화	신시장/사업의 개척	합계
동.수직	32 (44.4%)	8 (11.1%)	40 (55.6%)
동.수평	10 (13.9%)	7 (9.7%)	17 (23.6%)
이.수직	5 (6.9%)	2 (2.8%)	7 (9.7%)
이.수평	3 (4.2%)	5 (6.9%)	8 (11.1%)
합계	50 (69.4%)	22 (30.6%)	72 (100.0%)

개는 현사업의 강화라는 플러스적인 효과가 기대되지만 동시에 현사업의 고착화라는 마이너스 기능도 공존한다는 주장을 부정할 수 없다고 논하여 왔다(표 12-11).

이 사업의 강화와 직면한 경영활동상 문제를 해결하기 위해 연대를 통한 협력중에 있는 분야는 판매과련(34.7%), 기술(27.8%), 생산(22.2%), 조달(11.1%) 관련분야의 순이다. 이 분야별 기업관계에서도 동업종 기업과의 수직관계가 중심이고 이업종기업이나 수평적 관계의 활용은 적었다.

다른 한편, 후꾸시마현하 기업이 중시하는 사업부문은 판매부분, 인적자원(노동력과 노무), 연구개발부문조달과 생산부의 순이다(표 12-12). 이 사업중시 분야별 기업간 관계는 판매부분을 제외하면 동업종기업과 수직적·수평적인 연대관계에 의존하여, 해당분야의 강화를 기하는 것으로 알았다.

마지막으로, 후꾸시마현하 기업의 애로분야와 기업간 관계를 크로스(교차)시켜 분석하면 전체적으로 시장확대문제를 해결하기 위해 실시하는 동업종기업과의 연대활동이 많다(전체의 31.9%). 다른 애로분야의 해결책으로 하는 연대활동에서도 주로 동업종기업과 관계에 의존하고 있음을 알 수 있다.(표 12-13)

표 12-12 협력기업간 관계와 사업 중시분야(%)

구분	연구개발 판매부문	신시장/사업의 개척	조달부문	생산부문	인적부문	합계
동.수직	6.9	29.2	1.4	4.2	12.5	54.2
동.수평	2.8	6.9	2.8	0.0	12.5	25.0
이.수직	1.4	8.3	0.0	0.0	0.0	9.7
이.수평	0.0	9.7	0.0	0.0	1.4	11.1
합계	11.1	54.2	4.2	4.2	26.4	100

표 12-13 협력기업간 관계와 애로분야(%)

구 분	자 금 조 달	제품/기술 개발	시 장 확 대	인재확보 노사	기업규모확대	기 타	합 계
동.수직	4.2	5.6	23.6	6.9	8.3	5.6	54.2
동.수평	5.6	2.8	8.3	5.6	0.0	2.8	25.0
이.수직	1.4	1.4	4.2	1.4	1.4	0.0	9.7
이.수평	0.0	0.0	6.9	1.4	1.4	1.4	11.1
합계	11.1	9.7	43.1	15.3	11.1	9.7	100

지금까지 분석결과에서 전체적으로 연대를 통한 활동에서는 현재의 사업전개, 경영자원의 확보를 최우선과제로 중시한 점과 금후 사업전개나 경영자원확보에도 높은 기대감이 주어지는 점과 연대활동을 전략적으로 중요한 행동으로 인식하고 있는 점으로 밝혀졌다. 또한, 새로운 사업전개에 필요한 이업종기업과의 연대를 통한 혁신적인 기술이나 정보, 노하우의 획득이나 학습으로 동업종기업과 경영자원의 보완을 중시하여 사업을 전개하는 것으로 밝혀졌다.

5. 검증과 결론

(1) 검 증

여기서는 연대를 통한 사업성과가 ① 장래의 사업전개나 장래의 경영자원획득으로 현재 전개중인 사업에 공헌할수록 연대관계가 높다. ② 현재 사업전개에 필요한 문제점 해결이나 중시분야에 공헌하는 연대관계일수록 높다는 가설을 검증한다. 이 가설을 검증하기 위해 종속변수로 연대관계를 통한 사업성과를 설정한다. 또한, 독립변수로 연대관계의 평가에 영향을 주는 것으로 판단되는 협력기업수, 협력기간, 기업간 관계, 현재 국내사업에 대한 공헌도 현재사업을 위한 경영자원획득, 현사업의 필요도, 금후를 위한 경영자원획득, 상대기업의 거점을 채용한다.

우선, 각 변수간 상관관계를 분석하는 검증에서는 상관계수의 행렬표에서 나타난 바와 같이 유의수준 0.05이내의 변수간 0.4정도의 약간 높은 상관관계임이 확인되었다. 또한, 현재의 경영자원획득과 금후의 경영자원 획득에서는 0.79라는 높은 상관관계를 보이고 있는데, 그외의 변수간 상관관계는 대부분이 0.5미만인 상관관계를 보여 다중공선성은 예측할 수 없는 것으로 판단되었다.

다음으로 회귀분석의 독립변수 투입법인데 통계적으로 유의하지 않아도 협력성과에 영향을 주면 선행연구나 본조사에서 열거된 각 변수의 영향도를 파악하기 위해, 강제투입법에 의한 중회귀분석을 한다. 그 결과 R값이 0.590인데, R@2값(0.348)과 조정완료 R@2값(0.232)이 낮으므로 데이터의 삽입이 좋지 않은 결과로 나타났다.

그리고, ANOVA분석에서 SSR이 7.524, SS E가 14,125, MSR이 0.940이고, F값은 2.996(0.009)가 되어, 회귀식은 문제가 없는 것으로 판단되었다. 회귀계수분석에서 국내사업에 대한 공헌(0.013)과 현사업의 필요성(0.023)만이 연대효과에 영향을 주는 통계적으로 의미가 있는 변수이다. 이 선택된 2개의 변수에 다중공선성이 존재하면 종속변수에 대한 영향을 판단할 수 없으므로 공선성의 통계량을 분석한다. 그 결과 VIF값이 10 이하이면서 1에 가까우므로 공선성 문제는 없는 것으로 판단된다.

이상의 결과를 가지고 협력관계를 활용한 사업성과에는 현재사업에 대한 공헌과 현사업 경쟁력 강화 필요성에 영향을 준다는 연구가설 2를 채택할 수 있게 된다. 또한 연대를 통한 기업의 업적분석에서 중시된 협력기업의 지역과 협력기간, 기업관계는 통계적으로 의미가 없음을 확인하게 되었다. 이 점에서 후꾸시마현하 기업은 어려운 상황에서 생존하기 위해 가장 우선순위가 높은 판로개척, 생산활동효율화 등의 해결하는 것이 중요하다. 이때 연대활동은 효과적이라 주장할 수 있게 되었다.

(2) 결 론

본고는 중소기업이 전개하는 연대활동이란 중소기업이 가진 경영자원의 강점을 외부 제조직의 경영자원과 결합시키는 행동이다. 이것은 신사업의 창조나 신제품기술개발을 실현하거나 개개기업의 현재와 장래의 사업기반 구축과 강화라는 목표달성에 이른 활동이다. 따라서, 이 연대활동은 중소기업이 선택할 수 있는 전략적 수단중에서 가장 효과적이라는 인식하에서 스타트한다. 궁극적으로 본고에서 행명한 것은 [어려운 경영상황에 처해진 중소기업이 어떤 목적에서 누구와 연대관계를 구축하는 것이 효과적인지]라는 의문에 대해 풀어보았다. 때문에 후꾸시마현하 기업을 대상으로 한 연구결과는 이하와 같이 요약된다.

제1, 후꾸시마현하 기업에서 연대를 통한 사업전개 동기로는 시장개척이 압도적이라는 현실적인 요청에 부응하기 위해 전개하는 것이다.

이상의 내용은 후꾸시마(福島)현하 중소기업의 실증조사를 중심으로한 내용이다.

경영 성공포인트 ㉔

1. 결단력을 키워라

이른바 좋은 기회란 성사후에 판명된다. 불확실한 가운데서 성공하는 인물은 자신이 얻을 수 있는 물건에 집중하여 결단을 내린다. 기회선별과 선택성이 중요하다. 기회를 잡는 것은 골동품을 사는것과 같다. 그 가치가 만천하에 드러난 골통품은 고가를 주고 사기에도 힘이 든다. 반면 가치가 드러나지 않은 골동품은 값싸게 구입할 수 있는 대신 위험부담을 감수하여야 한다.

결정을 내릴 때 단 두 가지만 생각하라 정말로 필요불가결한 것인지, 최악의 결과를 감수할 수 있을 것인지를 생각하라. 반드시 결정을 내려야한다면 지체없이 결정하라, 시간이 지연되면 이견이 속출하고 결정에 방해를 가져올 수 있다. 행동은 우리에게 귀중한 성공과 실패라는 결과를 가져다 준다. 다시 말하면 성공은 용기와 자신감을 심어주고 실패는 재점검과 반성의 기회를 준다.

2. 고난은 선물이다

목표성취적 인물에게는 고난은 목표성취의 기회의 부여이다. 두려움을 모르는 개척정신자에게는 가혹한 환경에 처할수록 개척의욕이 높아지는 것이다. 고난은 사람들에게 고난극복의 동기부여로 부를 창조하는 기회가 되기도 한다. 금정적인 관점에서 고난을 바라보라, 고난은 당신의 시야를 넓이고 영혼을 강하게 키우는데 도움이 될 것이다. 이때 자신의 부족한 점이나 자신의 실수를 되돌아보고 재도전이라는 계기가 된다.

- 서강대학교 대학원 경영학과 2004/12 최아영 논문 PP.8~11)공동 마케팅제휴 인지도가 제휴주도 제품의 최초 인지도에 미치는 영향에 관한 연구
- 한국마케팅저널 13권. 제2호 2011/7 P 51 강성호·강하영·박홍수, 기업간 제휴활동이 제휴성과로 이어지기 위한 선행요인에 관한 연구
- 연세대학교 대학원 경영학과 권계은 논문 2008/1 PP.3~4) 기업의 마케팅제휴가 기업의 수익성에 미치는 영향에 관한 연구
- 한국산업정보학회 논문지 제11권 제2호 P 104 2006/6. 전재완·이경환·김종원 공급사슬관리의 효율성을 위한 전략정보시스템의 구축에 관한연구
- 低成長時代の企業経営－長寿企業に学ぶ経営法則－福 井 経 済 同 友 会 企業経営委員会 2013年 3月
- 日本{の長寿企業から見た経営理念と社会的責任に関する一考察. 青木 崇＊愛知淑徳大学論集一人間情報学部篇 第6号 2016年 3月, pp.51－61
- 長寿企業のその長寿の秘訣を探る. 北京外国語大学学生 代表:2015年11月30日(月):住友商事本社
- 100年企業を經營する. 大和總硏. 2016年7月7日 全15項. 主任コンサルタント 佐井 吾光
- 長寿企業に学ぶ経営承継の秘伝. 経営承継研究会. 中小企業診断士 長谷川勇
- 創業100 年以上の「長寿企業」, 全国に2 万2000 社~ 長寿トップは西暦578年創業の金剛組, 創業500 年超は39社 ~「長寿企業」実態調査2010/9/8
- 연세대학교 대학원 경영학과 권계은 논문 2008/1 PP.3~4) 기업의 마케팅 제휴가 기업의 수익성에 미치는 영향에 관한 연구
- 한국산업정보학회논문지 제11권 제2호 P 104 2006/6. 전재완·이경환·김종원 공급사슬관리의 효율성을 위한 전략정보 시스템의 구축에 관한 연구
- 교양경제 현실경제의 이해 임덕호 저 명경사 발행 P 85. 기업재원 조달
- 히든 챔피언 글로벌 원정대 헤르만 지몬 지음 배진아 옮김 흐름출판사 발행 P.독일은 왜 강한가. P 583. 탄탄한 재무구조 기술이 자본이다.
- 川崎日航ホテル地域と共に歩み続けて50年次世代と繋がる未来へ~かわさき長寿企業井上 英俊 氏(川崎商工会議所 企画広報部企画課 主査)平成27年11月16日
- 日本の長寿企業から見た経営理念と社会的責任に関する一考察. 青 木 崇＊愛知淑徳大学論集一\人間情報学部篇 第6号 2016年 3月, pp.51－61
- 特別企画:長寿企業の実態調査(2014年9月)長寿企業は全国で2 万7,335 社自己資本比率は全企業平均を8 ポイント上回る
- 特別企画:宮{崎県の長寿企業の実態調査(2014 年)http://www.tdb.co.jp/創業100 年以上の長寿企業は168 社
- アマゾンの秘密 世界最大のネット書店はいかに日本で成功したか. ダイヤモンド社 松本晃一(2005)
- 模倣者としてのサウスウエスト. イミテ-ションから始まるイノベ-ション早稲田大学大学院商学研究科 泉谷邦雄[著]2012 年2 月1 日
- 老舗企業の実態調査－結果概要報告書－平成 2 7 年 9 月 甲府商工会議所 創業から10 0 年を超える老舗企業の実態, 長期経営の秘訣等を把握する.

[저 · 자 · 소 · 개]

■ 김 종 영

● 학력

· 숭실대학교 경영학과 졸업 경영학사
· 중앙대학교 국제경영대학원 경영정보학과 이수
· 숭실대학교 경영대학원 졸업 경영학 석사
· 숭실대학교 대학원 졸업 경영학 박사

● 경력

· 신흥규산소-다 공업사 공장장
· 영신화학공업(주) 부사장
· 전국 규산나트륨 제조업자회 회장
· ㈜ 영일화성 회장
· 한국유리협동조합 이사

● 저서

· 규산염의 제조와 용도, 한림원
· 규산염의 응용과 용도, 한림원
· 장수기업으로 가는길, 북넷
· 창업에서 장수기업으로, 북넷

■ 장 정 빈

6년간의 교사생활을 거쳐 22년 동안 주택은행과 국민은행에서 연수원 교수, 마케팅 팀장, 지점장, 콜센터장을 역임하고 세계적 은행 HSBC의 상무로 고객경험(CE, Customer Experience) 업무를 총괄했다. 1990년대 초 국내 최초로 'CS'경영을 은행에 도입했으며, 교육과 강연, 저술을 통해 서비스의 중요성을 활발하게 전파하고 있는 CS 및 마케팅 전문가이자 경영컨설턴트다.

서울벤처정보대학원대학교(호서대) 서비스경영학과 초빙교수와 여러 대학의 강사로 활동한 바 있으며, 연세대 대학원에서 산업교육을 전공했고, 숭실대에서 경영학 박사를 취득했다. 기업과 정부기관, 금융기관, 대학 등 1900여 곳에서 서비스, 고객관리, 금융마케팅, 상담 및 세일즈 스킬, 행동경제학 등을 주제로 강의 해 왔다.

(재)한국경영정책연구원장으로 재직중이며 스마트 경영연구소를 운영하면서 해박한 이론에 풍부한 현장사례와 실천을 접목한 명강연으로 인기를 끌고 있다. 한국철도공사 정책자문위원, 금융연수원 강사, 산업통상자원부 서비스 품질인증 심사위원으로 활약하고 있으며, 현재 숭실대 경영대학원 겸임교수로 후배양성에 힘쓰고 있다.

주요 저서로 ≪고수의 설득법≫(2020), ≪장정빈의 서비스 그레잇≫(2018), ≪히든 서비스≫(2016), ≪서비스경영 4.0≫(2016.공저), ≪공감이 먼저다≫(2015), ≪고객의 마음을 훔쳐라≫(2013), ≪하루를 일해도 사장처럼≫(2011), ≪리마커블 서비스≫(2009), ≪고객의 경험을 디자인하라≫(2007), ≪서비스 아메리카≫(2003, 역서), ≪먼저 돌아 눕지 마라≫(2003), ≪타잔마케팅≫(2002) 등 다수가 있으며, 여러 매체에 서비스 및 자기계발 관련 컬럼을 기고하면서 왕성한 집필활동을 계속하고 있다.

강소기업으로 가는 길 – 산업경제 안정적 발전의 초석 –

2021년 7월 5일 1쇄 인쇄
2021년 7월 10일 1쇄 발행

저 자 김 종 영 · 장 정 빈
발행인 류 재 식 · 박 용 범
발행처 도서출판 북 넷

서울시 용산구 효창원로70길 46 대신빌딩 2층
등 록 2010년 6월 7일(제2010-000069호)
전 화 (02) 395-2341
팩 스 (02) 395-2303

정가 30,000원 ISBN 979-11-86947-56-2

e-mail : book2341@naver.com